KB036385

일본외교와
동아시아 국제관계

이 도서의 국립중앙도서관 출판예정도서목록(CIP)은 서지정보유통지원시스템 홈페이지
(http://seoji.nl.go.kr)와 국가자료공동목록시스템(http://www.nl.go.kr/kolisnet)에서 이용
하실 수 있습니다. (CIP제어번호 : CIP2015018928)

세종연구소 세종정책총서 2015-1

일본외교와 동아시아 국제관계

Japanese Diplomacy
and International Relations
in East Asia

김성철 지음

한울
아카데미

차례

서문 7

제1부 일본의 정치외교

제2부 동아시아 국제관계

서문

   세종연구소에서 연구 활동을 해온 지 19년이 지났다. 외교안보·통일을 중심으로 연구하는 연구소에서 나의 연구테마는 주로 일본의 외교정책과 동아시아 국제관계였다. 박사과정에서 연구해온 국제정치·경제에 더하여 안보외교와 한반도문제에 이르기까지 다양한 주제를 폭넓게 연구하고 발표해왔다. 최근의 중점 연구분야라고 하면 미일관계와 중일관계 및 한중일관계를 들 수 있고, 이론적으로는 안보와 정치경제의 연계성을 중심으로 동아시아 국제관계를 다층적 복합외교의 분석틀에서 고찰하고 있다. 안보와 정치경제 양 측면의 양자 및 다자관계에서 국제질서의 변화요인을 파악하고 이에 대응하여 외교전략을 구상하는 것이다.

   이 책은 2007년 출판한『일본외교와 동북아』이후 9년간 연구·발표해온 논문들을 수집해 정리한 것이다. '일본외교와 동아시아 국제관계'를 제목으로 선택해 다양한 테마의 논문들을 함께 포함시켰다. 제1부는 일본외교와 관련한 글을 수록했다. 일본 전후사에서 획기적인 사건으로 평가되는 2009~2012년에 집권했던 민주당 정부의 외교안보정책을 비롯해서 다양한 일본의 외교정책 관련 논문들이 포함되어 있다. 제2부는 동아시아 국제관계와 관련된 국제질서의 변화 및 세계경제위기의 함의를 비롯하여 한국·중국·일본과 미국의 동아시아를 중심으로 한 국제관계에 관련한 자료들을 정리했다. 안보와 경제 측면의 외교정책을 중심으로 분석한 논문들이 수록되었고, 전반적으로 다양한 내용이 동아시아 국제관계라는 총체적 틀 속에서 논의되고 있어 일관성을 벗어나지는 않는다. 미일관계와 중일관계 및 한중일관계를 중심으로 동아시아 국제관계의 정책적 분석 속에서 한국외교의 진로를 고찰해보고자 했다.

일본외교

일본에서 2014년 12월 14일 치러진 중의원 선거에서 연립여당인 자민당과 공명당이 각각 290석과 35석을 차지해 총 의석 475석의 2/3인 317석을 상회하는 압승을 거뒀다. 한편 제1야당인 민주당은 73석을 획득하는 데 그쳐 자민당에 상대되는 대안 정당이 부재한 사실을 확인시켰다. 최장 4년의 임기를 얻어낸 아베 신정부의 정책과제에 관해서 분석하고자 한다.

아베 정부는 중의원 선거의 압승을 추진력으로 경제우선정책으로 경제 회생과 새로운 안전보장법제 정비에 중점을 두고 진력하고자 한다. 경기 회복, 경제 재생, 적극적 평화외교 등을 중점 과제로 선정했다. 아베노믹스의 골격을 유지하고 제3화살인 성장전략을 강화하려 한다. 2014년 12월 일본은행 기업단기경제관측조사에 의하면 대기업·제조업의 업황판단지수가 소폭 악화되었다. 2017년 4월로 연기된 소비세율 10% 인상을 확실히 실행하기 위해 경제 환경을 정비하고자 한다. 임금 인상을 지속해서 기업의 투자 의욕을 환기시키는 정책을 추진한다. 저출산·고령화·지방창생 등의 문제 해결을 위해 5개년 종합전략과 장기 비전을 책정한다.

2014년 7월 집단적 자위권 행사의 한정용인에 관한 정부 견해를 반영한 안보법제 정비가 중요한 과제다. 미일동맹을 강화하고 평시와 유사시에 항상 적용되는 공동대처방안을 마련하고자 한다. 오키나와 선거에서 자민당 후보가 패배한 것은 주일미군 후텐마(普天間) 비행장의 헤노코 이설문제에 악영향을 준다. 주일미군의 억지력 유지와 오키나와의 기지 부담 경감을 위해서는 헤노코 이설이 가장 현실적 방책이라고 본다.

헌법 개정과 관련해 아베 수상은 국민투표에서 과반수 찬성을 얻기 위해 국민적 이해와 지지를 확대하도록 노력하겠다고 강조했다. 현재 자민, 공명, 유신 등 헌법 개정의 지지·용인세력은 중의원에서 발의에 필요한 2/3를 넘으나, 참의원에서는 그렇지 않다. 따라서 헌법 개정 테마를 결정하는 과정을 통해 민주당·무소속 등의 지지·협력을 얻어내는 것이 필요하다. 실제 공산당·사민당 외에는 환경권 등 새로운 인권 추가와 대규모 재해 시 긴급사태 조항의 신설 등에 커다란 이론은 없다. 헌법 개정 논의를 활발하게 해서 국민의 관심을 고조시키는 것이 필요하다(≪요미우리신문≫, 2014.12.16).

아베 수상은 헌법 개정이 본인의 역사적 사명이라고 강조했다. 이번 선거의 승리로 자민당을 중심으로 국회에서 헌법 개정을 착실히 추진해 나갈 가능성이 높다. 2014년 6월 헌법 개정 찬반을 결정하는 국민투표의 투표연령을 4년 후에 18세 이상으로 하는 개정국민투표법이 성립되었다. 개헌안이 국회에서 발의되면 국민투표가 실시되는 환경이 수립되었다.

2015년에는 국민투표법의 개정을 추진한 자민당, 민주당, 유신의 당, 공명당 등 7당을 중심으로 구체적 개정 항목을 정리하는 개헌 원안의 논의가 진행될 것이다. 자민당이 2014년 10월 각 당에 제안한 개정 항목은 ① 대규모 재해나 유사시 개인의 권리를 제한하는 긴급사태 조항, ② 차세대에게 부담 전가를 제한하는 재정규율 조항, ③ 국가와 국민의 환경보전 책임을 정하는 환경권 창설 등으로 이 필요에 대해서 7당은 대체로 견해가 일치한다. 자민당 헌법 개정 초안에는 자위대를 국방군으로 바꾸고 천황을 국가원수로 승격하는 내용이 있다. 교전권을 부인하는 평화조항 제9조의 개정이 논의되어왔다.

헌법 개정의 과정에서 어느 조문을 어떻게 개정하는가는 중·참 양원의 헌법심사회에서 논의한다. 양원 총의원의 2/3가 개헌 원안에 찬성하면 찬부를 묻는 국민투표에 부친다. 아베 수상은 12월 14일에도 국민투표에서 과반수의 찬성을 얻기 위해 헌법 개정의 필요성을 재차 강조했다.

개헌추진파가 상정하는 스케줄에 따르면, 빠르면 2016년 통상국회에서 개헌안을 발의하고 여름에 참의원 선거와 동시에 국민투표를 시행하는 시나리오다. 국민투표는 국회 발의 후 60~180일의 공시기간이 필요하다. 초당파가 우선 개헌안을 정리해서 찬성하는 각 당이 참의원 선거에서 공통 공약으로 내세우자는 의견도 있다. 2015년에는 각 당이 개정 항목에 대해서 견해를 제시할 것이라고 전망한다(≪아사히신문≫, 2014.12.15).

아베 정부는 2014년 7월 각의 결정에 기초해서 집단적 자위권의 법 정비를 본격화했다. 수상은 당수토론에서 2015년 통상국회에 관련 법안을 제출하겠다고 선언했다. 2015년 4월 통일지방선거 후 법안을 제출할 예정으로 그때까지 정부와 여당이 협의해서 법안내용을 결정할 것이다. 초점은 집단적 자위권 행사의 범위를 어디까지 인정하는가이다. 일본의 존립이 위협을 받아, 국민의 생명·자유와 행복추구권이 근본적으로 침해되는 명백한 위험이 있을 때만 행사할 수 있다는 각의 결정에 대해서 연립여당인 자민당과 공명당의 해석에 차이가 있어 조정이 필요하다.

또한 아베 정부는 자위대와 미군의 역할 분담을 결정하는 미일방위협력지침(가이드라인)의 개정을 2015년에 마무리할 예정이다. 각의 결정에 의하면 이론적으로 전투현장이 아니면, 지구 반대편에도 대미지원을 위해 자위대를 파견할 수 있다. 따라서 세계 규모의 대미협력이 어디까지 확대되는가가 논의의 초점이다. 집단적 자위권 행사의 한정용인을 반영해서 안전보장법제의 법안 처리가 일괄적으로 이루어지는 시점에 맞춰 2015년 4월 통일지방선거 후 신가이드라인을 공표하도록 조정 중이다.

아베노믹스의 성패에 크게 흔들림 없이 미일동맹은 강화 추세이다. 중국·러시아·북한을 견제하는 역할을 중심으로 글로벌하게 안보협력을 확대하려는 움직임이다. 미국은 한미일 안보협력도 강화하도록 권유하고 있다.

미국정부가 국제공동개발한 최신예 전투기 F35의 정비거점을 일본에 설립하는 방침을 정했다고 한다. 일본은 공동개발에 참가하지 않으나 항공자위대가 도입하는 42기의 기체와 엔진의 조립을 미쓰비시중공업 등이 수주해서, 일본 기업들이 항공 자위대와 주일·주한미군의 F35 정비를 인수하는 것이다. 정비거점의 유치는 2014년 4월 각의 결정한 방위장비 이전 3원칙에 국제공동개발·생산의 참가 등이 인정되는 조항에 기초한 것이다. F35는 한국이 약 40기, 호주가 약 100기를 도입할 방침이다(≪요미우리신문≫, 2014.12.18).

2014년 11월 베이징 APEC(아시아태평양경제협력회의)에서 처음으로 중일 정상회담이 개최되었다. 해상에서 우발적 충돌을 피하기 위해 해상 연락 메커니즘의 운용 개시를 위한 조정에 합의했지만 구체적 진전은 없었다. 북한의 납치문제와 관련해서는, 자민당은 공약에서 피해자 전원의 조기 귀국을 실현한다고 했다. 북한이 재조사를 하고 있으나 성패와 전망이 불투명하다. 아베 신정부가 한국과 중국에 대하여 어떠한 입장을 취할 것인가가 동아시아 국제정세에 지대한 영향을 준다.

아베 수상은 소비세율을 10%로 인상하기로 한 것을 2017년 4월로 연기하고 이를 재연기하지 않겠다고 선언하며, 경기 여건에 따라 증세를 하지 않는 경우는 없다고 했다. 증세 전까지 경기회복을 반드시 이루겠다는 의지로 파악된다. 소비 증세는 기업의 경리시스템 변경 등의 준비에 최저 반년이 걸리기 때문에 2016년 가을까지는 재증세 여부를 최종적으로 판단해야 한다. 그 직전인 2016년 여름 참의원 선거가 사실상 아베노믹스의 성패를 가리는 심판장이 된다. 그때까지 경기가 본격적으로 회복될지 일본경제는 미묘한 상황에 있다.

최근 2년 동안 금융완화 효과로 엔저와 주가상승이 진척되어 대규모 제조업과 금융기관을 중심으로 기업 수익은 개선되었다. 재무성 통계에 의하면 2014년 7~9월 전체 산업의 경상이익은 2년 전과 비교해서 30% 정도 증가했다. 그러나 경제성장률은 2014년 4~6월, 7~9월 계속 마이너스를 기록했다. 2014년 4월 소비세율이 8%로 인상되어 실질 임금이 줄어서 가계 지출이 준 것이 주요 원인이다. 아베 수상은 소비세 재증세를 연기해서 임금 상승이 발생해 가계 소비로 연계되기를 기대한다. 이를 위해 경제계 및 노동조합과 함께 정노사회의에서 2015년 임금 인상 합의를 도출하려고 한다.

한편 아베노믹스에는 자체 부작용이 존재한다. 엔저현상은 수출에 도움이 되지만 식료품 등 수입 가격을 인상시켜, 원재료를 수입하는 중소기업을 압박한다. 대기업에서 임금 인상이 되어도 노동자 70%가 일하는 중소기업의 임금 인상이 없으면 소비 증가는 기대하기 어렵다. 엔저현상의 부작용으로 가계가 부담을 지면 아베노믹스 제2화살인 재정을 통한 경기우선정책을 취하게 된다. 아베노믹스 제1화살인 금융완화정책으로 일본은행이 거액의 국채를 시장에서 매입해서 예산을 과도하게 사용하는 것은 국채의 신용을 잃게 한다.

아베노믹스에 기대하지 않았던 순풍은 원유 등 자원가격의 세계적 하락이다. 엔저에 의한 물가고가 자원가격의 하락에 의해 상쇄되어 경기회복에 도움이 된다고 평가한다. 아베노믹스 제3화살인 성장전략으로 의료·치료·농업·노동시장 등의 개혁이 경기 회복에 도움이 될 수 있다고 본다. 아베 수상은 농업·의료·에너지 분야에서 과감한 규제개혁을 단행해서 성장전략을 힘껏 추진하겠다고 했다.

아베 수상은 원자력규제위원회의 엄격한 기준 심사에 통과하면 원자력발전소를 재가동한다고 선언했다. 원자력규제위원회의 심사에 따라 큐슈전력 원자력 발전소가 2015년 2월 재가동될 예정이다. 재생가능 에너지 도입 등으로 원자력 발전 의존도를 낮추려고 한다. 성장전략과 연계된 TPP(환태평양경제연휴협정)는 2015년 타결을 목표로 협상이 진척되고 있다.

아베노믹스의 부분적 성과가 있지만, 국가 부채가 증가하고 성장전략의 효과가 적어 경제성장률이 마이너스에서 국가신용도가 하락하는 불안요인이 존재한다. 적정수준에서 양적완화를 축소하고 엔화 가치가 급격히 하락하지 않도록 제어하는 균형적 안정정책이 필요하다.

일본 국민 중에도 아베노믹스가 성공하리라고 믿기보다는 대안이 없다고 보는 사람이 많다. 금융완화정책으로 국가 부채는 증가하고 엔화 가치는 하락했으나 무역수지는 적자이고 경제성장률은 마이너스이고 국가신용등급도 하락했다. 아베 신정부가 아베노믹스를 계속 추진해서 재정투자를 실행해도, 민간 기업의 투자와 실질임금 인상이 이루어지지 않고, 새로운 산업기술과 신제품이 산출되는 이노베이션이 원활히 이루어지지 않으면 일본경제의 재생은 쉽지 않다. 엔화 하락에 경기 침체가 지속되면 스태그플레이션이 올 수 있고 국가 부채의 증가로 국가경제 부도의 위기도 맞을 수 있다. 도쿄 근처에 커다란 자연재해가 발생해도 일본경제는 치명적인 타격을 입을 수 있다.

정상적인 경제정책으로 경제위기에서 벗어나지 못하는 경우 최후 수단으로 전쟁을 통한 안보외교적 방안을 언급한다. 강경보수세력이 군부와 결합하여 정권을 장악하고 1930년대와 같은 군사적 팽창전략을 실행하는 것이다. 그러나 2010년대는 1930년대와 엄청난 차이가 있어서 동아시아 국제정세, 즉 미·중·일·러와 한반도의 역학구도가 일본에 우호적이지 못하다. 일본이 헌법 개정을 통해 보통국가가 되고 군사력을 증강해도 미국과 중국의 양대 세력하에서 자유롭게 운신하기는 쉽지 않다.

아베 수상은 미국을 방문하여 2015년 4월 28일 미일정상회담을 개최하고 29일 일본 수상 최초로 미국 의회에서 상·하원 합동연설을 했다. 미국과 일본이 안보동맹과 경제협력을 강화하게 되는 것이다. 이로써 미일 양국이 추진하는 동맹 강화가 확인되는 셈이다.

미일정상회담에서 '미일공동비전성명'과 '핵무기비확산과 관련한 공동성명'을 발표했다. TPP의 신속하고 성공적인 타결을 위해서 상호 노력하고, 새 미일방위협력지침이 동맹을 강화하면서 지역 및 세계 안보에서 일본의 역할을 확대해주고, 기후변화·지속 가능한 경제성장·에너지 안보·극단주의 등 글로벌문제에 대응하기 위한 파트너십의 구축을 선언했다. 또한 아시아태평양 지역의 안정과 관련해서 힘과 강제에 의해 주권과 영토에 대한 존중을 파괴하고 일방적인 현상변경을 시도하는 국가행동이 국제질서를 위협한다고 중국을 겨냥하듯이 지적했다.

미일동맹의 강화는 점증하는 중국과 러시아 및 북한의 위협에 안보와 경제 양 측면에서 대응하는 방안이다. 방위협력지침을 개정하여 자위대의 파견영역을 확대하고 집단적 자위권의 행사를 확장해서 미일동맹을 글로벌화하는 것이다. 또한 중국 주도의 AIIB(아시아인프라투자은행)에 대응하는 TPP의 미일 간 협의를 일단락지어서 경제협력을 강화하는 추세를 보인다.

아베노믹스가 엔저현상의 효과에 힘입어 다소 회복되는 기미가 보이는 가운데, 미일안보동맹의 강화로 일본의 군사대국화가 두드러지고 있다. 일본이 경제와 안보 측면에서 회복하고 발전하는 배후에는 미국의 암묵적 지원이 존재하고, 이는 미국의 국가이익에 부합하는 것이다. 일본의 환율저하를 용인하면서 도요타 등 일본 자동차의 미국 판매가 증대하고 석유 등 에너지 가격의 하락이 유지되는 글로벌 경제환경이 아베노믹스의 효과를 견인하고 있다. 일본 경제는 2014년 후반기의 마이너스 성장에서 벗어나 2015년 전반기에는 무역 흑자를 기록하면서 플러스 성장의 전망을 보이고 있다.

아베 수상은 의회 연설에서 위안부문제나 과거사에 대해서 별로 중요한 언급을 하지 않았다. 아베 수상의 역사수정주의 입장이 드러났다고 평가된다. 일본이 미일동맹을 강화하고 자위대의 활동 범위가 전 세계로 확대되고 필요에 따라 무력 사용을 허용하게 되는 방위협력지침이 설립되었다. 한국정부의 요청이나 동의 없이 일본군대가 한반도에 진입하는 것은 불가하다는 것을 명백히 해야 한다.

2015년은 종전 70주년이다. 아베 정부가 과거사문제 및 영토·안보문제에 어떤 태도를 보이는가에 따라 한국 및 중국과의 관계에 커다란 영향을 미치게 된다. 일본은 경제를 재건하기 위해 한국 및 중국과 협력관계로 나아가야 하고 이를 위해서는 과거사문제 등에서 유화적인 입장을 취해야 한다. 아베 정부가 국수주의적 우익사관을 고수하고 주변국을 배려하지 않는 안보정책을 취하면, 국제관계뿐만 아니라 일본경제에도 악영향을 끼치게 된다. 현실적이고 실용적인 선택을 통해서 동아시아의 평화와 번영에 적극적으로 기여하고 상호 국가이익에 도움이 되는 방향으로 나아가야 한다.

한국은 일본을 예의주시하면서 경제력과 군사력을 축적하고 대비해야 한다. 한국외교의 양대 축을 한미동맹과 한중협력으로 삼고 흔들림 없는 굳건한 신뢰외교관계를 구축해야 한다. 한미일 및 한중일 관계와 더불어 한미중의 3각관계에도 진력해서 한반도 주변에 가능한 한 다층적 복합외교에 힘을 기울여야 한다.

동아시아 국제관계

최근 영토와 과거사문제로 중국과 일본의 갈등이 고조되는 상황은 미국·일본 대 중국이라는 패권경쟁의 양상을 띠면서, 20세기 제1차세계대전과 경제대공황 및 제2차세계대전이 발발한 과정과 유사하다는 국제적 평론이 나올 정도로 심각하다. 영국·프랑스 대 독일이라는 과거의 패권경쟁 구도가 현재에 와서는 미국·일본 대 중국 구도로 변한 셈이다. 안보위기와 경제위기가 공존하는 동아시아 국제정세 속에서 중국과 일본의 갈등 요인을 복합적으로 분석하면 패권경쟁, 영토·자원분쟁과 역사적 심판의 측면을 고려할 수 있다.

동아시아 국제정세에 복합성을 더하는 요인은 안보위기와 경제위기의 공존이다. 영토·자원분쟁이 안보위기를 고조시키고, 경제위기가 영토·자원분쟁을 악화시키는 순환 속에서 기존 패권국과 패권 도전국의 갈등이 전쟁을 야기할 수 있는 수준으로 표출되고 있다. 모든 전쟁의 원인에는 경제적 요인이 있다고 하듯이 경제위기가 안보위기를 가중시킨다.

1929~1934년의 경제대공황(Great Depression)은 제1차세계대전 이후 영국의 경제 패권이 무너지고 세계경제 시스템을 유지할 국가가 없는 상태에서 생겨났다. 각 국가가 자국의 이익만을 추구하며 갈등과 분쟁이 고조되어 경제공황과 파시즘이 대두하고 제2차세계대전으로 전개되었다. 2000년대 미국의 정치·경제 패권이 약화되면서 자유무역이 상대적으로 쇠퇴하고, 국가주의와 민족주의가 대두하면서 자원·에너지 등을 위한 경쟁·갈등이 고조되고, 동아시아의 동중국해와 남중국해의 영토·자원분쟁에서 충돌이 발생할 가능성이 나타났다.

미국과 일본의 패권은 2001년 대테러전쟁 발발 이후 2008년 미국의 금융위기가 세계경제위기로 확대되면서 서서히 무너지는 조짐이 나타났다. 동일본대지진으로 일본경제에 타격이 큰 상태에서 유럽 여러 국가의 재정 악화로 인해 유로존의 경제뿐만 아니라 세계경제에도 악영향이 생겨 세계경제위기와 함께 상대적으로 약화되는 현상이 나타났다.

제2차세계대전 이후 미국의 패권에 의해 관리되었던 세계경제 시스템이 미국 패권의 상대적 약화와 함께 미국, EU, 중국 등을 중심으로 한 다자주의적 시스템으로 바뀌고 있다. G20정상회담과 같이 선진국 G7에 신흥경제국이 공동으로 참가하여 세계 경제문제를 논의하고 대책을 마련하는 다자주의적 시스템의 발전이 가능하게 되었고, 지속적인 경제성장으로 인해 중국이 미국과 더불어 G2의 위상을 차지하게 되었다. 2008년 G20성명과 같이 다자주의적 국제기구가 형성되어 운용될 때 각국의 행동이 타국이나 경제시스템 전체의 안정을 해치지 않도록 긴밀한 연락을 취하는 것이 중요하다. 현존하는 패권국 미국이 경제위기를 극복하고 세계경제 시스템을 원만하게 재편하고 유지·발전시키면서, 국가들 간의 갈등과 분쟁을 효과적으로 제어하고 조정하는 국제기구를 관리·유지하는 데 기여하는 역할을 원활히 수행해야 한다.

미국의 역할이 패권국으로서 시스템 관리를 넘어서 일본을 도와 중국을 견제하는 데 진력하게 되면, 미일 대 중국의 패권경쟁으로 안보위기가 고조될 수 있다. 중국과 일본의 패권경쟁에 미국이 개입하게 되는 경우에 중국 대 미일의 패권경쟁이 심화될 수 있다.

세력전이에 의한 미중 간의 패권전쟁 가능성에 관하여, 패권국 미국의 유연성과 도전국 중국의 비교적 높은 만족도에 의거해서 미중 간 전쟁의 위험은 그다지 높지 않고, 평화적 이행 가능성이 크다는 견해가 있다. 중국이 장기적으로 경제대국이 되는 것은 거의 확실하지만 시간이 걸리고, 그동안 중국과 국제사회가 전쟁을 피하기 위해 노력할 것이고, 미국의 군사적 우월이 쉽게 흔들리지 않을 것이다. 중국의 힘에 대한 과대평가와 미국의 중국에 대한 경직적 대응의 우려가 제어된다면, 중국의 부상으로 인한 21세기 권력이동은 패권전쟁 없이 실행될 수도 있다.

최근 동중국해와 남중국해에서 영토·자원문제로 중국과 일본 및 베트남, 필리핀 등의 긴장이 고조되었다. 미국은 이 지역에서 중국의 무력행사에 대응해 일본·호주와 3국 공동군사훈련 및 베트남·필리핀과도 양국 공동군사훈련을 실행했다. 이에 대응하여 중국과 러시아도 한반도 서해에서 합동군사훈련을 실시했다. 2012년 9월 일본의 센카쿠열도 국유화와 관련해서 중일 간 영토분쟁이 격화되었고, 독도/다케시마 관련 한일 간 영토분쟁도 제기되었다. 동아시아에서 영토·자원분쟁이 무력 충돌의 상태로 나아가면 동아시아의 커다란 비극이 되고, 미국은 되도록 개입하지 않으면서 상황에 따라 대처하는 전략을 취할 수 있다.

2012년 9월 일본의 센카쿠열도 국유화로 기존 현상이 변경되는 사건이 발생하여 중일 간의 갈등은 전쟁을 방불케 하는 수준으로 고조되었다. 이에 대한 대응으로 중국은 2013년 11월 선포한 중국방공식별구역(CADIZ)에 댜오위다오/센카쿠열도를 포함시켜, 일본뿐만 아니라 미국이 즉각적으로 중국방공식별구역 내에서 항의 비행을 실행하는 사건이 발생했다. 영토분쟁에 의해 영토주권이 중첩되므로 중국과 일본, 미국 사이에 언제든지 무력충돌이 발생할 수 있는 상황이 유지되고 있다.

중일 간 영토분쟁의 갈등이 심각한 상황에서 자민당 아베 정부는 미일동맹을 강화하고 방위비를 인상하고 자위대의 방위력과 국제적 역할을 증대하면서 집단적 자위권의 행사와, 나아가서 헌법 개정을 목표로 하는 조치를 취하고 있다. 일본의 국가개혁과 보통국가화·군사대국화가 진전되면 중일 간의 패권경쟁이 본격화하는 것이 아닌지 우려된다.

안보와 경제 양 측면의 위기 상황이 발생할 수 있는 국제환경에서, 한국은 희망적 사고에서 벗어나 미·중·일·러·북한의 국가이익과 외교전략을 더욱 냉철하게 분석하고, 현실적·실용적으로 대응해야 한다. 동아시아의 세력불균형에 대응해서 한미동맹의 강화에 기초한 한중일+미국의 세력균형 구조, 즉 동아시아균형네트워크의 정책 틀을 적극적으로 유지·활용하는 것이 바람직하다. 한중일의 갈등 상황을 조정하는 세력균형자로 미국의 역할이 매우 중요하다. 동아시아의 다자안보체제와 다자협력체제의 형성과 기능이 긴요하다. 동아시아에서 신냉전구도로 일본·미국과 중국·러시아의 갈등이 고조되면 한국의 가교역할과 중견국외교의 실행에 어려움이 발생할 수 있다.

경제위기와 안보위기가 복합적으로 발생하는 경우에 대비해서 한국은 경제력과 군사력을 충실히 축적해야 하고, 미국을 비롯한 국제사회와의 네트워크 속에서 정보를 교류하면서 글로벌 거버넌스의 국제제도와 레짐(regime, 정책체제)이 원활히 작동하도록 다자적·다층적 협력외교를 적극적으로 전개해야 한다. 경제대공황에서 벗어나는 주요 방안이 재정투자 및 기술혁신과 전쟁이었다는 점을 유념해야 한다.

한국외교의 양대 축을 한미동맹과 한중협력으로 삼고 흔들림이 없는 굳건한 신뢰외교관계를 구축해야 한다. 한미일 및 한중일 관계와 더불어 한미중의 3각관계에도 진력해서 한반도 주변에 가능한 다층적 복합외교에 힘을 기울여야 한다.

이 책이 발간되기까지 여러 형태로 도움을 주신 많은 분들께 마음으로부터 깊이 감사의 인사를 올린다. 우선 세종연구소의 동료 연구위원과 직원 여러분의 격려와 노고에 감사드린다. 현대일본학회와 국제정치학회의 여러 교수님들의 격려, 비판 및 충고에 힘입어 이 책의 연구결과가 성취된바 머리 숙여 감사의 마음을 전한다. 지난 7년간의 외교부 정책자문위원 활동과 서강대학교 국제대학원 강의 등이 연구에 커다란 도움이 되었다. 연구를 돕는 데 힘을 보탠 대학원생 조교들에게도 감사를 표한다. 또한 출판과 편집에 힘써준 도서출판 한울의 여러분께 심심한 사의를 전한다.

앞으로의 연구발표가 좀 더 충실하고 가치 있는 업적이 되기를 기약하며 부끄러운 마음으로 이 책의 발간에 임한다.

2015년 6월

소유(素由) 김성철(金聖哲)

제1부

일본의 정치외교

제1장

일본 민주당 정부의 외교안보정책

1. 서론: 일본 민주당 정부의 출범

2009년 8월 30일 일본 중의원 총선거에서 민주당이 압승을 거두어 새로운 정부가 출범하게 되었다. 1955년부터 54년간 일본정치를 지배해온 자민당이 후퇴하고 진보성향의 민주당이 선거에서 승리하여 정권교체가 이루어진 것이다. 신정부가 출범하게 되면서 외교안보정책의 기조와 노선이 민주당의 색채에 맞게 바뀌게 되었다. 이 글의 목적은 일본의 신 정권이 내세우는 외교안보정책의 기조를 따라서 그 기본 원칙과 과제 및 전망을 심도 있게 분석하는 것이다. 민주당 정부의 외교안보정책이 자민당 정부와 비교해서 기본적으로 어떻게 변모하는지 고찰하고 이에 따라 미국·중국·러시아·한국·북한 등과의 관계에서 일어난 정책 변화를 구체적으로 분석하고자 한다. 주일미군의 재편과 동아시아공동체 구상의 내용 등 미일관계와 아시아 중시외교에 대한 신정부의 입장을 구체적으로 살펴볼 것이다.[1] 또한 대응방안으로 한국의 외교안보정책을 숙고해보고자 한다.

이번 중의원 선거에서 일본 민주당이 총 의석 480석 가운데 308석을 차지하는 대승리를 거두었고 자민당은 119석을 차지해 참패했다. 야당이 선거를 통해 단독 과반수를 획득하고 정권교체를 이룬 것은 전후 일본정치에서 역사적인 최초의 사건이다. 민주당은 2007년 7월 참의원 선거에서 승리하여 이제 양원을 장악하게 되었고, 자민당은 1955년부터 거의 54년간 누려온 장기집권에서 물러나게 되었다. 민주당은 보수적인 자민당은 물론 혁신정당인 사회당과 공산당과도 차별성을 두는 리버럴한 정당으로 1996년 중의원 선거 전에 결성되어 자민당과 신진당에 이은 세 번째 정당으로 출발했다. 민주당은 1998년 참의원 선거 때 신진당 탈당파 등을 흡수해 비자민 야당의 결집세력인 제2정당으로 성장했고, 2003년 9월 오자와 이치로(小沢一郞)가 이끌던 자유당과 합당하면서 지지도가 향상했다. 최근 양원 선거에서 승리할 수 있었던 배경에는 2001년부터 2006년까지 고이즈미 내각의 신자유주의적 개혁에 대한 반발과 고이즈미 준이치로(小泉純一郞) 이후 아베 신조(安倍晋三)-후쿠다 야스오(福田康夫)-아소 다로(麻生太郞)로 이어지는 자민당 단명 내각의 무능력이 큰 요인으로 작용했다.

자민당의 장기집권에 대한 국민들의 불만이 총선거에 예상외의 결과를 가져왔다. 2005년 중의원 선거 때는 국민들이 고이즈미 수상의 개혁노선을 지지하여 자민당이 압승했다. 그러나 고이즈미가 수행한 행정개혁은 지지부진했고, 그가 주창한 시장원리주의가 사회전반에 구조조정을 야기시켜 양극화 현상, 의료복지 약화, 지방경제 폐해 등을 초래하여 국민생활에 악영향을 끼친 것으로 알려졌다. 고이즈미 정권 이후 1년씩 이루어진 수상교체(아베-후쿠다-아소)는 정치적 무능력과 무책임의 소산이었다. 자민당은 2007년 참의원 선거에서 민주당에 패한 이후 지속적으로 약화되는 국민의

---

1) 2009년 말 예정되었던 방위대강의 개정은 2010년으로 연기되었다.

〈표 1-1〉 일본 양원의 의석수(2009년 9월)

양원	총원	민주당	자민당	공명당	공산당	사민당	기타
중의원	480	308	119	21	9	7	16
참의원	242	117	81	21	7	5	11

지지를 복원하지 못했다.

민주당은 최저임금 인상, 자녀보육수당 확대, 중소기업 법인세 인하, 고속도로 통행료 무료화 등 국민생활을 지원하는 정책을 내세우면서 선거에 임했다. 자민당 후보가 경륜과 경험을 내세웠다면, 민주당은 참신함과 개혁성을 주장하며 국민에게 알려진 새로운 인물을 후보로 공천하고 지역에 밀착된 선거운동에 힘을 쏟았다. 그 결과 민주당의 신진들은 가이후 도시키(海部俊樹) 전 수상, 야마사키 다쿠(山崎拓) 전 부총재, 나카가와 쇼이치(中川昭一) 전 재무상 등 자민당의 거물들을 물리치고 승리했다.

이제까지 일본의 정치시스템은 관료주도의 행정과 거대 자민당의 내부 정책 조정을 통해 비교적 안정적으로 운영되어 왔다. 이 선거결과를 통해 변화가 야기되었고, 이는 일본 정치체제의 근본적 성격 변화를 예고했다(최영호, 2009).

2. 민주당 하토야마 내각의 외교정책 기조

2009년 8월 총선거에서 민주당이 승리한 사건은 일본에서 미국과 같은 양당제가 확립되는 계기를 마련해주는 것이다. 전통적으로 미국의 공화당과 친밀한 관계를 유지해온 자민당이 민주당이던 클린턴 정부와 심한 갈등을 겪었던 경험을 교훈으로 이번 일본 민주당의 집권은 일본 민주당과 미국 민주당의 돈독한 우호관계를 형성하는 계기가 되었다.[2] 의원내각제인 일본정치에서는 총선거를 비교적 유연하게 치를 수 있기에 미국에 공화당 정부가 들어설 때 자민당이 집권하고 미국에 민주당 정부가 들어서면 일본에도 민주당 정부가 집권할 수 있는 제도적 구조가 마련되었다.[3]

아직 구체화되지 않은 일본 민주당 정부의 외교정책 공약에서 두드러진 사안은 미일동맹의 재조정과 아시아 중시외교로서, 동아시아공동체의 주창이다. 이는 2008년 세계적 경제위기를 야기한 미국의 금융위기와 경제약화가 계기로, 중국과 한국을 비롯한 아시아 경제의 부흥과도 연관이 있다. ≪뉴욕타임스(The New York Times)≫에 발췌·게재된 논문 「일본의 새로운 길」(일본 월간지 ≪보이스(Voice)≫ 9월호)에서 하토야마 유키오(鳩山由紀夫) 대표는 미국 주도의 세계화와 시장원리주의를 비판하면서, 미일안보체제는 일본외교의 초석이지만 미국의 국력이 쇠퇴하는 국제정세에 아시아통합이 중요하다고 강조했다. 또한 일본은 아시아에 위치한 국가라는 정체성을 잊지 않고 우애의 이념에 따라 아시아 국가들과 동아시아공동체를 창설하는 것이 국가목표라고 했다(≪요미우리신문≫, 2009.9.3)

하토야마 수상은 자신의 홈페이지에 영문과 한글로 번역해 게재한 「나의 정치철학」이라는 글에서 조부인 하토야마 이치로(鳩山一郎) 전 수상의 정치철학과 함께 오스트리아 정치가였던 리처드 N. 쿠덴호프-칼레르기(Richard N. Coudenhove-Kalergi)[4]의 정치사상을 소개한다. 하토야마 수상

---

2) 1993년부터 1996년에 이르는 일본의 정치개혁 과정에 대해서는 Curtis(1999) 참조.

3) 선거에는 국내적 요인과 국제적 요인이 복합적으로 작용하는 경우가 있고, 미일관계의 중요성이 어느 정도 일본 선거에 영향을 미치는가는 국제요인에 국내 행위자가 어떻게 반응하는가에 달려 있다. 1993년 일본의 정치개혁에 미일관계가 영향을 미쳤다고 분석하는 견해도 있다.

4) 쿠텐호프 칼레르기는 오스트리아 귀족인 아버지와 일본인 어머니 사이에서 태어났으며 1920년대부터 유럽통합을 주창했다. 그의 정치사상에 대해서는 『범유럽(Pan-Europa)』

이 주창하는 우애(友愛)사상은 이들로부터 배운 것으로 프랑스 혁명의 정치 신조였던 박애(fraternity)와 유사한 개념이며 자유와 평등의 극단을 견제하는 함의가 있다고 한다. 동아시아공동체 구상도 유럽통합과 같이 우애 정신에 입각하여 민족주의를 넘어서 초국가적 공동체를 추구하는 뜻이 있다(하토야마 유키오, 2009 참조).[5]

일본 민주당은 미국과의 동맹에서 대등한 관계를 추구하고 대미의존을 줄이면서 미국과 다소 거리를 두고자 하는 움직임이 있다. 미국정부는 일본 신정부가 아프가니스탄 전쟁과 아시아의 미군 재편에서 지원을 후퇴할 것에 대해 우려하고 있다. 일본 민주당은 주일미군의 재편과 미일지위협정 등 미일동맹의 근간이 되는 정책의 개정을 검토하고 있다. 우선 하토야마 수상과 버락 오바마(Barack Obama) 대통령 사이에 신뢰관계가 쌓이면 미일 관계에서 일본이 현실적인 입장을 취하게 될 것이라는 낙관적인 기대도 있다. 9월 3일 하토야마 대표는 오바마 대통령과 첫 번째 전화회담에서 미일 동맹을 기축으로 기후변동과 핵폐기, 경제대책 등의 문제에 협력하기로 합의했다.

일본 민주당이 아시아 중시외교의 일환으로 제기한 동아시아공동체 구상은 매우 중요하고 높이 평가할 만하다. 한국정부는 동아시아공동체의 문제와 관련해서 오랫동안 연구그룹을 구성하고 적극적인 역할을 해왔다. 동아시아의 안전보장과 번영을 추진하는 데 동아시아공동체의 형성이 긴요하다. 북한문제의 대응을 위한 한미일 공조는 중요하고 6자회담을 통한 해결방안도 지속될 전망이다.[6] 한국 및 중국과의 갈등 요인이며 아시아에서

(1923) 참조.

5) 하토야마의 정치철학에 대한 분석으로는 山本和也(2009) 참조.

6) 북미대화의 추이에 따라 민주당 정부에서 북일관계의 개선을 위한 양자협의가 진전될 수 있다는 견해도 있다.

일본의 리더십을 저해하는 역사인식문제는 일본 민주당이 마음을 열고 나아가면 개선의 여지가 있다고 본다. 일본 각료가 야스쿠니신사 참배를 자숙하는 것도 아시아 국가들과 우호관계를 증진하는 데 기여할 것이다. 민주당은 야스쿠니신사를 대체할 전몰자 추도시설의 건립을 검토하고 있다. 재일교포 사회가 희망해온 지방참정권의 문제도 민주당 정부에서 해결할 가능성이 있어 기대가 된다. 독도와 같은 영토문제는 매우 민감한 문제라서 일본의 입장이 갑자기 바뀌리라고 기대하기 어렵고 양국정부가 이성적으로 관리해야 할 문제다. 일본이 한국을 불필요하게 자극하지 않는 게 바람직하다.[7]

민주당 신정부의 정책 결정은 이번 선거에 지대한 공을 세운 하토야마 대표와 오자와 간사장의 입장을 중심으로 이루어질 것이다. 의원 150명을 거느린 최대계파의 오자와 간사장, 45명을 거느린 하토야마 그룹, 30명의 간 나오토(菅直人) 그룹과 오카다 가쓰야(岡田克)를 포함한 주류 그룹이 당내 다른 그룹들과의 의견조정을 통해서 주요 정책을 결정하리라고 예상된다. 민주당 내에는 1993년 정계개편 때 자민당에서 탈당한 보수적인 주류 그룹과, 구 사회당 그룹(30명) 및 구 민사당 그룹(30명) 등의 진보적인 견해를 가진 그룹이 공존한다(≪아사히신문≫, 2009.9.3). 기본적으로는 역할 분담의 차원에서 하토야마 수상이 정부와 정책을 담당하고 오자와 간사장은 민주당과 의회를 담당하기로 했다.

집권능력에 의심을 받아온 민주당이 무사히 국정을 운영하고 2010년 참의원 선거에서 승리하기 위해서는 국내외로 신중하게 정책을 실행하면서 특히 국제관계에 갈등이 고조되는 행동은 자제하리라고 전망된다.[8] 그러

---

7) 공로명 전 외교부장관 인터뷰(≪요미우리신문≫, 2009.9.2) 참조.
8) 민주당이 사민당 및 국민신당과 연립정권을 구성하기 위한 협의 가운데 외교안전보장분

나 예상과는 다르게 미일관계에서 주일미군의 재편과 핵밀약의 현안에서 하토야마 정부는 미국에 대해 상당히 강경한 입장을 취했다.

2009년 9월 새로 출범한 민주당 하토야마 내각의 정책 기조는 다음과 같다. 새 내각의 의미는 메이지(明治) 이후의 정치와 행정 시스템을 전환하는 역사적인 첫걸음에 있다. 진정한 국민주권의 실현과 내용에 걸맞은 지역주권을 정책의 양대 축으로 한다. 이권정치와 관료 의존 정치시스템으로부터의 탈각을 목표로 한다. 국정을 정치주도와 국민주도로 쇄신시키도록 한다. 국민의 심판을 받는 정치가가 각 부처의 운영에 명실공히 책임을 진다. 여당의 사전심사 관행을 폐지하고, 정부·여당의 이원적 의사 결정을 일원화하고, 족의원 탄생을 방지한다. 정부의 의사 결정은 정당이 아닌 내각에서 이루어진다. 사무차관회의는 폐지하고 중요정책은 관계각료들에 의한 각료의원회에서 실질적인 논의와 조정을 진행시킨다. 각종 정부의 정책회의는 근본적으로 재검토하고 정리·통합한다. 관료의 정책 결정을 정치가가 추인하는 것 같은 정치풍토를 근본적으로 개선한다. 새로운 수상직속기관으로 국가전략실을 설치하고 세금·재정의 골격이나 경제운영의 기본방침 등을 결정한다. 행정쇄신회의를 열고 세금이 헛되이 쓰이지 않도록 철저히 한다. 기축이 되는 네 가지 방안은 ① 인간의 생명을 소중히 하고 국민의 생활을 지키는 정치, ② 지역주권으로의 전환, ③ 경제 합리성만을 평가 축으로 한 경제에서 인간을 위한 경제로의 전환, ④ 자립하는 외교이다. 대등한 미일관계라는 것은 세계의 평화와 안전을 다하는 역할과 구체적인 행동지침을 일본에서도 적극적으로 제언하는 관계이다. 목표로 해야 하는 것은 정부만능주의도 시장원리주의도 아니다. 국민주권, 지역주권, 자립과 공생

야에서 인도양에서의 해상 자위대 급유활동과 관련하여, 민주당은 이를 2010년 1월까지 지속하는 것을 용인하는 방침이나 사민당은 즉시 철퇴를 요구했다. 사민당은 주일미군 기지문제와 비핵3원칙에 관하여 명기할 것을 요구해서 의견조정에 어려움이 있었다.

〈표 1-2〉 하토야마 정부의 5원칙 5정책

【5원칙】

원칙1	관료주도의 정치에서 집권당이 책임을 지는 정치가주도의 정치로
원칙2	정부와 여당을 구분하는 2원체제에서 내각의 정책 결정으로 일원화에
원칙3	각 성(省)의 종적관계의 성이익(省益)에서 관저주도의 국가이익으로
원칙4	수직형의 이권사회에서 수평형의 유대사회로
원칙5	중앙집권에서 지역주권으로

【5정책】

제1책	정부에 대신, 부대신, 세무관(이상 정무삼역), 대사보고관 등의 국회의원 약 100명을 배치하고 정무삼역을 중심으로 정치 주도로 정책을 입안·조정·결정한다
제2책	제2책 각 대신은 각 성의 장 역할과 동시에 내각 일원으로서의 역할을 중시한다. 각료위원회의 활용에 의해 각료를 선두로 정치가 스스로 곤란한 과제를 조정한다. 사무차관회의는 폐지하고 의사 결정은 정치가가 행한다
제3책	제3책 관저기능을 강화하고 수상직속 국가전략국을 설치해 관민의 우수한 인재를 결집하고 신시대 국가비전을 만들어 정치주도로 예산의 골격을 책정한다
제4책	제4책 사무차관·국장 등의 간부 인사는 정치주도의 실적평가에 기초하는 새로운 간부인사제도를 확립한다. 정부 간부직원의 행동규범을 정한다
제5책	제5책 낙하산인사와 이동의 알선을 전면적으로 금지한다. 국민적인 관점으로 행정전반을 재검토하는 행정쇄신회의를 설치해서 모든 예산이나 제도의 정밀조사를 실시해 낭비와 부정을 배제한다. 관·민, 중앙·지방 역할 분담의 재검토와 정리를 실시한다. 국가행정조직법을 개정해 성청 편성을 기동적으로 실시할 수 있는 체제를 구축한다

의 이념을 실현한다(≪아사히신문≫, 2009.9.17).

정책 기조의 외교적 측면에서는 자립외교와 대등한 미일관계를 강조하고 있다. 이는 하토야마 수상의 조부인 이치로 전 수상이 1950년대에 요시다 시게루(吉田茂) 수상의 미일동맹외교와 견해를 달리하고 자주외교를 주창했던 것과 맥을 같이 한다.

2009년 7월에 발표한 민주당 정권정책 매니페스토(Manifesto)에 의한 하토야마 정부의 정권 구상에는 5원칙과 5정책이 있다.

3. 민주당 정부의 외교안보정책 과제

2009년 7월에 발행된 민주당 정책집 인덱스(INDEX) 2009에 의하면 일본의 외교안보정책의 과제는 다음과 같다.

• **신시대 미일동맹의 확립** 미일 양국이 대등한 신뢰관계를 쌓아 신시대의 미일동맹을 확립한다. 이를 위해 주체적인 외교전략을 구축하여 일본의 주장을 명확하게 한다. 솔직하게 대화를 실시하고 대등한 파트너십을 쌓아간다. 그와 동시에 국제사회에서 미국과 역할을 분담하면서 그 책임을 적극적으로 완수한다. 미국과 FTA(자유무역협정)를 추진하여 무역·투자의 자유화를 진행시킨다. 미일지위협정의 개정을 제기하고 주일미군 재편이나 주일미군 기지의 본연의 자세 등에 대해서도 재검토를 진행한다.

• **아시아외교의 강화** 중국과 한국을 시작으로 아시아 국가들과의 신뢰관계 구축에 전력을 다한다. 동아시아공동체의 구축을 목표로 하여 통상 금융·에너지·환경·재해구원·감염증대책 등의 분야에서 아시아태평양 지역의 역내 협력체제를 확립한다. 아시아태평양 국가를 시작으로 세계 국가들과 투자·노동이나 지적재산 등 넓은 분야를 포함한 EPA(경제제휴협정), FTA의 체결을 적극적으로 추진한다.

• **한일 양국의 신뢰관계 강화** 동아시아나 세계의 안정과 평화에 기여하기 위해서 한일 양국의 신뢰관계를 강화한다. 한국은 6자회담의 당사국이기도 하며 양호한 한일관계의 재구축은 북한에 의한 납치·핵·미사일문제의 해결은 물론 한반도의 평화와 안정을 위해서 중요하다. 동아시아나 세계의 안정과 평화에 기여하기 위해 양국의 신뢰관계를 강화하여 한·일·중 3개국

이 한층 더 강력한 신뢰·협력관계를 구축해나갈 것이다. 한일 FTA 체결이나 독도문제의 해결 등에 임한다.

• 일중관계의 새로운 심화 중국은 일본에게 지극히 중요한 이웃 국가이며 동아시아 지역의 평화와 번영을 위해서도 한층 더 우호·협력관계를 촉진해야 한다. 양국 간에는 음식의 안전, 인권, 환경, 에너지, 군사력의 투명화, 동중국해 가스개발 등의 현안이 있다. 양국 정상 간의 강고한 신뢰관계를 쌓고 현안이 되는 여러 문제에 관해 건설적인 대화에 의한 문제 해결을 목표로 한다. 북한의 핵개발문제 등을 해결하는 데도 6자회담이나 중국과 북한 관계에서 중국이 더욱 건설적인 역할을 수행하도록 활동을 강화한다. 민주당과 중국 공산당 사이에 설치한 교류협의기구를 통해서 양당 간의 계속적인 교류·협의를 실시하여 신뢰관계를 한층 긴밀히 한다.

• 대만과의 교류 대만과 민간베이스로 경제적·문화적 교류를 촉진한다. 2005년 미일안전보장협의위원회 공동발표에서 공통의 전략목표로 대만에 관한 기술이 이루어졌다. 민주당은 대만의 일방적인 독립을 지지하지 않는 동시에 대만을 향한 중국의 무력행사는 반대한다. 대만해협을 둘러싼 긴장이 생기지 않도록 중국과 대만에 모든 예방적 작용을 수행하는 것을 최대 중요과제의 하나로 한다. 1972년의 일중공동성명이 전제가 되는 것이 당연하다.

• 북한외교의 주체적 전개 북한이 반복하는 핵실험과 미사일 발사는 일본 및 국제의 평화와 안정에 대한 명백한 위협이며 결코 용인할 수 없다. 북한에 대량파괴무기나 미사일의 개발·보유·배치를 포기시키기 위해 미한중러 등 국제사회와 협력하면서 유엔 안전보장이사회(이하 안보리) 결의에 근거

하는 화물 검사의 실시와 북한에 대한 추가제재의 실시도 포함해 단호한 조치를 취한다. 납치문제는 일본에 대한 주권침해이자 중대한 인권침해이며 국가의 책임이기에 그 해결에 전력을 다한다.

• 일러관계의 심화 경제·문화교류의 활성화나 자원개발에 대한 협력 등을 통해 일러관계를 심화한다. 북방영토의 조기 반환을 위해 끈질기게 교섭에 임한다. 또한 6자회담 당사국으로서 북한문제의 해결을 위해 더욱 협력을 요구한다.

• 영토문제의 조기 해결 영토문제의 해결은 곤란이 따르는 동시에 상당한 시간을 필요로 한다. 일본에게 영토주권이 있는 북방영토·다케시마문제의 조기 평화적 해결을 향해 꾸준한 대화를 축적해간다.

• 해적대책과 해양의 안전 확보 해상운송의 안전 확보와 국제공헌을 위해 적정한 절차로 해적 대처를 위한 활동을 실시한다. 일본의 해적대책은 일의적으로 해상보안청의 책무이다. 해양의 안전 확보를 위해 해상보안청의 체제정비를 도모한다. 다만, 해상보안청만으로 대응이 곤란한 경우는 문민통제를 철저히 하는 구조를 갖춘 다음 해적 발생 해역에 자위대를 파견하는 것을 인정한다. 아울러 국제 해상경찰 제휴의 촉진, 관련 각국 해상경찰의 능력향상을 위한 지원 등 해적에 적절하고 효과적으로 대처하기 위해서 필요한 국제협력을 실시한다.

• 테러 근절과 평화구축 테러와 그 온상을 제거하기 위해서는 빈곤의 근절과 해당국의 국가 재건에 일본이 적극적인 역할을 완수해야 한다. NGO(비정부기구)와도 제휴하면서 경제적 지원과 경찰행정 개혁을 포함한 통치

기구의 강화, 의료·물자의 수송을 포함한 인도부흥지원 활동 등의 실시를 검토한다.

• 이스라엘과 팔레스타인의 평화합의 진정한 중동평화의 실현을 향해서 이스라엘과 팔레스타인의 정치정세 변화를 주시하면서 두 나라 사이에 조기 평화합의가 달성되도록 유엔이나 미국을 비롯한 관계 국가들과 함께 쌍방으로 적극적으로 활동한다. 또 JICA(일본국제협력기구) 등을 통해 행하고 있는 팔레스타인 지원을 강화하여 경제부흥과 신뢰 양성을 촉진한다.

• 유럽·EU와의 관계 강화 유로통화통합이나 EU(유럽연합) 확대 등 유럽이 새로운 움직임을 보이는 가운데 일본과 유럽 각국이나 EU와의 관계는 정치적·경제적으로 더욱 중요하게 되었다. 유럽 정책 동향에 대한 이해가 깊어짐과 동시에 국제테러대책으로의 협조, WTO(세계무역기구), 경제제휴협정, FTA 교섭, 환경문제 등에 대해서 ASEM(아시아유럽회의)이나 G8(주요 8개국)정상회의 등을 통해서 상호 제휴의 강화와 심화를 도모한다.

• ODA의 활용, 인간의 안전보장 등에 대처 심각해지는 세계의 빈곤문제와 인간 안전보장의 실현은 일본의 국제협력분야에서 최대의 중요과제이다. 한 나라만으로 해결할 수 없는 환경·사막화·난민·빈곤·감염증문제 등 인간의 안전보장에 임하여 미얀마나 짐바브웨를 비롯한 국가들의 민주화를 지원한다. ODA(정부개발원조)를 근본적으로 재검토하여 상대국의 자연환경 보존과 생활환경 정비에 중점적으로 원조하는 것으로 일본이 지구환경 보전으로 세계를 리드하는 지위를 쌓아간다. 또한 정보공개나 외부감사와 업무평가를 철저하게 해 투명성과 효율성을 확보하는 동시에 다른 원조국·국제기관 등과의 협조와 제휴를 강화하는 것으로 원조 대상국의 요구에 맞는

낭비 없는 원조를 실행한다. ODA를 보완하기 위한 새로운 자금메커니즘
도 검토한다. 특히 아프리카에 대한 중점적인 지원도 중요하며 각국과 협
조하여 2015년까지 MDGs(새천년개발목표)의 달성을 향해 일본의 행동계획
책정이나 ODA의 적극 활용을 포함한 지원강화를 도모한다. 국제협력에서
NGO가 완수하는 적극적인 역할을 평가하고 개발원조정책 책정·실시의 참
가확대 등 제휴를 강화한다.

• 유엔 개혁 유엔은 분쟁 해결능력의 한계나 비효율적인 운영 등의 문제
를 지적받고 있다. 일본은 유엔이 국제평화와 안전, 번영에 대해서 제대로
기능하도록 유엔 개혁에 주체적·적극적인 역할을 완수해야 한다. 교착된
유엔 개혁을 근본적으로 고치고 안보리의 구성이나 거부권의 재검토, 적국
조항의 철폐를 요구하고 국내 여론과 가맹국의 지지를 전제로 일본의 상임
이사국 진출을 목표로 한다. 또한 유엔과의 제휴 강화라는 관점에서 유엔
의 일본인 직원 증가를 요구한다.

• 핵폐기의 선두 유일한 피폭국으로서 세계의 핵폐기를 향해 일본이 선
두에 나서 행동한다. 일본이 주도하고 핵보유국의 이해를 구해 비핵보유국
이나 NGO 등과 제휴를 취하면서 핵군축 대처와 실효성 있는 사찰체제 확
립을 포함한 핵비확산체제의 강화를 적극적으로 진행한다. 2009년 4월 오
바마 대통령이 핵 없는 세계에 관한 연설을 한 기회를 잡아 2010년에 예정
되어 있는 NPT(핵비확산조약) 재검토회의에서 NPT체제의 유지·강화를 위
해 주도적 역할을 완수한다. 미국과 인도의 원자력협정을 둘러싸고 NPT
미가맹국인 인도에 대한 수출 규제의 예외취급을 인정하는 것은 NPT 미가
맹국인 파키스탄이나 이스라엘, NPT를 탈퇴해 핵개발을 진행시키는 북한,
NPT에 가맹한 채로 우라늄농축활동을 계속하는 이란에 잘못된 메시지를

보낼 수 있다. 인도에 NPT 가맹을 강하게 요구하는 것과 동시에 국제사회에 제의하여 CTBT(포괄적핵실험금지 조약)의 조기 발효나 FMCT(무기용핵분열성물질생산금지조약, 컷오프 조약이라고도 한다) 조약의 추진, 동북아시아 지역의 비핵화 등 핵폐기·핵군축·핵비확산을 위한 노력을 계속한다.

• 미사일방어에의 대응 MD(미사일방어)는 그 필요성을 근거로 해 억지적·정치적 효과나 미일동맹 강화, 기술적 가능성, 비용 대 효과 등 종합적인 검토가 추가로 필요하다. 2009년 4월 북한의 미사일 발사 시, 만일의 사태에 대비해 처음으로 요격미사일의 실전배치를 했다. 미사일 발사 정보의 오탐지나 정보전달체제의 미비 등 밝혀진 문제에 대처하면서 자위권 행사의 본연 자세도 포함하여 문민통제를 철저히 하는 견지에서 국회의 관여, 국민에의 공표, 요격의 원칙 등에 대해 한층 더 검토한다.

• 정보의 수집분석·관리보전의 적정화 전수방위를 국시로 하는 일본에게 정보 수집·분석·대응능력의 향상은 매우 중요한 과제이다. 불심선·무장공작선이나 의도한 미사일 발사, 북방영토에서의 어선 나포 등 일본에 대한 위협을 사전에 탐지했을 때 전문가의 지속적이고 종합적이며 철저한 정보 수집과 분석이 가능한 조직의 근본적인 강화가 필수다. 한편 국민의 안전이나 문민통제를 확보해나가는 견지에서 정보의 공개 기준이나 보전을 재검토하고 정보관리의 적정화를 도모한다.

• 자위권의 행사는 전수방위에 한정 일본헌법의 이념에 근거하여 일본 및 세계의 평화를 확보하기 위해서 적극적인 역할을 완수한다. 자위권은 개별적·집단적이라는 지금까지의 개념 논의에 구애받지 않고 전수방위의 원칙에 근거해 일본의 평화와 안전을 직접적으로 위협하는 긴급하고 부정당한

침해를 받았을 경우에 한해서 헌법 제9조에 따라 행사하는 것으로 해 그 이외에는 무력을 행사하지 않는다.

• **유엔 평화활동 적극 참가** 유엔은 두 번에 걸친 세계대전의 반성에 근거해 창설된 인류의 큰 재산이며 이를 중심으로 세계평화를 위해 쌓아가야 한다. 유엔의 평화활동은 국제사회에서 적극적인 역할을 요구하는 헌법의 이념에 합치하고 또한 주권국가의 자위권 행사와는 성격을 달리하고 있으므로 유엔헌장 제41조 및 42조에 의하는 것도 포함하여 유엔의 요청에 근거해 일본의 주체적 판단과 민주적 통제하에 적극적으로 참가한다.

• **방위성 개혁** 방위성의 근본적인 재건이 매우 중요한 과제이다. 우선 철저한 문민통제와 방위조달의 투명화, 오프셋거래(무기 등의 수출 시 상대국정부 또는 기업에게 경제적인 보상을 약속하는 것)의 검토를 포함한 적정화에 임한다. 자위대원의 충족률을 향상시키기 위해 국민의 이해를 도모한다(민주당 정책집 인덱스 2009).

민주당의 외교정책과 관련해 선거공약으로 발표한 매니페스토 내용은 ① 긴밀하고 대등한 미일관계, ② 동아시아공동체 구축과 아시아외교 강화, ③ 북한의 핵보유 불인정, ④ 세계평화와 번영의 실현, ⑤ 핵무기 폐기와 테러위협의 제거로 민주당 정책집 인덱스 2009 내용과 유사하다(민주당 정권정책 매니페스토 2009).

4. 미일동맹관계

일본 민주당 정부의 미일관계에 대한 지향점은 친밀하고 대등한 미일동맹이다. 불균형적으로 미국에 의존했던 관계를 지양하고 할 말은 하는 대등한 관계로 발전하도록 노력하는 것이다. 정상 간의 친밀한 신뢰관계를 형성하면서 구체적인 현안에서는 견해차를 보이면서 타협해간다는 것이다. 실제로 하토야마 정부의 대미정책은 예상보다 강경한 입장으로 주일미군 재편, 미일지위협정 개정, 미일 간 핵밀약 조사에서 기존 자민당과 다른 차별성을 부각시키고 있다. 이에 대해 자민당과 보수진영에서는 미일동맹 관계를 중시하는 입장에서 우려를 표명하고 있다.

친밀하고 대등한 미일관계와 함께 일본의 자립외교를 추구하고자 하는 것은 민주당 지도자들의 공통적인 입장이다. 하토야마 수상과 오카다 외상뿐만 아니라 민주당의 실력자인 오자와 간사장도 동일한 견해를 발표해왔다. 오자와 간사장은 일본이 사고가 정지된 외교부재의 국가라고 비판하고, 미일동맹이 중요하지만 대등한 관계가 되어야 하고 일본이 자립외교를 수행할 수 있어야 한다고 주장했다. 또한 헌법의 해석 변경을 통해서 집단적 자위권의 행사를 인정하고 미일동맹에 기초해서 당당히 자위대를 해외에 파견할 수 있어야 하며, 미국의 요구에 의하지 않고도 일본이 스스로 국제협조와 세계평화를 위해 공헌하는 자립외교를 펼쳐야 한다고 강조했다 (小沢一郎, 2006: 144~163 참조).

1) 미일정상회담

2009년 9월 뉴욕에서 이루어진 오바마 대통령과 하토야마 수상의 미일정상회담 요지는 다음과 같다. 일본은 미일동맹을 안보의 기축으로 삼고 아시아 국가들과 신뢰관계를 강화하고 지역협력을 촉진한다. 미일동맹은 양국의 안전보장과 경제번영의 기반이다. 북한문제에 관해 일본의 입장은 대화협조노선과 함께 필요에 따라 엄하게 대처해야 한다는 것이다. 6자회담은 유효한 틀이고 북미협의는 6자회담의 틀 안에서 행해지는 것이 중요하다. 납치, 핵, 미사일의 포괄적 해결이 중요하고 연대를 강화하는 것이 필요하다. 기후변동문제와 관련하여 모든 주요국이 실효적으로 행동하는 것을 전제로 2020년까지 온실가스를 1990년 기준 25% 삭감하는 것이 목표다. 산업계는 당황할 수 있으나 정치적 결단이 필요한 것이다. 기후변동구조조약 COP15를 위해 국제교섭을 진행한다. 아프가니스탄과 파키스탄의 부흥에 일본도 적극적으로 관여한다. 민생안정을 위한 농업지원과 직업훈련 등 일본이 자신 있는 분야에서 적극적으로 공헌한다. 핵비확산 및 핵군축과 관련하여 핵 없는 세계를 만들기 위해 상호 매진하기로 한다(≪요미우리신문≫, 2009.9.24).

미일 간 주요 현안으로 거론된 것은 다음과 같다. 주일미군의 재편과 관련하여 일본 민주당 연립정권의 정책합의에 재검토하는 방향에 임한다고 명기된 미국 해병대 후텐마 비행장의 이설문제가 초점이다. 미일지위협정은 주일미군의 법적 지위를 정한 것으로 개정의 제기가 연립합의에 포함되어 있다. 범죄용의자의 기소 전 신병인도 등을 요구한다. 인도양에서의 급유활동은 아프가니스탄 지원의 일환으로 해상 자위대가 실시하며, 급유활동의 근거법은 2010년 1월에 종료하도록 되어 있고 오카다 외상은 단순연장은 하지 않겠다고 발언했다. 하토야마 수상은 급유활동 대신 농업지도 등 인도부흥지원에 힘쓸 의향을 표명했다. 민주당은 2008년 통상국회에서 주일미군 주둔 경비의 일본 측 부담과 관련한 예산 승인에 반대했었다. 이러한 현안들에 대해서 미일 정상은 구체적으로 논의하지 않고 장기적으로 하나씩 해결해가기로 합의했다. 하토야마 수상과 오바마 대통령은 구체적 현안의 협의보다 우선 개인적 신뢰관계를 쌓는 것이 중요하다고 강조했다(≪요미우리신문≫, 2009.9.24).

하토야마 내각의 미일관계에 대한 일본 언론의 기대는 다음과 같다. 미국에서는 수렁에 빠지는 아프가니스탄 정세를 1960년대 존슨 정권을 종료시킨 베트남전쟁으로 모방한다는 견해도 적지 않다. 오바마 대통령은 일본의 새 정권이 아프가니스탄 재건에 어떠한 역할을 담당할 것인가를 주시할 것이다. 미국정부는 인도양 급유활동 지속에 대한 기대가 강하지만, 아프가니스탄을 방문한 경험이 있는 하토야마 수상은 현지의 치안 상황을 주시하면서 대규모적이고 다각적인 민생지원에 힘쓸 준비를 해야 한다. 핵불확산과 온난화대책에 미일 양국은 서로 공감한다. 하토야마 수상이 밝힌 온실효과가스 삭감의 대담한 목표는 국제적으로 높은 평가를 얻었고 장애는 높지만 양국이 함께 세계의 노력을 이끌어야 한다. 하토야마 정권의 강점은 아시아와의 관계 강화를 지향하는 데 있다. 북한문제나 중국의 군비확장을 비롯한 문제에도 불구하고 일본과 아시아의 원만한 관계는 미국의 외교이익에도 이바지한다는 견해다(≪아사히신문≫, 2009.9.20).

오랫동안 야당의 입장에서 주장했던 정책과 선거공약을 넘어서 집권당으로서의 민주당은 일본 국익을 위해서 미국 민주당과 친밀하고 대등한 동맹관계를 수립하도록 노력하고 하토야마 수상과 오바마 대통령의 개인적 신뢰관계 형성을 위해 노력할 것이다.

2) 미일동맹의 과제

미국 오바마 정부가 출범한 이래 미일동맹의 과제에 관해서 『국제안전보장(國際安全保障)』에 실린 무라타 고지(村田晃嗣) 교수의 견해를 중심으로 살펴보고자 한다(村田晃嗣, 2009 참조). 무라타 교수에 의하면 오바마 정부의 아시아태평양정책은 부시 정부로부터 계속되는 측면이 강하다. 2000년과 2007년의 아미티지보고서에 의해 대일정책에 대해서는 실무레벨에서 초당파의 합의가 형성되어왔고, 2009년 오바마 대통령은 조지 부시(George

W. Bush) 대통령 때와 마찬가지로 미일동맹이 동아시아에서 안전보장의 주춧돌이고 일본은 훌륭한 파트너라고 강조했다는 것이다. 그에 따라 미일 관계의 과제를 변화와 계속의 측면에서 검토해 열거하면 다음과 같다.

첫째는 글로벌한 과제로서 기후변동을 비롯하여 지구환경문제, 에너지 문제, 전염성 질환의 방지문제 등 부시 정부보다 다국 간 협력을 중시하는 것이 오바마 외교의 최대 변화이다. 미일정상회담에서 보이듯 일본정부는 이러한 글로벌한 과제에 적극적인 자세를 취해왔다. 2009년 4월 프라하에서 오바마 대통령이 핵 없는 세계를 위해 핵군축을 제창한 것은 미국외교에서 중대한 변화로, 핵을 가지고 있고 핵무기를 사용한 적이 있는 유일한 국가로서 미국에 책임이 있다고 선언한 것이다. 일본은 유일한 피폭국으로서 전쟁 후 일관되게 핵군축을 주장했고 미국과 일본의 정책이 접근한 것이다.9) 북한의 핵실험과 미사일 발사실험을 계기로 일본에서 핵무장론이 높아지고 있다. 관념적 핵무장론에는 억지효과가 일어나지 않으므로 외국에게 대일본경계감의 구실을 줘 오바마 정부가 제창하는 역사적인 흐름에 괴리될 수도 있어 일본도 스마트파워 외교가 요구된다.

둘째는 아프가니스탄·파키스탄 문제로서, 오바마 정부가 2011년을 목표로 이라크에서 미군 철수를 진행하는 한편 대테러전쟁을 위해 아프가니스탄에 병력을 증강하고 아프가니스탄과 파키스탄의 치안 강화와 민생·경제 지원에 각국의 협력을 요구한다. 이는 미국에게 전략적 우선순위의 큰 변화이다.10) 일본이 아프가니스탄에 자위대 파견을 결단해야 하는데 그 경우

---

9) 오바마 대통령은 자신의 재임 중에 핵 없는 세계가 실현되지 않을 것이라며 장기적인 대처를 원하고 미국이 솔선하여 일방적으로 핵군축을 진행시킬 것도 아니라고 했다. 오히려 미국과 러시아의 핵탄두수(미국 9300발, 러시아 1만 3000발)가 대폭 삭감되어 중국의 핵탄두수(240발)에 근접하면 중국을 염두에 둔 미국의 대일본 확대억지가 저해될 가능성이 있다. 억지력을 유지하면서 핵군축을 추진하는 스마트파워 외교가 미국에게 요구된다.

10) 일본은 고이즈미 내각 이후 부시 정부의 이라크정책을 지지하고 협력해왔지만 그것은 미

위험은 대단히 높다. 오바마 정부는 자위대 파견을 고집하여 미일동맹관계를 손상시키는 것보다 그 이외의 방법으로 협력을 요구하는 게 나을 것이다.[11] 아프가니스탄과 파키스탄에서의 대미협력은 미국의 글로벌전략에 대한 일본의 '휩쓸림(entrapment)'을 초래한다.[12]

셋째는 북한문제로, 부시 정부가 북한에 대한 테러지원국의 지정을 해제했을 때 오바마는 환영의 뜻을 나타냈고 6자회담의 틀도 지지했다. 북한문제에서는 부시와 오바마의 정책은 핵비확산을 위한 대화중시라는 점에서 계속되고 있고 대북 대화노선은 질적인 변화에 이어지고 있다. 북한문제에서 미국은 일본에게 '버려짐(abandonment)'을 초래한다.[13] 미국은 아시아 태평양 지역에서 긴요한 안보상의 과제는 달성하기 어렵고 중국과의 합리적이고 전략적인 협력이 가능하리라고 본다. 일본이 북한과 중국의 군사적 위협을 문제로 삼고 있는 이상 방위예산의 제로실링[zero ceiling, 공공예산의

<hr>

국 일극구조의 세계를 전제로 했다. 일본이 오바마 정부의 아프가니스탄과 파키스탄정책에 협력한다면 그것은 미국 국력의 쇠퇴와 다극구조를 전제로 하는 것이다. 새로운 국제시스템 중에서 미일동맹이 동아시아 안전보장의 주춧돌을 넘어서 글로벌 파트너로 변화될 수 있느냐의 문제이다.

11) 캐나다는 아프가니스탄에서 118명(2009년 5월)의 사상자를 냈고 프랑스는 증파 요청을 거절했다. 일본정부는 아프가니스탄 경찰의 반년분 임금의 제공을 약속했는데 이는 용도가 명확하고 비용 대비 효과가 높은 원조의 형태이다.

12) PKO(유엔평화유지활동)에 자위대 참가는 약 40명으로 세계 79위의 수준이다. 중국은 2000여 명의 PKO 인원을 파견했다. 정부개발원조에서도 일본은 1990년대 후반의 세계 1위에서 5위로 떨어졌으며 예산 상황을 보면 이 지위도 유지되기 어렵다. 유엔 안보리의 상임이사국을 목표로 하기에 어려운 상황이다.

13) 2009년 4월 로버트 게이츠(Robert Gates) 미국 국방장관은 무기 재검토 계획을 발표하고 일본이 차기주력전투기(F-X)의 유력후보로 선정한 스텔스전투기 F22의 생산 중지와 MD 계획의 축소를 포함시켰다. 5월 1일 회담에서 게이츠 장관은 하마다 야스카즈(浜田靖一) 일본 방위상에게 스텔스전투기 F35의 도입을 타진했다. 일본에는 이러한 움직임이 북한의 핵개발과 중국의 군사력 증강·근대화의 대응을 경시하는 것이라는 견해가 있다. 자위대 간부는 미국이 근대무기가 도움이 되지 않는 테러리스트 상대의 전쟁에 초점을 맞춰 잠재적 위협인 중국에 충분히 대응하지 않는다고 했다.

개산(槪算)요구 한도를 전년도와 같게 함)에 대해서 재검토가 필요하다.[14)]

넷째는 주일미군의 재편으로, 2009년 2월 힐러리 로댐 클린턴(Hillary Rodham Clinton) 미국 국무장관이 일본을 방문했을 때 괌 이전에 관한 협정이 체결되었다. 오키나와의 해병대 후텐마 비행장 대체시설을 헤노코(辺野古)로 이전하고 이에 접근하는 수역을 V자형으로 설치하는 것을 제안하고, 8000명의 제3해병 기동전개부대원과 가족 9000명을 2014년까지 괌으로 이전하고, 그 후 오키나와 주일미군의 6시설이 반환될 예정이다. 이는 부시 정부의 정책을 계속한 것으로, 오바마 정부의 일본전문가 다수는 클린턴 정부 시대에 후텐마 이전 합의에 관여했었다. 주일미군의 재편문제는 미국 국방성이 추진하는 '세계규모 미군재편(Global Posture Review)'의 일환으로 전략적 함의와 오키나와의 부담 경감이라는 일본 정치상의 함의가 있다. 일본에서 이 문제가 실패하면 글로벌한 정책과제에서도 미일협력과 일본의 대미영향력을 저해하게 된다. 오바마 정부가 대일중시의 자세를 강조하고 있으나, 일본이 국제시스템의 변동이나 미국외교의 변화와 계속의 양면에 대응하지 못하면 '휩쓸림'과 '버려짐'에 빠질 가능성이 있다. 이에 대응하여 국제협력과 지역안보 차원에서 일본의 정책을 유연하고 대담하게 재검토하고 스마트파워의 획득을 도모할 필요가 있다. 일본 정치의 안정과 활성화가 불가결하고 오바마의 등장을 가능케 한 활력 있는 정치의 인재공급시스템이 일본에게도 필요하다는 것이다(村田晃嗣, 2009: 75~80 참조).

---

14) 2009년 5월 호주는 9년 만에 방위백서를 간행하고 중국의 해군력 증강 등 아시아태평양 지역에서의 군비경쟁과 테러대응을 위해 대폭의 군비증강을 실행할 계획을 세웠다.

5. 동아시아공동체 구상

하토야마 정부가 동아시아공동체의 구축에 적극적인 자세를 보이고 있다. 동아시아공동체 구상의 지향점과 문제점은 무엇인지 일본 언론의 평가를 중심으로 살펴보고자 한다. 하토야마 수상은 2009년 9월 유엔총회 연설에서 동아시아공동체와 관련해, 새로운 일본은 역사를 넘어서 아시아 여러 국가의 가교가 되기를 희망한다고 선언하고 일본이 공동체 추진의 주역이 되겠다는 의지를 표명했다. 동아시아의 기존 구조에는 ASEAN(동남아시아국가연합)을 축으로 한중일을 추가한 ASEAN+3와 그에 인도, 호주, 뉴질랜드를 포함하는 ASEAN+6, 즉 동아시아정상회담(East Asia Summit)이 있다. ASEAN+3는 2005년 정상회담에서 스스로를 동아시아공동체를 달성하기 위한 주요한 기구라고 했기에 이 13개국이 공동체의 핵심이 되는 것은 확실하다. 문제는 인도, 호주, 뉴질랜드를 어떻게 할 것인가이다.

오카다 외상은 취임회견에서 동아시아공동체 실현을 염두에 두고 중국·한국·ASEAN·인도·호주와 같은 국가들과 다양한 관계를 형성하고 싶다고 했다. 부상하는 중국을 견제하는 견지에서 인도, 호주, 뉴질랜드의 참가는 일본에게 유리하다. 한편 중국은 인도 등의 참가에 소극적이고 일본 주도의 공동체는 찬성하지 않는다. 일본에게 동아시아는 안보 면에서 불안요소를 안고 있고 미국 없이 이에 대처하는 것은 어렵다는 입장이다. 일본외교의 기축은 미일동맹이고 ASEAN도 부상하는 중국과의 균형상 미일관계가 흔들리는 상황은 바라지 않는다고 본다. 공동체 추진에 관해서 미일관계의 안정과 동아시아에 대한 미국의 관여 등 논의가 필요하다.

동아시아에는 다양한 정치체제가 혼재하는데 통합이 가능한가. 동아시아정상회담 16개국을 공동체로 하면 인구에서 세계의 48.8%, GDP에서 21.9%를 차지한다. 각국 정치체제의 차이와 발전 격차를 고려할 때, EU형

〈그림 1-1〉 동아시아 국제협력의 구조

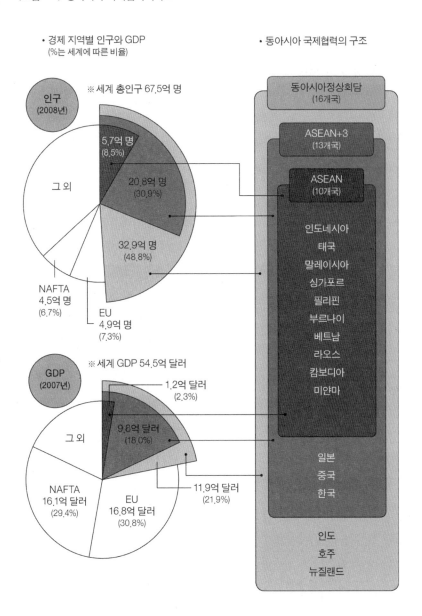

• 경제 지역별 인구와 GDP
(%는 세계에 따른 비율)

• 동아시아 국제협력의 구조

인구
(2008년)

※ 세계 총인구 67.5억 명

5.7억 명
(8.5%)

그 외

20.8억 명
(30.9%)

32.9억 명
(48.8%)

NAFTA
4.5억 명
(6.7%)

EU
4.9억 명
(7.3%)

GDP
(2007년)

※ 세계 GDP 54.5억 달러

1.2억 달러
(2.3%)

그 외

9.8억 달러
(18.0%)

NAFTA
16.1억 달러
(29.4%)

EU
16.8억 달러
(30.8%)

11.9억 달러
(21.9%)

동아시아정상회담
(16개국)

ASEAN+3
(13개국)

ASEAN
(10개국)

인도네시아
태국
말레이시아
싱가포르
필리핀
부르나이
베트남
라오스
캄보디아
미얀마

일본
중국
한국

인도
호주
뉴질랜드

자료: ≪요미우리신문≫(2009.10.7).

통합과 같이 역사문제 등에서 화해하고 진실한 신뢰관계를 구축하지 않으면 공동체 구상은 진척되지 않는다. 하토야마 수상은 FTA, 금융, 통화, 에너지 등 가능한 분야부터 협력을 쌓아가야 한다는 방침이고 경제협력 강화 등을 통해 기반 정비에 노력해야 한다는 입장이다(≪요미우리신문≫, 2009. 10.7).

동아시아공동체 구상에 대한 각국의 입장을 분석한 일본 언론의 평가를 살펴보자. 동아시아공동체 구상의 배경에는 하토야마 수상의 정치철학인 우애 사상이 깔려 있다. 2005년에 출판한 저서 『신헌법시안』의 서문에서 장래 50년 국가목표의 하나로 아시아태평양의 EU를 구상하고 그 선도역할을 하겠다고 했다. 우애 정신은 본래 유럽공동체 형성에 노력한 오스트리아 정치가 쿠덴호프 칼레르기의 생각으로 하토야마 수상이 우애와 공동체를 연결하고 있다. 하토야마 수상과 오카다 외상 사이에서도 구체적인 구상은 아직 합의되지 않았다. 미국의 참가에 대해서 하토야마는 제외할 계획은 없다고, 오카다는 현재의 구상은 미국까지 포함시키는 것은 아니라고 말했다. 하토야마는 동아시아에서 협력되는 분야에 통화를 거론하지만, 오카다는 통화통합은 국가주권이 상당히 제한되고 사회주의국가와 민주주의 국가가 혼재되어 어렵다고 부정적 견해를 냈다.

미국은 이 구상을 부정적으로 받아들였다. ≪뉴욕타임스≫에 게재된 하토야마의 논문이 미국 주도의 세계경제체제를 비판적으로 언급하고 아시아 중심의 경제안보체제 구축을 강조한 글로, 이 구상이 비현실적이며 하토야마 정부가 미국을 제외하려는 의도라고 보았다. 이 시기는 오바마 정부가 아시아를 중시하고 클린턴 국무장관이 처음 외유지로 일본을 선택한 때이고, 클린턴 장관은 7월 태국에서 미국이 아시아로 돌아온 것을 행동으로 나타낸다고 선언하고, 부시 정부가 거부한 ASEAN의 기본조약과 TAC(동남아시아우호협력조약)에 서명하고, 고위 관리가 협의하는 전략대화를 중국·

인도와 시작하는 등 아시아를 향해 움직이기 시작한 때이다. 미일관계의 초점은 해상 자위대의 인도양에서의 급유활동 중지문제와 미군 후텐마 비행장의 이설을 비롯한 주일미군 재편의 문제 등 동맹 관리로 옮겨갔다.

중국의 원자바오(溫家寶) 총리는 2004년 11월 ASEAN+3회담 기자회견에서 ASEAN 주도의 동아시아공동체 형성을 지지한다고 선언했다. 중국의 영향력이 발휘되는 ASEAN에 공동체의 주도권을 부여하는 것이다. 중국은 고이즈미 정부의 동아시아공동체론은 일본과 미국이 중국을 견제하는 것이라고 경계했다. 2002년 1월 고이즈미 수상은 미국을 배제하지 않고 호주 등도 참가시켜 경제통합뿐만 아니라 안보협력도 목표로 했기 때문이다. 공산주의체제의 중국에게 아시아통합은 자유무역지대의 형성이며, 정치나 안보를 포함한 통합은 고려하지 않는다고 본다.[15] 한국은 동아시아공동체를 적극적으로 추진해왔다. 2000년의 ASEAN+3정상회담에서 연구그룹 설치를 제안했고, 이명박 대통령은 중앙아시아와 오세아니아를 포함하는 새로운 구상도 제창했다. ASEAN 국가들에게 일본은 미국에 의존하여 지역에서의 역할이 모호하다는 평이고 하토야마 구상의 의도와 구체상을 지켜보자는 입장이라고 본다(《아사히신문》, 2009.10.8).

하토야마 정부의 동아시아공동체 구상을 이상주의적이라고 보는 견해와 1930년대 대동아공영권을 연상케 한다는 견해도 있다. 한편으로는 일본 경제가 2008년 미국발 금융위기로 커다란 타격을 받아 경제 재건을 위해 중국·한국을 비롯한 동아시아 국가들과의 경제협력이 긴요하다는 견해도 있다.

---

15) 동아시아공동체 구상은 1990년대 말레이시아의 마하티르 모하맛(Mahathir Mohamad) 수상이 제창한 EAEC(동아시아경제회의)로 올라간다. 미국의 반발 등으로 보류되었으나 중국과 ASEAN의 경제성장으로 재부상했다. 중국의 세력이 커지는 것을 우려하는 미국을 일본이 배려해서 좀 더 많은 역외국을 포함한 동아시아정상회담이 되었다.

6. 결론: 일본 민주당 정부의 외교 전망

일본 민주당의 외교안보정책이 구체적으로 전개될 지향점이 분명하지 않은 상황에서 일본외교의 자립을 주장하는 견해를 살펴보고, 실질적으로 한중일정상회담에서 논의된 사안을 점검해보고자 한다. 세계 질서가 미국과 중국에 의해 양극화된다고 보고 그 사이에서 일본이 등거리 자립외교를 펼쳐야 한다고 주장하는 데라시마 지쓰로(寺島実郎)의 견해를 살펴보자(寺島実郎, 2009 참조).

데라시마는 탈냉전이 된 지 20년이 지났는데 아직도 냉전적 사고로 외교 전략을 이어가는 일본정부의 판단에 문제가 있다고 보고, 민주당 정부의 외교정책은 종래 자민당형 외교기축을 어떻게 회전시켜야 하는지 구체적인 원리원칙을 생각해보자는 것이라고 했다.[16] 탈냉전 후에도 일본은 미국과 함께 가는 것이 이익이라는 풍조가 지속되었고, 1994년 이후 연차개혁요망서가 미국에서 일본에 제시되어 금융을 비롯한 규제 완화가 진행되고 유일 강대국인 미국 주도의 세계화에 동조하게 되었다. 대미협조노선은 21세기 9·11 미국 테러사건을 시작으로 고이즈미 수상의 등장에 의해 일본의 군사적 협력이 기대되어 부시 대통령과 함께 8년간 지속되었다. 이라크전쟁의 실패와 2008년 미국의 금융위기는 세계를 주도했던 금융자본주의의 문제점을 드러냈다. 미국의 존재가 흔들리면서 초강대국 일극지배의 세계 구도가 붕괴하는 중에 떠오르는 것이 중국이다. 일본의 무역상대국으로 중국의 존재는 급속히 중요해졌다.[17] 세계 질서는 미국과 중국에 의한 양국

---

16) 데라시마는 핵우산론이 핵보유국에서 선제공격을 하지 못하게 이쪽도 핵을 갖고 있으면 상대는 핵무기 사용을 멈출 것이라는 핵억지론이며, 이는 냉전시대의 산물이고, 주체적인 외교구조를 탈냉전형에 진화시킨 것이 오바마 대통령의 핵 없는 세계론이라고 주장한다.

17) 재무성의 통계에 2009년 상반기 대미무역 비중 13.7%에 비해 대중무역 비중은 20.4%이

주도화로 가고 있다. 일극지배가 붕괴한 후 경제성장이 현저한 BRICS(브라질, 러시아, 인도, 중국, 남아프리카공화국) 등을 포함해 G20(주요 20개국) 정상회의라는 다극화한 세계구조의 논의는 기본적으로 맞지만 실체는 이미 G2(미국과 중국)화되고 있다고 본다.

더 나아가서 일본의 대미외교는 다음의 두 가지 원칙을 중시해야 한다고 주장한다. 첫째는 어른스러운 미일관계로 대등한 자립외교와 유사한 것이고, 둘째는 미국을 아시아에서 고립시키지 않는 것으로 친밀한 동맹관계와 유사하다. 결국 미일동맹관계를 근본적으로 재검토해야 한다는 것이다. 일본은 패전 속에서 부흥한 놀라운 나라지만 미국의 주변국이라는 인식이 있어 일본의 위치와 입장에 대해서 자문자답해야 한다. 동아시아의 안보를 확보하면서 미국과 필요한 간격을 두고 한편으로는 미국이 경제적으로 납득하는 형태로 사태를 해결하는 해답이 필요하다. 해결의 포인트는 긴급파견군 구상(Over the Horizon Policy)이다. 이는 미국의 신속기동군과 유사한 것으로 전방전개병력을 축소하여 미군을 오키나와와 한반도에서 철수해 하와이와 괌으로 후퇴시키자는 것으로 비용을 일정 부분 일본이 분담한다는 것이다.[18] 또한 미중 양극화 세계 속에서 일본은 친미입아(親美入亞)의 정책에 따라 미국과 아시아의 가교로서 미국과 중국을 잇는 역할을 해야 한다고 한다. 중국을 국제사회의 일원으로서 책임 있는 관여자로 끌어들이도록 노력하고, 일본의 대미·대중 외교전략은 정삼각형의 미중일관계가 형성되도록 지향해야 한다는 견해이다(寺島実郎, 2009: 114~120 참조). 미국과

다. 1990년에는 대미무역 비중의 27.4%와 비교해 대중무역 비중은 3.5%였다.

18) 이 주장은 일본이 미국으로부터 자립해서 자주적인 외교력과 국방력을 가지고 국제사회에서 자유롭게 활동하겠다는 논리와 유사하다. 오자와는 2009년 7월 주일미군의 축소를 주장하고 아시아태평양 지역에서 미군은 제7함대로 충분하다고 발언해서 국내외로 물의를 빚었다.

중국 사이에서 일본이 등거리 자립외교를 펼치겠다는 것으로 하토야마 수상의 견해와 일면 유사하고 일본 민주당 정부의 외교적 지향점을 일의적으로 예시하는 주장이다.

2009년 10월 중국 베이징에서 제2차 한중일정상회담이 있었다. 3국정상회담에서 합의된 내용은 북한의 6자회담 조기 복귀를 위해 긴밀히 제휴하기로 하고, 동아시아공동체는 장기적 목표이며, 12월의 기후변동구조조약 COP15의 성공을 위해 협력하기로 하고, 위기대응의 금융재정정책을 평상시로 돌리는 출구전략은 시기상조라는 인식에 일치했다. 하토야마 수상은 동아시아공동체 구축을 아시아외교의 중핵으로 삼고 있지만 역내국가의 정치체제 사이에 상이점도 있어 구체화는 쉽지 않고, 미국 제외의 문제로 미일관계에 영향을 미칠 가능성도 있다고 했다. 새로운 일본은 아시아공동체를 구상하고 경제적 제휴부터 시작해서 문화적·사회적 교류 강화를 도모하고 청소년의 교류를 추진하면서 아시아판 EU를 추구한다고 했다. 하토야마 수상은 지금까지 일본이 미국에 너무 의존해왔고 미일동맹이 중요하지만 아시아를 더욱 중시하는 정책을 펴고 싶다고 강조했다.[19)

또한 북한문제와 관련해서는 북한의 의도를 지켜보면서 6자회담 복귀, 2005년 9월 공동성명의 완전한 실행 약속, 납치문제를 포함한 인권 상황에의 대응을 포함하여 진행시키는 것이 중요하다고 했다. 원자바오 총리는 한반도 비핵화라는 목표를 향해 북미·북일·남북 등 양자협의와 6자회담을 포함한 다자협의는 서로 보완된다고 하고, 북한의 김정일 위원장은 6자회담의 재개에 반대하지 않고 미국·일본·한국과 관계 개선을 하고 싶어 한다

---

19) 하토야마 수상은 후진타오(胡錦濤) 주석과의 회식에서 예상외로 신내각은 역사를 거울로 삼아 미래로 향한다고 언급했다. "역사를 거울로"는 중국이 일본의 역사인식문제를 꺼낼 때 이용하는 문구로 1998년 장쩌민(江澤民) 주석이 일본을 방문했을 때 반복해서 사용해 일본과 마찰이 발생한 적이 있다.

고 말했다. 하토야마 수상은 일중한의 FTA를 추진하고[20] 내년 빠른 시기에 투자협정 체결을 기대한다고 말했다(《요미우리신문》, 2009.10.11).

한중일협력 10주년을 기념하는 3국의 공동성명은 다음과 같다. 장기적 목표로 동아시아 공동체의 개발과 지역협정에 계속해서 관여한다. 서로를 윈윈(공영) 협력의 파트너로 간주하고 방위당국자, 군당국자 간의 교류와 협력을 추진한다. 어떠한 보호무역주의에도 반대하며 아시아와 세계경제의 회복과 안정된 발전에 활기를 이어간다. 청소년 교류나 대학 간의 교류를 지속한다. 평화적 수단으로 한반도의 비핵화를 추구하고 6자회담의 조기 재개를 위해 다른 관계자와 공동으로 대처하고 동북아시아의 평화와 안정을 유지하도록 노력한다. 3국의 지속 가능한 개발에 관한 공동성명은 다음과 같다. 한중일의 순환경제모델거점의 설립을 탐구하고 자원절약, 환경배치형의 산업구조, 성장패턴 등을 추진한다. 기후변동에 적응한 하천·수자원 관리에 초점을 맞춘 담당각료급회의를 적절한 시기에 설립한다. 기후변동구조조약 COP15의 성공에 공헌하기 위해 긴밀히 협력한다(《요미우리신문》, 2009.10.11).

2009년 10월 9일 하토야마 수상이 취임 후 처음으로 한국을 방문했다. 한일관계를 가깝고도 가까운 사이로 만들자는 한국정부의 인식에 공감한다고 했으며, 과거사문제와 관련해 일본의 새 정부는 똑바로 역사를 직시할 수 있는 정권이고 1995년 무라야마담화의 뜻과 마음을 일본정부와 국민 모두가 중요한 생각이라고 이해하는 것이 중요하다고 말했다.[21] 또한 재일

---

20) 한일·한중·중일 양자 간의 FTA 체결이 어려운 경우 한중일 3국 FTA를 추진하자는 움직임이 있다.

21) 한반도와 관련한 하토야마 수상의 과거 주요발언은 다음과 같다(《아사히신문》, 2009. 10.9. 참조). [역사적으로 한반도에서의 침략, 식민지지배는 사실(1995년 6월)/ 정말로 죄송합니다, 여러분(한국인 종군위안부)이 기금을 받지 않는다면 다른 방법을 생각해야 하겠습니다(1996년 7월)/ (사할린 잔류 한국인의) 영주귀국은 일본인으로서 해야 할 문제

교포에게 참정권을 부여하는 방안에 대해 적극적으로 결론을 도출하고 싶고 내각에서 논의를 계속해 정부의 결론을 찾고자 한다. 북핵문제와 관련해 북한의 핵 및 미사일 개발에 대해 일괄적·포괄적으로 문제를 파악해 북한의 구체적인 행동이 나타나지 않는 한 경제협력을 해서는 안 된다. 필요한 것은 6자회담에서 북한을 제외한 5자가 공동보조를 취하는 것이다. 동아시아공동체 구상에 대해 한일 양국이 중심이 되어 다른 아시아 국가들과 협력을 심화시켜가면 된다고 말했다(≪조선일보≫, 2009.10.10).

하토야마 정부의 외교정책 양대 축인 긴밀하고 대등한 미일동맹과 동아시아공동체의 구상은 궁극적으로 일본·미국·중국의 3자외교로 진전될 수 있다. 한일관계도 새로운 단계로 발전하지만 핵심적으로는 일미중 3자외교가 본격적으로 시동되고 있다. 일본은 미중일 3자회담을 지속적으로 제안해왔고, 중국은 이를 검토하고 있다. 미국은 2008년 경제위기의 극복 및 아프가니스탄 전쟁을 포함한 대테러전쟁을 수행하기 위해 중국 및 일본과 긴밀한 협력관계를 유지해야 할 필요성이 있다. 이에 따라 미중일 3자회담이 실행될 가능성이 높아졌고 실제로 3국정상회담이 예정되었다가 연기되었다. 일본과 미국 사이에는 미일동맹의 심화, 주일미군의 재편, 아프가니스탄 지원, 미일지위협정 개정 등의 문제가 있고, 일본과 중국의 과제로는 우호관계의 성립, 동중국해의 가스전 개발, 북한 핵문제, 중국의 군사력 증강 등이 존재하며, 미국과 중국 사이에는 무역수지 불균형과 환율조정, 인권문제 등이 있다.

미국 민주당이 전통적으로 중국과 우호관계를 유지해왔고, 일본 민주당이 미국 민주당 및 중국과 동맹우호관계를 형성한다면, 또한 경제적 요인

(2001년 5월)/ (영주외국인에 지방참정권을 부여하는 법안의 계속심의를 여당이 결정한 것은) 공약위반이다(2001년 5월)/ 일본 국내에서 침략, 식민지화를 미화하는 풍조가 있지만 민주당에는 그런 인간은 없다(2009년 6월)].

과 안보 요인이 결합되어 필요성이 증대 시, 3자회담이 성립되고 제도화할 분위기가 발생한다. 3국이 미중일문제와 글로벌 이슈 등의 분야를 넘어서 한반도와 동북아시아 관련문제 등을 논의하게 되면 그 파급이 직접적으로 한국에 미칠 수 있다. 한국은 일본 및 중국과 정치경제적 측면에서 기본적으로 협력과 경쟁의 관계에 있는 상황에서 동아시아 경제협력을 동시에 추구해야 한다. 한중일정상회담 등을 통해 한중일협력을 증진시키고 한미동맹과 6자회담, 한중일+미 등의 구조적 제도를 유지하는 것이 중요하다(김성철, 2009 참조).

제2장
일본 민주당 정부와 미일관계

1. 서론

2009년 8월 역사적 총선거의 승리로 국내외 커다란 기대를 안고 9월 출범한 민주당 하토야마 내각이 미일관계의 악화와 지지율 하락을 주원인으로 2010년 6월 퇴진했다. 하토야마 내각은 하토야마 수상과 오자와 간사장을 중심으로 대등한 미일관계와 자립외교를 주창했지만 우여곡절 끝에 결국 2010년 5월 28일 미일정부 간 공동발표를 통해 2006년 주일미군 재편의 합의원안을 재확인한다고 선언했다. 이에 따라 5월 29일 사민당이 연립정권에서 이탈하고, 6월 2일 하토야마 수상과 오자와 간사장이 동반 퇴진했다. 6월 4일 간 민주당 대표가 새 수상에 선출되었으며, 6월 6일 오카다 외상과 기타자와 도시미(北沢俊美) 방위상, 마에하라 세이지(前原誠司) 국토교통상을 유임시킨 새 내각이 출범했다. 하토야마와 오자와가 물러났지만 민주당의 기존 주역들은 그대로 남은 셈이다. 일본정치의 집단지도체제와 공동의사결정시스템을 감안하면 민주당은 간판과 이미지가 바뀐 것일 뿐 미일관계를 비롯한 기본정책은 그대로 유지되리라고 예상된다. 7월 참의원 선거에 대비한 새 내각 진용이고, 50년 이상 자민당의 지배에서 탈피한 일본 국민에게는 대안이 별로 없이 1년 이내의 새내기 민주당에게 좀 더 기회와 지지를 제공하게 될 것으로 추측된다.

2009년 민주당 정부가 출범했을 때는 일본도 미국과 같이 양당제 구도로 가지 않을까 하는 예상이 있었으나, 자민당에서 이탈한 소수의 신당 등이 생기면서 결국 일본정치에서는 전통적인 다당제 연립정권이 유지될 것으로 보인다. 미일관계를 중시하는 일본에서 자민당이 미국의 공화당과 친밀한 관계를 맺고, 일본 민주당이 미국 민주당과 신뢰관계를 쌓아갈 것이라는 추측도 있었지만, 하토야마 정부가 미국 대신 중국과 친밀한 관계를 맺으려고 노력하면서 미일관계에 균열이 발생했다. 데라시마 정책자문위원이 제기한 것과 같이 일본이 미국과 중국 사이에서 등거리외교를 펼치고 미중일이 정삼각형의 구도를 이루기 위해서는, 미일동맹이 약화되고 일중관계가 강화되는 방향으로 외교정책이 움직여가야 한다. 미일동맹의 약화라는 것이 대등한 미일관계와 자립외교로 나타나고, 주일미군의 축소나 철수의 함의로 연결된다. 이는 하토야마 수상이 주창해온 "미군 상주 없는 안보" 또는 오자와 간사장의 "아시아태평양 지역에서 미7함대로 충분하다"는 발언 등과도 연계된다.

이 장에서는 일본 민주당 정부가 내세우는 외교안보정책의 기조를 따라서 미일관계가 어떠한 조정을 거치는지 그 기본원칙과 과제 및 전망을 분석하고자 한다. 자민당 시절과 비교해서 외교안보정책과 미일관계가 기본적으로 어떻게 변모하는지 살펴보고 이에 따른 구체적인 정책 변화를 알아볼 것이다. 하토야마 정부 외교안보정책의 목표와 지향을 고찰하고 미일관계의 변화를 구체적으로 분석하여 미일동맹의 긴밀하고 대등한 관계와 주일미군의 재편 등을 중심으로 고찰하고자 한다. 또한 이에 대한 대응방안으로 한국의 외교안보정책을 숙고해볼 것이다.

2. 민주당 정부의 외교안보정책 기조

민주당은 2009년 7월에 발행한 인덱스 2009에서 외교안보정책의 과제로 신시대 미일동맹의 확립을 들었다. 미일 양국이 대등한 상호 신뢰관계를 쌓아 신시대의 미일동맹을 확립한다. 이를 위해 주체적인 외교전략을 구축하여 일본의 주장을 명확하게 한다. 솔직하게 대화를 실시하고 대등한 파트너십을 쌓아간다. 동시에 국제사회에서 미국과 역할을 분담하면서 그 책임을 적극적으로 완수한다. 미국과 FTA를 추진하여 무역·투자의 자유화를 진행시킨다. 미일지위협정의 개정을 제기하고 주일미군 재편이나 주일미군 기지 본연의 자세 등에 대해서도 재검토를 진행한다(민주당 정책집 인덱스 2009).

2010년 1월 4일 연두기자회견에서 하토야마 수상은 미일동맹을 기축으로 하면서 한편으로 아시아를 중시하는 동아시아공동체 구상의 해로 2010년을 만들고 싶다고 했다. 그에 따라 후텐마 이전문제를 절대적으로 해결해야 하며, 이 문제는 오키나와 주민의 마음을 소중히 하면서 미일의 합의도 생각해야 하기에 시간을 낭비할 생각이 없다고 했다. "기한을 확실히 정하고, 수개월 동안에 오키나와 주민과 미국의 이해를 이끌어내 여당3당의 검토위원회를 만들었기 때문에 확실히 논의하고 결론을 내겠다고 약속한다. 미일안보조약이 개정된 지 50주년이 되는 2010년은 의미가 매우 큰 해라고 생각한다. 미일동맹은 안전보장이 축인 것은 말할 것도 없고, 다양한 레벨로 일본과 미국이 서로 불가결한 관계에 있다는 것이 중요하다. 글로벌한 과제도 있고 기후변동의 문제도 있고 핵비확산의 문제도 있다. 이러한 문제에 대해서 적극적으로 서로의 입장을 주장하고, 말할 것은 확실히 말하면서 상호 신뢰관계를 늘려갈 것이다. 중층적인 형태로서 미일동맹을 심화시키는 중요한 해로 생각한다"고 했다.

일본의 외교과제에 대하여 2010년 4월 ≪외교포럼(外交Forum)≫에 실린 오카다 외상의 인터뷰 내용을 살펴보면 다음과 같다.

일본외교의 과제로 중요한 것은 첫째, 미일안보조약 개정 50주년을 맞이한 미일동맹의 심화이다. 후텐마 기지문제에 대해서 미국은 원래의 미일합의안이 최선이라는 인식을 표하고, 일본은 5월 말까지 정부의 결론을 내기 위해 다른 선택은 없는지 검토위원회에서 검토하고 있다. 동맹 심화의 논의는 2009년 12월 후반부터 서로 합의·소통해오고 있고 고급사무레벨에서 시작되고 있다. 미일동맹을 심화시키기 위해서는 아시아의 안전보장환경이 어떻게 변화하고 있는가에 대해서 공통적으로 인식하는 것이 중요하다. 예를 들면 북한, 경제 및 군사적으로 강해지는 중국, 또는 그 외의 국가들도 경제가 성장하여 중간층이 두껍게 형성되고 민주주의가 성숙해지는 가운데 안전보장환경에 어떠한 영향을 미칠 것인지, 그 공통인식을 제안하여 미일은 어떤 역할을 해야 하는지 생각해야 한다. 미군 기지문제의 근본은 미군 기지가 일본의 안전에 어떤 역할을 하는지 미군의 억지력에 대해서 이해해야 한다. 과거 미일 간 밀약에 관한 조사와 관련하여 ① 1960년 1월 안보조약 개정 시의 핵반입에 관한 밀약, ② 한반도 유사시 전투행동에 관한 밀약, ③ 1972년 오키나와 반환 시, 유사시의 핵반입에 관한 밀약, ④ 원상회복보상비의 원조에 관한 밀약에 대해 외무성의 조사는 끝나고 유식자에 의한 검증작업 후 보고서가 정리되도록 한다.

둘째, 아시아태평양에서 적극적 외교의 추진이 긴요하다. 하토야마 정부가 들어서고 아시아외교는 좋은 상황을 만들어가고 있다. 중국, 한국, ASEAN 등과 문제가 없는 것은 아니지만 동아시아공동체 구상을 제안해서 내셔널리즘을 넘어 아시아 전체에 일체감이 나타난다고 느낀다. 북한문제에 대해서는 납치, 핵, 미사일의 문제에 진전이 보이지 않는다. 다행히 일본과 미국, 한국은 방향성이 일치되어 있기 때문에, 중국이 중요한 역할을 다해줄 것을 바라면서 6자회담을 재개하도록 한다.

셋째는 아프가니스탄의 부흥지원이다. 국제사회에서는 아프가니스탄의 부흥을 위해 더 힘을 쏟아야 한다는 공통인식이 있다. 일본은 5년간 최대 50억 달러의 원조를 약속해 높게 평가받았다. 21세기는 아시아의 시대라고 한다. 아시아의 활력을 일본에 불어넣고 또한 일본이 더욱 아시아의 활력에 플러스 영향을 미치는 것에 의해 일본도 아시아도 좀 더 풍부하게 될 수 있다. 그러기 위해서 아시아 각국과의 경제연휴협정이나 동아시아공동체 구상을 실현해서 아시아 속에서 아시아의 발전과 함께 일본도 발전한다는 계획을 세워 실행해야 한다.

또한 2010년 핵군축·비확산 그리고 기후변동의 문제가 특히 중요하다. 핵군축·비확산에 관해서는 4월에 핵안보회담이, 5월에는 NPT 재검토 회의가 열린다. 최근 인도와 파키스탄에서 핵실험이 있었고, 북한과 이란 등에서 핵확산이 진행되고 있는데 핵군축은 진전되지 않고 있다. 그러나 오바마 대통령의 등장, 특히 2009년 4월 프라하 연설을 계기로 '핵무기 없는 세계'를 향해 세계의 흐름이 바뀌고 있다. 이 흐름을 확실한 것으로 해야 한다. 2009년 12월에 제출된 '핵비확산·핵군축에 관한 국제위원회(가와구치·에반스위원회)'의 보고서를 실행할 것과 핵의 소극적 안전보증(핵을 가지지 않은 국가에 핵을 사용하지 않는 것)을 명확히 하는 것 등이 중요하다. 또한 핵무기의 역할은 핵 공격에 대한 억지에 제한하는 것 등에 대한 논의를 심화시켜가야 한다(岡田克也, 2010 참조).

3. 미일동맹의 과제

1) 하토야마 수상의 입장

하토야마 수상은 강고한 미일관계를 지향하면서도 일본의 국익에 따라 할 말은 한다는 입장에서 주일미군의 재편 등에서 이미 합의된 원안을 수정하려는 움직임을 보였다. 오키나와의 후텐마 기지 이전문제에 대해 자민당은 이미 미일 간 합의가 이루어져 결론이 나와 있다고 말하지만, 민주당은 야당시절부터 주장해온 기지문제에 대한 구상은 정권교체가 이루어진 지금 실현되어야 한다고 주장한다. 이 문제는 오키나와 기지문제이자 일본의 방위체제, 즉 미일안보체제의 문제이기도 하다. 지난 자민당 정권처럼 대미추종의 미일관계에서 벗어나 새로운 검토가 필요하고 일본의 의사를 명확히 제시하고자 한다. 지금까지 기지문제로 희생해온 오키나와 주민의 심정과 일본외교 및 안전보장의 기축인 미일관계, 그간의 미일합의에 대해서도 심사숙고한 연후에 이전 장소로는 오키나와현 내외와 일본 국내외를 포함한 모든 선택의 여지를 진지하게 검토하여 결론을 도출하고자 한다. 일본의 의사를 명확히 제시함으로써 참된 의미에서 강고한 미일관계가 가능하고, 앞장서서 오바마 대통령과도 진정한 신뢰관계를 구축할 수 있도록 노력하겠다고 했다(하토야마 내각 메일매거진, 2009.11.7).

미일관계가 확고부동한 신뢰관계라고 하면서 하토야마 수상은 오바마 대통령이 처음 방일한 2009년 11월 13일, 두 번째 정상회담을 가졌다. 그날 하토야마 수상은 APEC 참석을 위해 싱가포르로 떠나야 했기에 오바마 대통령과는 불과 4시간이 안 되는 한정된 시간밖에 함께할 수 없었다. 보낸 시간만으로 헤아릴 수 없는 신뢰관계가 굳건해졌음을 실감했다고 토로했다.[1] 미일 간에는 후텐마 기지 이전문제로 결론이 나지 않아 향후 관계에 대해 불안과 의문의 목소리가 나오고 있는 것도 사실인데 먼저 미국 대통령과의 흔들림 없는 굳건한 신뢰관계, 마음과 마음으로 통하는 관계를 만드는 것이 가장 중요하고, 이번에 도쿄에서 오바마 대통령과 만나서 생각이 서로 일치하고 있음을 확인할 수 있었다고 했다. 이는 한쪽이 이득을 얻고 한쪽은 손해를 보는 결과가 아니고 쌍방에게 좋은 결과가 나오는 것이고, 우선은 이를 위한 환경이 조성될 수 있었다는 점이 커다란 성과이고, 정상회담 때 주고받은 "Please trust me", "Absolutely, I trust you"[2]라는 말을 부디 믿어주시길 바란다고 했다(하토야마 내각 메일매거진, 2009.11.19).

하토야마 수상은 2010년 1월 29일 국회시정방침 연설에서도 미일관계의 심화에 관해 발언했다. 미일 안전보장체제는 질적으로 변화를 이루면서도 일본의 방위뿐만 아니라 아시아와 세계의 평화와 번영에서 빼놓을 수 없으며 향후에도 그 중요성이 바뀔 일은 없을 것이라고 했다. 미일안보조약 개정 50주년을 기회로 미일동맹을 21세기에 어울리는 형태로 심화시키는 것을 표명했다. 지금까지 미일동맹의 성과와 과제를 솔직하게 평가하고 폭넓은 협력을 진행시키고 중층적인 동맹관계로 심화·발전시키고 싶다고 했다. 일본이 제출하여 2009년 12월 유엔총회에서 채택된 '핵무기의 전면적 폐기를 위한 새로운 결의'에 미국이 공동제안국으로 일원이 되었다. 2010년에는 핵안보정상회담과 핵확산금지조약 운용검토회의가 개최되는데 '핵 없는 세계'의 실현을 위해 일본과 미국이 협조하는 의의는 크다고 평가했다.

후텐마 기지 이전문제에 대해서는, 미국과의 동맹관계를 기축으로 일본과 아시아의 평화를 확보하면서, 오키나와 주민의 부담을 조금이라도 가볍게 하기 위해서 어떠한 해결책이 최선인지, '오키나와기지문제 검토위원회'

---

1) 이는 실질적으로 외교적 결례가 될 수 있고 미일관계의 어색함을 표출한 것이다.
2) 이후 양국 정상은 어색한 관계를 지속했는데, 신뢰관계에 대한 인식이 서로 다른 것 같다.

에서 논의하여 2010년 5월 말까지 구체적인 이전 장소를 결정하겠다고 발표했다. 기후변동의 문제에 대해서는, 지구환경문제와 에너지 안전보장을 일체적으로 해결하기 위한 기술협력이나 공동실증실험, 연구자교류를 미일에서 실시하는 것으로 합의했다. 이 분야와 미일동맹 전체를 양국뿐만 아니라 아시아태평양 지역 또 세계의 평화와 번영에 이바지하는 것으로 발전시켜가겠다고 했다.

2) 조지프 나이의 미일관계

2010년 1월 4일 ≪요미우리신문≫에서 조지프 나이(Joseph Nye) 교수는 미국의 입장을 대변하면서 미일동맹이 안정의 초석이라고 했다. 그의 주장을 정리하면 다음과 같다.

"후텐마 비행장 시설문제의 해결이 해를 넘김으로써 미국정부, 특히 국방성(펜타곤)이 곤욕스러워하고 있다. 하토야마 수상이 7월 참의원 선거를 고려해서 결론을 내지 않는 것이라면 괜찮지만, 만약 미일동맹 자체에 반대하고 있는 것이라면 참으로 걱정스러운 일이다. 이대로 후텐마문제가 해결되지 않고 미일관계가 악화된다면, 최악의 경우 주일미군 삭감이나 미일안보조약 체결 50주년을 맞이하여 동맹 재확인이 가볍게 보이는 사태를 생각할 수 있다. 하토야마 수상은 미국을 좀 더 안심시킬 필요가 있다.

하토야마 내각이 정권교체를 실현하고 시간이 충분히 지나지 않아 아직 정착되지 않은 것이 일본과 미국 간 불협화음의 요인이라고 생각하지만 민주주의체제하에서는 자연스러운 일이라고 할 수 있다. 그렇기 때문에 미일동맹이 위험에 처해있다는 의견에는 동의하지 않는다. 후텐마문제가 있어도 미일동맹 자체의 중요성이 더욱 크다. 향후 20~30년에 걸쳐 동맹을 유지하는 것이 일본과 미국에 이익이라는 것은 명백하다. 미일동맹의 필요성은 일본 국민도 알기 쉽다. 일본 국민에게 북한핵의 위협에 동맹국 없이 스스로의 힘만으로 대처할 것인가, 중국의 부상에 동맹국 없이 대처할 것인가 묻는다면 국민은 '동맹국과 함께'라고 대답할 것이다.

하토야마 수상은 '미군 상주 없는 안보'를 제창했다. 일본이 바란다면 미군은 철수하겠지만 그것은 일본에 크나큰 실수가 될 것이다. 일본은 북한과 중국, 러시아의 핵에 대치하는 한편 스스로 핵무기를 개발하는 것은 바라지 않는다. 그렇다면 미국으로부터 안전보장을 받을 필요가 있고 미군이 일본에 주둔하는 것으로 그것이 좀 더 신용될 수 있다. 일본을 공격하면 일본인뿐만 아니라 일본에 있는 미국인도 살해하는 것으로 되기 때문이다. 군사적으로도 해병대가 오키나와로부터 완전히 철수한다면 북한의 유사시에 효율적인 대응이 불가능할 것이다.

미일안보 50년을 맞은 2010년에 1996년의 미일안보공동선언과 같이 미일동맹을 '21세기 안정의 초석'이라고 규정하는 선언을 책정해야 한다. 일본과 미국은 안보뿐만 아니라 기후변동과 에너지 등 폭넓은 분야에서 정책협조가 필요하다. 미일안보는 아직 50년밖에 지나지 않았고, 다음 50년이 기다리고 있다. 오바마 대통령이 2009년 11월 아시아 순방으로 처음 일본을 방문하여 도쿄에서 정책 연설을 한 것은 중요한 의미가 있다. 순방 중 체류일수로는 중국이 더 길지만, 그것은 미국이 중국과 안고 있는 문제가 일본과 안고 있는 문제보다 더 많기 때문이다. 일본은 미국에 매우 중요한 동맹국으로서 중국과 일본의 중요도를 비교하는 것은 잘못된 것이다. 일본은 미국의 동맹국이지만 중국은 그렇지 않다. 미일동맹의 장래에 낙관적인 것은 미일 양쪽 모두 중국의 부상에 대응하지 않으면 안 되기 때문이다. 이른바 미·중 G2 구상은 그리 좋지 않은 것으로 생각된다. 세계가 직면하는 문제들이 미국과 중국만으로 해결될 리 없다. 적어도 일본과 유럽이 합쳐지는 G4 혹은 G20이라는 틀에서 생각하지 않으면 의미가 없다.

하토야마 수상의 동아시아공동체 구상을 어떻게 평가하는가 하는 것은 이 구상이 무엇을 의미하는가에 따라 다르다. ASEAN이나 동아시아정상회담과 같은 기존의 공동체 형식이라면 문제없지만, 만약 그것이 동아시아 경제에서 미국을 배제하는 것이라면 큰 문제가 될 것이다. 오바마 대통령이 언급한 것처럼 미국은 아시아태평양 국가이며 점점 더 아시아무역에 치중하고 있기 때문이다.[3] 수상의 공동체 구상이 기본으로 하고 있는 우애정신도 일본과 근접 국가와의 양호한 관계를 의미한다면 좋다. 동맹국 일본이 주변 국가들과 관계를 심화시켜 소프트파워를 증대시킨다면 그것은 미국에도 좋은 것이다. 미국이 아시아 각국에 관여하는 것도 기축이 되는 미일동맹 때문이다.

수상이 말하는 대등한 미일동맹이 가능한지는 '대등'이 무엇을 의미하는가에 달려 있다. 그것이 만약 일본이 핵을 갖는 초강국이 되는 의미라면 일본 국민은 그걸 바라지 않을 것이다. 일본은 군사력에서의 대등을 목표로 하는 길은 선택해오지 않았다. 그러나 기후변동대책이나 에너지와 같은 분야에서 미국보다 더욱 앞서가고 있는 부분도 있고 안전에서 대등한 관계에 있다고 할 수 있다.

일본이 나아갈 길은 안보분야에서 동아시아의 안정을 위해 미일동맹을 유지하는 것이고, 안정 없이는 경제 번영도 없다. 또한 기후변동과 에너지 분야에서 미국과 중국 등과 함께 세계를 주도하는 것이다. 금융위기 후 세계경제의 안정을 위해서 자국의 경제를 자극하고 고성장을 회복하며 개방된 국제경제를 유지하기 위해서 다른 국가들과 협력해나가는 것이야말로 세계의 공공재를 향한 일본의 공헌이 될 것이다"(Nye, 2010 참조).

---

3) 취임 후 처음으로 일본을 방문한 오바마 대통령은 2010년 11월 아시아정책 연설을 하고 미국은 아시아태평양 국가로서 아시아에 적극 관여하겠다고 표명했다. 미일동맹을 안전과 번영의 기반으로 자리매김했다.

나이 교수는 동아시아에 대한 미국의 전략적 입장을 잘 대변하면서 미일동맹의 필요성을 역설했고 50년 역사의 미일동맹이 흔들린다면 양국에 큰 손실이 발생할 것이라고 주장했다.

4. 미일동맹의 조정

1) 미일안보조약 개정 50주년

1960년 개정된 미일안보조약은 2010년을 맞아 50주년이 되었다. 이에 따라 일본에서는 미일동맹을 역사적으로 재조명하는 행사가 다양하게 개최되었다. 미일안보조약 50주년을 맞아 하토야마 수상의 담화내용을 살펴보면 다음과 같다.

일본과 미국의 상호 협력 및 안전보장조약은 1960년 1월 19일 워싱턴에서 미일 양국의 대표에 의해 서명되었고, 오늘은 그 50주년을 맞이하는 날이다. 미일안보체제는 일본의 안전뿐만 아니라 아시아태평양 지역의 안정과 번영에 크게 공헌해왔다. 일본이 전후 자유와 민주주의를 존중하고 평화를 유지해 경제발진을 이룩할 수 있었던 것은 미일안보체제 덕분이라 해도 과언이 아니다. 과거 반세기 동안 냉전 종결이나 9·11 테러 등 세계의 안전보장환경은 크게 변화했고, 일본을 둘러싼 안전보장환경은 북한의 핵·미사일 실험으로 보듯이 어려움이 있다.

이러한 상황 속에 미일안보체제에 근거하는 미군의 억지력은 핵무기를 갖지 않고 군사대국이 되지 않겠다고 하는 일본의 평화와 안전을 확보하는 데 계속 큰 역할을 한다. 또한 미일안보체제는 일본의 방위뿐만 아니라 아시아태평양 지역 전체의 평화와 번영에도 불가결하다. 여전히 불안정하고

〈표 2-1〉 미일안전보장의 발자취

1945년 8월	종전
1947년 5월	일본국 헌법 시행
1950년 8월	경찰예비군 발족
1951년 9월	샌프란시스코 강화조약, 미일안보조약에 서명
1952년 8월	보안청 설치
1954년 7월	방위청 설치, 육해공 3자위대 발족
1960년 1월	미일안보조약 개정, 미일지위협정에 서명
1968년 1월	사토 수상이 비핵3원칙을 표명
1972년 5월	오키나와 반환
1978년 11월	미일방위협력을 위한 지침(가이드라인)을 결정
1980년 2월	·해상 자위대가 환태평양합동연습(Rimpac: Rim of the Pacific Exercise)에 처음으로 참가 ·환태평양합동훈련(미해군 제3함대에 태평양주변국 해군이 참가. 1971년 시작)
1989년 12월	미·소 정상이 냉전 종결을 확인
1991년 1월	걸프전쟁 개시
1991년 4월	해상 자위대의 기뢰소해정을 페르시아만에 파견
1995년 9월	오키나와에서 해병에 의한 소녀폭행사건
1996년 4월	ACSA(미일물품역무상호제공협정)에 서명 미일안보공동선언에서 냉전 후 안보역할을 재정의
1997년 9월	주변사태에서 미일협력을 고안 「방위협력을 위한 지침」(신가이드라인)을 결정
1999년 5월	주변사태법 등 신가이드라인 관련법이 성립
2001년 9월	미국 동시 테러 발생
2001년 11월	미국 함선 등에 해상급유를 위한 해상 자위대 함대를 인도양에 파견
2003년 3월	이라크전쟁 개시
2003년 6월	무력공격사태법 등 유사3법 성립
2003년 12월	미국의 MD 시스템 도입을 결정
2006년 5월	미일 양국 정부가 후텐마 비행장 시설을 포함한 주일미군 재편의 최종 보고(로드맵)를 발표
2009년 12월	하토야마 정권이 후텐마 시설 계획의 재검토를 결정
2010년 1월	미일안보조약 개정 50주년으로 미일 외교·국방담당 각료가 공동성명을 발표

자료: ≪요미우리신문≫(2010.1.20).

불확실한 요소가 존재하는 안보환경에서 미일안보조약에 근거하는 미군의 존재는 지역 국가들에게 안심을 가져오는 것으로 말하자면 공공재로서의 역할을 해나간다. 이러한 인식에서 50주년을 기념하는 해에 미일안보체제를 핵심으로 하는 미일동맹을 21세기에 어울리는 형태로 심화시킬 수 있도록 미국정부와 공동 작업을 실시하겠다(≪요미우리신문≫, 2010.1.20).

또한 미일안보 50주년을 맞아 미일 외교·국방장관회의의 공동성명 요지는 다음과 같다. "미일동맹이 양국의 안전과 번영과 함께 지역의 평화와 안정 확보에도 불가결한 역할을 다하고 있다. 아시아태평양 지역에서의 불확실성과 불안정성은 계속 존재하며, 국제사회에서도 테러와 대량파괴무기와 그 운반수단의 확산과 같은 새로운 위협이 발생하고 있다. 미일안보체제는 일본의 안전과 아시아태평양 지역의 평화와 안정을 유지하기 위해서 불가결한 역할을 하고 있다. 오키나와를 포함한 미군기지 부담을 경감하고, 변화하는 안보환경 속에서 미군의 적절한 주둔을 포함한 억지력을 유지하는 노력을 지지하고 미일동맹이 계속해서 지역 안정의 초석으로 남도록 확보해간다. 미일은 북한의 핵·미사일 계획에 의한 위협에 대처하고, 인도적 문제에서 긴밀히 협력하며, 6자회담을 포함한 국제장소에서 파트너로 협력한다. 중국이 국제무대에서 책임 있고 건설적인 역할을 나하는 것을 환영하며 중국과의 협력관계 발전에 노력한다. 미일은 필요한 억지력을 유지해가면서 대량파괴무기 확산을 방지하고 핵무기 없는 세계의 평화와 안전을 추구하는 노력을 강화한다. 또한 흔들림 없는 동맹을 구축하고 변화하는 21세기 환경에 맞추도록 결의한다. 폭넓은 분야에서 미일안보협력을 추진하고 심화하기 위한 대화를 강화한다"(≪요미우리신문≫, 2010.1.20).

2) 긴밀하고 대등한 미일동맹의 과제

미일동맹 50주년을 맞이하여 긴밀하고 대등한 미일동맹의 과제에 대하여 ≪아시아시보(アジア時報)≫에 실린 구리야마 다카카즈(栗山尙一) 전 주미대사의 견해를 살펴보면 다음과 같다.

50주년을 맞이하는 미일동맹의 상황을 점검하면서 긴밀하고 대등한 미일관계를 표방하는 하토야마 외교가 직면한 세 가지의 과제에 대해서 말하고자 한다. 미일관계를 규정하는 좌표축은 안보조약을 토대로 하는 미일동맹이다. 현재의 민주당 정권을 포함해 일본의 역대정권이 미일관계는 일본 외교의 기축이라 말해오고, 미국의 역대정권도 미일동맹은 미국의 아시아정책의 요체라고 강조해왔다. 냉전시대에는 양국의 이러한 발언에 신빙성이 있었다. 일본이 서방의 주요한 일원이며 세계 2위 경제대국이기 때문이다. 그러나 동서대립이 해소된 탈냉전시기 평화에 대한 위협이 다양화하고 확산되고 중국의 대두와 같이 세계가 다극화된 오늘날에도 미일동맹의 자리매김이 적절한 것인지 아니면 과거에 사로잡힌 사고의 산물인지 숙고할 필요가 있다.

긴밀한 동맹관계는 다음 세 가지 요소에 의해 성립된다. 첫째는 동맹의 당사국이 함께 지켜야 할 것이라고 믿는 기본적 가치를 공유하고 있는 것이다. 둘째는 일정 지역에서 당사국이 공통의 중요한 전략적 이익을 갖고 있는 것이다. 셋째는 가장 중요한 것으로, 동맹관계를 유지하는 책임을 분담하고 발생할 수 있는 정치적·경제적·군사적 위험을 공유하려는 양국의 의사가 존재하는 것이다. 지금의 미일동맹은 이 세 가지 요소에 대해서 본질적인 취약성을 안고 있다. 우선 기본적 가치에 대한 일본의 좌표축이 문제다. 냉전의 종결과 함께 동(東)이 소멸함에도 불구하고, 구미의 나라들은 지금도 국제관계를 말할 때 자신들을 서(西)라고 부르고 있다. 그러나 그것은 냉전시대 소련의 전체주의제국을 의미한 동(東)에 대한 정치적 개념이 아닌 문명적 주체성을 나타내는 용어로 사용되고 있다. 그렇다면 거기에 일본이 위치할 자리는 없으며, 오히려 그러한 세계관은 문명의 충돌론을 상기시킨다. 미일동맹이 함께 지켜야 할 공통의 기본적 가치는 무엇인가. 일본이 미국과 공유할 수 있는 이념적 좌표축은 존재하는가. 대답은 반드시 명백하다고 할 수 없다.

　다음은 미일이 공통의 중요한 전략적 이익을 갖는 지역인가의 문제이다. 일본에 아시아태평양의 사활적 중요성은 글로벌시대에도 바뀌지 않았다. 대서양 국가이면서 동시에 태평양 국가라고 주장하는 미국에도 아시아태평양의 전략적 이익은 21세기가 되어 증대되고 있다. 문제는 미일 양국이 이 지역에 있어야 할 질서에 대해서 공통의 비전을 갖고 있는가 하는 것이다. 이 점에서 동아시아공동체 구상을 내걸고 그간 미국에 너무나 의존해 왔다고 하는 하토야마 수상의 아시아태평양의 장래상에 의구심을 가진다. 미일동맹에서 가장 염려되는 것은 일본이 일관되게 유지해온 소극적인 책임분담과 위험공유의 문제다. 일본에게는 상호 관련된 두 가지 이유가 있다. 첫째는 집단적 자위권의 행사를 전면 부정하는 특이한 헌법 해석이며, 둘째는 태평양전쟁의 트라우마가 낳은 일본 국민의 강한 반전감정이다. 일본이 이중의 제약으로부터 해방되지 않는 한, 긴밀하고 대등한 의미에 대해 미일 간 이해의 골이 채워질 수 없다.[4] 미국은 언제나 일본의 태도에 불만을 품고, 일본은 미국에게 감추어져 정체성을 잃어버리는 것은 아닐까

---

4) 구리야마는 미일동맹 50주년을 맞아 긴밀하고 대등한 관계를 쌓을 계기가 될 만한 상징적인 행사를 제안하고 싶다고 했다. 하토야마 수상의 진주만 애리조나기념관 방문과 오바마 대통령의 히로시마 원폭위령비 방문이다. 상호 방문은 사죄와 속죄를 위한 것이 아니고 장래를 위해 미일이 아시아태평양의 평화를 위해 함께 걸어갈 것을 맹세하기 위한 목적이다. 과거 지향의 상호 방문은 미일 쌍방에서 강한 반대가 예상된다.

불안에 싸인다. 양국의 최종적 화해는 미래지향의 시나리오에 의해서만 가능하다(栗山尚一, 2009 참조).

미국의 전통적 외교축 하나는 태평양 국가로서 자국의 사활적 이익이 걸린 동아시아에 미국의 존재를 부정하는 배타적 세력이 생기는 것은 용납할 수 없다는 것이다. 하토야마 수상이 주장하는 아시아태평양의 미래상과 관련해서 태평양전쟁 전의 일본외교는 이 사실을 인식하지 않았기 때문에 미국과 대결하게 된 것이다. 미국과의 관계를 생각할 때 일본은 주체성의 상실이 두렵다고 이 교훈을 잊어서는 안 된다. 미국 없이는 글로벌시대 아시아태평양의 평화와 발전을 확보하기 위한 질서 구축을 생각할 수 없다. 중국의 영향력이 커졌다 하더라도 미국의 국제공공재의 공헌능력이 두드러지는 것은 너무나 명백하다. 긴밀하고 대등한 미일관계를 목표로 하는 일본의 새 정권이 미일관계를 어떻게 바꾸고 싶어 하는지를 두고 미국은 의문과 불신감에 빠지고는 한다.[5] 대등이 미국과 떨어짐을 의미한다면 미일동맹은 성립하지 않는다. 하토야마 수상은 자신이 제창하는 동아시아공동체 구상이 장기적으로 미국과 떨어지기를 추구하는 것이 아니라는 점을 명확히 할 필요가 있다. 어차피 기본적 가치관의 공유를 기초로 내셔널리즘을 극복하려는 유럽통합의 전후 오랜 발자취와 하토야마 구상에서 공통 이미지를 발견하기는 어렵다(栗山尚一, 2010 참조).

3) 미일 간 밀약의 평가

미일 간의 밀약은 미일안보조약의 개정과 오키나와 반환을 둘러싸고 일

---

5) 오바마 대통령의 일본 방문 연설에서 주목해야 할 것은 두 번에 걸쳐 1960년 안보조약 서명 시 드와이트 아이젠하워(Dwight Eisenhower) 대통령의 말을 인용하면서 미일 파트너십의 대등성을 강조한 것이다.

<표 2-2> 미일의 밀약을 둘러싼 움직임

1951년 9월 8일	구 미일안전보장조약에 조인
1960년 1월 6일	· 후지야마 아이이치로(藤山愛一郎) 외무장관과 맥아더 주일 미국대사가 핵병기의 반입은 사전협의의 대상이 되는 토의의 기록에 서명 · 후지야마 수상과 맥아더 대사가 조선반도 유사시 재일미군은 사전협의 없이 일본의 기지를 사용하는 것을 인정하는 조선의사록에 서명
1960년 1월 19일	개정 미일안보조약에 조인
1967년 12월 11일	사토 수상이 중원예산위원회에서 핵은 만들지도, 갖지도, 들여오지도 않는다고 답변, 비핵3원칙을 표명
1968년 1월 27일	사토 수상이 개정 방침 연설에서 핵정책의 4기둥으로 비핵3원칙, 핵군축, 미국의 핵억지력에의 의존, 핵 평화 이용을 내세움
1969년 11월 19일	사토 수상과 닉슨 대통령이 유사시에 오키나와에 핵병기의 배치를 인정한 합의의사록에 서명
1969년 11월 21일	사토 수상과 닉슨 대통령이 본토 핵 제외 오키나와 반환에 합의
1971년 6월 17일	오키나와반환협정에 조인
1974년 9월 10일	미군 퇴역 해군 소령이 미국 의회에서 핵탑재함은 외국에 기항할 때 일일이 핵병기를 내리는 일은 없다고 증언
1981년 5월 17일	미국의 에드윈 라이샤워(Edwin Oldfather Reischauer) 전 주일대사가 ≪요미우리신문≫의 취재에서 핵반입으로 미일에 암묵의 이해가 있었음을 증언
2006년 2월 10일	요시노(吉野)씨가 ≪요미우리신문≫의 취재에서 일본이 대신 맡음을 인정
2009년 6월 29일	무라타 전 외무차관이 ≪요미우리신문≫의 취재에 대해 역대 차관 사이에서 핵반입을 묵인하는 밀약이 계속되고 있었음을 증언
2009년 9월 16일	오카다 외상이 외무성에 미일의 밀약조사를 명령
2009년 11월 27일	오카다 외상이 밀약의 내부 조사 결과를 검증하는 유식자위원회를 설치
2009년 12월 22일	사토 수상과 닉슨 대통령이 서명한 합의의사록이 사토 자택에서 발견됨
2010년 3월 9일	유식자위원회가 오카다 외상에 보고서를 제출

자료: ≪요미우리신문≫(2010.3.10).

본과 미국 사이에서 주고받은 비밀합의로 네 종류의 존재가 지적되고 있다. ① 핵탑재 함선 등의 기항을 미일 간 사전협의의 대상에서 제외하는 합의(1960년 1월), ② 유사시에 오키나와로의 핵 재반입을 인정하는 합의(1969년 11월), ③ 한반도 유사시에 미군이 주일미군 기지를 출격거점으로 사용

〈표 2-3〉 미일 밀약의 외무성 조사 결과와 유식자위원회의 견해

밀약	내용	외무성 조사 결과	유식자위원회 견해
안보 개정 시 핵반입 (1960년 1월)	핵보유 함선 등의 기항·통과에 대해서 핵반입에 필요한 사전협의 대상부터 제외함	미일 간 인식의 불일치가 있었음	암묵적 합의라는 광의의 밀약이 있음
미군의 자유출격 (1960년 1월)	한반도 유사시 미군의 전투작전 행동을 사전협의 없이 인정함	근거가 된 의사록의 복사본이 발견됨	일본 측에 밀약과의 인식이 있었던 것은 확실하며 비공개문서도 확인됨
오키나와로의 핵 재반입 (1969년 11월)	오키나와 반환 후 중대한 긴급사태 발생, 미국 정부가 핵병기를 오키나와에 재반입할 경우 일본 측은 사전협의에서 승인함	외무성은 아무것도 몰랐음	비공개 합의의사록은 발견되었지만 반드시 밀약이라고 할 수 없음
오키나와 반환 시 원상회복비 맡음 (1971년 6월)	반환 협정에서 미국정부의 부담이 결정된 원상회복 보상비를 일본이 맡음	일본이 대신 맡는 것에 대해 일본 측도 알고 있었음	비공표 취급의 합의가 있으며 이것은 광의의 밀약에 해당함

자료: ≪아사히신문≫(2010.3.10).

하는 것을 인정하는 합의(1960년 1월), ④ 오키나와 반환 시 원상회복비를 일본이 부담한다는 합의(1971년 6월). 미일 간의 네 가지 밀약을 검증해온 외무성의 유식자(有識者)위원회는 5월 9일 오카다 외상에게 보고서를 제출했다. 보고서는 최대의 초점이었던 1960년 미일안보조약 개정 시의 핵반입 등 세 가지를 밀약이라고 인정하고 밀약의 존재를 부정해온 이제까지의 정부 주장을 뒤엎었다. 그 보고서의 골자는 다음과 같다. 핵탑재 함선의 기항을 묵인하는 암묵적 합의가 존재하며 광의의 밀약에 해당한다. 한반도 유사시 사전협의를 면제하고 주일미군 기지로부터의 출격을 인정하는 밀약이 존재한다. 오키나와로의 핵 재배치에 관한 합의의사록은 전 수상인 사토 에이사쿠(佐藤榮作) 자택에서 발견되었지만, 장기적 효력은 없으며 밀약이라 말할 수 없다. 오키나와 반환 시 원상회복 보상비를 일본이 맡는다는

합의는 광의의 밀약에 해당한다(≪요미우리신문≫, 2010.3.10).

이 중 소송으로 문제가 된 것은 오카나와 반환에 따라 본래 미국 측이 부담해야 할 오카나와의 원상회복 보상비 400달러만을 일본 측이 부담한다는 내용으로 반환교섭 최종단계인 1971년에 합의했다. 1972년 사회당의 요코미치 다카히로(橫路孝弘) 중의원의원 등이 국회에서 당시 ≪마이니치신문≫ 기자였던 니시야마 다이키치(西山太吉)씨가 입수한 외무성의 기밀전문을 바탕으로 밀약의 존재를 언급했다. 오카다 외상이 설립한 밀약조사 유식자위원회는 2010년 3월에 공표한 보고서에서 이 밀약합의를 광의의 밀약이라고 인정했다. 1972년의 오카나와 반환 때 미일정부가 교환한 것으로 알려진 밀약문서를 둘러싼 정보공개소송에서 도쿄지방법원은 4월 9일 밀약의 존재를 인정하면서, 국가가 문서의 부존재를 이유로 공개하지 않은 처분을 취소하고, 공개를 명하는 판결을 선고했다. 원고 1명당 10만 엔의 국가배상도 명했다. 재판장은 문서를 파기했다는 입증을 국가에 요구하고, 국민의 알 권리를 소홀히 한 국가의 대응은 불성실하다고 논평했다. 판결 이유의 골자는 다음과 같다. "원고들이 요구한 문서는 일본이 국민에게 알리지 않은 채 재정부담하는 것을 미국과의 사이에서 합의한 밀약이다. 국가가 문서를 보유하고 있는 것을 원고가 입증하도록 한다. 폐기했다고 국가가 입증하지 않는 한 보유하고 있다고 인정된다. 폐기했다고 한다면 외무성과 재무성의 고위간부가 조직적으로 결정했다고 해석할 수밖에 없다. 문서의 탐색은 불충분하다. 국민의 알 권리를 소홀히 한 외무성의 대응은 불성실하다. 국가배상청구도 인정된다"(≪아사히신문≫, 2010.4.10).

오카다 외상은 3월 9일 미일의 밀약에 관한 외무성 조사 결과와 유식자위원회의 검증보고서를 공표했다. 아울러 공개된 기밀문서로부터 일본정부가 1968년 핵무기 탑재의 혐의가 있는 미군함선의 기항·통과를 묵인하는 입장을 굳혀 그 후의 역대 수상이나 외상 등도 승낙하고 있었던 것이 판명되었다. 기항의 가능성을 알면서 사전협의가 없기 때문에 핵탑재 함선의 기항은 없다고 허위의 정부답변을 반복했었다. 비핵3원칙은 사토 수상의 1967년 표명 직후부터 공동화되었던 것이 된다. 하토야마 수상은 3월 9일 비핵3원칙에 대해서 그대로 고수한다고 재차 표명했다. 또한 오카다 외상은 핵탑재 함선의 일본 기항·통과는 핵의 반입에 해당하는 것과 같은 종래의 입장을 유지하기로 했다. 오카다 외상은 미국정부가 핵무기의 배치 상황을 긍정도 부정도 하지 않는 NCND(Neither Confirm Nor Deny) 정책을 취하고 있기 때문에, 미일 간 생각의 차이는 남을 수밖에 없다고 지적했다. 다만 1992년 미국정부가 수상함 등에서 핵무기를 철거하는 데 기항이 실제로 문제될 것은 없다고 미국 측과 해석의 어긋남을 바로잡을 필요는 없다는 생각을 나타냈다(≪아사히신문≫, 2010.3.10).

5. 주일미군의 재편

1) 오키나와 후텐마 기지의 이전

2006년 미일 간에 합의된 주일미군의 재편에 관하여 민주당 하토야마 정부는 개정을 요구하고, 오키나와 후텐마 비행장의 이전문제를 비롯해 주일미군에 대한 전반적 재검토를 주장했다. 주일미군의 축소 및 철수, 미군을 신속기동군으로 변형한 '미군 상주 없는 안보' 등 여러 견해가 제시되었다. 이로 인해 미일관계에 갈등이 야기되고 이를 우려하는 목소리가 일본 국내외에서 대두되었다. 5월 말까지 결말을 내겠다고 한 하토야마 수상이 5월 23일 미국이 주장해온 2006년 원안대로 따르기로 결정했다고 공표했다. 이에 따라 민주당 정부 출범 이후 미일관계를 껄끄럽게 만들어온 주일미군

〈표 2-4〉 후텐마문제를 둘러싼 하토야마 수상 발언의 변천

2009년 7월 19일	적어도 현외로의 이설이라는 것에 여러분이 모두 하나가 된다면, 그 방향으로 우리도 적극적으로 행동을 하지 않으면 안 된다(오키나와에서의 중의원선 입후보예정자의 응원연설)
2009년 8월 17일	기본적으로 해외로 이전시키는 것이 제일 바람직하다고 생각하지만, 최소한 현외 이설이 기대된다(6당 당수토론회)
2009년 10월 27일	나로서는 후텐마 이설문제에 관해서 현외 또는 해외로 호소해왔다(기자단에게)
2009년 12월 4일	괌으로 전부 이설하는 것이 미국의 억지력을 생각할 때 타당한지 어떤지를 검토할 필요가 있다(기자단에게)
2009년 12월 25일	5월 말까지는 새로운 이설 장소를 포함한 결정을 하기를 희망한다(기자회견)
2009년 2월 26일	억지력의 관점에서 보면, 괌에 후텐마(의 기지기능)를 전부 이설시키는 것은 무리가 있지 않을까(라디오 프로그램)
2010년 2월 1일	여당3당, 현지, 미국과의 합의라는 세 가지를 염두에 두고 5월 말까지는 결론을 내겠다(중의원본회의)
2010년 3월 31일	오키나와의 부담 경감, 억지력문제를 포함하여, 현행안과 적어도 동등한가, 그 이상의 효과가 있는 안이다(당수토론에서 복안에 대해서)
2010년 4월 12일	5월 말까지는 결착을 내도록 대통령에 협력 바란다(비공식 미일정상회담)
2010년 5월 4일	해외라는 이야기도 없었던 것은 아니지만, 미일동맹관계를 생각하면 억지력이라는 관점에서 어려울 것이라는 생각이 든다. 모든 것을 현외로 옮기는 것은 현실문제로 어렵다(나카이마 히로카즈(仲井真弘多) 오키나와현 지사와의 회담)
2010년 5월 23일	대체지는 헤노코 부근에 부탁할 수밖에 없다는 결론에 도달했다(나카이마 지사와의 회담)

자료: ≪아사히신문≫(2010.5.7, 24).

의 재편문제가 일단락되었다. 그 과정에서 나온 논의를 정리하고자 한다.

하토야마 내각 메일매거진에 실린 하토야마 수상의 후텐마 비행장 이전문제에 대한 견해는 다음과 같다. 가장 중요한 것은 정부가 국익에 따른 결론을 어떻게 이끌어 내는가이다. 후텐마 비행장의 위험성을 생각하면 빨리 이전 장소를 찾아야 한다는 것은 잘 알고 있고, 지난 정권이 13년 걸려 여러 선택사항을 검토해서 최종적으로 이전 장소를 헤노코로 정한 것도 이해한

다. 이 문제에 일관되게 주요한 점은 다음의 조건을 충족해야 한다는 것이다. ① 일본의 안전보장은 미일동맹이 기반이며 미일 간에 합의한 것의 중요성은 인식하고 있다. ② 이전 장소는 오키나와 현외나 국외가 바람직하다고 주장하며 선거에서 이겨 정권교체를 이룩한 중요성도 인식하고 있다. ③ 연립정권을 유지하기 위해서는 사민당과 국민신당의 의사를 존중할 필요가 있다. 지난 정권 때 미일합의를 통해 헤노코로 정해졌으니 그대로 결정해야 한다는 견해도 많다. 미국은 그러기를 강력히 기대한다. 그러나 무리하게 헤노코로 결정하면 국정에 어떤 영향을 끼칠지, 오키나와 주민들은 어떤 생각을 할지 숙고할 필요가 있다. 결과적으로 이전완료시기가 더욱 멀어질 것이 예상된다. 이는 미국에도 바람직하지 않다. 그래서 정부는 미군 재편에 관한 예산은 배정하고 환경영향평가도 진행하면서 새 정권에서도 몇 개월에 걸쳐 후텐마의 이전 장소를 진지하게 검토하기로 했다. 헤노코는 안 된다는 말만 하고 있다가는 이전 장소가 결정되지 않아 후텐마 기지가 고정화되고 만다. 예전처럼 사고가 일어나면 돌이킬 수 없게 될지도 모른다. 오키나와 주민에게도, 미국에게도 이해를 구하면서 3당이 후텐마 비행장의 이전 장소를 결정하고, 이전완료시기가 지연되는 일은 없을 것이고, 이를 충족시키는 결론이 미일의 국익으로 이어진다고 믿는다. 2010년은 미일동맹 50주년을 맞이하는 역사적인 해이고, 후텐마문제를 극복하고 미일관계가 새로이 깊어지는 해가 될 것임을 확신한다(하토야마 내각 메일매거진, 2009.12.17).

끊임없는 국내외의 비판여론 속에서 미일관계에 걸림돌이 되었던 오키나와 후텐마 미국 해병대 비행장 이전문제에 대해서 5월 23일 미국과 일본이 합의에 도달했다고 발표하고 5월 28일 각의에서 결정했다. 2006년 일본 자민당 정부와 미국 공화당 정부가 결정한 원안을 고수한다는 것으로, 이는 결국 하토야마 정부가 자기주장을 철회한 것이 된다. 원안대로 오키나

〈표 2-5〉하토야마 수상의 5월 말 결말의 행방

조건	수상의 생각	어려운 현실	그리고, 결국…
대(對) 미국정부	가능한 한 오키나 와현 외에 이설, 현 행안은 수정 희망	현행안이 최선, 헬리콥터 부대와 지상부대의 일체 운용이 전제	수정 현행안에 정면적 으로. 도쿠노시마로의 훈련 이전만 용인
대(對) 오키나와(沖 縄)·도쿠노시 마(耐之島)	도쿠노시마에 일 부 이설하면서, 오 키나와현 내에 이 설도 용인 희망	· 대규모적인 반대 집회(도쿠노 시마: 4월 18일, 오키나와: 4월 25일) · 나고시 시장 등이 수상에게 현내 이설 반대 표명(오키나와에서 5 월 4일) · 도쿠노시마의 수장이 수상에게 반대 뜻 전함(5월 7일)	오키나와, 도쿠노시마 함께 반대론 강하게, 현 지 합의는 거의 불가능
대(對) 연립여당	침묵을 지켜주기 바람	국외시설을 제안(사민), 수정 현 행안에도 반대(후쿠시마 사민 당 수, 가메이 국민신당 대표)	5월 결말 희망, 연립이 탈 카드로 흔들기?(사 민)

자료: ≪아사히신문≫(2010.5.8).

와 나고시 헤노코에 있는 미군부대 캠프 슈와브에 새 활주로를 2014년까지 건설하기로 했다. 해병대 1만 8000명 중 8000명을 괌으로 이전하고 그 비용의 일부인 60억 달러를 일본이 부담하는 방안을 원안대로 추진하기로 했다. 이번 합의안에는 해병대 헬기훈련의 일부를 오키나와 외 지역에서 실시한다고 추가하고 가고시마현의 도쿠노시마를 후보지로 추진했지만 주민 반발 때문에 결정을 못하고 있다. 하토야마 수상은 5월 23일 오키나와를 방문해서 약속을 못 지킨 것에 사죄하고, "한반도 정세와 동아시아 안보환경에 불확실성이 있는 상황에서 주일미군의 억지력을 저하시켜서는 안 된다"고 말했다. 오키나와 주민과 지사, 연립여당인 사민당의 반대에도 불구하고 민주당 정부가 미국과의 합의안을 결말지은 것이다. 이는 미일관계 악화를 우려하는 국내외 여론의 압력에 굴복한 것이고, 7월 참의원선거를 앞두고 지지율 하락에 대해 고민한 끝에 내려진 결정으로 보인다.

2) 후텐마 기지 이전문제의 연혁

(1) 후텐마 기지의 이전 방안

후텐마 기지 이전문제의 연혁과 관련해 2010년 1월 ≪중앙공론(中央公論)≫에 실린 모리야 다케마사(守屋武昌, 전 방위차관)의 인터뷰 내용을 정리해서 살펴보면 다음과 같다.

1990년대 중반, 냉전의 결과에 따라 '대(對)소련'이라는 공통의 목표를 잃은 미일동맹체제는 표류상태에 있다고 염려했다. 미국에서는 경제중시의 클린턴 정권이 발족해, 개선이 되지 않는 미일무역 마찰문제를 둘러싸고 미일포괄협의를 시작하는 등 미일관계는 급속도로 악화되고 있었다. 안전보장 측면에서도 호소카와 모리히로(細川護熙) 정권하에 1994년 일본 방위체제의 재검토가 개시되고, 1995년 9월에는 오키나와에서 주둔하고 있는 미군병사에 의한 아동 폭행사건이 일어났다. 사건을 중대하게 본 미국정부는 나이 국방차관보와 커트 캠벨(Kurt Campbell) 국방부차관보(오바마 정부의 국무차관보) 등이 중심이 되어, 일본정부와의 사이에서 SACO(오키나와에 관한 특별행동위원회)를 설치하고, 오키나와 미군 기지의 정리·통합·축소에 몰두하면서 냉전 후 미일동맹의 역할을 '아시아태평양 지역에 평화와 안정을 가져오는 공공재'로 정의하는 1996년의 '미일안보공동선언'으로 이어지게 했다. '나이 이니셔티브'로 불린 공공재정의의 프로세스 중에서, 하시모토 내각이 중요안건으로 평가한 것은 오키나와현 기노완시에 있는 미국 해병대 후텐마 기지의 반환문제였다.

하시모토 정부에서 그때까지 불가능이라고 여겨져온 후텐마 반환이 구체적인 정책목표로 부상하게 된 배경은 하시모토 류타로(橋本龍太郎) 수상과 가지야마 세이로쿠(梶山靜六) 관방장관이 가슴에 지녀온 제2차세계대전에 대한 생각과 전쟁의 상흔이 아직도 남아 있는 오키나와에 대한 배려에 있다. 당시 오키나와의 오타 마사히데(大田昌秀) 지사와 요시모토 마사노리(吉元政矩) 부지사가 후텐마를 돌려달라고 했고, 그것이 1996년경이다. 오키나와현 경영자협회 회장이었던 이나미네 게이치(稲嶺惠一, 오키나와현 지사)가 모로이 켄(諸井虔, 치치부시멘트회장)을 통해 하시모토와 카지야마에게 전했고, 그때 전한 것이 '기지반환 액션프로그램'이다. 오타·요시모토 콤비가 만든 것으로 오키나와현에서 기지를 전부 없애겠다는 구상이었고, 그 상징적 존재가 후텐마 기지의 반환이다. 본토와 달리 구(旧) 육해군의 기지가 작은 오키나와에서 미군 기지의 전개는 민유지의 접수라는 형태로 이루어졌다. 미군은 평지가 많은 남부에 기지시설을 집중시켜 남부는 미군경제와 함께 풍족해졌지만 북부는 빈약한 상태였다. 1956년 미군은 헤노코 일대의 접수를 통고했다. 야마나시현의 키타후지(北富士)와 기후현(岐阜縣)의 가카미가하라(各務原)에 주둔해온 해병대를 받아들인 것과 같은 조치이다. 지주들은 강제적으로 접수되는 것보다 계약하여 경제적으로 이득을 얻도록 생각해서 협력적인 자세로 전환했다. 이것이 전후 유일한 예외이며, 그 후 오키나와에서는 미군 기지는 반환뿐이고 신설은 없었다. 당시 기지반환 액션프로그램에서 마지막까지 남은 가데나 기지도 2015년까지 철거 예정이다. 하시모토 정부가 후텐마 반환을 결정할 때 대체시설에 대해서 신설이라는 선택은 사라졌다.

당시 오키나와현에서는 오타·요시모토 콤비가 수장을 계속해서 혁신파로 이어지고 있었다. 미군 기지가 많은 중부와 남부에서 보수·자민당계에 남아 있었던 것은 가데나 읍장과 우라소에(浦添) 시장뿐이었다. 그러한 오키나와현의 내정과 액션프로그램, 그리고 기지의 신설은 없다는 조건으로 보면 가데나 비행장에 후텐마 비행장을 집약하는 방안밖에 남지 않았다. 그 방안은 기지 신설을 거부하는 오키나와 주민도 받아들일 수밖에 없는 것이었다. 일본정부는 후텐마에서 해병대가 운용하고 있는 대형 헬리콥터와 가데나에 있는 F15 등 전투기와의 공동운용이 가능한지를 검토했다. 하시모토 수상은 자위대 제복조 간부를 관저에 초대해서 정기모임을 만들었다. 그 때 통합막료회의(합동참모회의) 의장은 항공 자위대의 제트전투기 파일럿 출신의 스기야마 시게루(杉山蕃)였다. 수상은 의장에게 공동운용의 가능성에 대한 검토를 지시했다. 육상 자위대의 헬리콥터 파일럿, 항공 자위대의 전투기 파일럿, 비행장 관제관이 검토해서 내린 결론은 공동운용의 가능이었다.

그러나 미군은 세 가지 이유로 반대했다. 첫 번째로 저속 헬리콥터와 고속 전투기를 관제관이 동시에 컨트롤하는 것은 부담이 크다는 것이다. 평상시에도 헬리콥터와 전투기가 함께 각각 60기에서 70기 정도 훈련하는 비행장이 된다. 유사시에는 그것이 두세 배의 규모가 된다. 그래서 유사시를 생각하면 도저히 조달할 수 없다는 것이 두 번째 이유다. 세 번째는 SACO에서 가데나 기지의 소음대책으로 P3C 대체 초계기의 주기장을 이전하거나 방음벽을 만들기로 했는데, 가데나 주민의 부담 경감을 위한 SACO합의가 헛되이 된다는 점이다. 그리하여 가데나 통합안은 사라지게 되었다.

가데나 안이 무산되고 생각한 것이 미군이 비행장 건설을 고려한 슈와브 캠프의 나고시 헤노코 해안수역에 철거 가능한 구조물을 건조한다는 방안이다. 하시모토와 가지야마의 기본원칙은 오키나와의 의견을 듣는 것이다. 건설의 공법으로는 매립하는 것이 제일 간단하다. 그러나 왜 오키나와가 다시 기지를 새롭게 받아들이지 않으면 안 되는가 하는 것이 오타·요시모토의 기본생각으로, 상자형의 시설을 띄워서 활주로를 만드는 메가플로트[mega-float, 부체(浮体)방식]와 잔교방식(Quick Installation Platform, 이동 시 잭업 사용, 고정 시 파일위치)이었다. 하토야마 정부의 방침은 메가플로트와 잔교방식이고, 주민의 의견을 듣고 검토하겠지만 매립은 국가의 선택지가 아니라고 했다.

2009년 11월 13일 일본을 방문한 오바마 대통령은 하토야마 수상과의 정상회담에서 후텐마문제의 조기 결말을 독촉했다. 하토야마는 오바마에게 자신을 믿어달라고 전하고 기존의 미일합의안을 이행할 가능성을 시사했다. 그러나 하토야마 수상은 후텐마의 이설 장소를 다양하게 언급하면서 미국에게 실망을 초래했다. 11월 17일 오카다 외상과 기타자와 방위상 등이 참석한 후텐마 이설을 위한 각료급 작업그룹에서 존 루스(John Roos) 주일 미국대사와 에드워드 라이스(Edward Rice) 주일 미군사령관, 월리스 그레그슨(Wallace Gregson) 국방차관보 등 미국 측은 현행안이 유일하고 실현 가능한 선택지라고 강조했다. 그러나 2010년 1월 나고시 시장 선거와 가을의 오키나와 지사 선거 등으로 하토야마 정부의 방안은 정해지지 않고 미일동맹관계도 혼미해졌다. 지난 12년간 자민당 정부가 후텐마 이설을 실현시키지 못했고, 이는 정치와 경제, 군사안보 등의 문제가 복합적으로 결부되어 있다(守屋武昌, 2010 참조).

(2) 주일미군과 일본의 안보

하토야마 정부나 민주당 오자와 간사장 등의 발언을 들어보면 오키나와, 나아가서 일본에서 미군이 나가주면 좋겠다고 말하는 것처럼 들린다. 일본에서 미군이 없어지면 일본이 현재의 억지력을 유지할 수 있을까? 중국과 아시아의 이슬람 원리주의에 대한 대비를 1%의 방위비로 가능한가? 일본에서 미군 기지가 없어지면, 미국은 아시아태평양 지역에서 즉응력을 유지하기 위해서 항공기나 함선을 증가시켜야 하고 그것은 미국에게 커다란 부담이 된다. 미일동맹체제가 일방적이라고 생각하지 않고, 일본이 전략적인 위치를 제공하는 것이 미국에게 큰 혜택이 된다.

후텐마문제 등을 협의하는 중에 부족한 것은 미일안보동맹의 내용이 빠진 것이었다. 일본외교는 미일안보가 기본이며 미국 억지력에 의존한다고 말할 뿐 양국 실력조직의 방위협력 실체는 없다. 정말 미국에게 의존해도 괜찮은 정책인가, 미군이 어떠한 역할로 어떤 부대가 있으며 어떤 기능을 하는지 등에 있어서 뒷받침이 전후 50년간 없었다는 뜻이다. 한국전쟁이 끝나고 대(對)소련이 중심이 되었지만 당초에는 유럽이 중심이었다. 그러나 소련이 극동군의 증강을 시작하면서 베트남전쟁으로 피폐한 미국은 유럽과 아시아에서의 양면작전을 수행할 자금이 없다는 것을 파악하고 본격적으로 자위대를 활용하기 시작했다. 변화가 나타난 것은 1981년 스즈키 젠코(鈴木善幸) 수상의 미국 방문 이후의 일이고, 미일 공동작전계획도 구체화하여 미국 측은 일본에 해상교통(sea lane)의 방위를 요구하게 되었다.

이때부터 일본도 미국과 공동작전계획의 연구를 시작했다. 미일동맹의 실체는 일본과 미국에서 공동대처하는 미군의 주력이 미국 본토에서 내원하도록 되어 있었고, 자위대 조직이 대응할 수 있다고 생각했지만 실제로는 전혀 되지 않았다. 일본에는 자위대를 기능시키기 위한 유사법제가 없었기 때문이다. 자위대가 발족하고 제복조는 일본의 침략사태를 상정하여 미쓰야(三矢) 연구 등을 했지만 국회에서 문제가 되었다.[6] 1994년 북한위기 때, 미국은 일본과 10년 동안 공동작전계획의 연구를 해왔기 때문에, 일본으로부터 비행장·항만의 사용, 물자의 보급 등 지원을 기대했다. 그러나 당시 일본은 미국을 지원할 수 있는 법률이 없어서 대응할 수 없었다. 방위청은 미국과 공동작전계획의 연구로 법제상의 과제를 해왔지만, 미국은 일본에게 긴급사태법제가 없을 거라고는 생각하지 않았다.

또한 주일미군의 운용에 대해서 미국은 자위대에 알리는 일이 없었다. 미국 공군은 북한의 미사일·핵개발을 탐지하는 정찰기 등 미군기가 본토에

---

6) 구리스 히로오미(栗栖弘臣) 통합막료회의 의장이 유사법제의 필요성을 발언했지만 초법규적 발언이라고 문제가 되어 경질되었다.

서 올 때도, 요코타(橫田)의 사령부로부터 항공 자위대에 연락 없이 매스컴의 연락을 통해 알게 되는 형태가 되었다. 이러한 사태를 개선하기 위해 SACO의 최종보고서에 미국과 병력구성 협의를 행할 것을 합의하고, 미일 간 정보 교환을 원활히 하기 위한 대처가 이루어졌다. 일본의 자위대에는 장비라는 하드웨어는 있어도 그 장비를 사용할 소프트웨어가 없다. 자위대를 실제에서 사용할 수 있도록 만들어 가는 것이 중요하다. 침략의 상황뿐 아니라 대규모 화재를 포함한 다양한 위기에 자위대가 경찰·소방과 함께 대응하기 위해서 꼭 필요한 것이다. 이를 국내 공공재로서 자위대의 역할이라고 부른다. 동시에 국제적인 공공재로서의 역할도 자위대에 요구된다. 집단적 자위권 등을 내세우기 전에 국제긴급원조나 인도 지원 등 할 수 있는 일은 많다. 미군과 협력해서 부대의 운용이나 사고의 대응 등 여러 측면에서 재점검이 가능하다. 이것이 하토야마 정부가 내세우는 긴밀하고 대등한 미일관계에 도달하는 길이다(守屋武昌, 2010 참조).

6. 하토야마 정부 외교정책의 평가

1) 자민당 총재 다니가키 사다카즈의 평론

2010년 3월 ≪중앙공론≫에 실린 자민당 총재 다니가키 사다카즈(谷垣禎一)의 하토야마 정부 외교정책에 대한 평론 내용을 살펴보면 다음과 같다.

(1) 외교안보상의 주요 과제와 문제의식
하토야마 정권은 미국이 중시하는 후텐마 기지문제의 미일합의에 부정적 태도를 나타내고, 인도양으로부터 해상 자위대를 철수하고, 접수국 지원을 감액하는 자세를 취하고, 미국을 등한시하며 동아시아공동체 구상을 제안하고, 핵 선제불사용과 핵밀약문제를 제기했다. 미국은 하토야마 정권이 사회주의적인 반미 자유주의의 경향이 강하다고 느끼면서도, 하토야마 수상이 미일동맹 중시를 주장하기 때문에 인내했다. 그러나 2009년 11월 13일 정상회담에서 후텐마 기지문제의 조기 결단을 촉구하는 오바마 대통령에게 하토야마 수상이 자신을 믿어달라고 말했음에도 결정을 미룬 것에 대해 미국은 실망했다(12월 15일). 하토야마 수상은 12월 17일 코펜하겐에서 열린 COP15의 만찬회의를 통해, 클린턴 국무장관과 후텐마 기지문제에 대해 설명하고 이해를 얻었다고 기자단에게 설명했다. 그러나 클린턴 국무장관은 귀국 후 주미 일본대사를 불러 후텐마 기지문제의 결정을 신속히 해달라고 강하고 분명하게 강조했다. 하토야마 수상의 인식에 반발한 것이다. 미국은 여전히 세계에서 가장 큰 영향력을 갖고 있는 나라이며 일본의 유일한 동맹국이다. 미일 간의 분열은 정책협의나 정보 교환의 동결, 수준 저하를 일으키며 일본의 국익에 심각한 영향을 끼친다.[7)]

하토야마 정권의 대외정책문제는 대중국 인식에 기인하며 결과로는 미일동맹에 근거한 억지력을 과소평가하는 것이 된다. 냉전 후 중국은 현저한 성장으로 국제사회에서 지위와 영향력이 급속히 증대하고 있다. 중국은 중요한 인접 국가이며, 긴밀한 중일관계가 일본의 경제이익을 가져올 것은 분명하다. 한편 군사적인 면에서 군사력의 근대화를 추진하고 주변 해역에 진출하는 중국 해·공군의 활동은 일본을 포함한 주변국들의 염려가 되고 있다. 동맹국인 미국과 거리를 두면서 중국과의 접근을 도모하고, 미일관

---

7) 예를 들면 2009년 12월 COP15를 성공시키기 위해 일본이 사무레벨협의와 정상회담을 통해 미국에 접근할 기회가 있었지만 실제로 정상회담도 이루어지지 않았다. 경제관계에서도 엔고(円高) 시정을 위해 구체적인 메시지도 내지 못하고 이후 무역투자·원자력·IT·우주·수송 등 분야에서의 영향이 우려된다.

계와 일중관계를 균형 있게 하려는 하토야마 정권의 외교는 국가의 안전보장을 이해하지 못한 외교이다.[8] 미일 양국은 동맹국이고 일중관계와는 다르다. 일·중·미관계는 정삼각형이 아니다. 일본이 전후 기적이라고 불리는 경제부흥을 이루고 평화와 번영을 누릴 수 있는 기초는 일본이 미일동맹이라는 선택을 통해 이른바 요시다독트린(Yoshida doctrine, 경무장·미일안보)에 의해 국가의 안전보장을 추진했기 때문이다. 미일안보체제에 근거하는 미일동맹은 일본방위를 위한 현실적 선택이며, 미일안보체제에서 미국군대의 역할은 중국 등 주변국의 다양한 위협과 위험에 대응하고 억제하는 기능을 발휘하는 것이다.[9] 자민당은 미일동맹이 미국에게도 이익이 되도록 하면서 일본의 방위력을 갖추는 것이 효과적이라는 확신을 갖고 안보정책을 펼쳐왔는데, 하토야마 정부의 정책은 이 근저를 뒤엎을만한 위험한 방향으로 가고 있다(谷垣禎一, 2010 참조).

(2) 후텐마 기지와 핵밀약의 문제

후텐마 기지는 인구가 밀집된 위험한 시가지에 있어서, 자민당은 후텐마 기지의 반환을 목표로 미국의 동의를 얻어, 소음 감소와 안전성 확보가 가능하도록 배려하여 헤노코에 대체시설을 건설하는 것으로 미국과 합의했

---

8) 2009년 12월 대규모의 오자와 방중단에 참가한 야마오카 겐지(山岡賢次) 민주당 국회대책위원장은 미일관계가 기지문제로 삐걱거리고 있는 것은 사실이며, 우선 일중관계를 강건히하고 정삼각형이 되도록 미국의 문제를 해결해가는 것이 현실적이라고 중국에게 말했다.

9) 미일안보조약은 제5조에서, 미국의 대일방위의무를 규정하고, 제6조에서 일본의 안전과 극동의 평화와 안정을 위해서 일본의 시설·구역의 제공의무, 이를테면 미국의 기지사용 권리를 규정하고 이들의 상호 보완관계에서 구성되어 있다. 일본이 제5조만을 지키고 제6조를 가볍게 본다면 동맹은 성립하지 않는다. 일본은 권리와 의무를 균형 있게 맞추려고 주일미군을 안정적으로 유지하기 위해 정치적 위험을 안고 미국제 무기를 구입하고 예산을 쓰고 일련의 유사법제를 정비하고 미군 지원체제를 정비하고 그 실효성을 높여왔다.

다. 오키나와현 및 나고시와도 합의하고 로드맵에 근거하여 그 실현을 목표로 노력해왔다. 주요한 것은 오키나와현 주민의 부담을 줄이는 것이고 기존의 미일합의는 이를 실현하는 최선의 방법이다. 여당 3당에서 후보지를 물색해도 군사적 합리성이나 정치적 수용의 가능성이 없다면 미국은 고려하지 않을 것이다. 이 문제는 오래 끌수록 해결이 어렵게 되어, 결국은 SACO 합의가 백지로 돌아가고 후텐마 기지의 반환과 해병대의 괌 이전도 불가능하게 되며, 오키나와현 주민의 부담은 감소할 수 없게 된다. 후텐마 기지의 헬리콥터부대는 해병대 지상부대의 수송을 위임하고 있어서 지상부대와 멀리 떨어진 곳에는 위치할 수 없다. 해외 이전은 억지 기능의 크나큰 저하로 이어지며 비현실적이다. 오키나와현 주민에게 이 점을 설명하면 이해를 얻을 수 있다. 하토야마 정권이 후텐마 기지문제로 미일동맹의 신뢰감에 근본적으로 상처를 준 것은 심각한 문제이다.

핵밀약문제는 미일안보조약의 개정과 오키나와 반환 등의 시기에 미일 간에 비공개 약속이 있었는지, 그것이 갖는 의미는 무엇인지에 대한 문제이다. 이것은 미일안보조약의 사전협의제도 속에서 핵 반입에 대해서 미일 간 해석이 다른 것에 기인해 발생한 문제다. 이 문제는 역대 자민당 정권을 담당한 정치가나 관료가 피폭국 일본으로서의 태도와 국가의 안전보장을 양립시키기 위해 자신들이 책임을 지고 결단한 것이다. 미국은 처음부터 핵무기 탑재의 미군 함정·항공기가 일본 영역을 통과하는 기항이나 착륙하는 장소에 대해 이를 핵반입에 관한 사전협의의 대상으로 한다는 생각은 없었다. 1992년 이후 미국은 함정·항공기에 전술핵을 탑재하지 않았고, 핵 탑재 함정·항공기의 영역통과나 기항에 대해서 핵의 존재를 확인도 부정도 않는 NCND라는 원칙에 근거해서 대응했다. 유사시 미국이 일본의 안전보장을 위해 함정·항공기를 영역에서 통과시키거나 기항·착륙시켜야 할 경우, 일본 측이 사전협의하도록 요구하고 NO라고 하는 것이 확대억지에 어떤 영향을 주는가에 대해서는 심각히 고려해야 한다. 또한 불반입의 원칙을 미국의 함정·항공기에만 적용하는 것도 합리적인지 검토해야 한다. 세계가 핵군축을 향해가고 있는 움직임은 환영을 받고 있고, 일본도 적극적인 핵군축에 노력해야 한다(谷垣禎一, 2010 참조).

7. 결론: 미일관계의 전망

하토야마 정부는 긴밀하고 대등한 미일관계와 동아시아공동체 구상을 제창하고 자립외교를 추구했다. 집권 기간 중에 오키나와 후텐마 기지 이전문제, 핵밀약 공개, 도요타자동차 리콜사태 등 미일관계에서 굵직한 사건들이 발생했고, 미일동맹의 근본적 변화를 시도했다가 결과적으로 실패한 것으로 평가할 수 있다. 일본 민주당 정부는 출범 후 미국 의존 탈피와 아시아 중시외교를 주창해왔으나, 미국을 상대로 자립외교를 펴기에 어려움을 겪고 한계를 느끼면서 미일동맹의 강화노선으로 선회하는 분위기다. 최근 천안함사태와 같은 북한의 위협과 중국의 부상이 미일동맹의 강화와 한미일 공조를 야기시키고, 중국군 헬기가 일본 해역 인근에서 위협적 비행을 하는 등 중일 간 외교 갈등이 드러나고 있다(≪조선일보≫, 2010.5.25). 하토야마 수상은 '미군 상주 없는 안보'를 주창하면서 주일미군의 철수 혹은 축소를 유도했으나, 미국이 강력히 미군 주둔과 주일미군 재편의 원안을 고수하고, 도요타자동차 리콜사태 등으로 미일관계가 악화되어[10] 미일동맹의 안정을 요구하는 국민 여론이 강해지자, 참의원선거를 앞두고 6월

---

10) 미국의 자동차산업이 재정 적자와 판매부진으로 어려운 상황에서 도요타자동차 리콜사태가 발생하여 미일 간 경제마찰과 경쟁이 고조되는 경향이 나타나 양국의 신뢰관계가 적지 않게 손상된 것으로 보인다.

2일 오자와 간사장과 동반사퇴하게 되었다. 민주당은 6월 4일 간 신임수상을 선출하고, 한반도 긴장 고조의 동북아시아 정세를 계기로 전통적인 미일동맹과 한미일 공조의 외교노선을 추구하려는 움직임을 보인다.

비교사례적으로 보면 1990년대 초, 탈냉전 후 소련을 비롯한 공산권이 무너지자 미일동맹이 더 이상 필요한가 하는 논의가 제기되었다. 1992년 미국 대통령선거에서 예상을 뒤엎고 일본 자민당 정부가 지지하던 공화당 부시 대통령이 재선에 실패하고 1993년 민주당 클린턴 정부가 들어서자, 미일 무역 역조를 개선하기 위한 경제 갈등이 고조되고, 미국이 일본보다 중국을 중시하는 듯한 외교정책을 전개했다. 이에 대응하여 일본이 1994년 히구치 보고서를 발표하면서 아시아를 중시하는 다자체제를 추구하겠다고 선언하자, 1995년 미국에서 나이 보고서를 발표하여 미일동맹을 중요시하고 일본의 역할과 책임을 강조했다.

이와 유사하게 하토야마 정부가 미일동맹의 근본적 변화를 추구하자 2010년 1월 4일 ≪요미우리신문≫에 하버드대학 교수 나이가 기고한 논설에서 "미국의 외교안보전략상 미일안보동맹이 필요하고 미일동맹이 양국에 이익이 된다"고 주장했다. 탈냉전 후에도 중국, 한반도문제, 대만문제, 테러전쟁 등 글로벌이슈에 대응하여 미일동맹의 협력이 중요하다고 역설했다. 오키나와는 지정학적 및 군사전략적으로 매우 중요한 위치이고, 한반도문제 등 동아시아사태에 대처하기 위해서 오키나와의 주일미군이 긴요하다고 했다. 한국의 입장에서도 주일미군은 아시아태평양 지역에서 안정자나 균형자의 역할과 동아시아의 갈등을 예방하는 조정자의 역할을 할 수 있다고 평가한다. 일본 입장에서는 미국이 오키나와에 주일미군의 주둔을 원하면 체재비 분담금을 더 많이 내야한다는 주장도 있다.

제3장
일본 민주당 정부와 북일관계

1. 노다 정부의 외교정책 기조

1) 노다 내각의 기본방침

노다 요시히코(野田佳彦) 내각이 2011년 9월 2일 각의 결정한 기본방침의 요지는 다음과 같다.

2009년 정권 교대의 원점으로 되돌아가 국민생활이 제일이라는 이념에 따라 정권 교대의 의의를 실감할 수 있도록 국민의 눈높이에 맞는 정치 실현에 노력한다. 각 각료는 성익에서 벗어나 밀접하게 연계하고, 노다 수상 밑에서 하나가 되어 정책과제에 몰두한다. 여야당협력을 추진해 대화의 정치를 실현한다. 행정의 낭비를 근절하기 위해 기득권 타파를 위한 행정쇄신을 계속 강화한다. 동일본대지진 피해 지역의 조기 재생을 위해 복구부흥을 가속화하고, 에너지제약을 조기에 극복한다. '후쿠시마 재생 없이 건강한 일본의 재생은 없다'라는 생각으로 원자력 발전 사고를 빨리 수습하고 피해자에 대한 배상과 오염의 제거를 실현하기 위해 전력을 다한다. 대담한 엔고정책 등 국내산업의 공동화 대책을 강구하는 한편, 국제적인 신용불안에 적절히 대처하고 경제성장과 재정건전화 대책을 양립시킨다(≪아사히신문≫, 2011.9.3).

노다 신내각의 기본방침에는 민주당 대표선거에서 공약으로 내세웠던 재정건전화와 경제성장의 양립과 행정쇄신, 우주해양개발, 교육이 중심을 이루고 있다. 노다 수상 주변에서는 "노다의 원점은 정치개혁이며 특히 문부과학행정에 관심이 높다"고 설명한다. 노다 수상의 경력이 신내각에서 재정건전화, 행정쇄신을 중요시하는 배경이기도 하다. 노다는 2001년 민주당 차기 내각 행정개혁·규제개혁 담당에 취임한 경력이 있다. 2004년에는 민주당 특별회계개혁 워킹팀의 좌장으로 특별회계개혁에 착수했고 이것이 정권 교대 후 사업분류의 원점이 되었다고 자부했다. 노다 수상은 간 정권의 재무상으로 동일본대지진의 복구재원을 만들기 위해 고생했다. 임시증세에 대한 당내 소극적인 분위기가 퍼지는 가운데, 한 번 더 행정쇄신에 본격적으로 착수하고, 예산 낭비를 재검토할 필요가 있다고 생각하고 있다.

노다 수상의 정책에는 노다 그룹 중견의 재무관료가 관여하고 있다고 보여, 2002년 대표 선에서 내세웠던 가스미가세키(霞が関, 霞ヶ関)역 해체도 최근에는 언급하고 있지 않다. 정책에서 재무성 색깔을 불식시켜 나가는 것이 과제다. 문부과학행정에 대한 관심은 우주 등 과학분야와 학교 등 교육분야로 나뉜다. 노다 수상은 7월 요코하마시 연설에서 재무상이 아닌 문부과학상을 하고 싶었다고 토로할 정도로 이 분야에 대한 관심이 높다.

대표선에서 공표한 정권 구상에서는 신프론티어 개척의 세 가지 기둥으로 ① 해양우주분야, ② 지방을 풍요로운 생활의 장으로 개발하는 신전원 생활권 구상, ③ 일본문화의 조예를 깊게 하는 국어 능력 향상과 글로벌 인재육성 강화를 제시했다. 노다 수상은 2008년 중참역전국회(ねじれ国会) 상

황에서 초당파 의원입법으로 우주기본법 성립에 당 책임가로서 추진하고 있고, 우주개발 등 첨단기술을 민간에 전용해 경제개발로 이어지는 것을 목표로 하고 있다. 한편 노다의 교육관은 역사나 도덕을 중시하는 보수적 색깔이 강하다(≪요미우리신문≫, 2011.9.2).

2) 노다 수상의 기자회견 요지[1]

(1) 재해부흥·원전

동일본대지진 피해의 복구와 부흥이 내각의 최우선 과제이다. 예정되었던 14기의 원자로 발전기 신설은 어렵다. 수명을 다한 것들은 폐기하려고 한다. 점검 중인 것들은 스트레스 테스트를 포함해 안전성을 엄격하게 체크하고 재가동하겠다. 안전규제는 원자력안전·보안원을 경제산업성에서 분리하고자 한다. 전력문제에 대해서 앞으로는 원자력에 치우치지 않겠다. 대체에너지와 에너지 절감을 추진하겠다.

(2) 경제·재정

엔고현상으로 전례 없는 산업공동화 위기에 직면하고 있다. 재무상 시절부터 외환시장 개입도 불가결하다는 자세를 취해왔다. 앞으로도 각국과 연계해나가면서 대응하고자 한다. 3차 보정예산을 포함한 경제대책으로 기업의 국내 입지 보조금, 중소기업 지원, 엔고의 이점을 활용한 방책 등을 강구해나갈 것이다. 나는 재정재건 원리주의자가 아니다. 현실적인 입장에서 경제성장과의 균형을 맞추고자 한다. 그 전에 낭비되는 부분을 철저히 삭감하기 위해 행정쇄신을 추진하려 한다. 재해부흥 재원에 관해서는 세출삭

---

1) 이 항 전체는 2011년 9월 3일 ≪아사히신문≫에 실린 내용을 참고했다.

감, 세외수입의 확보, 국유재산의 매각 등을 하고 부족한 부분은 한시적인 세제조치를 취할 것이다. 부흥증세의 실시 시기와 기간세(基幹税)의 편성이나 상환기간 등에 대해서는 정부세제 조사회에 다양한 선택지를 제시하도록 하여 여야당 간 협의해나갈 생각이다.

(3) 외교안보

아시아태평양을 둘러싼 안전보장환경은 크게 요동치고 있다. 시대의 요구에 대응하는 확실한 외교로 안전보장정책을 해나가지 않으면 안 된다. 그 기축이 되는 것이 미일관계이다. 오바마 대통령과 전화회담을 했지만, 미일관계를 좀 더 진화·발전시키는 것이 아시아태평양 지역의 평화와 안정에 이어진다는 기본방침을 내 쪽에서 전했다. 중국과의 상호관계를 전략적으로 발전시켜 나간다는 것도 기본적인 자세이다. 중일뿐만 아니라, 한일·러일 등 인접국과 양호한 관계를 쌓는 데 전력을 다할 것이다. 경제외교에 대해서는 더 높은 경제 연계, 자원외교 등 다각적인 경제외교에도 적극적으로 대처해나갈 것이다. TPP(환태평양경제연계협정)는 앞으로 정부 방침대로 정보를 수집해나가면서 종합적으로 판단할 것이다.

(4) 여야당 협의·해산

자민당·공명당의 복구정책 등을 고려해 제3차 보정예산을 꾸리려고 한다. 해산선거 시기에 대해서 올해는 복구문제, 제3차 보정예산 논의 등 많은 문제가 산적해 있기 때문에 정치공백을 만들 상황이 아니라는 것이 기본적인 인식이다.

(5) 야스쿠니·A급전범

야스쿠니 참배에 관해서는 이제까지 내각의 노선을 계승하고, 수상·내각의 공식참배는 하지 않을 것이다.

(6) 간부·각료인사

오자와 전 대표의 당원자격 정지처분문제와 관련해서 과거 당 집행부가 정한 결론에 따르는 것이 원칙이다.

3) 노다 정부의 외교안보정책[2]

(1) 미일관계

신흥국의 대두와 함께 세계가 다극화되고 있다. 아시아태평양을 둘러싼 안전보장환경은 크게 변하고 있다. 이러한 상황에서 시대의 요구에 부응하는 확실한 외교·안전보장정책을 만들어나가야 한다. 나는 '이러한 시기에 기축이 되는 것은 역시 미일관계가 아닌가'라고 생각하고 있다. 미일관계를 심화·발전시켜나가지 않으면 안 된다. 어젯밤 오바마 대통령과 전화회담을 했고, 미일관계의 발전 및 심화가 아시아태평양 지역의 평화와 번영에 이어진다고 하는 기본방침을 전했다.

오바마 대통령에게도 직접 말했지만, 후텐마 비행장 이설을 포함한 오키나와 주일미군의 재편문제에 관해서는 작년 '미일합의'에 따라 미일이 협력하면서 추진해나간다는 생각을 전했다. 억지력을 유지하면서 오키나와의 부담을 될 수 있는 대로 경감하기 위해서(현외 이전을 희망하는 목소리가 있는 것도 잘 알고 있지만, 이러한 것들을 정중하게 설명하고 이해받는다면 오키나와 주민들도 후텐마 고정화는 피해야 한다는 생각이 강할 것이라고 여기기 때문에 이런

---

2) 이 항 전체는 2011년 9월 23일 열린 제66회 유엔총회 내외신기자회견의 내용으로, 수상 관저의 자료(2011)를 참조했다.

92 제1부 일본의 정치외교

<표 3-1> 노다 수상이 중시하는 정책

원전사고 대응	도쿄전력 후쿠시마 제2원전의 수습을 실현. 정부가 전면에 나서서 방사성 오염 물질을 제거
경제 재정운영	경제성장과 재정건전화의 양립. 세금낭비 없애고 세입개혁 실행
신 프론티어 개척	해양과 우주, 신 전원생활권 구상의 추진, 글로벌 인재 육성 강화라는 3개의 국가백년비전을 약 1년에 걸쳐 책정
정치개혁	중참 양원의 정수 삭감과 1표의 격차 시정
기본방침	여야당 협력·대화의 정치 실행. 전원야구의 민주당으로 개선

자료: ≪요미우리신문≫(2011.9.2).

모든 것을 포함해서) 정부의 생각을 이해해주실 수 있도록 전력을 다해 설명한다는 것이 기본방침이다.

(2) 중일관계

중국과는 전략적 상호관계를 발전해나가는 것이 기본적 자세이다. 중국뿐만 아니라, 한일·러일 등 주변국과 양호한 관계를 구축해나가는 데 전력을 다하겠다. 경제외교에 대해 지금까지 통화, 국제금융에 대해 나름대로 대처해왔지만, 지금부터는 좀 더 높은 차원에서 경제제휴, 자원외교 등 다각적인 경제외교에도 적극적으로 대처해나갈 것이다. 특히 아시아태평양 지역의 활력을 취하는 것이 일본에게 필요하다고 생각한다. 이러한 관점에서 경제외교 추진에도 적극적으로 대처해나가겠다.

중일관계는 아시아태평양 지역, 혹은 세계라는 관점에서도 굉장히 중요한 양자 간 관계라고 인식하고 있다. 마침 내년이 일중관계 정상화 40주년이기도 하다. 대국적인 관점에서 상호 관계가 안정될 수 있도록, 전략적 상호관계가 심화되도록 노력해야 한다. 그것이 기본적 인식이다. 어려운 문제가 발생하기도 한다. 그러나 그럴 때일수록, 일중관계 전체에 영향을 미치지 않도록 서로가 대국적인 관점에서 노력하지 않으면 안 된다.

〈표 3-2〉 노다 수상의 정권 구상

테마	캐치프레이즈	구체적인 내용
기본이념	화(和)와 중용(中庸)의 정치	대화의 정치, 여야당협력 추진. 전원야구 즉 거당일치의 민주당이 되도록 노력
최우선 과제	두 개의 위기 극복	재난부흥과 원전사고 수습, 세계경제위기에 대응
간판정책	세 개의 프론티어론	우주와 해양개발, 신 전원생활권 구상, 글로벌 인재 육성 강화
교육정책	세계에서 활약하는 인재 육성	소인수학급의 추진, 언어력·문화소양의 향상, 장학금의 충실
정치개혁	정치의 신뢰 회복에 전력	중참의원 정수 시정과 선거제도 개혁 검토, 특별회계의 개혁, 공무원제도 개혁 실현
외교자세	신시대에 부응하는 외교	미일동맹의 심화, 글로벌적인 경제 연계의 추진, 아시아 국가들과 좀 더 깊은 연계

자료: ≪아사히신문≫(2011.9.1).

(3) 북일관계

북한의 핵·미사일문제는 국제사회 전체의 위협이 된다. 그 해결을 위해 북한의 구체적인 행동을 계속해서 요구하는 바이다. 특히 납치문제는 기본적 인권의 침해라는 보편적인 문제이며, 국제사회 전체에 중대한 관심사이다. 일본은 각국과의 연계를 강화하고, 모든 피해자가 하루빨리 귀국할 수 있도록 전력을 다할 것이다. 북일관계에 대해서는 일북평양선언에 따라 여러 현안의 해결을 도모하고, 불행한 과거를 청산하여 국교정상화를 추구해 나가겠다. 이를 위해서 북한의 적극적인 태도를 요구하는 바이다('제66회 유엔총회 노다 수상의 일반토론 연설', 2011.9.23).

북한은 비핵화를 약속했다. 스스로 약속한 것을 구체적인 행동으로 보여줄 필요가 있다고 생각한다. 이것은 오바마 대통령, 이명박 대통령의 인식과도 일치한다. 일본과 미국, 한국이 긴밀히 연계해나가면서 북한에게 구체적인 행동을 요구하는 것이 기본 중의 기본이라고 생각한다. 그 후에 중

〈표 3-3〉 노다의 외교, 안보, 역사관

미국	일본의 외교안전보장 정책은 미일동맹이 기축이고 이를 더욱 심화시켜야 한다 (2011년 8월, 대표선거 정책구상)
	영일동맹이 있었기 때문에 러일전쟁을 극복했다. 영일동맹의 해소가 대전의 패배로 이어졌다. 미일동맹의 심화는 매우 중요하다
아시아	중국의 군사력 증강과 활동범위 확대는 일본뿐만 아니라 지역의 최대 우려사안이 되고 있다(2011년 8월, 월간지 ≪문예춘추≫)
유엔	유엔이라고 해도 다양한 사정을 안고 있는 국가들이 집합체이기 때문에, 유엔결의가 대의명분이 되는 것은 아니다(2009년 7월, 저서『민주의 적』)
자위대	유사시에는 집단적 자위권 행사에 상응하는 행위를 하지 않을 수 없다(2009년 7월, 저서『민주의 적』)
A급전범	모든 '전범'의 명예는 법적으로 회복되었다. A급전범이라고 불리는 사람들은 전쟁범죄자가 아니다(2005년 10월, 정부에 제출한 질문주의서)
	나의 질문주의서이고, 나의 생각에 기본적으로 변화는 없다(2011년 8월, 기자회견)

자료: ≪아사히신문≫(2011.8.31).

국 혹은 러시아와도 그러한 행동을 강화해나가도록 부탁하고 협력해가는
것이 중요하다고 생각한다. 핵문제, 미사일문제도 있지만 특히 납치피해자
분들이 하루속히 돌아오도록 전력을 다할 수 있게 오바마 대통령, 이명박
대통령과 반기문 사무총장에게도 전달했다.

2. 북일관계와 납치문제

1) 배경

2002년 9월 17일 제1회 북일정상회담에서 북한은 그동안 부정해오던 일
본인 납치문제에 대해 이를 처음으로 인정하고 사죄하며 재발방지를 약속
했다. 현재 17명의 일본인이 북한에 의해 납치되었으며, 그중 5명이 2002

년 10월 15일 24년 만에 귀국했다. 그러나 2004년 5월 22일 제2회 북일정상회담에서 신상규명을 위한 조사 재개를 북측에 요구했지만, 남은 생사불명자들에 대해서는 아직까지 북한 담당국의 납득할 만한 설명이 이루어지지 않고 있다. 납치문제는 일본의 주권 및 국민의 생명과 안전에 관련된 중대한 문제이다. 정부는 북한이 납득할 만한 설명과 증거를 제시하지 않는 이상, 생사불명 납치피해자가 전부 생존해 있다는 전제하에 북한에게 생존자 즉시 귀국, 생사불명 납치피해자 신상규명 등을 요구하고 있다.

1970년대에서 1980년대, 많은 일본인이 부자연스러운 형태로 행방불명되었다. 일본정부의 조사와 망명한 북한공작원의 증언으로 볼 때, 북한의 납치라는 의혹이 명확해졌다. 이에 정부는 1991년 이래 기회가 있을 때마다 북한에 납치문제를 제기했지만 북한은 완고하게 부정해왔다. 그러나 2002년 9월 17일, 제1회 북일정상회담에서 처음으로 납치문제를 인정한 것이다. 북한이 납치라는 미증유의 국가적 범죄행위를 저지른 배경에는 공작원의 신분위장, 공작원을 일본인처럼 만들기 위한 교육에 일본인을 이용하고, 북한에 은닉한 요도호 그룹의 인재획득 이라는 이유가 있던 것으로 보인다. 일본정부는 이제까지 17명이 북한에 의해 납치되었다고 보고 있지만, 이외의 납치 가능성도 배제하지 않는다는 인식하에 조사를 진행하고 있다(外務省, 2011).

2) 납치문제를 둘러싼 북일 간 교섭

(1) 제1회 북일정상회담 (2002년 9월)

2002년 9월 17일 제1회 북일정상회담에서 북한의 김정일 국방위원장은 일본인 납치문제를 처음으로 인정하고 사죄했다. 납치피해자 13명 중 4명은 생존, 8명은 사망, 1명은 북한에 입국했는지 확인이 안 된다고 전하면서,

일본 측이 조사의뢰하지 않은 소가 히토미(曾我ひとみ) 씨에 대해서도 납치를 인정하고, 생존을 확인했다. 또한 북한은 관계자의 처벌과 재발방지를 약속하고, 가족과의 면담과 귀국하는 데 편의를 보장할 것을 약속했다. 이에 대해 고이즈미 수상은 김정일 국방위원장에게 강하게 항의하고 지속적인 조사와 생존자의 귀국, 재발방지 약속을 요구했다.

(2) 사실조사팀의 파견 (2002년 9~10월)

2002년 9월 28일부터 10월 1일에 걸쳐 정부파견 사실조사팀이 생존자를 면회하고, 생사 미확인자에 대한 정보 수집에 들어갔다. 그러나 북한이 제공하는 정보는 범위적으로도 제한이 많았으며, 내용도 일관성이 결여되어 의심스러운 점이 많았다. 예를 들어 마츠키의 것으로 보인다면서 제시한 유골은 법의학적 감정 결과 다른 사람으로 밝혀졌다. 정부는 10월 29~30일에 개최된 제12회 북일국교정상화 교섭에서 의문점을 지적하는 한편 북한 측의 정보제공을 요구했으나 북한 측은 제대로 된 답변을 하지 않았다.

(3) 5명의 피해자 귀국 (2002년 10월)

2002년 10월 15일 납치피해자 5명이 귀국했다. 일본정부는 이들이 북한에 남겨둔 가족을 포함해 자유로운 의사 결정을 할 만한 환경을 만들 필요가 있다는 판단하에 10월 24일 5명의 납치피해자가 일본에 남을 것과 북한에 남겨진 가족의 안전 확보 및 빠른 귀국일정을 조속히 확정할 것을 요구하는 방침을 발표했다. 이들 가족의 귀국 및 생사 미확인자에 관한 신상 구명이 북일 간 중대한 현안이 되었고 협의되었다.

(4) 제2회 북일정상회담 (2004년 5월)

2004년 5월 22일 고이즈미 수상은 다시 북한을 방문하고 납치문제, 핵,

미사일 등 문제에 대해 김정일 국방위원장과 논의했다. 납치문제와 관련해 양국 정상은 5명의 피해자와 그 가족이 일본에 귀국할 것을 동의하고, 생사가 불분명한 피해자에 대해 북한이 신상 구명을 위한 조사를 처음부터 다시 할 것에 대해 논의했다.

(5) 북일실무자협의 (2004년 8, 9, 11월)

2004년 8월 11~12일과 9월 25~26일에 걸쳐 베이징에서 북일실무자협의가 개최되었다. 북한이 생사 미확인자의 재조사 경과를 설명했지만 정보의 근거가 되는 구체적인 증거나 자료는 제공되지 않았다. 2004년 11월 9~14일 평양에서 제3차 북일실무자협의가 개최되었다. 북한의 조사위원회와 질의응답이 이루어지고, 16명의 증인으로부터 직접 청취, 납치와 관련한 시설 등에 대한 현시시찰, 요코다 메구미(横田惠) 씨의 유골로 보이는 것에 대한 물적 증거 수집이 이루어졌다. 일본정부는 제3차 협의에서 북한이 제시한 정보와 물적 증거에 대한 정밀한 조사를 실시하고 결과를 12월 24일 대외에 공표하고 25일 북한에 구두와 서면으로 전달했다.

즉, 제3차 북일실무자협의에서 얻은 정보와 물적 증거로는 북한 측이 주장하는 8명 사망, 2명 입국 확인 안 됨을 뒷받침할 만한 것을 찾지 못했다. 일본정부는 북한 측의 주장을 받아들일 수 없다며 성의가 없는 대응에 강하게 항의하고, 메구미 씨의 유골로 보이는 뼈 일부에서도 다른 DNA가 검출되었다는 것을 전달했다. 이에 북한 측은 유골 문제를 포함해 북한의 생각을 나타낸 비망록을 일본에 전달하고, 유골의 반환을 요구했다.

(6) 북일포괄병행협의 (2006년 2월)

2006년 2월 4~8일, 베이징에서 북일포괄병행협의가 개최되었다. 일본정부는 납치문제와 관련된 생존자의 귀국, 신상 구명을 위한 재조사, 피의자

인도를 강하게 요구했다. 이에 북한은 생존자는 모두 귀국했다는 이제까지와 같은 설명을 반복했다. 또한 피의자 인도에 대해서는 정치적 문제 등을 주장하며 거부했다.

(7) 북한에 의한 탄도미사일 발사와 핵실험 실시 발표 (2006년 7, 10월)

2006년 7월 5일 북한은 일곱 발의 탄도미사일을 발사했다. 이에 일본정부는 만경봉 92호의 입항금지를 포함한 9항목의 대북조치를 즉시 실시하고 북한에 엄중히 항의했다. 나아가 북한은 10월 9일 핵실험을 실시하겠다는 취지를 발표했다. 이에 일본정부는 엄중한 항의 및 단호한 비난을 표명하며 11일 모든 북한 선박의 입항금지 및 북한 물품의 수입 금지를 포함한 4항목의 대북조치를 발표했다. 이러한 일련의 대북조치는 국제정세를 고려한 결정이기도 하지만 북한이 납치문제의 해결을 위한 성의 있는 태도를 보이지 않았던 것도 작용했다.

(8) 북일국교정상화를 위한 작업부회 (2007년 3, 9월)

2007년 3월 7~8일, 2월 6자회담에서 결정된 북일국교정상화를 위한 작업부회 제1회 회동이 하노이에서 개최되었다. 일본정부는 북한에게 납치피해자의 귀국, 신상 구명, 피의자 인도 등을 요구했지만, 북한 측은 납치문제는 해결된 것이라는 입장을 반복하고 일본이 북한에 취한 경제제재 해제를 요구하는 등 납치문제 해결을 위한 성의 있는 자세를 보이지 않았다.

(9) 북일실무자협의 (2008년 6, 8월)

2008년 6월 11~12일 베이징에서 북일실무자협의가 개최되었다. 일본 측은 북한이 납치문제를 포함한 현안의 해결을 위한 구체적인 행동을 취할 경우 북한에 취하고 있는 경제제재의 일부를 해제할 용의가 있음을 설명하고, 북한 측의 구체적인 행동을 요구했다. 이에 북한은 종래의 태도에서 벗어나 납치문제 해결을 위한 구체적 행동을 취하기 위한 재조사를 실시하겠다고 약속했다. 2008년 8월 11~12일 심양에서 북일실무자협의가 개최되었다. 회의 결과 북한 측은 조사위원회를 구성하고 모든 납치피해자를 대상으로 생존자를 찾고 귀국시키기 위해 전면적으로 조사할 것을, 일본 측은 인적왕래의 규제해제 및 항공기의 규제해제를 실시할 것을 약속해 합의가 이루어졌다.

⑽ 북한의 미사일 발사와 핵실험 실시 (2009년 4, 5, 7월)

2009년 4월 5일의 북한 미사일 발사에 대해 일본정부는 4월 10일 모든 북한 국적 선박의 입항금지 및 북한 물품의 수입을 금지하는 조치를 계속할 것임을 결정했다. 또한 북한을 발송지로 하는 휴대수출에 대해 신고를 필요로 하는 금액을 100만 엔 이상에서 30만 엔 이상으로 하는 등 하한액을 내리고, 북한에 주소가 있는 자연인에 대한 지불 보고 금액의 하한액도 3000만 엔 이상에서 1000만 엔 이상으로 내렸다. 북한은 5월 25일 핵실험을 실시했다. 이에 일본정부는 6월 16일 북한에 대한 수출금지 및 북한 무역 금융조치를 위반하고 형이 확정된 외국인 선원의 상륙을 불허했다. 또한 같은 형을 확정받은 재일 외국인의 북한을 도항처로 하는 재입국을 원칙적으로 불허했다. 이러한 조치는 국제정세 등 제반 사항을 고려한 결정이기도 하지만 북한이 납치문제에 대해 구체적인 행동을 취하지 않는 것도 포함된 판단이다.

⑾ 북한의 한국 해군 초계함 어뢰공격 (2010년 3월)

일본정부는 이 사건을 계기로 앞서 취했던 금융조치의 하한액을 다시 10만 엔 이상 300만 엔 이상으로 내리고, 제3국을 경유하는 우회 수출입을 막

<표 3-4> 북한의 최근 동향

2009년 10월 4~6일	원자바오 총리 방북
2009년 10월 26일	대한적십자사 대북 지원 발표
2009년 11월 10일	남북 함정 간 총격전
2009년 12월 1일	북한 화폐개혁 실시
2009년 12월 8~10일	스티븐 보스워스(Stephen Bosworth) 미국 특별대표 방북
2010년 1월 11일	북한외무성 성명 및 북한외무성보도관 담화
2010년 2월 6~9일	왕자루이(王家瑞) 중국공산당중앙위원회 대외연락부장 방북
2010년 2월 9~13일	김계관 북한 외무부상 방중
2010년 2월 24~27일	보스워스 미국 특별대표 방중, 방한, 방일

자료: 外務省(2010b).

기 위하여 관계 성청 간의 연계를 한층 긴밀히 하고 엄격한 대응을 해나가기로 했다(外務省, 2011).

3) 국제사회에서 일본의 움직임 (납치문제에 대한 국제적 관심)

첫 번째, 각종 국제회의, 정상회담 등 모든 외교 기회를 이용하여 납치문제를 제기하고 납치문제 해결의 중요성과 일본정부의 대처를 각국에 알리고, 각국의 이해와 지지를 얻고 있다. 예를 들어 2010년 6월 무스코카 G8정상회담이 그러하다. 또한 미국, 한국, 중국과의 정상회담과 외무장관 회담 등에서도 이에 대한 이해와 지지를 얻고 있다. 예를 들면 2010년 1월 미일 외교장관 회담에서 클린턴 국무장관이 이 건에 대한 관심을 표명했다. 또한 2011년 1월 한일 외무장관 회담에서 마에하라 외무대신이 말한 납치문제 해결의 필요성에 대해 이명박 대통령도 찬성을 나타냈다.

두 번째, 일본정부는 6자회담에서도 납치문제를 제안하고 있다. 2005년 9월 채택된 공동성명에는 납치문제를 포함한 현안을 해결하는 것을 기초로

〈표 3-5〉 북한 관련 일본의 외교 노력

2009년 10월 9일	하토야마 수상의 방한	하토야마 수상은 이명박 대통령과의 정상 회담에서 북한문제에 대해 한일, 한미일의 흔들림 없는 연계를 확인
2009년 10월 10일	제2차 한중일 서미트	하토야마 수상, 이명박 대통령, 원자바오 총리는 북한으로부터 적극적이고 구체적인 대응을 끌어내기 위한 3국 간 긴밀한 연계에 일치
2009년 10월 24~25일	ASEAN 관련 정상회의	하토야마 수상은 북한관련 현안의 포괄적 해결이 중요하고, 북한의 6자회담 복귀와 공동성명의 실시약속, 납치문제 등 인권사항에 대해 적극적이고 구체적인 대응이 필요하다고 지적
2009년 11월 13일	미일정상회담	방일한 오마바 대통령은 북한문제에 대해 앞으로도 미일 간 긴밀한 협력을 할 것을 언급하고, 보스워스 특별대표의 방북은 6자회담 틀 안에서 이루어지고 있다고 말함. 이에 대해 하토야마 수상도 북미 접촉에 대해 지지한다고 밝힘
2009년 12월 28일	러일 외무장관 회담	
2010년 1월 12일	미일 외무장관 회담	하와이에서 열린 장관회담에서 미일은 6자 회담 재개를 위한 긴밀한 협력에 일치
2010년 1월 17일	중일 외무장관 회담	북한의 무조건적인 6자회담 복귀와 관련 양국의 회담이 이루어짐
2010년 2월 11일	한일 외무장관 회담	서울에서 열린 회담에서 안보리 결의에 따른 제재 조치를 착실히 실행하고, 북한의 6자회담 조기 복귀와 공동성명의 완전한 실시를 포함해 적극적이고 구체적인 대응을 촉구하는 것의 중요성 확인

자료: 外務省(2010b).

해서 국교정상화를 위한 조치를 취하는 것이 목표 중 하나로 정해졌다.

세 번째, 2010년 12월 유엔총회에서는 납치문제를 포함, 북한의 인권 상황에 심각한 우려를 표명하고 북한 인권 상황 개선을 요구하는 북한 인권 상황결의가 6년 연속 채택되었다. 당시 북한인권 특별보고관이었던 비팃 문타폰(Vitit Muntarbhorn) 교수는 2010년 보고에서 "북한이 납치문제 해결을 위한 효과적인 협력을 속히 행해야 한다"고 권고했다(外務省, 2011).

4) 일본 국내의 대처 상황

(1) 납치문제 및 그 외의 북한당국에 의한 인권침해문제 대처에 관한 법률 시행 (2006년 6월)

이 법률은 납치문제를 필두로 북한에 의한 인권침해문제에 관해 국민의 인식을 넓히고, 국제사회와 연계해 납치문제 등의 실태를 해명하고 억제하기 위해 2006년 6월 23일 공포·실시되었다.

(2) 새로운 납치문제 대책본부 설치 (2009년 10월)

2009년 10월 일본정부는 기존의 납치문제 대책본부를 폐지했다. 또한 납치문제에 관한 대응을 협의하고, 생존자의 즉시 귀국을 위한 정책, 생사불명자에 관한 신상 구명 및 해당 문제에 대한 전략적 대처 등 종합적인 대책을 기동적으로 추진하기 위해 새로운 납치문제 대책본부를 설치했다. 대책본부는 수상을 본부장으로 하며 부본부장을 납치문제 담당 대신, 내각 관방 장관 및 외무대신으로 구성하여 납치문제의 해결에 기동적으로 대처할 체제를 정비했다(外務省, 2011).

3. 북한 핵실험과 일본의 대응

1) 북한 1차 핵실험(2006년 10월)과 일본의 대응

(1) 개요

북한은 2006년 7월 5일 일곱 발의 미사일을 일본 방향 해양으로 발사하고, 핵실험을 단행했다고 10월 9일 발표했다. 국제사회는 2개의 유엔 안보리 결의를 통해 북한의 행위를 용인하지 않는 강력한 자세를 취했다. 북한의 핵실험은 일본에서 핵억지력에 대한 논의를 야기했으며, 예측 가능한 장래에 일본이 독자적으로 핵억지력을 추구할 필요는 없다는 콘센서스(consensus)가 재확인되었다.

(2) 일본의 대응

유엔 안보리 이사국이던 일본은 적극적으로 유엔외교를 전개해 국제사회의 대응을 선도하는 데 큰 역할을 했다. 10월 9일 유엔 안보리는 미국이 제시한 결의안을 기초로 실무레벨의 협의를 시작했다. 논점은 유엔헌장 제7장에 기초한 제재결의의 채택 여부가 아닌, 얼마나 엄격한 제재를 실행할 것인가의 문제였다. 공해상의 선박에 대한 화물검사와 관련해 강제조치를 취할 것인가의 문제, 제7장 중에 경제적 제재 조치를 규정한 제41조를 명기하는 문제, 군사제재를 명시적으로 제외할 것인가의 문제가 있었다.

일본은 의장국으로서 상임이사국 5개국의 결의를 모았다. 마지막까지 논점이 된 제7장에 대해서는, 유엔헌장 제7장에 의거 행동할 때 제41조에 의한 조치를 취하는 데 미국·중국의 타협이 성립해 10월 15일 유엔 안보리 결의1718이 전원일치로 채택되었다. 유엔 안보리 결의1718은 북한에 출입하는 선박의 화물검사, 대량파괴무기(WMD) 관련 자산동결, 대량파괴무기

관련 자재·기재의 이전 금지, 사치품의 수출금지 등 대북한제재를 가맹국의 의무로 하는 것이다. 2개의 유엔 안보리 결의는 북한의 핵무기·미사일의 폐기를 촉구하는 국제적 압력을 강화하고, 북한이 6자회담에 복귀하도록 요청해서 대화의 장으로 나오게 한다는 점에서 일본의 대화와 압력의 정책과 합치한다. 일본은 좀 더 강력한 국제적 압력하에 6자회담이 재개될 환경이 마련되었다고 기대했다.

일본정부는 북한의 미사일 발사·핵실험에 대해 독자적 제재를 실행했다. 7월 미사일 발사의 경우, 화객선 만경봉92의 입항 금지, 북한당국 직원 입국의 원칙 금지 등의 조치를 했으며 10월 핵실험 실시발표의 경우, 북한 국적 선박의 입항 금지, 북한 국적 소지자 입국의 원칙 금지 등의 조치가 있었다. 일본의 독자적인 조치와 별도로 9월에는 유엔 안보리 결의1695에 기초해 미사일개발을 위한 자금이전의 방지조치를 실시하고, 11월에 유엔 안보리 결의1718에 기초해 결의 시행에 관한 보고를 유엔 안보리에 제출하고 참다랑어, 캐비아, 술, 담배 등 24품목을 사치품으로 규정해 실질적인 수출 금지 조치를 취했다. 선박 등의 화물검사와 관련해, 일본 국회에서 주변사태법과 선박검사활동법의 적용에 대해 논의했다. 2006년 12월 말 당시, 일본정부는 이 사태를 주변사태로 판단하지 않고 선박검사활동법을 적용한 선박의 화물검사는 행하지 않았다.

1990년대 중반 이후 북한은 핵 의혹국으로 여겨져왔는데, 핵실험 선언으로 그 의혹이 사실로 변하고 동북아시아에 핵무기가 확산될 것에 대한 염려가 생겼다. 북한이 어느 정도의 핵탄두를 보유하고 있을 것인가와 미사일에 탑재 가능한 크기로 소형화했을 것인가가 문제다. 이에 대해 일본의 독자 핵무장을 금기하지 않고 북한의 핵무기에 대한 억지력을 백지상태에서 검토해 최종 결론을 내려야 한다는 논의가 있었다. 10월 10일 아베 수상은 비핵3원칙을 견지하는 발언을 했다. 민주당의 오자와 대표도 일본의 독자 핵무장은 정치적으로도 군사적으로도 일본에 플러스가 되지 않는다고 발언했다. 아소 외상도 찬의를 표했다.

10월 27일 민주당의 마에하라 중의원의원도 일본의 독자적인 핵보유는 비현실적이라고 지적했다. 테러리스트에 의해 핵물질이 확산되는 것을 방지하는 데는 NPT체제의 유지가 필요하다. 일본이 독자 핵무장을 추구하면 NPT체제가 붕괴된다. 일본이 NPT를 탈퇴하면 경제제재가 가해질 가능성이 있다. 핵무기를 개발해도 실험할 장소가 없다. 일본의 독자 핵무장을 미국이 용인할 가능성은 낮다. 미국과의 안보관계를 근본적으로 바꿀 각오가 있어야 가능한 일이다.

미국의 확대억지가 충분히 기능할 수 있다고 판단한다. 미국은 일본방위에 대한 책무, 미국의 일본에 대한 확대억지 제공을 명확히 표명했다. 북한은 대륙간 탄도미사일(ICBM)을 개발하지 못해 미국 본토를 핵으로 공격할 수단이 없다. 북한이 대륙간 탄도미사일을 개발하면 미국 본토가 공격당할 수 있다. 일본은 미국과 핵정책에 관한 의견 교환을 활발히 하고, 알래스카에 배치된 미국 본토 방위용 미사일 방어망의 신뢰성을 향상시키고 북한의 미사일을 지상에서 격요하기 위한 미국의 공세적 항공작전에 협력한다.

2) 북한 2차 핵실험(2009년 5월)과 일본의 대응

(1) 개요

북한은 2009년 4월 5일 미사일 시험 발사를 하고, 5월 25일 2차 핵실험 실시를 발표했다. 7월 4일에는 일곱 발의 미사일을 연속적으로 발사했다. 북한의 도발적 행동에 대해 6월에 유엔 안보리 결의 제1874호가 채택되고 국제사회가 결속해서 대응했다. 일본에서는 화물검사법안이 국회에 제출되었다. 북핵문제를 단번에 해결할 묘안은 없다. 6자회담을 통한 한반도 비핵화를 위해 지속적으로 노력할 필요가 있다. 국제규범을 지키지 않는 국가가 이익을 얻는 상황이 용인되지 않도록 명확히 하는 것이 중요하다. 북한의 미사일 시험발사에 대해서는 자위대가 2007년 자위대법 개정에 의한 미사일파괴 조치의 실시 태세를 취했다.

(2) 일본의 대응

핵실험 직후 5월 26일에는 신중했던 한국이 PSI(확산방지구상, 확산안보구상)에 대한 전면참가를 공식발표했다. 6월 12일에는 유엔 안보리 결의 제1874호가 채택되었다. 이에 따라 북한 핵실험을 국제평화와 안전에 대한 명백한 위협으로 인정하고, 모든 가맹국이 유엔헌장 7장에 따라 행동하고 제41조에 의한 조치를 취하게 되었다. 북한의 핵실험을 강하게 비난하고, 핵실험과 미사일 발사를 더 이상 실행하지 않도록 요구하고, 미사일 계획 관련 활동의 전면 정지, 핵무기와 기존 핵계획 포기 및 관련 활동의 즉시 정지를 요구했다.

북한에 대한 제재 조치에는 다음 사항이 포함되어 있다. 무기금수의 강화, 수출입금지품목(핵, 미사일, 무기 등)이 포함되는 의혹이 있는 화물 검사 강화, 자산동결·모니터링 등의 강화에 의한 금융자산의 이전 방지, 신규원조와 무역관련 공적지원 금지의 요청 등 금융조치, 제재위원회의 강화 등이다.

일본에서는 유엔 안보리 결의 제1874호를 이행하기 위한 법적 제도를 강화하기 위해 화물검사법안을 국회에 제출했다. 화물검사법안은 1874호가 규정한 금지 품목에 대한 검사, 제출, 보관 등 결의 이행에 필요한 조치를 시행하도록 정해져 있다. 일본 영해에서 북한에 출입하는 선박이 생물·독소무기, 화학무기, 화학무기로 전용 가능한 물질, 대인지뢰, 총포·도검류 소지에 의한 법령위반 혹은 법령위반의 염려가 있는 경우에는 해상보안청법에 의한 출입검사가 가능하다.

1990년대 전반 북한 핵개발 의혹이 표면화되고, 제1차 한반도 핵 위기가 발생한 이래 1994년 제네바 기본합의, 부시 정권 전기의 CVID(Complete, Verifiable, Irreversible Dismantlement, 북한 핵개발 폐기정책)를 전제로 한 접근, 부시 정권 후기의 '행동대행동'을 중시한 접근 등 여러 방법을 시도해봤으나 북한의 비핵화는 달성되지 않았다. 북핵문제를 일거에 해결할 수 있는 묘안은 존재하지 않는다. 여러 방법을 지속적으로 취해 노력해야 한다.

6자회담을 통해 북한 비핵화를 위한 외교적 노력을 지속하는 것이 필요하다. 북한이 핵실험과 미사일 발사 등 도발행위를 했어도, 국제사회의 결속은 강화되어 북한을 포위해서 제재하는 환경은 개선되지 않는다. 2005년 9월 6자회담의 비핵화 합의를 기본으로 한 기존 합의를 다시 실행하는 것이나, 단지 6자회담에 나오는 것으로 국제사회가 제재의 해제와 경제 지원의 제공 등 대가를 지불하지는 않는다는 것을 이해시키는 것이 중요하다.

북핵문제가 단기적으로 해결되지 않는다면, 북핵문제의 리스크를 관리하는 방책을 강구하는 것이 불가결하다. 중요한 점은 북한이 핵·미사일 개발을 진전시켜 전력화하지 못하도록 억제하는 것이다. 구체적으로 안보리 결의1874호에 기초해 화물검사와 금융조치를 국제사회가 일치해서 이행하고, 수출관리와 PSI를 통한 비확산을 위해 국제협력의 강화가 요구된다.

또한 북한 도발행위의 고조에 대응하는 억지력을 정비해야 한다. 일본의 독자적인 방위력 정비뿐만 아니라 미국·한국과의 협력을 진전시키는 것이 필요하다. 또한 북한 국내가 대혼란에 빠지는 급변사태에 대비해서 관계각국의 협력을 강화시키는 것이 필수이다.

중요한 것은 미일 및 한미일의 협력이다. 한미동맹이 굳건한 것은 지역 안보에 긍정적 영향을 준다. 2010년 5월 싱가포르 아시아안보회의(샹그릴라 대화)에서 최초로 미국 국방장관, 일본 방위상, 한국 국방부장관의 3자회담이 개최되어 북핵문제에 대한 3국 협력이 논의되었다. 7월에는 국장급 3국 방위실무자협의가 개최되어 향후 3국의 방위협력 방향에 대해 논의했다. 한미일 협력을 기초로 6자회담에서 중국의 관여를 촉구하면서 북한의 비핵화를 위해 노력해야 한다.

3) 북한 3차 핵실험에 대한 일본의 대응

(1) 개요

북한이 3차 핵실험을 하는 경우, 일본은 1차·2차 핵실험의 경우와 유사한 대응을 하리라 예상된다. 미국이 북한의 3차 핵실험에 대비해 기상관측기 WC135를 일본 오키나와의 가데나 기지에 배치했다. 일본 방위성은 해상 자위대의 전자정찰기 EP3와 항공 자위대의 전자정찰기 YS11E 등을 통한 정보 수집 활동을 강화한다. 북한의 핵실험 준비는 반년 이상 걸린 것으로 추정된다. 북한은 함경북도 길주군 풍계리에 터널을 굴착하고 있다. 풍계리는 2009년 2차 핵실험이 실시된 곳이다. 핵실험은 사전 감지가 매우 어렵다. 한·미·일 정부는 북한의 3차 핵실험에 대비해 정보 교환과 분석을 강화하고 있다. 북한의 무수단 미사일 개발과 시험발사를 준비하고 있다. 핵탄두 탑재가 가능하다. 오키나와와 괌까지 사정거리가 된다.

일본은 유엔외교를 통해 유엔 안보리 결의 채택과 북한의 행위를 용인하지 않는 강력한 자세를 취할 것이다. 일본은 북핵문제와 관련해서 다음의 원칙을 고수한다. 6자회담을 통한 국제협력의 추진, 북한에 대한 새로운 제재 조치 실행, 미국의 확대억지를 위한 방위적 조치 실행, 미일동맹과 한미일협력의 강화, 6자회담의 틀에서 양자대화를 포함한 외교적 수단에 의한 문제 해결 추구 등이다. 핵비확산과 핵군축의 중요성을 재인식하고 PSI 등에 적극적으로 참여한다.

(2) 일본의 대응

일본이 적극적으로 유엔외교를 전개해 국제사회의 대응을 선도하는 역할을 할 것이다. 공해상의 선박에 대한 화물검사와 관련해 강제조치를 취할 것인가의 문제, 제7장 중 경제적 제재 조치를 규정한 제41조를 명기하는 문제, 군사제재를 명시적으로 제외할 것인가의 문제, 금융제재, 북한에 출입하는 선박의 화물검사, 대량파괴무기 관련 자산 동결, 대량파괴무기 관련 자재·기재의 이전 금지, 사치품의 수출금지 등의 대북한제재를 가맹국에 의무로 줄 것이다.

북한에 대한 제재 조치로 다음이 포함된다. 무기금수의 강화, 수출입금지품목(핵, 미사일, 무기 등)이 포함되는 의혹이 있는 화물 검사의 강화, 자산 동결·모니터링 등의 강화에 의한 금융자산의 이전 방지, 신규원조와 무역 관련 공적지원 금지의 요청 등 금융제재 조치, 선박 및 화물검사, 금지품목에 대한 검사·제출·보관 등 필요한 조치를 시행한다. 또한 북한의 핵실험에 대해 독자적 제재를 실행한다. 만경봉호의 입항금지, 북한당국 직원 입국의 원칙금지 등의 조치, 북한 국적 선박의 입항금지, 북한 국적 소지자 입국의 원칙금지 등이다.

2009년 4월 5일 오바마 미국 대통령은 프라하에서 핵폐기를 추구하는 결의를 표명하고 핵군축과 핵폐기를 국제사회에 호소했다. 9월 24일 유엔 안보리는 오바마 대통령이 제창한 '핵무기 없는 세계'의 조건 구축과 NPT의 중요성을 포함한 '핵비확산·핵군축에 관한 결의'를 전원일치로 채택했다. 1999년부터 격년으로 개최되는 CTBT 발효촉진회의가 2009년 9월 24~25일 개최되어 미국도 10년 만에 참가했다. 핵무기의 위협이 존재하는 한 미국은 핵무기를 포기하지 않는다. 확대억지의 유지와 관련해서, 안보상의 전체 조건을 무시하고 일방적으로 핵군축·핵폐기를 진행하지 않는다.

2009년 11월 13일 도쿄 미일정상회담에서 '핵무기 없는 세계를 위한 미일공동선언'의 공동문서가 발표되어 미국과 일본이 핵군축, 핵비확산·원자력의 평화 이용, 핵안보를 추진하는 데 긴밀히 협력하는 방침을 명확히 했다. 최근 NPT 등의 비확산 레짐이 대응하는 국가로의 확산뿐만 아니라 비국가주체인 테러조직으로의 핵무기·핵물질 확산에 대한 염려가 커져 핵관련 시설의 보전 조치가 중요시되었다. 기존 핵탄두의 노후화가 문제가 되고 있다.

일본과 호주의 정부가 협력해 개시한 핵비확산·핵군축에 관한 국제위원회가 설치되고, 핵폐기의 과정을 구체적으로 논의하고 핵폐기를 위한 '글로벌 제로' 민간 프로젝트를 수행한다. 일본의 입장은 평화롭고 안전한 핵무기 없는 세계를 추구하고, 핵무기의 위협에 대해서는 미국의 핵억지력에 의존하고, 일본은 핵무기를 제조할 수 있는 기술과 플루토늄을 보유한다는 것이다. PSI에 적극적으로 참가한다.

동북아시아 지역에서 북한이 핵개발을 하고, 중국이 전략핵전력을 포함한 군사력의 불투명한 근대화를 진행하고 있는 안보환경에서 일본에는 미국의 확대억지가 중요하다. '확대억지'는 공여국이 수익국을 향한 공격에 대해 보복공격을 보증함으로써 도전자가 수익국을 향한 공격을 생각하지 못하도록 하는 정책이다. 보복 공약의 신빙성이 중요하다. 동맹국과 우호국에 대한 공격을 억지하는 확대억지의 경우에는, 억지국이 자국을 방위하는 의도와 능력뿐만 아니라 동맹국도 방위하는 의도와 필요한 능력을 보유하고, 이를 정확히 도전자에게 이해시켜야 억지의 신빙성이 생긴다.

미국과 같이 대규모의 전략핵전력을 보유한 국가의 경우에는 확대억지 능력에 대해서는 의심의 여지가 없고, 문제는 동맹국·우호국을 방위할 의도가 강력한가와 이를 도전자에게 명확히 전달하는가에 있다. 이는 미국의 국가안보전략과 동맹국·우호국과의 친밀한 정도에 달려 있다. 미일동맹에 의한 확대억지의 신뢰성은 공식선언으로 지켜져왔다. 2006년 북한의 핵실

험 후 콘돌리자 라이스(Condoleezza Rice) 미국 국무장관의 전범위에서의
이행' 확인, 2007년 SCC(미일안보협의위원회)에서의 공동성명, 2009년 북한
의 핵실험과 미사일 발사 후 클린턴 국무장관과 오바마 대통령의 선언이
중요하다.

미국의 확대억지 신뢰성을 유지하기 위해 일본은 미일방위협력 등 관계
긴밀화를 위해 노력하고, 선언정책 수준의 공약을 계속 확인해야 한다. 미
일 간 확대억지에 대해 협의하는 것이 필요하다. 평화롭고 안전한, 핵무기
없는 세계를 위해서는 미국·러시아가 핵군축을 진행하는 것 외에도 CTBT
와 FMCT 등 핵무기 확장을 어렵게 하는 정책을 함께 활용해야 한다. 북한
의 3차 핵실험 후에 일본은 미국의 확대억지 공약을 재확인하겠다. 중국을
대상으로 한 일본·미국·한국의 대화 외교가 필요하다.

4. 북일관계의 전망

1) 북일 양국의 입장과 전략

(1) 북한

북한은 일본과의 관계 개선을 거쳐 국교정상화로 나아가려 한다. 주된
목표는 일본으로부터 경제 지원을 받는 것이다. 경제제재 해제, 조총련 탄
압 제거, 과거사 정리 등의 이슈가 존재한다. 납치문제 해결을 위해 일본에
협조하고, 북핵 폐기 과정에 들어서면서 국교정상화와 함께 일본에게 경제
지원을 요구할 가능성이 있다. 북한에게는 북미관계의 개선이 우선이다.
일본은 미국의 입장을 따르리라고 인식한다.

〈표 3-6〉 북일관계 주요 연표

1990년 9월	일본 자민당 사회당 대표단 방북
1991년 1월	1차 수교회담
1991년 3월	2차 수교회담
1991년 5월	3차 수교회담
1991년 8월	4차 수교회담
1991년 11월	5차 수교회담
1992년 1월	6차 수교회담
1992년 5월	7차 수교회담
1992년 11월	8차 수교회담
1995년 3월	일본 여당3당 대표단 방북
1995년 6, 10월	일본, 북한에 쌀 50만 톤 지원
1996~1997년	북일 여러 차례 접촉
1997년 11월	일본인 배우자 제1진 고향 방문
1998년 8월	북한, 일본 상공으로 대포동 미사일 발사
1999년 12월	일본 의원대표단 방북
2000년 4월	9차 수교회담
2000년 8월	10차 수교회담
2000년 10월	11차 수교회담
2002년 7월	북일 외무장관 회담
2002년 8월	북일 외무성 국장급 회담
2002년 9월	고이즈미 수상 방북(1차)
2002년 10월	12차 수교회담
2004년 2월	북일 정부 간 회담
2004년 5월	· 고이즈미 수상 방북(2차) · 북일 정부 간 접촉
2006년 2월	북일 정부 간 포괄병행회담
2006년 7월	북한, 일본 근해로 미사일 발사
2006년 10월	북한, 핵실험 실시
2007년 2월	6자회담 2·13 합의
2007년 3월	북일 실무협의
2007년 9월	북일 실무협의

(2) 일본

주된 목표는 북핵 폐기, 미사일 실험 중지, 납치문제의 해결이다. 북한이 핵무기를 포기하지 않을 것으로 간주하고 있다. 북한이 일본에 직접적인 안보위협이 된다고 인식하고 이를 제거하고 예방하려고 노력한다. 궁극적으로 한반도 비핵화를 목표로 한다. 일본이 보통의 군사대국이 되기 위해 헌법 개정과 군사력 증강을 추구하고 있어 북한의 안보위협을 당분간 유지하는 것이 필요하다. 따라서 북핵문제를 조속히 해결하려는 의지가 약하다. 북핵문제의 평화적 해결이 남북교류협력의 증진과 함께 한반도 통일로 이어지고 중국과 한반도의 우호협력이 증진된다면, 동북아시아에서 일본에게 매우 불리한 국제환경이 조성되는 것으로 인식한다. 따라서 북핵문제의 해결이 한반도 통일로 이어지는 것은 원치 않는다. 북한이 핵무기를 양산하거나 경제가 회복되는 것도 원치 않는다. 한반도 분단과 북한 경제의 어려운 상황이 지속되는 것이 일본에게는 유리하다.

고이즈미 수상의 두 차례 방북은 북일관계 개선의 의지 이외에도 일본 국내 여론과 지지도, 선거 등과 연계되어 있다. 북일평양선언(2002년)을 중시했으나 북한의 핵실험으로 무효화되었다고 선언했다. 납치문제는 일본의 국내 여론을 조절하며 북일관계 개선의 속도를 관리할 수 있는 레버리지효과로 사용된다는 정치적 함의도 있다. 일본은 6자회담이 중국에게 유리한 구조적 제도라고 하여 불만이 있고, 중국과 일본 간의 이익을 균등하게 반영하는 제도를 창출해야 한다고 주장한다. 6자회담을 도쿄에서 개최하는 등의 노력을 보이나, 일본은 주변 국가들로부터 충분한 신뢰를 받지 못하고 있다. 일본은 유엔 안보리 상임이사국 진출을 추구하고 있으며, 이를 북일 수교와 관련지을 수 있다.

2) 북일 실무교섭의 평가와 전망

북한과 일본 양국이 관계 정상화와 수교에 대한 의지가 약한 상태에서 국제정세의 변화를 관망하는 상황이다. 일본이 납치문제를 강조하는 것은 국내 여론도 있지만, 6자회담을 통한 북핵문제의 조속한 해결을 원치 않는다고도 볼 수 있다. 북일 간에 신뢰가 결여되어 있다. 북일관계의 개선은 북미관계의 진전에 달려 있다고 인식된다.

일본은 미국의 입장을 따를 가능성이 높다. 북미관계가 개선되고 정상화 교섭이 진척되면, 일본도 북일관계를 개선하고 국교정상화 교섭을 진척시킬 가능성이 있다. 진행 중인 북미교섭의 성과에 따라 일본의 입장이 결정될 가능성이 있다. 가능성은 낮지만 일본이 미국의 입장을 따르지 않을 경우는, 당분간 일본을 방치하고 북일관계 개선이 일본 국익에 도움이 된다는 것을 강조한다. 또한 북일관계 개선이 안보와 경제적 측면에서 장기적으로 일본에 도움이 된다는 것을 강조한다.

북일 교섭에서는 일괄 타결의 가능성이 높지 않다. 북미관계의 개선 여부에 달려 있다. 이를 위해 북핵과 미사일 등 어려운 문제가 존재한다. 납치문제의 해결은 국교정상화, 경제 지원과 일괄 타결하는 것이 바람직하다. 납치문제만 개별적으로 해결될 가능성이 낮다. 일본의 대북 경제 지원은 일괄 타결 이후에 가능하다. 일본은 일괄 타결의 조건으로 일본의 유엔 안보리 상임이사국 진출을 지지해달라고 요구할 수 있다.

제4장

일본의 동아시아공동체 구상

1. 일본 민주당 정부의 동아시아공동체 구상

민주당 하토야마 정부가 동아시아공동체 구축에 적극적인 자세를 보였다. 동아시아공동체 구상의 지향점과 문제점은 무엇인지 일본 언론과 학계의 평가를 중심으로 살펴보고자 한다. 하토야마 전 수상은 2009년 9월 유엔총회 연설에서 새로운 일본은 역사를 넘어서 아시아 여러 국가들의 가교가 되기를 희망한다고 선언하고 일본이 동아시아공동체 추진의 주역이 되겠다는 의지를 표명했다. 동아시아의 기존 구조는 ASEAN을 축으로 한·중·일을 추가한 ASEAN+3와 인도, 호주, 뉴질랜드를 포함하는 ASEAN+6, 즉 동아시아정상회담(East Asia Summit)이 있고 최근 미국과 러시아가 참가하기로 해서 ASEAN+8이 되었다. ASEAN+3는 2005년 정상회담에서 스스로 동아시아공동체를 달성하기 위한 주요한 기구라고 했기에 이 13개국이 공동체의 핵심이 되는 것은 확실하지만, 인도와 호주, 미국 등 8개국이 참가하여 광범위한 기구가 되었다.

오카다 전 외상은 취임회견에서 동아시아공동체 실현을 염두에 두고 중국, 한국, ASEAN, 인도, 호주와 같은 국가들과 다양한 관계를 형성하고 싶다고 했다. 부상하는 중국을 견제하는 견지에서 인도 등 5개국의 참가는 일본에게 유리하다. 한편 중국은 인도 등의 참가에 소극적이고 일본 주도의 공동체는 찬성하지 않는다. 미국의 참여와 관련해 일본에게 동아시아는 안보 면에서 불안요소를 안고 있고 미국 없이 이에 대처하는 것은 어렵다는 입장이다. 일본외교의 기축은 미일동맹이고 ASEAN도 부상하는 중국과의 균형상 미일관계가 흔들리는 상황은 바라지 않는다고 본다. 공동체 추진에 관해서 미일관계의 안정과 동아시아에 대한 미국의 관여가 필요하다고 한다(≪요미우리신문≫, 2009.10.7).

2. 동아시아공동체 구상의 경위

2009년 9월 민주당은 동아시아공동체 구축을 기본정책으로 내세우고, 중국과 한국을 비롯해서 아시아태평양 지역의 신뢰관계와 협력체제를 성립하여 동아시아공동체의 구축을 목표로 한다고 선언했다(민주당·사회민주당·국민신당 성립정권의 정책합의, 2009.9.9). 하토야마 수상은 2009년 9월 24일 유엔총회에서 신정권의 목표 중 하나인 동아시아공동체에 대해 다음과 같이 연설했다.

"오늘날 아시아태평양 지역에 깊이 관여하지 않고는 일본이 발전할 길은 없다. '열린 지역주의' 원칙에 따라 이 지역의 안전보장상의 위험을 줄이고 경제적인 원동력을 공유해가는 것이 일본에는 물론이고 지역과 국제사회에도 큰 이익이 될 것이다. 이제까지 일본은, 과거의 잘못된 행동에 기인한 역사적 사정도 있었고, 이 지역에서 적극적인 역할을 하는 것에 주저해왔다. 새로운 일본은 역사를 넘어 아시아 각국의 가교가 되기를 희망한다. FTA, 금융, 통화, 에너지, 환경, 재해구원 등 가능한 분야에서부터 협력해 나가며 파트너가 한 발씩 협력을 쌓아가는 것의 연장선상에서 동아시아공동체의 모습이 나타나기를 기대한다. 시간이 걸려도 천천히 착실하게 이루어 가면 되지 않겠는가."

하토야마 수상이 9개월 만에 사임하고, 2010년 6월 출범한 간 내각도 동아시아공동체 구축의 과제를 계승했다. 간 수상은 아시아를 중심으로 이웃 나라와는 정치·경제·문화 등 여러 면에서 관계를 강화하고 장래 동아시아공동체를 구상해가겠다고 표명하고(간 수상 소신 표명 연설, 2010.6.11), 동아시아공동체 실현을 목표로 중국과 한국을 비롯한 아시아 국가들과 신뢰관계 구축에 전력을 다하겠다고 했다(간 수상 대표 발표, 2010.6.17).

동아시아공동체 구상의 경위를 살펴보면, 2002년 1월 고이즈미 수상이 싱가포르에서 독자적으로 구상을 발표했다. 일본과 ASEAN의 협력을 중심으로 ASEAN+3에 호주와 뉴질랜드를 더해 함께 걷고 함께 나아가는 커뮤니티를 제안하고, 일본정부는 종래의 다각적 자유화정책에서 동아시아 지역주의로 정책을 전환했다. 2003년 12월 일본은 일본·ASEAN 특별정상회담을 주최하고 도쿄선언을 통해 동아시아공동체의 창설을 위해 일본과 ASEAN이 중심이 되어 협력하기로 했다. 다만 공동체의 주요 멤버가 되어야 할 중국과 한국에 대한 언급은 없었다. 야스쿠니신사 참배문제로 인한 중국·한국과의 대립, 한편으로 긴밀한 미일관계는 동아시아공동체 구상에 대해 동아시아 각국(특히 중국)의 경계심을 일으켰을 뿐 구상이 진전되지 못했다.

2005년 12월 ASEAN+3에 인도, 호주, 뉴질랜드를 포함해 16개국에 의한 동아시아정상회담이 개최되었으나, 아세안공동체(ASEAN Community)와는 다르며 동아시아공동체라는 단어는 사용되지 않았다. 2008년 미국의 금융·경제위기로부터 동아시아 경제가 영향을 받고, 미일관계와 아시아관계의 균형을 주장한 민주당 정부가 성립되며 동아시아공동체는 동아시아의 주요 경제국인 한중일 3국의 공식 합의문서에 등장하여 장기목표로 확인되었다. 한중일 3국은 개방성·투명성·포괄성이라는 원칙을 기본으로, 장기적으로 동아시아공동체의 발전 및 지역협력에 관여하며 동시에 지역·국제정세에 관한 3국 간 의사소통 및 협조의 향상을 유지한다고 선언했다(한중일 정상회의, 「한중일협력 10주년을 기념하는 공동성명」, 2009.10.10).

1997년 아시아의 경제위기는 ASEAN+3의 틀을 창안하고 CMI(치앙마이 이니셔티브)와 지역 내 FTA·EPA 체결 등 동아시아 지역협력을 강화하고 공동체 형성을 진척시키는 계기가 되었다. 2008년에는 글로벌 경제위기에 대해 CMI 강화 등 금융 면의 지역협력을 강화하고 동시에 동아시아 경제의 중심인 한중일 3국의 협력을 강화했다. 이를 시작으로 동아시아공동체 구상의 실현을 위한 새로운 단계를 구축했다.

중국은 1997년 아시아 경제위기를 계기로 동아시아 지역의 협력을 추진했고 2008년 세계경제위기를 겪고 지역협력 추진정책을 한 단계 끌어올렸다. 글로벌 경제위기로 일본 이상의 하향을 보인 러시아는 동북아시아 지역 경제협력 강화와 국내 지역 발전전략을 조합한 중국의 정책과 보조를 맞췄다. 한중일은 3국 FTA에 관한 산관학 연구를 시작하고 2012년까지 완결하기로 했다. FTA 이외 분야도 포함해서 한중일 3국 간 합의내용의 구체화가 필요했다(松野周治, 2010 참조).

2008년 글로벌 금융경제위기는 2009년의 세계경제를 제2차세계대전 후 처음으로 마이너스성장(-0.6%, 선진국은 -3.2%)에 빠뜨렸고, 전면적 파국은 모면하여 2010년은 4.2%(선진국은 2.3%)의 플러스성장이 예상되었다(IMF, World Economic Outlook Database, 2010.4). 극단적인 시나리오로, 1930년대 세계공황의 계기가 된 중유럽 국가들의 금융파탄과 같은 전개가 될 가능성도 논의되었다.[1] 또한 유럽과 미국, 일본의 재정확장정책이 한계에 이르게 되어 새로운 수요창출 효과를 기대할 수 없게 되었다. 한편 세계경제에서 새로운 성장지역으로 평가되고 있는 중국이나 동아시아에서도 부동산 가격이 급상승하거나 성장에 동반되는 격차 증대, 이로 인한 정치 불안정 등이 생길 수 있다. 이러한 세계경제에 입각해서 중국 및 러시아에서는 동북아시아 지역 경제협력 추진을 위한 새로운 정책이 전개되고 있다. 중국은 국경지역의 국제경제협력, 즉 국제국경지역경제권(International Cross Border Economic Region)의 구축을 위해 노력했다(松野周治, 2010 참조).

3. 동아시아공동체의 관련 논점

동아시아공동체에 대해 핵심적으로 다양성, 경제적 상호 의존, 불투명·불안정한 안보환경, 중국의 대두, 미국의 역할이라는 다섯 가지 논점이 거론된다. 다양성과 관련해서 동아시아는 경제 규모나 발전단계, 정치체제, 종교나 언어 등이 다양해 공동체 실현이 어렵다는 여론이다. 그러나 다양성은 공동체 구축에 결코 장해가 되지 않을 것이다.[2]

경제적 상호 의존도가 고조되면 동아시아공동체의 실현으로 연계된다

---

1) 위기의 근본적인 해결은 아니어서 세계경제의 지속적 성장을 가능케 하는 새로운 구조의 창출에는 이르지 못했다. 1930년대와 같은 전면적 파국은 국제협조에 의한 재정금융의 확장정책에 의해 회피되었지만, 그 한계가 표면화됨과 동시에 새로운 문제점을 만들었다. 유로의 전제가 되는 건전재정의 원칙이 재정확장정책과 충돌하여 그리스를 시작으로 남유럽 국가들의 신용 불안을 야기했다.

2) 다양성은 글로벌화에 의해 모든 것이 획일화되기 쉬운 속에서 오히려 중요한 요소이며 새로운 것을 만들어내는 원동력이 된다. 유럽은 다양성 속의 통합(유럽헌법조약)이 있고, 이슬람 국가 터키의 가맹도 신중하게 고려하고 있다. 동아시아도 다양성 속의 통합을 목표로 활력 있는 공동체를 실현해야 한다.

는 경제적 낙관론이 있다.[3] 그러나 상호 의존 고조라는 경제실태가 자동적으로 공동체 형성에 연계되는 것은 아니다. 동아시아는 경제의 발전단계나 규모에서 교차 또는 무역구조의 경쟁을 포함해 상호 의존도를 높여왔기 때문에 동아시아의 경제 상호 의존은 비대칭적이라고 할 수 있다.[4]

일본의 입장은 동아시아에서 일본의 경제력이 압도적인 비중을 차지하고 있으니 동아시아공동체 구상을 일본의 국책으로 자리매김하고 전략을 짜서, 아시아외교를 강화하고 공동체를 둘러싼 움직임에 주도권을 발휘하겠다는 것이다. 전략적으로 필요불가결한 점이 '제3의 개국'이며, 일본을 열린 국가로 일본판 개혁 개방을 단행하는 것이다. 중국과 같이 오로지 경제만의 개방이 아닌 정치·문화·사회 모든 면에서 일본이 동아시아의 모델이 되도록 개방된 진정한 국제국가가 되어야 한다는 것이다.

정치와 안전보장분야에서는 서로 양보하기 힘든 영토나 주권문제, 고양되는 민족주의, 역사에 근거하지 않은 상호 불신 등이 장해가 되어 공동체 구상은 꿈에 지나지 않는다는 비관론이 있다. 불투명·불안정한 안보환경은 동아시아공동체의 장해임이 분명해 한반도나 대만해협의 긴장이 공동체 논의와 과정을 붕괴시킬 가능성도 배제할 수 없다(小原雅博, 2005: 1~8).

일본은 공동체의 이념과 목적을 제시하면서 동아시아 평화와 번영에 이바지할 공동체 구축을 위해 적극적이고 명확한 정책을 내세울 필요가 있다. 동아시아공동체는 글로벌화와 지역주의를 융합하는 열린 공동체로 구축해야 한다. 공동체 멤버는 인도·호주·뉴질랜드와 함께 미국과 러시아를

---

3) 통합이 진전되고 있는 EU의 역내 무역은 60.3%, NAFTA(북미자유협정)는 44.5%에 달하고 있다. 동아시아(ASEAN+3와 홍콩·대만)의 역내 무역은 1980년의 33%에서 2003년 53.3%까지 상승했으며 통합의 기반이 되는 상호 의존은 존재한다고 할 수 있다.
4) 그 중심이 되는 것은 20년 동안 경제 규모가 4배 성장한 중국경제와 지역 GNP의 60%를 차지하는 일본경제이다.

참여시키는 문제가 있다. 동아시아라는 지리적 개념에 얽매이지 않고 공동체의 목적을 실현한다는 기능적 개념으로서 공유하고, 경제뿐만 아니라 국가주권과 민족주의에 얽힌 정치와 안전보장분야에서도 가치의 공유를 도모하는 포괄적인 공동체를 지향할 필요가 있다. 공동체의 이념과 원칙은 공동체의 기본법(헌법 또는 헌장)으로 명시되어 세계에 제시될 필요가 있으며, 정합성·비배타성·포괄성·투명성이라는 의미에서 열린 공동체는 세계와 동아시아의 평화와 번영을 목표로 하는 것이다.[5]

글로벌화와 정보화가 진행되고 있는 오늘날, 가치와 문화가 반목과 충돌을 동반하면서도, 서로 교류하고 융합하고 보편화하는 동시에 국제표준을 향한 경쟁이 심화되고 있다.[6] 프랑스나 독일의 지도자와 지식인이 EU를 만들어내면서 유럽의 의미를 숙고하고 있는 것처럼, 일본도 동아시아의 의미를 다시 묻고 고칠 필요가 있다.[7] 이제까지 일본의 동아시아외교는 경제

---

5) 동아시아의 안보환경을 고려해서, 각국 간의 불신과 대립의 싹을 없애고 협력과 신뢰의 관계를 만드는 것이 큰 의미이다. 중일 양국이 민족주의나 영토문제로 서로 대립하는 관계를 넘어서 동아시아 지역협력을 구상해 좀 더 새로운 협력관계를 구축하고 공동 이익을 증진시켜 대립을 제어해야 한다. 21세기 일본과 중국이 함께 번영하는 국가로 대등한 입장에서 동아시아의 평화를 위해 질서 구축에 협력할 수 있는 기회가 오고 있다. 중일 양국이 함께 정치의 안정과 경제적 번영을 누리는 공유공영의 관계를 확립하기 위해서는 일본 경제의 재건이 불가결하다. 동아시아공동체 구축의 성패는 중일제휴에 달려 있다.

6) 무역·투자·금융·경제협력 등 경제의 모든 분야에서 역내 협력추진에 의한 경제공동체 실현을 목표로 하고 있다. 경제분야는 동아시아에서도 제휴와 통합이 앞서가고 있는 분야이다. 비전통적인 분야에서의 안전보장으로 국제테러리즘·감염증·환경·에너지문제 등은 지역이 직면하는 새로운 위험이다. 이 새로운 위협에 대비한 협력을 통한 안전한 지역사회 확립은 공동체의 큰 존재의식이 될 것이다. 이러한 공동체의식은 국민국가와 국제사회의 중간적 공간에 존재하는 공생의식이다. 대중문화를 포함한 문화교류가 국경을 넘어 사람들의 친근감이 생기고 공동의식을 형성한다.

7) 일본인이 겸허한 자세로 과거를 마주하고 동아시아의 인접 국가와도 교류해나가지 않으면 안 된다. 역사에서 도망치는 것으로는 역사를 극복할 수 없다. 역사를 직시하는 자세를 잊지 않고 있다면 과거를 기억하는 사람들과의 화해는 불가능하지 않다. 그리고 동아시아 국가 역사에 감정을 자극하는 발언이나 행위는 삼가는 것이 일본인으로서 최소한의 책임이며 매너이다. 야스쿠니신사 참배문제이든 역사교과서문제이든 일본이 주체적으로 해결

분야를 중심으로 지역의 안정과 번영에 큰 역할을 다하고, 지역 내의 상호 의존과 협력을 재촉하고 일체화를 양성하는 환경 만들기에 공헌했다. 중국의 경제성장이 일본에도 큰 이익을 가져온 것을 생각한다면, 일본은 아시아 중시외교를 한층 더 강화하고 관·민이 일체가 되어 동아시아 일체화의 흐름을 촉구해가도록 하는 것이 중요하다(小原雅博, 2005: 279~306).

동아시아공동체 형성의 과정에는 제도적 접근(제도의 구축)과 기능적 접근(분야별 협력의 심화를 유기적으로 관련짓는)의 두 가지 방법이 있다. 동아시아에는 정치·경제적인 다양성과 격차가 현저하게 존재하며, 현재 상황에서는 유럽공동체가 추진해온 것과 같은 제도를 동아시아에 도입하는 것은 적합하지 못하다. 따라서 동아시아에서는 기능적 접근을 한층 더 촉진시켜 각 분야의 협력을 심화하고 역내의 격차를 조정하며 공통의 가치관·의식을 양성해서 장래 공동체 구축에 이어지는 과정이 유효해야 할 것이다. 그렇기 위해서는 FTA·EPA·금융협력을 통한 경제통합을 촉진하며 사람과 물건, 돈의 교류 활성화와 제도의 정비를 통한 사회적 협력, 정치·안전보장협력의 바탕을 형성해갈 접근법이 필요하다. 또한 기능적 접근의 진전에 맞는 제도적 접근에 대해서도 정비할 필요가 있다. 동아시아의 경제와 정치안보, 사회·문화적인 협력이 활발해짐에 따라 상호 중시를 정비하고 개별 협력항목을 효율화하는 사령탑이나 사무기능이 필요하다. 이러한 기능을 위해서는 동아시아 지역협력을 유지하는 사무국이 중요하다. ASEAN+3로 형성된 기능별 회의의 운영은 ASEAN 사무국을 중심으로 나아가는 것이 현실적이지만 동아시아정상회담이 개최됨에 따라 좀 더 포괄적인 제도의 도

하려고 생각한다면 가능한 문제일 것이며, 해결하지 않는다면 오히려 일본의 국익에도 손해가 될 것이다. 일본이 포함된 동아시아에 진정으로 복권하여 세계의 평화와 번영을 위해 공헌할 수 있는 동아시아공동체를 실현하기 위해서도 역사의 극복은 피할 수 없는 과제이다.

입이 필요하다(伊藤憲一 外, 2005: 293~294).

4. 동아시아공동체의 과제

동아시아공동체를 둘러싼 일본에서의 평가는 다양하다. 공동체 창설이
불가능하다고 보는 견해와, 그 실현 가능성에 대해 낙관적인 전망을 논하
며 공동체를 추진하자는 입장이 있다. 또한 동아시아공동체 구상을 일본외
교의 새로운 기축으로 자리매김해야 한다고 중시하는 입장이 있는가 하면,
이 구상은 전체 외교에서 하나의 범주에 지나지 않는다고 분류하기도 한
다. 또한 이 구상을 일본의 대미중시 외교에서 아시아 중시외교로의 전환
이라고 파악하는 발상도 보이며 강한 경종과 비판을 높이는 의론도 제시되
고 있다. 동아시아공동체는 현재 명확한 정의가 부여되어 있지 않고 그 평
가도 정착되어 있다고 말하기 어렵다. 그러나 동아시아에서 사실상의 경제
통합이 심화되어오고 하나의 경제권이 형성되어 있는 것과 사람의 이동 증
대, 중간층의 출현, 젊은이들의 문화교류로 인한 시민레벨의 사회적·문화
적 공생감도 싹트고 있는 것이 사실이다.

동아시아공동체는 진화의 과정(evolutionary process)에 있는 역동적인 개
념이다. 동아시아는 유럽과 비교해서[8] 정치·경제·사회·문화·역사 등 다양
한 배경이 있기 때문에 커뮤니티나 협회를 점차 형성해가면서 다양성하의
통합을 기초로 독자적인 공동체의 정의·이념·정책목표에 근거할 필요가

---

8) 유럽의 지역 통합은 제1차·제2차세계대전의 반성을 기초로 독일과 프랑스의 화해 과정으
로 추진되어 민주주의의 확대와 정착을 목표로 해왔다. 이것이 유럽에 전쟁 없는 공동체
와 민주주의의 정착이라는 지역 통합의 이념을 창출해냈다. 유럽의 문화적인 유사성과 역
사적인 교류의 결합이 유럽공동체 형성의 배경이 되었다.

있다. 동아시아공동체 구상이 지역의 평화와 번영을 촉진하고 자유주의나 민주주의의 이념을 추진하는 비전이어야 한다. 그 비전을 점진적으로 규범화해가는 진화의 과정이 동아시아공동체 구축의 이치로 받아들여져야 한다(伊藤憲一 外, 2005: 281~283).

동아시아공동체 구상을 위한 일본의 정책 제언과 관련해서 일본 산관학 단체인 동아시아공동체평의회는 2005년 7월 정책보고서 「동아시아공동체 구상의 현상, 배경과 일본의 국가전략」을 발표했다. 그 내용에 따른 일본의 제언은 다음과 같다. 첫째는 동아시아공동체의 이념으로 ① 평화·번영·진보 이념의 중시, ② 개방성·투명성·포괄성 원칙의 중시, ③ 기능적 협력의 추진, ④ 완만한 주체성의 형성이다. 둘째는 동아시아의 무역·투자협력으로 ① 3단계 경제통합의 실현, ② 높은 레벨의 FTA 구축, ③ 시장 개방의 실현을 열거했다. 셋째로 동아시아의 금융협력과 관련해서는 ① 역내 통화의 안정, ② 동아시아 지역 내 현지 통화지불 채권시장의 확대, ③ 일본 금융분야의 강화, 불량채권문제의 극복과 지역 내 투자 활성화, ④ 일본 금융시장의 국제화를 논의했다. 넷째는 동아시아의 정치·사회·문화협력과 관련해서 ① 기능협력부터 신뢰감의 양성, ② 동아시아 에너지·환경 협력메커니즘의 창설, ③ 동아시아 해양안전보장 협력메커니즘의 구축, ④ 동아시아 감염증 대책시스템의 구축, ⑤ 동아시아 다국 간 문화협력과 교류미션의 설치, ⑥ 문화협력·문화교류의 구체적 제안: ㈎ 문화적·지적대화의 강화, ㈏ 문화적 전통의 계승, ㈐ 문화에 관한 이해 촉진과 지식의 보급, ㈑ 미디어와 정보의 보급, ⑦ 연구·교육교류의 촉진이 필요하다. 다섯째, 동아시아공동체를 위한 구조와 관련해서 ① ASEAN+3정상회담과 동아시아정상회담의 개최, ② ASEAN 사무국 중심의 체제 강화, ③ 유연한 참가구조를 만들어야 한다. 여섯째, 동아시아공동체를 위한 일본의 노력과 체제정비와 관련해서 ① 동아시아공동체 관련 각료회의 개최, ② 농업시장의 개방 및 노동력 유입에 관한 기준·자격의 조정, ③ 홍보·교육·연구의 촉진, ④ 발신력의 강화가 필요하다(伊藤憲一 外, 2005: 299~313).

5. 일본외교에서의 동아시아공동체 구상

일본의 입장은 미일동맹의 유지를 전제로 하고 동아시아공동체 형성을 적극적으로 추진하는 것이다. 동아시아 안보협력은 미일동맹과 상호 보완적이며 적극적으로 진행할 가치가 있다. 일본경제의 성장을 위해 동아시아에서 사람·물건·돈·정보가 활발히 이동할 수 있는 환경을 만들어 성장의 잠재력이 높은 지역과 긴밀한 관계를 쌓는 것이 중요하다. FTA를 포함한 EPA를 많은 국가와 높은 레벨에서 체결해 빠른 시기에 동아시아 전체에 자유무역의 틀이 성립되도록 노력해야 한다.[9]

일본이 중요시하는 자유와 민주주의, 기본인권의 존중, 법의 지배 등과 같은 가치가 동아시아공동체에서도 실현되어야 한다. 동아시아공동체가 전제나 억압, 또는 국가 간의 패권질서가 된다면 이는 일본인의 가치관이라는 국익에 반하는 것일 뿐만 아니라 안전이라는 근원적 국익에도 해를 끼치게 된다. 공동체 형성이 자유와 민주주의, 기본인권의 존중, 법의 지배 등의 가치실현을 위해 의미 있게 촉진되어야 한다. 이러한 방향성이 무시될 때 일본은 "NO"라고 말할 수 있어야 하고, 또한 동아시아공동체 형성의 리더십을 갖춰야 한다. 동아시아공동체 형성에 대한 일본의 전략원칙을 요

---

9) 금융위기의 재발을 방지하고 지역에서 위기관리체제를 정비하고 자본주의시장을 안정적으로 발전시켜 외환 안정의 틀을 구축하기 위한 리더십을 발휘해야 한다. 동아시아 경제공동체 형성이 세계경제 전체의 보호주의화·블록화를 야기해 세계경제 전체의 정체를 일으키지 않도록 배려해야 한다.

약해 보면 다음과 같다. ① 국제적 안보환경 개선에 정합적인 동아시아공동체 형성, ② 세계 경제성장에 정합적인 동아시아공동체 형성, ③ 자유·민주주의 등의 가치와 정합적인 동아시아공동체 형성. 일본의 전략은 이러한 원칙에 기초해서 장기적으로 동아시아공동체 형성을 위해 여러 정책을 적극적이고 기능적으로 수행하는 것이다(伊藤憲一 外, 2005: 288~292).

미국은 1990년 EAEC 구상과 1997년 AMF(아시아통화기금) 구상에 반대했듯이 동아시아가 독자적인 틀을 형성하는 데 다음과 같은 우려를 표명해 왔다. ① 동아시아공동체가 미국의 동아시아 안보정책·경제정책의 유연성을 구속한다. ② 동아시아공동체가 중국의 주도로 이루어지고 동아시아 전체가 중국의 강한 영향력 아래 있게 된다. ③ 동아시아공동체 안에 다양한 정치체제가 인정되어 민주주의로의 전환과정이 둔화된다. 동아시아공동체 구상의 내용이 미확정·불투명한 것도 미국은 염려한다.[10] 일본의 동아시아공동체 구상은 동아시아를 향한 미국의 관여와 미일관계의 발전과 병행된다.

중국은 전방위외교를 추진하는 과정에서 1997년 이후 동아시아협력의 중요성에 주목하고 양국 간 및 동아시아 지역 FTA, 금융협력, 기능적 협력을 적극적으로 추진하고 있다. 중국은 동아시아협력을 추진하면서 중일의 협력은 불가결이라는 입장을 취하고 있지만, 2000년 이후 양국 정상의 상호 방문이 두절되는 등 중일협력이라는 구조가 나타난다고 할 수 없다. 일본에서는 '중국과 공동체를 형성할 필요가 있는가'라는 신중·반대론이 제기되고 있다. 이러한 논점으로 중국이 공산당 일당지배의 비민주적인 체제

---

10) 미국에서는 동아시아공동체가 미국의 국익과 일치한다는 견해도 생겨났다. 2005년 2월 미일안전보장협의위원회(2+2) 공동성명에서는 지역메커니즘의 개방성, 포괄성 및 투명성의 중요성을 강조하면서 여러 형태의 지역협력과 발전을 환영한다고 하며 미국에서도 동아시아협력에 관한 이해를 표시했다.

에 있다는 것, 중국의 장래 경제리스크를 예측하면 의존관계를 만드는 것은 바람직하지 않다는 점을 든다. 그러나 중국이 역동적인 발전을 지속하면서 일본은 중국을 포함한 역내 국가들과 협력하면서 중국이 평화적이고 경제적으로 발전하며 자유주의·민주주의·법의 지배를 존중하는 강국으로 대두하는 과정을 지원하는 것은 중장기적으로 일본의 국익에도 이바지한다. 이를 위해 중일양국관계, 미중일관계, 동북아시아 지역협력과 같은 틀에 더해서 동아시아공동체 구상의 규범 속에 중국의 모습을 함께 그려가는 것이 중요하다(伊藤憲一 外, 2005: 294~296).

2005년 12월 제1회 동아시아정상회담이 개최되었다. 동아시아정상회담은 기존의 ASEAN+3정상회담과 병존하는 형태로 ASEAN 10개국과 한중일 3국에 인도·호주·뉴질랜드를 더한 16개국으로 개최되었다.[11] 일본은 동아시아정상회담을 포함한 동아시아공동체 구상에 대해서 ① 동아시아의 다양성에 입각하면서 지역 통합의 원동력을 높이기 위해서는 제도적 틀의 구축부터 시작하는 것이 아니라 기능적 협력을 쌓아가야 한다. ② 동아시아공동체 형성이 ASEAN+3를 중심으로 다른 지역파트너도 참가하는 열린 지역주의로서 포함성·개방성·투명성이 확보되도록 한다. ③ 이러한 협력이 민주주의·인권·시장경제·WTO 등의 보편적인 규칙이나 가치에 입각해서 추진되어야 한다는 점을 들었다(外務省, 2005b 참조). 일본에게 중요한 것은 현재와 미래의 동아시아 모습을 응시하면서 질서형성을 위한 정책구상력을 발휘하는 것이다. 일본은 동아시아공동체의 적극적인 구상자로서 동아시아의 질서를 창조해야 한다는 입장이다(伊藤憲一 外, 2005: 297~298).

---

11) 동아시아정상회담은 동아시아 지역협력에서 일본이 중국을 견제하기 위해 제시한 구상이라고 할 수 있다.

〈표 4-1〉 동아시아공동체 관련 연표

1952년	ECSC(유럽석탄철강공동체) 설립
1958년	· EEC(유럽경제공동체) 설립 · EAEC(유럽원자력공동체=Euratom) 설립
1967년	EC(유럽공동체) 설립
1967년 8월	ASEAN(동남아시아국가연합) 설립 → 가맹국: 인도네시아, 말레이시아, 필리핀, 싱가포르, 태국
1976년 2월	· 제1회 ASEAN정상회담 개최(말레이시아 발리) · 동남아시아우호협력조약 조인
1977년 8월	제1회 일본·ASEAN정상회담 개최(말레이시아 쿠알라룸푸르) → 후쿠다 다케오 수상이 후쿠다독트린 발표
1984년 1월	브루나이 ASEAN 정식 가맹
1987년 11월	일본이 ASEAN 6개국에 동남아시아대형문화미션(다케시타미션) 파견
1987년 12월	다케시타 수상이 일본·ASEAN정상회담에서 일본·ASEAN 종합교류계획 발표
1989년 11월	APEC 발족, 제1회 각료회의개최(호주 캔버라)
1990년 12월	말레이시아의 마하티르 수상이 EAEG(동아시아경제그룹) 구상 제창 → 1992년 10월 이후, EAEC 구상에 개칭
1992년 12월	EC역내시장통합(단일시장) 완성
1993년 1월	ASEAN 자유무역지역(AFTA) 발족
1993년 11월	EU 정식 발족
1993년	CSCAP(아시아태평양안전보장협력회의) 설립
1994년	NAFTA 발족
1994년 7월	ARF 제1회 각료회의 개최(태국 방콕)
1994년 11월	제6회 APEC 각료회의개최(인도네시아 보고르) → APEC 가맹국가, 지역의 역내 무역자유화에의 목표를 선언(보고르선언)
1995년 7월	베트남 ASEAN 정식 가맹
1996년 2월	ASEAN7+한중일 정상회의(아시아유럽정상회의-아시아 측 준비 회의) 개최 (태국 방콕)
1996년 3월	ASEAM(아시아유럽정상회의) 발족, 제1회 정상회의 개최(태국 방콕) → 1994년, 싱가포르의 고촉통(吳作棟) 수상이 제창
1997년 1월	하시모토 수상 동남아시아 방문 → 하시모토독트린 발표 (일본·ASEAN 정기 정상회의, 일본·ASEAN 다국적문화미션 제안)
1997년 7월	· 라오스, 미얀마가 ASEAN에 정식 가맹 · 동아시아경제위기 발발
1997년 8월	태국지원국회의개최(도쿄) → AMF(아시아통화기금) 구상의 부상
1998년 4월	일본·ASEAN 다국적문화미션 제창 채택

1998년 10월	일본 아시아통화위기지원에 관한 새 구상(신 미야자와구상) 발표
1998년 12월	제2회 ASEAN+3정상회의 개최(베트남 하노이) → 한국 김대중 대통령이 동아시아비전그룹(EAVG) 설치 제창
1999년 4월	· 제1회 ASEAN+3재무장관 회의개최(필리핀 마닐라) · 캄보디아 ASEAN에 정식 가맹
1999년 11월	제3회 ASEAN+3정상회의 개최(필리핀 마닐라) → 처음으로 동아시아협력에 관한 공동성명 발표
2000년 4월	해적대책 국제회의 개최(일본 도쿄) → 1999년 일본·ASEAN정상회의에서 오부치 수상이 제창
2000년 5월	· 제2회 ASEAN+3재무장관회의 개최(태국 치앙마이) → 치앙마이이니셔티브 · 제1회 ASEAN+3 경제각료회의 개최(미얀마 양곤)
2000년 7월	제1회 ASEAN+3외상회의 개최(태국 방콕)
2000년 11월	제4회 ASEAN+3정상회의 개최(싱가포르) → 김대중 대통령이 EASG(동아시아연구그룹) 설치 제안
2001년 5월	제1회 ASEAN+3노동대회회의 개최(말레이시아 쿠알라룸푸르)
2001년 9월	미국에서 동시 다발 테러 발생
2001년 10월	제1회 ASEAN+3농림장관회의 개최(인도네시아 메단)
2001년 11월	· 제5회 ASEAN+3정상회의 개최 (브루나이 반다르스리브가완) → 동아시아비전그룹 보고서 제출(동아시아정상회담 개최, 동아시아자유무 역권 형성 등 제언) · 제7회 ASEAN정상회의 개최(브루나이 반다르스리브가완) → 2001 ASEAN 반테러공동행동선언 채택
2001년 12월	중국이 WTO 가맹
2002년 1월	· 고이즈미 수상, 동남아시아 방문 → 동아시아 속의 일본과 ASEAN 연설(함께 걷고 함께 나아가는 커뮤니티) · 제1회 ASEAN+3관광장관회의 개최(인도네시아 욕야카르타)
2002년 2월	EU에서 통화통합의 완성
2002년 6월	제1회 아시아안전보장회의 개최(싱가포르) → 영국국제전략연구소(IISS) 주최
2002년 11월	· 일본·싱가포르 EPA 발표 · 제6회 ASEAN+3정상회의 개최(캄보디아 프놈펜) → EASG 보고서 제출 · 제1회 ASEAN+3환경장관회의 개최(라오스 비엔티안)
2002년 12월	ASEAN+3 비공 식세션에서 일본이 아시아채권시장육성 이니셔티브 제안
2003년 6월	EMEAP(동아시아·오세아니아 중앙은행임원회의) 개최 → ABF(아시아채권펀드) 창설 발표
2003년 9월	NEAT(동아시아·싱크탱크·네트워크) 설립, 제1회 연차총회 개최(중국 베 이징)

2003년 10월	제7회 ASEAN+3정상회의 개최(인도네시아 발리)
2003년 12월	· 일본·ASEAN 특별정상회담개최(일본 도쿄) → 새로운 세기에 역동적이며 영속적인 일본과 ASEAN의 파트너십을 위한 도쿄선언 채택(동아시아커뮤니티) · EAF(동아시아포럼) 설립, 제1회 연차총회 개최(한국 서울)
2004년 2월	인도네시아·호주 공동개최에 의한 테러대책각료회의 개최(인도네시아)
2004년 5월	CEAC(동아시아공동체평의회) 설립(도쿄, 나카소네 야스히로 회장, 이토 켄이치 회장)
2004년 6월	제1회 ASEAN+3에너지장관회의 개최(필리핀 마닐라)
2004년 7월	ASEAN+3외상회의에 일본정부가 논점페이퍼 제출
2004년 8월	제2회 NEAT 연차총회 개최(태국 방콕)
2004년 9월	고이즈미 수상 유엔 연설(동아시아공동체)
2004년 11월	· 제10회 ASEAN정상회의 개최(라오스 비엔티안) → 2020년까지 ASEAN공동체 설립을 목표 비엔티안행동계획 채택 · 제8회 ASEAN+3정상회의 개최(라오스 비엔티안) · 중국·ASEAN FTA 교섭(재물무역에 한해서만) 합의
2004년 12월	· 아시아해적대책 지역협력협정 채택 · 제2회 EAF 연차총회 개최(말레이시아 쿠알라룸푸르) · EMEAP(동아시아·대양주 중앙은행임원회의) 개최 → ABF2(아시아채권펀드)의 창설 발표
2005년 4월	일본·멕시코 EPA 발표
2005년 8월	제3회 NETA 연차총회 개최(dlfqhs 도쿄) → 정책 제언「동아시아공동체를 향하여」채택
2005년 10월	제3회 EAF 연차총회 개최(중국 베이징)
2005년 12월	제9회 ASEAN+3정상회의 개최(말레이시아 쿠알라룸푸르) 제1회 아시아정상회담 개최(말레이시아 쿠알라룸푸르)

자료: 伊藤憲一 外(2005: 314~316).

6. 결론: 동아시아 지역협력의 전망

다양한 갈등과 경쟁 등 현실적인 어려움이 있어 동아시아 지역협력의 전망은 그리 밝은 편은 아니다. 한편 세계무역에서 차지하는 동아시아의 무역량은 계속 증가하고 있고, 물동량 및 인적교류 등을 감안할 때 동아시아 지역이 점차적으로 새로운 중심으로 부상하고 있다. 10년 안에 이 지역의

GNP는 약 2배 증가한다는 예측도 있고, 실제 이 지역의 높은 교육열, 기술력 등을 감안할 때 경제성장의 긍정적인 평가가 가능하다. 또한 중국의 급속한 경제성장 결과 동아시아의 역내 무역은 계속 증가할 것으로 기대된다. 단지 이 지역에 미국의 영향력이 강하게 남아 있을 때에는 지역협력의 구도가 한·중·일 3국 외에 미국이 포함되는 좀 더 포괄적인 지역협력체가 구성될 가능성도 배제할 수 없다.12)

한국이 동아시아 국제질서 속에서 취해야 할 외교의 방향을 친미입아(親美入亞)의 정책노선이라고 한다면 미국과의 친밀한 교류관계를 유지하면서 아시아 국가들과 밀접한 협력관계를 형성하는 것이다. 동아시아 경제 질서의 안정을 위해 일본·중국과 경제협력체를 형성하며 안정된 경제성장을 도모하고, 이를 위해 중국과 일본이 비교적 세력균형을 유지하고 미국과 러시아와 우호적인 외교관계를 유지하는 것이 필요하다. 한일경제협력은 장기적인 안정성장과 시너지효과를 얻어낼 수 있도록 양국에 이익이 되는 방향으로 전개하고, 상호 합의하에 적절한 분업과 전문화를 통해 일방적인 종속관계를 방지하고, 이를 위해 산업구조조정과 경제구조개혁을 단행하고 공생을 위한 네트워크를 형성한다. 한일협력을 발전시켜 한중일+미국의 세력균형 협력구조로 확대해나간다.13)

---

12) 동아시아 지역에 좀 더 혁신적인 사회간접자본이 확충된다면 물류비용의 감소에 따른 경제효과를 기대할 수 있고, 한중일 3국 간 관세장벽 철폐, 국제협력 강화, 자유로운 노동력의 이동에 따라 교역효과를 얻을 수 있게 된다. 그러나 경제적 격차가 계속 유지되거나 정치적인 이유나 경제적 경쟁관계로 3국 간의 활발한 교류가 지연되는 경우 이 지역은 불완전한 협력관계를 유지하게 될 것이다. 물론 한중일 각국의 국익이 다르고 이해관계의 조정이 어렵더라도 3국은 언어, 문화, 관습 등과 공통의 관심사를 계속 조율하여 전문가를 양성하는 것이 미래를 대비하는 하나의 방법일 것이다.

13) 미국과의 우호동맹과 동아시아 다자간 안보체제에 기초해 일본, 중국과의 극심한 경제충돌을 피하고 미·일·중과의 상호 기술자본 이전과 합작투자 및 공동연구개발을 장려한다. 세계경제의 극심한 경쟁을 고려하여 한국이 전략산업을 특화·전문화하고 미·일·중과의 경쟁 속에서 생존할 수 있는 상호 보완 평화공존의 방안을 모색한다.

민주주의와 시장경제의 이념을 아시아적 가치와 결합해 동아시아 발전 모델을 세계화와 국제표준에 맞추고 경쟁과 협력이 조화를 이루는 안정된 동북아시아 경제 질서를 형성하기 위해 특히 일본, 중국, 미국과 긴밀한 선린 외교관계를 유지한다. 중국경제권과 미국경제권의 중간에 위치한 한국은 장기적인 경제안정 및 성장을 위하여 일본과 공생을 위한 네트워크를 형성하는 것이 바람직하고, 이를 확대해 중국과의 3국 경제협력체는 동북아시아 경제 질서의 안정에 긴요하다. 한일·한중·한미 경제협력을 발전시켜 한국이 일본과 중국, 미국을 연계하는 가교역할을 해서 동아시아 경제협력을 추구한다(김성철, 2000 참조).

아시아의 경제통합이 논의되는 과정에서 중요한 변수는 아시아 경제의 안정적 성장을 위해 중국과 일본, 미국이 세력균형을 이루고 상호 협력할 수 있는가 하는 문제이다.[14] 결국 동아시아 세력균형에서 주요한 변수는 미국의 개입이다. 미국은 중국과 일본 사이에서 균형을 이루고 아시아에서의 영향력을 유지할 수 있다. 군사적 및 경제적 동맹관계를 유지해 한국과 일본에 미국의 영향권을 형성한다. 동아시아정상회담과 같이 미국을 포함한 동아시아공동체를 형성하는 것도 가능하다. 미국과 동맹관계를 유지하면서 한중일의 정치경제협력체를 구성하는 것은 국제적 환경조건에 따라 가능할 수 있다. 한중일정상회담과 같은 3국의 정치경제협력체가 정례화되면 동아시아의 정치경제 질서의 안정에 도움이 될 수 있다.

---

14) 중국과 일본의 아시아에서의 패권다툼은 역사적으로 뿌리가 깊다. 동남아시아의 화교권을 중심으로 한 중국의 영향권과 이에 대항하는 일본 중심의 기러기비행형 경제발전모델에서 보듯이 동남아시아에서의 일본의 경제적 영향권은 서로 경쟁관계에 있다. 한반도를 영향권 안에 넣으려는 중국과 일본의 한반도에서의 패권이 16세기 말 임진왜란과 19세기 말 청일전쟁을 통하여 중국에서 일본으로 넘어갔다가 태평양전쟁의 종결과 냉전체제로 인해 한반도는 분단되고 한국전쟁을 거쳐 결국 미국과 중국의 영향력이 한반도에 좀 더 강하게 남게 되었다. 반면 전후에도 한반도에서 일본의 경제적 및 정치적 영향력은 무시할 수 없다.

동아시아 경제협력에 대한 미국의 입장을 우호적으로 이끌기 위해 3국과 미국의 다자간 안보체제와 경제적 우호관계를 유지하며 미국이 3국과 적극적인 교류관계를 유지하도록 한다. 중국과 미국의 폭넓은 교류를 통해 중국과 미국의 경제 및 안보관계가 우호적으로 발전하는 것이 필요하다. 미국과 중국 또는 일본과 중국이 갈등적 관계로 나아가게 되면 동아시아 정치경제협력의 전망은 밝지 않다. 동아시아에서 한중일+미국의 세력균형 구조가 개방형 협력체제로서 긍정적으로 형성되고 기능하는 것이 바람직하다(김성철, 2000 참조).

제5장

일본의 외교환경과 한반도정책

1. 서론

미국과 일본에 신정부가 출범하면 외교정책을 담당하는 주역들이 바뀌고 외교정책의 노선과 지향이 변하게 된다. 미국과 일본의 기본적 외교정책이 변화함에 따라 이에 대응하는 한반도 주변국의 외교정책과 한반도정책에도 변화가 있다.

미국 신정부의 세계전략과 대테러전쟁, 이에 따른 외교정책의 변화가 가시화됨에 따라 한반도정책, 6자회담, 북핵문제 등에 대한 정책도 구체화될 것이다. 이에 따라 일본의 외교정책과 한반도정책도 변화하겠다. 북한에서는 김정일체제의 변화가 예시되고 후계문제가 거론되고 있다. 김정일체제의 변화와 함께 북핵문제, 6자회담, 북미협상 및 남북관계에 커다란 변화가 있을 수 있다. 이러한 국제환경의 변화와 함께 외교정책과 한반도정책의 전환이 수반되게 된다.

이 장은 신정부가 출범하는 미국과 일본을 중심으로 외교환경 및 외교정책의 변화와 한반도정책에 대해 심도 있게 분석하고 전망한다. 일본의 외교정책 환경과 성향을 분석하고, 외교정책의 목표와 지향을 고찰하고, 외교정책 변화에 따른 한반도정책을 분석하고자 한다. 일본 안보정책의 동향도 살펴보고자 한다. 이러한 국제정세와 일본의 외교안보정책 변화에 대응해 한국의 외교정책 과제를 숙고해보고 한일관계를 전망해보겠다.

2. 일본의 외교정책 환경

일본의 외교정책 환경은 국내 요인과 국제 요인이 있다. 미일관계에 대한 일본의 이해를 중심으로 일본의 외교환경을 살펴보고자 한다.

일본 견해로는 오바마 대통령은 현실주의자이고 오바마 정부의 최우선 과제는 경제 등 내정이며, 외교를 주도하는 것은 클린턴 국무장관이고 동아시아의 우선순위는 낮다. 미국의 중국 중시 노선은 피할 수 없고, 안보보다는 경제문제에 주안점을 두고 있다. 일본의 대응이 미일관계를 결정한다. 조 바이든(Joe Biden) 부통령은 실무경험과 안정감이 있다. 오바마 대통령이 미일관계에 대해서 비교적 포괄적인 이야기를 한 것은 2008년 4월이다. 당시 아베 수상이 미국을 방문했을 때 상원 환영 연설에서 미일관계의 중요성을 강조했다. 연설 중에 "Normal Japan"이라는 말을 했는데 일본이 보통국가로서 자위능력을 발전시키고자 하는 것을 환영했다. 일본 방위청에서 방위성으로의 격상도 환영하고 일본의 아시아태평양 지역의 안전보장에 대한 역할 확대를 환영한다고 했다. 일본의 군사적인 공헌을 기대하는 의미에서는 민주당도 공화당과 동일하다. 미국 국무성에는 중국 중시의 분위기가 있고,[1] 미일관계에서 사활적인 문제는 약해지고 있다.[2]

미국과 일본은 동아시아에서 새로운 안전보장의 틀을 양국 간의 조약을 넘어서 만들어야 하고, 6자회담과 같은 임시형태보다 더 큰 틀 안에서 안보 문제를 생각해야 한다고 주장한다. 미일동맹과 같은 양국관계가 기초라는 것이 일본 외무성의 견해지만 다자체제가 형성되면 일본의 역할은 상대적 으로 감소하여 미일관계의 중요성이 저하될 가능성이 있다. 오바마의 외교 적 우선순위 면에서 생각한다면, '이라크, 아프가니스탄과 같은 테러전쟁에 어떻게 대응할 것인가' 하는 문제가 첫째일 것이다. 그다음으로 '중동평화 교섭으로 테러전쟁에 대한 문제를 어떻게 풀어야 할 것인가' 하는 점이 중 요하다는 의견도 있다. 오바마는 새로운 동맹관계의 확립을 언급하고 이는 NATO, 유럽과의 관계 강화로 이어지게 된다. 오바마는 아프가니스탄에 대 한 군대 증파의 중요성을 강조하고, 미국 단독으로는 할 수 없는 일이므로 NATO 및 동맹국에 요청을 하고 있다.[3] 일본이 미일동맹을 중요하게 생각 하고 있다면 일본 측에서 미국에게 그 중요성을 이해시켜야 할 필요성이 있다. 아프가니스탄에서도 급유문제뿐 아니라 NATO와 같이 지상에서의 역할을 필요로 할 가능성도 있다. 일본이 얼마나 미국에게 도움이 되는가 를 보면서 일본에 대한 인식을 정할 가능성이 있다(坂東賢治, 2009: 10~18).

---

1) 티모시 가이트너(Timothy Geithner) 재무장관은 중국통이고 베이징대학에 유학해 중국 어를 공부하고 그 후 일본어도 공부해서 1980년대 후반에는 일본대사관에서 경제담당을 했다. 부시 정권에서는 헨리 폴슨(Henry Paulson) 재무장관이 중국과의 미중경제전략대 화를 시작했지만, 가이트너도 폴슨과 같이 외국어 구사능력이 뛰어난 인재다.

2) 외교안보팀의 핵심인 클린턴 국무장관은 2008년 ≪포린어페어스(Foreign Affairs)≫에 쓴 논문에서 미중관계가 21세기에 매우 중요한 양국관계라고 했다. 2008년 1월 뉴욕의 일본 총영사관에서 힐러리의 대일관과 관련해 클린턴 시대의 국방차관보이자 지일파인 캠벨이 쓴 메모에는 미일관계가 아시아태평양에서 불가결의 관계임을 강조하고, 중국은 평화적으로 책임 있는 역할을 해야 하며, 일본과 미국의 이익은 공통적이라고 했다.

3) 오바마가 당선된 후, 처음으로 전화를 건 나라는 9개국이다. 유럽에서는 영국·독일·프랑 스이고 아시아에서는 일본·한국·호주이다. 주변 국가로는 캐나다·멕시코 그리고 중동의 이스라엘이다. 오바마 또는 민주당 정권이 우선적으로 함께 협력해서 나아갈 국가라고 생 각하고 있는 것이다.

〈표 5-1〉 오바마 대통령과 부시 대통령의 정책 비교

오바마 대통령	정책	부시 대통령
· 이라크를 이라크 국민들에게 맡기고, 책임 있는 형태로 전쟁을 종료시킴 · 동맹국과의 긴밀한 연계를 중시	이라크	독일과 프랑스의 반대를 누르고 영국 등과 동맹국, 다국적군을 형성하여 참전함
우방, 동맹국을 정책입안 단계부터 참가시켜 새로운 포괄적 전략을 만듦	아프가니스탄	미국의 대테러전략에 따라 관계국에 파병 공헌을 구함
클린에너지 부문에서 일본과 협력	환경대책	· 경제성장에 방해가 된다며 교토의 정서를 일방적으로 이탈 · 지구온난화 대책에 소극적

자료: ≪요미우리신문≫(2009.2.26).

일본 외무성은 미국 대통령선거 이후 일본과 미국이 협력해야 할 과제를 정리해서 미국에 전달했다. 그 내용은 동맹 심화, 아시아태평양 지역의 평화와 안정 확보, 금융위기, 테러와의 전쟁, 지구 규모의 과제 즉 기후변동·핵군축·아프리카 지원 등이다(≪요미우리신문≫, 2009.1.23).

미국의 정책방향을 가늠해볼 수 있는 오바마 대통령의 시정방침 의회 연설 골자는 다음과 같다. 미국의 재건을 위해 힘을 합쳐 과제에 맞서야 할 시기이고 단기 경제 회복이 아니라 장기적인 번영을 기대하는 장기투자를 해야 한다. 석유자원에 대한 의존, 의료제도, 교육, 채무 등의 문제에 몰두해야 하고, 향후 10년간 2조 달러의 세출삭감이 가능하다. 냉전시대 무기시스템의 지출을 중단하고, 금융안정화에는 정부로부터의 상당한 자금이 필요하다. 이라크전쟁을 종전시키고 동맹국과 아프가니스탄의 포괄전략을 만든다(≪요미우리신문≫, 2009.2.25).

클린턴 국무장관의 방일 회견 요지는 다음과 같다. 미일관계는 미국 외교정책의 기반이라고 생각한다. 세계 1위, 2위의 경제대국으로서 세계경제 위기를 극복하는 방안을 마련하는 중대한 책임을 안고 있다. 미일안보동맹은 2009년으로 50주년을 맞이한다. 동맹에 기초를 둔 미군의 광범위한 억

지력이 일본의 안전과 평화적 발전을 가능하게 했다. 아프리카와 아프가니스탄, 중동에서의 개발원조 등으로 일본의 역할은 증대하고 있다. 일본은 세계에 책임이 있는 국가다. 기후변동, 클린에너지, 테러대책, 핵 비확산 등 강고한 일본의 파트너십이 불가결하다. 일본의 기본적인 국가 구조는 튼튼하고, 일본의 지도자 선택은 일본 국민이 결정해야 할 몫이다. 미국은 정치적으로 어떠한 장래가 되든지 일본과의 파트너십이 더욱 깊고 넓어지는 것을 기대한다. 일본 민주당이 정권을 잡아도 동맹의 강화에는 변화가 없다. 책임 있는 국가는 합의에 따르는 것이고, 공화당의 부시 정부가 교섭한 합의는 민주당의 오바마 정부에서도 이행된다. 일본도 같으리라 기대한다. 미국과 일본과의 관계는 견고하고 장기적이며 굉장히 중요하다. 양국은 50년 넘게 시간을 들여 관계를 발전시켜왔고, 관계를 바꿀 이유는 아무것도 없다. 그러나 미국과 중국과의 관계는 현재도 진행 중에 있으며 중일 관계도 같을 것이다. 미국과 일본이 그 관계의 발전에 초점을 두고 중국과 어떻게 협력해나갈 것인가를 찾아가는 것이 중요하다.

북한에 납치된 피해자의 가족을 만났다. 피해자의 호소에 너무나도 마음이 아프다. 사랑하는 사람이 납치되어 고통받고 있는 가족의 아픔에 대해 듣고 여동생을 잃은 오빠, 딸을 잃은 부모들에게서 개인적으로 이야기를 들었다. 납치하고 정보를 제공하지도 않고 납치피해자를 돌려보내지 않는 것은 잔혹한 일이다. 납치피해자의 가족에게 납치문제는 6자회담 협의사항의 일부분이며 여전히 미국에도 중대한 관심사임을 재확인했다. 미국은 북한의 미사일 발사는 도발적이며 유익하지 않다고 생각한다. 북한 측은 인공위성의 발사라고 발표했지만 위성의 발사는 신고하지 않으면 안 된다고 한 국제사회의 규정에 따르지 않았다. 미국은 어떠한 목적이라 하더라도 북한의 미사일 발사를 막기 위해 방안을 계속 모색해가야 한다. 미국은 북한의 핵무기 계획을 종료시키고 그들이 소유하는 모든 핵물질을 제거하

<표 5-2> 일본과 미국이 공유하는 과제와 대응

정책 사안	과제	일본과 미국의 대응
미일동맹	정체하는 미군 재편의 현실	로드맵에 바탕을 두고 실시
금융경제위기	조기 경기회복	재정 지출에 의한 국내경제자극 개발도상국 지원, 보호무역주의 반대
기후변동과제	미국·중국 등 주요 배출국이 참가하는 새로운 구조 만들기	중국의 관여를 끌어내는 방침 실무자 간의 협의 가속
북한문제	납치, 핵, 미사일 등 해결	6자회담의 틀을 유지하고 각국이 협조해서 문제 해결
아프가니스탄문제	치안의 안정과 부흥	아프가니스탄·파키스탄 등에 대한 지원 실시

자료: ≪요미우리신문≫(2009.2.25).

고자 한다. 북한의 미사일 계획을 억제하고 납치문제와 같은 인권문제에도
몰두하고자 한다. 북한이 미사일을 발사한다 하더라도 위협이 되지는 않는
다고 생각한다. 미국은 일본을 향한 모든 공격을 막고 필요한 억지력을 제
공할 것이며 이후에도 일본을 보호할 것을 북한은 유의해야 할 것이다. 미
사일문제는 6자회담 협의사항의 일부가 될 수 있다. 미사일문제는 북한문
제의 일부를 이루는 것이다(≪요미우리신문≫, 2009.2.18).

3. 일본의 외교정책 변화

오바마 정부와의 협력을 기초로 한 일본의 외교정책 과제에 대해 살펴보
자. 미국과 일본은 북한을 포함한 아시아태평양 지역의 안정과 안전의 확
보, 국제테러조직 타도를 위한 아프가니스탄 지원, 아프리카 개발, 방역이
나 기후변동 등의 세계적인 과제에 대해 협력할 필요가 있다.[4] 2008년 6월
오바마 대통령의 정책브레인인 리처드 댄지그(Richard Danzig) 전 해군장관

과 나이 하버드대학 교수가 ≪아사히신문≫에 기고한 공동논문에서는 미일안보 등 양국의 과제만이 아닌 북한 등의 지역정세나 기후변동, 아프가니스탄 등의 세계적인 과제에 대해서도 상당히 상세하게 논했으며 미일동맹을 중시하는 자세가 확실히 나타나 있다. 오바마 대통령과 아소 수상의 전화회담에서는 미일동맹의 중요성을 확인하고 금융불안, 세계경제의 문제, 아프가니스탄, 기후변동, 납치문제를 포함한 북한문제에 대한 대응을 논의했다(西宮伸一, 2009 참조).

일본은 유일한 핵 피폭국으로서 매년 핵군축 영상을 유엔에 제출해 핵군축과 비확산에서의 실적이 있다. 오바마 정부는 러시아와 핵탄두수의 감소 등을 중시해서 핵군축과 비확산은 미일협력을 추진할 수 있는 분야이다. 일본은 부시 대통령과의 정상회담을 통해 미국을 포스트 교토의 교섭에 돌아오게 하여, G8 홋카이도 도야코 정상회담에서 환경과 기후변동문제를 주요한 의제로 정했다. 오바마 대통령은 미국의 기후변동정책을 근본적으로 전환해 배출량 거래제도의 개시, 온실효과 가스배출량 삭감 등의 방침을 세웠다. 또한 유엔대사로 지명한 수전 라이스(Susan Rice) 여사를 필두로 외교 고문에 아프리카 전문가를 다수 추대하고 새천년개발목표 중시, 아프리카에 대한 원조 증진 등 아프리카 개발을 중시하고 있다. 1993년부터 TICAD(아프리카개발회의)가 개최되었다.[5] TICAD 등 아프리카 지원에 실

---

4) 미일공동연구의 협력분야는 다음과 같다. ① 연료전지, 수소관련, ② 바이오연료(cellulose), ③ 재료분야에 관한 계산과학 − 슈퍼컴퓨터를 사용 단백질의 분자구조 등을 분석하는 연구 등, ④ 탄소회수, 저장(CCS), ⑤ 태양광발전, ⑥ 나노일렉트로닉스, 나노매테리얼 − 반도체를 극한까지 작게 만드는 기술 개발 등, ⑦ 열전변환기술 − 재료가 갖고 있는 특성을 살려 열과 전기를 직접 변환하는 기술 개발, ⑧ 수소연소기술(≪요미우리신문≫, 2009.3.29).

5) 오너십과 파트너십의 논리는 국제적인 개발원조의 이론에 정착되어 있다. 개발도상국은 선진국의 원조를 받는 것이 아니라 자신들이 개발에 착수하고 선진국은 파트너로서 조언과 지원을 한다는 구상이다.

적이 있는 일본과 미국이 협력하면 아프리카 개발에 기여할 수 있다.

세계적 금융위기에 대처하기 위해 일본은 세계 2위의 경제성장을 유지하고, 1990년대 아시아 금융위기를 극복한 금융위기 대처경험을 활용하고, 국제 금융기관의 자금 기반을 강화하고, 개발도상국과 중소국을 지원하는 등의 방안을 마련했다. 일본은 미국과 긴밀하게 연계 협력해 금융위기에 대처하는 것이 중요하고, 일본 경제를 빨리 회복궤도에 올려놓고 보호주의를 방지하고 국제 자유무역체제를 유지·강화하고 개발도상국을 지원한다.

미국이 중요하게 생각하는 외교과제는 아프가니스탄문제이다. 일본도 아프가니스탄의 안정과 부흥을 위해 일본이 아프가니스탄에 서약한 200억 달러의 지원과 인도양에 대한 보급지원활동을 실행하는 것이 중요하다. 인도양을 중심으로 하는 해상교통로의 안전 확보는 중요하며 아시아태평양 및 아프리카 지역에서 빈발하는 해적문제에 대해서도 대책을 강화할 필요가 있다. 또한 이라크 부흥 및 파키스탄의 안정을 위해서 지원하는 것이 중요하고, 경제위기의 영향으로 심각한 경제 상황에 있는 파키스탄에 대해서는 교육과 의료 등 사회인프라 지원을 통해 아프가니스탄과의 국경 지역을 포함한 인접 국가 안정을 위한 지원도 중요하다.

미일동맹을 강화해나갈 중요한 과제로는 로드맵에 따른 주일미군 재편의 실행, 주일미군 체재의 안정을 위한 노력, MD협력의 추진, 정보협력 등이다. 아시아태평양 지역의 안정적 발전을 위해서 중국이 책임 있는 건설적 역할을 해야 하고 일본과 미국이 중국에 관여를 강화하는 것이 필요하다. 북한에 대해서는 납치와 핵, 미사일 같은 문제에 대한 포괄적 해결을 목표로 일본과 미국, 한국이 긴밀하게 협력해야 한다. 오바마 대통령이 북한에 대해 유화적이 아니냐는 견해가 있지만 대통령의 입장은 그렇지 않은 것 같다.[6] 변혁을 원하는 오바마 정권의 탄생과 함께 세계적 금융위기나 대테러전쟁 등 국제사회가 직면하고 있는 과제는 일본에도 기회를 제공하

<표 5-3> 주일미군에 관한 일본정부 여당과 민주당의 정책

주일미군 관련 정책	여당	민주당
주일미군 재편	현지의 목소리에 귀를 기울여, 진흥에 전력을 다하면서 착실히 진행시켜나감 (아소 수상의 시정방침연설)	오키나와의 부담 경감이라는 관점에서, 새로운 미군시설의 축소를 도모해야함 (오키나와비전 2008)
미국 해병대 후텐마 비행장의 시설 이설	2014년까지 오키나와현 나고시의 캠프 슈와브 연안부에 대체시설을 완성시킴 (재일미군 재편의 최종 보고)	현외 이전의 길을 모색해야 하며, 전략환경의 변화에 입각해 국외 이전을 지향 (오키나와비전 2008)
미일지위협정	미일지위협정의 군용 개선에 착수하고 있음 (2008년 11월 나카소네 외상의 중원외무의원회 답변)	일본 측이 강력한 권한을 갖고 발본적인 지위협정의 개정을 시급히 실현함 (오키나와비전 2008)
주일미군 체재 경비의 일본 측 부담	더욱 효율적이고 효과적이기 위해 포괄적인 재검토를 시행 (2007년 12월 미일 양국정부합의)	미일 양방의 경비 절감 노력 등 예산의 더 엄격한 시행과 검증에 힘씀 (오키나와비전 2008)

자료: ≪요미우리신문≫(2009.3.6).

고 있다. 오바마 정부가 일본과의 관계를 중시하고 있는 것은 틀림없다. 국제사회의 기대와 국익에 맞춰 일본이 어떻게 행동할 것인가를 생각하고 일본이 미국의 파트너로서 미일동맹을 진전시키도록 미일협력을 위한 제안을 적극적으로 해야 한다(西宮伸一, 2009).

한편 미일동맹을 다자관계로 확대하자는 견해가 있다. 21세기 동맹은 동맹국의 공동 목표를 추구하는 것이라는 의미에서 미일동맹을 양국동맹에서 다자동맹으로 발전시키자는 견해이다. 미일동맹을 아시아의 평화와 안정을 위한 공공재라는 역할을 수행하는 데 의의를 두고 이 역할을 공유하고자 하는 국가가 있으면 참가시키는 것이다. 현재 그러한 국가로 호주를

---

6) 2008년 오바마 대통령은 테러지원국 지정 해제는 핵무기 계획 해체에 관한 일련의 진전이라고 하면서, 북한이 검증을 거부하면 에너지 지원을 중지하고 제재를 행해야 하고 일본인 납치문제를 해결하도록 전면적인 협력을 북한에 요구한다고 했다.

들 수 있고 머지않아 인도·뉴질랜드·싱가포르·한국 등이 후보가 될 것이다. 그 외 국가 중에서도 민주화가 진행되고 가치관의 상당 부분을 공유할 수 있으면 참가할 수 있다. 일본과 미국이 호주·인도 등과 협력해 다국가간 안보협력의 활동(재해구조, 수색구조, 인도부흥지원, 해양협력, 해적대책, 테러대책, 감염증대책, 대량파괴무기 확산방지 등)을 시작으로 그 폭과 내용과 참가국을 확대해가는 것이다(森本敏, 2009 참조).

아소 수상의 의회 연설을 통해 일본외교의 지향점을 살펴보면 다음과 같다. "일본은 미일동맹을 기축으로 하고 아시아태평양 국가들과의 제휴, 유엔 등을 통한 국제협조를 중요시하고 평화와 안정 구축에 진력할 것이다. 미일동맹은 강화하고 금융위기에 대한 대응, 대테러전쟁, 핵군축, 비확산, 기후변동과 같은 지구 규모의 문제에 제휴하겠다. 주일미군 재편에 대해서는 오키나와 등 지역의 진흥에 전력을 다하며 착실히 진행해나가겠다. 2008년 일중한정상회담을 최초로 독립된 형태로 개최해 미래지향적이고 포괄적인 협력을 진행하는 한 걸음을 내디뎠다. 중국과의 전략적 호혜관계, 한국과의 성숙한 관계를 통해 아시아와 세계의 평화와 안정에 공헌할 것이다. 러시아와는 아시아태평양 지역의 중요한 파트너로서 영토문제의 최종 해결을 위해 교섭을 진행시키고 다양한 분야에서의 관계를 진전시켜갈 것이다. 북한과는 납치문제, 핵·미사일문제를 포괄적으로 해결하며 불행한 과거를 청산하고 북일 국교정상화를 위해 노력하겠다. 6자회담에서 비핵화 프로세스를 전진시키고, 모든 납치피해자의 귀국 실현을 위해 북한에 전면적인 재조사를 촉구하며 구체적인 행동을 강하게 요구하겠다. '자유와 번영의 호(弧)'라는 단어로 표현한 것처럼, 자유·시장경제·인권의 존엄 등을 기본적인 가치로 하는 젊은 민주주의 국가들을 적극적으로 지원한다. 2009년 1월부터 유엔 안보리 비상임이사국으로서 적극적인 역할을 다해 갈 것이다. ODA를 활용하여 아프리카를 시작으로 개발도상국의 안정과 발전, 테러와의 전쟁, 빈곤과 환경문제, 물문제 등 지구 규모의 과제 해결에 공헌하겠다. 인도양에서 보급지원활동을 지속하고, 소말리아 주변 등 해적의 습격에 대해 관계국과 제휴해서 실행 가능한 대책을 찾고 새로운 법제의 정비를 검토하겠다"(≪요미우리신문≫, 2009.1.29).

세계경제포럼 연차총회(다보스회의)에서 아소 수상의 강연 요지는 다음과 같다. 세계적 금융위기에 맞서는 조치로 산업국이나 외화준비고가 많은 국가가 IMF로의 융자 등 노력에 추가하는 것을 환영하고 제2회 금융회담을 위해 행동계획을 실행하는 것이 중요하다. 보호주의와 투쟁하고 WTO 도하개발어젠다의 조기 타결을 위해 각국과 협력한다. 미국의 과소비와 흑자국의 불충분한 내수에 기인하는 불균형 시정이 필요하다. 세계 2위인 일본경제의 활력을 되찾는 것이 일본의 책무다. 아시아가 열린 성장센터로서 세계경제에 공헌하는 것이 중요하다. 일본은 아시아 각국에 1조 5000억 엔(170억 달러 상당)의 ODA를 지원하고, 2012년까지 아프리카 ODA를 배증한다. 안전보장문제로 인도양에서 해상 자위대의 급유활동과 소말리아 해적 대책에 자위함을 파견한다. 기후변동과 관련해서 2050년까지 온실효과 가스배출량을 반감하는 것에 동의하고 실현하도록 노력한다. 오바마 대통령 등 새로운 리더와 제휴해 2009년을 세계경제 부활의 해로 하자고 선언했다(≪요미우리신문≫, 2009.2.1).

나카소네 히로후미(中曾根弘文) 외상의 외교 연설을 통해 일본의 외교정책을 고찰해보자. "미일동맹은 일본외교의 핵심으로 아시아태평양 지역의 평화와 안정의 주춧돌이다. 오바마 정부에 일본이 솔직하고 구체적인 제안을 해서 협력관계를 구축한다. 주일미군 재편을 착실히 실행하고 미일안보체제를 굳건히 지켜간다. 중국과 동중국해의 자원개발과 식품의 안전 등 개별 현안에 적절히 대처하고, 전략적 호혜관계 구축을 추진한다. 한국과는 국제사회에서도 폭넓은 협력관계를 쌓아간다. 북한에 대해서는 북일평

〈표 5-4〉 미일관계에 관한 민주당의 주요 정책

미일동맹	대등한 미일동맹을 확립한다. 일본 자신의 외교전략을 구축하고, 일본의 주장을 명확히 한다. 국제사회에서 미국과 역할을 분담해가며, 책임을 적극적으로 수행한다(정권정책의 기본방침)
미군 관련 예산	미군 재편에 드는 경비 부담의 방식 예산 등 미군 관련 예산의 집행에 대해 검증을 행한다(정책집 인덱스 2009)
아프가니스탄의 테러 대책	항쟁정지 합의 후 관개사업, 의료, 물자수송, 경비행정개혁 등을 중심으로, 자위대를 포함한 인도부흥지원 등의 실시를 검증한다(정책집 인덱스 2009)
해병대 후텐마 비행장의 이설	미군 재편을 계기로 해서 현외 이전의 도로를 모색, 전략환경의 변화를 근거로 삼아 국외 이전을 목표로 한다(오키나와비전 2008)
주일미군 지위 협정	① 민간인이 미군 등으로부터 사고로 피해를 입은 경우, 손해배상은 미국이 100% 부담한다 ② 환경피해는 미국이 원상회복의무를 다한다 - 등을 발본적으로 개정한다(오키나와비전 2008)

자료: ≪요미우리신문≫(2009.2.18).

양선언에 따라 납치·핵·미사일 등의 현안을 포괄적으로 해결해가며 불행한 과거를 청산하고 북일 국교정상화를 위해 노력한다. 중동의 평화와 안정은 세계의 안정과 일본의 에너지 안보에 불가결하다. 금융경제위기의 극복은 국제사회의 긴요한 과제이다. 실물경제의 악화를 막고 각국이 보호주의에 빠지는 것을 막아야 한다. 기후변동문제에 대해서는 주요 경제국이 모두 참가하는 제도의 구축을 위해 리더십을 발휘한다. 테러대책으로는 인도양에서의 보급지원활동 외에 아프가니스탄이 테러의 온실이 되지 않도록 지방부흥팀에 일반인파견 등의 지원을 강화한다. 해적대책은 신법 정비를 검토하고 가능한 일부터 조치한다"(≪요미우리신문≫, 2009.1.29).

야당인 일본 민주당의 안보관련 주요정책을 보면, "신시대 미일동맹의 확립을 위해 대등한 상호 신뢰관계를 구축하고, 일본 독자의 외교전략을 수립하고 일본의 주장을 명확히 한다. 미국과 역할을 분담하면서 책임을 적극적으로 완수한다. 미군의 방식과 주일미군 기지의 평가에 대해 검토하고 미일지위협정의 근본적 개정과 미군 재편에 상정되는 경비 부담의 방식

등에 대한 검증을 행한다. 자위권 행사는 전수방위에 한정하고, 개별적·집단적 개념상의 의론에 구애되지 말고 전수방위의 원칙에 기초하며 헌법 제9조에 입각해 자위권을 행사한다. 그 외에는 무력을 행사하지 않는다"(≪요미우리신문≫, 2009.2.27).

한편 일본은 새로운 방위전략을 구상하면서 21세기 일본의 안보환경을 재평가하고 있다. 세계화와 과학기술의 진전에 따라 세계적인 기업 활동·자금이동·정보공유 등이 발생하고, 테러리즘과 대량파괴무기 확산과 같은 위협이 출현했다. 내전형 분쟁이 테러 지역이 되고 통치기능이 결여된 파탄 국가 등 지역의 평화구축문제가 과제로 제기되었다. 북한의 핵과 미사일 개발, 중국의 군사력 현대화와 같은 전통적인 안보문제의 중요성이 높아졌다. 미국의 패권이 약화되면서 새로운 세력균형이 발생한다. 따라서 일본은 남서 해공역에 대한 방어능력을 강화하고 대만해협의 안정화에 중점을 둔다. 최근 방위대강의 개정과 관련해 지역안보협력의 중요성이 강조된다.[7] 이를 위해 일본의 군사력증강에 더해 미국 동맹국들과의 네트워크형 방위협력의 확대와 중국의 건설적인 역할의 추진 등이 제시되었다. 일본은 미국·일본·호주·인도의 네트워크협력을 모색하고 인도와의 안보협력을 선언하는 등 방위협력을 확대했다. 이러한 측면에서 일본의 한반도정책과 한미일 협력이 전개되고 한국은 이에 대응해야 한다(송화섭, 세종연구소 면담, 2009.6.8).

---

7) 2004년 방위대강에서 일본의 방위와 국제안보환경의 개선이라는 목표를 달성하기 위해 동맹국과 국제사회와의 협력을 강조하고 평화협력활동을 중요시했다.

4. 일본의 한반도정책

1) 한반도 관련 일본의 외교안보정책

일본에서는 북핵 위협을 명분으로 평화헌법에 기초한 방위정책을 재검토하고 조기경보위성의 보유 등 방위력 확대 논의가 활발하다.[8] 아베 전 수상 등 자민당 의원들은 2009년 총선공약에 집단적 자위권 행사허용을 포함하도록 수상에게 제언했다. 수상 자문기구인 안보법제간담회(2007년 4월 발족)도 집단적 자위권의 행사 허용을 건의했고 아소 수상은 검토 의향을 표명했다. 안보법제간담회는 공해상 미군함의 방어, 미국을 향하는 탄도미사일의 요격, PKO에 참가하는 타국 부대 경호와 후방 지원 등에 집단적 자위권을 행사해야 한다는 보고서를 2008년 6월에 발표했다. 자민당 중견·소장의원들은 '대북 억지력 강화를 생각하는 모임'을 결성하고 집단적 자위권 관련 보고서를 정리했다. 또한 전수방위 원칙에 위배되는 적기지 공격론과 핵무장론도 대두했다. 아베 전 수상은 적기지 공격능력을 보유해야 한다고 했고, 민주당 마에하라 의원은 적의 공격에 맞대응하는 것은 헌법상 문제가 없다고 주장했다. 자민당 사카모토 고지(坂本剛二) 의원은 북한에 대응해서 일본도 핵보유를 선언해도 좋다고 하고, 나카가와 전 재무상은 핵에 대항할 수 있는 것은 핵이라고 발언했다. 일본정부는 2009년 내 무기수출금지 원칙을 완화해 타국과 무기의 공동개발 생산 및 공동개발국에 수출을 허용하는 방안을 검토 중이다.

일본정부는 특별법에 따라 아프가니스탄과 이라크에 자위대를 파견했

---

8) 일본 방위정책의 기조는 헌법 제9조 평화조항을 근간으로 전수방위 원칙에 따라 필요 최소한의 방위력을 보유하고 집단적 자위권은 보유하나 행사는 불허한다는 입장이다. 비핵 3원칙, 무기수출금지 원칙, 문민통제 원칙 등을 유지한다.

던 전례를 토대로 자위대의 해외활동 범위를 확대하는 관련법 제정을 추진하고, 자위대의 소말리아 해적 대처 파견근거법인 '해적대처법'의 입법을 추진했다. 2009년 4월 중의원을 거쳐 참의원에서 심의했고, 분쟁 지역에 자위대를 항시 파견할 수 있도록 하는 '자위대 해외파견 일반법'도 제정 중이다. 정당방위와 긴급피난에 한정된 자위대의 무기 사용 범위도 확대된다. 해적대처법은 해적선의 접근저지를 위한 선체 선제사격을 인정했으며, 영공 경비 시 적의 도발적 행위 중단 등을 위해 무기를 사용할 수 있도록 자위대법 개정을 검토 중이다. 또한 자민당 국방부회 소속 의원들을 중심으로 북한의 미사일 발사를 조기 탐지할 수 있는 조기경보위성의 보유 필요성을 제기하고, 이에 따라 일본정부는 우주기본계획(2009년 5월 발표)에 조기경보위성 도입에 필요한 센서연구의 착수를 명시했고, 2009년 말 개정되는 방위계획대강에 조기경보위성의 도입 관련내용을 포함시키는 방안을 검토했다. 차세대 전투기(F-X) 사업인 F-22 도입 계획이 미국의 전투기 생산중지 발표로 불가능해지자 스텔스 전투기 F-35의 구입을 추진 중이다. 북한의 핵실험을 계기로 대북 강경론에 힘이 실려 군사력 증강이 주장되고, 2009년 방위계획대강의 개정과 중기방위력정비계획(2010~2014년)의 책정과 관련해서 논의가 활발해질 것이다(청와대 정책브리프, 2009.6.12. 참조).

일본이 총선거를 앞두고 있는 시점에서 자민당 아소 정부의 한반도정책은 기존 내각들과 별로 차이가 없는 상태로 지속성이 있다. 한국과 일본의 우호협력관계는 이명박 정부부터 강조되었고, 일본의 대북한정책은 북한의 핵실험과 미사일 발사로 강경한 입장이 지속되고 있다.

북한문제를 이해하는 일본 측 견해는 다음과 같다. 북한은 비핵화 원칙에는 동의하지만 충분히 효과를 발휘해온 핵이라는 카드를 쉽게 포기할 리 만무하다. 위협과 벼랑끝전술을 행사하면서 경제적 양보를 얻기 위해 시간을 끌어왔다. 6자회담에 속한 5개국에도 문제가 있다. 한국 2대의 정권에 걸친 북한에 대한 유화정책, 한일 간의 알력 등 일본·미국·한국의 관계는 원만하지 않았다. 미국의 일관되지 않은 정책, 북한의 압력에 눌린 양보, 핵계획의 정확한 신고 불요구, 마카오 은행에 있는 북한 계좌의 동결 해제, 테러지원국 지정 해제 등에도 문제가 있었다. 미국 교섭자는 북한의 외교기술을 알면서도 구두약속을 신용하여 문서화하지 않기도 했다. 6자회담을 통해 완전한 비핵화의 실현은 힘들 것이라 하지만 협의를 지속할 가치가 있다. 북한에 영향력이 있는 중국이 의장국이고, 북한과 대화의 장이 되고, 북한에게 비핵화를 강요할 지렛대가 되며, 핵개발에 브레이크를 걸 수 있는 점을 고려하면 6자회담을 막을 필요는 없다.

오바마 대통령은 북한에 대해 6자회담 유지, 인권문제, 핵 비확산 등을 거론하고 구체적인 것은 언급하지 않는다. 미국외교의 당면과제는 중동문제(이란, 이라크, 아프가니스탄, 팔레스타인 등)겠지만 일본도 미국이 북한에 좀 더 관심을 갖기 바란다. 오바마 대통령은 북한과 직접대화의 가능성도 언급하고 있어 인내심을 갖고 대응해야 하고, 대화만이 아닌 압력도 필요하다. 이명박 대통령 취임 후 한일관계는 개선되어 양국 간 북한에 대한 생각도 함께하고 있다. 6자회담을 진행시켜 비핵화로 착실히 전진하기 위해서는 일본·미국·한국의 결속이 불가결하다고 본다. 납치문제에 묘약은 없고 이제까지 행해온 것을 이어갈 수밖에 없으며 북한에게 약속한 것을 실행시키도록 하고, 부시 대통령의 입장이 오바마 대통령에게도 인계될 것을 기대한다. 일본은 수상, 실무, 트랙2(비정부간협의)의 각 레벨에서 미국 신정부와 대화를 시작해 일본의 주장과 입장을 전달하는 정책협조를 도모해야 한다(≪요미우리신문≫, 2009.1.24).

2) 북한의 미사일 발사와 일본의 대응

일본 안보에 직접적인 위협이 되는 북한의 미사일 발사와 이에 대한 일본의 대응을 살펴보자. 2009년 4월 5일 북한이 동해 방향으로 일본 상공을 지나가는 미사일을 발사했다. 오전 11시 30분 북한 무수단리 기지에서 미사일을 발사했고, 몇 분 후 1단계 추진장치가 분리되고, 7분 후 미사일이 동북지방의 상공 약 370~400km를 통과, 7분 후 1단계 추진장치가 아키타현의 서쪽 약 320km의 바다에 추락, 8분 후 일본 방위성은 두 번째의 낙하물

〈그림 5-1〉 미사일 발사 정보의 흐름

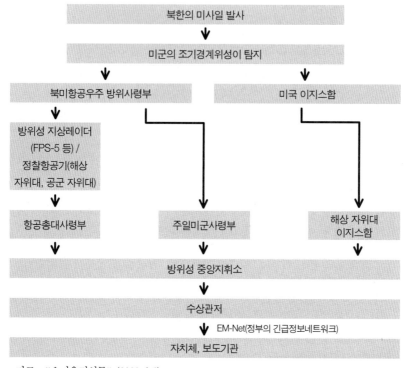

자료: ≪요미우리신문≫(2009.4.5).

<표 5-5> 북한에 대한 제재 조치

일본 독자의 조치	만경봉호 등 모든 북한적선박의 입항 금지*
	수입의 전면 금지*
	북한 국적자의 원칙 입국 금지
	재일북한당국직원의 북한 도항 후 재입국 원칙 금지
	일본과 북한 간의 항공전세편의 진입 금지
	일본 국가공무원의 북한 도항 원칙 보류와 일반인 도항의 자숙 요청
	미사일과 핵무기 등의 비확산을 위한 엄격한 수출 관리
유엔 안보리 결의에 의한 조치	미사일 대량파괴무기계획에 관련한 15단체 1개인의 금융자산 동결
	대량파괴무기 관련 물자의 수출 금지
	육류·술·승용차·요트 등 사치품 24종류 수출 금지

*: 일본정부가 제재를 1년 연장하는 조치.
자료: ≪요미우리신문≫(2009.4.7).

이 일본 동쪽 약 1270km의 태평양에 낙하할 것이라 예측했고(낙하는 미확인), 16분 후 2단계 이후의 부분이 무수단리로부터 3150~3200km 근처의 태평양에 낙하했다.[9]

일본과 미국은 돈독한 미일동맹을 기초로 주일미군과 방위성의 긴밀한 협력하에 미사일사태에 대응하고 즉각적으로 북한의 미사일 발사를 비난하는 공동성명을 발표했다. 미국과 일본이 공동으로 발표한 결의안의 골자는 다음과 같다. 미사일 발사를 과거 유엔 안보리 결의 위반으로 비난하고, 북한 선박 등의 화물검사 철저를 가맹국에 요청하고, 해외자산동결의 대상이 되는 북한 기업을 새롭게 지정하고, 북한으로의 이전을 금지하는 핵·미사일 관련물자 장치 기술을 추가로 지정하고, 가맹국은 결의의 이행현황을 채택 후 30일 이내에 보고하는 것이다(≪요미우리신문≫, 2009.4.7).

북한의 미사일 발사에 대해 유엔 안보리는 의장성명을 채택했고, 일본

---

9) 일본 방위성의 북한 미사일 발사 보고서는 ≪요미우리신문≫, 2009년 5월 16일 자 참조.

〈그림 5-2〉 유엔 안보리의 대응을 둘러싼 일본·미국·중국의 입장 변화

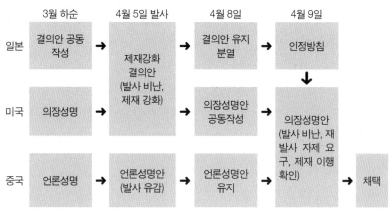

자료: ≪요미우리신문≫(2009.4.12).

아소 수상은 중국 원자바오 총리, 한국 이명박 대통령과 3국정상회담을 갖고 유엔 안보리의 대응에 대해 형식은 물론이고 조기에 최대한으로 강력한 메시지를 보낼 수 있도록 유엔 대표부에 작업의 속도를 지시하겠다고 하고 의장성명을 받아들일 것을 표명했다. 정상회담에서 아소 수상과 이명박 대통령은 의장성명보다 구속력이 강한 결의의 채택이 바람직하다는 한일 양국의 입장을 설명했다. 이에 대하여 원자바오 총리는 유엔 안보리의 일체성을 유지하고 북핵문제 관련 6자회담을 통해 북한의 비핵화에 이바지하는 형태로 대응하고 북한의 고립화를 막기 위해서도 중국은 의장성명을 희망한다고 했다. 아소 수상이 의장성명 인정을 표명한 것에 이어 이명박 대통령도 3국이 일치해 대응하는 것이 중요하다고 선언했다(≪요미우리신문≫, 2009.4.12).

5. 결론

국제정세와 외교환경의 변화에 따라 일본의 외교안보정책이 바뀌고 이에 따른 한반도정책이 진전되는 가운데 이에 대응하는 한국의 외교안보정책이 과제로 대두되었다. 안보의 위협과 중요성을 느끼는 일본의 여론조사에 의하면 응답자의 69%가 일본이 멀지 않은 장래에 전쟁에 참가하게 될 거라고 응답했다(Green, 2009). 일본의 총선거가 치러지면 차기 정부의 외교환경에 따라 새로운 정책이 등장하게 되고 그에 대응해 한국의 외교전략도 준비되어야 하겠다. 그간 한일관계를 전망해보면서 한국의 대응전략도 고찰해보고자 한다.

이명박 정부 출범 이후 한일관계는 역사를 직시하면서 미래의 비전으로 협력하는 성숙한 동반자관계로 발전되어왔다. 한편 일본정부가 2008년 7월 중학교 사회과 교과서 학습지도요령 해설서에 독도를 명기하는 등 한국의 독도 영유권 훼손 기도에 한국정부는 단호하게 대처해서 장기적이고 전략적인 차원으로 독도영토관리대책단, 외교통상부 독도대책반, 동북아시아역사재단 독도연구소를 설치했다. 양국의 인적교류와 교역규모는 480만 명과 890억 달러 수준에서 다소 증가했다. 한일 양국의 과거사에 대한 올바른 인식을 위해 2002년 발족한 한일 역사공동연구는 2007년 2기 활동을 시작해 2008년 12월 도쿄에서 심포지엄을 개최했다(외교통상부, 2009: 40~41).

이명박 정부는 성숙한 세계국가 실현을 위한 실용주의 외교노선에 따라 한일관계의 개선을 추진해 2008년 4월 양국 정상 간 셔틀외교가 재개되었다. 독도문제로 양국관계가 일시적으로 냉각되었으나 2008년 9월 아소 내각이 출범하여 한일관계가 우호적으로 전환되었다. 2008년 12월 일본 후쿠오카에서 한중일 정상회의가 성사되고 한일정상회담을 통해서 양국관계가 활성화되었다. 한일 양국이 갈등 요인을 관리해서 성숙한 동반자관계가 유지될 수 있도록 노력해야겠다(외교안보연구원, 2008: 33~34).

2009년 1월 한일정상회담에서는 한일관계의 안정적 유지·발전을 위한 협력방안, 금융협력 등 경제분야에서의 실질협력 증진, 북핵문제 등 한반도의 평화와 안정을 위한 협력, 지역 및 국제사회에서의 협력 등에 대해 폭넓게 논의했다. 한일 양국이 미래지향적 성숙한 동반자관계로 나가기 위해 올바른 역사 인식을 기초로 상호 이익이 되는 협력관계, 문화 인적교류를 통해 깊이 이해하는 관계, 국제사회에서 협력하는 관계로 나가도록 했다. 실질적인 경제협력을 위해 부품소재 산업분야에서 일본 기업이 한국에 진출하도록 노력하기로 했고, 한국은 부품소재 전용 공단으로 지정된 구미 등지에 일본 기업의 진출을 지원하겠다고 했다. 또한 중소기업 CEO 포럼 개최 등 양국 중소기업 간 교류협력을 강화하기로 했다. 한일 FTA 협상 재개에 대해서는 양측이 실무협의를 지속하되 상호 이익이 되는 방향으로 결론이 도출되기를 기대했다.

양국은 금융위기를 극복하고 실물경기를 회복하기 위해서 협력하기로 했다. 2009년 4월 제2차 G20 세계금융정상회의를 통해 금융시스템 개혁, 거시경제정책 공조, 보호무역주의 대처 등 긴밀한 협력을 하기로 하고, 한국의 FSF(금융안정포럼) 가입을 일본정부가 지원하기로 했다. 2008년 말 한일 금융 감독 간 통화스와프 규모 확대가 양국과 역내 금융시장의 안정과 금융협력 강화에 기여한 것으로 평가하고, CMI 다자화 공동기금 조성 및 규모 확대, 독자적인 역내 감시기구 설립 등을 추진하기로 했다. 양국 정상은 일부 국가의 보호무역주의 경향에 대해 우려를 표명하고 이에 대처하기 위해 협력하기로 하고, 국내 경기 활성화 조치가 효과를 보도록 협력하기로 했다. 아리랑 3호 발사체 용역업체로 일본의 미쓰비시 중공업이 선정된 것을 환영하고, 한일 원자력 협정 체결교섭을 개시하기로 했다. 양국 간 과학기술협력위원회를 활성화하는 등 우주원자력 과학기술분야의 협력을 강

화하기로 했다. 인적 문화교류 측면에서 500만 명 수준의 인적교류를 확대
하도록 하고 젊은 세대의 교류사업을 확대하기로 했다. 한일 의원연맹을
중심으로 정치인 간 교류도 활성화하기로 했다. 문화교류 활성화를 위해
한일 문화축제 한마당을 준비하고 한일관계 발전의 바람직한 미래상을 연
구하는 한일 신시대 공동연구 프로젝트도 개시하기로 합의했다. 6자회담
을 통한 북한의 비핵화 실현을 위해 인내하며 노력하기로 하고 아프가니스
탄 재건에 협력하기로 했다(외교통상부 정책메일, 2009.1.12. 참조).

북일관계는 2007년 9월 북한과의 대화를 중요시하는 후쿠다 내각이 성
립해 개선의 기대가 있었으나 2008년 9월 아소 내각이 들어서고 양국관계
는 정체되었다. 2008년 6월과 8월 북한과 일본은 실무협의를 거쳐 북한이
납치문제를 재조사하고 일본은 대북 제재 조치를 일부 해제하기로 했으나,
아소 내각이 들어서 대북 강경정책으로 선회하고 북한의 북미대화 우선시
정책으로 합의사항이 실현되지 않았다. 6자회담에서의 북한 핵검증문제,
오바마 정부의 대북한정책, 일본의 총선 정국, 김정일 위원장의 사망, 남북
한 간의 긴장상태 등으로 북일 간의 교섭은 진전되지 않은 상황이고, 북한
의 급변사태가 변수로 남아 있다(외교안보연구원, 2008: 34~35). 2009년 5월
북한이 2차 핵실험을 감행함으로써 일본의 대북한 강경정책은 유지되고 유
엔 안보리 차원과 일본 독자적인 대북한 제재 조치는 강화되었다. 2013년
아베 내각이 들어서며 북일 대화가 재개되었으나 커다란 진전은 없다.

오바마 정부의 출범으로 미일관계가 새로운 단계로 나아가고 이에 따라
일본의 외교안보정책과 한반도정책이 변화하고 있다. 한국은 한미동맹과
한중협력을 강조하면서 한미일 공조에 진력하는 동시에 한중일 대화에도
노력하고 있다. 북한문제의 원만한 해결과 경제위기의 극복을 위해서 한·
미·중·일의 상호 협력이 매우 긴요하고 이를 위해 한국이 외교안보 측면에
서 만전의 준비를 해야겠다.

제6장

일본의 동아시아외교

1. 서론

고이즈미 수상이 퇴임한 이후 일본의 외교정책은 상당히 변했다. 아베 수상과 후쿠다 수상의 외교정책은 고이즈미 수상의 연장선에서 볼 수 있으나, 미일관계를 중심으로 국제정세가 상당히 변했기 때문에 일본외교도 정책 전환이 일어날 수밖에 없다. 또한 아소 수상의 선임으로 일본외교에 커다란 변화는 없으나 국내적으로 중의원 해산과 총선거를 반복했다.

일본외교의 변화는 다음 영역에서 나타나고 있다. 첫째는 미일관계의 미묘한 변화이다. 고이즈미 시기 밀월과 같이 돈독했던 미일관계가 그 이후 시기에는 보통의 친밀한 동맹관계 수준이 된 느낌이다. 아베 내각 시기 미국 하원의 위안부 결의안과 미일동맹의 중요성에 관한 결의안의 통과가 그 일례라고 할 수 있다. 둘째는 중일관계의 미묘한 변화이다. 고이즈미 수상의 야스쿠니신사 참배에 따른 중일관계의 악화가 아베 수상의 등장으로 서서히 해소되면서 부분적으로 전략적 필요성을 상호 인식하는 행태가 나타났다. 후쿠다 내각에서는 중일 간 교역과 투자를 중심으로 한 경제협력 측면이 부각되었다. 셋째는 호주와 인도에 대한 외교를 강화한다는 점이다. 미국과 일본이 호주와 군사적 협력을 강화하고 인도와는 경제적 협력을 강화하는 경향이 나타났는데, 이는 중국을 견제하는 함의가 있다.

이 글에서는 이러한 국제정세의 변화 속에서 일본의 외교정책을 고이즈미 이후 시기, 아베 내각과 후쿠다 내각의 동아시아외교를 중심으로 분석하고자 한다. 미일관계를 기반으로 중일관계의 변화와 호주 및 인도에 대한 일본의 외교정책을 고찰하고, 대북한정책의 변화와 진전을 상황의 전개에 따라 분석하겠다.

2. 고이즈미 외교의 전개와 영향

1) 동아시아협력외교

냉전이 끝난 시점과 비교해 보면, 2000년 아시아에서는 이미 여러 개의 지역협력 틀이 존재하게 되었다. 그러나 그중에서도 APEC은 1998년 자유무역화에 관해 일본과 미국의 생각이 달라지면서 열기도 식어가고 있었다. 또 ARF에서도 실질적인 진전은 이루어지지 않았다. 이에 비해 1997년부터 시작한 ASEAN+3의 틀이 만들어졌다. 특히 금융 면에서 ASEAN+3의 협력은 구체적이다. 2000년 3월 ASEAN+3 재정장관·중앙은행총재 대리회의가 개최되어 경제위기가 일어난 배경에 대비한 새로운 기금의 창설도 시야에 포함한 자금협력 틀을 만드는 데 검토하는 것에 합의했다. 그 후 구체적으로 검토된 통화스와프의 방법으로 5월의 ASEAN+3 재무장관회의에서 합의된 통화스와프협정으로 이어졌다. 회의가 태국의 치앙마이에서 개최되면서 CMI라고 불리게 되었다.

　ASEAN+3 재무장관회의를 6개월마다 개최해 동아시아 경제동향을 검토하는 데 합의했다. 이 시기 ASEAN+3에서는 더욱이 새로운 분야별 포럼이 첨가되었다. 2000년 5월에 ASEAN+3 제1차 경제각료회의가 개최되어 전자상거래의 규칙을 공통화하는 것과 투자 추진을 위한 협정의 확대 등에 합의했다. 7월에는 ASEAN+3의 외상회의가 개최되었다. 의장으로 선출된 태국의 외상은 ASEAN+3는 제도화되어 있다고 했다. 2000년 ASEAN+3의 정상회담에서는 각료회의가 진행되었다. 11월 개최된 ASEAN+3의 정상회담에서는 ASEAN을 포함하는 자유무역과, ASEAN+3가 동아시아정상회담으로 성장되기에 필요한 부분 등에 대해 논의했다. 동아시아협력을 촉진하기 위해 한국이 제안한 EASG에서 자유무역, 투자구상, 동아시아정상회담에 관한 검증을 함께하기로 합의되었다. 이제까지 ASEAN+3라 했던 것과 달리 2000년 정상회담에서는 동아시아라고 하는 단어가 나왔다. 또 중국의 총리가 중국과 ASEAN과의 정상회담에서 중국과 ASEAN의 자유무역 구상 검토를 제안하기 위해, 동아시아 지역의 자유무역의 가능성에 대해 여론이 확대되어가고 있다. 1999년 ASEAN+3정상회담에서 한중일정상회담의 실현이 가능해졌다.

　2000년 11월에는 한국이 한중일정상회담의 정례화를 제안하고 일본도 기꺼이 동의하고 이후 정례 개최에 합의했다. 2001년 ASEAN+3의 분야별 협력이 다양하게 진전되었다. 분야별 여론에서 주목을 받았던 금융협력은 2001년 1월에 시작된 ASEAN 재무장관회의로, 5월에는 ASEAN+3 재무장관회의로 일본과 한국·태국·말레이시아의 통화당국이 통화교환협정을 맺기로 협의했고, 중국·필리핀과는 교류하고 있음이 확인되었다. CMI의 스와프 네트워크가 진화하고 있음이 나타났다. 2001년에는 ASEAN+3협력의 진전과정에서, 정치적 리더십의 중심이 한국과 일본에서 중국으로 이동하는 경향이 보였다. 일본에서는 2000년 봄 오부치 게이조(小渕恵三) 수상의 병세로 수상에 취임한 모리 요시로(森喜朗) 수상이 국내 지지율을 높이지 못하고 2001년 4월에 퇴임하게 되었다. 모리 수상 다음의 고이즈미 수상은 국내적인 인기가 있었지만 외교는 우선사항으로 하지 않았다. 스스로 야스쿠니신사 참배 공약을 지지한 결과, 한국과 중국과의 관계는 정체되어갔다. 또 동남아시아에 대해서도 정권 발족 당초는 거의 관심이 있는 것처럼 보이지 않았다.

ASEAN+3라는 틀에 대해서는 중국이 적극적일 뿐만 아니라 타국의 합의에 반대하지 않는 형태로 이런 틀을 촉진해왔다. 주룽지(朱鎔基) 수상의 중국과 ASEAN 자유무역지역 제안은 관심이 되었다. 다른 국제문제와 같이 2001년 9월 11일 미국에서의 테러가 ASEAN+3의 움직임에 영향을 미쳤다. 한편 일본에서는 테러대책특별조치법을 성립시켜 대미협력을 행하고, 다른 한편으로는 동아시아의 외교를 세우는 기초안을 세웠다. 고이즈미 수상은 테러와의 전쟁에 대비해 근접 국가와의 관계를 개선하기 위해 급하게 중국과 한국을 방문하고, ASEAN+3정상회담에서도 반테러의 성명을 냈다. 그러나 11월 개최된 ASEAN+3정상회담에서는, ASEAN정상회담이 채택한 반테러 선언에 더해 ASEAN+3에서 새로운 선언을 낼 필요는 없다는 반응이 ASEAN 측에서 나와 결국 실현되지는 못했다. ASEAN은 테러문제는 ASEAN정상회담에서 정리해 ASEAN+3정상회담에서는 오히려 경제문제에 관심을 집중하겠다고 말했다. 이 회의에서는 좀 더 큰 관심을 모으기 위해 11월 중국과 ASEAN의 FTA을 10년 내에 채결하기로 합의했다.

한국이 이니셔티브를 가지고 발족한 동아시아비전그룹의 보고서에서는 57항목의 제언을 제시했다. 동아시아자유무역의 형성을 목표로 할 것과, ASEAN+3정상회담을 동아시아정상회담으로 성장시켜 나간다는 내용이 포함되어 있다. 고이즈미 수상과 일본정부는 동남아시아와의 관계 강화에 힘썼다. 2002년 고이즈미 수상은 동아시아가 공동으로 진행하는 커뮤니티 구상을 발표하고 일·ASEAN 경제연합 구상을 제안했다. ASEAN+3의 진전은 중국과 ASEAN의 관계 심화라는 움직임과 일본과 ASEAN의 관계 심화라는 면에서 EASG가 제의하는 세 가지 프로세스로 진행하게 되었다. 중국과 ASEAN의 관계 심화는 양자의 자유무역지역 형성 움직임으로 나타났다. 11월 일부분의 자유화를 정하는 FTA의 합의가 있었다.

　일본과 ASEAN은 고이즈미의 제안으로 일본과 ASEAN 경제연합 구상을 추진했다. 싱가포르와의 경제연합협정을 체결한 일본은 일본과 ASEAN의 경제연합 구상을 생각하는 간담회를 형성하고 장래 일본의 구조검토에 나섰다. 그 결과 12월 일본과 ASEAN의 정상회담에서는 ASEAN 각국과 일본과 FTA의 요소를 포함한 협정을 10년 이내 조기에 실현함으로써, 2003년의 정상회담까지 경제연합을 실현하는 구조를 형성하도록 합의했다. 중국과 일본, ASEAN과의 자유무역 실험이 동아시아협력을 실현한 것은 사실이지만, 어디까지나 ASEAN+3 전 지역의 움직임을 대표로 한 것은 아니다. ASEAN+3로서 좀 더 개괄적인 정책검토는 EASG의 동아시아비전그룹 보고 검토 작업에 영향을 끼쳤다. EASG는 ASEAN+3의 고급사무레벨 회합 참가자의 레벨 합으로 운영되었다. EASG의 기본으로 워킹그룹이 설립되어 실질적인 논의가 진행되었다. 국장급으로 되었지만 실질적으로는 아시아태평양정책 과장의 담당이었다.

　EASG의 보고서는 11월 ASEAN+3정상회담에 제출되어 합의되었다. 이 문서는 ASEAN+3의 협정에 대해, 정책수행의 구체적인 면까지 깊게 들어간 최초의 공식적 합의문서가 되었다. 보고서에 따르면 EASG는 동아시아비전그룹의 제언 모두를 상세히 검토한 후에 실행 가능성과 중요성을 배려해서 17개의 단기적 배치와 9개의 중간 기간 배치를 제안했다. 이 보고서는 단정적인 결론은 내지 못하고, 동아시아의 프로세스를 진전시키기 위해

ASEAN+3의 틀이 최선이 되어야만 하며 동아시아정상회담은 가능한 장기적 목표로 현재의 ASEAN+3 수준에서 ASEAN을 주변화하지 않고 진전시켜야 한다고 했다. 2004년에 동아시아정상회담 논의가 급상승했다. 2005년 ASEAN의 의장국으로 예정된 말레이시아가 2005년 제1회 동아시아정상회담을 개최한다는 의향을 보였다.

이렇게 2004년 ASEAN+3정상회담에서 동아시아정상회담 개최가 결정되었지만 그 방법에 대해서는 합의점을 찾지 못했다. ASEAN+3정상회담은 ASEAN의 회합이지만 동아시아정상회담은 중국과 일본, 한국이 주최국이 될 가능성이 있는 회합이다. 일본과 중국이 주최권 싸움을 하면 ASEAN이 주변으로 가게 된다. 결국 2005년의 전반기, ASEAN을 중심으로 행해진 검토에서 동아시아정상회담은 차후에도 ASEAN 중심으로 행하기로 합의했다. 또 일본이 중국에 휘말린 논쟁의 결과 ASEAN+3의 참가국에 더해 인도, 호주, 뉴질랜드의 3개국도 참가하기로 했다. 2005년 12월 ASEAN정상회담, ASEAN+3정상회담이 첨가되어 제1회 동아시아정상회담이 개최되었다(田中明彦, 2007: 285~293).

2) 6자회담의 외교

6자회담은 2002년 말에 걸쳐서 위기 상황을 만든 북한의 핵개발문제를 처리하기 위해 동북아시아를 중심으로 만들어졌다. 한국, 북한, 미국, 중국, 일본, 러시아의 6개국 대표가 참가하는 회합이다. 6개국 회합에 대해서는 1988년 한국의 노태우 대통령이 같은 멤버의 동북아시아평화협의회를 제창한 적이 있고, 1999년에는 일본의 오부치 수상이 6개국에 의한 회의를 제창한 적이 있다. 회의가 실현된 것은 2003년 중국에 의해서였다. 2003년 3월 미국, 중국, 북한의 3자협의를 제안하여 4월에 베이징에서 3자협의가 실현되었다. 3자협의 자체는 성과가 없이 한국, 미국, 일본 등의 요청도 있고 해서 중국은 6자회담 실현에 맞추어 움직이기 시작하여, 북한을 포함한 관계국과의 교섭을 거쳐, 8월에 제1회 6자회담을 실현시켰다. 1993~1994년 북한 핵위기에 관련하여 중국은 제3자적 태도를 취했었다. 그에 비해 2003년의 중국은 한미관계의 중간역할에 힘쓰고 6자회담의 호스트가 되었다. 10년간 중국의 외교자세와 중국을 둘러싼 국제정세가 변했다.

중국의 입장에서 보면 9·11 테러 이후 미국과의 관계 강화는 중요한 과제였다. 처음부터 장쩌민 국가주석은 2001년에 부시 정권이 탄생한 것을 계기로 대미관계 중시에 중점을 두기도 했다. 그러나 4월에 하이난 근처에서 미국의 정보 정찰기와 중국 전투기가 충돌, 중국의 전투기가 추락하고 미국의 정찰기가 하이난성에 착륙하는 사건이 발생해 중국의 반미여론이 비등했다. 그러나 WTO 가맹의 교섭이 고비를 넘기고 있었던 시점이기도 해 중국정부는 가능한 한 빠른 관계 개선을 바라고 있었다. 그러므로 9월 11일의 테러를 TV로 본 장쩌민 국가주석이 즉각 부시 대통령에게 전화를 걸어 위문을 전한 것은 미국을 중시하는 중국정부의 표현이라 할 수 있다. 2001년 11월에 중국의 WTO 가맹이 실현된 후에도 중국정부의 미국 중시는 바뀌지 않았다.

2002년 2월에는 부시 대통령이 한국, 일본과 함께 중국을 방문했다. 부시 대통령은 칭화대학에서 강연하고 민주화의 중요성 등을 강조했다. 테러와의 전쟁에 대한 필요성으로 중국의 협조가 필요한 미국과 중국의 정상회담은 텍사스 크로포드에서 10월에 개최되었는데, 이것은 북한이 제임스 켈리(James Kelly) 국무차관보에게 우라늄농축계획을 인정한 직후의 일이었다. 이 회담에서 장쩌민은 부시에게 그가 10년 전에 북한 측에 전했다고 알려진 발언을 했다. 만약 북한 핵문제 해결에 실패해 전쟁이 일어난다고 해도, 중국은 중국의 국익을 바랄뿐이라고 했다. 그 후 중국은 북한의 핵개발에 반대하는 입장을 공언하게 되었고, 12월의 러시아 블라디미르 푸틴(Vladimir Putin) 대통령과 장쩌민 국가주석의 회담에서도 한반도의 비핵화를 위한 북미 대화를 요구했다. 3월에 후진타오 부수상을 북한에 파견해 미국과의 대화를 촉구했지만, 2월에는 송유를 3일간 중단시켰다고 전해진다. 이러한 중국의 움직임에 압력을 받아, 4월 베이징에서 3자회담이 개최되었다. 그러나 회의가 한창인 때에 북한의 리근 외무성 미주국 부국장이 핵병기를 이미 보유하고 있다고 발언했다.

2003년 3월에는 중국의 전국인민대표대회에서 후진타오 국가주석이 선임되었다. 후진타오는 G8정상회담 등에도 게스트로 출석하고, 수상외교를 넓혀나갔다. 3자협의를 넘어 일본, 한국, 러시아를 포함한 6자회담이 형성되었다. 6자회담 개최에 따른 중국외교의 배경에는 미국 중시라는 자세가 있고 다각적 외교를 지향하기 시작한 중국외교의 변화도 볼 수 있다. 중국이 다각적 외교를 피하던 경향은 1990년대부터 변하기 시작했다. 중국은 CMI에 이르는 과정에서 중국은 더 적극적이 되었다. 2001년 11월에는 중국과 ASEAN의 FTA 체결에 합의하고, 2003년 10월에는 ASEAN의 기본조약에 동남아시아 우호협력조약을 가맹시켰다. 1996년에는 국경 지역의 신용 강화를 위한 목적으로, 중국, 러시아, 카자흐스탄, 키르기스스탄, 탄자니아의 정상들과 회의를 갖고 이를 다각적 틀로서 성장시켰다. 2001년 6월에는 우즈베키스탄이 이에 가입하여 SCO(상하이협력기구)라는 명칭의 국제조직이 만들어 졌다. 6자회담에서 보인 중국의 적극성의 배경에는 이러한 다각적 외교 조직이 더해진 것이다.

북한은 미국과 양국 간 협의를 원했지만 미국은 처음에 응하지 않았다. 북한은 2007년 7월 대포동을 포함한 단거리미사일 실험을 강행하고 10월에는 핵실험을 했다. 북한이 핵보유 선언, 탄도미사일 실험, 핵실험 등을 하게 되어 6자회담의 유효성이 회의적이었다. 그러나 동북아시아의 안전보

2003년 8월 27~29일	제1차 6자회담
2004년 2월 24~28일	제2차 6자회담
2004년 6월 23~26일	제3차 6자회담
2005년 7월 26일~8월 7일	제4차 6자회담 제1차 회의
2005년 9월 13~19일	제4차 6자회담 제2차 회의
2005년 11월 9~12일	제5차 6자회담 제1차 회의
2006년 12월 18~22일	제5차 6자회담 제2차 회의
2007년 2월 8~13일	제5차 6자회담 제3차 회의
2007년 3월 19~22일	제6차 6자회담 제1차 회의

장을 위한 문제에서 6개국에 따른 협의의 틀은 지속되는 것이 중요하다. 6자회담의 호스트로서 중국의 영향력도 커질 것이다. 동북아시아에서 다자기구로서의 6자회담 경험이 중요하다(田中明彦, 2007: 293~300).

3) 중일관계

고이즈미 수상 시기 일본의 동아시아외교에서 눈에 띄는 것은 중일관계의 악화이다. 9·11 테러 후 2001년 10월 고이즈미 수상이 중국을 방문했을때, 장쩌민 주석은 야스쿠니신사 참배에 반대했지만 고이즈미는 이에 응하지 않았다. 2002년 4월 중국정부 국제회의의 기조 연설에서 고이즈미 수상은 중국위협론은 취하지 않는다고 발언했다. 4월에 일본에서 유사관련 법안의 각의 결정이 있었지만, 중국은 염려를 표명했다. 중일관계 복원의 진전이 있는 와중에, 4월 21일 고이즈미 수상이 야스쿠니를 방문했다.[1] 고이

---

1) 4월 21일은 야스쿠니신사에서 춘계 예대제(例大祭)가 시작하는 날로, 참배 후 고이즈미 수상은 8월에는 참배를 하지 않겠다고 말했다.

즈미 수상의 참배에 관해 장쩌민 국가주석은 화가 났으나 공식적으로 중국 정부는 나카소네 야스히로(中曽根康弘) 방위청장관의 중국 방문을 받아들여 국교정상화 30주년이었기에 기획된 중국 해운 선박의 일본 잔류를 계속할 수 있게 연기해주었다. 한국 관련 탈북자문제가 중일관계에도 영향을 끼쳤다.[2] 2002년 9월에는 중일국교정상화 30주년을 축하하는 행사가 있었지만 고이즈미 수상의 중국 방문은 이루어지지 않았다.[3]

　2003년 중일관계가 다소 호전되는 듯했다. 후진타오 주석은 사스(SARS) 문제에 관해 일본정부의 협조에 감사를 표했다. 중국은 고이즈미 수상과 합의한 '새로운 중일우호21세기위원회'를 발족했고, 일본은 8월에는 외교부장을, 9월에는 전국인민대표대회상무장을 초청했다. 중국은 '새로운 일본에 대한 고찰'을 선언하고 후진타오 정권은 일본관계를 개선하는 방향으로 관측되었다. 그러나 중국 국내에서는 후진타오 정권의 대일정책이 앞서가는 것이 아닌가 하는 목소리가 높아졌다. 그러다 2003년 중국에서 일본인의 이미지가 나빠지는 사건이 생겼다.[4] 2004년 1월 1일 고이즈미 수상이 야스쿠니신사를 참배한 것은 후진타오 정권의 대일정책이 수동적으로 갈 수밖에 없게 했다. 일본에 대한 중국의 이미지는 11월 중국 잠수함의 일본

---

2) 2002년 5월 일본 총영사관에 망명을 요청한 북한 주민 5명이 들어오려고 했을 때, 총영사관 내에서 중국의 무장경찰관에 의해 잡힌 사건이 일어났다. 일본정부는 총영사관의 뒷문에서 잡힌 것을 중시하고 중국이 외교시설의 불가침권을 저지른 것에 대한 현상복귀와 사죄를 원했다. 일본 외무성은 대응에 소극적인 점이 있었는데, 일본 국내 여론은 중국 비판과 함께 외무성 비판도 강해졌다. 이 사건으로 일본에 대한 중국의 여론이 악화되었다.

3) 2002년 10월에 APEC정상회담에서 행해진 중일정상회담에서, 장쩌민 주석이 고이즈미 수상에게 세 번에 걸쳐 야스쿠니 참배를 하지 말아달라고 부탁했으나 고이즈미 수상은 참배를 하지 않겠다고 말하지 않았다. 사람에게 설득되어 자신의 정책을 바꾸는 것은 고이즈미 수상에게는 있을 수 없는 일이었다. 고이즈미 수상은 2003년 1월 다시 야스쿠니를 참배했다.

4) 2003년 10월 시안의 서북대학에서 일본인 학생의 행동에 의해 반일운동이 발생하고, 그 후 중국에서 반일운동이 명확하게 과격해졌다.

영해 침범사건으로 더욱 악화되었다. 양국관계 악화의 정점은 2005년 4월에 중국 각지에서 일어난 대규모 반일운동이었다. 중일 간 약속한 회견을 직전에 취소하여 귀국하는 사태도 일어나면서 중일관계는 복잡한 상태에 빠졌다.

중일관계의 악화는 유엔외교의 측면에도 영향을 미쳤다. 유엔 안보리의 상임이사국이 되는 것이 일본정부의 소원이라 할 수 있다. 일본은 유엔의 일반예산 부담금이 미국에 이은 2위임에도 유엔의 중요한 결정에 관여할 수 없는 입장에 대해, 일본외교에 불이익을 주는 것이라고 생각한다. 특히 1990년대 안보리 결의 프로세스에 관여하지 못하는 것에 대해 일본 외무성은 불만을 가졌다. 고이즈미 수상 취임 이전에는 유엔 안보리의 상임이사국문제에 관해서 소극적인 의견을 표명했으나, 2004년 외무성의 설득으로 유엔외교를 적극적으로 진전시키기 위한 방침을 정하고, 2004년 9월 유엔 총회에서 안보리 상임이사국이 되고자 하는 강한 의지를 표명했다. 일본 외무성의 전략은 상임이사국에 신규 취임을 희망하고 있는 독일, 인도, 브라질과 연대해서 총회에서 아프리카제국과 아시아제국의 다수로 안보리 개혁을 위한 결의를 통과시켜, 이것을 배경으로 현재의 상임이사국에 안보리 개혁을 강력히 요구하는 것이었다. 그러나 이 움직임은 좌절되었다. 2005년 2월 독도문제가 발생하며 한국에서 반일감정이 고양되고, 역사교과서와 영토문제로 중국에서 대규모 반일운동이 발생해 일본외교에 큰 영향을 끼치게 되었기 때문이다. 중국정부와 한국정부는 국내의 대규모 반일감정 속에 일본의 안보리 상임이사국 취임에 반대를 표명했다. 특히 중국은 세계 각지에서 일본이 상임이사국이 되는 것에 반대하는 외교 유세를 펼쳤다. 그 결과 4개국(일본·독일·브라질·인도)을 중심으로 이루어진 안보리 개혁 캠페인은 성공하지 못했다.

2005년 중국과 한국의 반일운동으로 외교관계는 냉각되었다. 일본경제는 회복 기조에 있었으나 중국 및 한국과의 실무교류가 약화되었다.[5] 고이즈미 수상의 승리로 우정 관련 법안이 국회에서 성립된 직후 10월 17일 수상은 야스쿠니신사를 다시 참배했다. 이번에는 예복을 입지 않고 단상에 올라가지 않는 참배였다. 그러나 중국은 이번의 참배를 계기로 일본과의 정상회담은 일절 행하지 않을 것이라고 선언했다. 한국정부도 정상 간 교류는 최소한으로 동결할 것을 표명했다. 고이즈미 수상은 총선거 승리 이후 2006년 9월 자민당 수상 임기만료에 따라 사임할 것을 공약으로 내세워, 중국과 한국은 고이즈미 수상과의 관계 계선은 어렵다고 판단했다. 10월 17일의 야스쿠니신사 참배를 기점으로 중국은 고이즈미 수상과의 정상회담뿐만 아니라 외상회담도 행하지 않겠다는 입장을 표명했다. 한국은 APEC정상회담에서 호스트라는 점이 있었기 때문에 한일정상회담을 했지만 의례적인 것이었고, 한국도 정상회담을 하지 않겠다는 방침이었다. 고이즈미의 최후 외교 국면은 중국과 한국이라는 주변 국가와 정상 간의 소통이 단절된 것이었다(田中明彦, 2007: 300~311).

---

5) 그 결과 일본정치는 고이즈미 정권의 최대 중요과제인 우정 민영화 법안의 행방에 집중되었다. 8월 여당 자민당의 반대로 이 법안이 중의원에서 성립되지 않았고, 고이즈미 수상은 중의원을 해산시켜 자민당 내의 외로운 싸움을 홀로 할 것을 선언했다. 8월부터 9월에 걸친 총선거전은, 국민의 주목을 끌어 9월 11일 투표 결과 국민은 압도적 지지를 고이즈미 수상에게 보냈다. 고이즈미 수상을 지지하는 자민당과 공명당의 당선의원은 중의원의 2/3 이상을 독점하게 되었다.

3. 아베 정부의 동아시아외교

1) 아베 내각의 외교정책

고이즈미 수상은 여름 총선거에서 공약으로 내세웠던 대로 자민당 총선의 임기가 끝나는 2006년 9월에 사임했다. 다음으로 자민당 총선거에서 승리한 아베 수상은 정책목표로 '전후 레짐으로부터의 탈피'와 '주장하는 외교'를 택했다. 아베의 국민적 인기가 높았던 이유 중의 하나는 주변 국가들과의 융화적인 태도를 냉철히 비판한 것이었다. 사료·사관을 비판하는 일본 국내 보호민족주의의 시초라고 볼 수 있다. 고이즈미 정권 말기 중일관계와 한일관계의 정체에 관해서 미국의 비판이 강해졌다. 정권 발족과 동시에 중국·한국과의 관계가 침체될 가능성이 있었다. 아베 수상은 신사참배에 대해서 '할 수도 있고 안 할 수도 있다'고 모호하게 발언했다. 중국의 후진타오 정권에서도 고이즈미 정권과의 사이에서 일어난 이상 사태 재현을 방지하고 싶다는 생각을 하고 있었다. 2006년 8월에 아베가 4월 15일 비밀스럽게 야스쿠니신사를 참배한 것이 보도되어 이에 대해 아베는 '정중히 절하고 존경을 표시하는 기분으로 계속 참배를 하는 것이고 야스쿠니신사 참배문제가 외교정치문제화가 되는 것을 원하지 않으며 사과는 하고 싶지 않다'고 했다. 8월 15일 고이즈미 수상은 신사참배를 했지만 아베는 하지 않았다. 아베가 참배하지 않은 것은 중국을 향한 표시라고 볼 수 있다. 아베는 자민당 총선거 승리와 동시에 정권 취득 후 최초의 외국 방문지로 중국을 선택했다.

아베 수상은 안보강경파의 기대를 저버리는 발언을 했다. 2006년 10월 중의원에서 제2차세계대전을 둘러싼 정부의 인식에 대해서는 1995년 8월 15일과 2005년 8월 15일 내각수상회담 등에 의해 밝혀진 대로 일본은 식민지 지배와 침략으로 아시아제국의 사람들에게 상당한 손해와 고통을 안겨 주었다고 했다. 1995년 8월 15일 내각수상회담은 이른바 '무라야마담화'로 안보민족주의자에게 부정적인 발언이었다. 더구나 종군위안부의 문제에서 정부의 기본적 입장은 1993년 8월의 고노 요헤이(河野洋平) 관방장관 담화를 이어간다고 했다. 이 '고노담화'는 안보민족주의자에게는 무라야마담화보다 더 부정적인 평가가 된 정부의 성명이었다. 그리하여 역사 인식에 관해 중국과 한국에서 그리고 국내에서 아베의 우익적 성향을 우려하는 사람들로부터의 비판을 피하는 형태를 갖추고 10월 아베는 중국을 방문했다. 안보민족주의자들은 분개했지만 아베의 우익적 성향을 노골적으로 비판한 ≪아사히신문≫ 등은 할 말을 잃었다. 중국은 아베를 환영했다. 중일 양국은 공통의 전략적 이익에 입각한 호혜관계의 구축에 노력한다는 중일공동보도발표를 공표했다.

중국은 아베 수상과의 관계를 양호하다고 생각하고 고이즈미 정권 때 냉각된 관계를 회복하고 2008년 베이징올림픽까지 중일관계를 개선하려는 태도를 보였다. 아베 수상이 중국에서 서울로 향하는 도중 북한이 핵실험을 했다. 한일 정상레벨의 관계는 중일 정상의 관계만큼 극적으로 개선되지 않았다. 한국은 아베 수상에게 계속 역사문제의 중요성을 전했고 양국은 공동발표를 하지 못했다. 2007년 4월 원자바오 총리가 일본을 방문하고 중국에도 생방송으로 나간 국회 연설에서 "중일국교정상화 이후 일본정부와 일본의 지도자는 여러 번 역사문제에 대한 태도를 표명하고 침략을 인정하고 피해 국가에 대하여 깊은 반성과 사과를 표명했다. 이를 중국정부와 국민은 적극적으로 평가한다"고 했다.[6] 여전히 동중국해 가스전 개발문

---

6) 원자바오 총리는 "중국의 개혁개방과 근대화건설은 일본정부와 국민으로부터 지지와 지원을 받았습니다. 이것을 중국 인민은 언제까지나 잊지 않을 것입니다"라고 말했다. ODA를 포함한 일본의 대중 지원에 대해서 중국 지도자가 명시적으로 감사를 전한 것도 기술

제 등 중일 사이에 구체적인 과제가 남아 있지만 관계 개선은 두드러졌다. 안보 면의 관계를 진척시키고 고이즈미 정권 사이에서 두절되었던 방위장관의 교류도 회복되고 8월에는 차오강촨(曹剛川) 국방부장이 일본을 방문했고 중일 해군 함정의 상호 방문 등이 논의되었다(田中明彦, 2007: 311~318).

아베 정부는 고이즈미 정부의 문제점이었던 동아시아외교의 복원과 함께 글로벌 차원까지 확대된 미일동맹의 발전과 국제사회에서의 위상 제고를 추구했다. 핵심과제는 한국·중국 등과의 관계 개선, 가치관과 이익을 공유하는 미일동맹의 강화, 국제사회에서 일본의 위상과 영향력의 확대 등이었다. 아베 정부의 외교정책은 2006년 11월 아소 외무장관의 정책 연설에서 제기되었다. 아소 외무장관은 기존의 미일동맹 강화, 주변국들과의 관계 강화, 유엔과의 국제협조에 더하여 자유·민주주의·시장경제·인권·법의지배 등 보편적 가치를 중시하는 가치외교를 주창하면서 '자유와 번영의호' 형성을 제기했다. 미국을 비롯해서 가치관을 공유하는 EU, NATO, 인도, 호주, G8 등과 협력해서 자유와 번영의 호를 구축한다는 것이다. 이 구상은 글로벌 차원으로 확대되는 미일동맹을 보완하려는 것으로 미·일·유럽 삼각협력을 추구하는 것이다. 미국과 공유하는 가치를 중요하게 언급하고 미일 가치외교의 전개와 전략적 협력을 강조했다. 이 구상은 중국에 대한 전략적 견제가 내포되어 있다. 일본의 호주·인도와의 협력도 같은 함의를 내포한다. 일본은 2007년 3월 미국·일본·호주·인도 4개국 포럼을 제안했다. 이 구상은 유라시아대륙의 주변 지역에 신흥 민주주의 발전국가를 지원해 공유 가치관을 확대시킨다는 전략으로 이 지역의 에너지 확보전략과 연계되어 있다(배정호, 2007: 85~88; 鈴木美勝, 2006; Armitage, 2007 참조).

아베 정부는 전후체제 탈피에 역점을 두어 안보문제와 관련해 방위청을

_____

해두었다.

성(省)으로 승격, 헌법 개정을 위한 국민투표법의 성립, 주일미군의 재편 추진을 위한 특별조치법 성립 등을 이룩했다.[7) 아베 정권은 동아시아외교의 부재를 극복하기 위해 미국보다 먼저 중국과 한국을 방문하고, 아세안외교도 적극적으로 전개했으나 여전히 미일동맹 중시의 외교 기조를 유지했다. 아베 수상은 야스쿠니신사 참배에 신중을 기하면서 중국과의 관계 개선 등 동아시아외교를 위해 노력했지만, 일본과 호주의 안보협력 강화, 미일의 가치외교와 '자유와 번영의 호' 추구 등 미일동맹 강화에 좀 더 역점을 두었다. 아베 수상은 납치문제에 역점을 둔 대북정책과 강력한 대북제재정책을 취했다. 아베 정부는 2006년 10월, 북한 핵실험 직후 강력한 대북제재 조치를 취함과 더불어 유엔 안보리의 대북제재 조치에 적극적으로 동참했고, 2·13 합의가 도출된 후에도 납치문제에 집착했다. 아베 정권은 북한과의 대화 채널을 계속 유지하려는 전략적 노력을 했지만 보수 성향 정권의 특성과 현안에 대한 북일 간의 인식 차이 등으로 관계 개선에 한계가 있었다(배정호, 2007: 121~122).

2) 동아시아외교의 전개

아베 수상은 야스쿠니신사 참배에 대해 모호한 표명으로 실질적 자제 의사를 나타내고, 취임 후 미국보다 먼저 중국과 한국을 방문했다. 중국을 방문해서 발표한 중일공동성명에는 중일 양국이 정치와 경제의 양 바퀴를 강력하게 작동시켜 중일관계를 한 차원 높이고, 공통의 전략적 이익에 입각한 전략적 호혜관계 구축을 위해 노력하며, 정치·경제·안보·사회·문화 등

---

7) 이는 보수층으로부터 평가받을 업적이지만 코드인사에 따른 측근들의 요직 배치, 민심과 이반된 이념지향형 정책의 중시 등 관저정치(官邸政治)의 문제가 있었다.

분야의 교류와 협력 촉진, 국제문제 및 지역문제에서 협력 강화 등을 제시했다. 아베 수상의 중국 방문을 계기로 양국 국방장관회담 재개가 합의되고, 2006년 12월 역사공동연구위원회가 발족되었다. 원자바오 총리의 방일 이후, 중일 간에는 관계 개선을 위한 인적교류가 활발하게 전개되고 경제분야를 중심으로 한 협력 기반이 조성되었다. 아베 수상의 중국 방문을 계기로 중일관계가 실질적 관계 개선을 지향하여 우호적 분위기로 전환된 것은 아베 정권의 성과이다.

아베 수상은 2006년 10월 한국을 방문해 한일정상회담을 가졌다. 한일정상회담에서는 과거사문제, 해양문제, 북한의 핵실험, 일본인 납치문제 등에 관해 논의되었고, 한일 양국이 자유와 민주주의, 기본적 인권 등의 기본적 가치를 공유하는 파트너로서 미래지향적인 우호관계 구축에 노력할 것이 합의되었다. 아베 수상의 방한과 함께 한일정상회담의 재개를 통해 양국관계의 정상화 계기가 마련되었다. 아베 수상은 아세안외교도 적극적으로 전개했다. 그리고 아베 정권은 외교의 새로운 축인 자유와 번영의 호를 아시아에서 추진하기 위해 호주 및 인도 등을 전략적으로 중시했다. 일본과 호주는 양국 외무장관의 상호 방문을 비롯하여 각료급 전략대화가 전개되었고 일본·호주 안보공동선언이 발표되었다(배정호, 2007: 89~91).

3) 일본·호주·인도의 협력 강화

중국과의 관계를 개선하는 한편 아베 수상은 호주 및 인도와의 관계 강화를 위해서도 노력했다. 2006년 12월에 인도 수상이 일본을 방문하고, 2007년 4월에는 아소 외상이 인도를 방문하고, 8월에는 아베 수상이 인도를 방문했다. 민주주의라는 공통의 가치관을 가진 양국이 전략적 글로벌 파트너가 된다는 방향을 제시했다. 3월에는 호주의 존 하워드(John Howard) 총리가 일본을 방문해 '안보협력에 관한 일본·호주공동선언'에 서명했다. 이 공동선언에 의해 일본과 호주는 공통의 동맹국으로 미국에 이은 협력을 강화하는 방침을 밝혔다. 이러한 아베 수상의 인도 및 호주와의 관계 강화의 움직임에 대해 중국은 경계를 보였지만 구체적으로 중국이 일본에 대한 정책을 변경하지 않았다.

아소 외상은 2006년 11월에 '자유와 번영의 호'라는 제목으로 정책 연설을 하고 일본외교 향방의 중점을 제시했다. '자유와 번영의 호'라는 것은 일본에서부터 동남아시아, 남아시아, 중동, 발칸 반도에서 발트 해에 이르는 거대한 반달모양의 지역이다. 아베 정권의 외교는 고이즈미 정권의 폐쇄성을 뛰어넘는 활력이 있었다. 중국과의 관계를 개선시켜 나가면서 인도와 호주 등과의 연대를 쌓아가는 전략이었다. 일본과 호주는 2007년 3월 일본·호주 안보공동선언을 발표했다. 4월에는 미국·일본·호주 3국의 외교국방분야의 국장급 회의가 개최되었고, 미일동맹은 호주는 물론 인도까지 포함한 안보교류협력을 활발히 전개했다. 일본·호주 안보공동선언의 발표와 미국·일본·호주 3국의 안보협력에 대해 중국 견제의 포석이라는 견해가 있다. 일본·호주 안보공동선언에는 일본과 호주 간의 전략적 입장뿐만 아니라 미국의 전략적 입장이 투영되어 있다. 미국은 2001년 호주와의 2+2(외교국방장관)회담 당시 미국·일본·한국·호주 등 역내 동맹국을 연계하는 다자안보협력방안을 제시했고, 9·11 테러 이후 2002년 3월에 개최된 미국·일본·호주 3자 세미나를 통해서 일본·호주의 공감대를 확보했다.

일본·호주 안보공동선언은 민주주의, 인권, 자유, 법의 지배 등의 가치와 안전보장상의 이익 등을 기초로 자위대와 호주군의 실질적 협력 강화를 천명하고 미국·일본·호주의 협력 강화를 위해서도 유익하다고 역설했다. 협력분야로 마약거래와 위조지폐, 무기밀매 등의 초국가적 범죄문제, 국경안보, 테러대책, 대량파괴무기와 운반수단의 비확산, 재해구조 등 인도적 지원활동 아홉 개 항목을 제시했으며, 구체적인 이행 방법으로 양국의 외무·국방장관이 참석하는 안전보장협의회(2+2), 자위대와 호주군의 공동훈련 등을 명기했다. 기존의 미일동맹과 미호동맹을 연계할 수 있는 일본·호주 안보협력의 질적 강화가 이루어짐으로써 아시아태평양 지역의 다자간 안보협력의 기반이 구축되었다. 여기에 이어 미일 양국과 인도와의 전략적 관계 강화가 주목된다. 세계 속의 미일동맹을 지향한 전략적 공통목표의 설정과 더불어 미일동맹 변혁의 일환으로 미일 연합군 유사체제를 지향한 주일미군 재편 작업이 전개되고 있다. 미일동맹과 연계된 대중국 견제를 위한 포석이라고 볼 수 있다(배정호, 2007: 92~98).

그러나 아베 정권의 외교에는 문제점이 있었다. 첫째는 자신들의 보수민족주의적 이념과 외교의 현실이 모순되는 문제이다. 보수민족주의의 개념에는 일본의 침략이나 식민지 지배의 정당성을 주장하는 반자유주의적·반인권적 측면이 존재한다. 보수민족주의자의 개념을 파고들면 전전의 반자유주의적 일본체제의 정당화로 연결될 수 있다. 아베 수상은 취임 직후 국회에서의 답변에서 이제까지의 정부 견해를 전부 받아들인 것으로 이 모순을 눌렀다. 그러나 위안부문제 등에 대해서 고노담화에 반발하는 보수민족주의자 진영의 움직임이 일어났을 때 아베 수상은 이러한 세력을 비판할 수 없었다. 그 결과 미국 등 일본에 대한 비판세력에게는 아베 수상도 같은 부류로 보였다. 게다가 아베 수상의 외교 이념이 시대와 장소를 넘는 보편적인 자유와 민주주의이기 때문에 이 이념과 보수민족주의의 관념이 어떻게 관련되어질까가 불명확했다.

둘째로 아베외교의 문제는 통일성의 결여다. 아소 외상의 적극적인 활동으로 일본외교는 아베외교인지 아소외교인지 알 수 없는 문제가 생겼다. 2007년 1월 국회 시정방침 연설에서 아베 수상은 '자유·민주주의·기본적 인권·법의 지배라는 기본적 가치를 공유하는 여러 국가들과의 연대 강화,

열린 혁신으로 번영하는 아시아의 구축, 세계의 평화와 안전에의 공헌을 세 가지 축으로 주장하는 외교'를 실행한다고 했다. 같은 날 있었던 연설에서 아소 외상은 미일동맹·국제협조·아시아의 중시라는 세 개의 기둥이 일본외교의 주축이지만, 여기에 네 번째 '자유와 번영의 호'를 더한다고 주장했다. 또한 외교와 안전보장정책을 통합적인 것으로 해야 한다는 의미로 일본판 NSC(국가안전보장회의)를 만들기 위한 간담회가 설치되었다. 아베 외교의 통일성 결여가 그 필요성을 말했다. 아베가 속한 자민당은 2007년 7월 참의원 선거에서 참패하여 민주당에 참의원 과반수를 빼앗겼다. 8월에 내각 개조를 거쳐 9월에 소신 표명 연설을 한 후 아베 수상은 건강 악화를 이유로 사임했다(田中明彦, 2007: 311~318).

4. 후쿠다 정부의 동아시아외교

1) 후쿠다 내각의 외교정책

아시아의 중국과 인도 등 세계 총인구의 1/5과 1/6을 점유하는 국가가 정치·안보·경제 면에서 아시아와 세계의 안정과 성장에 공헌하도록 건설적으로 잠재력을 이끌어내는 것이 일본외교의 중요한 과제이다. 일본 아시아태평양외교의 기본 목표는 상호 이해와 협력을 기본으로 기본적 가치를 공유하여 장기적으로 안정성과 예견 가능성이 확보되는 지역으로 이끌어가는 것이다. 미일동맹 강화와 아시아외교 추진을 목표로, 지역의 안정에 불가결한 미일안보체제를 강화하여 불안정한 움직임에 대한 억지력을 확보하고, 중국과 한국을 시작으로 인접 국가와의 관계를 강화하고, 적극적인 아시아외교를 추구한다. 다자외교로는 동아시아정상회담, ASEAN+3,

일·ASEAN, 한중일협력이라는 아시아 지역의 협력과 APEC, ARF(ASEAN지역포럼), ASEM 지역을 넓게 포함한 협력을 진행해 지역 공동의 과제에 대처하기 위해 역내 잠재력을 이끌어낸다.[8]

한일관계가 미래지향의 우호협력관계로 발전해나가는 것이 동북아시아 지역의 안정과 번영에 매우 중요하다. 여러 분야에서 중점적이고 긴밀한 정부 간 대화, 민간차원의 교류가 발전되었다. 북한문제는 북일평양선언에 기초해 납치·핵·미사일 등의 각 현안을 포괄적으로 해결하고 불행한 과거를 청산하여 국교정상화를 이루는 기본방침을 바탕으로, 한반도의 비핵화와 납치문제 해결을 위해 일본과 한국이 최대한 협력하기로 했다. 일본은 6자회담 공동성명의 실행을 위해 미국 및 관계국과 협력한다는 방침이다.

중일 간의 경제관계나 인적교류가 점점 긴밀화되어 상호 의존관계가 심화되는 가운데, 중일관계는 양국에게 중요한 관계가 되었다. 2007년의 중일관계는 양국이 공동 이익을 확대하는 전략적 우호관계를 위해 정상회담과 외상의 상호 왕래, 중일 간 경제대화 등 의견 교환이 이루어졌다. 그 결과 에너지 절약과 환경 등 우호협력의 강화, 안보분야의 교류, 청소년 교류 등을 통한 상호 이해의 추진, 북한문제와 유엔 안보리 개혁 등에서 진전이 있었다. 동중국해 자원개발문제에서는 공동개발을 실현하기 위한 협의가 행해졌다.

ASEAN은 2015년까지 ASEAN공동체를 형성한다는 목표로 2007년 11월에 ASEAN헌장을 채택했다. 일본은 ASEAN의 오랜 파트너로서 ASEAN의 통합을 향해 협력하면서, 일본·ASEAN 포괄적 경제협력 등 동남아시아 각

---

8) 나아가 아시아 각국의 사람들에게 피해와 고통을 안겨준 역사의 사실을 받아들여 반성하고 사죄하는 마음을 품고, 민주주의와 시장경제를 지닌 평화국가로서 평화 정착, 거버넌스 강화, 경제법칙의 정비 등에 관한 협력을 유지하고 가치의 공유에 입각한 아시아의 발전을 지원한다.

〈표 6-2〉 후쿠다 내각의 궤적

2007년 9월 25일	국회에서 제91대, 58번째 수상으로 지명
2007년 9월 26일	수상 임명식, 각료의 인증식을 거쳐, 후쿠다 내각이 정식 발족
2007년 10월 30일	민주당 오자와 대표와 처음 당수회담, 신테러대책특별조치법안에 협력을 강구
2007년 11월 1일	테러대책특별조치법안의 기간 끝남. 해군 자위대, 인도양에서 철수
2007년 11월 2일	오자와 대표와 2회째 당수회담. 자민·민주 양당에 따른 연립정권 구상을 협의. 민주당 측의 반발에 성사되지 못함
2007년 12월 14일	임시국회를 2008년 1월 15일까지 재연장하기로 자민·공명 양당의 찬성 다수로 의결
2007년 12월 24일	2008년도 예산안을 각의 결정
2008년 1월 11일	신테러특조치법 재가결
2008년 1월 30일	중국제 냉동만두 중독사건 발생
2008년 2월 19일	해군 자위대 이지스함과 어선이 충돌
2008년 3월 12일	일은총재로 무토 도시로(武藤敏郞) 부총재 승격안이 국회에서 부동의
2008년 3월 19일	일은총재의 정부 재제시안 불가결로 총재 공석
2008년 3월 27일	도로특정재원 2009년도부터 일반재원화를 주로 하는 신제안을 발표
2008년 4월 1일	석유세의 잠정세율기간이 끝남
2008년 4월 9일	일은부총재에 와타나베 히로시(渡辺博史) 전 재무장관을 충당하는 인사가 부동의. 시라카와 마사아키(白川方明) 부총재를 총재로 하는 인사안은 가결
2008년 4월 11일	도로특정재원을 폐지, 2009년부터 일반재원화하는 방침으로 정한 정부. 야당합의로 결정
2008년 4월 15일	후기고령자의료제도에 연금으로부터 보험료를 처음으로 공제
2008년 4월 23일	소비자청을 2009년도에 창설하는 방침 제시
2008년 4월 30일	석유세 잠정세율을 부활시키는 개정조세특별조치법 등을 재가결
2008년 5월 7일	중국의 후진타오 주석과 정상회담. 동중국해의 가스전문제 대폭 진전
2008년 5월 13일	도로특정재원의 일반재원화를 각의 결정. 도로특별법을 재가결
2008년 6월 11일	민주, 사민, 국민 신3당이 공동 제출한 수상문책결의가 참원에서 가결
2008년 7월 8일	홋카이도 주요국정상회담에서 온실효과가스감소 등과 관련한 정상선언을 발표
2008년 8월 1일	내각 개조와 자민당 인사를 행하고 당 간사장에 아소를 기용
2008년 8월 29일	정액 감세를 포함시킨 종합경제 대책을 결정
2008년 9월 1일	후쿠다 수상 퇴진 표명

자료: ≪요미우리신문≫(2008.9.2).

국과 정치·경제·문화 등 다방면에서 관계를 강화해나갔다. 또한 필리핀 민다나오 국제감시단에 개발전문가 파견, 유엔 동티모르통합미션(UNMIT)에 문화경찰관 파견 등 적극적인 평화활동을 했다. 인도를 비롯한 남아시아는 높은 경제성장을 지속하고 존재감을 강화하고 있다. 역내 5.3%(2006년)의 낮은 무역비율을 차지하고 있으나 2006년 1월 남아시아FTA(SAFTA)를 발효하고, 2007년 4월 제14차 남아시아 지역협력연합(SAARC) 정상회담에서 역내 연합성 강화의 중요성이 부각되는 등 경제관계를 중심으로 역내 긴밀화를 향한 움직임이 보인다. 일본과는 정치나 문화의 활발한 교류를 통해 관계 강화를 하고 있다.

일본과 호주·뉴질랜드는 기본적 가치를 공유하고 지역과 국제사회의 평화와 안정을 위해 협력한다. 호주와는 2007년 3월에 '안보협력에 관한 일본·호주 공동선언'을 발표하고, 6월에는 최초로 외무·방위 각료협의(2+2)를 개최하고, 9월 일호정상회담의 공동선언에 기초한 행동계획 승인 등 안보관계가 급속하게 발전하여, 무역·투자분야에 그치지 않고 정치안보분야를 포함한 개괄적인 전략관계에 들어섰다. 수산자원의 중요한 공급지인 태평양섬과의 관계는 정치·경제적으로 일본·태평양포럼(PIF)정상회담 개최 등을 통해 협력을 쌓아갔다. 2007년 동아시아에서 특히 에너지나 기후변동, 환경문제에 관한 지역협력에 진전이 있었다. 1월에 제2회 동아시아정상회담에서 에너지안보에 관한 선언이 발표되었고, 9월 APEC에서 기후변동·에너지안보 등 클린개발에 관한 APEC정상선언이, 11월 제3회 동아시아정상회담에서는 기후변동·에너지 및 환경에 관한 싱가포르선언이 채택되어 에너지 효율화의 자유목표설정 등에 합의했다(外務省, 2008a: 12~16).

2) 중일 경제관계의 발전

중일 간 무역·투자 등의 경제관계는 중국의 WTO 가맹을 계기로 크게 발전하고 있다. 2007년 홍콩을 제외한 일중 무역총액은 27조 8676억 엔으로, 처음으로 미일 무역총액을 웃돌았다. 또 중국 측 통계에 따르면, 2007년 중국에 대한 일본의 직접투자는 36억 달러로 계속해서 감소하고 있으며, 나라로서는 제2위의 규모이다. 경제분야에서는 전략적 우호관계를 추진하기 위해, 4월 원자바오 총리가 일본을 방문해 일중경제관계, 지역과 국제경제의 과제에 대해 논의하는 중일 하이레벨경제대화의 회담이 개최되었다. 12월에 경제각료 제1차 대화가 이루어졌다. ① 양방의 마크로경제정책, ② 기후변동을 포함한 환경·에너지 절약, ③ 무역투자, ④ 지역 또는 국제적인 경제문제에 관해 세밀한 논의가 행해졌다.

환경·에너지분야에서는 4월 원자바오 총리의 일본 방문 때 환경보호협력 또는 에너지협력에 관한 공동성명이 발표되었다. 12월 후진타오 수상이 일본을 방문했을 때에는 후쿠다 수상으로부터 중국에 일본의 기술을 소개하는 에너지 절약·환경 협력상담센터의 설치와 3년간 1만 명의 연수실적 등을 발표하고 환경·에너지분야에 따른 협력 추진에 관한 공동커뮤니케이션이 발표되었다. 중국이 연해주를 중심으로 경제발전을 달성하여 일본의 ODA도 대폭적으로 감소하는 경향이다. ODA의 대부분을 차지하는 엔차관에 관해서는 12월 고무라 마사히코(高村正彦) 외무대신이 중국을 방문했을 때 양쪽 외상 사이에서 최후의 신규제공이 되는 2007년 교환공문에 서명했다. 무상자금협력에 대해서는 중국의 환경오염이나 감염병 등의 문제, 중일 양국 국민 간의 상호 이해 증진에 따른 분야로 기술협력의 시장경제화와 국제법 준수, 좋은 통치의 촉진, 에너지 절약에 관한 안건 등을 중심으로 실행했다.

〈표 6-3〉 2007년 중일 정부 간 대화

2007년 1월	· ASEAN 관련 정상회의에 따른 중일정상회담(세부) · 제8회 일중어업공동위원회(도쿄) · 제2회 일중외무보도관협의(베이징) · 제1회 일중전략대화(베이징, 항저우)
2007년 2월	리자오싱(李肇星) 외교부장 일본 방문(도쿄)
2007년 3월	· 유엔 개혁·안보리 개혁에 관한 일중협의(베이징) · 제7회 동중국해 등에 관한 일중협의(도쿄)
2007년 4월	· SAARC정상회의에 따른 일중외상회담(뉴델리) · 원자바오 총리 일본 방문(도쿄, 교토, 오사카)
2007년 5월	· ASEM외교장관회의에 따른 일중외상회담(함부르크) · 제7회 일중군축·불확산협의(도쿄) · 제8회 동중국해 등에 관한 일중협의(베이징)
2007년 6월	· 한중일외무상회의에 따른 일중외상회담(제주도) · G8서미트에 따른 일중정상회담(하이리겐담) · 제9회 동중국해 등에 관한 일중협의(도쿄)
2007년 7월	· 제8회 일중민간녹화협력위원회(도쿄) · 제4회 일중기후변동대화(베이징)
2007년 8월	· ASEAN 관련 외상회담에 따른 일중외상회담(마닐라) · 일중방위상회담(도쿄) · 차오강촨 중국 국방부장의 일본 방문(도쿄)
2007년 9월	· 제7회 일중환경보호합동위원회(도쿄) · APEC 각료 회의에 따른 일중외상회담(시드니) · 자칭린(賈慶林) 중국인민정치협상회의 전국위원회 주석 일본 방문(도쿄) · 제1회 일중아프리카 국장급협의(도쿄) · 중일 정상 전화회담 · 유엔총회에 따른 일중외상회담(뉴욕)
2007년 10월	· 제6회 중일경제파트너십협의(도쿄) · 제10회 동중국해 등에 관한 중일협의(베이징)
2007년 11월	· 제3국 원조에 관한 대화 · 제11회 동중국해 등에 관한 일중협의(도쿄) · ASEAN 관련 정상회담에 따른 중일정상회담(싱가포르)
2007년 12월	· 고무라 외무대신 중국 방문(베이징) · 제1회 중일하이레벨경제대화(베이징) · 후쿠다 수상 중국 방문(베이징)

자료: 外務省(2008a: 25).

일본정부는 중일 양국이 이익을 공유하는 분야에서 협력하는 것이 중일 관계에서 중요하고, 중국에 대한 ODA에서는 일본의 국익을 위해서 개별

안건을 조사해 중일관계 전체의 진전을 위한 방향으로 실행했다. 2007년 4월 원자바오 총리의 일본 방문 때에는 동중국해를 평화·협력·우호의 해로 통괄하고 양쪽이 받아들이는 가능한 넓은 해역에 공동개발을 행하는 일 등에 관해 정상 간 합의했다. 12월 후쿠다 수상이 중국을 방문했을 때는 구체적인 해결방책에 관해 적극적인 진전을 얻었다는 확인 등의 내용을 담은 양국 정상 간 새로운 공동 인식이 발표되었다. 지린성 하루바 고개 외에 중국 각지 구 일본군의 유기화학무기를 폐기하기 위해 일본과 중국이 공동으로 작업을 진행하고 있다. 2007년 4월에는 하루바사업의 주체인 '중일 유기화학무기처리 연합기구'의 설립에 대해 정식으로 합의했다. 4월 일본에 방문한 원자바오 총리의 정상회담에서 아베 수상이 이동식처리시설 도입의사를 표명하고 원자바오 총리는 이를 환영했다. 12월 후쿠다 수상의 중국 방문 때에는 유기화학무기처리사업의 폐기 프로세스를 가속하기로 했다. 화학무기 금지 조약의 의무를 수행하고 중일공동으로 대처해 나갔다(外務省, 2008a: 27~29).

5. 결론

21세기 동아시아가 놀랍게 변모하고 있다. 동아시아 각국의 변화에 더해 아시아 각국의 관계도 상당히 진전되어가고 있다. 중국이 인도와의 관계를 개선하고 일본도 인도와 관계를 강화하고 ASEAN도 인도와 연계하고 있다. 냉전하에서는 소련의 일부였던 중앙아시아 각국이 중국과 일본과의 관계를 모색하고 있다. 동아시아 내부의 상호 의존과 관계 강화에 더해 동아시아를 포괄하는 아시아태평양 각국과의 관계가 중요하게 진전되고 있다. 문화의 측면에서도 아시아의 교류와 일체화가 진척되었고 여행객으로 일본

인뿐 아니라 한국인과 중국인이 많아졌다.[9]

6자회담의 진전에 따라 북한의 핵 불능화가 진전되기는 했지만 전면적인 해결까지는 시간이 걸릴 것이다. 핵문제가 해결되어도 한반도에서 남북한의 공존체제를 유지하는 과정에서 북한 정치제도의 안정화나 변화를 촉구하는 것은 동북아시아 국가에 어려운 문제로 남아 있다. 한편 대만문제는 미국과 중국의 무력 대결이라는 가능성을 시사하고 있어 어려운 문제다. 2004년에 중국은 대만이 독립을 선언하면 비평화적 수단을 써서라도 이를 인정하지 않겠다는 반국가분열법을 성립했다.[10] 미국도 대만이 비평화적인 수단으로 중국에 제압되는 것은 원치 않는다. 미국의 국내법인 대만관계법을 기초로 미국은 대만에게 무력을 사용하는 제재는 하지 않는다. 중국도 미국도 대만에서 무력분쟁이 발생하는 것은 원하지 않는다. 대만독립을 배제한 상태로 미중 협력체제는 가능하다. 대만을 설득하여 평화적으로 대만문제를 해결하는 것은 중국에게 중요한 과제다.

일본의 아시아정책에는 여러 틀이 있다. 후쿠다 독트린, 동남아시아 직접투자, 캄보디아 평화관련사항, APEC 창설, 한국과의 국교정상화, 역사문제, 아시아금융위기의 대응, 납치문제 대응, 중국과의 관계 등 다양한 사안이다. 통일된 외교전략을 만들기 위해 국가안전보장회의의 틀을 내각에 만드는 것도 하나의 방법이다. 아시아외교에 관심을 가진 지도자를 선정하는 것도 중요하고, 아시아의 평화를 유지하기 위해 경제협력과 PKO에 참가하

---

9) 한국과 일본이 문화교류를 자유화할 때 한국의 대중문화가 일본의 대중문화에 압도되는 것이 아닐까 우려했으나 실제로 일어난 것은 다른 양상이었다. 일본의 애니메이션이나 드라마가 한국에서 자주 볼 수 있게 된 반면 한류드라마가 일본뿐만 아니라 동아시아 각지에서 인기리에 방영되고 있다.

10) 1990년대 중반부터 중국은 대만사태를 상정하여 지속적으로 군사력의 근대화를 추진했다. 중국은 대만에서 사용할 가능성이 있는 탄도미사일 수백 기와 근대적 무기를 300기 이상 보유하게 되었다. 군사밸런스가 중국에게 유리한 방향이다.

는 것도 필요하다. 유학생 교류를 늘리고 아시아인 마음과 마음의 상통을 달성하는 것이 일본외교의 목표가 되어야 한다(田中明彦, 2007: 318~328).[11]

후쿠다 수상이 2008년 5월 '아시아 속으로'라는 연설을 통해 일본의 외교 노선으로 다음 다섯 가지를 선언했다. ① ASEAN의 통합발전을 지원한다. ② 미일동맹을 강화한다. ③ 평화협력국가로서 책임을 다한다. ④ 청소년 교류에 따라 아시아의 미래를 지원하는 지적이고 세계적인 인프라를 만든다. ⑤ 경제성장과 환경보호, 기후변동대책 양립이라는 문제에 대응한다. 후쿠다 정권 발족 이후 동남아시아에서는 '마음과 마음'의 신용관계 구축을 제안한 1977년 후쿠다 다케오(福田赳夫) 전 수상의 '후쿠다 독트린'을 대신할 새로운 독트린에 기대를 가지고 있었다. 그때 연설과 이번 연설에서 5개의 선언 중 3개는 동남아시아에 관련된 사항이어서 이번 연설은 동남아시아에서 사실상의 '신 후쿠다 독트린'이라고 인정된다.

최근 20년 동아시아의 경제통합은 크게 진전되었고 자동차·전기 등 국제경쟁력이 있는 일본 기업은 동아시아를 국내시장으로 보고 기업 경영을 하고 있다. ASEAN+3정상회담, 통화협력, ASEAN+1 구축으로 통상협력, 경제연대, 동아시아정상회담 등의 지역협력 틀은 지난 10년 사이에 만들어져 대부분 ASEAN이 허브가 되어 있다. 경제통합의 진전과 동시에, 사람·물건·돈·정보의 국경을 넘는 이동 확대와 더불어 한 국가가 대응하기 어려운 범죄도 증대되었고, 환경파괴와 신형 인플루엔자도 국경을 넘어 공동의 문제가 되었다.

일본은 아시아 속 일본으로 동아시아의 지역협력과 연대 추진에 주도권을 가지려 한다. 후쿠다 수상은 자카르타에 설립된 ERIA(ASEAN경제연구센터)를 키워 동아시아 OECD 같은 기관으로 육성하고 싶다고 했다. ERIA는

---

11) 일본식 소프트파워 외교전략이다.

경제통합 심화, 지역 내의 경제 격차 감소, 환경·에너지정책 관련 연구를 하고 ASEAN 사무국의 정책 입안 능력 강화를 추구한다(≪요미우리신문≫, 2008.7.20).

2008년 10월 ASEM 출석을 위해 중국을 방문한 아소 수상이 취임 후 처음으로 중국의 후진타오 주석 및 원자바오 총리와 회담을 했다. 세계적인 금융위기와 호혜협력이 양국 간의 현안이었다. 아소 수상은 일중평화우호조약체결 30주년 기념 리셉션에서 일중우호는 멀리서 배려하는 관계가 아니고 절차탁마(切磋琢磨)해서 협력하는 것이 진정한 전략적 호혜관계라고 표명함으로써 아소 내각도 양국의 전략적 호혜관계를 승계한다는 것을 명확히 드러냈다. 일중 정상은 미국발 금융위기와 관련해 아시아에서 통화위기가 발생할 경우 외화를 융통하는 틀을 강화하기로 합의했다.

중일 양국의 호혜관계를 강화하기 위해서는 현안을 해결해야 한다. 전략적 호혜관계의 시금석이라고 하는 동중국해의 가스전 개발문제는 6월에 정치적 합의가 이루어졌지만 구체적 실행을 위한 협의는 시작되지 않았다. 공동개발에 따라 얻어지는 쌍방의 이익을 국민에게 알리기 위해서도 신속히 교섭을 전개할 필요가 있다. 아소 수상은 금융위기에 대한 대응에서 일본과 한국 간의 연계를 강화하기로 했다. 문부과학성이 중학사회과의 신학습지도요령 해설서에 독도를 명기한 것을 계기로 냉각된 한일 양국관계의 복원을 꾀한 것이다. 2008년 12월에 일본에서 한중일정상회담이 ASEAN과 별도로 처음으로 열렸고, 금융위기에 대처하기 위한 경제협력으로 통화스와핑 확대에 합의했다. 국제적인 과제를 두고 한중일 3국의 협력이 매우 중요하다(≪요미우리신문≫, 2008.10.25).

제7장

일본의 헌법 개정 논의와 외교안보정책 변화

1. 서론

일본은 헌법 개정을 위해 지난 수년간 국회와 정당 차원에서 다방면으로 논의해왔다. 개정을 위한 구체적인 내용은 이미 모두 거론된 상태이고 자민당과 민주당에서 헌법 초안을 발표했다. 고이즈미 이후 아베 수상이 등장하면서 헌법 개정에 관한 기초 작업이 정부 차원에서 본격화되었다. 일본은 헌법 개정을 위한 논의를 본격적으로 시작하여 2000년 1월 정기국회에서 중·참원 양원에 헌법조사회를 설치하고 입법부 차원에서 헌법 논의를 정식으로 개시했다. 헌법조사회는 헌법에 관해 광범하고 종합적 조사를 실시하여 결과보고서를 의장에게 제출했다.[1]

헌법 개정에 대하여 자민당 내에는 야마사키 전 정조회장 등의 개헌적극파와 가토 고이치(加藤紘一) 전 간사장 등 자유주의 계열의 신중파가 혼재되

---

[1] 중의원은 나카야마 다로(中山太郎) 전 외상을 회장으로 하여 의원 50명으로 구성되고, 참의원은 무라카미 마사쿠니(村上正邦) 자민당 참원의원회장을 회장으로 하여 의원 45명으로 구성되었다. 존속기간은 5년이다.

어 있으며, 헌법 초안을 제시한 후의 공식입장은 헌법 개정 필요성을 인정하며 광범위한 헌법 논의가 바람직하다고 주장한다. 공명당은 국민주권·평화주의·기본권 존중의 3원칙과 제9조(평화조항)의 견지를 전제로 폭넓게 논의할 필요가 있다는 입장이다. 민주당은 헌법문제에 대한 논의가 필요하고 자위대의 헌법 해석상 설명이 어려운 부분에 대하여 헌법과 법률을 명확히 할 필요가 있다는 입장이다. 하토야마 등 개헌적극파와 요코미치 다카히로 (橫路孝弘) 등 구 사회당 계열의 소극파가 혼재되어 있었으며, 헌법 개정의 필요성을 인정한다. 공산당과 사민당은 개헌에 반대하며 헌법조사회의 설치 표결 시 반대했으나 개헌 논의에 참석해 왔다.

헌법 개정은 5년간 행해진 정책의견 수렴의 컨센서스 형성 과정을 거쳐서 작성된 2005년 헌법조사회의 최종보고서를 기반으로, 구체적 사안까지 충분한 논의를 거친 후 적절한 시기에 헌법 개정을 실행하려고 한다. 중의원 헌법조사회가 헌법 개정을 위한 보고서를 제출했는데, 현행 헌법 평화조항의 개정과 환경권 등의 새로운 인권을 명문화하자는 주장이 포함되어 있다. 집단적 자위권의 법적 인정문제와 수상 권한의 강화도 논의되었다.

이 글은 일본의 헌법 개정 과정을 고찰하고 그 내용을 분석하면서 일본의 외교안보정책이 헌법 개정과 함께 어떠한 방향으로 전개될지에 대한 연구이다. 일본의 헌법 개정과 외교안보정책의 변화 방향을 분석하여 동북아시아 국제정치 속에서의 함의를 살펴보고 한국의 대응에 대해 논의하고자 한다. 일본의 헌법 개정 과정, 개정 내용, 개정 초안 등을 분석하고, 그 내용 측면에서 집단적 자위권을 중심으로 외교안보정책의 변화 방향을 고찰해 보려고 한다.[2]

---

2) 일본의 정책 결정은 대부분 컨센서스를 통해 이루어지고, 정책과 제도는 점진적·진화적으로 변화한다. 따라서 일본 정치외교의 정책 변화는 급격한 변화를 거부한다고 할 수 있으며, 이에 따른 헌법 개정의 과정을 살펴보고자 한다.

2. 헌법 개정의 논의

1) 헌법 개정의 과정

21세기 들어 일본정부는 일본을 보통국가화하려는 헌법 개정 과정에 착수했다.[3] 자민당을 중심으로 한 개헌세력이 헌법 개정 수속을 위한 국민투표 절차를 규정하기 위한 헌법문제 검토팀을 구성하고, 보수 대연합세력과 함께 헌법 개정을 추진해왔다. 자민당 내에는 나카소네 야스히로(中曾根康弘) 전 수상을 중심으로 한 헌법 개정 추진파와 가토 전 간사장이 중심인 신중파가 있고, 민주당 내에도 보수계 의원과 구 사회당계 의원이 있어 헌법문제에 대한 견해가 서로 다르다. 구체적인 개헌 논의에서 당파를 초월한 다양한 연합·대립이 가능하다. 정계와 국민의 여론을 볼 때 개헌 가능성은 상당히 높다.[4] 구체적으로 어느 정도까지 개정되는가가 문제이다.

---

3) 일본은 1945년 태평양전쟁에서 패배한 이후 맥아더사령부에 의해 성립된 평화헌법을 채택하여 제9조를 통해 전쟁을 금지하고 군대와 무기 생산을 제한하여 자위대를 유지해왔다. 1952년 미군정이 끝난 이후 미국은 일본이 평화헌법을 개정하리라 생각했으나 일본 자국 내의 반전세력과 요시다 노선의 영향력에 의해 평화헌법을 유지하면서 경제발전에 매진해왔다. 20세기를 마감하면서 일본은 과거를 정리하고 새롭게 보통국가로의 전환과 헌법 개정을 위한 움직임에 착수했다.

4) 일본 의원내각제 정치의 묘미는 연립내각의 타협에 의한 정책 결정 및 운용에 있다. 대통령제가 독자적으로 운용되는 것이 아니라 핵심 지도자들 간의 협상 및 양보·절충으로 정책을 결정해가는 집단지도체제라고 할 수 있다. 지도층뿐만 아니라 중하위 관계인사에게까지 광범위하게 의견을 수렴한 이후에 핵심 지도자들을 중심으로 결정이 이루어지면 관계인사 모두가 그 결정에 따르는 참여민주주의적 컨센서스라고 하겠다. 최종 결정을 위해서 수많은 모임과 협상이 네마와시(根回し, 사전교섭)라는 이름하에 비공식적으로 이루어지며, 일단 정책이 결정되면 전원이 동의하고 신속하게 이를 수행한다. 정책 결정에 시간이 걸리나 차질 없이 정책이 수행될 수 있어서 장기적으로는 효율적인 시스템이라고 볼 수 있다. 결정까지 시간을 두고, 서두르지 않아서 실수를 예방하도록 한다. 이러한 광범위한 정책네트워크에 의한 정책 결정방식은 장기적 신뢰관계에서 나오는 호혜적 동의에 기초한다. 이런 과정에 따라 결정되는 정책이나 규범에 당사자 전원이 순응하며 따르는 질

본격적인 헌법 개정의 시작으로 2000년 중의원에 헌법조사회를 설치하고, 헌법상의 여러 문제를 검토하기 위한 국회법 개정안이 중의원에서 통과되었다. 헌법조사회의 목적은 일본국헌법에 대한 광범하고 종합적인 조사로, 기능상 의안제출권은 없고 보고서를 작성하도록 되어 있다. 헌법 개정 논의를 위한 헌법조사회는 1956년 내각에 설치되어 헌법 수호를 주장하는 사회당의 반대에도 자민당과 보수파에 의해 진행되어 1964년 헌법 개정의 필요유무에 관한 검토를 포함한 조사 결과를 최종보고서로 내각과 국회에 제출했다. 헌법조사회 설치는 1990년대 정계 재편 이래 자민당 보수연립내각과 민주당 보수파와의 보수 대연합세력이 전후 총결산의 일환으로 헌법 개정 논의를 주도한 것으로, 민주당·공산당·사민당의 진보세력도 논의에 참가했다.[5]

　헌법 개정에는 국회의원 2/3와 국민 과반수의 동의가 필요한데, 개헌 세력이 충분히 성장할지가 관건이다. 여론의 흐름은 헌법 제9조 평화조항의 개정론 쪽으로 기울고 있다. 수상 자문기관인 21세기구상간담회의 보고서도 집단적 자위권의 논의가 필요함을 지적하고 제9조 개정론에 가까운 입장을 취했다. 제1야당인 민주당 내에서도 하토야마와 소장 그룹은 제9조 개정론에 찬성한다. 이 외에도 환경권이나 알 권리, 프라이버시권 등을 헌법에 추가하자는 의견이 있고, 정보공개나 수상직선제 등도 논의되었다.[6]

　서의식이 국민교육으로 뿌리박혀 있다.
5)　헌법조사회 중간보고서의 내용 분석은 김지연(2004) 참조.
6)　주요 정당의 헌법 개정에 대한 입장은 박철희(2007) 참조.

2) 주요 정치가의 입장

자민당의 나카소네 전 수상은 헌법 개정의 조건으로 외국과의 관계를 중시하는 것은 자주성의 결여라고 본다.

헌법 제1조에 주권재민이 규정되어 있고 헌법 제정 권력이 국민에게 있으며 이를 발동하는 것이 민주주의고, 현행 헌법 제정의 경과에서 일본인 스스로의 의사로 헌법을 만드는 것이 민주주의의 제일보이고, 외국과의 관계 때문에 고칠 필요가 있다 없다 하는 것은 잘못이다. 헌법 개정에서 중요한 것은 집단적 자위권의 문제인데, 현행 헌법하에서 개별적 자위권은 있지만 집단적 자위권은 행사할 수 없으므로 집단적 자위권을 인정해야 한다. 헌법 제9조에서 제1항은 남겨두어도 되나 제2항 이하는 개정해야 한다 (中曾根康弘, 2000: 149~181 참조).

자민당의 가토는 국가관에 대해 세계화시대에 일본이 어떤 점에 입각해서 나아가야 할 것인가, 일본의 문화와 전통, 일본의 모습과 지금까지 걸어온 방식, 앞으로의 도달점은 어떤 것이어야 하는가가 중요한 문제라고 말한다.

자연과의 대면방식에서 일본은 독특한 사상과 철학을 유지해왔다. '거기로 되돌아가 보자'라는 점에서 국가정체성을 찾는 것이 중요한 포인트이다. 국가관 논쟁에서 두 번째로 중요한 것은 일본을 스스로 지킬 것인가 아니면 타국에 의존할 것인가에 관한 논의와 헌법논쟁이다. 자기 나라를 스스로 지키자고 자주방위론을 주장하는 사람이 동시에 미일안보조약을 견지하자고 말하는 것은 모순이다. 일본은 미일관계 또는 미중일관계 속에서 국가의 안전보장을 생각해야 한다.

헌법 제9조는 전후 일본의 외교안보에 관한 대외적 선언의 성격이 있다. 헌법 제9조 개정에 대해서는, 다음의 경우에 국제정세의 변화라는 관점에서 국민에게 개정을 제기해야 한다. 첫째, 미일안보조약의 유지조건으로 미국이 호혜성을 요구해왔을 경우, 둘째, 유엔의 여러 나라가 일치하여 상비군이 설립되었을 경우, 셋째, 아시아 집단 안전보장기구가 설립되어 일본도 경찰과 군대의 파견이 의무화되는 경우이다.

개별적인 자위권에 대해서 현재의 제9조는 상당히 이해되지 않는 부분이 있으므로, 이에 대한 개정을 중국과 한국에게 설명하면 지금 시점에서도 납득해줄 것이다. 문제되는 것은 집단적 자위권, 즉 다른 나라와 집단적 자위권에 근거한 군사동맹을 맺을 것인가 하는 점이지만 한국은 앞으로 10년, 20년 동안은 이를 희망하지 않는다. 중국도 희망하지 않을 것이다. 국제경찰의 임무를 미국에만 맡겨두어도 괜찮은가. 이 점에서는 일본이 군대를 해외로 파견하는 것을 주변 국가들이 납득할 수 있을 만큼 국제정세가 숙성되지 못했다. 과거 역사의 총괄문제를 포함한 객관적 정세를 일본이 만들어가야 한다.

오자와 민주당 당수는 개헌에 찬성이다. 국민의 생명이나 재산, 인권을 지키고 평화로운 삶을 실현시키기 위해 국민 스스로가 정한 규칙이 헌법이다. 시대가 바뀌면 규칙도 바뀌어야 하는데 50년 이상이나 헌법은 개정되지 않았다. 새로운 시대에 필요한 가치관을 첨가하는 일도 없이 화석이나 다름없는 것을 마치 소중한 보물인 양 껴안고 있는 셈이다. 게다가 현행 헌법이 완벽하다는 식으로 주장하는 사람들이 많다. 미군 점령하에 제정된 헌법이 독립국가가 되어도 기능하고 있는 것은 이상하다. 일본은 오랫동안 헌법 개정을 논하는 것도 꺼리는 분위기여서, 개헌을 주장하면 평화헌법을 고수하는 사람들은 우익반동이라고 할지 모른다. 1951년 샌프란시스코 강화조약 체결을 계기로 미군 점령하에 제정된 헌법은 무효라고 선언하고 대일본제국헌법으로 되돌아가서 새로운 헌법을 제정했어야 했다. 21세기를 맞이하는 지금 큰 전환기에 있으므로 일본적인 공모(共謀)주의로는 내외의 변화에 대응할 수 없다. 국민의식을 세계에 통용하게 바꿔야 한다. 그러기 위해서는 먼저 법체계의 근간인 헌법이 여러 가지 측면에서 미비한 상태로 놓여 있는 것부터 새로이 고쳐야 할 필요성이 있다(小澤一郎, 1999 참조).

일본의 평화활동은 세계 각국이 가맹한 유일 평화기구인 유엔을 중심으로 해나가야 한다. 국제협조주의는 좀 더 구체적으로 헌법에 명시되어야 한다. 새로운 시대의 평화주의 이념을 표명한다면 군사대국화라는 인접 국가들의 우려를 피할 수 있고 오해를 해소할 수 있다. 재정지원만으로는 더 이상 통용되지 않는다. 국제사회와의 협조를 도모하기 위해서는 유엔을 중심으로 한 다양한 활동에 적극적으로 참가해야 한다. 일본이 솔선해서 유엔 상비군 구상을 제안해야 한다. 무기나 기술의 발달에 의해 종래의 주권국가론은 통용되지 않게 되었다. 개별적 자위권이나 집단적 자위권만으로 자국의 평화를 지키는 것은 불가능하다. 집단안전보장, 즉 지구 규모의 경찰력에 의해 질서를 유지할 수밖에 없다. 자위대는 역사적 사명을 마치고 앞으로 축소해가게 된다. 일본은 유엔 상비군에 인적 지원과 경제력을 제공해야 한다. 국제평화와 안전의 유지, 회복을 위해 적극적으로 공헌하는 것은 헌법 제9조에서 말하는 국권의 발동인 전쟁과는 전혀 다른 것이다.

또한 개헌의 내용으로 공공의 복지라는 개념을 국민에게 잘 이해시키고 구체적인 위기관리시스템을 제안해야 한다. 그리고 조직범죄에 의해 국민 전체가 불이익을 받을 위험성을 계몽하고, 환경권과 알 권리 같은 새로운 인권도 도입해야 한다. 헌법 제4장 국회편은 전면적으로 개정해야 한다. 참의원을 영국과 같은 권력 없는 귀족원으로 만들어야 한다. 참의원을 선거에 의하지 않는 명예직 같은 것으로 만들어서 훌륭한 업적이나 현저한 실적이 있는 사람에게 심의를 부탁한다는 식의 제도로 바꾸는 것이 낫다. 선거로 선출된다는 것은 어떠한 형태로든 이해대표자가 되는 것이다. 명예직 참의원에게는 그런 개별적 이해관계를 차단하고 공평중립적인 판단을 내리게 하는 것이다. 중의원을 통과한 법안은 참의원에서 부결되어도 중의원으로 다시 되돌려져서 통상의결로 가결될 수 있게 한다. 이해관계가 얽히지 않은 참의원이 견제하고 있다는 사실의 중요성으로부터 양원제의 의의가 부각되는 것이다.[7)]

내각의 초법규조치는 민주주의의 부정이며 독재의 논리이다. 공동으로 결정한 약속을 지켜가는 것이 민주주의인데 초법규조치를 이용하는 것은 부당하다. 비상사태에 대비해서 제대로 된 규칙을 정해야 한다. 민주주의는 어디까지나 법률과정이 적절해야 한다(due process of law). 또한 헌법재판소를 창설해야 한다. 헌법소송은 너무 재판의 진행이 느리다는 데 문제가 있다. 법체계를 합리적으로 해서 진행을 빠르게 할 수 있다. 헌법 개정은 할 수 없다고 포기해서는 안 된다. 헌법 제96조를 바꾸어야 한다. 제96조는 헌법 개정 불가라는 것과 다름없기 때문이다. 국민투표를 국회보다도 먼저 행하는 것은 어떤가. 시대에 뒤떨어진 헌법을 바꾸기 위해서는 주권자인 국민의 의사를 존중해야 한다.

하토야마 전 민주당 당수는 미래 일본이 어떤 모습이어야 할 것인가에 대한 폭넓은 논의가 국회에서 좀처럼 나오고 있지 않다고 비판했다.

국가관에 대한 더 많은 논의가 이루어져야 한다. 그러면 당연히 헌법 논의는 불가피한 것이다. 헌법 개정 논의가 나라를 위태롭게 하고 평화를 위협하는 발상이라는 잘못된 생각이 있고, 호헌이 평화주의라는 전형적인 발상에 묶여왔다. 한편에서는 미국에서 빌려온 헌법이니까 개정해야 한다는 주장도 있다. 이제 낡은 발상을 뛰어넘은 논의를 해야 할 것이다. 헌법 제9조가 위험한 것은 쓰여 있지 않은 부분이 당대 권력자의 발상으로 제멋대

---

7) 민주당이 참의원에서 다수를 차지하여 실제로 자민당을 견제하고 있는 상황과 오자와의 주장과는 괴리가 있다.

로 해석되는 것이다. 헌법과 법률 속에 가능한 것과 불가능한 것을 꼼꼼히 논의한 후에 규정해야 할 것이다. 국제법적으로 군대라면 군대라고 인정하고 할 수 없는 것은 할 수 없다고 분명하게 선언한다는 의미에서의 제9조 개정은 있을 수 있다. 자위대는 누가 봐도 군대이므로, 있는 그대로 자위대는 군대라고 인정하는 것이 좋다.

또한 오자와의 일본국 개헌 시안 내용을 그대로 받아들일 수는 없다. 지금의 정계는 자민당 중심의 총보수화 경향에 있다. 그 일각을 차지하는 오자와의 시안은 어디까지나 총보수의 여당적인 입장을 대변한 헌법 개정론에 지나지 않는다. 오자와의 발상은 총보수보다 더 나아가서 국가주의적인 시안이라고도 말할 수 있다. 이런 총보수화의 경향에 대비해서 뉴리버럴이라는 새로운 이념을 21세기 일본에 적용시키고자 한다. 지금까지 일본에서 리버럴이라 하면 완고한 호헌사상으로 미국을 싫어하는 의식을 지니고 평등주의적인 발상에서 약자의 보호를 철저하게 한다는 큰정부 지향의 정치 자세를 지적해왔다. 뉴리버럴은 리버럴이란 이름은 그대로 따왔지만 방향성은 오히려 그 반대이다. 뉴리버럴은 헌법이 개정 불가하다고 생각하지 않는다. 헌법 개정은 논의를 진행시켜야 할 주제이며, 기본적으로 친미의식이 있고 시장경제에 더 활발하게 자유와 자율성을 지니게 하고, 정부의 역할을 될 수 있는 한 작게 한다. 굳이 뉴리버럴이라고 말하는 이유는 약자보호와 같은 리버럴의 금과옥조에 속박되는 것이 아니라 시장경제의 유효성을 인정하고 오히려 강한 경제를 만들기 위한 방책을 적극적으로 창출해나가는 것이 중요하다고 생각하기 때문이다.

미국이 국익만 챙기고 있다는 현실을 일본은 냉정하게 받아들여야 한다. 세계에서 가장 힘이 센 미국의 의사가 유엔의 의사를 좌우하는 경우가 많다. 유엔이 평화유지활동이라는 선의를 가지고 있지만 그 배후에는 미국 국익의 확보라는 속셈이 있다. 유엔중심주의를 표방하는 일본이 단지 미국의 국익을 위해 싸우고 있다는 구도가 될 수도 있다. 유엔은 정의라는 식의 유엔만능주의는 위험하다. 뉴리버럴은 기본적으로 친미이다. 그러나 국가로서의 자립성은 확실히 담보하지 않으면 안 된다. 미국으로부터 자립해서할 말은 하는 것이 바람직하다. 중요한 것은 국가의 자립성을 확보하고 존엄한 국가로서 제 생각을 호소하는 것에 의해 외국으로부터 인정을 받는것이다. 때에 따라서는 개인의 자유가 제한되어도 좋다고 생각하지만 헌법에 명시하면 항상 개인보다도 국가가 위에 있다는 발상으로 되어버리는 위험성이 있다. 기본적 인권은 보장되어야 하고 공공의 복지는 이를 따르는것이다.

종신의원은 부패를 조성하고 부적절한 참의원 개혁은 바람직하지 않다. 훈장수여자를 참의원의 종신의원으로 한다는 발상은 특권 계급을 부활시키고 부패구조를 만드는 계기가 될 것이다. 민주당의 간이 왜곡된 것을 바로잡기 위해 일원제를 지지한다고 말하고 있지만 나는 그렇게 생각하지 않는다. 전후 천황은 상징적인 존재다. 왜 상징천황을 국가원수라고 굳이 말해야 하는가. 오자와는 국가원수라는 말을 하는데 그런 불필요한 논의는 그만두고 상징천황으로서의 천황의 존재를 국민모두가 인정하고 존경하면되지 않는가. 정치가 존경을 받기 위해서는 국가의 리더를 국민이 직접 투표해서 결정하는 수상공선제를 도입해야 한다. 국민 스스로가 선출한 수상대신이라면 그 수상에 대해 선출한 사람의 책임감이 생겨난다. 정치에 대한 존경과 책임을 부활시키기 위한 수단으로도 수상공선제가 바람직하다. 뉴리버럴의 입장에서 본 헌법 개정은 오자와 시안과는 다른 모습이 될 것이다. 국가주의가 아니라 국민주권의 입장에서 과연 현행 헌법으로 그대로나아가도 될 것인가 하는 논의를 해나갔으면 한다.

민주당의 간은 현행 헌법이 민주헌법이라고 본다.

전후 일본의 사회구조가 정치나 행정의 구조로 나아가 국민의식이 헌법이 기대한 형태로 되어 있지 않다. 일본은 유엔을 중심으로 다양한 지역 분쟁에 대처해야 한다. 기본적으로 집단적 안전보장의 방향으로 나아가야 한다. 자위권은 헌법 제9조에 의해 부정되어 있지 않다. 일본은 전후 여야당 모두 헌법에 관한 안전보장의 논의를 동결해왔다. 적어도 전수방위에 근거한 국내의 법적 정비는 필요하다. 국민이 있고 국가를 강조하는 것이지 국가가 있고 국민이 있는 것은 아니다. 헌법 개정에 관해서는 장기간 논의한 후에 국민의 컨센서스가 생겼을 때 생각해야 할 문제라고 본다. 헌법을 크게 바꾸기 위해서는 집단적 안전보장의 논의를 적극적으로 받아들일 수 있는 때가 되어야 한다. 현행 헌법에 명확하지 않은 점이 있더라도 그를 개정하기 위해서는 거듭된 논의와 국민적 컨센서스 형성이 필요하다.

헌법 제9조의 논의는 세 카테고리로 나누어 논의해야 한다. ① 고유의 자위권에 근거한 전수방위, ② 주변 유사, ③ 유엔결의에 근거한 PKO, 유엔, 경우에 따라서는 다국적군도 포함한 활동이다. 일본안보의 주요점은 핵억제이다. 전수방위를 위한 자위대와 그것을 보완하는 미일안보조약이라는 구조에는 국민적인 이해가 필요하고 주변국의 이해도 필요하다. 미일안보의 핵억제력에 어느 정도 의존하면서, 일본에 대한 핵무기에 의하지 않은 직접침략에 대비한 준비는 기본적으로 자주적으로 해야 한다. 안전보장의 차원을 넘어선 외교정책으로 일본의 자립을 목표로 하자는 것이다. 비핵3원칙과 관련하여, 핵의 통과는 허용한다. 핵의 반입, 즉 일본 육상으로의 핵무기 휴대금지는 지금도 지켜지고 있고 사전협의의 대상이 된다고 미국정부도 말하고 있다. 핵의 통과는 사전협의의 대상이 되지 않는다고 미국 측은 말하고 있고 이것이 현실적이라고 인정한다.

3) 집단적 자위권에 관한 논의

전 부시 정부 국무부 부장관 리처드 아미티지(Richard Armitage)가 2000년에 제출한 미일관계에 관한 보고서는 양국 간의 성숙한 파트너십을 위해 작성된 것으로, 미일 간 동맹 강화를 천명했고 정보분야의 협력을 제기했으며, 성숙한 파트너로서의 대등한 입장에서 역할 분담과 비용 분담을 넘어서 힘 또는 지도력의 분담과 책임 분담을 논하고 일본의 적극적 국제공헌을 요구했다. 이 보고서는 미일동맹관계의 재편을 주장하고 있으며 그 핵심은 일본의 적극적인 역할을 요구하는 사항들로 이루어져 있다. 그 중 두드러진 것은 집단적 자위권의 행사가 가능하도록 일본의 헌법 개정을 지지한다는 내용이다.

일본이 유엔 안보리 상임이사국에 가입하여 PKO 활동에 적극적으로 참여하고, 미일안보동맹과 신가이드라인의 원활한 수행을 위해 현행 헌법상의 제약을 없애고 집단적 자위권을 인정해야 한다는 것이다. 일본의 국제적 역할을 확대하고 군사력을 증강하여 동북아시아에서 미군의 역할을 분담하고, 나아가서 미군이 동북아시아에서 물러갈 때에도 중국과 러시아 등을 견제할 수 있는 세력균형자 혹은 미군의 전초기지의 역할을 해야 한다는 것이다.[8]

---

8) 일본의 군사적 역할 확대는 기본적으로는 미일동맹(신 미일가이드라인)의 틀 안에서 중국의 군사 동향, 북한문제의 향방을 고려하면서 속도가 조절되겠지만 궁극적으로 독자성과 힘의 투사능력을 확보하여 국익에 따라 군사력을 활용할 수 있는 길을 모색하고 있다. 일본은 중국의 군비 증강 움직임, 핵·미사일 전력의 현대화와 장거리 투사능력의 병기 도입, 북한의 핵탄도 미사일 개발 추진 등을 안보 위협으로 인식하고 이에 대비한 억지능력 강화를 추진 중이다. 또한 일본은 소련 해체를 계기로 북방 중시의 방위태세에서 중국과 한반도를 겨냥한 방위에 초점을 둔 태세로 전환하고 일본전수방위에 머무르던 안보역할을 아시아태평양 지역으로 확대했다. 일본은 2007년 1월 방위청을 방위성으로 승격했고, 일본정부는 자위대를 PKO와 관련 PKF(유엔평화유지군) 본연의 업무를 위해서도 파견할 수

일본의 헌법 개정 논의는 전수방위를 규정한 평화조항을 포함하여 자위대의 지위뿐만 아니라 미일안보동맹에서 주요한 의미를 갖는 집단적 자위권에 대한 인정여부를 포괄하는 광범위한 것으로서 일본 안보정책의 향방에 커다란 의의가 있다. 2000년 1월 헌법조사회가 설치된 이래 일본 내 헌법 논의에 관한 관심이 높아졌고 헌법조사회의 헌법 개정 각론 논의 등을 계기로 헌법 개정 논의가 본격적으로 진행되었다. 민주당 등 야당은 헌법 개정을 수용하는 여론을 배경으로 정계 개편을 염두에 두고 헌법 논의에 참가했다. 자민당 내에서도 헌법 논의 공론화 압력이 강해지면서 각 파벌별로 구체적 방안을 마련하는 등 헌법 논의가 본격화되었다.[9]

헌법 개정 논의의 핵심부분으로 현행 헌법에서는 자위대의 법적 지위가 불명확하며, 일본의 국제공헌 활동 참여 및 미일동맹의 실효적 운영 등에 한계가 있는 만큼 제9조 개정을 통해 자위를 위한 군대보유 명기, 집단적 자위권 행사 및 집단안전보장의 참여를 인정하자는 것이 개헌론자들의 주요 논거이다. 헌법 제9조는 제1항에서 전쟁을 포기하고 제2항에서 전력보유 및 교전권행사를 금지하고 있어 현행 헌법상 군대의 보유, 집단적 자위권의 행사 및 무력행사를 포함한 집단안전보장체제 참여는 허용되지 않는다는 것이 일본정부의 공식 입장이다.[10]

집단적 자위권이란 미일동맹하에서 미국이 전쟁을 수행할 때 일본이 공

있도록 기존의 PKO협력법을 개정했다.

9) 2000년 12월 하시모토파가 자위를 위한 군대보유, 집단적 자위권의 행사 등을 골자로 하는 기본 방침안을 발표한 데 이어, 에토·가메이파도 지침 작성을 위한 프로젝트를 발족했다. 고이즈미 수상의 측근인 야마사키 간사장도 헌법 개정안을 책으로 발표했다.

10) 고이즈미 수상은 자위대 존재의 위헌 여부 논의는 문제가 있다고 보며 자위대에 경의를 가질 수 있도록 법과 환경을 정비할 필요가 있다고 하면서도, 당분간 헌법 제9조의 개정을 추진하기는 어렵다는 의견을 표명한 바 있다. 나카타니 겐(中谷元) 전 방위청장관은 현행 헌법에서도 자위대는 인정되어 문제가 없으나, 헌법 개정 논의를 지켜보겠다는 입장을 표명했다.

동으로 전쟁에 참가하는 것을 의미하며 현행 헌법에서는 금지되어 있다. 일본이 국제법상 집단적 자위권을 갖고 있는 것은 주권국가인 이상 당연하지만 헌법 제9조에 자위권 행사는 방어를 위한 최소한의 범위에 머물러야 한다는 규정이 있으며, 집단적 자위권을 행사하는 것은 그 허용 범위를 넘기 때문에 헌법상 허용되지 않는다는 것이 일본정부의 입장이다. 고이즈미 전 수상은 자민당 총재 선거 기간 중 해석개헌(헌법 해석 변경)에 대한 당초의 부정적 입장에서 해석개헌을 통해 집단적 자위권의 행사가 가능하다고 수정한 바 있으며, 미일동맹관계의 기능 원활화 측면에서 현행 헌법에서도 제한적 범위 내에서의 행사 가능성을 시사하고 향후 모든 측면에서의 검토 필요성을 강조했다. 일본 근해의 공해상에서 미일이 공동행동을 펼치고 있을 때 미군이 공격을 받게 된다면 일본으로서는 아무 조치도 취하지 않고 방관하고 있을 수만은 없고, 미일동맹이 곧 국익이라고 하는 점을 감안하면 헌법에 관한 해석을 바꿔도 국민의 이해를 얻을 수 있을 것이라는 견해이다(이명찬, 2007).

야마사키 자민당 의원은 해석개헌의 반복은 결국 헌법 개정을 어렵게 하고 국민의 불신이 증폭될 수 있다고 보아 해석개헌을 통한 집단적 자위권 행사에 비판적이며, 집단적 자위권을 인정하고 문민통제의 군대를 보유하도록 헌법에 규정하자고 주장했다.[11] 나카타니 전 방위청장관도 해석개헌이 아닌 정식 개헌을 통해 집단적 자위권을 행사하도록 함이 바람직하다는 입장을 표명했다. 한편, 종래의 정부 측 해석에 변경을 요구하고, 국가안전

---

11) 야마사키 간사장이 발간한 『헌법 개정』(2001)에 따른 헌법 제9조 개정 시안은 다음과 같다. "일본 국민은 정의와 질서를 기조로 하는 국제평화를 절실히 갈망하며, 자위권을 행사하는 경우를 제외하고는, 국권의 발동에 의한 전쟁과 무력에 의한 위하 내지는 무력행사를 영원히 포기한다. 일본국의 주권과 독립을 지키고, 국가의 안녕을 도모하며, 국제평화의 실현에 협력하기 위해, 내각수상대신의 최고지휘권 아래, 육·해·공군 및 기타의 조직을 보유한다."

〈표 7-1〉 집단적 자위권의 논의 경위

집단적 자위권과 무력행사에 관한 정부 답변	일본과 해외 관련 주요사건
· 헌법에서 용인된 범위라고 하는 것은 일본 자신에 대한 직접 공격 혹은 긴박했던 공격의 위험이 없는 이상은 자위권의 이름으로 발동해서는 안 된다[1954년 6월 3일 중의원 외무위원회, 시모다 다케조(下田武三) 외무성 조약국장] · 집단적 자위권의 내용이 가장 전형적인 것은 타국에 가서 이를 지키는 것이지만, 그것으로 끝나는 것은 아니라고 생각하고 있다. 이러한 의미에서 집단적 자위권을 일절 가지고 있지 않다고 하는 것은 심한 말이다. 그러나 문제가 되는 타국에 가서 일본이 방위하는 내용은 없다. 그러나 타국의 기지를 도와서 자국의 기지와 협동하여 자국을 지키려고 하는 것은 당연히 종래 집단적 자위권으로서 해석되고 있는 점에서 이러한 것은 물론 일본이 가지고 있다[1960년 3월 31일 참의원 예산위원회, 기시 노부스케 전 수상]	1954년 3월 8일, 미국과 상호방위원조협정 조인
집단적 자위권은 주권국가인 이상 당연히 가지고 있는 것이지만, 헌법 제9조에서 허용되고 있는 자위권 행사는 일본을 방위하기 위해 최소한도로 필요한 범위에 그쳐야 하며, 집단적 자위권 행사는 그 범위를 초월해 헌법상 허용되지 않는다[1981년 5월 29일 이나바 마코토(稻葉誠) 중의원의원에 대한 답변서].	1960년 6월 23일, 미일안보조약 개정, 발효
현재 전투 중인 곳에서 전선에 무기탄약을 공급하는 것, 수송하는 것, 현재 전투가 행해지고 있는 의료부대에 편입시키려는 형태로 의료 활동을 할 경우 문제가 있다. 반대로 전투행위의 장소에서부터 분명히 구분되는 곳까지 의약품과 식료품을 운송하려는 것은 문제가 없다[1990년 10월 29일 중의원 유엔협력에 관한 특별위원회, 구도 아쓰오(工藤敦夫) 내각법제국 장관]	1990년 8월 2일, 이라크군, 쿠웨이트 침공
집단적 자위권은 일본에 대한 무력공격이 발생하지 않아도 외국을 위해서 실력을 행사하는 것이고, 자위권 행사의 제1요건, 즉 일본에 대한 무력공격이 발생했다는 것을 충족시키지 않는 것이다. 집단적 자위권이 자위를 위해 최소한도로 필요한 범위를 초월하는 것이라고 하는 설명을 하는 국면이 있지만, 그것은 이 제1요건을 충족하고 있지 않다[2004년 1월 26일 중의원 예산위원회, 아키야마 오사무(秋山收) 내각법제국 장관]	· 1991년 1월 17일, 걸프전쟁 시작 · 1992년 6월 15일, PKO협력법 성립 · 1999년 5월 24일, 주변사태법 성립 · 2001년 10월 29일 테러대책특별조치법 성립 · 2003년 7월 26일 이라크부흥지원특별조치법 성립

자료: ≪요미우리신문≫(2007.5.19).

보장기본법과 같은 새로운 법률을 통해서 집단적 자위권 행사, 유엔의 집단안전보장 참여 등에 관한 범위를 명확히 규정하는 방향으로 검토를 진행하자는 자민당 국방부회의 제안도 있다.[12] 공명당은 현행 헌법하에서 집단적 자위권 행사가 불가하다는 인식하에 종래 정부의 해석이 준수되는 것으로 이해한다는 입장을 천명했다. 민주당은 헌법에 명기하여 집단적 자위권의 행사를 명확히 해야 한다는 인식을 표명한 바 있으나 당내 구 사회당 계열 의원들의 개헌 반대 의견도 있다. 사민당 및 공산당은 기본적으로 현행헌법 유지(호헌론) 입장에서 해석개헌을 통한 집단적 자위권 행사에 비판적이다.

국민 여론은 1990년대 중반 이후 개헌론이 호헌론을 상회한다. 2000년대 실시된 각종 여론조사 결과 개헌론이 50~60% 선으로 30% 선의 호헌론을 압도했다. ≪요미우리신문≫ 및 ≪산케이신문≫ 등 보수계 신문은 집단적 자위권 행사문제 등 안보방위관련 헌법조항인 제9조의 개정 추진을 지지하는 반면, 진보계 ≪아사히신문≫은 국민 다수가 헌법 제9조 유지를 지지한다고 강조했으며 ≪마이니치신문≫ 및 ≪도쿄신문≫은 국민 참여하의 논의가 필요하다며 중립적 입장을 유지했다.

---

12) 자민당은 개헌론을 바탕으로 제9조 개정 및 개헌 활동을 가속화해야 한다는 입장이 주류이다. 나카소네 전 수상, 야마사키 전 정조회장, 가메이 시즈카(龜井静香) 정조회장 등이 제9조 개정에 적극적인 데 반해 노나카 히로무(野中廣務) 전 간사장, 가토파 및 고노 그룹 등은 신중한 입장이다. 제9조 1항의 평화주의 및 침략전쟁의 금지는 그대로 유지하되 2항의 교전권 포기 조항은 개정하여 군대보유 및 집단적 자위권 행사를 명기하고 무력행사를 수반한 집단안보활동의 참가를 허용하자는 의견이 하시모토파의 기본방침안이다. 제9조 2항을 없애고 1항에서 군대보유와 집단적 자위권 행사를 명기하자는 안은 야마사키 전 간사장의 개정안이다.

3. 아베 내각의 헌법 개정 논의

1) 국민투표법의 성립

2007년 4월 헌법 개정의 절차를 정한 국민투표법이 의회에서 통과되어 일본이 헌법 개정에 좀 더 다가서게 되었다. 아베 수상은 취임 초기부터 헌법 개정을 내각의 과제로 상정하고 추진했다. 헌법 개정을 위한 아베의 전략은 국내 여론을 환기시키고 해외 국가들의 이해를 구하는 것이었다. 미국의 입장은 2007년 4월 아베 수상의 미국 방문 때 헌법 개정의 방침을 장려하는 것이었다. 한편 국민투표법의 규정 등에서 보면 헌법 개정은 2011년 이후라는 지적이 있다. 참의원에서 헌법 개정을 쟁점화했던 것에 대해서는, 민주당과의 거리가 생겨 헌법 개정에는 마이너스라는 비판이 자민당 내에 있다.

2005년 10월에 결정한 자민당의 신헌법 초안에 관해 아베 수상은 전문을 고치는 것이 좋다고 했다. 나카소네가 2차 초안 작성을 장려했으나 아베는 2차 초안 작성은 생각하고 있지 않다고 했다. 역사와 전통이 기술되지 않은 간결한 자민당 안의 전문을 일본적인 것으로 수정해야 한다고 설명한 나카소네의 생각에 아베는 공감했다. 또한 중의원과 참의원의원 2/3 이상의 찬성을 확보하기 위해서는 민주·공명 양당과의 합의 형성이 필요하다 (≪요미우리신문≫, 2007.5.15).

2007년 국민투표법의 성립에 응하여 자민당은 구체적인 헌법 개정전략을 다듬는 작업에 들어갔다. 2005년 10월에 작성한 신헌법 초안을 기초로 3년 후인 국민투표법의 시행에 대비할 것인가, 혹은 좀 더 보수색이 강한 제2차안을 작성할 것인가를 두고 당내에서 논의가 있었다. 신헌법 초안은 신헌법 기초위원장인 모리 전 수상이 중심이 되어 완성했다. 후나다 하지

〈표 7-2〉 헌법연표

1946년 11월	일본국 헌법 공포
1947년 5월	일본국 헌법 시행
1950년 6월	한국전쟁 시작
1950년 8월	경찰예비대 발족
1952년 4월	독립회복
1952년 10월	보안대 발족
1954년 7월	자위대 발족
1954년 12월	· 헌법 개정을 내세운 하토야마 내각 발족 · 정부 '자위를 위해 필요상당한 한도의 실력부대는 전력에 해당되지 않는다'라는 견해
1955년 10월	좌우 사회당 통일
1955년 11월	보수합동에 의한 자유민주당 결성
1957년 8월	정부 헌법조사회 제1회 총회
1960년 6월	신 안보조약 발효
1964년 7월	헌법조사회 최종보고서 제출. 개헌 방향성 나오지 않음.
1990년 11월	유엔평화협력법안(페르시아 만 위기에서 자위대의 다국적군 지원 목적)이 폐안(廢案)
1991년 1월	걸프전쟁 시작
1991년 4월	해상 자위대 소해정 페르시아 만으로
1992년 6월	PKO협력법 성립
1992년 9월	캄보디아에서 PKO로서 자위대 파견
1994년 7월	무라야마 수상(사회당)이 중의원 본회의에서 '자위대는 합헌'이라고 답변
1996년 4월	· 미일안보공동선언. · 신가이드라인(미일방위협력을 위한 지침) 작성
1999년 5월	주변사태법 등 신가이드라인 관련법 성립
2000년 1월	중·참원 양원에 헌법조사회 설치
2001년 9월	미국 동시 테러 발생
2001년 10월	테러대책특별조치법 성립
2001년 11월	해상 자위대 보급·호위함 인도양으로
2003년 3월	이라크전쟁 시작
2003년 7월	이라크 부흥지원특별조치법 성립
2004년 2월	이라크 부흥지원으로 육상 자위대 본대 파견
2004년 6월	국민보호법 등 유사 관련 일곱 개 법안 성립
2005년 4월	중·참원 양원의 헌법조사회 최종보고

2005년 10월	1자민당 '신헌법초안', 민주당 '헌법제언(提言)' 발표
2006년 9월	아베 내각 발족. 수상, 처음 기자회견에서 헌법 개정 의욕
2007년 4월	헌법 개정 절차를 정한 국민투표법안 여당의 찬성 다수로 중의원 통과

자료: ≪요미우리신문≫(2007.4.19).

메(船田元, 전 경제기획청장관)는 자민당의 헌법심의회 회장이 되어 헌법 초
안은 바꾸어야 한다고 했다. 신헌법 제정의원동맹 회장으로 신헌법안의 전
문을 발표했던 나카소네 전 수상과 보수색이 강한 다른 신헌법을 제안했던
후루야 게이지(古屋圭司) 자민당 중의원도 헌법 초안의 변경 의사를 냈다.

개정 원안의 작성 등 자민당의 헌법 논의는 2006년 10월에 설치된 자민
당 헌법심의회에서 진행되게 되어 있다. 모리는 헌법 초안에 보수색을 강
화하면 공명당·민주당과의 합의가 어려워질 것이라고 생각한다. 자민당이
공명당·민주당과 중의원·참의원 2/3 이상의 합의 형성을 목표로 하는 것은
국회의 헌법심사회이다. 헌법심사회의 계획에 따르면 1~2년째는 지식인들
로부터 의견을 듣고 국민집회를 열어 주제의 논의를 심의하고, 3년째부터
개정해야 할 주제를 좁히는 작업을 한다. 독자적인 개정안을 요청했던 정
당과 단체로부터 설명을 요청해 논의에 반영시킨다.

헌법 개정의 초점은 제9조이다. 아베는 시대에 맞지 않는 조문의 전형이
라며 개정을 명시했다. 후나다는 제9조를 포함한 재정 항목의 정비를 위해
국민투표법의 부칙에 규정된 예비적 국민투표제도의 활용을 강조했다. 후
나다는 총무성에 시정촌(市町村)의 투표 상황 등을 문의하여 1~5회까지는
국민투표가 가능하다고 확인했다. 제9조 개정의 찬반여부를 국민에게 물
어, 찬성이 다수라면 공명·민주 양당과의 합의형성에 도움이 될 것이라고
본다. 합의가 어렵게 된다면 제9조는 뒤로 미루고 환경권 등 이견이 적은
항목의 개정을 우선하는 것이 좋다는 것이 후나다의 전략이다.

〈표 7-3〉 헌법문제를 둘러싼 주요한 움직임

2007년 5월 14일	국민투표법 성립(18일 공포)
2007년 7월 29일	참의원 선거 투표 개표. 여당과 야당 역전
2007년 8월 7일	임시국회 소집, 중·참의원에 헌법심사회 설치
2007년 8월 10일	임시국회 폐회
2007년 9월 10일	임시국회
2009년 9월 10일	중의원 임기만료
2009년 9월 30일	아베 수상, 자민당 총재 임기만료
2010년 5월 18일	국민투표법 시행. 헌법 개정 원안 제출과 심사 가능
2010년 7월 11일	참의원 선거
2010년 연내	연내 자민당 공약으로서의 헌법 개정안의 발의 목표
2012년 5월 3일	헌법 시행 65년

자료: ≪요미우리신문≫(2007.8.10).

민주당의 중의원 헌법조사특별위원회 이사인 히라오카 히데오(平岡秀夫)
는 자민당의 조기 개정전략에 민주당도 대응할 수밖에 없다고 하고, 현 상
태에서는 헌법 개정을 정권공약으로 내건 자민당과의 협조는 어렵다고 했
다. 민주당 내 헌법 논의를 주도하는 에다노 유키오(枝野幸男) 헌법조사회장
은 국민투표법의 성립을 둘러싼 당 집행부의 방침에 반발했다(≪요미우리신
문≫, 2007.5.16).

2) 집단적 자위권에 관한 논의

9조 개정에 대해서는 일본의 국제공헌을 위한 법적 기반의 정비가 필요
해 헌법과의 관계를 정비해야 한다고 한다. 이러한 정비를 헌법 개정에 의
할 것인가, 혹은 내각법제국이 보유하고 있지만 행사할 수 없다고 한 집단
적 자위권의 해석 변경에 의할 것인가는 정부와 자민당 내에서도 의견이

분분하다. 야마사키 자민당 전 부총재는 집단적 자위권을 용인하려면 헌법 개정이 필요하다고 했다. 2005년의 자민당 신헌법 초안에서도 제9조 2항의 삭제로 집단적 자위권을 행사할 수 있도록 하고, 행사에 관계되는 명문규정은 안전보장기본법에 나온 방침을 들고 있다. 이에 대해 아베의 생각은 현행법하에서 집단적 자위권의 일부 행사를 용인하고, 가까운 장래에 제9조 개정의 단계에서 전면적으로 용인한 다음, 지구의 이면까지 자위권을 발생시키지 않게 정책적으로 속박하면 된다는 것이다.13)

만약의 경우에 북한군이 한국을 침입할 위험이 있으면 미국이 민간기 등으로 주한 미국인들을 일본으로 피난시킬 것이다. 이때 항공 자위대의 전투기 F15가 공해상을 경비 중 북한 전투기가 미국 민간기를 공격하는 경우에 현행법에서는 주변사태이지만 일본기가 북한기를 공격할 수 없다. 항공자위대 간부는 본인이 사령관이라면 공격을 명령한다고 말한다. 헌법 제9조보다 미일동맹을 택할 것이다. 정치가 해결해야 할 것을 현장의 지휘관이 담당하고 있는 것이 지금의 실정이라고 한다.

아베는 관방장관 시절부터 해석 재검토 가능성을 법제국에 물어왔지만 해석은 바꿀 수 없다는 법제국의 자세는 미동도 하지 않았다. 그러나 아베는 2006년 9월 수상이 되면서 법제국도 내각의 일부이므로 상관은 자신이라고 했다. 한편 아베 내각의 발족에 따라서 사카타 마사히로(阪田雅裕) 법제국 장관이 용퇴했다. 아베는 제9조가 금지한 집단적 자위권의 행사에 관계한다고 볼 수 있는 사례에 대해서 자위대의 대처가 법적으로 가능하다고 정부가 결론을 내는 것과 이를 지식인 간담회에서 연구시키는 것을 고려한

---

13) 예를 들어, 이라크 부흥지원 임무로 사마와에 파견된 육상 자위대가 하루 일과를 끝내고 숙영지로 복귀하는 도중, 도로경비를 담당하는 호주 군대가 무장집단에 습격을 받는 것을 발견했다. 이때 일본부대는 어떻게 해야 할까. 이라크특별조치법에 따라 일본은 현장을 우회해서 숙영지로 귀환해야 한다. 인도적으로 가능할 것인가.

다고 했다.

2007년 5월 아베는 법제국의 반대를 피하기 위해 '안전보장의 법적 기반의 재구축에 관한 간담회'(이하 지식인 간담회)를 설치했다. 아베의 조부인 기시 노부스케(岸信介) 전 수상은 1960년 국회에서 헌법상 금지되어 있는 집단적 자위권의 행사는 동맹국에 출동해 방위하는 것과 같은 전형적인 경우라는 취지의 답변을 했다. 아베는 헌법이 금지하는 자위를 위해 필요최소한도를 넘어서는 무력행사에 관하여 필요최소한도는 양적인 개념이라고 하고, 집단적 자위권 중에서도 인정되는 행위가 있다는 생각을 표시했다(≪요미우리신문≫, 2007.5.17).

3) 지식인 간담회의 논의

지식인 간담회에서 아베 수상이 자문했던 것은 '공해상에서 미국함대가 받는 공격에 자위대가 맞서 전쟁을 할 수 있는가' 등의 네 가지 개별사례였는데, 이에 대해 가부로 결정하는 회의에서 일절 집단적 자위권이라는 말을 사용하지 않았다. 이는 집단적 자위권의 행사는 일본을 방위하기 위해서 필요최소한도의 범위를 넘는 것이 되어 허가할 수 없다는 법제국 해석에 대한 비판이었다. 의장인 야나이 순지(柳井俊二) 씨는 회의 후 기자회견에서 헌법 해석을 알기 쉽게 상식에 입각한 것으로 해야 한다며 간담회의 결론이 헌법 해석의 변경이 된다는 것임을 시사했다.

아베 수상의 목표는 재임 중 제9조의 개정이지만 국민투표법 규정 등의 이유로 개정은 빨라도 2011년 이후가 될 것이다. 수상은 미일동맹의 실효성을 높이거나 국제평화에 적극적 공헌을 하기 위해서 필요한 네 가지 개별과제의 해결을 헌법 개정까지 방치할 수 없다는 생각이다. 지금까지 불가능했던 헌법 해석의 변경을 제9조 개정에 대한 발판으로 하려고 한다는 견해도 있다. 헌법 해석을 둘러싸고는 공명당의 오타 아키히로(太田昭宏) 대표가 집단적 자위권의 행사를 인정할 수 없다고 하는 것은 일본의 굳혀진 헌법 해석이라고 해서 간담회의 독주를 견제했다. 시오자키 야스히사(塩崎恭久) 관방장관은 헌법 해석 변경을 지금까지 해오지 않았으나 앞으로는 모른다고 해석 변경에 여운을 남겼다.

지식인 간담회가 검토할 네 가지 유형과 종래의 정부 답변은 다음과 같다(≪요미우리신문≫, 2007.5.19).

① 공해상에서 미국 함대가 받는 공격에 자위대가 맞서 전쟁을 할 경우: 일본에 대항하는 사태가 일어난 이후라면 개별적 자위권의 연장선상에서 행동할 것이지만 일본에 대항하는 사태가 발생하지 않은 경우에는 어떤가(2006년 10월 아베 수상)?

② 미국에 대항할 가능성이 있는 탄도미사일을 미사일방위 시스템으로 요격하는 경우: 실제로 타국에 대항하는 공격을 일본이 격추시키는 것은 집단적 자위권의 행사라고 평가하지 않을 수 없다(2005년 3월 내각법제국).

③ 국제평화협력활동 중 타국 부대가 공격당할 때 자위대가 맞서 싸우는 경우: 집단적 자위권 제도는 자위권을 그 국가가 행사하고 있는지의 여부에도 관계하게 된다[2004년 3월 이시바 시게루(石破茂) 방위성 장관].

④ 무기운송 등의 후방 지원: 보급과 수송협력 등을 타국에 의한 무력의 행사와 일체가 되는 행동으로 행하는 것은 헌법 제9조와의 관계에서 허락되지 않는다(1999년 오부치 수상).

13명의 구성원은 종래의 정부 해석에서 헌법상 금지되어왔던 집단적 자위권의 행사 용인에 적극적인 논객들이다. 그러나 실제 행사 방식에 대해서는 구성원 사이에 다양한 견해가 있다. 오카자키는 집단적 자위권의 권리가 있는 이상 모두 행사할 수 있다고 결정하여 나중에 무엇을 할지 적절하게 정책으로 결정하면 좋을 것이라며 집단적 자위권의 행사를 전면적으

〈표 7-4〉 지식인 간담회의 구성원

이와마 요코(岩間陽子)	정책연구대학원 조교수
오카자키 히사히코(岡崎久彦)	전 태국 대사
가사이 요시유키(葛西敬之)	JR도카이(東海) 회장
기타오카 신이치(北岡伸一)	도쿄대학교 교수
사카모토 가즈야(坂元一哉)	오사카대학교 교수
사세 마사모리(佐瀬昌盛)	방위대학교 명예교수
사토 겐(佐藤謙)	전 방위차관
다나카 아키히코(田中明彦)	도쿄대학교 교수
나카니시 히로시(中西寬)	교토대학교 교수
니시 아사무(西修)	고마자와(駒沢)대학교 교수
니시모토 데쓰야(西元徹也)	통합막료회의(統合幕僚会議)의장
무라세 신야(村瀬信也)	조지(上智)대학교 교수
야나이 순지(柳井俊二)	지식인 간담회 의장, 전 주미 대사

로 승인해야 한다고 주장했다. 한편 헌법 해석에 의해 집단적 자위권의 행사를 용인하더라도 제한적으로 해야 한다는 의견도 있다. 사카모토 교수는 집단적 자위권은 권리도 의무도 아니고, 해외파병을 수반하지 않는 집단적 자위권의 행사는 적극적으로 인정해야 하고, 제한적인 집단적 자위권 행사를 어떻게 실현할 수 있을까가 문제라고 했다(참의원 헌법조사회, 2004.2.8). 나카니시 교수도 집단적 자위권을 행사하지 않는다는 원칙은 냉전시대에는 통용되었지만, 이론적으로 무리한 것이며 일정한 제약을 정한 뒤에 집단적 자위권을 행사하는 형태로 변경해나가야 한다고 했다.

또한 PKO 등 국제평화협력활동에서의 무기 사용 등은 자위권의 발동과 구분해서 생각해야 한다는 주장도 있다. 다나카 교수는 내각법제국은 집단안전보장을 위한 활동에서도 무기 사용이 제한된다는 해석을 만들어왔다. 이 해석에 기초한 다양한 제약은 통상 국제평화협력활동에도 일본이 참가하기 곤란한 조건을 만들어내고 있다고 비판했다. 니시모토 의장도 상식적으로 국제평화협력에 관계하는 여러 활동은 한 국가의 국제분쟁을 해결하는 수단으로서의 무력의 위협 또는 무력행사에는 해당하지 않는다고 했다. 기타오카 교수는 '상호 힘을 합치면 군비도 억제된다. 집단적 자위권을 준비해 놓는 방법이 평화적으로 군비확장을 막는 데 이바지하는 것은 아닐까' 라는 입장이다(중의원 헌법조사회, 2000.4.6).

수상이 검토를 요구했던 두 가지 유형 중 PKO 등에서 공동으로 활동하는 타국 부대로의 후방 지원에 대해 사토는 "수송 등 무력행사는 해당하지 않는 지원이어도 '미국의 무력행사와 일체화하는 경우는 헌법에서 금지된다'고 하는 일체화론은 재검토해야 한다"고 했다(≪요미우리신문≫, 2006.11. 30). 사세 교수는 "개헌으로 집단적 자위권의 행사를 명기한다면 결함이 있는 해석이 현행 헌법하에서 옳았다고 하는 것이 된다. 이것은 바로잡아야 하고 헌법 개정보다도 해석의 변경을 우선해야 한다"고 했다(중의원 헌법조사회, 2000.4.6). 가사이 회장도 우선은 현행 헌법하에서 합리적 해석에 의해 집단적 자위권 행사는 그 실효성을 확보하는 것이 중요하고, 충분한 시간을 들여서 전반적인 헌법 재검토를 논의하면 좋겠다고 했다(≪요미우리신문≫, 2004.8.8).

집단적 자위권에 관한 개별사례를 논의하는 지식인 간담회는 대미지원에 관한 분야에 대해서 집단적 자위권의 행사를 금지했던 정부의 헌법 해석을 변경하고 행사를 용인하는 것을 아베 수상에게 제언할 방침을 굳혔다. 제3회 회의에서 북한 등으로부터 미국으로 향하는 탄도미사일은 자위대가 요격해야 한다는 의견이 잇달아, 이를 위해서는 해석의 변경이 적절하다는 의견이 대세를 차지했기 때문이다. 이전 회의에서 논의되었던 공해상에서의 미국 함선 방호에 대해서도 자위대에 의한 방호의 필요성을 지적하는 의견이 대세가 되었다. 아베 수상이 검토를 요구했던 네 유형 중, 대미지원에 관한 두 종류는 미일동맹 중시의 관점에서 해석 변경이 바람직하다

〈표 7-5〉 미사일 요격을 둘러싼 일본정부의 견해와 간담회 의견

【요격 가능】 일본에 미사일 발사

평시/ 주변사태 등 정세 긴박 시	자위대법의 탄도미사일 등의 파괴조치로 요격
일본유사(무력공격사태)	자위대법의 방위 출동으로 요격

【회색지대】 미국령을 향하여 발사(일본 상공을 통과하는 것도, 하지 않는 것도 포함)

일본정부 견해	미국에 대한 무력공격의 경우, 일본이 탄도 미사일을 격추하는 것은 집단적 자위권의 행사에 해당할 가능성이 있다.
간담회 견해	· 미국을 향한 미사일을 일본이 공격해서 떨어뜨리는 것을 개별적 자위권으로 설명하는 것은 어렵고, 집단적 자위권을 인정해야 한다. · 집단적 자위권 행사를 전제하지 않으면 무리를 거듭하는 것이 된다. · 정세 수집에도 의존하고 있는 미국을 향한 미사일을 떨어뜨리지 않을 선택지는 없다. · 집단적 자위권의 행사로서 설명하는 것은 가장 적당하다. · 미사일이 일본 상공을 나는데도, 왜 공격해 떨어뜨리지 않아서 좋은 것이냐고 하는 것이 보통의 감각이다.

자료: ≪요미우리신문≫(2007.6.30).

는 결론이 확고해졌다.

타국을 향하는 탄도미사일에 대한 일본 MD에 따른 요격에 대해서 종래 일본정부는 집단적 자위권의 행사에 해당할 가능성이 있다는 견해를 표시해왔다. 일본은 미일동맹을 중시하는 입장에서 MD의 전제가 되는 정보 수집 면에서도 미국에 의존하고 있다. 미국을 향한 미사일을 공격해 떨어뜨리지 않는다는 선택지는 없다. MD는 집단적 자위권의 행사를 전제하지 않으면 헌법 해석상 무리가 된다는 것이다. 종래에는 MD 시스템을 도입할 경우 제3국의 방위에는 사용하지 않아 집단적 자위권문제는 발생하지 않는다는 견해가 있었다(후쿠다 전 관방장관 담화).

간담회에서는 미국을 향한 미사일 요격에 대해서 ① 미사일이 일본 상공을 통과해 하와이 등 미국 본토 이외의 미국령으로 날아 올 경우, ② 일본 상공을 통과하지 않고 미국 본토에 날아올 경우로 나눠서 논의했지만, 집단적 자위권의 행사를 인정하고 가능한 한 요격할 수 있도록 정비해야 한다는 의견이 대세를 차지했다. 수상이 검토를 요구했던 네 유형 중 대미지원에 관계되는 방향성을 참의원 선거 전에 확고히 하는 것으로, 일본정부 내에서는 2006년 7월 북한의 미사일 발사로부터 1년이 되는 시기에 미국을 향해 미일 안전보장체제의 실효성 확보를 요구하는 메시지로 해석될 수 있다고 했다(≪요미우리신문≫, 2007.6.30).

4. 결론

1990년대 보통국가화의 움직임과 함께 고이즈미 내각 시기에 헌법 개정 논의가 활성화되고 아베 내각 시기에는 좀 더 박차를 가하는 상황이었으나 아베 수상의 임기가 단명에 그치고 후쿠다 내각이 등장한 이후 헌법 개정 논의가 주춤했다. 일본의 헌법 개정은 평화헌법 제9조의 개정과 맞물려, 평화유지활동과 미일동맹에 중요한 집단적 자위권 용인문제 등이 심각하게 논의되고 있다. 이는 일본의 외교안보정책에 직접적인 영향을 미치는 중요한 사안이다.

아베 수상은 냉전은 종료되었지만 북한의 핵개발과 탄도미사일문제, 국제적인 테러문제, 세계 각지에서 빈발하는 지역분쟁 등에 의해서 일본을 둘러싼 안전보장환경의 냉엄함이 증가하고 있다고 본다. 일본은 이러한 사태에 대처할 수 있는 실효적인 안전보장체제를 구축할 필요가 있다고 주장한다. PKO 등은 적극적으로 수행해나가고, 미일동맹이 신뢰를 바탕으로 효과적으로 기능하도록 하는 것이 중요하다고 본다. 미일동맹의 원활한 수행을 위하여 미군 함선의 보호와 미국을 향한 미사일 요격 등의 집단적 자위권 행사가 용인되어야 한다는 것이다. 무기 사용과 관련하여, PKO 등의 활동에 종사하고 있는 타국의 부대 또는 대원이 공격을 받고 있을 경우에

무기를 사용해서 동료를 도와주는 것은 당연히 가능해야 한다고 본다. 후방 지원문제에서, 보급 수송 의료 등 그 자체는 무력행사에 해당하지 않는 활동에 대해서는 무력행사와 일체화하지 않는다고 하는 조건이 부과되는데 이러한 존재방식에 의문을 제기한다. 새로운 시대 상황에 입각해 새로운 안전보장정책을 구축하는 데 일본이 무엇을 어떻게 수행할지 지금까지의 정부 견해에 대해서도 재고해봐야 한다고 주장한다(≪요미우리신문≫, 2007.5.19).

중·참 양원의 헌법심사회는 위원 정수와 회장의 인선 등이 결정되지 않아 국회에서 활동이 지연되었다. 참원에서 제1당이 된 민주당을 비롯한 야당 측이 개헌을 강력히 주장하는 아베 수상 밑에서는 심사회의 심의에 따르지 않을 것이라고 반대했기 때문이다. 민주당은 이번에 성립한 국민투표법은 여당이 억지로 채택한 것이기 때문에 문제가 있다고 말한다. 기본적으로 헌법심사회는 헌법에 관한 조사 외에 헌법 개정 원안의 제출과 심사 등을 수행하는 국회의 상설기관이다. 심사회가 발족해도 참원에서는 심사회의 회장 지위를 민주당이 가지게 되어, 여당의 페이스로 논의할 수 없다고 한다(≪요미우리신문≫, 2007.8.10).

2007년 7월 참의원 선거에서의 자민당 참패로 정국의 행방이 불투명하게 된 가운데, 여·야당에서 찬성과 반대가 첨예하게 대립되는 집단적 자위권 논의는 피해야 한다는 견해가 있었다. 아베 수상의 정권 기반은 취약해졌고 수상이 간담회 제언을 수용하여 실제 헌법의 해석 변경으로 들어가게 될 지는 불투명해졌다. 간담회는 제4회 회합에서 네 유형 중 PKO 등에 종사하는 타국 부대가 공격 받았을 경우 자위대가 달려가 반격하는 것의 시비에 대해서 논의하고, 순조롭게 진행되면 제언은 11월에 종합될 전망이었다. 일본정부는 수상이 헌법 해석을 변경할 경우에는 각의 결정과 관방장관 담화와 같은 형식이 아니라 자위대법의 개정과 자위대 해외파견에 관한 항구법 제정 등을 시행하고, 국회 논의를 통해 명확하게 하는 것을 상정하고 있었다. 국회에서는 야당이 과반수를 점하는 참의원에서 법안이 부결될 수 있다. 또한 연말에는 소비세율의 인상도 포함한 세제개혁의 논의 등 과제가 집중해 있다. 헌법 해석을 변경하여 집단적 자위권을 용인하는 것에 대해서는 공명당이 절대 인정할 수 없다고 반대하고 있어서 수상이 공명당을 설득할 수 있는지 불투명한 상황이었다(≪요미우리신문≫, 2007.8.5).

중의원 선거 이후에 국제정세의 동향과 국내 여론의 움직임에 따라 헌법 개정의 상황이 전개될 것이다. 미일동맹 및 유엔과 관련한 집단적 자위권의 인정문제는 상황에 따라 헌법 개정에 이를 때까지 헌법 해석의 문제가 될 수도 있다.

2015년 제2차 아베 내각은 미일동맹의 강화를 위해서 집단적 자위권 행사를 용인하고 자위대의 활동 범위를 전 세계로 확대하고 자위대의 무력 사용을 인정하는 미일방위협력지침(가이드라인)의 개정을 완료했다. 아베 수상은 임기 내 헌법 개정을 역사적 사명으로 여기고 완수하고자 노력하고 있다.

일본의 헌법 개정과 집단적 자위권 인정은 안보 측면에서 일본의 국제적 역할을 확대하고, 이를 통해 일본은 보통국가로 나아가게 된다. 미일동맹 강화, 적극적인 PKO 참여, 대테러전쟁 협력, 호주 및 인도 등과의 연대 추구 등 유엔 안보리 상임이사국에 진출하는 전제조건이 될 수 있다. 일본이 헌법 개정을 통해 보통국가가 되려는 상황에서 한국은 한일우호관계를 확립하고 한미동맹, 한미일 공조, 한중일협력 등을 유지하면서 한반도 주변 강대국의 입장을 고려해 6자회담과 같은 틀을 동북아시아 다자체제로 발전시키는 것이 바람직하다.

제3안전보장과 국제협력

1. 안전보장

(1) 9조에 대한 평가

안전보장에 대해서 9조는 지금까지 일본의 평화와 번영을 달성해왔던 역할을 평가하는 의견이 대부분이었다. 또한 최소한 9조 1항의 전쟁 방기 이념을 견지하고, 평화주의를 이후로도 유지해야 한다고 하는 의견이 대부분이었다.

9조에 대한 평가로 ① 현행 헌법은 훌륭한 헌법으로 전후 일본의 평화와 안정, 발전에 커다란 기여를 해왔다는 의견, ② 9조는 단순한 이념이 아니라 군사 대국으로 나아가지 않는 제동 수단이 되고 있는 것이라는 의견, ③ 9조와 전문에 기초한 평화주의와 철저한 평화주의를 향한 국민의 노력이 일본의 평화에 커다란 공헌을 해온 것은 아시아 각국으로부터 평화주의에 대한 지지와 적극적인 평가에서도 명백하다는 의견, ④ 헌법은 군사적 수단에 의한 안전보장을 부정하고, 철저하게 인간 안전보장을 희구하고 있다는 의견이 진술되었다. 이에 대해 9조가 존재하는 것으로 일본이 분쟁을 일으키지 않고, 타국에도 침략하지 않는다는 의견이 있지만, 미일안전보장조약 및 자위대의 존재가 있었기 때문에 일본이 평화와 경제적 번영을 누려왔다는 의견 등이 있었다.

(2) 자위권 및 자위대

자위권 행사로 무력의 행사가 인정될지의 여부에 대해서는 자위권 행사가 있어도 무력의 행사가 용인되지 않는다는 의견도 있지만, 자위권의 행사로서 최소한도로 필요한 무력의 행사를 인정하는 의견이 많았다.

(i) 자위권 및 자위대와 헌법 규정과의 관계

상기했던 바와 같이, 자위권의 행사로서 최소한도로 필요한 무력의 행사를 인정한다는 의견이 대부분이었지만 자위권 및 자위대와 헌법 규정과의 관계에 관해서는 a.자위권 및 자위대의 헌법상 근거를 명확하게 하기 위한 조치를 취해야 한다는 의견, b.자위권 행사와 자위대의 법적 통제에 관한 규정을 헌법에 마련해야 한다는 의견, c.자위를 위해 최소한도로 필요한 무력의 행사를 인정하면서, 9조를 견지해야 한다는 의견으로 크게 나눌 수 있다. 또한 c의 의견 중에는 자위대에 관한 규정을 헌법에 추가해야 할지의 여부에 대해서는 이후의 논의 대상으로 한다는 의견을 포함하고 있다.

또한 d.자위권 행사로서의 무력행사 및 자위대에 부정적인 의견이 있었다.

상기와 같이 의견이 나눠지고 있지만, 자위권 및 자위대에 대해서 무엇인가의 헌법상 조치를 취할 것을 부정하지 않는 의견이 많이 있었다.

a의 입장은 자위권 및 자위대에 대한 헌법상의 위치 부여를 명확하게 하는 것에 중점을 두는 것에, b의 입장은 강력한 공권력 행사인 자위권의 행사를 제한적·억제적으로 하기 위해 발동요건과 한계, 자위대의 행동 원칙 등을 규정하여 법적 통제의 도모에 중점을 두고 있다. 또한 c의 입장은 개별적 자위권의 담보로서 존재하는 자위대는 9조2항의 전력에 해당하지 않는다고 해석할 수 있다고 하는 사고방식에 기초하고 있다.

한편, d의 입장에서는 9조를 견지해야 하는 것으로 일본은 9조의 이념하에서 분쟁의 미연 방지 및 분쟁이 발생한 경우의 평화적 해결을 향한 노력을 수행해야 한다는 의견이 진술되었다. 또한 자위대에 대해서는 이를 부정적으로 평가하고, 재해 대책을 위한 별도 조직으로의 개조와 단계적인 해소를 수행해야 한다는 것 등으로 하고 있다.

(ii) 집단적 자위권

집단적 자위권 행사의 시비에 대해서는 이를 인정해야 한다고 하면서 행사에 대한 제한을 언급하지 않는 의견, 이를 인정하면서 이의 행사에 제한을 마련해야 한다는 의견 및 이를 인정해야 하는 것은 아니라는 의견, 대략 세 가지로 나뉘었다.

집단적 자위권의 행사를 인정해야 한다는 의견은 그 논거로 ① 미국과 공동으로 수행하는 일본의 방위 및 일본 주변에서의 국제협력을 좀 더 원활하고 효과적으로 행사하기 위해 또는 미국과의 대등한 동맹 관계를 구축하기 위해서 이를 인정해야 한다는 것, ② 집단적 자위권은 주권국가가 가진 자연권이고 유엔헌장에도 인정되고 있는 것이기 때문에 일본에서도 이의 행사는 인정된다는 것 등을 들고 있다.

집단적 자위권 행사의 제한에 대해서는 제한 조건을 덧붙이는 것으로 타국과 공동으로 수행하는 활동에 지장을 줄 경우도 상정되기 때문에 헌법에 미리 한도를 만들어야 하는 것이 아니라 상황에 따라서 유사시 정책 판단을 해야 한다는 의견과, 집단적 자위권은 억제적이고 한정적으로 행사해야 하고 ① 동맹국 간으로 한정한다. ② 동아시아 지역으로 한정한다. ③ 일본의 사활적인 이익에 중대한 영향이 있을 경우에 한정한다 등의 한도를 마련해야 한다는 의견이 있었다.

'집단적 자위권의 행사를 인정해서는 안 된다'라는 의견은 그 논거로 ① 집단적 자위권은 유엔헌장상 예외적이고 잠정적인 것으로 여겨져 현실적으로는 군사동맹의 근거로 되고 있는 것, ② 자위권의 행사를 인정하는 것은 지구적 규모로 수행되는 미국의 전쟁에 자위대가 제약 없이 참가할 수 있다고 하는 것, ③ 집단적 자위권의 행사를 인정하는 것은 아시아 여러 국가에 대해 불신 감과 위협을 주는 결과가 된다는 것 등을 들고 있다.

집단적 자위권의 행사를 인정해야 한다는 입장에서부터 그 법적 근거에 대해서 헌법 해석의 변경에 대해 인정되어야 한다는 의견도 있었지만 헌법 개정에 의해서 해야 한다고 하는 의견도 많dkT다.

헌법 개정에 의해서 해야 한다고 하는 의견은 상기 (i)의 a 및 b에 나타나 있는 것과 같다.

집단적 자위권의 행사에 대해 헌법 해석 변경에 의해서 인정되어야 한다는 의견은, 국가는 그 고유의 권리로 개별적·집단적인 것을 불문하고 자위권을 가지고 행사할 수 있고, 집단적 자위권의 행사를 인정하는 것을 헌법에 명기할 필요는 없다고 하고 있다.

(3) 미일안전보장조약

미일안전보장조약에 대해서는 그 존속을 전제로 한다는 의견과 조약에 부정적인 의견이 있었다.

미일안전보장조약의 존속을 전제로 하는 의견도 전부 같지는 않다. 한편에서는 핵 위협 등에 일본 한 국가에서 대응하는 것은 아시아 지역에 긴장을 초래하는 것이 되고 미일동맹은 매우 현실적인 안전보장정책이라고 하는 의견 등이 있고, 다른 한편에서는 일본의 안전보장은 현실적으로는 미일동맹을 전제로 생각하지 않을 수 없고, 일본의 자립을 위해서도 유엔중심주의를 중시해야 한다는 의견 등이 있었다.

이에 대해 미일안전보장조약에 부정적인 입장으로는 9조의 정신에 따라서 이와 모순되는 미일안전보장조약을 해소해야 한다고 하는 의견 등이 있었다.

(4) 주일미군 기지문제

주일미군 기지에 관해서는 기지문제의 현상과 이후의 존재방식, 기지문제와 헌법과의 관계 등에 대해서 논의가 이루어져, 조국 복귀에서 오늘에 이르기까지의 오키나와는 광대한 미군 기지와 미일지위협정이 존재하기 때문에 헌법의 이념에 반하는 상황에 놓여 있지만 헌법의 정신, 이념의 실현이 요구되고 있다는 의견 등이 있었다.

(5) 핵무기의 폐기 등

핵무기의 폐기 등에 대해서는 ① 핵무기의 폐기와 비핵3원칙을 헌법에 명기해야 한다는 의견, ② 핵억지론에서 탈각하지 않는 한 핵무기 확산의 위험성은 계속되고, 핵무기의 폐지와 모순되는 핵억지론은 인정되지 않는다고 하는 의견, ③ 미국의 핵억지력에 의존하지 않으면 최소한도로 필요하게 되는 자위권의 행사만으로는 일본의 안전을 확보할 수 없다는 의견 등이 있었다.

2. 국제협력

(1) 국제협력의 추진

일본은 이후로도 적극적인 국제협력을 수행해야 한다는 것에 대해서는 대체로 공통의 이해가 있지만 일본이 어떠한 방식으로 국제협력을 수행해야 하는가에 대해서는 다양한 의견이 있었다.

(2) 국제협력의 추진과 헌법과의 관계

헌법에 국제협력에 관한 규정을 두는 것의 시비에 대해서는 규정을 두어야 한다는 의견과 새롭게 헌법에 규정할 필요는 없다고 하는 의견이 있었다.

헌법에 국제협력에 관한 규정을 두어야 한다는 입장에서는 ① 국제협력활동의 근거 규정을 두어야 한다는 의견, ② 자위대의 해외파견에 대해서 근거규정을 두어야 한다는 의견, ③ 군사력 행사에 의한 국제협력이 불가피할 경우는 이를 가능하도록 하는 규정을 두어야 한다는 의견 등이 있었다.

이에 대해 새롭게 헌법에 규정할 필요는 없다는 입장에서는 일본은 9조하에서 비군사적인 분야의 지원활동을 수행해야 하기 때문에 헌법을 개정할 필요는 없다는 의견 등이 있었다.

(3) 유엔의 집단안전보장활동 참가

국제협력의 한 유형인 유엔의 집단안전보장활동 참가의 시비에 대해서는 참가는 비군사적인 분야에 제한해야 한다는 의견도 있지만, 비군사분야에 제한하지 않고 참가해야 한다는 의견이 많았다.

비군사분야에 제한하지 않고 참가해야 한다는 의견은 그 논거로 ① 국제평화와 안전으로 큰 은혜를 누리는 일본은 국제협력에 관해 경제대국에 합당한 역할을 담당해야 한다는 것, ② 일국 평화주의에서 탈각하여 타국과 위험을 공유해야 한다는 것 등을 들고 있다. 이러한 입장에서 법적 근거에 대해서 현행 헌법하에서도 참가가 가능하다는 의견도 있지만, 법적근거를 헌법에 명기해야 한다는 의견도 많았다. 법적 근거를 헌법에 명기해야 한다는 의견은 그 근거로 ① 유엔군과 다국적군을 포함해 적극적으로 참가하는 것을 헌법상 가능하도록 할 필요가 있다는 것, ② 참가에 관계무력행사를 한정적인 것으로 하기 위한 규정을 마련할 필요가 있다는 것 등을 들고 있다. 또한 현행 헌법하에서도 참가가 가능하다고 하는 입장에서는 전문의 국제협조주의에 근거한 것이고, 자위를 위해 최소한도로 필요한 무력의 행사와는 별도로 인정되고 있다고 해석하는 것이 가능하다는 의견 등이 있었다.

참가를 비군사적인 분야로 제한해야 한다는 의견은 그 논거로 ① 유엔의 집단안전보장활동에서도 여기에 참가해 무력을 행사하는 것은 헌법에 위반한다는 것, ② 일본이 군사적 강제조치에 참가하는 것은 아시아 여러 국가에 대해 불신감과 위협을 줄 두려움이 있다는 것 등을 들고 있다.

(4) 자위대의 국제협력활동

자위대 국제협력활동의 시비에 대해서는 자위대를 활용해야 한다는 입장과 이를 활용하는 것은 적당한 것이 아니라는 입장에서의 의견이 있다.

자위대를 활용해야 한다는 입장에서는 ① 일본은 세계에서 인적 공헌을 포함한 국제협력을 수행할 것이 기대될 경우 그 때마다 자위대를 파견해, 필요하게 되는 법률을 제정하는 것은 한계에 이르고 있기 때문에 헌법에 자위대의 국제협력에 관한 명문규정을 두어야 한다는 의견, ② 자위대의 해외파견에 대해서 일반적으로 정한 항구법을 제정해야 한다는 의견이 있었다.

자위대를 활용하는 것은 적당하지 않다는 입장에서는 ① 자위대의 해외파견은 헌법상 인정되지 않는다는 의견, ② NGO 등 자위대 이외의 인적 공헌의 존재방식에 대해서 검토해야 한다는 의견 등이 있었다.

(5) 지역안전보장

지역안전보장에 관해서는 아시아에서 지역안전보장 구조의 구축 등에 대해서 논의가 행해져 어떠한 구조가 필요한지에 대한 의견이 많이 진술되었다. 주요한 것으로는 ① 국제적인 테러에 대한 공동대처의 필요성과 동북아시아 지역 정세를 고려한다는 것과, 아시아 여러 국가가 일상적인 외교, 협의, 신뢰 등을 쌓아가는 것으로 안전보장을 확보하는 것이 중요하고 이를 위해 지역안전보장의 구조를 구축해야 한다는 의견, ② 일본의 안전보장 존재방식으로 미일안전보장체제를 유지·발전시켜야 하지만 이에 의존만 하는 것이 아니라 다른 외교적 선택지로서 아시아에 집단안전보장기구의 창설을 검토해야 한다는 의견 등이 있었다.

그렇지만 이러한 구조의 존재방식에 대해서 무력행사를 포함하는 구조를 구상하는 것과 비군사적인 안전보장대화의 구조를 구축해야한다는 것으로 나뉘지고 있다.

이외에 경제 자유화와 지역안전보장과의 관계에 관한 논의가 이루어졌다.

3. 기타

기타로 유엔에 관한 여러 사항, 국가주권의 이양 등에 관한 논의가 이루어졌다.

제8장

유엔 안보리의 개혁과 일본외교

1. 서론

일본은 유엔 개혁의 시기에 맞춰 안보리 상임이사국이 되려고 다방면으로 노력을 기울여왔다. 유엔 안보리를 확대 개편하기 위해 상임이사국 후보로 일본·독일·인도·브라질의 G4안을 제출하고 총회에서 표를 얻기 위해 아프리카에 ODA를 제공하는 등 다양한 외교전략을 구사했다. 하지만 아시아외교에 실패해 중국과 한국의 공식적인 반대에 처하고 미국의 찬성을 얻어내는 데도 실패했다. 미국은 상임이사국을 4개국까지 확대하는 것을 반대하고 특히 독일이 상임이사국에 진입하는 것을 원치 않았다. 결국 일본의 유엔 안보리 상임이사국 진출이 무산되었으나 일본은 안보리의 개혁과 상임이사국 진출을 위한 노력을 지속하고 있다.

제8장에서는 유엔 안보리 상임이사국 진출을 위한 일본외교의 과정을 고찰하여 동북아시아 국제정치 속에서의 함의를 찾아보고자 한다. 유엔 개혁과 일본외교를 분석해 일본과 미국, 중국, 한국의 관계를 고찰하며 역학

관계를 분석할 것이다. 일본의 유엔외교, 유엔 안보리 개혁안, 안보리 상임이사국 진출을 위한 다방면 외교, 미국의 입장, 중국과 한국의 입장 등을 자세히 보고, 유엔 안보리 개혁에 관한 일본의 입장을 살펴보고자 한다.

2. 유엔 안보리의 개혁과 일본의 입장

1) 유엔 안보리의 개혁

유엔 안보리는 현재 국제사회의 유일하게 포괄적·보편적인 조직인 유엔에서 국제평화와 안전 유지에 대한 주요한 책임을 가지고 있다. 안보리는 유엔헌장에 따라 유엔 가입국을 대표하는 행동을 하고, 가입국은 안보리의 결정을 수락하고 수행하는 의무가 있어서 안보리의 권한은 상당한 무게가 있다. 안보리는 거부권을 가진 5개의 상임이사국과 10개의 비상임이사국으로 구성되어 있지만, 비상임이사국은 2년 임기로 연속 재선되지 않는다. 따라서 상임이사국과 비상임이사국의 영향력에는 큰 차이가 있다.

탈냉전 이후 안보리는 ① 경제제재 조치, ② 헌장 제7장에 기초한 다국적군의 설립, ③ PKO, ④ 대테러대책위원회·불확산에 관한 위원회 설립 등 국제평화와 안전을 담당하는 역할을 확대하고 있다. PKO도 정전 감시 등을 중심으로 했던 전통적 활동(에티오피아, 에리트레아, 골란 고원)에서 민주적 통치, 부흥 등 평화구축을 포함한 활동(동티모르 등)까지 확대하고 있다. 또한 대량파괴무기의 확산, 테러리즘 등의 새로운 과제에 유효하게 대처하기 위해서 안보리의 기능 강화가 요구되고 있다. 이처럼 활동범위가 확대되고, 새로운 과제에 직면한 안보리가 효과적으로 활동하기 위해서는 필요한 능력을 갖춘 국가가 안보리의 결정에 관여하기보다는 안보리 구성을 개혁하는 것이 적절하다는 인식이 공유되고 있다.

안보리에 현재 국제사회의 구조를 반영하여 신뢰를 획득한다는 의미의 신뢰성 향상, 그리고 안보리의 결정이 가입국에 정확히 실시된다는 의미의 실효성 향상이라는 두 가지 측면에서부터 안보리를 확대해 유엔을 강화하는 것이 필요하다고 한다. 유엔은 1945년 51개국에서 발족되었지만, 가입국 수는 대폭 증가해서 2005년 1월 가입국은 191개국으로 늘어났다. 그러나 현재 안보리 구성은 1965년 비상임이사국수가 유엔 발족 당시의 6개국에서 10개국으로 증가한 이후로 변하지 않고 있다. 국제사회의 변화를 반영하기 위해서 안보리의 기능을 향상하는 형태로 개혁할 필요가 있다(外務省, 2005a).

2) 안보리 개혁의 논의

안보리 개혁은 1993년 이래 다양한 조직에서 검토되고 있다. 개혁의 필요성에 대해서는 많은 국가가 인정하는 한편, 개혁을 둘러싼 논의를 구체화하면서 각국의 다양한 이해와 의도의 대립이 표면화되었다. 이 때문에 개혁에 대한 논의는 지금까지 해결되지 않고 있다.

유엔의 존재방식이 이라크문제에 직면하면서 문제가 되던 중, 코피 아난(Kofi Annan) 유엔 사무총장은 국제사회를 향한 '새로운 위협'인 집단행동에 대처하려면 어떤 방법으로 유엔의 기능과 조직을 개혁해야 하는지를 검토하기 위해 '고위급(high level) 위원회' 설치를 제창했다. 일본도 당시 가와구치 요리코(川口順子) 외무대신이 유엔총회 연설에서 유엔 창설 60주년을 즈음한 2005년 각국 정상이 유엔 개혁에 대한 정치적 의사 결정을 한다는 취지의 제안을 하며 개혁의 기운을 고조시켰다.

2004년 9월 제59회 유엔총회에는 앞서 말한 경위와 일본의 움직임도 있고, 실제로 가입국 8% 이상의 국가가 안보리 개혁의 필요성에 대해 언급하고, 유엔 본부에서 개혁 실현에 대한 활발한 논의를 개막했다. 일본 고이즈미 수상은 일반토론연설에서 안보리 개혁의 조기 실현을 강하게 호소하는 한편, 유력한 상임이사국 후보인 브라질·인도·독일 간에 상임이사국 진출에 대한 지지를 이루어냈다. 개혁 기운이 높아지는 가운데 종래 개혁에 관한 논의가 저조했던 아프리카 지역에서도 나이지리아, 이집트, 남아프리카, 리비아가 상임이사국 입후보를 표명하는 등 새로운 움직임이 보였다.

고위급 위원회는 2004년 12월, 「더욱 안전한 세계: 우리가 공유하는 책임」이라는 보고서에서 국제사회가 직면하고 있는 위협을 대량파괴무기, 테러 등 6개로 분류하고 각각의 위협을 대비하는 데 필요한 노력을 언급하며 집단안전보장과 무력행사의 존재방식에 대해서 논의하고 있다. 안보리 개혁에 대해서는 상임·비상임 양쪽의 의석을 확대하는 안을 포함한 2개의 구체적인 안을 제시하고, 이를 토대로 가입국 간 논의가 활발하게 전개되었다(外務省, 2005a).

3) 일본의 입장

안보리의 신뢰성과 실효성을 향상시키기 위해서는 1945년이 아닌 21세기 국제사회의 실현을 반영할 수 있는 개혁이 필요하다. 즉, 상임이사국 구성이 현재의 국제사회를 더 정확하게 반영하고 국제사회의 대표에 걸맞게 되는 것과 국제평화와 안전의 유지라는 중요한 역할을 담당할 의사와 능력이 있는 국가가 상임이사국이 되어 안보리의 의사 결정에 참여하는 것이다. 또한 유엔 가입국 수의 증대를 근거로 비상임이사국도 증가시켜, 상임이사국과 비상임이사국 양쪽을 증가시키는 형태로 안보리를 확대할 필요성이 있다는 것이다.[1]

〈표 8-1〉 안보리 상임이사국 등의 유엔 분담률(2005년)

구분	국가	분담률
상임이사국	미국	22%
	영국	6.127%
	프랑스	6.030%
	중국	2.053%
	러시아	1.1%
비상임이사국	일본	19.468%
	독일	8.662%
	브라질	1.523%
	인도	0.421%
	기타(182개국)	32.616%

자료: 外務省(2005a).

　　일본이 상임이사국이 된다면, 일본의 국익에 직접적인 관계가 있는 국제 평화와 안전문제를 실현해나가는 것이 가능하다. 일본은 국제사회에 대한 공헌에 적합한 지위와 발언권을 얻을 수 있게 된다. 또한 국제정세에 관한 정보가 집중하는 안보리에서 의석을 점할 경우, 일본의 안전보장과 밀접하게 관련된 정보를 신속하게 입수할 수 있다. 국제평화와 안전 유지에 일본이 좀 더 건설적인 역할을 맡는 것이 가능해진다. 더 나아가서 구 적국조항 (53조, 77조, 107조)이 유엔헌장에 존재하는 것이 문제가 되고, 유엔헌장에서 구 적국조항을 삭제해야 한다고 한다. 1995년 일본의 외교 노력으로, 유엔총회 결의에서 구 적국조항의 삭제를 위해 헌장 개정 수속을 가깝고 적당한 시기에 개시한다는 취지의 결정이 이루어졌다. 2004년 말 발표된 고

---

1) 일본은 평화 정착과 국가형성, 인간 안전보장, 군축과 불확산 등 다양한 분야에서 국제사회에 공헌하고 있다. 일본은 안보리 상임이사국에 진출할 경우 능력과 경험을 활용해 안보리 의사 결정에 참여하고 상임이사국으로서의 책임을 담당하고 싶다고 한다.

위급 위원회 보고서에서 이의 삭제가 제시되었고, 일본은 안보리 개혁과 헌장 개정, 구 적국조항의 삭제에 노력하고 있다.[2]

4) 일본의 공헌

유엔 가입국은 경제력에 따라 분담금을 부담하고 있고, 일본의 부담률은 전체 가입국 중 2위인 19.468%이다. 일본은 분담금에 더해서 임의차출을 통해 유엔의 다양한 활동을 지원하는 공헌을 하고 있다.

미국의 9·11 테러 발생 이래, 국제사회에서 테러대책 노력은 크게 진전되고 있다. 일본은 테러 방지 및 근절을 위한 국제적인 노력에 적극적으로 참가하고 있다. 특히 안보리에 설치되었던 CTC(테러대책위원회)의 활동을 강력하게 지지하고, 테러 방지 관련 12조약의 조기 체결 촉진 및 발전도상국에 대한 테러대처능력 향상을 위한 지원에 힘을 쏟고 있다. 구체적으로는 ① 출입국관리, ② 항공보안, ③ 항만·해상보안, ④ 세관협력, ⑤ 수출관리, ⑥ 법집행협력, ⑦ 테러자금대책, ⑧ CBRN(화학, 생물, 방사성물질, 핵) 테러대책, ⑨ 테러방지 관련 등 조약의 9분야에 관한 연구원 초빙, 전문가 파견, 기재(機材)공여 등 ODA를 활용하면서 실시해왔다.

---

2) 일본은 인적 공헌으로 UNTAC(유엔캄보디아잠정기구)에 시설부대, 정전감시요원, 문민 경찰 및 선거감시요원 등 약 1300명을 파견하고, ONUMOZ(유엔모잠비크활동)에 사령부 요원, 수송조정부대 및 선거감시요원 등 약 160명을 파견하고, 르완다 UNDOF(유엔병력 분리감시대)에 사령부요원 및 수송요원 등 약 800명을 파견하고, 동티모르에서 UNTAET (유엔동티모르잠정행정기구)와 유엔MISET(동티모르지원단)에 사령부요원 및 시설부대 등 약 2300명을 파견했다. 또한 이라크에서 일본은 인도부흥지원을 해왔다. 일본은 유엔 안보리결의에 기초해 ODA에 의한 지원과 자위대의 인적 공헌을 행하고 있다. ODA에는 총액 15억 달러의 무상자금 공여를 결정하고 전력, 교육, 물과 위생, 보건 등 이라크 국민의 생활 기반 재건과 치안 개선에 중점을 두고 지원하고, 또한 자위대는 인적 공헌으로 의료지원 활동, 급수 활동, 학교 등 공공시설 복구와 정비 등 인도부흥지원 활동 등을 했다 (外務省, 2005a).

일본은 인간의 안전에 착안한 인간안전보장의 관점을 중시한 외교를 추진하고, 이의 일환으로 유엔의 인간안전보장위원회 설립을 제창하여, 이에 대한 활동을 지원했다. 2001년 1월에 발족한 위원회는 분쟁, 개발, 경제적 안정, 보건위생, 교육 등 광범위한 분야의 문제를 포괄적으로 토의하여 2003년 5월 최종보고서를 제출했다. 인간안전보장의 사고를 유엔 관련기구의 구체적 활동에 반영시키기 위해서 일본의 주도로 1999년 유엔에 인간안전보장기금이 설치되어, 2004년 말까지 약 290억 엔을 차출했다.

일본은 대량살상무기의 확산 방지 노력으로 NPT를 기초로 하는 국제적인 핵군축과 불확산체제를 유지·강화하는 것을 강력하게 호소했다. 군축·불확산분야에는 1994년 이래 매년 국제적인 군축 노력의 방향성을 제시한 핵군축에 관한 결의안을 유엔총회에 제출했고, CTBT의 조기 발효와 IAEA(국제원자력기구) 추가의정서의 보편화를 목적으로 적극적인 외교 노력을 전개했다. 또한 일본은 1995년 이래 거의 매년 유엔총회에 소형무기결의안을 제출하는 등 소형무기문제에 대해서 주도적인 역할을 담당했다.

또한 캄보디아, 코소보, 동티모르, 아프가니스탄, 스리랑카 등에서 난민과 국내 피난민 지원, 지뢰대책 지원, 각 지역 병사들의 DDR(무장해제·동원해제·사회복귀) 지원, 기초생활기반 복구 지원, 정치·경제·사회적 제도구축지원 등 평화정착과 국가형성을 위해 필요한 요구에 응하기 위해 적극적으로 ODA를 활용해왔다. 특히 동티모르의 안정이 아시아태평양 지역의 안정에 중요하다는 인식하에 일본은 1999년 이래 동티모르의 자립을 위한 국가형성 노력에 지원했다. UNDP(유엔개발계획)의 '동티모르 병사 및 공동체를 위한 부흥·고용·안정 프로그램'에 4.65억 엔을, 진실화해위원회에 약 100만 달러를 지원했다.

이와 더불어 아프가니스탄의 부흥 및 국가형성을 지원하기 위해서 일본은 2002년 4월 평화정착구상을 발표하고 평화프로세스, 국내 치안, 인도부

홍지원의 세 가지 요소에서 구상을 기초로 지역 병사의 DDR 지원 등 난민·피난민 지원을 주축으로 지역종합개발 지원을 해 비군사적인 공헌으로 치안개선 노력을 했다(外務省, 2005a).

3. 유엔 안보리 개혁의 동향

2005년 3월, 아난 유엔 사무총장의 보고서 「더 큰 자유를 향하여」가 공표되었다. 보고서는 9월의 밀레니엄 선언에 관한 정상회담(개발, 평화와 안전, 법의 지배와 약자의 보호, 유엔 개혁의 4개 분야 중심)에 대한 사무총장의 의견과 위치를 부여하는 것이다.

안보리 개혁에 관한 이 보고는 모델 A(상임 6개, 비상임 3개 의석 확대), 모델 B(재선 가능한 4년 임기의 비상임 8개 의석, 비상임 1개 의석 확대), 혹은 한쪽의 모델을 기초로 해서 이와는 다른 제안을 검토하려는 권고이다. 아난 사무총장은 "가입국은 금년 9월 밀레니엄 선언에 관한 수뇌회담 전에 이 중요한 문제에 관해 결정할 것을 동의해야 한다. 결정이 컨센서스로 이루어지는 것을 비상임이사국이 희망하지만 이것이 행동을 늦어지게 하는 변명이 되어서는 안 된다"고 지적했다.

2005년 3월, 뉴욕에서 G4 주최로 '개혁 2005년 회합'이 개최되어, P5(유엔 안보리 상임이사국) 전체를 포함한 134개국이 참가했다. G4는 "사무총장 보고와 같이 안보리 개혁은 9월 정상회담 전에 결정되는 것이 중요하고, 대담한 결정을 하는 데 주저하지 말아야 한다. 컨센서스가 시간을 끈다는 변명이 되는 것은 아니며, 결단이 필요하다. 아울러 이후 안보리 개혁이 나아가야 할 방향의 제1단계가 되는 구조에 대한 결의를 제안한다"는 방침을 설명했다.

<표 8-2> 2005년 7월 유엔에 제출된 G4 결의안의 내용

【안보리 구성국을 15개국에서 25개국으로 확대】
· 상임이사국 6개국 추가(아프리카와 아시아에서 각각 2개국, 남미, 카리브, 서유럽에서 각각 1 개국)
· 비상임이사국 4개국 추가(아프리카, 아시아, 남미, 카리브, 동유럽에서 각각 1개국)

【거부권 규정의 취급】
· 새로운 상임이사국은 현 상임이사국과 동일한 책임 및 의무를 가져야 한다
· 새로운 상임이사국은 평가(review) 구조 중에서 새로운 상임이사국의 거부권 확대문제에 대해 결정하기까지 거부권을 행사하지 않는다

【검토 규정】
· 헌장 개정발효 15년 후 이번의 헌장 개정에서 발생했던 상황을 검토한다

한편 유엔 안보리의 상임이사국 확대에 반대하는 이탈리아, 파키스탄, 한국 등 9개국은 4월 뉴욕에서 '컨센서스를 위한 결집회합'을 개최했다. 주최자 측 발표에 의하면 이 회합에는 상임이사국인 미·러·중 3개국을 포함한 119개국과 기관의 대표가 참가했지만 정보 수집을 목적으로 참가한 국가도 많았다고 한다. 4월과 5월에 개최된 유엔총회 비공식 심의에서는 일본을 포함한 총 77개국이 연설을 하여 41개국이 상임·비상임 양방의 확대를 주장했던 것에 반해, 비상임이사국만의 확대는 6개국이 주장했다. 이탈리아는 비상임이사국만의 확대를 내용으로 하는 다수의 개혁 모델, 또한 상임이사국 의석을 각 지역 그룹에 부여하는 개혁 모델을 제안했다.

5월에 뉴욕에서 구조결의안에 대한 G4 회담이 열려, 각국 수도와 뉴욕, 도쿄의 온갖 장소, 기회를 통해서 설명하며 움직임을 개시했다. 7월 G4 구조결의안이 정식으로 유엔 사무국에 제출되었다. 최종 공동제안국은 32개국이었다. G4 결의안 내용은 〈표 8-2〉와 같다.

제59회 회기 중, G4, AU(아프리카 연합), 컨센서스 그룹에서 제안되었던 3개의 안보리 개혁 결의안이 공존했지만, 최종적으로는 처음의 G4 결의안

도 채택하지 못했다. G4를 주축으로 안보리 개혁의 기운을 높였지만 구체적인 성과는 결실을 거두지 못하고, G4 결의안은 제59회 회기 말까지 채택이 되지 않으면 폐지되게 된다. 9월 유엔 정상회합에서 세계 정상이 채택했던 성과문서에서는 조기 안보리 개혁을 국제개혁의 불가피한 요소로 두고 '올해 말까지는 유엔총회가 진척 상황을 평가한다'고 결정하는 등 여전히 개혁이 지지되었다. 안보리 개혁은 현재 '제2단계'에 들어서고 있고, 운동을 재구축할 필요성이 있다. 계속해서 G4 간 신뢰·협력관계를 유지하는 동시에 미국을 필두로 각국과의 회담을 계속하여 안보리 개혁 실현의 길을 심화해나가야 한다. 또한 12월 14일 일부 아프리카 국가는 제59회 총회회기 중에 제출했던 AU 결의안과 기본적으로 동일한 내용의 결의안을 유엔 사무국에 다시 제출했다(外務省, 2005c).

4. 유엔과 일본의 역할

유엔에 대한 전후 일본의 태도에는 세 가지 특징이 있다. 첫째로 전후 일본은 유엔의 보편적 안전보장체제에 대한 강한 신뢰와 커다란 기대를 계속 가지고 있을 수 있다는 것이다. 미일안전보장조약에 대해서도 유엔 시스템이 진실로 보편적인 안전보장체제가 될 때까지 잠정적으로 계약하기로 되어 있다. 둘째는 특히 핵군축분야에서 현저히 나타나고 있는 일본의 군축 및 군비관리에 대한 대처이다. 이는 원자폭탄으로 종전된 제2차세계대전의 쓴 경험 때문이라고 할 수 있다. 셋째는 일본인 다수가 느끼는 무력행사의 망설임이다. 타국의 의사에 반하는 군사력 행사에 극단적으로 의존한 과거의 실패를 반복하지 않으려는 뜻으로 보인다.

이러한 특징은 안보리 상임이사국 진출을 향한 강한 흥미와 관심에도 반영된다. 그렇지만 일본인 다수는 유엔헌장 제6장(분쟁의 평화적 해결)의 고전적인 PKO를 초월하는 유엔평화유지활동 참가에 대해서는 진중한 태도를 가지고 있다. 이른바 인간의 안전보장(human security)에 대한 강한 관심은 이러한 이상적인 보편주의와의 관계에서 설명할 수 있다고 한다.

일본은 안보리 상임이사국 진출 노력이 라틴아메리카, 아시아, 그리고 아프리카 여러 국가를 포함한 비동맹 여러 국가들과의 알력의 원인이 되는 것을 피해야 한다. 안보리 확대는 국제사회 전체를 끌어들이는 과정이다. 안보리 상임이사국 의석을 구하려는 국가는 전 지구적인 제3세계의 요구, 국제적 정통성을 가진 견해, 유엔헌장에 있는 원칙 및 규정에 있는 일체성을 표명해야 하며 일본은 이 모든 것에 경의를 표하고 실행해야 한다. 이러한 관점에서 경제적인 공헌 액수가 아니라 평화적인 분쟁 해결의 선례를 만들어서 어느 정도 큰 일을 이룩할 용의가 있는지, 또한 실제로 어느 정도 하고 있는지가 중요한 것이다.

앞으로 미국이 일본에 기대하는 것은 안보리와 관련된 문제만이 아니다. 전반적으로 미국은 미국의 중요한 역할에 일본이 공감하지 않더라도 지지를 표명하기를 희망하고 있다. 이러한 이해의 예는 중동문제에 유엔이 깊이 관여하지 않는 것, 안보리가 이라크와 같은 국가의 대량파괴무기 개발을 저지하기 위해 어느 정도 필요한 단계를 시작하는 것 등이다. 미국은 유엔 평화유지군 확장에는 신중한 태도를 가지고 있다. 비록 일본이 안보리 상임이사국이 되지 않더라도 일본은 이러한 문제에 주요한 영향력을 가지게 될 것이다. 세계화시대에 일본이 더 큰 역할을 담당해야 한다. 이 역할은 정부뿐만 아니라 민간분야와 NGO도 포함하는 것이다.

유엔이 일본에 기대하는 것은 재정적 공헌만이 아니다. 유엔 전체에 일본의 관여가 필요하다. 특히 국제적 개발원조와 같은 경제·사회분야에서 일본의 역할은 중요하다. 지금까지 일본은 평화유지, 평화창조, 평화구축을 위한 분쟁 예방과 같은 국제평화 및 안전분야에서 유엔의 활동에 관여했지만, 활동의 성격과 범위는 아직 불명확하다. 위험도가 높은 상황의 관여는 문제가 많다. 직접적인 무력행사를 하지 않는 것과 함께, 유엔의 다양한 평화활동에 지금 이상으로 공헌하는 것은 가능하다고 고려하고 있지만, 이를 위해서는 과도하게 위험을 피하는 태도를 바꿔야 한다.

21세기에 일본이 경제대국 및 기술대국에 그치지 않고 세계에서 목표로 하는 지위는 인도적 대국이다. 인도적 대국이 되기 위한 과제는 무력분쟁 시 민간인을 보호하는 문제이고 분쟁 및 자연 재해가 발생했을 때 국경 내의 피난민문제이다. 정책적인 면에서 인도적인 목적이 있으며 무력분쟁 상황에 있는 일반인 보호를 목적으로 하는 중요한 국제조약에 참가하는 것은 인도대국을 향한 중요한 발걸음이 될 것이다. 실제적인 면에서 현장과 인도기관에 있는 일본인 요원의 위력을 한층 더 희망하고 있다. 이를 위해서는 국내에서 광범위한 합의를 이끌어내야 하고, 전략이 필요하다. 즉, 외교정책과 국내 정치에서 좀 더 강력한 조직과 단체가 필요하다.

장래 유엔과 일본의 역할을 생각할 때, 지구적 과제가 논의되어야 한다. ODA, LCD(후발발전도상국) 지원, 인도적 활동, 환경보호정책 및 실시 계획, 사회개발, 평화지지활동 등의 영역에서, 특히 경제개발정책 및 실시 계획에서 일본은 지역적 또는 세계적 대국으로 중요한 지위를 차지한다. 이와 같이 지역적 혹은 세계적인 파워로서 일본의 중요성에 따라 유엔 시스템에서 좀 더 공정한 역할이 반영되어야 한다고 한다(明石康, 2002).

5. 유엔 안보리와 일본외교의 궤적

1) 일본의 유엔 가입

일본이 여든 번째 유엔 가입국으로 승인된 것은 1956년 10월 하토야마 수상이 소일국교회복 공동선언에 조인했기 때문이다. 따라서 일본 지도자에게 1956년까지는 상임이사국 거부권의 위력을 목도한 시기였고, 동서냉전이 유엔의 기능에 주었던 영향에 대해서도 진지하게 생각하게 되는 기회가 되었다.

유엔 가입은 일본의 정치적·경제적 이익에 공헌하는 이외에도 국제기관 가입을 위한 환경을 만들었다. 그렇더라도 유엔 창립 시 원 가입국의 적국이었던 구 동맹국을 차별하는 구 적국조항이 존속하기에 국제사회로의 완전한 복귀는 아직 정비되지 못했다. 따라서 유엔에서의 불완전한 명예회복은 일본이 헌장 개정을 지향하게 했고, 경제적 지위의 급속한 상승과 함께 이러한 움직임은 더 가속화되었다.

1957년 최초의 외교백서(이후 외교청서)에는 일본 외교정책의 3기조로 유엔중심주의, 자유주의 세계와의 협력, 아시아의 일원을 들었다. 그러나 일본이 서방 측과 견고하게 동맹을 맺는 것뿐만 아니라, 동서대결에서도 유엔중심주의라는 정책은 효용성이 별로 없었다. 초기에 유엔주의와 미일동맹은 그다지 양립하지 않았다. 이케다 하야토(池田勇人) 수상은 유엔 가입 초기 일본의 역할 확대에 적극적이었다. 유엔중심주의를 실제로 지향한 것은 이케다 수상 재임 중이었다. 그는 취임 후 뉴욕의 유엔 대표부를 국내의 성(省)과 대등하게 증강하여 대표부와 도쿄 나가타(永田)의 수상관저를 직통전화로 연결했다.

이케다의 유엔 중시는 공산 중국과 한국과의 국교회복, 북방영토 반환 등 일본 외교상의 문제가 유엔을 통해서만 해결 가능하다는 그의 확신에서 비롯된다. 유엔중심주의라는 말은 이후에서 고찰할 것과 같이 1990년대의 공식 발언에 자주 등장할 뿐 1960년대 이래 외교백서에는 방기했다. 일본 외교백서에 유엔중심주의와 같은 말이 등장한 것은 1957년과 1958년 판뿐이고, 1957년의 제3권 이후에는 세계평화로의 노력이라는 표현이 대신 나타나고 있다. 아시아의 일원이라는 슬로건은 일본과 아시아 여러 나라의 화해, 아시아 지역에서의 일본의 경제적 진출을 표명하기 위한 시도였다.[3]

2) 상임이사국 진출의 초기 활동

1993년 일본정부는 안보리 상임이사국 진출 의사를 처음 공식적으로 나타냈고, 그 전에는 간접적으로 표현해왔다. 일본은 유엔 가입 직후부터 가입국 간 헌장 개정에 대한 움직임을 강화하고, 여러 분야에서 주요국의 지위 향상에 노력하고 특별히 유엔의 평화유지기능 강화를 목적으로 한 정책을 추구했다. 이 정책은 외무성 내부뿐만 아니라 여당 정책결정자의 광범위한 층이 지지했다. 동시에 이 정책은 상임이사국 진출 목표를 확보한 것으로 일체의 기한을 설정하지 않았다. 또한 정치가 개인의 열의에도 좌우되고 일정 기한 내에서의 목표 추구에도 충분히 유연하게 대응 가능한 것

---

3) 1960년대 초기 비식민지화 과정과, 제3세계 신흥독립국이 대거 신규 가입국이 된 결과로 유엔에서 미국 지배는 쇠퇴하고 일본의 서방 편중은 아시아·아프리카의 제3세계 여러 국가와의 긴밀한 관계를 구축하는 데 어려움이 되었다. 유엔에서의 미국 우위 붕괴와 1960년대 미일안보조약 개정 후의 미일동맹 강화를 받아들이고, 유엔에 관한 일본정부의 발언은 변화하게 되었다. 외교백서 제1권에는 유엔의 이상을 추구하며 세계 민주주의 여러 국가와의 협력 필요성이 강조되었다. 그러나 1961년 이래 외교백서에서는 유엔의 한계가 지적되고, 유엔의 평화유지기능도 충분히 발휘되지 않는 사실을 강조하게 되었다. 이 논조는 이후에도 계속되었고, 일본정부는 유엔의 평화유지기능 강화와 국제관계 변화에 유엔을 적응시킬 필요성을 강조했다(R. ドリフテ, 2000: 24~26).

이었다.[4]

일본을 유엔의 주요 구성국으로 격상하게 한다는 제2의 목표를 위해서도 헌장 개정이 필요하다고 보았다. 국제사회에서 일본의 지위 향상이라는 목표를 실현하고, 다국 간 외교를 강화하기 위해서도 헌장 개정 요구는 각 방면의 지지를 모았다. 이러한 주요 정책은 개발문제에 대한 관심, 핵군축을 향한 정열, 유엔의 평화유지기능 강화를 위한 건설적인 제안을 통해서 아시아를 시작으로 제3세계 여러 국가와의 관계 개선 노력을 불러일으켰다. 일본을 주요 국가라고 전면에 내세우기 위해서는 될 수 있는 한 유엔의 주요 이사회, 특히 최고로 권위 있는 안보리와 경제사회이사회에 선출되는 것이 필요하고, 이것이 장기적 정책목표가 되었다.[5]

일본은 헌장 개정에 반대하는 5개 대국, 특히 미국과 동맹이라는 양호한 관계를 유지할 필요성을 고려해야 했다. 1969년 아이치 기이치(愛知揆一) 외상의 연설과 1971년 제26회 총회 이후의 구 적국조항 제거 요구는 헌장 재인식을 논의하는 중심의제가 되었다. 1969년 외무성 고관은 일본은 유엔

---

4) 상임이사국 진출은 결국 이러한 목표에 대해서, 정치와 여론과의 다른 사고를 표명하는 여지를 남긴 채 최대한의 합의를 이끌어내는 것이 가능한 정책이었다. 헌장 개정론의 중심에 있는 구 적국조항 제거 요구가 자민당 내에서뿐만 아니라 외무성 내 대다수의 정책 입안자에게 거의 전면적으로 받아들여졌다. 구 적국조항은 일본에게는 굴욕적인 조항이었다. 국제사회에서 평등한 지위를 보증하는 가입국을 억압하는 것일 뿐만 아니라, 헌장에 이와 같은 차별적인 조항이 남아 있는 것은 유엔의 이상에 반하는 것으로 보았다. 그러나 헌장 개정문제에 대해서 전적으로 관심을 표시하지 않는 정치가들도 있었다. 그들은 구 적국조항은 이미 쓸모없는 것이고, 이러한 것에 에너지를 쏟는 것은 가치가 없다고 생각했다.

5) 1960년대 초기에는 안보리 개혁이 가입국의 주목을 끌었다. 일본의 상임이사국 진출을 준비했던 사람과 제3세계와의 연대를 설명한 사람에게도 바람직한 상황이 정비되었다. 1960년대에는 유엔헌장 개정이라고 표현되었으나, 소련 진영의 강력한 반대에 직면하여 이후 헌장 재검토라고 불리게 되었다. 1963년 총회는 가까스로 안보리 비상임이사국의 확대를 인정하는 결의안을 채택했다. 오히라 마사요시(大平正芳) 외상은 경제사회위원회와 안보리의 확대를 되풀이하여 호소했다.

가입 이래, 평화애호국이라는 증명을 하는 것이 아니라 구 적국조항의 존재가 소련과 바르샤바조약의 여러 나라에 대해 서독의 내정에 간섭하는 권리를 부여하는 것이라고 해석했다.

1968년부터 1972년에 이르는 일본의 상임이사국 진출 시도는 국제적으로도 국내적으로도 실패로 끝났다. 유엔대사를 역임했던 사이토 시즈오(齋藤鎭男)는 각국의 태도에 대해서 몇 가지 이유를 들었다. 일본이 미국의 종속국인 것, 상임이사국을 추가한다면 비동맹그룹까지도 나올 수 있다는 것, 영국과 프랑스 양국을 자극하는 결과가 되는 것, 동서의 균형이 붕괴할 수 있는 것. 이렇게 상임이사국 진출이 도중에 좌절된 것은 장기적인 일본 외교를 상징하는 것으로, 미일관계 중시의 양자외교에 편향적임을 표시하는 것이 되었다.

일본정부가 공식적으로 상임이사국 진출 의사를 표시했던 1990년대까지 외무성의 착실한 노력으로 헌장 개정문제는 적절한 시도가 이루어졌다. 외무성은 헌장 재검토위원회에 적극적으로 참여했고, 매년 상례 외상의 총회연설에서 헌장 개정문제에 대해 언급했으며 일본의 상임이사국 진출에 대해 미국의 지지를 이끌어내려고 했다. 특히 1990년대까지 미국의 찬성이 상임이사국 진출의 실현을 위한 결정적 요인임을 확신하기에 이르렀다. 1969년 이래 헌장 개정론이 다시 고조되었던 것에 편승하여 일본은 헌장 재인식을 제도화할 필요가 있다고 판단하여 적극적으로 움직였다. 1972년 이후 오키나와 반환의 영향으로 소련도 북방영토문제에 태도를 전환하여 최종적으로는 일본의 상임이사국 진출에 찬성하지 않을까 하는 기대가 높아졌다.

헌장 재검토를 둘러싼 의견은 두 가지로 나뉜다. 안보리에서의 지위 향상을 실현하는 전략이 당장 효과가 나타나지 않는 것은 명백했다. 헌장 재검토위원회의 토의는 계속됐고 1983년까지는 안보리 구성국 확대의 필요성에 대해서도 논의했지만, 외상 연설에서 헌장 개정을 언급한 것은 1977년이었다. 1977년 하토야마 외상은 아시아 지역 총인구가 세계 인구의 절반 이상을 차지하는 사실을 지적하면서 유엔에서 아시아 여러 국가의 지위 향상과 대표권 반영의 필요성을 호소했다. 이 결과 1979년 일본은 비상임이사국 수를 10개 의석에서 16개로 확대했고, 이 중 아프리카에 5석, 아시아에 4석, 라틴 아메리카에 3석을 지역별로 배분하는 의결안을 제출했다. 그러나 이 의결안의 결의는 연기되었다. 이런 상황에서 가입국 증대를 반영한 유엔 개혁의 필요성에 대해서 일본이 견해를 표명한 것은 1987년경, 나카소네 수상의 총회연설이 발단이었다.

미국은 1970년대 초반 일본의 상임이사국 진출을 지지하기 시작했다. 일본의 상임이사국 진출을 지지하는 의견을 최초로 제기한 것은 로버트 스칼라피노(Robert Scalapino)의 「콜론보고서」이다. 보고는 안보리 개조가 행해질 경우에 미국은 일본의 상임이사국 진출을 승인할 것을 제창했다. 보고는 또한 아시아의 입장이 안보리에 충분히 반영되지 않는 점을 지적하고, 상임이사국의 자질을 준비했던 국가인 일본과 인도를 추천하고 있다.

1971년 미국은 일본정부에게 비공식적으로 상임이사국 진출 의향을 타진하기도 했다. 이러한 배경에는 아이치 외상의 연설, 총회에서의 헌법 재검토 논의, 중국 대표권문제를 둘러싼 일본의 지지 필요성, 1970년대 초기 데탕트, 유엔에 대한 미국의 관심 부활이 있다고 생각된다. 미국이 공식적으로 지지한 것은 1972년 9월 윌리엄 로저스(William Rogers) 국무장관의 총회연설이었다. 이후 1977년 3월 후쿠다와 지미 카터(Jimmy Carter) 회담에서는 최고 수뇌로부터의 명확한 지지를 부여받았다. 미일공동성명에서 미국은 일본에게 안보리 상임이사국의 자질이 충분히 있다고 했고, 상임이사국 진출을 지지한다고 말했다.[6]

나카소네 수상은 1987년 6월 베네치아에서 열렸던 G7에서 로널드 레이

건(Ronald Reagan) 대통령과 회담하며 이란·이라크전쟁 종결을 위한 5대 국 회의에 참가할 수 있도록 일본을 안보리 준(準)상임이사국으로 대우해 달라고 요청했다. 1950년대 이래 유엔 개혁 논의에서 계속적으로 부상해왔던 구상이다. 안보리 준상임이사국이 구체적으로 무엇을 의미하는지는 불명확하지만, 헌장 제23조 제2항이 적용되지 않는다는 것을 의미한다고 본다(R. ドリフテ, 2000: 27~67).

3) 일본의 다자외교

일본은 OECD, GATT 같은 기관과의 협력을 통해서 국제사회의 안정에 공헌하고, 비군사적인 수단으로 국제적 책임을 부담할 의사를 표명했다. 다국 간 기관을 통한 ODA 공여로 1989년 이후 세계 제1위의 원조국이 되었다. 일본의 능력이 개발원조기관에서 높아지고 발전도상국에 영향을 줄 수 있게 되었다. 다국 간 원조가 고액이 되면서 일본외교의 경제 지향은 더욱더 강화되고, 다국 간 수준에서 영향력 행사의 수단이 되었다.

ODA 공여 세계 1위의 일본이 상임이사국 진출을 추구하고 지지를 획득하는 데 필요한 세 가지 조건이 있다. 우선 일본이 추진하고 있는 개발원조라는 공헌을 국민에게 인식시켜서, 일본의 상임이사국 진출을 지지하고 기대하는 층을 확대하는 것이다. 다음으로 비상임이사국에서 상임이사국에 있는 다른 가입국의 지지를 결집하기 위해서 ODA를 직접, 효과적으로 활용하는 것이다. 특히 ODA 수익자인 발전도상국에서의 지지를 높여야 한

---

6) 미국의 지지에 대해 일본 여론의 반응이 거의 없고 오히려 소극적이었던 점이 흥미롭다. 항상 미국의 정책에 충실히 따르는 것으로 보였던 일본에는 미국에 기대는 것이 더욱더 유익한 것은 아니었다. 상임이사국 진출을 추진하는 일본 지도자 특히 외무성 고관에게는 미국의 지지 획득은 전체적 지지 기반 확대의 일부분에 지나지 않았다.

다. 미소 냉전시대에 유엔은 마비상태가 되었고 최초 20년간 유엔에 대한 일본인의 이상주의적인 사고방식은 퇴색되었다. 일본정부도 유엔중심외교를 추구하는 움직임을 중단하고, 유엔중심주의에서 유엔중시로 전환했다. 유엔중심주의가 부활했던 배경에는 정부가 PKO법안 심의를 원활하게 진행하려 했던 것과 관계가 있다.

미일관계가 기준이 되는 것은 변화하지 않았지만, 다자주의도 외무성의 ODA 역할의 중요성을 증대시켰다. ODA 예산은 외무성의 양국·다국 간 외교의 유력한 수단이 되었다. 정부의 행정개혁 일환으로 외무성의 유엔 관련 부국이 1993년 8월 재편성되었고, 1958년에 창설되었던 유엔국은 폐지되고 대신 종합외교정책국이 발족했다. 유엔 관련사항을 직접 다루는 것은 유엔정책과와 유엔행정과였다.

1991년 걸프전쟁 발생 시, 일본은 다국적군에게 130억 달러라는 거액의 자금을 공헌했지만 충분한 다국 간 외교를 전개하지 못했다는 것이 일반적인 인식이다. 결국 일본의 행동은 다국 간 외교보다는 미국 추종의 양국 간 외교의 범위 내에 머물러 있었다. 이러한 경험을 통해서 안보리 상임이사국이 되려면 한층 더 기민하게 행동해야 한다는 사람들과, 일본의 공헌이 국제사회에서 충분히 평가되지 않았다고 생각하는 사람들의 여론으로 갈라졌다. 걸프전쟁으로 유엔은 냉전 후 국제사회의 안전보장에 크게 기여했음을 증명했고, 이에 상응하는 존재로 재평가받았다.[7]

---

7) 일본은 원유 확보를 위해 중동 지역의 안정 강화에 관심이 있었다. 이스라엘과 팔레스타인 잠정자치정부의 평화프로세스에 의해서 1994년 5월, 팔레스타인은 국가건설이 승인되기 전 경제 기반의 지원을 요구했다. 1993년에 시작된 일본의 지원은 1998년 3월까지 총액 3억 48만 달러 정도였다. 초기의 지원은 국제기관을 통했지만 1996년 이후 1/4은 직접 팔레스타인 정부에 보내졌다. 이 지역과 관련해서 1997년에서 1998년에 걸친 안보리의 활동은 이라크 위기였다. 긴장이 고조되던 1998년 2월부터 3월, UNSCOM(유엔대량파괴병기폐기특별위원회)의 사찰에 대해 이라크가 협력을 거부했다. 일본은 무력행사를 용인하지 않았고, 모든 정치적 수단을 다하려고 재촉했지만 결국 미국의 무력행사를 지지했

4) PKO 참가와 안보리 상임이사국 진출 외교

1991년 걸프전쟁 이후 일본의 새로운 외교 방식에 격렬한 논의가 된 것은 일본이 PKO에 어디까지 공헌할 것이냐 하는 점이었다. 논의의 중심은 교전권과 전력 보유를 방기하고 있는 일본헌법과 자위대의 존재를 포함하는 일본의 안전보장체제 사이에 미해결된 모순이 있다는 것이다. 일본이 상임이사국에 진출하려면 다음 문제를 극복하지 않으면 안 된다. ① PKO 참가는 유엔 가입국, 특히 안보리 구성국으로서의 법적 의무인가, ② 전면적인 참가는 상임이사국이 되는 정치적 전제조건인가, ③ 상임이사국 진출 문제에 관해 PKO 참가는 국내에서 어느 정도 논의되어야 할 것인가, ④ 일본이 PKO의 전면적인 참가에 저항하면 어떤 결과를 가져올 것인가, ⑤ 국내 논의, 1992년의 국제평화협력법, 일본의 다자외교 실적을 고려한 뒤에 상임이사국에서 일본은 무슨 기대를 할 수 있는가 등이다.[8]

1990년 8월, 이라크가 쿠웨이트를 침공한 이래, 일본정부는 PKO에 인적

다. 1998년 12월 일본은 이라크에 대한 미·영 양국의 공격에 대한 지지를 표명했다. 미국에 대한 강력한 지지를 표시할 수 있던 것은 단순히 미국과의 긴밀한 관계에서가 아니라 법적인 근거가 정비되었다는 판단에서였다. 일본은 같은 이유에서 경제적으로 이해관계가 깊은 EU의 여러 국가들과 나란히 리비아에 제재와 지지를 하기 쉬운 입장이 되었다(R. ドリフテ, 2000: 78~96).

8) 유엔헌장에는 평화유지라는 용어가 존재하지 않는다. 헌장 제43조에는 유엔 가입국이 안보리의 요청에 의해, 그리고 하나 이상의 특별협정에 따라 국제평화 및 안전유지에 필요한 병력, 원조 및 편익을 안보리가 이용하게 할 것을 약속한다고 되어 있다. 냉전 종전 후 PKO의 중요성은 명확하게 고조되고 있다. 냉전 중에는 겨우 13건의 평화유지활동과 정전감시단이 파견되었지만 탈냉전기가 되어 수가 증대했다. 민족·국경·부족 대립으로 인한 많은 지역분쟁에 PKO가 필요하게 되었다. 헌장상, PKO 참가에 관해 안보리국이 부담하는 의무는 아무것도 없다. PKO 예산을 통상 분담금 비율보다도 많이 부담하고 있다는데 상임이사국의 합의가 성립하고 있다. 상임이사국은 헌장 제47조에 따라서 군사참모위원회에 대표를 보낼 의무가 있지만 이 위원회는 본래의 기능을 담당하고 있지 않다. 군사참모위원회는 안보리에 위임했던 병력에 대한 전략적 지도의 책임이 있고, 상임이사국의 참모총장 또는 대표자에게서 구성되고 있다.

공헌을 하기 위해 법적 기반 정비에 착수했다. 1990년대 일본은 평화유지 활동 참가도를 높이기 위한 노력을 반복했고 이 노력이 어떻게 상임이사국 진출에 직결하는가는 1990년 10월 가이후 내각이 유엔평화협력법안을 국회에 제출한 것부터 시작된다.

초기에는 해외파병을 금지했던 자위대법과 헌법의 모순을 극복하기 위해서 자위대와는 다른 조직을 설치하려는 구상도 있었지만, 실질적인 이유 때문에 이러한 구상을 단념했다. 결국 우여곡절을 거쳐 '국제평화협력법'이 1992년 6월 성립되었고, 공명당과 민사당의 동의를 얻기 위해서 PKO 참가 5원칙이 동법 성립의 조건이 되었다. 5원칙은 다음과 같다. ① 분쟁당사자 사이에서의 정전 합의가 성립할 것, ② 평화유지대가 활동하는 지역에 속한 국가를 포함하는 분쟁당사자가 평화유지대의 활동 및 일본의 참가에 동의할 것, ③ 평화유지대는 특정 분쟁당사자에 치우치지 않는 중립적 입장을 엄수할 것, ④ 상기 원칙의 어느 쪽이 만족하지 않는 상황이 발생할 경우 일본 부대는 철수할 수 있을 것, ⑤ 무기 사용은 요원의 생명 등 방어를 위해 필요한 최소한의 것으로 제한할 것. 이러한 5원칙은 PKO의 관행에서 크게 벗어나지 않지만, 평화유지활동의 중추기능은 무장해제 감시, 정전지대 순찰, 유기(遺棄) 무기의 처분에 있다.[9]

---

9) 1999년 일본의 인적 공헌은 PKO 전체 부대 가운데 0.3%에 불과했다. 1995년 10월 유엔 사무국이 작성했던 PKO 가이드라인에 의하면 평화유지군의 자위권은 요원 자신의 생명을 지키는 것에 제한되어 있지 않다. 거점, 수송부대, 차량, 소총 방위, 동료와 보호한 사람의 방위도 포함한다(R. ドリフテ, 2000: 98~119).

6. 안보리 개혁의 추이와 일본외교

1) 안보리 개혁과 일본의 입장

냉전 종결은 유엔 안보리에 새로운 중요성을 부여하게 되었지만 동시에 유엔의 조직, 특히 안보리 개혁의 기운을 고조시켰다. 뉴욕의 일본정부 대표부는 이러한 움직임을 크게 가속화하는 역할을 달성했고, 일본에게 이는 안보리 개혁에 대한 견해를 명확히 하고 상임이사국 진출을 표명하는 절호의 기회였다. 그런데 비자민 연립정권인 호소카와 내각의 발족으로 이 문제에 대한 내각 의견이 일치되지 않았고, 이 때문에 뉴욕지사가 상임이사국 진출을 분명히 말하고 실현을 위해 움직이는 것은 불가능하게 되었다. 일본 국내 외무성의 입장은 어려워졌지만, 해외에서는 공여액 세계 1위를 자랑하는 ODA를 최대한으로 활용해서 상임이사국 진출 캠페인을 자유롭게 전개했다.[10]

유엔에서는 대국 간 협조와 타국에 대한 간섭으로 많은 문제가 야기되었다. 소말리아 PKO의 실패, 걸프전쟁 후 이라크에 대한 경제제재와 비행금지구역의 건설, 리비아에 대한 제재 배치 등에서 가입국 간의 불협화음이 발생했다. 제3세계에는 대국의 간섭을 견제하기 위해 대국과 동맹관계인 국가가 견제당하는 경우도 있었다. 다른 한편으로 이러한 신세계 질서는 진작부터 초대국의 광폭함에 불만이 있던 국가에게 안보리의 구성과 작업 관행을 재인식하는 것이 정당하다는 기운을 높이는 결과를 가져왔다. 개혁

---

10) 안보리는 1990년대에 들어와서 앞선 45년을 합친 것보다도 많은 PKO를 각지에 전개했다. 특히 선거감시요원, 문민경찰, 인권감시전문관 등 비군사부분의 요원을 다수 파견했던 것은 새롭게 주목할 만한 것이었다. 이 외에도 새로운 경제제재 달성을 결정하여 1994년에는 경제제재 대상국이 7개국에 달했다. 무기수출금지, 무장해제의 결정도 내렸다.

의 기운은 유엔과 안보리를 세계의 새로운 현실에 부합하게, 이를 시대의 요청에 응할 수 있게 할 필요성을 반영했다. 이 중심에는 안보리가 대부분의 문제에 간섭하는 것을 염려하는 국가도 있다. 또한 미국은 분담금 비율의 25%를 부담하고 있는 것에 대한 불만을 표명하고 있고, 유엔을 좀 더 효율적으로 경영하고, 낭비를 줄이는 데 항상 압력을 가해왔다.

안보리 개혁 기운은 평소 상임이사국 가입을 희망하던 일본, 인도, 브라질 등에서 고조되었다. 다른 한편으로는 개혁에 반대하는 국가(기존의 안보리 상임이사국 및 기타 국가들), 더욱이 스스로 상임이사국 진출을 희망하면서도 가능성이 그다지 없는 국가(독일에 대항하는 이탈리아, 인도에 대항하는 파키스탄)도 강한 관심을 표했다.

1992년 11월 인도는 안보리 개혁을 요구한 결의안을 제출했고, 이 결의안의 공동제안국으로 일본·인도를 포함한 40개국이 이름을 올렸다. 12월, 결의 47/62로 전회 일치로서 채택되었다. 이탈리아는 공동제안국에 있었으나 최종 단계에서 빠졌다. 많은 가입국의 이해가 불일치하는 것을 알고 있었던 일본은 개혁의 실현에 기한을 두려는 인도의 원안에 반대하여 자구(字句)를 수정·완화할 것을 요구했다. 이는 영국과 프랑스 양국의 외교관이 그다지 과격한 개혁안을 지지하지 않을 것이라는 일본 측의 충고였다. 사무총장은 각국에 대해 1993년 6월까지는 안보리 개혁에 관한 견해를 서면으로 제출하라고 요청했다. 이는 안보리 개혁의 새로운 개막이었다.

1992년의 총회 결의 47/62 채택 이외에도 2개의 사건이 안보리 개혁의 필요성을 고조시켰다. 우선 1991년 12월 소련에서 러시아로의 의석 이행으로 이는 각국에 P5의 이해까지 일치하면 개혁이 가능하다는 인상을 주었다. 동시에 P5는 이를 위해 법적으로는 의석이 있는 방식으로 이 문제에 대처했다. 다른 한 가지 사건은 사상 최초로 안보리 정상회담에서 안보리의 새로운 구성과 탈냉전기 유엔의 중요성을 생각하도록 하는 기회가 되었다.

독일의 움직임에서도 일본의 상임이사국 진출을 둘러싼 입장의 형세를 조명할 필요가 있었다. 1992년 8월 독일 외무성은 만약 일본이 안보리 상임이사국 지위를 확보하기 위해 노력한다면 독일도 국익 옹호를 위해서 노력할 수밖에 없다고 표명했다. 일본과 독일 양국의 공식적인 입후보 표명에는 정치적인 의도가 숨겨져 있고, 양국은 이러한 정당성에 경합하여 모순되는 요소가 없도록 충분히 엄격하게 했다. 양국이 상임이사국이 된다면 선진공업국의 비중이 증가하여 현재의 3개국에서 5개국이 된다. 일본은 인구가 조밀한 아시아의 대표라고 주장할 수 있지만 아시아의 가입은 유럽 편중 인상을 강조하는 것이 된다.

상임이사국 진출을 둘러싼 일본 국내의 여론은 아직 결정되지 않았지만, 국제무대에서는 외무성 관료의 추진파가 준비하고 있었기 때문에 외무성 주도로 일본정부도 입후보 표명을 단행하게 되었다. 외무성의 최대 과제는 유력정치가의 반대를 계속적으로 누르면서 상임이사국 진출 입후보의 공식표명은 계속하는 것이었다. 안보리 개혁에 대한 정부 견해를 명확히 내세우기 위해 국내의 의견을 수렴하고 합의를 이끄는 작업은 난항이었다. 일본 국내의 정치적 혼란과 호소카와 내각의 성립은 관료들에게 두 가지 모순되는 결과를 가져다주었다. 한 가지는 지금까지의 일반적인 정책은 관료주의에 의해 입안되었지만, 흐름이 역전되어 관료들이 정치가에게 로비 활동을 하지 않으면 안 될 처지가 되었다는 것이다. 다른 한 가지는 정치가들이 권력투쟁에 몰두하게 되었기 때문에 개개의 정책에 무관심하게 되었고, 정치가를 끌어들이지 않은 정책의 입안·추진이 가능하게 된 것이다.

일본 내의 신중론과 반대론의 타협 결과, 다른 여러 나라가 일본의 상임이사국 진출 지지를 가능한 한 공식 성명이라는 형식으로 표명해주는, 자연적인 고조를 기대하는 방침이 채택되었다. 자연적인 고조를 이끌어내는 임무는 관료, 즉 외무성이 맡았다. 국내 여론을 설득하는 노력은 원래 정치가의 역할이지만, 그들은 정말 아무것도 하지 않았다. 무대 위에서 설득하는 작업도 외무성이 담당했다.[11]

호소카와 수상의 연설을 통해 일본은 안보리에서 할 수 있는 책임을 달성할 용의가 있다고 말할 예정이었다. 그러나 다나카 슈세이(田中秀征)의 강력한 주장으로 '개혁된 안보리에서'라는 글귀가 삽입되었다. 다나카의 주장을 통해 일본의 상임이사국 진출은 안보리 개혁이 전제되어야 하는 것으로 확실해졌다. 상임이사국 진출을 개혁된 안보리를 전제조건으로 하는 주장은 이후에도 신중파·회의파의 지지를 받게 되었다. 1994년 6월 하타 내각을 대신하여 무라야마 도미이치(村山富市)를 수반으로 하는 자민당·사회당·신당 사키가케의 연립정권이 성립했다. 신내각의 지도자는 무라야마와는 별도로 고노와 다케무라 마사요시(武村正義)였다. 무라야마 내각의 3당 합의에서 안보리 상임이사국이 되는 것은 기정 노선에서 벗어나지 않은 방침으로 확인했지만 유엔 개혁의 진행상태, 아시아 근린 국가의 지지, 국민의 합의를 고려해 신중한 태도로 임했다. 또한 연립 3당 국회의원은 1994년 8월, 상임이사국 진출을 생각하는 모임을 결성했다. 자민당의 고이즈미가 회장으로 취임했고, 다나카가 부회장이 되었다.[12]

연립 3당 사이와 내부의 의견 불일치는 고노 외상에게 자유재량의 여지

---

11) 외무성은 지지 획득을 위해 정력적으로 외교공작을 전개했고, 이에 응하여 일본의 상임이사국 진출에 찬성하는 국가가 서서히 나서게 되었지만, 가장 중요한 일본정부의 진의가 명확하지 않았고, 국외에서도 국내에서도 이 의도를 의심하는 의견이 나왔다. 특히 국내 정국은 혼란이 계속됐고, 문제의 소재가 희미해졌다. 이것은 일본이 아직 상임이사국이 될 준비를 하지 못했다는 인상을 주었다. 그러나 외무성은 일본이 상임이사국 진출에 중도적이고 어중간한 태도를 가지고 있다는 인상을 주지 않으려고 노력했다.

12) 연립 3당은 일본의 공헌 범위가 헌법 제9조의 규정 범위 내라면 상임이사국 진출을 적극적으로 추구할 것이라는 합의에 도달했다. 단, 이 합의에 대한 다나카의 해석은 달라서 일본의 상임이사국 진출은 어디까지나 유엔의 개혁을 전제한다는 점에서 합의했다고 강조했다.

를 부여하고, 덕분에 외무성이 움직이기 쉬웠다. 고노 외상은 상임이사국 진출에 찬성했지만 헌장 제7장하에서 무력행사를 용인했던 PKO 부대와 걸프전쟁 파견의 다국적군에 일본이 참가 의무를 부담할 상황이 될 것에 염려하고 있었다. 결국 1994년 고노의 연설은 안보리 개혁 논의가 늦어짐에 대한 초조함을 표명하고, 유엔 창설 50주년인 1995년까지는 논의를 종결하기를 희망한다고 표명했다. 13)

일본은 유엔, 특히 안보리 개혁을 G7정상회담의 의제로 상정했다. 분담금 비율의 상승과 ODA 증액을 강조하는 것은 일본의 상투적인 수단이었다. 일본은 국제기관에 대한 재정적 공헌을 강조하여 발전도상국에 베푼 은혜를 설명할 수 있었고 이러한 호소는 간접적이었다. 이것보다도 ODA 공여, 회의 초대, 선물, 향응 등을 통해 발전도상국 수뇌를 회유하는 방법이 효과적이었다. 14)

일본의 상임이사국 진출에 미국 지지가 중요한 데다 일본외교의 미일관계 중시 태도를 볼 때, 일본정부가 미국의 지지표명을 의지하고 신뢰한 것은 당연한 결과였다. 그러나 그 당시 부시 정권은 다른 유엔가입국에서 P5

---

13) 1997년 총회 의장 라잘리 이스마일(Razali Ismail)이 지금까지의 논의를 정리한 문서를 제출했고, 안보리 개혁의 기대는 고조되었다. 이는 제52회 총회를 개혁 총회라고 명명한 일본 외상의 총회 연설에 집약되어 있다. 연설은 유엔 개혁에 관해서는 구체적이었지만, 일본의 입후보에 대해서는 하시모토 연설과 고노 연설보다 명쾌하지 않았고, 일본은 많은 국가의 지지를 얻은 뒤에 헌법에서 금지되고 있는 무력행사는 하지 않는다는 기본이념에 기초하여 안보리 상임이사국의 책임을 다할 용의가 있다고 되풀이했다.

14) 국제 여론 환기를 위한 노력에는 여러 가지 장이 존재한다. 변하지 않는 최대의 장은 전체 가입국의 대표가 주재하고 교류하는 뉴욕의 유엔 본부이다. 중소의 발전도상국 대표는 뉴욕 지사에서 유엔 정책을 입안하고 결정해서 될 수 있는 한 강력한 영향력을 행사할 수 있다. 단, 뉴욕 지사의 대사와 외교관이 지지를 약속해도 지역 그룹과 당국이 소속하는 지역 기관의 결정에 영향 받고, 실제로 다른 투표행동을 할 수 있다는 것이다. 상임이사국 진출에 중요한 것은 각료가 세계 각국을 방문하여 직접 호소하는 것이다. 안보리 개혁의 기운이 최고조에 달했던 1997년에 이러한 노력도 절정에 달했다.

에 대한 비판이 나오고, 거부권의 재인식을 요구하는 의견이 높아지는 것, 더욱이 발전도상국에서도 상임이사국 진출을 요구하는 움직임이 강해지는 것을 경계하여 일본의 상임이사국 가입을 공공연하게 지지하는 것을 자제했다. 일본정부가 미국의 지지를 사활이 걸린 중요성으로 여기고 있는 것은 미국이 주도적인 역할을 하고 있다는 이유뿐만 아니라 상임이사국 진출을 주장하는 일본 최대의 강점과 자부하고 있는 점, 즉 재정적 공헌을 클린턴 정권이 평가했기 때문이다.

일본정부는 클린턴 정권의 상임이사국 진출 지지의 공식표명에 만족했지만, 미국은 독일과 일본 양국의 상임이사국 진출문제를 포괄적으로 고민해야 하는 입장이었다. 첫 번째는 미국의 주도로 내정불간섭 원칙을 일탈하여 인도적 개입을 단행하곤 하는 안보리에 대해 비판적인 다른 유엔 가입국이 볼 때, 독일과 일본의 상임이사국 진출 지지표명이 미국의 영향력 강화를 의미하는 것으로 보이지 않을까 하는 우려이다. 미국과 동맹관계인 일본이 상임이사국이 된다면 미국은 사실상 2표의 거부권을 가진다는 견해도 있다. 두 번째는 1997년 여름 시점에서 다수의 유엔 가입국은 독일과 일본만의 상임이사국 진출로 끝나는 안보리 확대는 절대적으로 받아들이지 않을 것이라는 사실이다.

미국과는 대조적으로 P5의 다른 4개국은 안보리 개혁에 소극적이었다. 영국과 프랑스 양국은 명확하게 지지하고, 러시아는 아직 복잡한 반응을 보이고 있다. 안보리 개혁에 대한 영국의 초기 반응은 부정적이었다. 영국이 독일과 일본 양국의 상임이사국 진출에 지지를 표명한 것은 1994년 3월 안보리 개혁작업부회의 석상에서였다. 영국은 일본의 PKO 참가에 만족했다. 프랑스의 지지는 영국보다는 소극적이었지만, 반대에서 찬성으로의 전환은 돌연히 발생했다. 1994년 3월 일본의 독일 방문 직전, 알랭 쥐페(Alain Juppe) 외상은 독일과 일본 양국의 상임이사국 진출에 지지를 표명했다. P5

여러 국가의 지지를 획득하려는 일본은 다분히 미국을 의지한 노력을 했고 영국과 프랑스 양국도 결국은 미국과 마찬가지로 명확한 지지표명으로 돌아섰지만, 러시아에 대한 로비 활동이 소홀했다. 이탈리아를 제외한 EU 가입국은 일본의 상임이사국 진출에 찬성하고 있다. 1993년 마스트리히트조약으로 EU는 공통외교안보정책을 채용하게 되었지만 이러한 방향을 목적으로 한 노력이 꼭 결실을 거둔 것은 아니다.15)

　53개국을 거느린 아프리카는 유엔에서 커다란 표밭이다. 그들은 거의 모두 정치적으로는 비동맹 여러 국가 운동에 참가하고, 경제적으로는 모두 발전도상국이다. 일본이 1978년 비상임이사국 선거에서 낙선했던 것은 아프리카 여러 국가의 지지를 받지 못했던 결과였다. 외무성은 이러한 경험을 바탕으로 상임이사국 진출을 위해 아프리카 여러 국가들의 지지가 불가피하고, 가장 중요하다고 판단했다. 아프리카 여러 국가들의 공통점은 원조에 크게 의존한다는 것과 국내가 전제 독재체제라는 것으로, 일본의 원조에 큰 기대를 하는 동시에 일본의 계획이 받아들여지기 쉬운 상황이다. 아프리카 여러 국가는 ODA에 감사하는 표시로 일본의 상임이사국 진출에 찬성했지만, 안보리 개혁의 세부사항에 대한 일본과 아프리카의 이해가 반드시 일치하는 것은 아니기 때문에 아프리카 지도자의 일본 지지표명은 그다지 강력하지는 않았다.16)

---

15) 1995년 3월, 안보리 개혁안이 이탈리아의 반대로 채택되지 못했다. 간신히 유럽회의에서 EU위원회의 원안을 지지했지만 EU 전체에서는 내부 분열 때문에 안보리 개혁에 관한 공통정책을 타진하지 못하는 데 이르렀다. 1997년 안보리 개혁안이 실현 전에 좌절된 것은 이에 반대하던 이탈리아의 강력한 로비 결과였다. 이탈리아는 G8의 구성원으로 다섯 번째 유엔 분담금 출자국이면서 유럽으로부터 영국과 프랑스에 이어 독일이 상임이사국으로 인정받게 되면 격차가 발생하여 국제적인 지위가 저하되는 것을 걱정하여 스스로도 상임이사국 진출을 목표로 입후보했다. 그러나 실현 가능성이 없는 것을 알고, 이번에는 독일의 상임이사국 진출에 강경하게 반대했다. 이탈리아는 1990년 이후에도 영국과 프랑스가 찬성하는 분위기가 없음을 알고 일본의 상임이사국 진출에도 반대했다.

아시아 지역에 속하는 일본이, 1992년 캄보디아 평화 프로세스에서 담당했던 것과 같은 역할을 이후에도 담당하며 국제사회에서 리더십을 발휘하고 싶다고 희망한 이상, 일본의 상임이사국 진출에 아시아 여러 국가의 지지는 가장 중요한 과제이다. 아시아 주변 국가, 특히 동북아시아 국가들이 찬성하지 않는 것은 가령 한정적인 PKO 참가라고 하더라도 받아들여지지 않는다. 이 점에서 중국, 한국, 북한의 태도는 불명확했고 일본은 더욱 노력할 필요가 있었다. 침략한 역사, 이러한 과거 유산을 완전히 청산하지 않았음에도 아시아에서 일본의 지위는 무역·투자·ODA·기술 덕분에 강력하게 안정되어 있다.

동북아시아는 일본에게 가장 어려운 지역이다. 중국은 상임이사국일 뿐 아니라 최대 이웃 국가로서 정치·경제적으로 모두 깊이 관련되어 있다. 중국은 과거 침략 역사, 미일안보체제, 아시아 주도권 경쟁 등으로 일본을 경계하고 있다. 특히 중국은 일본이 상임이사국 진출의 근거로 경제력을 들고 있는 점이 불만이다. 한국과 북한도 적극적으로 찬성하고 있지 않다. 한국의 여론도 일본의 상임이사국 진출에 반대한다. 북한의 반대는 일본의 과거 침략에 직결하므로 일본 측이 사죄하고 보상을 거부하고 있는 상황에서 입장을 바꾸지 않고 있다.

동북아시아가 이러한 사정이기 때문에 일본은 동남아시아 국가들을 신뢰하고 있다. 캄보디아 평화 프로세스에 적극적으로 공헌했던 실적이 있는 일본으로서는 이 점이 유리했다. 아시아 여러 국가의 대부분은 비동맹 여

---

16) 1997년 아프리카의 원조 대상국 47개국 중에서 케냐, 가나, 세이셸, 탄자니아, 잠비아, 짐바브웨 6개국에는 일본이 최대의 원조국이었다. 일본의 원조 대상국 상위 30개국(1996년) 중 아프리카 지역에는 이집트, 가나, 탄자니아, 케냐, 말라위, 코트디부아르, 세네갈 7개국이 있다. 이러한 국가들은 세이셸을 제외하면 아프리카 지역에서도 비동맹 여러 국가로서 정치적으로 중요하고, 이러한 영향력은 무시할 수 없다.

러 국가들의 운동 참가국이지만, 그들은 총회에서 안보리 개혁의 합의를 구축하기에는 좋은 위치는 아니다. 일본은 아시아에 위치하고 유엔에서는 아시아 지역 일원이지만, 역사·문화·사회의 발전단계 등에서 이질적이고, 정치·경제적으로도 구미 국가에 가깝다. 유엔에서 일본은 아시아의 소리를 반영하고 있지 않다(R. ドリフテ, 2000: 144~196).

2) 안보리 개혁 작업부회의 활동

유엔 창설국의 요구로 헌장 개정을 하려면 2/3 다수의 찬성이 필요한 제 108조와 109조가 있고, 지금까지의 경우에 1965년에 안보리 비상임이사국을 6개국에서 10개국으로 확대하고, 경제사회이사회의 구성국을 1963년에 27개국, 1973년에 54개국으로 확대했던 것 외에는 1963년에 헌장 109조의 절차에 대한 개정이 행해졌던 것 뿐 그대로 있었다. 1970년에서 1980년까지 10년간은 제3세계 여러 국가의 급격한 증가에도 서방의 거부권 행사가 두드러졌다.[17]

거부권의 폐지 혹은 제한을 하려는 제안은 1회부터 3회까지 총회에서 라틴아메리카 국가들의 발의로 논의되었다. 안보리 상임이사국을 확대하는 문제도 사실은 유엔 발족 시기부터의 현안이었다. 한편 장기간에 걸쳐 상임이사국 지위 확보를 목표로 운동했던 국가는 인도이다. 이는 1955년부터 계속되었다. 안보리 비상임이사국 수를 확대하는 제안은 1956년 이래 총회에서 정기적으로 검토되고 있었다.[18]

---

17) 민주주의의 규범에 비춰보면 안보리 거부권은 시대착오적이지만, 다른 면에서 인구의 대소에 관계하지 않고 1국 1표로 결의안이 좌우되는 총회의 표결방식도 사실상 민주주의적이지는 않다.

18) 안보리와 경제사회이사회의 확대 범위를 소폭으로 그칠 것인가, 대폭적으로 할 것인가에

1979년 12월 발전도상국 10개국은 안보리 구성의 공정배분과 의석 확대에 관한 문제를 새로운 총회 의제로 올리는 데 성공했다. 이 의제에는 심의 만료까지 일시 보류되고 탈냉전기를 맞이해 1992년 실질적 심의를 요구했던 결의안이 채택되었다. 이후 유엔, 특히 안보리 개혁에 관한 노력이 본격화되었다. 안보리 개혁을 추구했던 노력의 제1보는 1992년 12월 총회 결의(47/62)에서 1993년 6월까지 각국이 개혁에 관한 견해를 사무총장에게 제출하기로 한 것이다. 각국의 회답은 다음과 같은 네 가지로 크게 구분된다. ① 안보리를 유엔 가입국을 더욱 정확하게 대표하는 기관으로 한다. ② 몇 개의 가입국 혹은 대표의 국제적인 지위를 높인다. ③ 남반구 가입국의 권한을 강화시킨다. ④ 기존 상임이사국의 권리 독점을 약화하는 모양으로 안보리를 확대한다.

가입국의 이러한 견해에 대해 총회는 1993년 12월 결의 48/284를 채택하여, '안보리의 개혁과 재구축에 관한 작업부회'(이하 '안보리 개혁 작업부회'로 약칭)를 설치했다. 동시에 다른 4개의 작업부회를 설치하여 유엔이 당면한 여러 문제를 심의하게 되었다. 안보리 개혁 작업부회의 토의는 1994년 1월에 개시되었다. 이 작업은 2개의 문제를 중심으로 진행되었다. 하나는 안보리 규모와 구성에 관한 것, 다른 하나는 안보리의 심의 형태에 관한 것, 예를 들어 투명성·관계국과의 협의방식·정보분석능력 등이다.[19)

대해 지역 간 의견이 일치하지 않았다. 아시아와 아프리카 여러 국가들은 대폭 증대를 주장했지만, 라틴 아메리카와 서구 여러 국가들은 소폭 증대를 희망했다. 일본은 대폭 증대는 이사회의 토의를 복잡화하고, 이사회의 권위를 저하시킬 수 있다고 염려하여 소폭 증대를 지지하면서도 의석의 배분을 둘러싸고 대립하는 양 집단 간의 조정역할을 담당했다. 결국 아시아·아프리카 여러 국가의 주장이 수의 힘으로 총회를 통과했다. 1963년 12월 결의에서 총회는 헌장에 규정되어 있지 않은 가입국의 지역별 배분을 결정하고 이를 각 지역에 할당했다. 1965년의 헌장 개정은 가입국의 2/3 다수획득은 결국은 P5에 의존하고, P5가 절대적인 영향력을 가지고 있는 것을 나타내는 기회였다.

19) 1994년 9월 개회된 제49회 총회에서 17개국이 새롭게 일본의 상임이사국 진출에 지지를

안보리의 공정한 대표권이라는 문제는 기본적으로 1945년의 세계를 반영하고 있는 안보리의 구성과 가입국이 3배로 증가한 유엔의 상태에 커다란 격차가 있었기 때문에 항상 안보리 개혁의 중심과제가 되었다. 안보리 확대는 실효성과 효율성의 문제를 야기한다. 이는 유엔 민주화의 한 면인 의사 결정능력, 이러한 결정을 실행하는 능력(정치력과 경제력)을 의미한다. 1990년대 토의에서 실효성과 효율성은 특별한 개념이고, 동의어로 사용되지 않는 것이라는 지적이 나왔다. 상임이사국의 의석 증대는 국제사회를 좀 더 공정하게 반영하는 것이라고 할 수 있다. 만약 이것에 의해 실현되는 정의가 안보리의 결정을 실행에 옮기는 가입국의 의사를 좀 더 강고히 표현하게 된다면 확대 안보리의 실효성은 의석 증대를 높이는 것이 된다. 동시에 안보리 구성국의 증대가 의사 결정을 연기하고 효율성을 저하시키는 결과가 된다는 의견도 있다. 이는 미국이 가장 강력하게 주장하고 있는 부분이다. 일본은 상임이사국 진출 입후보의 근거로 경제력과 유엔 재정 부담능력을 강조하고 있다. 정치·경제적으로 강력한 국가가 가담하지 않는다면 안보리는 실효성을 잃어버리게 될 것이다.

상임이사국 진출이 목표인 국가 중에 민주화 논의를 근거로 하는 국가는 일부분에 지나지 않는다. 그러나 경제력 그 자체도 위신으로 연결되지 않고 그다지 유엔의 지지를 얻고 있지 않다. 일본은 자국의 상임이사국 진출이 유엔 강화에 연결된다는 주장을 정당화하기 위해 유엔의 비능률을 비판하는 형태로 안보리 개혁의 필요성을 설명하고 구성국 확대를 주장한다. 구성국 자격으로 군사력으로 대표되는 경제·과학·기술·문화력을 중시하고, 다른 한편으로는 빈곤과 저개발 문제에 몰두하고 국제분쟁의 근본 원인을 제거할 의사와 능력이 있는 점을 강조하고 있다. 특히 일본이 강조하

표명했지만 이 중에 아시아 국가는 없었다.

고 있는 것은 세계에서 유일하게 피폭체험을 한 비핵보유국이라는 점이다.

분담금 인상을 안보리 개혁에 강력하게 결부해서 상임이사국 진출을 달성하려한 일본의 노력은 실패했다. 분담금 비율의 상한을 낮추고, 자국의 지불액을 감소하려던 미국의 노력도 동의를 얻지 못했다. 유엔총회는 1997년 12월 향후 3년간의 가입국 분담금 비율 수정 기준을 채택했지만 일본은 불리하게 되었다.

안보리 구성국 제3의 범주라는 준상임이사국을 계획하는 구상도 제안되었다. 이러한 구상은 신규 상임이사국에는 거부권을 인정하지 않고, 그럼에도 상임이사국 진출을 희망하는 국가를 확인하는 것이었다. 1994년 준상임이사국의 실현 가능성은 남아 있었지만, 일본과 독일은 이러한 구상에는 관심이 없다는 입장을 명확히 했다.

1997년 여름까지 미국은 장래의 상임이사국 명단에 일본과 독일만을 올리는 것에 지지하고, 이를 안보리 개혁의 필요조건이라고 했다. 동시에 미국은 비상임이사국을 증가시키는 안보리 개혁에는 반대하고 있었다. 구성국의 총 범위에 관해서는 다른 유력국의 반대로 의견이 일치하지 않고 작업부회에서의 합의도 이루어지지 않았다.[20]

일본에 중요한 문제는 미국이 태도를 애매하게 하고 있다는 것이다. 미국은 1997년 여름까지 독일과 일본 양국의 상임이사국 진출 지지를 표명했지만 거부권에 관해서는 일체 언급하지 않았다. 비공식적으로 양국에 거부권을 인정하는 의향을 표명했지만, 인도와 같은 국가에 거부권을 부여하는

---

20) 확대 안보리 구성국의 수에 뒤이어 거부권문제가 공정한 대표권에 대한 합의 형성을 방해하는 어려운 문제가 되었다. 거부권문제 해결의 노력은 거부권을 신규 상임이사국에도 인정할지, 그렇지 않으면 기존의 거부권을 박탈할지, 최소한의 행사를 제한할지의 어려운 선택을 맞고 있다. 전자는 가입국 다수 국가가 반대하고 후자에는 상임이사국인 P5가 반대하여 딜레마에 빠져 있다.

여부에 대해 미국 의회는 찬성하고 있지 않는다. 일본과 독일 양국에 대해서도 미국 의회와 국민이 거부권을 인정할지는 확실하지 않다.

1997년 작업부회(총회) 의장 라잘리는 총괄 보고서를 정리하여 다음과 같은 개혁안(라잘리안)을 제시했다. ① 안보리 확대 폭은 상임이사국 5개, 비상임이사국 4개로 이 중 상임이사국 2개국은 선진국으로 한다. ② 신규 상임이사국의 거부권은 인정하지 않는다. P5의 거부권 행사는 헌장 제7장에 한정한다. ③ 안보리 개혁 실현의 절차와 계획표를 정한다. ④ 헌장의 구 적국조항을 제거한다. ⑤ 10년 후에 재검토 회의를 개최한다. ⑥ 안보리의 작업관행 개선과 투명성 향상을 위한 조치를 강구한다. 이 문서는 상임이사국 진출을 희망하는 국가들에게 숙원 달성의 시간이 도래했음을 의미하는 것이었다. 일본과 독일을 비롯한 관계 국가는 라잘리안은 단순히 안보리 개혁을 요구하는 것 이상으로, 헌장 제18조에 규정된 것과 같이 총회 출석국의 2/3 다수를 필요로 한다고 주장했다. 이러한 규정에 대해서 결의안은 채택되었다. 그러나 일괄 해결을 포함하는 헌장상의 개정은 어떠한 결정도 가맹국 2/3 다수를 요구하는 헌장 제108조의 엄밀한 적용을 필요로 한다고 하는 이탈리아의 주장에 비동맹 여러 국가들이 동조해 이는 총회의 대세가 되었다(R. ドリフテ, 2000: 201~238).

7. 유엔과 일본외교의 과제

1) 일본외교의 과제

전후 일본의 평화는 유엔보다는 미일안보 덕이 크고, 전후 일본의 번영은 유엔보다는 스스로의 노력과 자유무역체제 등의 혜택 덕이 크다. 냉전의 종언과 세계화의 결과, 일본은 세계 질서 유지에 좀 더 큰 의무와 권리를 담당하고 있다. 이 열쇠는 유엔이다. 유엔의 범위 밖에서 일어났던 일본의 발전과 동아시아의 발전 경험을 유엔을 통해서 세계에 제공하는 것은 일본과 세계의 이익에 합치한다.

일본은 1952년 독립하며 유엔 가입을 신청했지만 소련의 거부권으로 가입하지 못했다. 앞에서도 말했듯 일본의 가입은 1956년 소·일 국교회복 이후에 현실이 되었다. 이때 시게미쓰 마모루(重光葵) 외상은 동서의 가교가 되는 유명한 연설을 했다. 시게미쓰는 도쿄 재판에서 유죄판결을 받고 복역했던 경험이 있다. 시게미쓰는 종전 외무성의 주류였고, 아시아주의의 이상을 가졌던 인물이었다. 1943년 영국과 미국에 대항하기 위해 일본도 식민지 해방이라고 하는 보편적인 이념을 가질 필요가 있다고 하며 대동아회의 개최를 추진한 인물이 시게미쓰였다. 1950년대부터 1960년대에 걸쳐서 추진했던 식민지 해방의 이상을 어느 정도 체현한 인물이었다. 1957년의 외교백서에는 일본외교의 기본방침으로 ① 유엔중심주의, ② 아시아 일원으로서의 외교, ③ 자유세계와의 제휴를 내세웠다. 일본외교가 실제로 유엔 중심이었던 것은 아니고, 일본외교의 중심과제가 된 것은 미일안보조약의 개정과 오키나와 반환 교섭이었다.[21]

그런데 일본이 유엔에 가입하기 전부터 염려한 것이 있었다. 이는 유엔 가입국이 되면 때로는 군사력 행사의 의무를 가지게 되는 것은 아닌지, 이

---

[21] 1983년 윌리엄스버그 정상회담에서 나카소네 수상은 안전은 불가피하다고 하여, 중거리 핵전략문제를 채택했다. 이는 원래 경제문제를 과제로 했던 정상회담을 정치적 조직으로 변화를 추진했던 것이다. 그러나 레이건-나카소네 시대에도 일본은 국외의 PKO에 들어갈 의향이 없었다. 이는 일본의 지리적 위치와 관계되어 있다. 서방의 대소련전략에 있어서 일본을 지키려고 하는 것이 중요한 것으로 일본은 일본 외의 활동을 생각할 필요가 없었다. 나카소네 수상이 이란·이라크전쟁 당시 소해정(掃海艇) 파견을 시도하여 실현되지 못한 것이 한 예이다.

는 헌법 제9조와 모순되는 것인지 하는 염려였다. 냉전종언에서 유엔의 기능이 되살아났을 때 일본은 이 문제를 맞이했다. 이는 1990년 걸프위기였다. 일본과 같은 세계적인 경제 행위자는 석유를 압도적으로 의존하고 있는 중동 지역의 질서에 대해서 아무것도 할 수 없다는 것이 기이한 것이었다. 결국 일본은 130억 달러라는 거액의 자금을 냈음에도 그다지 감사받지 못하고 끝났다.

일본외교의 커다란 변화는 여기에서부터 시작되었다. 1991년 걸프 만에 소해정을 파견하고, 1992년에는 유엔 PKO 등에 대한 협력법(PKO법)이 성립하여 일본은 캄보디아 PKO에 참가했다. 해외에서 자위대의 재해구조도 가능하게 되었다. 그리고 유엔과 직접 관계는 없지만 1996년 하시모토와 빌 클린턴(Bill Clinton)의 회담에서 미일안보가 재확인되었고, 공동 행동에 관한 가이드라인이 결정되는 등 안보활동 범위가 넓어졌다. 미국의 동시다발테러 이후 일본의 활동은 더욱 확대되었다. 미군의 작전에 대해 인도양에서 자위대의 함선을 전개하여 급유를 맞출 수 있게 되었다. 2002년에는 이라크로 자위대가 파견되었다.[22]

평화안전협력을 위한 일반법이 논의되었다. 개개의 경우로 입법하는 것에는 신속·유연하게 행동할 수 없기 때문에 유엔의 지지 등을 조건으로 정치적으로 필요 가능하다고 판단되면 언제라도 참가할 수 있는 것이다. 세계 각지에서의 활동에 일본이 참가할지의 여부는 이것의 장·단점을 감안하여 정부가 판단하는 것이 좋다.

---

22) 법안 심의 시기, 사회당은 철저하게 지연전술로 싸웠으나 패했고, 이후 참의원 선거에서도 패배했다. 사회당은 본래 평화를 위한 평화적 수단밖에 인정하지 않는다고 하는 의미의 평화주의였다. 이후 자위(自衛)에 대해서는 자위대의 존재를 묵인하는 정도까지 이르렀다. 그러나 자위대는 국외에서 평화를 위해 공헌할 수 있다는 것을 인정하지 않았다. 이는 일본에게 일국평화주의의 패배를 상징하는 사실이었다.

동시에 유엔의 활동에도 변화가 일어나는 것 또한 중요한 사실이다. 2004년 6월 이라크로의 다국적군 임무 중 부흥지원이 포함되었다. 이는 안보리의 역할이 협의의 군사적 역할에서 더욱 넓어지고 있다는 것을 나타낸다. 유엔은 60년의 역사이지만, 미소협조기, 냉전시대, 냉전 이후라는 세 가지 시대에 맞춰 역할이 크게 변화했다. 1945년과 비교해서 크게 다른 것은 우선 구성국이다. 식민지였던 아시아와 아프리카의 많은 국가들이 참여했다. 독일과 일본과 같은 패전국은 주요 참가국이 되고 있다. 또한 현재 평화를 위협하는 방식은 변화하고 있다. 유엔이 생길 당시 주요 위협은 국가였다. 그러나 이제는 비국가주체가 중요하게 되었고, 파탄국가와 테러리즘, 대량파괴무기의 확산, 조직범죄 등 새로운 위협이 증가하고 있다.

일본의 입장에서 일본이 상임이사국이 되는 것은 구성과 접근 양쪽 방향에서 중요하다. 우선 구성 면에서 제2차세계대전 직후의 전승국(및 계승국)만이 특권을 유지하고 있는 것은 시대착오적인 것이다. 주요 참가국이 중요한 지위에 있지 않은 조직은 불건전하다. 일본이 상임이사국이 되는 것은 종래 충분한 대표가 되지 않았던 아시아의 존재를 드러내고, 또한 비핵국을 상임이사국에 가입시킨다는 점에서 의미가 있다고 한다. 접근에서도 일본이 지금까지 행한 경제협력 중심의 정적인 접근과 인간의 안전보장이라는 개념은 평화정책에 중요하다.[23]

독일, 인도, 브라질 또한 상임이사국을 원하고 있고 아프리카에서는 남아프리카와 나이지리아 등이 이러한 의사를 표명한다. 한편 이탈리아는 독일의 상임이사국 진출을 저지하려고 하고, 파키스탄은 인도의 상임이사국

---

[23] 일본은 상임이사국의 일부 국가를 상회하는 공헌을 행하고 있다. 결국 일본은 상임이사국이 되는 것이 당연하다고 할 수 있고 현장에서 차별을 받고 있다고 해도 과언이 아니다. 상임이사국 진출은 이러한 차별을 시정하는 것에 있다. 그리고 일본과 아시아의 경험에 근거한 메시지를 계속 발표하여 조금씩 유엔을 변화시켜나가야 할 것이다.

진출을 저지하려는 활동을 하고 있다. 상임이사국 진출에 큰 장점이 있다는 증거이다(北岡伸一, 2005b).

2) 일본의 상임이사국 진출

일본이 안보리 상임이사국이 되는 것은 일본외교의 선택지를 크게 확대시키는 것이다. 중국이 한층 더 대두하는 것에 대해 일본이 안보리에서 안정적인 위치를 점할지의 여부는 중요하다. 신중론자 중에는 안보리에 진출해 일본이 미국에 NO라고 할 수 있다고 하는 사람이 있다. 일본과 미국은 기본적인 이해는 일치하기 때문에 많은 경우 동조하고 있다.[24]

일본의 상임이사국 자격과 관련해서 첫째로 일본의 군사적 역할이 불충분하다는 비판이 있다. 아미티지 국무 부장관과 콜린 파월(Colin Powell) 국무장관은 일본이 안보리 상임이사국이 될 경우 헌법을 고쳐야 한다는 취지의 발언을 했다. 일본 국내에도 이에 동조하는 의견이 있지만 한편으로 군사적인 역할을 담당하게 되기 때문에 상임이사국이 되는 것에 반대하는 의견이 있다. 원칙적으로 말하자면 군사적 의무에 대해서 상임이사국과 비상임이사국 혹은 이외의 가입국 간 하등의 구별은 없다. 둘째로 세계의 공통목표를 위해서는 위기에 직면할 각오가 필요하고 이는 1992년 캄보디아 PKO 이래 많은 PKO에 참가한 일본 또한 담당하고 있다. 셋째로 안보리 활

---

24) 일본이 상임이사국에 진출하면 무엇보다도 일본이 유엔에 안정적인 지원을 계속적으로 할 수 있게 된다. 국내 정치와 외교와의 관계는 미묘한 것이다. 국내 정치의 지지를 받지 않는 외교는 할 수 없다. 미국이 유엔에 거리를 두는 것은 국민 사이에서 인기가 없기 때문이다. 일본도 이 부분에 어두운 그늘이 보인다. 예를 들어 거액의 재정 적자다. 1990년대 일본은 많은 재정 적자를 쌓아두고 있었다. 세입은 세출의 거의 반 정도가 되지 않았다. 균형을 맞추기 위해서는 더욱 채무를 갚아야만 한다. 현재 수준의 대외 공헌을 유지할 수 있을까가 문제다.

동에서 순수한 군사적 역할 이외의 주변적인 부분의 비중이 증가하고 있다. PKO 다국적군의 임무에서도 2003년 6월의 이라크에 관한 결의에서는 부흥지원이 포함되었다. 넷째로 현재 상임이사국에서도 전체 국가가 충분한 역할을 담당하고 있는 것은 아니다. 일부 논자들은 집단적 자위권을 행사할 수 없는 현행 헌법에 따라 상임이사국이 되는 것은 위선이라고 말하고 있다. 그러나 외교는 다소 위선적인 것이라고 한다.

상임이사국이 되기 위해 주변 여러 국가의 이해를 얻는 것이 중요하다. 일본의 역사 인식과 전쟁에 대한 책임으로 볼 때 일본은 자격이 없다는 의견이다. 그러나 주변 국가끼리 꼭 사이가 좋아야만 하는 것은 아니다. 이탈리아는 독일의 상임이사국 진출에 대해서 강하게 반대하고 있다. 파키스탄은 인도에 대해서 강력하게 반대하고 있다. 이에 비해서 일본의 주변 국가의 반대는 이 정도는 아니다. 한국은 상임이사국 확대에 반대하는 커피클럽의 일원이다. 상임이사국 확대의 합의를 이루는 것은 어렵지만, 비상임이사국의 확대를 목표로 하는 것은 적당하다. 분담금 격차는 독일과 이탈리아는 2 대 1 이내이지만, 일본과 한국은 10 대 1 정도다.

일본의 역사 인식은 중국과 한국 국민 사이에는 커다란 문제지만 유엔에서 강력한 의견은 아니다. 유엔에는 최근까지 전쟁과 내란을 경험했던 국가가 많다. 60년 이상이 된 과거를 비난하는 것은 다소 부자연스럽다. 통상 전쟁을 하면 책임자를 처벌하고 국경선을 고치고 배상금을 지불하고 끝이다. 이것이 국제적인 상식이다. 중국에는 배상금을 지불하지 않았지만, 이는 중국이 포기했기 때문이다.[25]

25) 미국은 베트남에 사죄와 배상을 했는가. 중국은 1979년에 베트남을 침공했지만 이에 대해서 사죄와 배상을 했는가. 물론 중국과 한국의 이해를 얻기 위해 노력하는 것은 대단히 중요하다. 무릇 전쟁과 식민지 지배는 비난받아야 할 것이고, 또한 많은 국가의 외교는 국민의 여론에 의해서 결정되는 것이고 정부의 독단으로 결정되는 것이 아니다. 다만 일본

상임이사국과 비상임이사국을 확대할 경우에는 헌장 개정이 필요하다. 헌장 개정을 위해서는 유엔총회에서 전체 가입국 2/3 이상의 비준이 필요하다. 상임이사국은 최초의 투표에서는 반대 또는 결석에도 상관이 없다. 1963년 헌장이 개정되었을 때 상임이사국 중에서 찬성한 국가는 1개국밖에 없었고, 2개국은 반대, 2개국은 기권이었다. 따라서 총회에서 128표 이상을 얻고 동시에 상임이사국의 찬성을 획득하는 것이 과제이다. 가입국 일반을 본다면 일본의 평가는 매우 좋다. 만약 상임이사국을 하나만 확대하고, 이 국가를 선거로 뽑는다고 한다면 일본이 압승할 것이라고 생각한다. 독일에 대해서는 지나치게 많은 유럽 국가의 목소리가 있고, 미국은 소극적이다. 또한 인도와 브라질은 국제사회에 공헌을 어느 정도로 할 수 있는가가 문제가 된다. 그러나 일본만이라고 하는 개혁은 거의 불가능하다.

지금까지 유엔헌장은 세 번 개정되었지만, 안보리 상임이사국을 확대하는 정도의 큰 개혁은 한 번도 없었다. 60년 만의 개혁이다. 많은 국가가 좀 더 많은 것을 포함하고 싶어 하는 것도 무리가 아니다. 100여 개를 넘어서는 발전도상국으로부터의 NAM(비동맹운동)은 발전도상국에서도 가입할 수 있다고 해서, 일본만 혹은 독일과 일본이란 선진국만을 추가하는 것에 반대를 결의하고 있다. 아프리카 여러 국가는 하라레선언을 통해 아프리카가 상임의석 2석을 확보하고 이를 아프리카 안에서 교대로 담당하겠다고 말한다. 상임과 교대는 모순되는 개념이지만 어쨌든 일본만 혹은 독일과 일본만이라는 것은 어렵다. 이러한 이유로 일본은 독일, 인도, 브라질과 제휴하여 G4를 결성하여 함께 안보리 개혁의 움직임을 고조시키려고 하고 있다. 인도와 브라질은 거액의 공헌국은 아니지만 지역의 대국이다.

안보리 개혁과 관련해 고위급 위원회에서 제안된 것은 사무국장 스티븐

의 상임이사국 진출을 이론적으로 저지하려고 하는 논의는 없다는 점을 지적하는 것이다.

스테드먼(Stephen Stedman) 스탠퍼드대학 교수가 중심이 된 스테드먼안(案)이었다. 이것은 임기 4(아니면 5)년에 재선 가능한 준상임이사국이라는 범주를 작성하고, 이를 8개 아니면 9개 국가를 선출해 12(혹은 15)년 후에 안보리 전체의 존재방식을 재인식하는 데 있다. 유엔이라는 장에서는 평등원리가 상당히 강하고, 같은 국가가 당선을 계속하는 것이 어렵고, 반드시 교대해야 한다는 목소리가 강하다. 독일과 인도, 브라질은 3회에 1회, 일본도 3회 중의 2회밖에 당선되지 않을지도 모른다. 준상임이사국안에는 기술적인 어려움이 있다. 준상임이사국으로 입후보할 수 있는 국가와 할 수 없는 국가 간의 선을 어떻게 구별할 것인가, 그렇지 않아도 2층이 되고 있는 안보리 내의 구조가 3층으로 되는 것은 아닌가 등의 문제가 있다.[26]

위원회의 보고서는 2004년 10월에 제출되었다. 안보리 개혁에 대해서는 2개의 안이 제시되었다. 하나는 상임을 6개(아시아 2, 유럽 1, 아프리카 2, 아메리카 대륙 1), 비상임을 3개로 확대하는 것이다. 다른 안은 준상임이사국을 8개 창설하여 비상임이사국을 한층 더 확대시킨다는 것이다.

결의안은 크게 나누어 2개이다. 첫 번째는 헌장 23조를 개정하기 위해서 1단계로 나아가는 것이다. 즉, 일본, 독일, 인도, 브라질, 아프리카에서 1개국 혹은 2개국(남아프리카, 이집트, 나이지리아 중)의 이름을 넣었던 결의안을 제출하는 것이다. 두 번째는 2단계론이다. 상임이사국을 아시아에서 2개, 유럽에서 1개, 중남미에서 1개, 아프리카에서 1개 혹은 2개로 확대한다는 것으로 이를 어느 국가가 할 것인가는 선거로 결의한다고 하는 제안이다.

---

26) 상임과 비상임의 양 범주 확대를 주장한 일본은 독일 등과 함께 반대를 표명하고 운동을 확대하고 있다. 이 결과 유엔총회에서 191개국 중에 안보리 개혁이 필요하다고 했던 국가가 166개국, 양 범주의 확대가 필요하다고 한 국가가 113개국, 특히 일본이 상임이사국이 되어야 한다고 했던 국가가 53개국이 되었다. 특히 양 범주 확대론은 준상임이사국안의 반대론이 되었다.

이는 일본 지식인 간담회의 의견과 유사하다. 1단계론은 간단하지만 반대가 많을 수 있다. 즉, 일본은 좋지만 인도에는 반대한다는 국가와, 이와 반대인 국가가 반대 또는 기권할 가능성이 있다. 2단계론은 반대는 적지만 시간과 노력이 든다. 또 다른 문제는 거부권의 처리에 있다. 유엔총회의 연설에서 새로운 상임이사국을 확대해야 한다는 국가는 많았지만 거부권을 부여하는 것에 찬성하는 국가는 거의 없었다. 위원회의 의견 중에도 거부권은 없었다.

일본은 거부권에서 새로운 상임이사국과 구 상임이사국 간에 차별이 있어서는 안 된다는 입장이다. 동시에 현재의 거부권에는 문제가 많고, 남용을 방지할 조치가 필요하다는 의견이다. 실제 일본에 거부권이 결정적으로 중요한 건은 아니다. 거부권은 국제사회가 무슨 일을 하는 것을 저지하는 힘이다. 미국은 이스라엘을 지지하기 위해 거부권을 필요로 하고 있다. 그러나 일본은 많은 점에서 국제사회 다수의 편에 있다. 미일동맹을 강고하게 유지하는 한에서 거부권은 반드시 필요한 것은 아니다. 따라서 논의의 추이를 보면서 어떠한 시점에서 거부권에 대해서는 유연한 행동을 명확하게 할 가능성이 있다.

더 큰 문제는 아프리카이다. 아프리카 여러 국가는 독자적인 입장을 가지고 있다. 그러나 상임의 제한 범위 확대에 대한 논의가 활기를 증폭하는 가운데 총회에서 나이지리아가 상임이사국 진출 의사를 명확히 하고 남아프리카와 이집트 또한 진출 의사를 계속적으로 표명하고, 더욱이 리비아 또한 의사를 표명했다. 하라레선언의 입장이 어떻게 되는지 좀 더 사태를 지켜볼 필요가 있다. 2단계 방식의 경우는 아프리카의 어떤 국가가 할 것인가 결정할 필요는 없지만, 1단계론의 경우에는 어떤 1개 혹은 2개국을 선출하여 목록을 게재하고 경우에 따라서는 G4를 G5나 G6로서 바꿔야 한다. 이 경우 선출되지 않은 국가는 호의를 가진 국가들을 반대파로 바꿀 두려움이 있기 때문에 신중하게 끝까지 지켜보는 것이 중요하다.

만약 총회의 2/3를 얻는다면 상임이사국의 태도는 어떻게 될 것인가. 우선 프랑스는 적극적으로 개혁을 지원할 것이다. 여러 이유가 있지만 일본의 주장과 거의 비슷하고, 유력한 공헌국을 참가시키고 발전도상국 중의 유력국을 참가시키는 것이 필요하다고 생각하고 있다. 또한 프랑스의 국익에도 독일의 참가는 바람직하고, 이를 위해서는 일본의 참가가 필요하기 때문이다. 또한 이탈리아도 프랑스만큼 적극적으로 협력하고 있지는 않지만, 독일, 일본, 인도, 브라질 및 아프리카라는 것에는 찬성하고 있다. 러시아는 확실하지는 않지만 반대는 아니다. 어려운 것은 미국과 중국이다.

미국은 일본만이라면 찬성이다. 그러나 그래서는 어떤 해결도 되지 않는다. 이전에 독일에도 찬성했지만 최근에는 독일 지지라고는 말하지 않는다. 또한 미국은 안보리의 효율성이라는 관점에서 수를 너무 증가시키는 것은 반대하고 있다. 미국이 일본만은 지지라고 하는 입장에서 일보 전진하여 일본을 포함한 일괄적 지지라는 입장으로 전환하는 것이 극히 중요하다. 어렵지만 가능성이 없는 것은 아니다. 미국이 적극적인 일본 지지로 전환하는 것을 기대한다. 만약 미국이 찬성하고 남은 것이 중국뿐이라면 10년 이상 걸려서 도달한 결론을 중국이 부정하는 것은 어려울 것이다. 중국도 일본의 협력을 필요로 하는 문제가 많이 있다. 중일관계에 큰 타격을 받는 것과 같은 행동을 하는 것은 생각하기 어렵다. 큰 조약의 비준에 수년이 걸리는 일은 많다.[27]

---

27) 2000년 새천년개발목표에서 발전도상국에 대한 지원을 비약적으로 증가한다고 합의되었다. 유엔 가입국의 많은 발전도상국의 관심은 개발이다. 그런데 일본의 개발원조는 감소 경향이다. 일본은 세계 최대의 ODA 차출국이었다. 일본의 원조는 유상원조 중심으로, 성공한다면 돈을 되돌려받는다. 이는 좋은 일이지만 원조의 실제 실시액 세계 통계에서는 빠져있다. 이 결과 점점 더 일본의 하락 경향은 두드러진다. 일본은 새로운 원조전략을 모색하지 않으면 안 되는 시점에 도달했다. 세계가 원조를 증가하고 있는 지금 일본 또한 더

3) 안보리 개혁의 정체 요인

안보리 개혁을 목표로 일본이 적극적인 운동을 개시한 것은 2005년 3월 말이었다. 일본은 2005년 1월부터 비상임이사국을 맡고 있다. 안보리의 활동에 참가하고 안보리에 있다는 것이 어느 정도의 특권인지 잘 안다. 특히 상임이사국의 특권은 압도적이다. 이란 핵문제에서도 우선 미·영·프가 교섭하고, 다음으로 중·러가 교섭하여 이후 점차로 비상임이사국을 포함하는 협의가 시작되었다. 일본 또한 어느 정도 중시되고는 있지만 이 점에서 예외는 아니고, 최초의 회합에는 초대받지 못했다. 비상임이사국에 있을 때는 협의에 참가할 수 있지만 나온 이후에 참여할 수 있을지는 의문이다. 비상임이사국이어도 이러한 장점은 상당한 것이다. 정보의 수집방식이 전혀 다르다. 중요한 결정에 항상 참가할 수 있기 때문에 관심을 가진 국가는 조금 빠르게 상담할 수 있다.

2005년 안보리 개혁 운동을 되돌아보면, 일본이 독일, 인도, 브라질과 함께 제출했던 결의안은 상임이사국을 아시아에서 2개, 아프리카에서 2개, 서유럽에서 1개, 라틴 아메리카 및 카리브 여러 국가에서 1개로 합계 6개국이 증가한 11개, 비상임이사국을 아시아, 아프리카, 라틴 아메리카, 동유럽 각 1개로 합계 4개국을 증가시켜서 현재의 10개에서 14개가 되는 이사국 합계를 25개국으로 만든다는 내용이었다. 이 결의가 통과되면 다음으로 새로운 상임이사국의 선거를 하고 더 나아가 결과를 반영한 헌장 개정결의안을 통과한다는 3단계를 생각하고 있었다. 이 3단계는 전체 가입국의 2/3 이상, 즉 128개국의 찬성을 필요로 한다.

욱 많은 국가들의 신뢰를 강화하기 위해서도 정부개발원조를 증가 방향으로 전환할 필요성이 있다(北岡伸一, 2005a).

미국의 반대 이유는 이사국이 너무 많다는 데 있다. 25개국보다는 21개국, 21개국보다는 19개국 정도가 효율적인 논의가 될 수 있다는 것은 물론이다. 그러나 25명이나 26명으로 세미나 운영이 곤란한 것은 아니다. 다년간 베테랑인 영국과 프랑스는 25개국에도 문제없다고 한다. 더욱이 미국은 지금은 타이밍이 나쁘고 유엔에는 조직 개혁, 업무 개혁 등 여러 가지 중요한 과제가 있어 이를 먼저 해결해야 하기 때문이라고 말한다.

중국은 아시아에서, 또한 발전도상국에서 유일한 상임이사국이라는 입장을 유지하고 있다. 일본의 상임이사국 진출에는 반대하고 있지만 공적인 장소에서 확실히 말하고 있지 않다. 일본에 대한 중국의 비판 구실은 역사 문제이다. 그러나 60년 전 이상의 과거사를 호소한다는 것은 유엔에서는 설득력이 없다. 좀 더 가까운 과거의 문제를 안고 있는 국가는 중국을 포함해서 많이 있다. 주변 여러 국가들에는 중국의 압력을 걱정해 태도를 모호하게 하는 국가가 있다.[28]

가장 어려운 것은 아프리카이다. 아프리카가 상임이사국으로서 큰 공헌

---

28) G4안은 아시아의 지지가 거의 없는데, 이는 지금까지의 ODA 실패를 여실히 보여주고 있다는 비판이 있다. 이는 공동제안과 지지를 혼동하고 분명한 지지와 내밀한 지지를 혼동하는 의견이다. 확실히 아시아로부터의 공동제안국은 적다. 그러나 공동제안국이라는 것은 완전한 찬성이다. 이 점에서 G4안은 아시아 여러 국가에 의해서 받아들여지기 힘든 안이다. 왜냐하면 아시아와 아프리카는 함께 50개국 남짓으로 아프리카는 비상임이사국이 현재 3개국, G4안이 통과되려면 4개국, 다른 한편으로 아시아는 현재 2개국, G4안이 통과해도 3개국이 된다. 그런데도 아시아에는 G4 이외에 예산의 2% 가까이를 부담하고 있는 한국이 있고, 인구 2억의 인도네시아가 있고, 인구 1억을 넘는 파키스탄과 방글라데시가 있다. 이러한 국가들을 무시하고 왜 아프리카에 상임이사국을 부여하려고 하느냐는 점에서 납득할 수 없다는 국가가 적지 않다. 그럼에도 G4안이 투표에 부쳐진다면 지지한다고 명확히 말해주었던 국가는 여럿 있다. 그들은 G4안에는 찬성할 수 없다는 경우도 있지만, 일본과의 관계를 생각해서 찬성이라고 표명했다. 더욱이 공표가 다가오면 반드시 찬성한다고 약속했던 국가가 다수이고, 결과적으로 아시아에서는 거의 2/3의 찬성을 얻을 수 있다고 한다. 한편 유엔 투표에서는 비밀투표에 의한 선거의 경우 상당한 약속 위반이 발생한다. 그러나 이 결의안은 국가별로 투표 태도(찬성, 반대, 기권)가 공표되기 때문에 이러한 가능성이 적다.

을 할 수 있는 힘이 있는지 의문이라고 말하는 사람이 많다. 그러나 아프리카의 역할을 평가하고 장려하는 것에 좀 더 높은 능력을 갖추고 유엔에 공헌할 수 있는 국가의 등장을 기대한다고 말한 것은 G4안에서 아프리카의 상임이사국을 2개 의석으로 한 이유이다. 아프리카 중에서 가장 유력한 국가를 두 개 뽑자면 나이지리아, 남아프리카공화국과 이집트 3개국 중에 두 개가 될 가능성이 높다. 특히 2005년 AU의 의장은 나이지리아 대통령 올루세군 오바산조(Olusegun Obasanjo)로 강력한 리더십을 발휘했다. 처음에는 이집트 또한 상임이사국 진출의 기회가 있다고 보고 상황을 주시했지만 도중에 입장을 명확히 하여 반대하기 시작했다. 나이지리아 등도 같은 태도를 보였다. 실제로 아프리카에서 상임이사국이 발생하는 것을 저지하려는 것이 반대 이유이다. 이에 중국과 미국의 반대가 더해져 G4안이 좌절되었던 것이다.

G4는 상임이사국에 버금가는 힘을 가진 국가들이 결속해서 상임이사국 양국을 끌어들여 안보리 개혁을 목표로 했었다. 이에 대해 중국은 UFC(컨센서스그룹)과 제휴해서 G4안을 반대했다. 미국은 부분적으로 이라크에 이탈리아, 아프가니스탄에 파키스탄의 협력이 필요해 G4안에 반대했다.[29]

---

[29] 일본은 프랑스가 G4를 지지하고 행동해준 것에 대해서 감사하고 있다. 이는 프랑스의 기본적인 사고방식에서 유래하는 것이다. 일본과 독일 등의 힘이 있는 국가가 들어오는 것은 유엔과 다국 간 외교에서 좋은 일이라고 하는 사고방식이다. 일본을 밖에 둔다면 언제까지라도 안보리 개혁 논의가 끊임이 없고, 영국과 프랑스는 상임이사국을 그만두라고 하는 목소리가 언젠가 나타날지도 모른다. 일본과 독일을 상임이사국으로 하는 것에 대해서 이러한 싹을 잘라버려야 한다고 하는 사고방식 또한 있을 수 있다(北岡伸一, 2006).

8. 유엔 안보리 개혁과 일본외교의 최근 동향

일본의 오시마 겐조(大島賢三) 유엔대사는 2006년 총회에서 안보리 개혁의 실현 필요성을 역설했다. G4의 노력을 기반으로 관계 국가와 논의해 토대가 되는 구체안을 생각한다는 것이다. 15년에 달하는 안보리 개혁의 논의를 마치기 위한 것이다. 일본은 1993년 미야자와 기이치(宮澤喜一) 내각시기, 안보리 상임이사국 가입을 목표로 의견서를 처음으로 제출했다. 이후 이러한 노력은 좌절을 거듭했다.

2005년에는 아난 사무총장 주도로 개혁 기운이 고조되었다. G4는 안보리를 10개국 늘리는 결의안을 제출했다. 일본은 재외공관을 총동원한 외교를 전개했지만 성과가 없었다. 미국은 상임이사국의 확대는 안보리를 한층 비효율적으로 만든다는 이유에서 G4안에 반대했다. 외무성은 고이즈미·부시관계에 희망을 걸었지만 양국 정상은 직접 담판하는 상황을 만들지 않았다. 아베 수상은 2006년 11월 부시 대통령과의 처음 회담에서 전 수상이 회피했던 안보리 개혁에 협력해줄 것을 요청했다. 일본은 유엔을 적극적으로 활용하는 관점에서 상임이사국 진출의 중요성이 증대하고 있다(≪요미우리신문≫, 2006.12.17).

유엔 개혁과 분담률 개정을 협의할 때는 192개국이 모인 유엔총회이다. 132개국을 비롯한 중국과 연대하는 발전도상국 그룹 G77과 AU(53개국), EU(25개국)는 국가 수를 무기로 격심하게 충돌하고 있다.[30]

---

30) 유엔 사무국에 근무하는 일본인 직원은 적다. 분담률과 인구, 지역 배분을 기준으로 사무국이 산정했던 일본의 바람직한 직원 수는 319명이다. 실제로는 어학 능력의 부족 등으로 110명밖에 되지 않는다. 한편 미국은 313명, 영국은 108명, 프랑스는 117명이고, 이 이상으로 주요 간부 직위도 파악되고 있다. 정보 수집과 정책실현에 활용하고 있다(≪요미우리신문≫, 2006.12.19).

<표 8-3> 일본의 유엔 가입 이후 추이

1956년 12월 18일	유엔 가입
1958년 1월 1일	처음으로 안보리 비상임이사국 가입
1992년 6월 15일	PKO협력법 성립
2001년 10월 29일	테러대책특별조치법 성립
2003년 7월 26일	이라크부흥지원특별조치법 성립
2005년 7월 6일	인도, 브라질, 독일 등과 함께 안보리를 10개국으로 하는 결의안 제출
2005년 9월 12일	동해 7월 6일의 결의안 폐지
2006년 7월 15일	안보리의 북한비난결의 채택
2006년 10월 14일	안보리의 북한제재결의 채택

자료: ≪요미우리신문≫(2006.12.16).

일본은 새롭고 구체적인 안이 필요하다고 한다. G4 결의안이 수정되든지 새로운 안이 나오든지 해야 한다. G4안을 넘어서는 무언가를 생각하지 않으면 안 된다.[31] AU 53개국은 독자적인 안보리 확대안을 가지고, G4와의 연대를 거부하고 있다. 아베 수상이 후진타오 주석과 유엔 개혁을 합의했던 것은 큰 의미가 있다(≪요미우리신문≫, 2006.12.27).

유엔 안보리 개혁에 관해 일본정부가 검토하고 있는 새로운 결의안의 골격이 명확해졌다. 안보리(현재 15개국)의 의석 증대를 6개국 전후로 억제하는 것 이외에 ① 상임이사국 입후보국은 유엔 분담금의 일정 정도의 부담 실적, ② 상임이사국 진출에는 유엔 가입국 2/3 이상의 지지 등을 필요로 하는 안건을 엄격화하는 것이 주된 것이다. 이사국 확대에 소극적인 미국의 찬성을 목표로 한다.

---

31) 총회에서 결의를 통과하려면 전체 가입국 2/3(128개국)의 찬성이 필요하다. 그다음 유엔 헌장 개정에는 거부권을 가진 5개 상임이사국 전체가 찬성(비준)하지 않으면 안 된다. G4안은 아프리카가 장애물이 되든지 미국과 중국의 반대로 상임이사국의 벽을 극복하지 못할 것이 확실했다.

<표 8-4> 유엔 안보리의 구성

5개 상임이사국	미국, 중국, 영국, 프랑스, 러시아
10개 비상임이사국	가나, 콩고, 페루, 캐나다, 슬로바키아, 일본(→인도네시아), 아르헨티나(→파나마), 탄자니아(→남아프리카), 덴마크·그리스(→이탈리아·벨기에)

자료: ≪요미우리신문≫(2006.12.17).

2005년에 폐지되었던 G4안은 상임이사국을 6개국, 비상임이사국을 4개국으로 증가시키는 내용이었다. 일본은 2006년 확대 범위를 6개로 한정하는 새로운 안건에 관해 관계국에 타진했지만, 어떠한 국가도 상임이사국이 될 가능성이 있는 것이 문제라는 미국의 지적을 받아 제출을 단념했다. 이 때문에 이번 안건은 상임이사국 입후보에는 분담금 부담실적 외에, 15~20개국 정도의 추천을 필요로 한다. 다만 분담금 부담실적에는 아프리카 여러 국가들의 반발이 예상된다. 또한 지역 내에 특정 국가를 상임이사국으로 하는 합의가 있어도 투표에서 유엔 가입국의 2/3 이상의 지지를 얻지 못한 국가는 상임이사국이 될 수 없다는 무효화 조항을 넣었다. 더욱이 새로운 상임이사국에는 거부권을 부여하지는 않을 방침이다. 새로운 비상임이사국은 3~4개국으로 하고, 아시아, 아프리카, 중남미, 유럽(동유럽 포함) 전체에서 이 중 3개 지역에 할당할 예정이다. 독일, 브라질, 인도는 G4안을 중심으로 한 안보리 개혁을 목표로 했지만, 일본은 미국의 찬성이 불가피하여 새로운 결의안 제출을 목표로 했다(≪요미우리신문(석간)≫, 2007.1.6).

2007년 1월 아베 수상은 유럽 순방 중에 독일의 앙겔라 메르켈(Angela Merkel) 수상과 회담하고, 독·일 양국이 목표하는 안보리 개혁의 제휴에 합의했다. EU의 대중국 무기수출입금지조치를 계속해야 한다는 인식도 일치했다. 아베 수상은 안보리 개혁의 구체안을 검토하고 있고, 독일과도 서로 의논하고 협력하길 원한다고 했다. 메르켈 수상은 안보리 개혁을 강력하게

〈표 8-5〉 유엔에 대한 주요국의 재정, 인적 공헌(유엔자료)

국가	유엔 예산 분담금(%)	유엔 사무국 직원 수 (간부 직원 수)	바람직한 직원 수
미국	22.0	313(52)	364
일본	19.5	110(7)	319
독일	8.7	146(18)	146
영국	6.1	108(18)	105
프랑스	6.0	117(19)	104
중국	2.1	60(9)	68
러시아	1.1	97(21)	27

자료: ≪요미우리신문≫(2006.12.19).

희망하고, 일본과 긴밀히 협력해나가길 원한다고 했다. EU의 대중국 무기 수출입금지 조치 해제에 관해서 아베 수상이 동아시아 안전보장에 영향을 미친다고 반대했던 것에 대해 메르켈 수상은 독일도 반대 입장에 변함없다고 표명했다(≪요미우리신문≫, 2007.1.11).

2007년 1월 일본을 방문한 미국의 존 볼튼(John Bolton) 전 유엔대사는 유엔 안보리 개혁에서 일본이 G4에서 상임이사국 진출을 목표로 했던 것에서 오히려 상임이사국 진출 기회가 줄어들고 있다고 말했다. 볼튼은 일본 이외의 3개국이 여러 문제를 포함하고 있다며 일본 단독으로 상임이사국 진출을 목표로 하는 편이 유리하다고 해 공동전선을 펼친 것이 오류였다고 지적했다. 그는 2005년 8월 유엔대사에 취임해 유엔 개혁에도 관계했다. 미국정부는 일본의 상임이사국 진출에는 일관적으로 지지를 표명했지만, G4 결의안에는 시종일관 소극적이었다. 볼튼은 일본의 유엔 예산분담률 등을 들어 일본이 상임이사국이 되는 자격을 충분히 갖추고 있는 이상 중국의 반대를 가장 큰 장애로 지적했다. 특별한 전략이 필요하다고 하며 중국의 반대를 완화시키는 기회가 있어야 한다는 견해를 표시했다(≪요미우리신문≫, 2007.1.17).

　2015년 일본은 유엔 개혁과 안보리 상임이사국 진출을 위해서 재차 새로운 구상을 제안하고자 노력한다.

9. 결론

　일본은 유엔 안보리의 상임이사국이 되기 위해 지속적으로 총력을 기울이고 있다. 미국과 중국 등 상임이사국과 가맹국 그룹을 대상으로 경제협력을 포함한 다방면의 외교전략을 펼치고 있다. 유엔헌장에 상임이사국은 거부권을 행사할 수 있고 군사참모위원회에 참석하고 신탁통치지역의 시정에 참여하는 신탁통치이사회를 구성할 수 있다고 규정되어 있다. 따라서 안보리 상임이사국이란 동북아시아 국제질서와 한반도 위기 상황에 직접적으로 관여할 수 있는 매우 중요한 지위이다. 현 상임이사국은 제2차세계대전의 승전국인 연합국 5개국이고, 일본·독일·이탈리아는 동맹국으로 패전국이 되어 구 적국조항에 의해 규제받고 있다. 유엔헌장 53조와 107조의 구 적국조항에 의하면, 제2차세계대전 때 연합국의 적국이었던 국가가 다시 침략전쟁으로 간주되는 행동을 할 때는 연합국이던 유엔가맹국이 안보리 결의 없이 그 국가를 공격할 수 있다고 되어 있다.

　일본은 구 적국조항의 삭제를 요구할 뿐만 아니라 유엔의 구조 개혁을 통하여 안보리 이사국의 수를 늘리고 상임이사국으로 선임되려고 노력한다. 상임이사국 진출 명분으로 유엔을 운영하는 데 필요한 분담금을 사실상 미국보다 더 많이 내고 있는 것과 국제공헌의 실적을 들고 있다. 안보리 개혁의 목적은 결정한 정책을 유효하게 실행하기 위한 실효성과 국제사회를 대표하는 정통성을 향상시키는 것이다. 또한 능력과 의사가 있는 국가들을 상임이사국에 추가시키자는 것이다. 따라서 중진국·개도국에서도 상임이사국에 진출하는 것을 고려하고 있다. 일본은 단독으로 상임이사국이 되어도 좋고 독일·인도·브라질·이집트 등과 공동으로 진출해도 좋다는 전략이다. 중국에 더하여 일본이 상임이사국이 되면 동일 지역 국가인 한국은 전혀 기회가 없다.

일본은 안보리 상임이사국이 되면 평화헌법하에서 평화적 국제공헌을 중심으로 새로운 안보리의 역할을 보이겠다고 한다. 하지만 안보리의 역할은 단지 평화적 공헌만을 수행하는 것으로는 부족하고 집단안전보장을 중심으로 한 유엔의 평화유지활동에 적극적으로 참여하고 책임을 분담해야 한다. 결국 미국이 지적했듯이 평화헌법 제9조의 개정으로 집단적 자위권을 행사하는 정상적인 군대를 창설하는 것이 필요하다. 따라서 일본의 유엔 안보리 상임이사국 진출은 헌법 개정과 밀접하게 연계되어 있다.

일본은 전쟁의 과거사를 총결산하고 새롭게 보통국가로 탄생하려는 강력한 움직임을 보이고 있다. 일본의 '보통국가화'는 정상적인 군사·외교활동을 수행하는 군대를 보유하기 위한 평화헌법의 개정을 중심으로 군사력을 증강하여 경제력에 걸맞은 정치·외교상의 국제적 위상을 차지하려는 것이다. 헌법 개정을 추진하는 고이즈미 정권과 자민당·민주당의 보수그룹에게는 전쟁과 원자폭탄의 피해를 기억하는 평화주의자들의 반대를 무력화시키기 위해서 북한의 안보위협, 테러의 발생위험, 미국을 중심으로 한 국제압력 등이 필요하다. 따라서 유엔 안보리 상임이사국에 진출하기 위해서 헌법 개정이 필요하다고 한다면 이는 헌법 개정 추진파에게 좋은 구실이 된다. 일본은 미일동맹 강화를 맞아 미국의 지원과 압력을 이용해 헌법 개정과 군사력 증강을 통한 보통국가화 및 군사대국화를 추구하고 있다. 안보리 상임이사국 진출도 이와 병행 추진해 상승효과를 노리고 있다.

한반도 위기 상황에 자동으로 한반도문제에 개입해 전쟁과 신탁통치 등 중요한 결정을 내리는 위치에 서는 유엔 안보리 상임이사국에 진출하려면 일본은 그만한 자격을 갖추어야 한다. 역사를 철저하게 반성하고 사과하며 개혁을 거친 독일이 EU의 지도적 위치에서 유럽을 리드하는 것과는 대조적으로, 일본은 과거사에 대한 반성과 개혁이 제대로 되지 않은 상태에서 자국의 국가 이익을 위한 군사대국화의 길을 걷고 있기 때문에 주변 국가에게서 신망을 받지 못하고 있다. 상임이사국 진출을 위해서는 한국과 중국을 포함한 동아시아 국가들의 신뢰 획득이 선결과제이다.

제9장

일본의 ODA외교

1. 서론

한국은 2010년 DAC(OECD 개발원조위원회)에 가입해 비로소 원조 수혜국에서 졸업해 OECD 공여국이 되었다. 한국의 위상 전환은 해외 원조사업과 정책에 좀 더 많은 관심을 부여할 것을 요구한다. 이 장의 목적은 비교연구를 통해 공여국 원조정책의 성격을 결정하는 요인을 밝혀냄으로써 한국이 효율적 원조정책을 추진하는 데 필요한 연구배경을 제공하는 것이다. 국가의 자원이 다른 나라에 제공되는 해외 원조를 다루는 원조정책은 인도적·경제적 목적 외에 전략적 목적을 갖고 있다. 원조정책의 비교연구는 원조의 효과성을 분석하는 데 기여할 것이다.

이 장은 비교분석 차원에서 일본의 ODA 외교정책을 분석하며 크게 두 부분으로 나누어진다. 첫째는 일본의 ODA정책을 역사적으로 고찰해서 일본 ODA정책의 특성을 살피는 것이고, 둘째는 일본 ODA정책의 과제를 분석함으로서 한국 ODA정책이 나아갈 방향에 대해 제안하는 부분이다. 해

〈표 9-1〉 주요국의 원조이념 및 지침

국가별(기본안) 발표 연도	주요 내용
일본(ODA 대강) 1992년 각의 결정 2003년 개정(각의 결정)	· 환경과 개발의 양립 · 군사 및 분쟁을 조장하는 것에 주의를 기울임 · 대량파괴무기 개발/제조, 무기수출 등에 주의를 기울임 · 민주화 촉진, 시장경제 노력, 인권/자유에 대한 배려
미국(4원칙) 2001년 발표	· 폭넓은 연계를 통한 개발에 참여 · 경제성장과 농업/무역의 중시 · 보건분야에 대한 지구 규모의 지원 · 인도적 원조와 민주화 지원
독일(행동계획 2015) 2001년 각의 결정	· 빈곤대책과 채무변제 · 평화정책을 위한 원조 · 양국 간 원조에 중점 · 민간 등과 연계 강화
영국(국제개발법) 2002년 제정	· 초등교육 보급 및 유아 사망률 낮추기 · 저소득국에 대한 원조의 증가 · 무역장벽 낮추기

자료: ≪아사히신문≫(2003.6.28); 박홍영(2010: 11).

외 원조는 순수한 도덕적 차원 외에 국제관계의 전략적 측면을 포함하기에 국제관계의 시각에서 접근하는 것이 필요하다. 개발원조가 본래의 기능과 목적을 다하는지 파악하기 위해서는 수혜국에 미치는 효과에 대해 면밀한 검토가 필요하다. 원조를 필요로 하는 수혜국의 관점에서 보면 원조는 국가의 경제 발전에 중대한 영향을 미치는 요인이다. 최근 원조의 효과에 회의적인 연구는 해외 원조가 경제발전을 도모하는 것이 아니라 역으로 원조의존 현상을 유발하여 경제발전을 저해한다는 주장을 제시하기도 한다.

개발원조는 시기에 따라 커다란 차이를 나타낸다. 최근의 원조는 1960년대와 양과 질의 측면에서 전혀 다르다. 냉전시대의 원조는 세계화시대와 같지 않다. 원조를 공급하는 공여국 입장에서 보면 원조에 영향을 주는 것은 국내적 요인이다. 집권 정부의 이념적 성격, 실업과 같은 경제적 상황 등은 원조의 총량과 성격에 막대한 영향을 주는 것으로 알려져 있다. 해외 원조에 대한 경험 연구는 절대적 원조액이 감소하는 현상에 주목하고 있다. 세계적 경제 침체로 인해 공여국 경제가 나빠지면서 원조 자체를 부담스러워 한다. 특히 미국과 일본은 2008년 금융위기와 2011년 동일본대지진 이후 원조정책을 전면 재조정하고 있다.

이 글은 비교사례 분석을 통해 각국의 사례가 주는 경험적·정책적 함의에 가치가 있다. 미국은 개발원조의 효시로 제2차세계대전 이후 유럽 재건을 위해 마셜플랜을 제공했고, 그 이후에도 가장 많은 지원을 제공한 국가이다. 일본의 개발원조정책은 한국이 벤치마킹해온 사례라는 점에서 한국이 DAC의 회원이 된 만큼 더욱 면밀하게 재검토해볼 필요가 있다. 유럽은 오랫동안 식민지 경영을 했던 국가들로 경제 규모 대비 높은 비중의 개발원조를 제공해온 지역이다. 이 글에서는 일본의 개발원조정책을 비교분석함으로써 DAC 회원국이 된 한국의 개발원조정책에 대한 경험적 연구를 제공할 것이다.

2. 일본 ODA 정책의 역사적 고찰

1) 1950~1960년대 개발원조외교

일본은 전후 배상을 수출 촉진책(일본의 기계 및 설비 등의 자본재수출)과 연계하여 활용했다. 일본의 배상전략의 목적은 당시 국제경쟁력이 낮았던 일본 중기계류의 수출 확대에 있었다. 그 이유는 여타 선진국에 비해 일본의 경제력이 약했는데 일본의 경제력 강화를 위해서는 경제성장을 이루어야 했고, 이를 위한 전략이 다름 아닌 수출 진흥이었다. 당시 일본의 통상산업성은 배상 및 준배상 실시에서 일본의 생산물, 특히 설비 및 기계류를 중

<표 9-2> 일본 ODA정책의 변화상

전략단계 / 시기 구분	전후 일본 ODA정책의 변화상 1946~2010		
	경제성장을 위한 경제대국전략	국제공헌을 통한 국제대국전략	국제정치경제 질서의 리드전략
1946~1976년 (배상제공국에서 경제대국)	· 원조 수원국(미국) · 배상국(아시아제국) · 아시아 중시	· 아시아 중시	· 아시아 중시
	· 수출 촉진 · 개발수입 · 경제안전보장	· 개발수입 · 경제안전보장	· 개발수입 · 경제안전보장
	· 원조이념 부재 · 상업 원조 · 조건부 원조		
1977~1990년 (경제대국에서 국제대국)		· ODA 중기목표 · 양적 확대 · 지역적 안배	· 양적 확대 · 지역적 안배
		· 미일협력 · 국제협력 · 지역안정협력 · 전략원조 쟁점화	· 민주주의 도입 지원 · 시장경제 도입 지원 · 구조조정 지원
		· 원조이념: 국제협조 · 원조의 질 높이기 · BHN 원조	· 글로벌 원조 · 연계원조, 협력원조 · NGO 지원
1991년 이후 (국제대국의 행로)		· 원조대국 · 분쟁억제/지역안정 · 반테러/국제평화 · 내정불간섭	· Top donor · 전략적 ODA · 일정 부분 개입
		· 자조 노력(자주성) · 요청주의 · 얼굴이 보이는 원조 · MDGs 달성	· 오너십, 파트너십 · 협의주의, 결과 중시 · 국민참가형 원조 · 독자성과 적극성
		· 미일협력/국제협력 · 지역협력/지역안정 · 명확한 이념과 원칙	· All Japan체제 · 열린 국익의 증진 · 외교수단 · 전략/기동/효율/투명

자료: 박홍영(2010: 17).

심으로 하는 자본재를 상대국 정부에 구입하게 하고 그 소요자금을 상대국 정부에 공급하는 방식을 채용했다. 이는 국제경쟁력이 취약한 일본 중기계류의 수출 확대에 공헌하도록 하기 위해서였다.

　전후 배상전략의 제2목적은 개발수입이었다. 일본정부는 경제발전을 위해 장기적으로 안정적인 원재료 등을 수입할 수 있는 공급원을 확보해야 한다고 인식했다. 이를 위해 천연자원을 풍부히 소유하고 있는 저개발국과의 관계를 중시하면서 천연자원 개발에 적극적으로 나섰다. 나아가 이를 통해 국제수지 개선에도 공헌해야 함을 강조했고 일본은 플랜트수출을 증대시켜 소위 개발수입을 적극적으로 추진하지 않으면 안 된다고 인식했다. 그리고 인도네시아, 말레이시아, 필리핀, 태국 등의 아시아 국가들은 일본의 배상 대상국이며 동시에 개발수입 대상국이었다. 정리하자면, 일본은 전후부터 1960년대까지의 경제협력에서 아시아를 중심으로 아시아제국의 경제개발 및 산업 기반 육성에 기여한다는 목적을 내걸면서 일본 자국의 산업고도화와 국제경쟁력을 강화해왔다. 그리고 이를 달성하기 위해 수출진흥과 개발수입을 연계시키는 방식을 취했다(박홍영, 2006: 148).

2) 1970~1980년대 개발원조외교

　제4차 중동전쟁을 계기로 일본은 ① 자원보유국과의 경제협력은 단지 자원만을 통한 관계로 끝내서는 안 된다. ② 정치적 측면도 충분히 배려하면서 폭넓은 경제교류를 통해 우호관계를 형성하는 것이 필요하다. ③ 나아가 자원공급의 안정화를 이루지 않으면 안 된다는 인식 전환을 하게 되었다. 특히 석유위기는 산유국 그룹과 비산유국 그룹과의 양극화를 가져왔고 자원 빈국인 일본의 경제협력 방침에도 영향을 주었다. 이에 1970년대 중반부터 일본의 ODA에 중근동 지역이 차지하는 비중이 크게 증가했다. 이러한 현상은 1970년대 이후 계속되는데 이것은 일본 원조외교가 일본의 경제안보에 적극적인 역할을 다하고 있었음을 의미한다. 일본의 원유수입에서 차지하는 OPEC(석유수출국기구)제국의 의존도가 점차 낮아지는 것은 일본의 경제안보정책의 현실화를 의미하는 것이다.

일본의 원조외교를 국제적 시야에서 보면 경제적 주도권을 확보하는 수단으로 ODA를 활용해왔음을 알 수 있다. 특히 동남아시아에서 블록을 형성한다는 정치적 의도에서 전개되었다는 것도 이미 알려져 있다. 이는 일본 원조외교가 아시아에서 한국, 인도네시아, 베트남, 태국, 필리핀 등과 같은 반공 군사정권에 집중되었다는 것으로도 알 수 있다. 이러한 정책 방향은 1969년 11월 사토와 리처드 닉슨(Richard Nixon)의 공동성명에서도 잘 나타난다. 사토 수상은 닉슨 대통령에게 한국, 대만에 대한 원조와 더불어 동남아시아의 경제적 안정을 위해 동남아시아제국에 대해서도 일본이 원조를 강화해나갈 것을 약속했다. 이는 미일의 아시아 공동전략에서 일본이 어느 정도의 경제적 부담을 감수할 수 있음을 보여주는 것이었다.

1970년대 일본은 미국에 다음가는 제2의 원조국, 경상수지 흑자라는 상황에서 인도적 고려와 상호 의존관계의 인식이라는 기본이념을 원조이념으로 내세웠다. 나아가 ODA 확대 노력을 세계에 선언하는 동시에 수출 진흥이라는 측면은 후퇴하게 되었다. 이러한 흐름의 배경에는 경제대국 일본의 국제적 역할과 책임에 대한 요구가 국제사회에서뿐만 아니라 일본 국내에서도 있었기 때문이다. 다시 말하면 일본 경제력의 상대적 강화라는 시대 상황의 변화는 일본의 국제적 역할 증대를 불러왔고, 이에 따라 미일관계의 위상에도 변화가 일어나는 계기가 되었다고 볼 수 있다(박홍영, 2006 참조).

3) 탈냉전기 개발원조외교

1986년 이후 일본은 소련의 개혁정책을 좀 더 적극적으로 평가하기 시작했다. 즉, 일본정부는 소련의 개혁정책은 사회경제체제 개혁이며 이것이 소련의 체제 변화에 긍정적인 결과를 가져온다면 환영할 만한 것이라는 긍정적인 평가를 했다. 이러한 평가와 더불어 동유럽 사회주의권에도 큰 변화가 일자 일본은 '적극외교는 땀 흘리는 외교'라는 모토를 주창하며 일본의 국제적 역할과 공헌 협력을 강조하고, 그 수단으로 개발원조외교를 활용했다. 구체적으로 동유럽에 대한 지원(1억 5000만 달러의 상품차관, IMF 구조조정을 위한 통화안정기금을 폴란드에 제공, 기타 긴급 식량 원조 및 정책협력, 환경 개선을 위한 기술협력)을 할 것이며 이러한 공헌이 일본의 국제적 역할이라고 했다. 일본은 동유럽의 변화에 경제적 지원을 함으로써 개혁정책이 이루어지기를 기대했고, 나아가 중국·소련·북한을 포함한 사회주의 진영이 시장경제로 전환되기를 기대했다.

동유럽의 변화에 대해 선진 자본주의 국가들은 G24(동유럽지원관계국회의)에서 동유럽 지원을 결의했다. 지원 조건으로 동유럽의 인권 존중, 법의 지배, 자유선거 실시, 복수정당제 도입, 시장경제로의 이행 등 자유화와 민주화 조치의 진전을 내걸었다. 일본은 G24에 참가했으며 EBRD(유럽부흥개발은행)에도 참가했다. 일본은 처음으로 경제원조에 대한 정치적 조건을 수용하게 되었다. 일본은 지구 규모의 환경문제, 산림보전 및 공해방지 등 환경보호를 강화한다는 방침을 표명했고, 개발도상국과의 정책 대화를 바탕으로 일본 환경기술을 활용해 에너지 및 환경문제에 대한 자조 노력을 적극 지원한다는 방침을 세웠다. 일본은 원조 확대를 꾀하면서 원조를 정치나 환경문제 등에 결부시키면서 일본 원조외교의 범위를 확대하고 나름의 원조이념을 제시했다(박홍영, 2006 참조).

3. 일본 ODA정책의 특성

1) 원조의 이념

일본의 원조이념으로는 첫째, 인도주의적 관점을 들 수 있다. 경제력이 있는 일본이 개발도상국의 빈곤 타파를 위해 지원하는 것은 인도주의적 관점에서 당연하다는 것이다. 다른 선진국들의 경우 기독교 이념에 따른 무상원조가 많은 반면 일본의 경우는 인도주의가 원조이념이긴 하지만 국익이라는 측면에 더 비중을 두고 있다. 둘째, 경제안보의 관점이다. 일본은 에너지를 비롯한 많은 자원을 수입에 의존하고 있다. 그리고 개발도상국에서 수입하는 경우가 많다. 99.6%를 수입에 의존하고 있는 석유의 경우 수입처가 사우디아라비아, 이란, 카타르, 쿠웨이트, 아랍에미리트이며 이들은 모두 개발도상국이다. 또한 식료품도 대부분 개발도상국에서 수입하고 있다. 따라서 이들 개발도상국에 원조하는 것은 일본의 경제를 안정시키는 데 필수적이다. 셋째, 자조 노력의 지원이라는 이념이다. 개발도상국으로

〈그림 9-1〉 원조효과에 필요한 조건 (국제환경과 개발도상국 상황)

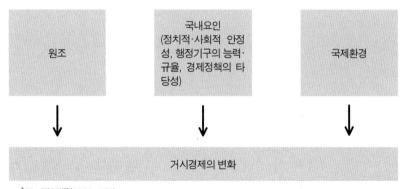

자료: 西垣昭(2009: 258).

부터 자조 노력을 끌어내기 위해서는 차관이 바람직하다는 생각이 깔려 있다. 차관이기 때문에 원금과 이자를 변제해야 한다. 피원조국은 인프라 정비가 가져올 경제적 편익이 원금과 이자 변제 비용보다 높다고 판단할 경우 일본정부에 공여를 요청한다. 이러한 의미에서 일본의 ODA는 자조 노력을 조건으로 하고 있다. 넷째, 좋은 통치(good governance)의 확보이다. 자유·인권·민주주의의 확보와 자원 배분의 효율과 공정성 등 좋은 통치의 확보는 일본 ODA의 기본이념이다(布目稔生, 2011: 76).

2) 엔차관 비중의 증대

일본 ODA의 중심은 엔차관이다. 그러나 엔차관 원조는 다음과 같은 문제점을 안고 있다. 첫째, 세계 원조의 대부분이 무상자금협력이라는 점에서 저리라고 해도 일본의 차관(loan) 중심 원조는 세계 흐름에 역행하는 것이다. 둘째, 엔차관 변제가 늦어지는 누적 채무국이 늘고 있다는 점이다. 이제까지 일본은 파리클럽을 통해 채무국에 대응해 왔다. 일본이 실시한 구제 총액은 1991~1992년 5억 달러(양국 간 원조의 4%)에서 2001~2002년에는 13억 달러로 확대되었다. 셋째, 아시아가 경제성장을 이루면서 ODA 지원에서 졸업하는 국가들이 증가하고 있다. 따라서 앞으로 대상이 될 공여국은 성장 속도가 느리고 구조적인 경제문제가 있는 나라가 될 가능성이 커졌다(布目稔生, 2011 참조).

엔차관이란 통상 상업 기준보다 좋은 조건으로 대부하는 원조방식을 말한다. 일본의 경우 엔화를 기준으로 하고 있기 때문에 이러한 방식을 엔차관이라고 칭한다. 상업 기준보다 좋은 조건이란 저금리 장기변제라는 것으로 2007년 엔차관의 평균적인 조건은 금리 0.8%, 변제기간 32년 5개월, 그중 거치기간 9년 2개월, 증여상당분(grant element, 원조 조건의 유연성을 나타내는 지표) 75.8%였다.[1] 엔차관은 변제 부담을 동반하기 때문에, 대상 지역이나 대상 분야에서 무상원조와는 약간 다른 경향을 보인다. 지역별로 보면 아시아 비중이 높고 아프리카 비중이 낮다. 분야별로 보면 경제인프라 비중이 높고 사회인프라 비중은 상대적으로 낮다. 일본 원조의 특징은 유상원조 비중이 높다는 것이다(西垣昭, 2009: 212).

국제사회에서 원조는 증여여야 한다는 생각이 주류인데 일본은 엔차관을 유력한 원조 수단으로 봐왔다. 배경에는 다음 두 가지가 있다. 첫째, 일본의 원조이념인 자조 노력 중시의 실현을 위해서이다. 즉, 원조를 효과적으로 이용하려는 동기를 부여하기 위해 가능한 유료로 하여 자조 노력를 촉진한다는 의미가 있다. 둘째, 자원의 제약 때문이다. 세수 등을 재원으로 하는 일반회계 예산에는 많은 제약이 있다. 이 제약을 넘어 ODA를 늘리려고 한다면 재정융자제도를 활용하는 방법밖에 없다. 그러나 재정융자라는 것은 우체국 저금이나 연금채를 원금으로 하는, 비용이 드는 자금(이자 발생)이기 때문에 증여 대상으로는 적절치 않다. 즉 증여 비중을 늘리기 위해서는 일반회계를 통한 ODA 예산 확대가 필요하지만 어렵기 때문에 개발도상국에 보낼 수 있는 많은 자금을 확보하기 위해서 유상원조에 의존한다.[2]

---

1) 대부이긴 하지만 상업 은행 업무와는 다른 원조이기 때문에 소득 수준이 낮은(따라서 리스크가 높은) 대상국일수록 조건이 좋아지는 것이 특징이다.

2) 엔차관의 종류 중 논프로젝트차관(프로그램차관이라고도 불린다)이 있다. 논프로젝트차관의 목적은 특정 개발사업을 지원하는 것이 아니라 개발도상국의 거시경제 상황을 개선하는 것이다. 논프로젝트차관의 대표적인 형태로 상품차관이 있다. 대외불균형으로 어려움을 겪고 있는 개발도상국에게 외환을 할당하여(foreign exchange quota), 개발도상국이 이 외화를 활용해 식량, 의약품 등 생활필수품이나 원자재, 연료 등을 구입하는 구조이다. 그러나 이 효과가 외화 융통을 돕는 데 그치고 대외불균형의 원인이 되는 경제구조나 체질을 개선하는 방향으로 반드시 이어지는 것은 아니라는 데 문제가 있다. 이는 상품차관에서 구조조정 차관으로 바뀌는 계기가 되었다. 그러나 상품차관은 긴급지원 시 유효한 방식으로 이라크전쟁이나 동아시아 금융위기 등 경제적 타격을 받은 국가들을 원조하는 데 사용되는 등 기동적인 형태로 활용되어왔다.

한편 구조조정 접근 방법은 일본정부 기관이 세계은행 구조조정 융자에 협조융자를 하는 형태로 협력해왔다. 구조조정 차관은 개발도상국의 외화 융통을 개선하는 것뿐만 아니라 경제개혁프로그램을 실행하여 경제구조의 체질 개선 효과도 기대되었다. 그러나 구조조정 접근에도 여러 문제가 발생해 일본은 주요 파트너의 입장에서 이에 대한 수정을 제언하게 되었다. 이러한 반성에서 국가별로 빈곤삭감전략에 따라 개발정책 차관이나 재정지원 차관을 하는 방식으로 원조방식이 진화하고 있다(西垣昭, 2009 참조).

3) 아시아 중시의 딜레마

일본 ODA는 아시아에 집중되어 있다. 1970년부터 아시아가 ODA 공여의 대부분을 차지하고 있었다. 2000년대에 고이즈미 수상의 공약으로 아프리카가 아시아를 앞질렀지만 이후 세계금융위기 대책으로 아시아에 엔차관이 증가했기 때문에 2009년에 다시 아시아가 일본의 최대 공여국이 되었다. ODA에서 졸업하는 아시아 국가들이 많이 늘었지만 ODA 대강에서는 여전히 아시아 중시로 되어 있다(布目稔生, 2011 참조).

4) 경제인프라 집중

일본 차관은 경제인프라 정비에 충당되고 있다. 일본은 아시아 국가에 일본형 성장모델을 적용해, 경제인프라를 엔차관으로 확충하고 아시아 국가에 직접적인 투자를 하도록 유발해왔다. 1990년에서 2000년까지는 양국 간 ODA에서 중국과 인도네시아가 1, 2위를 다투었다. 2005년 들어서는 이라크전쟁 때문에 이라크가 1위였다. 2009년에는 급속한 경제발전을 이루고 있는 베트남이 1위, 인도네시아는 원조 졸업국이 되었고, 중국도 2007년

〈표 9-3〉 일본 ODA의 지역 분포(단위: %)

연도	아시아	중동	아프리카	중남미	오세아니아	유럽	그 외
1970	98.2	3.6	2.2	-4.0	0	0	0.3
1980	70.5	10.4	11.4	6.0	0.6	0	1.2
1990	59.3	10.2	11.4	8.1	1.6	2.3	7.1
2000	54.8	7.5	10.1	8.3	1.6	1.2	16.5
2005	36.7	33.2	10.8	4.0	0.9	3.1	11.4
2006	26.6	14.1	34.1	5.8	1.0	3.0	15.4
2007	28.0	16.2	29.1	3.9	1.2	1.9	19.7
2008	15.5	34.2	20.1	3.9	1.1	2.2	23.1
2009	36.5	8.2	23.1	2.3	1.8	2.6	25.5

자료: 外務省(2010a).

〈표 9-4〉 주요 원조국의 ODA 분야별 배분(약속액 기준, 단위: %)

분야 / 국가 연도	사회인프라		경제인프라		농업 공업		긴급원조		프로그램 원조	
	2000	2005	2000	2005	2000	2005	2000	2005	2000	2005
미국	35.2	42.8	13.3	7.8	3.7	9.9	18.5	15.5	11.2	24.0
영국	27.9	25.3	9.1	2.7	13.3	7.1	11.3	7.4	12.7	57.5
독일	38.6	18.2	21.0	12.0	5.4	19.3	6.0	4.0	1.7	46.5
프랑스	41.2	25.2	6.0	9.4	6.2	7.1	4.2	7.8	2.9	50.5
일본	21.3	20.0	31.7	23.4	11.0	10.8	1.8	3.6	8.4	42.2

자료: DAC 의장보고; 西垣昭(2009: 250).

에 신규 엔차관이 정지되면서 5위로 내려갔다. 또한 심각한 인프라 부족에 시달리는 인도가 2위로 부상했다. 지역별로 보면 세계금융위기에 대한 지원 차원에서 아시아 원조로 회귀한 게 눈에 띄는데 상위 10위 국가들 중 아시아 국가들이 6개국이나 된다(布目稔生, 2011: 81).

5) 피원조국에서 최대 원조국으로

전후 일본은 원조를 받는 나라, 즉 피원조국이었다. 종전 직후의 기아·혼란과 폐허로부터 다시 일어나는 데에 미국의 긴급원조 가리오아(GARIOA)와 에로아(EROA)가 큰 역할을 했다. 1945년부터 1951년까지 약 6년간 이어진 원조 총액은 약 20억 달러로, 1951년 일본의 GNP가 110억 달러였던 것을 보면 거액이었다. 그 후에는 세계은행, 미국 수출입은행, 외국 민간은행으로부터 자금을 도입했다. 특히 1953년부터 1966년까지 약 14년 동안 세계은행으로부터 융자를 받았으며 그 총액이 8억 6000만 달러에 달했다. 1960년대 초반에 일본이 세계은행으로부터 차입한 금액은 인도에 이어 2위일 정도였다.

이렇게 원조를 받던 입장에서 원조하는 입장으로 바뀌고 미국과 대등한 최대 원조국이 된 일본의 원조 역사는 독특하다고 할 수 있다. 시작은 1954년 콜롬보플랜 가맹으로 볼 수 있다. 콜롬보플랜은 남아시아·동남아시아 나라들의 경제·사회발전을 목적으로 1950년 발족한 지역협력기구로 스리랑카 콜롬보에 본부를 두고 있다. 당시 일본 경제협력의 기저에는 배상·수출신용 등이 자리 잡고 있었기 때문에 원조의 요소는 빈약했다.

배상은 1951년 조인한 샌프란시스코조약에 따라 전쟁 중에 발생시킨 손해 및 고통에 대한 보상으로 이루어졌다. 미얀마, 필리핀, 인도네시아, 베트남 4개국에 약 2.07억 달러의 배상이 이루어졌다. 배상청구권을 포기한 캄보디아, 라오스, 태국, 말레이시아, 싱가포르, 한국, 미크로네시아 7개국에 대해서는 준배상으로 무상자금협력이 이루어졌다. 금액은 약 7.83억 달러이다. 배상과 준배상은 실질적으로 경제협력의 준비 작업이었다. 그 후 1970년에서 1980년대 일본의 ODA 규모는 계속 증가했다. 국제수지 흑자 확대에 따른 국제사회의 비판, 특히 미국의 외압을 완화하기 위해 ODA 규

〈표 9-5〉 일본의 ODA 10대 공여국 및 공여액(단위: 100만 달러)

순위	1975년		1980년		1985년		1990년		1995년		2000년		2005년		2009년	
	국명	금액	국명	금액	국명	금액	국명	금액	국명	금액	국명	금액	국명	금액	국명	금액
1	인도네시아	197.9	인도네시아	350	중국	387.89	인도네시아	867.78	중국	1,380	인도네시아	860.1	이라크	3,502.9	베트남	1,191.4
2	한국	84.77	방글라데시	215.1	태국	264.1	중국	732.02	인도네시아	892.4	중국	686.1	인도네시아	1,223.1	인도	517.01
3	필리핀	70.33	태국	189.6	필리핀	240	필리핀	647.45	태국	667.4	인도	528.9	중국	1,064.3	터키	210.75
4	말레이시아	63.27	미얀마	152.5	인도네시아	161.33	태국	418.57	인도	506.4	베트남	459.5	베트남	602.66	아프가니스탄	170.54
5	이집트	50.17	이집트	123	미얀마	154.04	방글라데시	373.57	필리핀	416.1	필리핀	298.2	몽고	376.26	중국	141.96
6	방글라데시	47.05	파키스탄	112.4	말레이시아	125.59	말레이시아	372.62	멕시코	288.3	탄자니아	260.4	스리랑카	312.91	파키스탄	131.43
7	인도	46.61	필리핀	94.4	방글라데시	121.48	터키	324.21	스리랑카	263.7	파키스탄	211.4	필리핀	276.43	캄보디아	127.49
8	태국	41.21	한국	76.3	파키스탄	93.31	파키스탄	193.53	방글라데시	254.9	태국	209.6	잠비아	131.94	탄자니아	120.46
9	이라크	29.77	말레이시아	65.63	스리랑카	83.74	스리랑카	176.07	이집트	242.8	스리랑카	184.7	세르비아 몬테네그로	121.58	수단	108.77
10	나이지리아	27.31	스리랑카	44.78	이집트	73.01	폴란드	149.85	파키스탄	241	페루	156.5	온두라스	103.47	인도네시아	98.7

자료: 外務省(2010a) 참조.

모 증가가 필요했다. 1989년에는 세계 1위의 수준에 달했으나 그 후 1990년대의 장기불황과 재정 악화, 국민의 지지 저하로 일본은 원조피로시기에 들어가게 되었다.

원조국과 피원조국은 개발이나 빈곤 삭감이라는 공통의 목표를 향해 협력하는 파트너지만 둘의 입장이 다르므로 많은 문제가 발생한다. 1990년대 이후 원조국이 자신들의 가치관을 피원조국에 무리하게 강요했던 도너증후군(donor syndrome)을 전형적인 예로 볼 수 있다(西垣昭, 2009: 173~174).

6) 자조 노력과 졸업 중시

일본 경제원조정책의 이념이 빈약하다는 비판이 끊임없다. 일본 ODA는 이념과 전략 없는 나누어주기의 대표적인 상징이 되었다. 그러나 일본의 ODA에는 일관되고 명확한 이념이 이어져 왔는데, 개발도상국의 자조 노력과 졸업을 지원한다는 자세이다. 자조 노력이라는 개념을 기본으로 졸업을 지원하는 일본의 원조는 두 가지 자세로 설명할 수 있다. 첫째, 일본의 ODA에는 '어떻게 하면 경제발전을 이룰 수 있는가'와 '경제발전을 주도하는 것은 정부와 국민이 필사적으로 노력하는 방법 외에는 없다'는 생각이 깔려 있다. 즉, 개발도상국의 노력이 중심이고 외부로부터의 지원은 보조적인 역할에 지나지 않는다. 원조하는 측이 계획을 맡기는 것이 아니라 개발도상국 측이 주체적인 노력으로 싹을 찾아내고 일구어 그 작은 싹이 자라날 수 있도록 세심하게 도와주는 것에 중점을 두는 것이 자조 노력을 지원하는 것이다. 자조 노력의 예로서 태국의 신농촌개발계획을 들 수 있다.

둘째, 지원하는 상대의 미래상을 들 수 있다. 최종 목표는 빈곤 삭감이 아니라 생활 조건 개선을 위한 노력이 지속적으로 이어지는 것이다. 자선에 기초한 서구형 원조는 자선을 받는 상대방에게 바라는 모습을 명확하게

〈그림 9-2〉 원조 졸업의 길

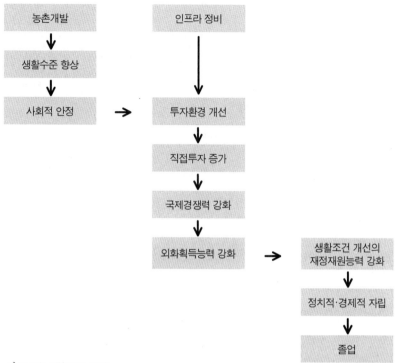

자료: 西垣昭(2009: 188).

그리고 있지 못하다. 이에 비해 개발도상국 스스로가 국가를 만들고 인재를 키울 수 있는 경제적 자립 상태, 즉 원조 졸업을 목표로 하는 것이 일본형 원조의 이념이라고 할 수 있다(西垣昭, 2009: 178~180).

7) 작은 정부의 ODA

일본 ODA의 특징은 다른 원조국들에 비해 조세 등 세입을 사용하는 비중이 작다는 것이다. 2007년도 ODA 실시를 위한 예산재원을 보면, 일반회계 예산에 의한 것은 51.5%로 나머지 금액 중 국제기관 지원을 목적으로 한 출자국채를 제외한 대부분이 재정융자이다. 재정융자의 특징은 비용이 드는 자금이라는 것이다.[3] 일본의 ODA 재원 중 일반회계가 반 정도에 지나지 않는 이유는 작은 정부가 재정상태가 안 좋은 상황에서 ODA를 늘려왔기 때문이다. 고도성장에 따라 국제사회에서 일본의 존재가 급속히 커지면서 국제공헌의 책임도 커졌다. 일본의 ODA 규모는 급속히 증가했고 세계 최대의 원조국이 되었다. ODA 예산은 1965년대 평균 29.9%, 1975년대 평균 12.7%라는 높은 비율로 증가했고 그 후 삭감되었다.[4] 1998년 성역 없는 재정구조 개혁의 상징으로 10.2%라는 대폭 삭감을 경험한 이래 삭감 기조가 이어져 2008년 예산(6660억 엔)은 1997년 예산(1조 1687억 엔)에 비교하면 61% 축소되었다(西垣昭, 2009: 190~192).

4. 일본 ODA 정책의 과제

1) 주요 과제

(1) 재원 확보

주요 선진국은 ODA를 증액해왔다. 그러나 이러한 세계적 조류와는 반대로 2000년대 일본의 ODA 공여액은 줄고 있다. 원조 규모를 줄여 스마트

---

3) 채권을 발행하거나 재무성 특별회계로부터 차입한다고 해도 변제하고 금리를 지불하지 않으면 안 된다. 이 부분이 세금을 주력으로 하는 일반회계 자금과 다른 점이다.
4) 주요 세출항목 중 경제협력비의 삭감 폭(1998년도 이후)이 가장 컸다는 것을 보여준다. 성역이라고 불리는 것이 많은 ODA 예산은 실제로 예산 삭감이 쉬운 분야이다. 힘든 재정 상황을 고려하면 ODA 예산 감축을 계속할 필요가 있다는 것이 정부의 방침이다. 그러나 일본이 국제사회에서 역할을 발휘하기 위해서는 ODA 삭감이 지나치다.

도너(smart donor)가 되어야 한다는 논의도 있지만, ODA를 완전히 중단하지 않는 이상 재원 확보는 중요한 과제이다.

(2) ODA 근거법 제정

미국·영국·이탈리아 등 국가에서는 대외원조에 관한 법률이 제정되어 있다. 원조 목적, 기본방침, 담당관청의 설치나 원조 절차 등 다양하다. 일본에서도 ODA를 규정하는 법안이 국회에 제출되었으나 성립되지 못했다. 국민의 세금을 사용하는 이상 법률적 근거가 필요하다.

(3) 원조청 창설

ODA는 외무성이 총괄하고 외무성을 포함한 1부 12성청에 예산이 배분되어 각 성청에서 개별적으로 이루어지고 있다. 이 때문에 효율성이 낮다. 원조청 구상도 법률안과 마찬가지로 국회에 제출되었지만 사라져버렸다. 미국이나 영국에서는 ODA가 일원화된 조직 밑에서 이루어지는 경우가 많다. 원조실시기관이 JICA로 일원화된 지금, 감독·기획·실시를 일원화하는 성청의 설립이 필요하다.

(4) 동일본대지진의 영향

정부와 민주당은 부흥재원을 확보하기 위해 2011년 보정예산에서 ODA 예산을 20% 삭감하는 방침을 발표했으나, 결국 10% 삭감(501억 엔)으로 결정되었다.

(5) ODA 졸업국의 증가

일본의 ODA 공여로 중국·한국 등 원조 졸업국이 증가하고 있다. 앞으로 엔차관은 신용도가 낮은 나라에 공여하는 경우가 증가할 것으로 보인다.

이럴 경우 이들 국가가 변제를 못하고 끝날 가능성이 있어서 신중한 선택이 필요하다.

(6) MDGs 달성 지원

유엔은 2005년 이후 연 1회 MDGs 진척 상황을 보고서로 발표하고 있다. 일본은 인간안전보장이라는 관점에서 보건의료분야에 중점을 두고 2010년에 '국제보건정책 2011~2015'를 책정하고, 2011년부터 5년간 50억 달러를 지원하기로 했다. 그러나 재정난과 동일본대지진의 영향으로 목표 달성이 어렵게 되었다.

(7) 낮은 증여비율

일본은 증여액에서는 DAC 국가 중 5위이지만, 증여비율을 보면 22위로 최하위이다. 〈표 9-6〉을 보면 21위까지는 증여비율이 80% 이상에 달하지만 일본은 증여비율이 50% 정도에 머무른다. 이는 일본 ODA의 과반이 엔차관이라는 것을 반증하는 부분이다. 증여비율을 늘려야 할 것이다.

(8) ODA 성장촉진효과

최근 연구에 의하면 ODA가 개발도상국의 경제성장에 주는 영향은 한정적이고 여러 복합적인 요인으로 결정된다고 한다. 엔차관과 증여는 서로 다른 경제효과를 지닌다. 엔차관의 경우 변제 의무를 동반하기 때문에 프로젝트를 충실히 운영하여 경제를 발전시키고 채무 상환할 재원을 확보해야 한다. 이에 비해 증여는 원조에 의존하게 하고 일본이 장려하는 자조 노력을 방해할 가능성이 있다.

〈표 9-6〉 DAC 국가들의 증여비율(단위: %)

국가	순위	2007/2008	순위	2006/2007
미국	1	100	8	99.9
캐나다	1	100	1	100
아일랜드	1	100	1	100
룩셈부르크	1	100	1	100
네덜란드	1	100	1	100
뉴질랜드	1	100	1	100
그리스	1	100	1	100
호주	8	99.9	15	96.1
오스트리아	9	99.6	1	100
스위스	10	98.8	11	98.5
벨기에	11	98.5	13	98.2
스웨덴	12	98.4	10	98.8
덴마크	13	98.2	9	99.3
핀란드	14	96.1	14	96.9
노르웨이	15	95.9	12	98.3
영국	16	93.1	17	94
이탈리아	16	93.1	18	90.8
스페인	18	85.5	18	90.8
포르투갈	19	84.8	16	95
독일	20	83.8	21	85.7
프랑스	21	79.1	20	85.9
일본	22	43.4	22	52.2
DAC 국가평균		88		

자료: 外務省(2010a).

(9) ODA에 대한 여론의 동향

국제협력추진협회가 매년 발간하는 「국제협력에 관한 조사」(2009년 3월)에 따르면, 'ODA가 국민들 사이에서 충분히 알려져 있다고 생각하는가?'라는 물음에 대해 82.8%가 '알려져 있지 않다'라고 대답했다. ODA 예산 증감에 대해서는 '현상유지'가 32.3%, '줄여야 된다' 32.3%인 반면 '늘려야 된다'는 12.7%에 그쳤다(布目稔生, 2011: 82~91).

2) ODA의 재검토

일본의 ODA는 대상 지역을 동아시아 중심에서 아프리카나 중동을 포함한 세계 전체로 넓히고 국제사회의 새로운 문제에 대응할 수 있어야 한다. 예전 개도국에 대한 지원은 선진국의 ODA가 중심을 이루었지만, 최근에는 신흥국과 그 외 NGO, 민간재단, 기업 등 비공적부문의 원조 중요성이 커지고 있다. 이로 인해 개발도상국에 유입되는 자금도 선진국의 ODA가 차지하는 비중이 줄고, 개발문제 전체 중 ODA의 역할도 상대적으로 변화했다. 신흥국의 대두 등으로 국제적인 자원과 시장의 획득 경쟁이 격화되고 있고, 이에 비해 국제사회에서 일본의 존재감은 저하되고 있다.

한편 일본 국내의 ODA 환경도 그렇게 좋지 않다. 경제·재정 상황의 악화와 함께 제2차세계대전 이후 일본의 부흥과 경제성장을 위해 외국이나 국제기관으로부터 지원을 받았던 경험이 없는 세대가 증가하며, 이른바 은혜 보답의 ODA라는 발상이 지지받기 어렵게 된 것이다. 이러한 국내외의 정세 변화에 대응하고 국민의 이해와 지지를 확보하며 ODA를 좀 더 전략적 및 효과적으로 실시하기 위해 검토가 이루어졌으며 최종보고서가 공표되었다(外務省, 2010a: 19~21).

개발도상국 원조의 의미가 재고되면서, 외무성은 세계 공동의 이익 추구를 위한 수단이라는 관점에서 ODA를 정의하고, ODA가 중핵이 되는 개발원조의 중점분야 세 가지를 제시했다. 개도국 개발문제에 관련한 관계자나 자금 흐름이 다양화되고 있다. 개발도상국에 대한 지원은 ODA뿐만 아니

〈그림 9-3〉 개발협력의 개념

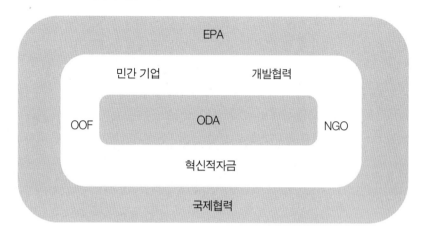

라 ODA 이외의 OOF(공적자금)나 비공적부문(기업, NGO, 시민)의 활동을 포함하는 것이 필요하다. 이를 위해 ODA에 대한 검토에서는 개발협력이라는 개념을 제시했다. ODA를 개발협력의 중핵을 이루는 것으로 보고 ODA와 OOF나 비공적부문과의 연계, 나아가 더 넓은 국제협력이라는 틀에서 ODA의 역할을 생각한다.

ODA에 관한 검토보고서에서는 열린 국익의 증진 ― 세계 사람들과 함께 살고, 평화와 번영을 만든다는 이념을 제시했다. 일본은 국제사회의 다양한 과제를 해결하기 위해 적극적으로 공헌한다. 일본에게 바람직한 환경을 정비할 필요가 있다. 또한 글로벌화가 진행되고 국경의 장벽이 낮아진 지금, 개발도상국에 대한 원조는 결코 선진국의 자선활동이 아니라 일본을 포함한 세계가 공동 이익을 추구하기 위한 수단이다. 국제사회가 직면하고 있는 새로운 문제에 대응해 이 이념을 실시하기 위해서는 ODA뿐만 아니라 관민의 사람·지혜·기술을 결집한 올재팬체제로 개발협력을 추진한다.

개발협력의 기둥은 다음과 같다. ① 빈곤삭감 ― MDGs 달성을 위한 공

헌: 개발도상국 사람들과 함께 인간안보 실현을 꾀한다. 또한 MDGs 달성을 위해 빈곤삭감에 이어지는 지속성장·보건·교육에 중점적으로 대처한다. ② 평화에 대한 투자: 평화와 안정은 MDGs 달성의 전제조건이다. 분쟁예방·재발방지·평화정착을 위한 긴급 인도 지원에서 치안확보·부흥개발 등 평화구축을 지원한다. ③ 지속적 경제성장 후원: 개발도상국의 지속적 성장은 일본경제의 활성화에 이어진다. 중진국과 신흥국에 대한 협력에는 ODA와 ODA 이외의 수단을 병행하여 활용한다. 일본의 성장전략에 ODA 활용을 염두에 두고 다양한 관계자 및 수단과의 연계를 꾀한다. 그중에도 환경(기후변동), 인프라 정비 및 투자환경 정비(법·제도 정비)에 중점적으로 대처한다(外務省, 2010a: 19~21).

3) 민주당 정부의 ODA 정책

(1) 열린 국익

일본 외무성은 2010년 2월 ODA의 방향에 대한 검토를 개시해 「열린 국익의 증진: ODA의 방향에 관한 검토 최종보고」라는 보고서를 6월에 발표했다. 보고서에서는 개발도상국에 대한 ODA 지원뿐만 아니라 OOF나 비공적부문(NGO나 시민)의 활동 등을 포함한 개발협력이라는 개념을 제시하고, ODA를 개발협력의 핵심적인 위치에 두었다. ODA는 국민의 세금을 사용하기 때문에 그 사용방법과 효과에 대해서 설명할 책임이 있다. 개발도상국 원조는 빈곤의 어려움에 처한 사람들을 돕는다는 인도적인 측면이 있지만, 이는 단순히 자선활동만을 의미하는 것은 아니다. ODA의 새로운 이념인 열린 국익에는 개발협력이 일본을 포함한 세계 전체의 공동 이익을 추구하기 위한 수단이 될 수 있다는 의미가 포함되어 있다. 이를 구체적으로 살펴보면 빈곤 삭감, 평화를 위한 투자, 지속적 성장의 후원이 중점분야로 명기되어 있다(布目稔生, 2011: 69).

(2) 원조의 선택과 집중

선택과 집중에서 중시하는 것은 특정 지역·분야에 ODA를 집중하는 것이 아니라, 어떤 국제기관·나라·지역과 어떤 협력·연계를 할 것인가라는 것이다. 신흥 원조국과 어떻게 협조할 것인가는 외교전략과 관련된 과제이며, 일본의 존재감을 나타내는 것이다. 원조의 전략·방향성을 명확히 하기 위해 대상 국가나 국제기관별로 효과를 분석하고, 일본과의 관계, 대상국의 원조 필요성 등을 고려해 원조방침을 결정한다. 외교정책과의 정합성을 위해 국제협력기획입안본부를 중심으로 논의한다.

(3) 해외 투융자의 재개

2001년 특수법인합리화를 위해 동결되었던 JICA의 해외 투융자가 재개되었다. 재개를 위한 논의에서는 ① 기존의 금융기관에서 대응할 수 없었던 안건, ② 개발효과가 높은 안건, ③ 과거 성공과 실패에 대한 연구평가의 세 가지가 검토되었다. 2011년도 ODA 예산은 일반회계를 기준으로 전년 대비 7.4% 줄어든 5227억 엔이 되었다. 이로써 ODA 예산은 2000년도부터 12년간 연속적으로 줄어들어 예산액이 정점을 달했던 1997년도 1조 1687억 엔의 반 이하가 되었다. 5000억 엔대 예산은 1985년 이래 26년 만의 일이다. 민주당 정권이 주관한 이번 예산 편성에서는 어려운 재정 상황을 배경으로 개산 요구 단계에서 각 성에 10% 삭감을 요구하는 한편 통상적인 요구액과는 별개로 '활기찬 일본 부활 특별 틀'을 설정했다. 12개 성청의 ODA 예산은 전년 대비 21.8% 줄어든 요구액에 사업구분 결과를 포함, MDGs 달성 등에 중점적으로 배분했다.[5] 외무성은 ODA 예산으로 전년 대비 0.9% 증가한 4170억 엔을 확보했지만, 다른 11개 성청 합계는 24.4%로 감소 경향을 보였다(布目稔生, 2011 참조).

(4) 환경 엔차관과 대중국 엔차관의 중지

일본이 중국에 환경분야의 엔차관을 공여한 것은 1988년부터였고 안건도 적었다. 그러나 1996년 시작된 제4차 엔차관 이후 환경 엔차관의 건수와 금액이 급격히 증가했다. 1996~2004년까지 프로젝트는 72사업, 270건, 총액 7208억 엔의 환경 엔차관이 공여되었다. 1992년 개최된 지구서밋에서 일본정부가 1992~1996년 환경 ODA를 9000억 엔에서 1조 엔으로 확충할 것을 표명하고, 같은 해 각의 결정한 ODA 대강에서 환경보전이 기본이념으로 들어간 것이 배경이다. 일본에서는 1990년부터 대중국 ODA에 대한 비판이 제기되었다. 그 내용은 ① 일본은 거액의 재정 적자를 안고 있어 중국에 거액의 원조를 할 여유가 없다. ② 중국은 군사력을 증강시키고 있어 ODA 대강에 반한다. ③ 중국은 이미 충분히 발전되었다 등이다.

마치무라 노부타카(町村信孝) 외무상이 2004년 9월 중국의 ODA 졸업을 언급했고 고이즈미 수상도 같은 의견을 나타냈다. 2008년 베이징올림픽을 앞두고 대중국 신규 엔차관은 중지되었다. 그러나 세세한 부분에서 대중국 환경 ODA가 지속되고 있다. 일중 GDP가 역전된 2010년부터 민주당은 대중국 ODA의 수정 논의를 제기했지만 일중 간의 관계 악화를 염려하여 환경 ODA의 대부분을 지속하기로 했다.

---

5) 중점 항목으로는 신성장전략에 따라 인프라 해외전개 기반정비지원에 662억 엔, 아프가니스탄 지원에 350억 엔을 계상했다. MDGs는 간 수상이 2010년 9월 유엔에서 보건교육 분야에 향후 5년간 85억 달러를 갹출한다고 표명함에 따라 965억 엔이 MDGs 달성·인간 안보 추진에 할당되었다.

(5) DAC 피어리뷰

DAC에는 가맹국들 서로가 원조정책과 체제를 감시하는 피어리뷰(Peer Review)가 있다. 가맹국은 4~5년에 한 번 다른 가맹국과 DAC사무국으로부터 심사를 받는다. 일본의 피어리뷰는 2009~2010년에 이루어져 2010년 6월 「대일원조심사보고서」가 발표되었다. 보고서는 신 JICA의 발족, 외무성 국제협력국의 재편 등 최근 일본의 대처에 대해 평가했다. 향후 과제로는 ① ODA의 양적 증가, ② NGO 등과 연계 강화, ③ ODA 홍보체제의 강화, ④ 국제기관에 대한 갹출전략 책정 등이 지적되었다(布目稔生, 2011: 69~73).

4) 일본 ODA외교의 평가와 제언

(1) 일본의 ODA와 경제외교

일본이 경제력을 외교 수단으로 사용하기 시작한 것은 세계 2위 경제대국이 된 1970년대 이후다. 일본은 1991~2000년의 10년간 세계 1위의 ODA 대국이었다. 일본의 ODA 예산은 1997년을 정점으로 점차 줄어들어 2001년에는 세계 1위의 자리를 미국에 내주었고, 2006년에는 영국이 일본을 넘어섰다. 2009년 9월 민주당으로 정권이 교체된 이후 2010년도 예산 재검토 과정에서 외무성과 JICA의 예산이 사업 구분 대상이 되어 2010년 일본의 ODA 예산 총액은 더욱 줄어들었다. 일본의 움직임과는 달리 주요 선진국에서는 경제금융위기 속에서도 유엔이 정한 MDGs를 달성하기 위해 ODA 액수를 증가한다고 발표했다. 미국은 MCA(밀레니엄도전회계)를 설정하고 연간 50억 달러(5000억 엔)까지 증액한다고 발표했다. 일본외교의 강력한 수단인 ODA가 그 액수나 GNI 비율에서 선진국보다 떨어지는 상황은 군사력 사용이 제한된 처지에 우려된다는 견해가 있다(橫田洋三, 2010 참조).

(2) 일본의 ODA 대강

① 1992년 ODA 대강

전후 배상의 성격으로 시작된 일본의 ODA는 경제적 이익 실현과 개도국의 경제발전에 기여하는 원조로 전화하고, 평화·인권·민주주의·환경·빈곤 박멸 등 국제적인 공공이익을 생각하는 원조로 변화했다. 이러한 내용은 1992년 6월 각의 결정된 ODA 대강에 명시되어 있다. ODA 대강에 제시된 기본이념은 ① 개발도상국의 기아와 빈곤 현상은 인도적인 관점에서 간과할 수 없다. ② 평화와 번영은 밀접한 관계가 있고, 그 실현을 위해서는 자유·인권·민주주의가 확보된 사회 구축이 불가결하다. ③ 환경을 보전하는 지속 가능한 개발 추진은 인류의 과제다. ④ 개발도상국의 발전을 위한 자조 노력 지원이 중요하다. ⑤ 광범위한 인재 만들기, 경제·사회 기반 및 기초 생활 정비, 좋은 통치의 확보이다.

② 2003년 신 ODA 대강

2003년에는 1992년의 원조 대강을 대신한 신 ODA 대강이 각의 결정되었다. 이는 구 원조 대강을 기초로 버블경제 후 일본의 경제·재정 사정 및 2000년의 유엔 MDGs 채택, 2001년 9·11 미국 테러사건 등 세계정치·경제·사회정세의 변화를 반영한 내용이 포함되었다. 목적은 첫째, 국제사회의 평화와 발전에 공헌해 일본의 안전과 번영을 확보한다. 둘째, 글로벌화가 진행되는 세계에서 심각해지고 있는 빈곤의 차이 확대, 민족적·종교적 대립의 격화, 테러 다발, 자유·인권·민주주의 억압, 환경 악화, 감염병 확대, 남녀 격차, 빈곤·기아·난민·자연재해 등에 ODA를 통해 적극적으로 대처하는 것이다. 기본방침은 ① 개발도상국의 자조 노력 지원, ② 인간안보의 시점, ③ 공평성 확보, ④ 일본의 경험과 지혜 활용, ⑤ 국제사회에서의 협력과 연대이다. 중요과제는 ① 빈곤 삭감, ② 지속적 성장, ③ 지구적 규모의 문제에 대한 대처, ④ 평화구축이다. 원조실시 원칙은 ① 환경과 개발의 양립, ② 군사적 용도나 국제분쟁 조장으로의 사용 회피, ③ 테러나 대량파괴무기 확산의 방지, 개발도상국의 군사지출이나 대량파괴무기·미사일의 개발제조, 무기의 수출입동향을 주의, ④ 민주화 및 인권이나 시장경제 도입 노력 등에 주의한다.

일본은 2003년 이래 신 원조 대강으로 세계개발원조의 동향과 연동한 장기적·거시적 시점에서 ODA외교를 전개해왔다. 그러나 과제는 원조 프로그램이나 프로젝트가 이들 원칙이나 지침에 따라 실제로 계획·실시되고 있는가를 모니터링하는 절차가 확립되지 않았다는 것이다(橫田洋三, 2010).

(3) 일본 ODA외교의 제언

① ODA의 총액 증액

ODA 총액을 증액해야 한다. ODA를 증액하여 2015년에는 ODA 대 GNI 비율 0.7%를 달성할 수 있도록 정책을 전환해야 한다. 2003년 이래 일본의 ODA외교는 신 원조 대강을 바탕으로 세계수준의 질을 자랑하는 내용으로 변화해왔다. 그러나 문제는 원조 총액의 대폭적인 삭감이다.[6] 경제력을 기반으로 한 ODA외교의 유효성을 인식한 선진국들은 일본과는 달리 2003년부터 ODA를 증액해왔다. 그리고 MDGs 목표로 2015년 GNI 대비 0.7% 달성을 공약했다. 이런 상황에서 ODA 총액도, GNI 비율도 감소하고 있는 일본의 ODA 정책은 마치 ODA외교를 두려워하는 상황이다. 일본의 ODA 대비 GNI 비율은 2008년 0.19%로 목표인 0.7%와는 거리가 멀다(순위 21위). 이를 2010년부터 2015년까지 6년간 다른 선진국만큼 하려면 매년 0.09%씩

---

6) ODA 총액이 정점에 달했던 1997년의 1조 1687억 엔에 비교해 2007년에는 7293억 엔으로 30% 감소했고 2008년에는 4% 감소된 7002억 엔이었다.

비율을 높여야 한다.

②다자와 양자의 효과적 활용

일본 ODA는 전통적으로 유엔 등 국제기구를 통한 자금 협력(다국 간 원조)보다는 양국 간 원조를 중시하는 경향이 강했다. 2006년 선진국들의 ODA 총액 중 다자의 비율을 보면 이탈리아 55.4%, 그리스 46.3%, 포르투갈 42.1%, 스페인 38.3%, 덴마크 35.6%, 핀란드 33.8%, 벨기에 33.4%, 스웨덴 32.9%로 대체로 절반 혹은 1/3 정도를 차지하고 있지만, 일본의 경우 20.8%로 ODA 총액의 1/5에 지나지 않는다. 영국(24.2%), 독일(26.1%), 프랑스(27.8%), 네덜란드(28.0%) 등도 1/4을 넘는다. 양자와 다자원조는 장단점이 있다. 양자의 장점은 원조의 효과가 직접적으로 외교에 나타나며, 비용 대비 효과를 국민이나 국회에 설명하기 쉽다는 것이다. 그 때문에 원조액을 많이 확보할 수 있게 된다. 반면 단점은 원조국의 이해가 직접 원조의 형태나 대상 사업에 반영되기 때문에 피원조국이 필요로 하지 않는 원조가 될 가능성이 높다는 점을 들 수 있다. 다자의 경우 장기적인 시점에서 피원조국의 발전에 필요한 사업에 대한 지원이 가능하다는 이점이 있는 반면, 원조국의 의향이 반영되기 어렵기 때문에 충분한 원조액을 확보하기 어려운 단점이 있다. 경험적 숫자로 말하자면 원조 총액 대비 다자의 비율이 30~40%라면 대체로 양호한 균형이라고 볼 수 있다.[7]

---

7) 일본은 2001년까지는 최대원조국이었지만 2002년 미국에 톱 자리를 내준 뒤로 해마다 순위가 내려가고 있다. 국제적 원조기관에서의 톱 도너라는 위치는 그 기관의 인사는 물론 원조정책에도 큰 발언력이 생기는 것을 의미한다. 그 기관의 관리운영은 물론 전 예산의 사용방법에 영향력을 발휘할 수 있는 것으로 비교적 적은 금액의 거출로 자금의 사용방법에 영향을 줄 수 있는 투자효율이 좋은 지출이다. 일본과 같은 경제적 규모가 큰 나라는 많은 개발원조기관에서 톱 도너가 될 수 있어 이를 목표로 하고, 남은 원조액을 양국 간 ODA로 활용하는 것을 생각해야 한다.

③ 글로벌 이슈 해결을 위한 ODA의 활용

신 원조 대강은 네 개의 주요과제 중 세 번째로 지구 규모의 문제에 대한 대처를 들고 있다. 이는 UNDP의 개발목표와 궤도를 같이하는 지침이다. 지구 규모의 문제는 신 원조 대강의 두 번째 목적과 내용을 같이한다.

④ 장기적인 국가 이익을 실현하기 위한 ODA 활용

ODA외교는 국민의 세금에 기반을 둔다. 일본은 자원 소국으로 경제력과 국민의 풍부한 생활을 위해서 자원 확보가 필요하며, ODA외교가 이를 위한 역할을 한다는 설명 방식이 필요하다(橫田洋三, 2010 참조).

5. 일본의 대중국 개발원조외교

1) 중국의 근대화정책과 일본의 원조

중국이 일본정부의 대중국 ODA를 받아들이게 된 배경에는 중일협력의 정치경제관계가 존재한다. 1978년 5월 국가건설위원회 주임인 구무(谷牧) 부수상이 경제대표단을 이끌고 유럽의 경제를 시찰했다. 이 보고를 들은 덩샤오핑(鄧小平)은 경제건설을 위해서 외국의 차관을 요청할 결의가 필요하며 이를 서두를 것을 지시했다. 그리고 일본이 그 접촉 대상이 되었다. 1979년 구무 부수상이 일본을 방문해 오히라 수상과 회담을 하며 엔차관 공여를 처음으로 요청했다. 중국은 1950년대 소련으로부터 차관을 몇 차례 받았지만, 서방 국가로부터는 처음이었다. 정부 차관에 부정적이었던 중국이 일본에게 차관 공여를 요청하게 된 데에는 덩샤오핑의 방일, 신칸센과 공업시설 참관, 일본의 조언이 결정적이었다고 한다(毛利和子, 2006: 106).

〈표 9-7〉 일본의 엔차관 공여 누계액 상위 5개국(2003년까지 누계액, 단위: 100만 엔)

국가	공여금액 누계
인도네시아	3,822,865
중국	3,047,181
인도	2,246,189
필리핀	2,032,674
태국	2,009,300

자료: 外務省(2005b); 毛利和子(2006: 115).

1979년 12월 중국을 방문한 오히라 수상은 우선순위가 높은 항만·철도·수력발전 등 6개 기본건설프로젝트에 대해 500억 엔의 자금 공여를 약속했다. 오히라 수상은 베이징 정치협상회의에서 일본의 대중 경제원조에 대한 입장을 나타냈다. 일본 측 원칙은 "첫째, 어떤 나라와도 군사적 협력을 하지 않는다. 중국도 예외는 없다. 둘째, 근린 아시아 국가들과의 관계에서도 일본의 대중국 경제협력이 다른 개발도상국 특히 일본과 전통적 우호관계에 있는 ASEAN 국가들과 일본과의 협력관계를 희생하는 형태로 진행되지 않는다. 셋째, 일중관계는 배타적인 것이 아니다". 이 연설에 1980년대 일본 대중 정책의 기본 생각이 나타나 있다. 일본이 대중국 차관공여를 하게 된 배경은 첫째, 중국의 개방노선을 적극적으로 지원해서 중국을 안정적인 세력으로 만들 생각이었다. 둘째, 1972년 국교정상화 때 배상청구권을 포기한 중국에 어떠한 형태로든 보답을 하고자 했다. 셋째, ASEAN 국가들을 비롯한 원조 상대국과의 균형을 꾀하려는 의도가 있었다.

1980년대 중일관계가 순조로웠던 배경에는 여러 가지 요인이 있을 수 있다.[8] 중국이 실리적 개방정책으로 전환한 것, 미중관계가 상당히 안정적이

---

8) 중일 양국관계가 좋았던 시기는 1980년대 전반이다. 중국의 두 리더, 자오쯔양과 후야오

었던 것, 세계경제 특히 미일경제 및 아시아태평양경제가 순조로웠던 것을 들 수 있다. 오히라 정권이 아시아태평양에 대해 신전략을 전개한 것도 일중경제관계 강화의 요인이 되었다. 1979년 발표된 오히라 정권의 정책요강에는 환태평양권과 관련한 신구상이 나타나 있다. 1979년 3월 오키타 사부로(大来佐武郎) 경제기획청 장관하에 환태평양연대연구그룹이 만들어져 활력과 역동성이 넘치는, 가능성을 내재하고 있는 태평양 지역에 일본의 미래가 있다고 지적했다. 이 신경제권은 ① 국제시스템에 대해 배타적이지 않은, 자유롭고 열린 것이어야 하고, ② 역내에서도 자유롭고 열린 상호 의존관계를 목표로 하며, ③ 이미 존재하는 양국관계나 다국 간 조직과 상호 보완관계를 바탕으로 만들어져야 한다는 생각이 포함되어 있다. 이러한 구상은 지역경제시스템에 처음으로 참여하고자 하는 중국에 일본이 적극적으로 다가갈 수 있게 했다. 이제까지 아시아 국가에 대한 경제협력이 전후처리외교의 틀에서 벗어나지 못했다고 한다면 1980년대 시작된 대중경제협력은 이 틀을 벗어난 것이었으며 이러한 의미에서 전후 일본외교의 획기적인 결정이라고 평가된다(毛利和子, 2006: 108~110).

방의 대일본자세가 이를 촉진시켰다. 자오쯔양은 1982년 3월 일본을 방문해 중일관계에 대한 3원칙, 평화우호·평등호혜·장기안정을 내세웠다. 제12회 당 대회에서 중국은 타국과 전략적 관계를 맺지 않는 독립자주의 전방위 외교노선을 발표했지만, 일본에 대해서는 중일양국이 평화우호, 평등호혜, 장기안정관계를 발전시키는 것은 양국민의 장기적 이익에 합치하고, 아시아태평양 지역의 평화와 안전에 기여한다고 해서 대일본중시정책을 견지했다. 나카소네 수상은 후야오방과의 정상회담에서 중국의 3원칙에 상호 신뢰를 더한 4원칙을 제안하면서 민간 전문가로 구성되는 '중일우호 21세기위원회' 설치를 제안했고 후야오방은 동의했다. 이 위원회는 2트랙으로 중일 간 문제를 조정하는 역할을 했다. 양국의 우호관계는 중국이 일본 청년 2000명을 중국에 초대해 일본을 놀라게 하는 한편, 나카소네가 매년 중국 청년 500명을 초대하는 것을 제안하는 등 절정에 달했다. 후야오방 시대는 일중관계가 좋았던 시대였다. 그러나 일본에 대해 유연한 태도가 후야오방 사임의 한 원인이 되었다. 대일정책이 톱 리더 실각의 원인이 된다는 것에서 대일관계가 중국정치에서 미묘한 위치를 점하고 있고, 이 때문에 취약하다는 것을 엿볼 수 있다(毛利和子, 2006: 111~112).

2) 대중국 엔차관

1980년 4월 교환공문이 조인된 이후 2000년까지 중국의 5개년계획에 따라 일본에서 엔차관이 공여되었다. 제1차(1979~1984년) 7건 3309억 엔, 제2차(1984~1989년) 17건 4700억 엔(자금환류분으로 700억 엔), 제3차(1990~1995년) 52건 8100억 엔, 제4차(1996~2000년) 93건 9698억 엔이었다. 대중 경제원조는 유상자금협력(엔차관), 무상자금협력, 기술협력 세 가지 방식으로 이루어졌다. 2000년도까지 이 누계는 엔차관 2조 472억 엔(교환공문에 의한 누계), 무상자금협력 1416억 엔(공여 한도액의 누계), 기술협력 1446억 엔(JICA 경비지출실적액 누계)이다. 90%가 장기 저리 엔차관, 5%가 무상자금협력으로, 베이징 일중우호병원, 일중문화교류센터, 각지의 빈곤 탈출, 교육 정비 등에 활용되었다(外務省, 2005b; 毛利和子, 2006: 113~114).

1980~2000년까지 일본의 국가별 엔차관 공여 누계액을 보면, 중국은 일본이 원조하는 나라 중 매년 2위 아니면 1위이고 누계 면에서는 인도네시아에 이어 2위를 차지하고 있다. 1993년 이후 최대의 엔차관 수령국이다. 이는 일본의 ODA정책에서 중국이 특별한 지위를 차지하고 있음을 나타내는 것이다. 한편 일본은 DAC 국가 중 중국의 최대원조국이다. 1980~1990년대 중반까지 일본이 중국의 근대화건설에 기여한 역할이 작지 않음을 보여준다. 같은 시기 미국의 대중 차관은 1건으로 전체비중의 0.1%이고 순위도 20위이다(毛利和子, 2006: 114~115).

3) 일본 ODA에 대한 중국의 평가

중국은 일본의 ODA가 전쟁 배상이므로 당연하다는 태도를 보인 적은 없다. 중국의 리더가 일본의 원조를 배상과 연관시켜 언급한 적은 거의 없

<표 9-8> 중국이 수령한 외국정부의 차관 중 일본의 비중(1979~1995년 6월 누계)

국가	이용액(억 달러)	항목 수	전체비율(%)
① 일본	97.27	72	41.91
② 독일	22.89	42	9.86
③ 프랑스	19.56	80	8.42
④ 스페인	18.32	107	7.89
⑤ 이탈리아	16.21	47	6.98
⑳ 미국	0.23	1	0.10
총계	223.08	1351	100.00

자료: 林曉光(2003: 381~382); 毛利和子(2006: 115).

다. 중국의 리더들은 대체로 일본의 ODA가 중국의 경제발전을 돕고, 중일 관계를 촉진하는 데 기여했다고 평가한다. 중국 연구자들도 일본 ODA를 긍정적으로 평가하고 있는데 그 안에는 중국적 특징이 포함되어 있다. ODA를 국가 이익이라는 관점에서 보고 원조국 정부가 여러 요인을 합리적으로 판단하고 최대이익을 요구한 결과적 행위로 간주할 뿐, 인도주의·국제상호 의존·환경보호 등 일본의 ODA관은 보이지 않는다.

원조국 대 피원조국의 일중관계 구도는 15년간 지속되다가 일본경제의 정체가 지속된 2000년대에 대중원조가 수정되며 바뀐다. 일본경제의 악화, 여론의 변화, 중국의 경제성장 등에 의해 일본은 대중 경제원조를 ① 환경·빈곤 삭감과 보건·의료·인재 만들기라는 개발수요에 중점을 두고, ② 시장경제화 등을 위한 노력을 지원함, ③ 군사력 강화 등이 ODA 대강의 원칙에 맞지 않는다는 등의 제언을 하게 되었다. 2003년 8월에는 1992년 ODA 대강을 개정하여 ① 환경과 개발을 양립시킴, ② 군사적 용도나 국제분쟁을 조장하는 사용을 피함, ③ 개발도상국의 군사지출이나 무기수입에 주의함, ④ 개발도상국의 민주화·시장경제화·인권확보 등에 유의함 등이 원조정책의 조건이 되었다.

1989년 6월 천안문사건 이후 일본정부는 제3차 엔차관 동결 등과 같은 조치를 취하면서도 다른 한편으로는 중국의 국제적 고립을 막기 위해 움직였다. G7회담에서 선진국들이 고위급 접촉 금지, 세계은행의 신규융자 심사 연기 등 중국 제재 조치를 발표했는데 일본은 중국을 고립시키지 않는다는 것을 명확히 했다. 일본은 가장 빨리 중국과의 접촉을 재개했다. 8월에는 중단한 ODA을 계속하는 안건을 재개했고, 9월에는 자민당 이토 마사요시(伊東正義) 의원을 단장으로 하는 일중우호의원연맹 대표단이 중국을 방문했다. 천안문사건을 계기로 일본사회에서는 대중국 이미지가 악화된 반면, 중국에서는 대일본 이미지가 호전되었다. 이는 일본의 경제원조, 그리고 천안문사건에 대한 일본의 원만한 대응에 기인했다(毛利和子, 2006: 116~122).

6. 결론

비교분석적 시각에서 각국의 ODA정책을 간략히 고찰하면 다음과 같다. 미국은 많은 국가에게 원조를 해왔다는 점에서 원조의 원조(元祖)국이다. 원조 대상국이나 원조액은 정치 혹은 안보 목적에 따라 결정되는 경우가 많았다. 개발도상국의 소득 수준 등과 같은 경제지표가 피원조국 선정에 크게 작용하지는 않았다. 영국의 특징은 ① 양국 간 원조의 60% 이상이 영연방제국에 제공된다. ② 다국 간 원조를 중시해 국제기관을 통한 원조 비율이 비교적 높다. ③ 경제원조는 영국경제에 도움이 되어야 한다는 생각이 강하게 반영되면서 원조무역자금이 운영되었다. 프랑스는 국제사회에서의 프랑스 문화권 보호 및 확대를 목표로 프랑스어권 제국에 대한 원조를 중시해온 것이 특징이다. 캐나다의 경우는 ODA 제공 원칙을 다음과 같이 분명히 밝히고 있다. ① 최빈국 및 최빈곤층에 제공해야 한다. ② 원조 수령국의 자조 노력을 장려하고 인적·조직적 능력을 강화해야 한다. ③ 빈곤 박멸·구조조정 등에 우선적 배분한다 등의 원칙을 세우고 있다. 스웨덴은 경제성장, 경제적 사회적 평등, 민주화, 환경보전 등을 내세웠다(박홍영, 2006 참조).

일본의 원조외교는 5기로 나누어진다. 제1기(1945~1953년)는 전후 부흥기로 미국이나 세계은행에서 원조를 받던 시기이다. 제2기(1954~1963년)는 전후 배상기로 배상을 중심으로 한 원조 요람기였다. 제3기(1964~1976년)는 원조 신장기로 원조의 양적 확대 및 형태의 다양화가 시도된 성장기이며, 제4기(1977~1988년)는 계획적 확충기로 여러 차례의 중기목표에 의한 원조 확충기였다. 제5기(1989년 이후)는 탑 도너기로 최대 원조 공급국으로서 이니셔티브를 발휘하는 원조충실기로 나타났다.9)

일본 원조외교전략의 변화상을 3기로 대별하면, 제1기는 경제성장전략기(고도경제성장기, 1945~1976년), 제2기는 국제공헌 협력 모색기(경제대국 변신기, 1976~1989년), 제3기는 국제정치경제전략기(탑도너 및 경제대국역할론, 1989년 이후)이다. 제1기 일본의 원조외교전략은 국가발전을 위해 경제성장전략으로 수렴되어 특히 수출 촉진·개발수입·경제안보 등으로 정책화되었다. 제2기 일본은 경제성장이 궤도에 오르면서 국제협력(개발협력, 혹

---

9) 일본의 원조외교를 전략적 측면에서 살펴보면 세 단계로 시기 구분이 가능하다. 제1기는 전후 배상시기(1954~1976년)로 경제성장전략기이다. 이 시기는 일본 경제발전에 기여한다는 역할에 충실한 시기였다. 제2기는 원조확충기(1977~1989년)로 국제공헌 및 협력 모색기로 볼 수 있다. 이 시기에서는 ODA 중기목표가 제1차에서 제4차에 이르기까지 책정되었고, 1989년 12월에는 제1위의 원조 제공국이 되었다. 제3기는 탑도너 시기(1989년 이후)로 국제정치경제전략기로 볼 수 있다. 원조이념과 전략이 국제정치경제적 차원에서 거론되었고, 국제적 참여가 구체화되기 시작했다. ODA 4지침의 결정(1991년 4월), ODA 대강의 각의 결정(1992년 6월), 21세기를 향한 ODA 개혁 간담회 발족(1997년 4월) 등은 이러한 흐름을 반영하는 사례였다.

자 되돌리기, 인도적 지원) 및 공헌(시장경제화 지원, 동유럽 지원)전략을 수립했다. 이러한 특징이 냉전기에서 탈냉전기로의 과정에서 보인 일본 원조외교전략의 내용이다. 제3기 일본의 원조외교전략은 국제정치전략으로 전환되면서 국제협력 내용이 달라졌다. 즉, 인도적 차원의 원조를 포함해 국제정치 질서유지라는 차원의 원조전략이 추진되었다. 특히 사회주의 진영의 체제 변화와 더불어 원조에 정치적 조건이 부여됨으로써 원조의 정치성을 배제해온 일본의 원조외교는 변화를 맞이했다. 국제질서 형성에 참여하면서 일본의 정치적 위상을 높여간다는 전략이었다. 이러한 배경에는 국제공헌에도 불구하고 일본 알리기가 미흡했다는 반성의 국내 여론이 비등했기 때문이었다.

냉전기에서 탈냉전기에 이르기까지 일본의 국제정치경제적 위상변화의 이면에는 일본 원조외교의 전략변화라는 저변의 흐름(원조를 통한 유연한 외교)이 있었다. 그 흐름은 다음과 같은 파급효과가 만들었다. ① 일본외교의 전략변화에 촉매제로 작용하는 효과, ② 일본의 국제정치·군사적 영향력 제고의 유화제 역할(군국주의 일본이라는 부정적 이미지의 연착륙 효과), ③ 일본의 실체 보이기 효과 등이다. 일본형 원조외교는 구미제국과 비교해보았을 때 차별성이 나타나지 않는다. 미국의 경우 정치·군사적 목적으로 원조를 하고, 스웨덴이나 캐나다의 경우 인도주의적 원조를, 영국이나 프랑스는 구 식민지 지역에 대한 원조를 특색으로 한다. 일본의 경우에는 실리위주의 상업주의적 원조를 해왔고, 경제문제에서 점차 정치문제로의 변화가 시도되었다. 따라서 일본형이라는 특수성이 있다면 경제발전과 경제안보를 위해 원조외교를 수단으로 삼았다는 것이다(박홍영, 2006 참조).

일본 ODA의 지리적 특성은 전후 배상 시대부터 거의 일관적으로 아시아를 기축으로 하고 있다. 1992년 원조 대강에서도 2003년 신 원조 대강에서와 같이 아시아 중시방침은 변하지 않았다. 2006년 실적을 보면, 일본

ODA 중에서 아시아가 점하는 비율은 65.7%로 대양주(0.9%), 중앙아시아 (0.6%), 중동(17.1%), 중남미(4.1%), 유럽대륙(0.6%)보다 크다. 아시아는 지리적으로 일본에 가깝고 역사적 관계도 깊다. 한편 아시아의 급속한 경제 성장으로 원조 대상국에서 졸업하는 국가나 지역들이 발생하고 있다. 이러한 경향을 볼 때, 일본의 ODA도 내전이 지속되고 난민이 증대되며 기아나 자연재해를 겪고 있는 아프리카, 특히 사하라 이남의 국가들을 대상으로 ODA를 증액해야 할 시기가 되었다. 실제로 2008년 ODA백서는 아프리카 개발에 대한 새로운 대처를 주제로 해서 많은 부분을 할애하고 있다. 이는 일본 ODA가 아시아 중시에서 아프리카 중시로 전환한다고 할 수 있다.

일본 ODA의 원조분야는 특히 거시경제성장을 위한 댐·도로·철도·철강· 중화학공업 등 대형 프로젝트 중심이었으나 이에 대한 비판이 있었다. 1990년대 이후에는 상하수도·관개정비·교육·위생 등 개도국 국민의 생활에 밀착하고 인간안보에 중점을 둔 원조로 이행하고 있다. 주목할 부분은 남남협력(개도국의 다른 개도국 지원을 일본이 원조하는 방식)이나 풀뿌리인간 안전보장무상자금(현지에서 비정부조직을 통한 1건당 최대 5000만 엔 프로젝트 에 무상자금을 제공하는 방식)이다. 이러한 새로운 원조방식은 개도국의 주체 성을 키우고, 시민사회와 연계하여 현지 수요에 맞는 원조를 행할 수 있다는 점에서 높이 평가받고 있다. 한편 신 원조 대강에서 지구 규모문제에 대한 대처나 인간안보에 중점을 둔 원조정책의 구체적 실시로 환경보전·빈곤 박멸·인권 촉진 등에도 힘을 쏟고 있다. 일본 원조정책의 특징은 ODA의 군사적 사용금지, 원조 받는 국가의 군사예산이나 대량파괴무기의 개발·제조 상황에 유의한다는 것이 있다. 일본이 ODA 대상 지역으로 중시하고 있는 아프리카(사하라 이남 아프리카)는 자원을 둘러싼 내전과 민족적·종교적 대립이 증가하고 있다. 따라서 비군사적 원칙을 관철하는 일본의 ODA외 교가 의미를 가질 것으로 평가된다(橫田洋三, 2010 참조).

제10장
일본의 자원에너지외교

1. 서론

세계적으로 에너지의 수요 공급을 위한 국가 간 경쟁과 협력이 치열하다. 전쟁과 평화의 역학구도도 변화하고 있다. 새로운 국제질서의 형성과 함께 기존의 국제기구와 국제 레짐이 새롭게 변모하는 과정에 있다. 이에 따라 각국의 이해관계가 변하고 대립갈등과 협력의 국제관계가 발생한다. 이러한 현상은 육지를 넘어서 해양으로 아프리카까지 확대되어왔다.

중국의 경제적인 대두를 계기로 세계는 에너지를 둘러싼 패권시대로 큰 변환을 시작했다. 중국의 자원에너지 확보를 위한 대아프리카외교를 살펴보면 중국과 아프리카를 연결하는 정기편의 취항으로 중국과 나이지리아의 관계가 깊어지고 있다. 나이지리아는 하루 250만 배럴의 석유를 산출하는 아프리카 최대의 산유국이다. 중국의 국유 석유회사 3사가 진출하여 채광과 개발권을 취득하고 있다. 이 중에서 CNPC(중국석유천연가스)가 개발권을 획득한 4광구는 고위급 외교(주석과 수상이 세계 각국을 방문하여 전개하는 외교)의 성과가 주효했다. 2006년 4월 후진타오 주석이 나이지리아를 방문, 발전소 건설 등 40억 달러의 원조를 신청하여 상환을 획득했다. 중국은 아프리카 각국의 철도, 병원, 주택, 발전소 등을 무상으로 건설하고 있다. 원조를 대량으로 제공하고 정치적으로 밀접한 관계를 구축함으로써 에너지 권익을 획득하려는 전략이다.

중국이 아프리카에 진출하기 시작했던 1995년 이후 아프리카에서 획득한 원유의 권익은 15개국 총 29건에 이른다. 2006년 11월 중국은 아프리카의 48개국 정상을 베이징으로 초청해 중국-아프리카 협력 포럼 베이징 정상회담을 개최했다. 후진타오 주석은 중국은 신뢰할 수 있는 아프리카의 지지자라고 선언하고 이후 3년 동안 30억 달러의 낮은 이자로 융자와 중채무국의 채무를 면제할 것을 약속했다.[1] 연 9%가 넘는 고도경제성장이 계속되는 중국에서는 원유 수요가 급증하고 있다. 2001년에 6026만 톤이었던 원유의 수입량은 2006년 1억 4000만 톤 전후에 달할 것으로 전망되었다.[2] 2001년에 1배럴당 20달러대였던 원유가격(텍사스 산 경질유, WTI)이 2006년 여름 78달러까지 급등했다.

한편 한국은 2006년 3월 대통령이 나이지리아를 방문해 발전소 건설 등 60억 달러의 투자와 상환으로 원유 권익을 획득했다. 11월에는 아프리카 20여 개국의 대표를 한국으로 초청해 ODA 3배 증대를 표명했다.

일본은 자주개발의 자원 권익을 잃어가고 있다. 사우디아라비아와 쿠웨

---

1) 중국이 아프리카를 중시하는 것은 중동과의 주요한 원유 권익은 이미 메이저(국제석유자본)가 장악하고 있거나 엄격한 국가 관리 아래에 있기 때문이다. 중국은 유럽과 미국, 일본의 기업이 관계하지 않으며 정세 불안과 인권억압 등의 정치적 위험성이 큰 수단과 앙골라 등의 국가에까지 진출하고 있고, 국제적인 비난도 신경 쓰지 않는다고 한다.
2) 중국의 거국적인 권익 획득에 대해 일본 에너지경제연구소의 연구원은 중국의 수입 급증이 원유시장을 판매자가 유리한 입장이 되는 상태로 바꿔서, 본래는 시장메커니즘으로 가격이 결정될 시장을 정치화하고 있다고 했다.

이트에 걸쳐 있는 카프지 유전에서 40년간 채굴할 수 있었지만, 2000년 2월 사우디아라비아와의 기간 갱신 교섭이 결렬되어 권익을 잃었다. 이를 대신한 대규모 유전으로 기대했던 이란의 아자데간 유전에서 처음에 75%였던 일본 측 권익이 2006년 10월에는 10%까지 축소되었다. 사할린에서의 석유·천연가스 개발사업 '사할린 2'에서도 12월에 권익의 반 정도가 축소되는 등 자국 자원의 권익을 회복하려는 자원보유국에 계속 압력을 받고 있다(≪요미우리신문≫, 2007.1.4).

이 장에서는 이러한 국제 상황 속에서 동북아시아를 중심으로 자원에너지분야의 수급 상황 등을 고찰하고, 이와 관련된 국제협력 등을 분석하면서 일본의 외교안보정책과 국가전략을 분석한다. 국제적인 차원과 국내적인 차원의 분석을 종합해서 동북아시아 지역에서의 분쟁과 협력 가능성을 전망하고, 이를 통해 궁극적으로 동북아시아 국제정치 속의 함의를 살피고 일본의 외교안보전략에 대하여 논의하고자 한다.

2. 에너지 전망과 자원쟁탈

1) 세계적 에너지 전망

자원에너지를 둘러싼 세계의 새로운 움직임으로, 자원 민족주의가 강해지고 자원 가격이 급등하며 새로운 에너지가 되는 바이오 연료의 급속한 발전으로 식량시장과 에너지시장이 경합하고 있다. 원유가격의 급등은 세력의 균형에 변화를 가져오고 있다. 자원 빈국인 일본은 이를 오일 쇼크에서 길렀던 에너지 절약 기술을 활용하는 기회라고 파악해 가장 먼저 높은 원유가격 시대에 대응하는 사회 시스템을 만든다고 한다(柴田明夫, 2007: 25

참조).

일본이 장기적인 관점에서 에너지 안전보장에 위협이라고 보는 것은 아시아의 에너지 수요 급증 전망, 석유의 가격 불안정과 자원의 한계, 천연가스 수요의 세계적 증가이다. IEA(국제에너지기구)는 중국과 인도를 중심으로 한 개발도상국의 에너지 수요가 2030년 시점에서 현재의 2배에 가깝게 증가할 것이라고 조망하고 있다. 아시아의 석유수입량은 현재의 606×106TOE에서 2030년에는 1448×106TOE로 증가한다고 보았다. 개발도상국의 2030년 석유수입 의존도는 약 80%가 증가할 것으로 보고 있다. 수요 증가·생산량 증가와는 반대로 유전의 신규 발견량은 감소하고 있어 석유자원의 한계가 강하게 염려된다. 석유가격의 급등은 석유자원, 특히 중동 석유에 의존하는 자체의 불안정성을 강하게 시사하고 있다. 선진국에서 천연가스로의 이동은 점점 진행하고 있지만 개발도상국에서 천연가스 수요의 증가가 심해지고 있는 추세는 2030년에 2005년의 2배 증가한다고 본다. 천연가스는 인도네시아와 말레이시아라는 비교적 안정된 국가에서 수입하고 있지만, LNG(액화천연가스) 부문에서 일본의 핸디캡이 점점 커지고 있다. 석유와 천연가스 같은 화석연료자원에 관해 세계적으로 냉엄한 전망을 직시해 일본의 에너지 공급과 수요를 장기적이고 구조적인 면에서 개선해나가는 것이 강력하게 요구된다(山名元, 2005).

최근 수년 동안 원유가격이 역사적으로 높은 가격대에서 급격한 상하이동을 계속하고 있어서 세계경제에 큰 불안정 요인이 되고 있다. 현재 세계의 에너지 자원을 둘러싼 상황을 분석해보면 원유가격은 1배럴당 50~60달러 전후로 추이되고 있다. 단기적으로는 여기에서 크게 내려갈 가능성이 낮다. OPEC이 생산을 명확하게 줄이고 있고, 미국의 석유 수요 증가 기조는 변화하고 있지 않다. 또한 중국과 인도경제의 놀라운 경제성장에 의한 석유 수요의 대폭적인 증가가 계속되고 있다. 21세기에 들어서면서 석유,

천연가스 등의 자원에너지가 단순한 경제적 상품이 아닌 정치적인 상품으로 취급되고 있는 것이 특징적이다. 석유와 천연가스 등 자원의 공급 측을 보면 미국과 북해, 알래스카 등 선진국에서의 생산이 절정을 지나고 있다. 한편 정치적으로 불안정한 중동과 아프리카, CIS(독립국가공동체)의 자원에 더욱더 편재되어 있다. 이 국가들의 영향력이 상대적으로 높아지고 있고, 러시아와 베네수엘라의 에너지를 외교 수단·국가전략의 무기로 사용하려는 움직임이 강하게 나타나고 있다. 이라크 정세가 힘든 상황에 있는 가운데, 국제사회에서 미국의 위신과 지도력은 현저하게 저하되었다. 이러한 상황은 제1차·제2차 오일쇼크의 시기와 다르고 일시적인 현상이 아닌 것으로 보인다. 세계의 파워 패러다임이 크게 변하고 있다는 것을 파악할 수 있다. 석유 수급의 세계적인 절박함과 중동 정세 등의 지정학적 위험 요인은 단기간에 해소되기 어려운 것이다. 에너지가 세계의 정치·경제구조의 중요한 요인이 되고 있다.

9·11 미국 테러사건과 이라크전쟁은 세계의 움직임을 변화시켰다. 푸틴이 정권을 잡았던 2000년 당시, 러시아의 영향력은 적었고 미국이 세계를 주도하고 있는 구조였다. 이때 러시아는 미국에 협력하려는 자세를 명확하게 나타냈다. 9·11 이후에 나타난 미러정상회담에서는 미국과 러시아가 에너지 협력에 합의했다. 푸틴 대통령은 미국의 협력을 기초로 에너지 산업을 회복시켰다. 그리고 세계의 경제 통합에 들어서려는 자세를 명확히 했다. 이라크전쟁 당시에는 러시아가 미국과 조금씩 거리를 두었다. 러시아, 중국, 인도, 유럽의 국가들은 미국의 이라크 공격에 반대하는 입장이었다. 미국이 세계를 주도하고 있는 상황이 동요하고 있었다. 이 때문에 러시아를 위시하여 각국이 자기방위를 시작하게 되었다. 소비국 측에서 보면 러시아가 자원 민족주의를 시작하는 것처럼 보였지만, 러시아는 불안정으로부터 스스로 지킬 수밖에 없다는 논리였다.

국제정치와 안전보장의 측면으로 보면 석유가격과 공급은 평상시에는 시장에 의해서, 유사시에는 정치에 의해서 결정된다. 일본은 전통적으로 시장적인 측면을 중시하고 있지만 다른 주요국들은 일반적으로 정치적인 측면에서 파악한다. 에너지 안전보장이라는 말이 있듯 에너지는 국가 안전보장 그 자체라는 것이다. 일본정부는 '신국가에너지전략'을 완성하는 등 2006년 말부터 민관의 여러 조직으로부터 에너지문제와 전략에 관한 여러 가지 의견을 제출하게 하고 있다. 여기에서 지적되는 것은 인도와 중국의 대두와 패러다임의 전환이라는 관점이다. 그러나 에너지문제에서 세계의 패러다임이 변화한 것은 아니라고 한다. 에너지문제의 본질은 변하지 않았다. 일본외교에서 1930년대의 아시아정책과 1941년의 태평양전쟁에 이르는 길 등은 에너지문제가 근본이었다. 자원 민족주의의 한 예는 1973년의 OAPEC(아랍석유수출국기구)의 석유전략이다. 민족주의, 국익, 안전보장과 에너지를 하나로 생각해야 한다. 자원에너지를 국제시장의 규칙에 따라서 구입하는 것이 일본의 기본방침이나, 석유는 정치적인 전략 물자이다. 시장의 상황이 변하면 정치적인 사고가 유입되고 자원 확보와 자주 원유가 불가피하게 되고 해양수송로(Sea Lane)가 중요하게 된다. 해양수송로를 지키는 것은 미일안전보장이다(柴田明夫, 2007: 12).

일본에게 중요한 것은 중국의 움직임이다. 중국은 석유의 대수입국이고, 자원 민족주의적인 움직임을 강화하고 있다. 중국에는 3개의 국영 석유회사가 있다. 중국정부와 국영 석유회사가 협력해 아프리카와 중동 등에서 자원외교와 자원 저장을 행하고 있다. 산유국에 군사적인 원조와 ODA 등을 제공하고 있다. 중국이 국제적인 조화와 질서를 지킨다고 말하지만 행동이 다르다. 일본도 민간 기업만으로는 경쟁할 수 없다.

에너지의 대부분을 해외에 의존하고 있는 일본은 커다란 발상의 전환이 필요하다. 에너지 절약과 동시에 원자력 개발, 수력 발전, 핵융합을 추진한다고 한다. 일본은 석유 에너지문제를 산업정책의 일환으로 파악하고 있다. 산업정책을 담당하는 사람들이 국제정치를 이해하지 않아도 된다는 생각이었으나 에너지문제는 군사 외교 및 환경문제와 밀접하게 관계가 있다. 내각수상대신에 직결된 새로운 조직을 만들어 국가전략으로 일본의 에너지정책을 입안하는 발상이 필요하다.

일본은 제1차·제2차오일쇼크를 계기로 산업정책으로써 에너지 절약, 원자력, 새로운 에너지 등의 기술 개발을 전력으로 수행해 성과를 거두었다. 2008년에는 일본에서 정상회담이 개최되었다. 여기에서는 2006년 영국의 글렌이글스(Gleneagles) G8정상회담에서 논의되었던 지구온난화와 에너지 안전보장의 문제가 채택되었다. 에너지 안전보장과 지구온난화문제는 중국과 인도 등 아시아에 관계된 문제가 주안점이다.

LNG에서 커다란 변화가 일어나고 있다. 일본은 일찍이 전력·가스회사가 컨소시엄을 조직하면 가스 생산국과 장기계약을 맺어 구입하는 체제였지만 근래 10년 사이에 규제 완화와 자유화가 진행됨에 따라 전력회사와 가스회사는 필요한 양과 타이밍에 맞게 가스 생산국과 개별적으로 계약을 맺고 있다. 최근에 구입자시장에서 완전한 판매시장으로 급변했기 때문에 개별 기업의 입지가 약화되고 있다. 중국과 한국은 국영 석유회사와 가스회사가 통합하여 국가에서 다양한 지원을 받으면서 가스 생산국과 계약을 체결해나가고 있다. 인도네시아는 가장 큰 판매시장이다. 일본은 인도네시아의 최대 ODA 공여국이고, 인도네시아는 일본이 최대 LNG 수출국이며 일본에게도 최대의 공급국이다. 그런데 인도네시아의 자원이 한계점에 이르렀다고 언급되었고 일본과의 계약은 점점 줄어들고 있다. 한편으로 다양한 지원을 하고 있는 중국에는 새롭게 수출하고 있다. 전력 및 도시가스의 개별 회사가 공급국과 교섭해도 중국과는 겨룰 수 없다.

2006년과 같이 석유가격이 70달러를 넘어서는 수준은 너무 비싸다. 제1

차·제2차석유위기 때에도 점차 가격이 상승했지만 이후 하락했다. 이는 에너지 절약이 추진되어 석유 수요가 감소했다고 보았지만 북해와 아프리카의 유전이 발견되었다든지 대체에너지의 개발이 진행되어 중동 의존이 저하되었기 때문에 가격이 하락한 것이다. 그러나 현재는 시장의 힘으로 움직이기 어려운 상황이다. 새로운 석유가 생산되는 것은 러시아와 CIS, 아프리카, 베네수엘라 등 자원으로의 접근이 자유롭지 않은 국가들이다. 세계의 석유 확인 매장량의 8할에 가까운 것은 산유국 정부가 직접 관리하고 있어서 시장 메커니즘이 발동하기 어렵다. 이것이 1970·1980년대와 현재의 차이점이다. 석유는 지금 반 이상이 자동차와 비행기 등 운송용으로 사용되고 있다. 이는 대체에너지가 발생하기 어렵다. 발전용은 석유로 대체되는 원자력·천연가스·석탄이 포함되어 산업용 또한 석탄과 천연가스로 전환할 수 있다. 그런데 운송의 경우는 바이오 연료가 대체할 수 있을 정도다. 푸틴 대통령이 에탄올 연료를 개발하여 10년 안에 가솔린 소비를 20% 감소하려는 정책을 내세웠지만, 이는 물리적으로 매우 어렵다. 중국의 교통수단은 발달되어 있지 않아서 이동하려면 자동차밖에 없다. 따라서 중국의 석유 수요는 줄어들지 않는다.

과도한 원유가격 급등은 시장 메커니즘에서 시정될 수 있기 때문에 지금의 수준이 지속되지는 않는다. 그럼에도 40달러 이상의 고가 행진이 계속된다면 러시아는 계속해서 강력한 경제력을 배경으로 정치적인 면에서도 유럽과 미국 및 아시아에 큰 영향력을 가지게 될 것이다. 사할린에서는 원유 생산이 시작되었고, LNG 수출이 예정되어 있고, 중국에도 시장을 넓히고 있다. 일본은 석유의 중동 의존이 9할이다. 이를 대체하려면 러시아밖에 없다. 일러관계는 차차 전략대화를 개시하고 있다. 러시아도 과도하게 중국에 의존하는 것에 위기감을 가지고 있다. 일본은 중국과 러시아와의 균형을 살피면서 일러협력을 구상해야 한다. 사할린 앞바다에서 광대한 양의 석유와 천연가스가 발견되고 있기 때문에 일본은 자원공급원의 다양화에 연결될 것이라고 한다(柴田明夫, 2007: 15~16).

일본 석유공급원의 9할을 차지하는 중동을 단기적으로 생각할 경우, 미국과 이란의 관계가 어떻게 될 것인지가 중요하다. 미국은 중동을 변화시킨다고 시작했기 때문에 이전의 안정된 상황으로 돌아가기 어렵다. 미국과 이란의 대립이 격화될 것이다. 석유 관점에서 사우디아라비아와 페르시아만이 안정되어 있는 것이 전제이지만, 이란과 이라크를 어떻게 안정시킬 것인가가 요점이다. 이란이 합리적인 판단을 하지 않을 경우 일시적으로 석유의 흐름이 감소될 것을 각오해야 한다. 이 경우 이라크에서 석유를 가져오는 것이 중요하게 된다. 따라서 이란과 이라크의 안정이 중요하다. 정책적으로는 중동 여러 나라와의 관계 강화가 중요하다. 외무성에 아랍 연구자로 터키어·히브리어·페르시아어·기타 지원단을 합해 100명 정도의 인재가 있는데, 그들을 처우하고 활용해야 한다. 에너지를 포함한 전문가 집단으로 육성해야 한다. 장기적인 전략의 연구는 계속되어야 한다. 민간과 정부 사이에서 정보와 상황 판단이 공유되고 충분한 정보가 정책결정자에게 상정되는 시스템을 만들어야 한다.

중동은 이란·이라크문제를 포함하여 안정화되기 어렵다. 이란과 이라크를 포함한 페르시아만의 여러 국가는 석유와 천연가스의 공급지로 중요하기 때문에 외교문제가 중요하다. 이란의 핵문제도, GCC(걸프협력회의) 국가에서 평화로운 원자력 이용이 명확하게 언급되고 있다. 지구온난화 해결 차원에서 중국과 인도는 본격적으로 비화석에너지인 원자력을 시작했고, 화석자원이 풍부한 중동 국가도 이를 시작하고 있다. 안전한 원자력 이용을 위해서 일본이 보유하고 있는 축적과 지금까지의 실적을 활용하여 핵무기 개발에 연결되지 않도록 하는 것이 좋다. 평화로운 원자력 이용과 핵의 불확산이 중대한 과제다. 아시아와 일본은 에너지 절약과 환경문제에서의 기술이전이 중요한 과제가 되고 있다. 일본은 석유비축이 약 170일 분이고, 공급이 두절될 경우의 대응능력도 개선하고 있다. 중국은 비축기지의 건설을 시작했다. 공급이 두절될 경우 아시아 전체에 문제가 발생할 수 있다(柴田明夫, 2007: 18).

2) 자원쟁탈과 국익의 충돌

러시아 사할린 남단의 극한지는 러시아를 시작으로 일본, 영국 등 30개 국 총 6000명의 작업 인원이 모여 있다. 세계 최대의 자원개발사업 사할린 2의 심장부, LNG 플랜트 건설현장이다. 세 개 회사 — 국제석유자본의 로열더치셸과 일본의 미쓰이(三井)물산, 미쓰비시(三菱)상사가 사업을 맡아왔다. 2008년 완성 후에는 연간 480만 톤 이상의 LNG를 일본에 수출한다. 이 사업은 누적 채무를 포함, 자금여력이 없던 당시의 러시아가 외국 자본력을 빌리는 형태로 시작했다. 거대개발은 극동 근경 사할린 주에 가스 호경기를 가져왔다. 5년간 주민의 평균 급여는 4배 이상 인상되었다.

그런데 80% 정도 공사를 마쳤던 2006년 9월, 러시아 천연자원감독국이 환경파괴를 이유로 공사허가의 취소를 요구했다. 1조 엔 상당의 환경파괴가 있고, 하청업자의 공업용수 사용을 금지하고, 사업비 증액은 인정할 수 없다며 정부 간부와 각 성청이 잇따라 압력을 받았다. 로열더치셸과 일본 상사의 교섭 담당자는 러시아 측의 의도를 알 수 없어 고민했다. 당시 러시아 국영 천연가스업체 가스프롬이 사할린2의 사업회사 사할린에너지 주식의 과반수를 양도하라는 요구를 더욱 거세게 해왔다. 러시아 측은 로열더치셸, 미쓰이물산, 미쓰비시상사의 사장을 12월에 두 차례 모스크바로 불러들였다. 사할린주의회 예프레모프 블라디미르 일리치(Efremov Vladimir Illich) 의장은 가스프롬이 참가하는 방향이 러시아 국민에게 안정적으로 가스가 공급되어 바람직하다고 했다. 지방 경제를 윤택하게 해주는 외자기업에 동정적이었던 사할린주가 정부 쪽으로 기울었다. 국가 전체의 압력을 받았던 3사는 이대로는 사업이 존속할 수 없다고 판단하여 요구를 받아들였다.

사할린2는 모든 협력을 할 용의가 있다고 러시아 푸틴 대통령이 3사 사장을 크렘린궁에 초대하여 주식양도의 보고를 들으면서 응했다. 일련의 거래업무가 대통령의 의견에 기초한다는 것을 짐작하게 했다. 러시아 제1부수상이 회장을 맡은 가스프롬은 푸틴 자원외교의 행동대라고 불리고 있다. 가스프롬은 2006년 유럽과 미국 측의 우크라이나에 대한 가스 공급을 일시 정지했다. 벨라루스에는 2배 이상의 요금 인상을 강요했다. 미국과 유럽 여러 국가들은 러시아의 억지 수법에 반발했지만 EU 천연가스 수요량의 25%가 러시아에서 공급되기 때문에 강력하게 나올 수 없었다.

일본 측 관계자는 러시아가 자원외교의 조준을 일본에 향하고 있다고 한다. 유럽의 소극적인 태도를 보고 일본에도 강압적으로 압박하고 있다는 것이다. 그런데 국제적인 비즈니스 규칙을 무시해 계약이 파기되어 일방적으로 자국의 권익을 빼앗기고 있음에도 일본정부는 위기감이 부족하다. 아마리 아키라(甘利明) 경제산업성 장관은 12월의 기자회견에서 일본의 가스 안정공급을 약속받았다며 환영하는 발언을 했다. 석유업계 관계자는 정부와 민간이 함께 교섭한다면 결과는 달라졌을지도 모른다고 유감스럽게 생각했다. 가스프롬은 유럽 각국에 일정한 공급 점유율을 장악한 후 이 국가의 전력, 가스회사 등과의 제휴와 출자에 관여하고 있다. 일본은 가스프롬이 다음으로는 일본 가와시모(川下)시장에 들어갈 것이라고 경계한다(≪요미우리신문≫, 2007.1.5).

또한 러시아 극동의 하바롭스크 근교에는 사할린 섬 앞바다의 개발사업 사할린1의 천연가스를 시내까지 운반하는 파이프라인이 매장되어 있다.

2006년 10월에 완공되었다. 일본의 상사 관계자는 이 파이프라인이 중국까지 연장될지 모른다고 추측하고 있다. 사할린1의 개발을 주도한 미국 엑손모빌은 10월 러시아정부의 몫을 제외한 천연가스 전량을 중국에 수출하는 가계약을 맺었다. 정식합의를 한다면 파이프라인은 중국의 하얼빈까지 연장될 가능성이 있다.

사할린1은 1972년 구 소련에서 공동개발을 제안했던 일본 최초의 대형 에너지 개발안건이다. 채굴기술을 가진 엑손이 사업주체가 되었지만 일본정부가 112억 엔을 출자하여 주요 주주가 된 국책회사 SODECO(사할린석유가스개발)도 30%의 권익을 보유한다. 약 170억 달러(2조 엔)의 총 사업비 일부는 정책금융에서 지원하고 있다.

일본 경제산업성은 파이프라인을 사할린에서 관동지방까지 부설하여 천연가스를 국내에 공급하는 구상을 세웠다. 그런데 수요 전문가들이 상정했던 일본의 전력 가스회사는 실현성이 의문이라고 난색을 표시해 구상은 진전이 없다. 일이 제대로 되지 않아 애를 태웠던 엑손이 중국에 대화를 제안하고, 에너지 부족에 고민한 중국이 받아들였다. 일본이 투자하여 채굴한 천연가스를 중국이 사용하게 될지 모른다.

러시아에서 중국으로의 파이프라인 프로젝트를 적극적으로 추진한다. 2006년 3월 푸틴 러시아 대통령은 후진타오 중국 주석과의 포괄적인 에너지협력에 합의했다. 중국과 러시아의 석유회사가 협력하는 사례가 잇따르고 있다. SINOPEC(중국석유화공)은 러시아의 국영석유회사 로즈네프트(Rosneft)와 공동으로 영국 석유회사 BP의 러시아합병 자회사를 매수했다. CNPC는 로즈네프트에 출자해 공동으로 중국에 제유소(製油所)를 건설했다. 중·러 양국이 경쟁했던 시대는 가고 함께 경제발전을 목표로 파트너가 되었다고 평가한다.

일본과 중국이 착공을 경쟁하던 동시베리아 원유 생산의 파이프라인 건설계획 건설주체인 러시아의 트랜스네프트(Transneft)사는 2006년 7월 중국 다칭(大慶)으로 연결되는 지선, 중국 노선의 건설을 우선하는 방침을 표명했다. 한편 같은 시기에 행해졌던 고이즈미 수상과 푸틴 대통령의 일러 정상회담에서는 태평양노선의 착공시기와 조건에 관해서 구체적인 진전이 없었다. 일본 자원에너지청의 간부는 태평양노선의 건설계획은 동요하지 않는다고 강조했지만 이미 중국은 한발 앞서 나가고 있다.

세계 최대의 천연가스 보유국 러시아는 자국 자원을 좀 더 유리한 조건에서 매각하려고 각국을 경쟁시키고 있는 듯하다. 사할린1의 천연가스를 중국에 수출하는 계획에 대해 푸틴 대통령은 러시아 극동지역에의 공급을 우선해야 한다고 중국에의 매각교섭을 견제했다. CNPC의 로즈네프트에 대한 출자액 또한 중국이 외자에서 최대주주가 되는 30억 달러 정도를 요구했지만 영향력의 증대를 경계했던 러시아가 5억 달러로 제한했다고 한다. 원유수입을 중동에 의존하고 있는 일본은 에너지 공급원의 다각화를 도모하고, 이웃 국가인 러시아 자원개발을 중점정책으로 하고 있다. 이러한 일본의 전략은 중국과 러시아의 파워게임에 당하여 전제조건 재검토에 직면하고 있다(≪요미우리신문≫, 2007.1.6).

한편 필리핀에서 2007년 1월 개최되었던 중일정상회담에서 아베 수상과 원자바오 총리는 동중국해 가스전 개발문제의 해결이 긴급함을 확인했으나, 중국 측이 제안한 국장급 협의 일정도 결정되지 않았다. 동중국해의 가스전문제는 중일 간의 가시이다. 일본이 주장한 EEZ(배타적 경제수역)의 경계인 중일 중간선의 가까운 서쪽에서 중국이 가스전 개발을 계속하고 있다. 일본의 지하자원이 흡수될 두려움이 있다.

2006년 7월 이 문제를 논의하는 여섯 번째 중일 국장급 협의가 베이징에서 개최되었다. 일본 측은 공동개발에서 중일이 합의할 때까지 개발을 중지했으면 좋겠다고 요구했다. 이에 대해 중국 측은 분쟁의 여지가 없는 중국 근해에서 개발하고 있는 것뿐이라고 원칙론을 되풀이하여 실무적인 논의에 들어가지 않았다. 에너지정책을 담당하는 국가발전개혁위원회의 대표들은 발언하지 않았고 오로지 메모를 할 뿐이었다. 2004년 10월에 시작되었던 협의에서 중국 측의 주장은 항상 같았다. 상층부에서 지시되고 있고 협의의 출석자는 진심으로 교섭할 마음이 없다고 일본 측 교섭 담당자가 회고한다.

중일 에너지원 전쟁이라는 양국의 에너지 쟁탈전은 2004년에 시작되었다. 중간선에서 수 킬로미터의 중국 측에 있는 가스전 시라카바(白樺)[중국명 춘샤오(春曉)]의 개발이 계기가 되었다. 중국은 1970년대부터 동중국해에서 자원조사를 해왔다. 1998년 11월에는 핑후(平湖)에 채굴시설을 건설하고 있었다. 2004년 6월 당시 나카가와 경제산업상이 가스전 개발이 일본의 권익을 침해할 가능성이 있다는 우려를 표명하여 문제가 대두되었다. 가스전문제 전후에도 중일 간의 갈등이 잇따랐다. 31년간 계속되었던 중국의 다칭 유전에서 일본으로의 원유 수출은 가격인상 통보를 일본이 거부해 정지되었다. 인도네시아의 탄구 LNG 사업에서는 미쓰이물산이 권익의 일부를 매입하려고 했을 때 이전부터 사업에 참여했던 CNOOC(중국해양석유)가 먼저 권익을 사들였다.

아베 정권의 탄생에 의한 중일관계의 개선으로 에너지를 둘러싼 양국의 대립은 해빙 분위기가 전개되었다. 2006년 12월 아마리 경제산업성 장관이 중국을 방문해 에너지 절약 기술을 중국에 이전하기 위한 협의회를 만들기로 양국이 합의했다. 그 후 발족한 중일 에너지 절약 환경경영 추진협의회에는 철강과 자동차, 전력, 상사 등 220개의 회사가 참여하고 있다. 중국 측은 중일관계가 개선되면 동중국해의 가스전문제도 없을 것이고, 가스전문제는 양국관계의 거울이라고 했다. 중국 측은 에너지 절약과 환경 측면에서의 중일협력을 진행하는 것으로 가스전문제를 회피하려고 생각하고 있다. 중일의 에너지관계는 표면상의 우호 속에 심각한 대립을 간직한 이중구조라고 본다(≪요미우리신문≫, 2007.1.18).

3. 일본의 에너지안보정책

1) 일본의 에너지전략

일본 에너지전략의 목표는 에너지 안전보장 확립, 에너지문제와 환경문제의 일체적 해결에 의한 지속 가능한 성장 기반 확립, 아시아와 세계의 에너지문제 극복을 위한 적극적인 공헌이다. 석유가격의 급등은 일본경제 전반에 석유위기 당시와 같은 커다란 혼란을 초래하고, 일본의 에너지를 둘러싼 환경은 위험성이 고조되는 상황이다. 이에 세계 최첨단의 에너지 수급구조 구축에 대한 노력을 강화하는 동시에 대외적인 전략 강화를 위해 다양화·다층화를 계속하여 다양한 위험 발생을 저지하고, 아울러 긴급시에 혼란을 최소화하는 노력을 강화하는 것으로서 에너지 안전보장의 확립을 도모한다고 한다.

2005년 7월 영국에서 개최된 글렌이글스 G8정상회담에서는 에너지와 기후변화문제의 일체적 대처의 중요성에 대하여 정상 수준에서 공통의 인식이 형성되어 '기후변동, 청정에너지 및 지속 가능한 개발에 관한 글렌이글스 행동계획'에 합의했다. 이 합의에서 지구환경문제는 에너지정책과 일체의 관계라는 이해가 깊어졌다. 에너지 안전보장의 확립에 대해서 다양화·다층화하는 에너지 공급 제약에 대응하기 위해 기후변동문제 등 지구환경문제를 일체적으로 극복해나가는 시야에서 노력할 필요가 있다. 또한 이를 위해서는 화석연료 의존도를 가능한 제한하는(이른바 탈탄소화) 등 기술적으로 중장기적인 노력이 필요하다.

국제 에너지시장은 자본시장 동향을 포함해 세계경제 전체 동향과 연동하고 있다. 또한 일본의 산업, 경제는 첨단 산업군을 중심으로 이미 아시아를 포함한 조밀한 국제분업 네트워크에 포함되어 있다. 이러한 실태를 근거로 해서 일본의 에너지 안전공급확보 도모를 1차적인 목표로 하여 국내대책, 대외대책을 포함한 총력적인 노력이 필요하다. 국제적인 자원 획득 경쟁에 박차를 가하지 않으면 안 된다. 이를 위해서 아시아·세계경제와의 공생을 기본적인 입장으로, 일본이 보유한 기술력과 에너지문제에 노력했던 경험 등을 국제적인 장에서 활용하고, 아시아·세계와 함께 과제를 극복하고, 발전을 위한 기반을 형성해가는 지구 수준의 시야를 만드는 것이 에너지전략의 기본자세라고 한다.

더 나아가서 에너지전략의 기본 목표는 세계 최첨단의 에너지 수급구조 실현, 자원외교와 에너지 환경협력의 종합적인 강화, 긴급사태 대응책의 충실이다. 일본은 에너지 자원이 부족하고 자원소비 대국이기에 다양화·다층화를 계속하는 에너지 공급 위험에 대응해나가기 위한 확실한 대책으로 에너지 이용 효율의 향상, 에너지원의 다양화와 분산화, 에너지 공급여력의 보유 등 세계 최첨단의 에너지 유급구조를 확립하는 것이다. 특히 공급 안정성이 뛰어난 발전과정에서 이산화탄소 배출이 없는 원자력에 일본의 에너지 공급의 일정 비율을 의존하는 것이 필요하다. 이의 추진에 해당하는 품질보증을 중심으로 하는 안전 확보가 중요하다.

구조적인 에너지 수급의 절박함을 시작으로 하여 다양화·다층화 진행의 위험성에 대하여 이러한 발생을 저지하고, 또한 영향을 최소한도로 억제하기 위해서는 자원외교와 에너지 환경협력의 종합적인 강화를 도모할 필요가 있다. 일본의 에너지 안전보장을 근본적으로 강화하기 위해서도 긴급시 대응능력의 향상에 대한 재검토가 필요하다.[3]

2) 종합 자원 확보전략

자원에너지의 대부분을 수입에 의존하는 일본에서 안정된 공급 확보는 국가안전보장에 직결하는 과제이다. 이를 위해 석유·천연가스 등의 안정공급 확보를 재검토하고, 자원국과 일본의 광범위한 관계 강화와 일본 기업에 대한 지원 등을 통해 자원국에서의 자원개발과 공급원의 다양화 등의 시책을 전략적·종합적으로 추진한다는 것이다. 일본 기업의 해외 석유·천연가스 개발은 직접 생산 조업에 관계하고 있기 때문에 통상매매 계약과 비교해서 장기적으로 일정량의 석유·천연가스를 확보할 수 있는 가능성이 높다.[4]

이러한 장점으로 석유·안정공급 확보에 더해 중요한 역할이 존재한다. 이를 위해 석유·천연가스의 해외 개발, 민간 기업의 주도로 이를 행하는 일본 기업을 정부가 자원외교 및 관계기관에 의한 위험관리 공급 등으로 강력히 지원한다. 또한 에너지시장의 환경 변화를 근거로 조달의 집약화 등 천연가스의 조달력 강화를 도모한다. 더욱이 자원 소국인 일본은 세계 에너지시장의 안정과 성장 없이는 에너지 안전보장의 확립이 불가피하기 때

---

3) 에너지전략 실시에서 중요한 점은 중장기에 걸친 축을 벗어나지 않는 구조와 이를 위한 명확한 수치목표 설정, 세계를 선도하는 기술력에 의한 돌파, 민관의 전략적 제휴와 정부가 하나가 된 노력체제 강화이다. 수치목표로는 에너지 절약목표, 석유의존도 감소목표, 운수부문에서 석유의존도 감소목표, 원자력 발전목표, 해외에서의 자원개발목표가 있다(經濟産業省, 2006b).

4) 생산국에 직접투자해서 생산된 석유·천연가스(LPG 포함) 판매에도 직접 관여하고 있기 때문에 일본과 생산국의 광범위한 관계 강화에 기여하고 있다. 석유·가스 생산국에서 정책에 직접 접할 기회가 증가하고 있기 때문에 석유·천연가스 수급환경의 변화 조짐을 사전에 예측하는 것이 가능하다. 더욱이 국영석유회사와 국제석유자본 등의 경영전략과 기술을 포함, 세계의 개발동향이 파악되어, 사업제휴의 기반이 양성되고 있다. 국제적으로 에너지분야, 특히 자원개발분야의 투자가 요청되고 있는 가운데, 경제력을 보유한 일본이 세계 에너지분야의 자원에 기여한다고 한다.

문에 세계 전체의 에너지시장 안정화를 위해 국제적으로 공헌한다. 여전히 치열한 수급의 절박함으로 자원의 편재성에 대한 대책이 요구되고 있는 우라늄자원과 광물자원에 대해서도 종합적인 대책 강화를 도모하고자 한다.

일본은 자원의 안정공급을 위해 자원국과의 종합적인 관계 강화와 자원 개발 기업에 대한 지원 강화 등에 노력하고, 일본의 해외자원 개발을 전략적으로 강력하게 추진한다. 이러한 노력으로 일본의 원유수입량에 점하는 일본 기업의 권익하에 있는 자원 인수량의 비율(자주개발비율)을 이후 더욱 확대하고 2030년까지 인수량 기준 40%를 목표로 하며 공급원의 다양화를 추진한다.

자원 확보를 향한 전략적·종합적인 노력 강화를 위해서, 자원국과의 종합적인 관계를 강화하고,5) 석유·천연가스 개발 기업에 대한 지원을 강화하고,6) 공급원을 다양화하고,7) 자원 확보 지침 책정과 정부와 관계기관이 일

---

5) 일본 자원의 안정공급 확보 등을 도모하는 것 위에 자원국과의 종합적인 관계 강화를 도모하는 것이 중요하다. 이를 위해 정부 및 관계기관은 자원에만 의지하지 않는 경제의 다각화·고도화를 목표로 자원국의 요구에 적확하게 대응하는 형태의 광범위한 협력을 행한다. 구체적으로는 경제의 다각화·고도화를 목적으로 일본이 보유하고 있는 첨단과학기술을 자원국의 요구에 합치하기 위해 이러한 분야의 연구개발협력을 경제협력의 중요한 도구로 자리 잡고, 적극적으로 추진한다. 더욱이 중소기업 진흥, 수자원개발, 교육과 의료 등 사회 인프라 정비에 대한 협력과 다양한 수준에서의 인적교류 확대, 직접투자 도입을 포함하는 투자교류 등을 통해 자원국과 전략적인 관계의 구축·강화를 도모한다. 또한 이러한 관점에서 전략적인 ODA 활용과 자원국과의 EPA 체결 등을 통하여 경제관계 강화에 노력한다고 한다.

6) 국제적으로 자원 획득 경쟁이 치열해지는 가운데 일본은 민간 기업 주도로 석유와 천연가스 개발을 추진하려 한다. 이를 위해 국제경쟁력을 보유한 경영 규모·기술력 등을 준비해 핵심기업을 육성하고 강화한다. 동시에 석유와 천연가스 개발 기업에 대한 정부 및 관계기관의 지원을 강화한다. 석유와 천연자원, 금속광물자원기구와 같은 위험관리 공급의 근본적 강화, 자원금융제도를 담당하는 신정책금융기관(국제협력은행 등의 통합 후의 기관)과 같은 자원공급의 유지와 강화, 일본무역보험과 같은 위험부담 능력의 강화 등, 관계기관과의 전략적인 제휴와 여러 기능의 확충·강화를 도모한다. 정부는 자원국과의 관계 강화를 위한 노력을 추진하는 데에 일본 기업에 의한 각각의 상위권익 획득을 정부에 의해 지원하는 관점에도 근거해 전략적으로 추진한다. 또한 독립 행정법 평가의 존재 방식과

치하는 노력을 추진하고,[8] 에너지시장의 투명화와 안정화를 추진하고,[9] 우라늄자원 개발 및 바이오 에탄올 개발수입에 관한 지원을 강화한다.[10]

긴급사태 대응을 강화하기 위해서 노력한다. 일본 내 에너지시장의 체질 강화, 에너지 수급 혼란회피에 대한 국제적인 노력 강화를 도모하는 데에 자원국의 정치 상황 불안, 관계 수역의 안전문제, 사고, 천재지변, 테러와 같은 시장혼란 요인과 투기적 자금의 에너지시장 유입, 아시아 위기 경험이 없는 국가들에 의한 패닉행동 염려와 같은 혼란증폭요인은 완전하게 불식되지 않았다. 일본의 석유비축제도를 시작으로 긴급 시 대응제도는 1990

이러한 회계 기준 등을 위험관리 공급기능 등이 유효하게 발휘되게 하는 재검토 등의 각선의 환경 정비에 대해 검토한다.

7) 일본은 석유수입의 중동 의존도가 극히 높은 수준(약 90%)이다. 공급원의 다양화를 도모하는 것은 석유 안정공급 확보에 이바지하는 것으로 이를 계속 추진한다석유 공급원 다양화의 노력은 최근에는 러시아, 카스피 해안 지역 등에서 성과가 있다. 이러한 지역에 더해 이후 리비아, 나이지리아를 시작으로 아프리카 여러 국가, 남미 여러 국가, 캐나다 등에서의 노력을 적극적으로 전개한다. 특히 시베리아의 원유를 러시아 태평양 만에서만 수송하는 태평양 파이프라인 프로젝트는 원유의 중동 의존도를 대폭 낮추고, 일본 기업의 시베리아 석유·천연가스 개발 참가 등의 의의를 가지고, 다른 한편으로 러시아에서의 직접 원유를 동아시아와 태평양시장에 공급 가능하도록 하는 것 외에 동시베리아 개발의 기폭제가 되는 등 러일 양국에 전략적으로 중요한 프로젝트이다. 이를 위해 양국의 이익에 적합한 형태로 실현되게 하는 러일협력을 행한다.

8) 정부 및 관계기관이 하나가 되어 핵심기업을 중심으로 일본 자원개발 기업이 해외에서 자원개발권익을 획득하도록 지원한다. 이를 위해 에너지 정책 기본법에 의해 에너지 기본계획에 기반을 둔, 자원개발권익획득지원을 위한 정부 전체의 지침을 '자원확보지침'으로서 종합해 정부 및 관계기관에서 자원금융과 경제협력활동 전반에서의 전략적 제휴를 강화한다. 석유천연가스, 금속광물자원기구, 자원금융제도를 담당하는 신정책금융기관, 일본 무역보험 등의 관계기관은 개별 안건마다 정부와 긴밀하게 제휴해나가면서 일본 기업을 지원한다.

9) 자원에너지의 근본을 수입에 의존하는 일본에게 국제 에너지시장의 투명화와 안정화는 에너지 안보 확보에 중요한 과제이다. 이를 위해 생산국과 소비국 간 협의를 통해 에너지 수급에 관한 통계와 전망, 이에 기반을 두어 전개되고 있는 시책 등 에너지시장에 관련한 정보공유를 추진한다고 한다.

10) 종래 석유와 천연가스에 관한 채광개발 지원에 더하여 우라늄자원 개발과 바이오 에탄올 개발수입 안건에 관한 지원의 확충을 도모한다(經濟産業省, 2006b).

년대 걸프전쟁에서 유효하게 작용했지만 이의 근간은 석유 의존도가 8할에 가까운 시대에 계획된 것이기 때문에 다시 에너지원 전체를 통괄하는 각각의 특성을 근거로 하는 형태에서의 대응을 강화하는 것이 필요하다. 이를 위해 예상이 어려운 단기적 또는 큰 시장 변화에 대해서도 신속하고 안정적으로 대응할 수 있도록 석유비축제도에 대해 대상의 확대 강화를 도모하고, 기업과 업종을 가로질러 에너지 위기 시 대응 시나리오 작성과 대응의 검토 등 긴급 시 대응의 충실과 강화에 노력한다.

석유비축제도에 대해서 국가비축의 증강으로 일본 전체의 비축 수준을 계속해서 높이는 한편 국가제품비축을 도입하고 기동성이 있는 석유비축제도를 실현한다. 또한 수요가 계속 확대되는 천연가스 대응체제 또한 검토한다. 에너지원 전체를 관통하는 긴급사태 대응 시나리오를 작성한다. 구체적 노력으로 제품비축 도입을 시작으로 하는 석유비축제도를 강화하고, 천연가스에 관한 긴급 시 대응체제를 정비하고, 위기관리에서 에너지원을 위한 횡단적인 제휴를 강화하고자 한다(經濟産業省, 2006b).

3. 아시아 에너지 환경 협력전략

중국을 시작으로 아시아는 세계에서 에너지 수요가 가장 급증하고 있는 지역으로, 수급 안정화는 세계 에너지시장의 안정적인 성장을 위해서도 불가피한 과제이다. 일본의 산업구조는 아시아 국가들에 확대되어 있고, 아시아 국가들의 에너지 안정공급은 일본 산업경쟁력의 유지와 강화에 중요한 과제라고 한다. 뛰어난 에너지 절약 기술을 보유하고 있는 일본 산업계는 이러한 사업 활동을 통해 산업 기반에서 에너지 절약의 협력을 추진하는 것은 아시아 지역의 에너지 안전보장의 확립, 지구환경문제 해결을 위한 커다란 국제공헌이고, 일본 산업계의 산업기회의 확대에도 연결되는 것이고 아시아와 일본이 상호 이익관계를 구축할 수 있다고 한다.

일본은 2대 수요 증가국인 중국과 인도에 협력관계 강화를 요청하고, ASEAN+3 등 다국 간 조직의 적극적인 활용 및 확충 등 실효성을 확보하기 위해 국제조직의 정비에 착수한다. 아시아의 에너지효율 향상에 공헌한다. 석탄 이용의 가속화에 수반하는 지구온난화 등 환경문제 해결에 공헌하고, 아시아 석탄 생산국의 석탄 생산 안정화를 도모한다. 에너지 수급이 절박해진 시기에 아시아에서 혼란 상황을 방지하기 위해 석유의 효과적 비축계획 확립을 목표로 한다.

아시아 에너지전략 프로그램에 기초한 에너지 절약을 촉진한다. 양국 간 정책대화 실시와 행동지침 책정, 아시아 국가들의 제도적 노력 지원, 민생·운수·전력 부문의 협력 실시, 일본 기업 경영 기반의 에너지전략기구 설비 보급 지원, 국제기관과 정부 및 관계기관의 제휴, 아시아태평양 파트너십 등 국제 조직의 적극적 활용을 추진한다. 아시아에서 새로운 에너지협력을 위해 아시아 국가들의 제도적 노력과 기술개발·실증개발을 통한 도입과 사업을 지원한다. 아시아에서 석탄의 친환경적 이용과 생산보안 기술을 보급하고 석탄액화기술에 협력하며 양국 간 정책대화의 실시 및 국제조직의 활용을 추진한다. 아시아에서 비축제도를 구축하고, 긴급 시 대응체제 정비에 대한 노하우와 제도 측면의 협력, 긴급 시 융통제도 등 지역적 조직을 구축한다. 아시아에서 원자력에 관한 지역협력을 추진하고, 원자력 안전 확보를 위한 지역협력조직의 창설과 원자력의 평화적 이용추진에 관한 지역협력을 추진한다(經濟産業省, 2006b).

4. 자원에너지 확보를 위한 국제협력

1) 자원외교의 중요성

중국 등을 시작으로 세계 석유 수요의 증가, 1980년대 후반에서 1990년대의 낮은 석유가격을 배경으로 했던 석유 생산·투자속도 둔화의 장기적인 요인과 석유국의 공급 위험도 표면화, 자연재해, 유럽과 미국의 심한 한파 등의 단기적 요인으로 석유시장에는 투기자금의 유입이 증가했다. 이러한 여러 요인이 복합적으로 작용한 결과로 원유가격 급등이 초래되고 있는 것을 생각할 때 세계경제에 미치는 영향이 염려되고 있다.

더욱이 아시아 지역에서는 석유가 계속해서 1차 에너지 공급의 주요한 역할을 담당하고, 세계 원유매장량의 약 2/3가 중동에 부존하는 것을 배경으로 아시아 지역의 석유수입 의존도와 중동 의존도가 높아지는 것이 염려되고 있다. 다른 한편으로 지역의 석유비축 등 긴급 시 대응체제의 정비는 아직 충분하지 않고, 중동 정세의 불안정화, 에너지 수송 장애발생 시에 에너지 공급에 관한 문제가 발생할 경우 아시아 여러 국가는 커다란 영향을 받을 가능성이 있다.

이러한 상황을 근거로 하면 세계 및 아시아 지역과 밀접한 경제관계에 있는 일본은 안정된 경제활동을 경영하기 위해 유럽과 미국의 선진국과 중동 여러 국가, 러시아 등 에너지 산출국과의 협력관계를 강화함과 동시에 아시아 역내에서 에너지 보장의 중요성을 인식하고, 상류와 하류로의 투자 촉진, 에너지원의 다양화, 에너지 절약 추진, 석유비축 추진 등 여러 과제에 각국과 제휴하여 대처하는 것이 필요하다. 이를 위해서는 글로벌 수준, 지역 수준, 양국 간의 대화의 장을 다층적으로 활용하는 것이 유용하고, 국제 협력하에서 대책을 추진해나가야 한다.

2) 자원외교와 국제협력

(1) 양국 간 협력

① 한일 에너지협의

2006년 1월 도쿄에서 제12회 한일 에너지 비공식협의가 개최되었다. 아시아의 에너지 수요 증대와 고유가 상황에 에너지를 둘러싼 과제와 석유, 전력, 가스, 원자력, 다국 간 협력 등의 정책에 대한 정보와 의견을 교환했다. 또한 JOMEC, KNOC, NEDO, KEMCO, 일본에너지연구소, 한국에너지연구소 등 정책실시기관과 정책연구기관의 참석 또한 이루어져 일부 분과회 형식에서의 의견 교환도 이루어졌다. 에너지 수급구조와 지리적인 상황이 유사한 양국은 많은 과제를 공유하고 있고, 상호 정책과 학문에서 주고받는 것이 유익하여 계속해서 정책담당자 간, 관계기관 간의 정보 교환 및 의견 교환을 긴밀하게 하기로 합의했다. 또한 IEA, APEC, 산유국·생산국 대화 등의 다국 간 협력에서 아시아의 리더로 공동보조를 취하여 노력할 것을 합의했다.

② 중일관계

급속한 경제발전을 수행하는 중국은 세계 제2위의 에너지 소비국이고, 중국 에너지 수급의 안정은 일본의 에너지 안전보장에서도 중요한 과제이다. 이러한 정세를 근거로 중일 양국의 에너지 사정과 정책 등에 관한 공동인식 향상과 함께 에너지분야 협력사업의 검토를 행할 의견 교환의 장으로서 1996년 중일 에너지 협의를 개최했다.

중일 에너지 절약과 환경종합포럼이 에너지 절약 및 환경에 관한 제도·정책·경험·기술 등에 대해서 광범위한 의견 교환을 행하여 인식을 공유하고 양국에 도움이 되는 협력방안에 대해 의논할 목적으로 2006년 도쿄에서 개최되었다. 동중국해 자원개발문제에 대해서는 2004년 10월 이래 국장급 협의를 실시했고, 동중국해를 협력의 바다로 하고, 대화를 통한 신속한 해결를 도모하기로 중국 측과 합의했다. 2006년 2월 베이징에서 니카이 도시히로(二階俊博) 경제산업대신과 보시라이(薄熙來) 상무부장이 회담하고, 5월에 일본에서 에너지 절약 및 환경대책 면에서의 협력 촉진을 목적으로 중일에너지 절약·환경종합포럼을 개최했다.

③ 일본·인도 협력

일본과 인도는 아시아의 대표적인 에너지 소비국으로 자원에너지의 안정공급 확보와 에너지 효율화 향상은 양국 경제발전에 중요한 정책과제가 되고 있다. 2005년 4월, 인도와 일본 정상회담 시 발표되었던 공동성명에서 석유 및 천연가스 협력대화의 설치를 포함한 에너지협력의 중요성을 언급했다. 인도 측에서 제3국으로의 채광개발, 석유비축, 에너지 절약, 아시아 석유시장에 관한 공동성명 등, 공동성명에 게재한 협력사항에 대해 구체적인 협력의 진행방향이 제안되었고, 2006년 3월에는 고급실무자 수준에서 이러한 제안에 관한 의견 교환이 이루어졌다.

2005년 9월 제1회 차관급 일본·인도 석유천연가스협력대화가 델리에서 개최되어 양국 간 에너지협력의 추진에 대해 의견을 교환했다. 2005년 11월 인도가 제3국에서의 채광개발, 석유비축, 에너지 절약 등 아시아 석유시장에 관한 공동연구 등 공동성명 협력사항에 관한 구체적인 추진 방향을 제안하여, 2006년 3월에는 본 제안에 관해 고급실무자 수준의 의견 교환이 이루어졌다.

(2) 다국 간 협력

① ASEAN+3와의 협력

ASEAN 및 한중일(ASEAN+3)에서는 제1회 에너지장관회의가 2004년 6월 필리핀에서 개최되어, 아시아 에너지 파트너십 구축에 대해 에너지 안전보장의 강화 및 지속 가능성을 공통목표로 해 석유비축, 석유시장, 천연가스, 재생가능에너지 등의 분야에 대해서 협력을 강화해나간다고 합의했다. 2005년 7월에 캄보디아에서 개최되었던 제2회 장관회의에서는 이러한 공동목표를 재확인하고 계속적인 협력을 추진해나가는 것 외에 에너지 절약에 더욱 협력할 것을 합의했다. 제1회 장관회의에서 석유비축 도입 강화를 위한 협력에 대해서 2004년도에 태국 및 필리핀과 협력했다. 또한 2005년 12월에 말레이시아에서 개최되었던 ASEAN+3정상회담에서는 석유비축, 에너지 절약 및 에너지 효율화 등 협력을 추진하기로 했다.

② APEC과의 협력

1989년 11월 캔버라에서 개최되었던 제1회 APEC 각료회의에서는 에너지문제에 대한 역내 협력의 중요성과 이를 전문적으로 의논하는 장의 설치가 합의되었다. 이를 받아들여 1990년에 EWG(에너지실무그룹)가 설립되었고, 1996년에는 좀 더 상위 수준인 에너지정책대화를 시행하기 위해 시드니에서 제1회 에너지장관회의를 개최했다.

2005년 10월에는 한국에서 제7회 에너지장관회의가 개최되어 수요의 급속한 증가와 석유 공급 여력의 저하가 계속되는 가운데 유가 급등, 석유의존에 대한 대처방법과 에너지 수급을 둘러싼 과제에 대해 광범위한 논의가 이루어졌다. 채택되었던 공동선언에서는 구체적인 목표의 설정도 포함된 에너지 절약 대책 강화, 석유정제와 유통능력 향상, 운수부문 에너지 절약, 연료전환 촉진, 석유비축 도입과 강화, 원자력 발전의 역할평가를 포함한 석유대체에너지의 개발과 보급 촉진 등의 필요성에 합의하고, IEA 등 관계 기관과 대화를 계속하고 대책을 강구할 것이 표명되어, 11월 제17회 각료 회의 및 제13회 정상회의에서도 위와 같은 대책의 착실한 실시의 중요성이 공유되었다. 제17회 각료회의에서는 원유가격 급등과 이의 배경인 에너지 수급의 절박함에 대한 위기감을 공유하고 수요와 공급의 양쪽으로부터 대책을 찾을 필요가 있다고 지적했다.

③ 선진적 원자력 기술에 관한 국제협력

안전성, 신속성, 핵확산 저항성에 우월한 차세대 원자력 시스템 개발에 대해 미국의 제창으로 2001년 제4세대 원자력 시스템에 관한 국제포럼 GIF(General IV International Forum)가 발족했다. 2005년 2월 일본, 캐나다. 프랑스, 영국, 미국 사이에서 여섯 가지 원자로모형을 대상으로 연구개발 협력을 위한 조직을 구축하는 약속이 체결되었고, 각 원자로모형의 연구개발협력의 추진방향에 대한 검토가 이루어지고 있다. 또한 미국과 일본 간에 2004년부터 양국의 상호 강점을 활용한 혁신적인 원자력기술의 창출을 목적으로 양국 간 원자력 협력 발전 I-NERI(International Nuclear Energy Research Initiative)를 시작으로 초임계압(超臨界壓) 수로의 재료개발에 대한 연구개발협력이 실시되고 있다(經濟産業省, 2006a).[11]

(3) 에너지 공급국과의 관계 강화

일본과 브라질의 경제관계에서 자원에너지분야의 협력은 중요분야가 되었다. 석유와 철광석 등의 분야에서 국제협력은행과 일본무역보험 등을

---

11) 종래의 에너지백서는 「平成16年度エネルギーに関する年次報告」, 「平成15年度エネルギーに関する年次報告」(エネルギー白書) 참조.

포함한 협력에 대해 대형개발 프로젝트가 추진되고 있다. 2005년 자원에너지분야의 협력을 확대해나가고, 브라질로부터 바이오 에탄올 도입 등에 대한 의견 교환을 위해 브라질·일본 바이오매스(BIOmass) 실무그룹을 창설하는 것 등이 합의되었다.

러시아는 사우디아라비아를 능가하는 세계 제1위의 산유국(IEA에 따르면 2003년에 사우디아라비아를 앞질러 2004년에도 석유 생산량이 세계 제1위)이자 세계 제1의 가스 생산국이다. 현재 진행되고 있는 사할린 석유 및 천연가스 개발에는 일본 기업도 참가하고 있다. 에너지분야에서 일러협력은 전략적으로 중요하다는 관점에서 2005년 일러 양국 간 에너지협력의 기초가 되는 두 개의 문서가 서명되었다. 에너지분야에서 러시아 연방정부와 일본정부 사이 장기협력의 기본적 방향성과 에너지 개별분야에서의 협력에 관한 세부목록이다.

이란은 세계 제4위의 원유 생산국임과 동시에 일본에게는 제3위의 원유 수입국이다. 이란과는 2000년부터 에너지협의를 개최해, 국제석유시장 및 일본으로의 석유 안정공급에 대한 협력관계를 확인하고 양국의 에너지정책에 대한 정보 교환이 이루어지고 있다.

이라크는 세계 제3위의 원유 확인매장량을 가진 자원국이다. 2005년 석유·천연가스분야의 부흥지원, 이라크인 연수생을 받아들이는 것, 일본 기업의 활동지원 등을 내용으로 하는 협력에 관한 공동성명에 서명했다.

사우디아라비아는 세계 제1의 원유 생산국이며 일본에는 제1의 수입국으로, 사우디아라비아에 대해 일본은 민관으로 협력과 관계 강화를 추진하고 있다. 정부는 1996~2005년에 킹파드광물자원대학(King Fhad University of Petroleum & Minerals)과 최첨단의 석유정제기술에 관련한 공동연구와 실증적인 실험을 실시하는 등으로 협력했다. 또한 기존 제유소의 성능 향상과 대규모 석유화학설비의 건설을 목적으로 한 합병회사 페트로라빅[Petro

Rabigh, 스미토모화학과 사우디아람코(Saudi Aramco, 사우디아라비아 국영석유회사)의 합병 사업]이 2005년 9월에 설립되었고, 1981년 일본·사우디아라비아 공동석화(石化) 사업회사로서 설립된 샤크(SHARQ)가 2005년 8월에 대규모 증설 착공을 시작했다. 2005년 6월에는 사우디아라비아가 쇼와셸(昭和Shell)석유에 자본을 투자해 쇼와셸석유가 샤크와 직접 원유거래 계약을 체결했다.

일본에게 인도네시아는 최대 천연가스수입국인 동시에 일본 유수의 원유 및 석탄수입국이 되고 있다. 안정적인 에너지 공급을 목표로 일본의 자원개발 기업이 높은 수준의 인도네시아 개발프로젝트에 참여·기획하고 있다. 일본정부는 석탄분야에서 인도네시아정부와 공동으로 지질구조 조사를 실시하고 있고, 탄광기술이전을 위해 전문가를 파견하고 연수생을 받아들이고 있다. 에너지 절약 촉진에 대한 전문가 파견과 연수생을 받아들이는 것과 같은 인재육성을 위한 지원과 시범사업을 실시하고 있다.

호주로부터의 수입 총액이 점하는 원재료 비율은 5할 이상으로 호주는 철광석, 석탄, LNG, 우라늄 등 자원분야에서 일본의 중요한 파트너이다. 민간단체 등을 통한 에너지기술협력 등도 적극적으로 이루어지고 있다. 양국의 에너지정세와 정책 기타 관심사항을 협의하기 위해 1985년부터 원칙적으로 연 1회(1995년까지는 연 2회), 일본·호주 에너지고급사무수준협의를 개최하고 있다. 2004년부터는 기존 대화를 강화하기 위해 민간에서도 참가해 광범위한 의견 교환이 이루어지고 있다.

브루나이는 세계 제4위의 LNG 생산국임과 동시에 일본에게는 제5위의 LNG 수입국이다. 정부 간에는 ASEAN+3와 ASEAN·일본의 범위 안에서 정기적으로 에너지정책에 관한 의견 교환을 했고, 에너지 절약과 에너지정비에 관한 협력프로젝트를 행하고 있다. 브루나이에서 생산되는 LNG의 약 9할은 일본에 수출하고, 일본 수출 기업의 브루나이 LNG에 대한 출자와

2006년 3월에 설립된 메탄올 생산기업으로의 출자 등 민간 기업의 협력도 진전되고 있다.

사우디아라비아, 쿠웨이트, 바레인, 오만, 카타르, 아랍에미리트의 6개 국으로 이루어진 GCC 국가는 일본 원유수입액 전체의 75% 이상(2005년)을 점하고 있고 이러한 국가들과 경제관계를 포함해 우호적인 관계를 형성하고 유지하는 것은 일본에게 에너지 안전보장 및 무역의 관점에서 중요하다. GCC 국가와의 경제관계 강화를 위해 GCC 국가에서 물품과 서비스 무역 분야를 대상으로 FTA 교섭 시작을 결정했다.

3) 소비국과의 국제협력 및 생산·소비 대화

(1) 주요 소비국과의 국제협력

① IEA와의 협력

IEA는 1974년 11월 제1차 석유위기를 계기로 한 미국의 제창으로 설립된 석유소비국 간 협력조직이다. IEP(국제에너지프로그램) 협정에 기반을 둔 90일 석유비축 의무 및 긴급 시 대응을 시작으로 에너지문제 해결을 위한 국제협력을 추진하고 있다. 최근에는 지구환경문제, 규제·제도 개혁과 비가입국 활동에도 적극적으로 참여하고 있다. 가입국은 28개국이다.

2005년 원유가격 급등과 기후변동문제 등에 입각한 신 에너지 안전보장 확립의 필요성을 호소하고, 구체적인 정책으로써 에너지전략 대책 강화, 석유공급 안정화, 원자력 등 에너지 다양화 촉진의 필요성에 합의했다. 또한 8월에 미국 멕시코만을 강타한 허리케인 카트리나로 다수의 사상자가 발생하고 250억 달러라는 피해액의 재해를 일으켰다. 피해가 집중된 멕시코만 지역은 미국 원유 생산 능력의 27.5%, 석유정제 능력의 47.4%를 점유하는 석유시설의 집중지로, 이러한 피해를 본 결과 미국 내의 석유제품 공급 부족과 가격 급등이 발생했다. 이러한 미국의 상황은 세계적으로 파급될 위험성이 있기 때문에 IEA는 가맹국 전체에서 6000만 배럴의 비축석유 협조 방출을 결정하게 되었다. IEA의 이러한 협조행동은 1991년 걸프전쟁이래 두 번째였다. 일본은 732만 배럴의 방출이 할당되어 민간비축의 의무 일수를 삼 일분 낮추는 것으로 대응하고 결과적으로 할당량을 상회하는 합계 1000만 배럴의 석유 방출을 달성했다. IEA의 협조적 비축 방출은 허리케인 피해에 수반하는 세계 석유시장의 혼란을 미연에 방지하고 석유시장의 공급 지장에 대한 유효한 기능을 시사했다.

② 글렌이글스 G8정상회담

2005년 7월 영국 글렌이글스에서 개최되었던 G8정상회담에서는 기후변동문제가 중요한 테마의 하나로 상정되어, 기후변동 부문의 경과를 문서로 한 기후변동청정 에너지 및 지속 가능한 개발에 관한 글렌이글스 행동계획이 합의되었다. 구체적으로는 기후변동문제에서 에너지 측면의 IEA 역할 강화에 합의하고, 산업분야와 화력발전분야에서는 개발도상국을 포함한에너지효율의 평가와 건물 전기기구 등에서 각국의 에너지 절약 기준의 재검토, 정책실행의 평가 등의 시행이 IEA에 요청되었다. G8은 에너지 수요가 급증하는 개발도상국과 함께 이 행동계획을 추가로 지원하는 것에 합의했다.

③ G8 에너지 장관회의

2006년 7월 상트페테르부르크에서 개최된 G8정상회담에서는 에너지 안전보장을 주요 주제로 논의했고, 2006년 3월 모스크바에서 개최되었던 G8 에너지 장관회의에서도 같은 주제가 논의되어 G8 및 중국·인도·남아프리카·멕시코·브라질의 에너지 각료, 국제기관에서는 IEA·OPEC·IEF(국제에너지포럼)·IAEA·세계은행의 대표가 출석했다. G8 각국의 장관은 에너지 안전보장을 위해 석유·천연가스분야의 투자환경 정비, 시장의 투명성 향상을 포함한 시장기능 확보, 에너지 절약 기술의 국제적인 보급 등 대처가 중요하다는 의견을 표명했다. 또한 다수가 원자력 발전의 중요성을 지적했다. 중국 등 개발도상국 측에서는 비효율적인 에너지 이용 개선 필요성 등이 지적되었다. 논의 결과 세계 에너지 안전보장의 확보를 위해 에너지 절약 추진, 에너지분야 투자 촉진을 위한 환경 정비, 에너지시장의 효율성 향상 등이 중요하다는 것과 글렌이글스 정상회담에서 합의된 것을 실행할 것이 합의되었다.

④ 아시아태평양 파트너십

환경친화적인 개발과 기후에 관한 APP(아시아태평양 파트너십)는 2005년 7월 일본, 미국, 호주, 한국, 중국, 인도 6개국이 증대하는 에너지 수요, 에너지 안전보장, 기후변동문제 대처를 목적으로 시작된 지역협력 파트너십이다. 2006년 1월 시드니에서 개최된 제1회 각료회의에서는 각국의 외무·산업에너지·환경장관들을 포함한 광범위한 산업분야의 CEO가 참가했다. 8개의 협력분야(ⓐ 더 환경친화적인 화석에너지, ⓑ 재생 가능한 에너지와 분산형 전원, ⓒ 발전 및 송전, ⓓ 철강, ⓔ 알루미늄, ⓕ 시멘트, ⓖ 석탄광업, ⓗ 건물 및 전기기구)에 대한 작업계획이 합의되어, 민관의 태스크포스를 설치하여 구체적인 협력을 시작한다고 결정했다. 일본은 8개의 분야 중 철강과 시멘트 협력을 주도함과 동시에 각 분야의 협력 내용으로 에너지효율의 벤치마킹(최고실행의 비교와 분석)을 제안하고 작업계획에 포함시켰다.

⑵ 생산국과 소비국의 대화

① IEF에서의 대화

이라크의 쿠웨이트 침공 및 걸프전쟁을 통해 산유국과 소비국의 대화와 협조의 중요성이 고조된 것 등을 배경으로 1991년 7월 프랑스와 베네수엘라의 제창으로 제1회 IEF가 개최되었다. 2005년 11월 각료급 회담에서는 산유국과 소비국이 취해야 할 행동을 제시함과 동시에 대화와 협력의 강화에 노력했다. 석유 위기 이후 일본에서의 에너지 절약, 석유대체에너지 도입 등 에너지 유급구조 개혁 노력을 소개하고, 산유국은 생산능력의 확대에 대한 구체적인 로드맵을 제시하고 개발도상국은 소비국으로서 에너지 절약의 철저 등 산유국·소비국 양방의 노력을 제안하고, 세계경제의 발전을 위한 석유가격 안정의 중요성과 대화의 중요성을 지적했다.

② 북·중앙아시아 석유·천연가스 생산국 및 아시아 소비국 원탁회의

2005년 11월 인도정부(석유천연가스성)는 아시아 역내의 석유·천연가스 생산국 및 소비국 간 관계 강화를 목적으로 회의를 개최했다. 이 회의에서 석유·천연가스 자원공급 지역인 중앙아시아의 잠재적 가능성에 관한 인식이 공유되어 상호 의존관계 강화, 높은 수준과 낮은 수준(하류) 설비 투자 확대의 중요성을 지적했다. 안정된 석유·가스가격 확보, 석유매장량 등의 수치 투명성 향상, 새로운 에너지·재생 가능한 에너지의 활용, 원유·가스의 수송네트워크 정비에 대한 연구 실시 등을 종합하여 의장성명을 발표했다 (經濟産業省, 2006a).

5. 일본 에너지전략의 전망

자원에너지의 개발을 둘러싸고 국제적으로 석유와 천연가스 획득전쟁이 격화되는 상황이다. 중국과 인도 등의 신흥국이 에너지 소비대국이 되고 자원개발회사가 세력을 키우고 있다. 중국 국영의 CNPC는 단독으로도 유럽과 미국의 메이저와 나란히 할 수 있는 힘을 가지게 되었고 메이저도 위협을 느끼고 있다. 중국은 외교전략과 경제원조로 세계 각지에서 자원의 권익을 확보하고 있다. 일본 개발회사보다 자금력이 크기 때문에 일본이 힘을 합쳐도 이기지 못한다고 한다. 일본이 권익을 확보하기 위해서는 관민의 제휴를 강화하는 방향으로 나아가야 한다. 독립 행정법인인 석유천연가스금융광물자원기구(JOGMEC)를 통한 국가의 지원이 많지 않았고, 에너지 개발에서 무역보험도 사용하기 쉽지 않았다. 정부계 금융기관이 통합되어도 국제협력은행의 자원외교는 존속한다.

일본 석유회사의 선진기술은 전문기술 서비스회사가 제공하는 형태가 많기 때문에 이를 취득하는 것이 용이하다. 중요한 것은 선진기술을 이용한 자원개발 실적을 축적하는 것이다. 일본 기업은 유럽이나 미국의 기업들과 비교해서 경험이 부족하다. 경험을 축적하기 위해서는 자금력을 높이고, 권익을 획득할 기회를 늘려야 한다. 유럽과 미국의 메이저 등은 정보를 교환하는 내부의 석유클럽이 있어서 여기에서 권익을 교환하거나 개발계획 참여를 권유한다. 클럽의 일원으로 인식되면 개발에 참여할 기회가 증가하고 사업규모 확대가 가속화된다. 일본의 석유회사는 석유클럽의 입구에서 중간으로 들어가려고 하는 상황이다.

일본은 브라질과 리비아 등 광구를 개방하고 있는 국가에서는 입찰을 통해 확실하게 권익을 획득해나간다. 유럽과 미국의 메이저와 주고받기(give and take)를 할 수 있는 관계가 되어야 한다. INPEX(국제석유개발)는 호주

근해에 가지고 있던 광구 권익 24%를 프랑스 석유회사 토탈(TOTAL)에 양도했다. 권익을 부여하려면 상대가 석유를 발굴했을 때 연락한다. 정보네트워크가 있는 회사와 관계를 강화하려면 상대에게 줄 것이 필요하다. 또한 유럽과 미국의 메이저가 말을 꺼낸 권익을 사려면 수천 억의 자금이 필요하다. 일본 기업이 그만큼의 재무력을 보유하고 있어야 한다.

일본의 개발회사는 소규모로 자본력이 적다. 상위 수준의 채광과 개발부문과 하위 수준의 정제와 판매부문을 통합한 일본식 메이저는 장래의 희망이 된다. 하위 수준의 생산자회사는 안정적이고 장기적으로 대량의 석유를 확보하지 않으면 성립될 수 없다. 소량의 원유를 부정기적으로 제공하는 상위 수준의 회사를 하위 수준의 회사가 통합할 수는 없다. 개발회사의 규모를 크게 하여 개발 위험성이 떨어지게 되면 상위 수준과 하위 수준이 일체가 되어 일본식 메이저가 만들어진다(≪요미우리신문≫, 2007.5.12).

한편 석유가격 급등으로 산유국의 힘이 강해지고 있다. 메이저를 전부 합쳐도 세계 석유매장량의 10%밖에 보유하고 있지 않다. 산유국의 국영 석유회사가 매장량의 77%를 보유하고 있다. 2007년 3월 휴스턴에서 열렸던 석유 관련 회의에서 미국도 국영 석유회사를 가져야 한다는 의견이 있었다. 메이저를 통합해 미국 1사, 유럽 1사로 해야 한다는 의견도 나왔다. 유럽의 메이저를 전부 합쳐도 사우디아라비아 국영 석유회사인 아람코의 규모에 미치지 못한다. 그러나 기술력과 실적이 있기 때문에 이를 집중적으로 활용하자는 의견이다.

산유국의 자원민족주의가 강해지고 있어 일본도 자국의 석유기업이 필요하다. 에너지는 국민생활에 필수불가결한 기반으로 자국 기업이 담당하는 것이 바람직하다. 국제기업도 결국에는 본사 소재국을 중시하지 않을 수 없기 때문이다. 세계에서 우수한 석유기업이란 채광과 개발의 상위 수준에서 정제와 판매의 하위 수준까지 이르는 수직통합된 회사이다. 일본도 이러한 회사를 만들어야 한다. 수직통합기업에는 자국 자본 중심의 프랑스형과 독일형이 있다. 독일은 하위 수준에서 러시아의 자본이 들어와 있다. 소비국이 안정된 공급을 희망하는 반면 산유국은 안정적인 수요를 희망한다. 소비국과 산유국의 상호주의를 받아들인 것이 독일형이다. 논의의 여지는 있지만 일본은 프랑스형을 목표로 한다고 한다.

석유를 둘러싼 세계의 움직임은 상위 수준의 채광과 개발부문에 초점이 맞추어져 있다. 일본의 개발기업은 규모가 작아서 세계적으로 위상이 높지 않다. 상위 수준 기업을 전부 합쳐도 미국의 코노코필립스(ConocoPhillips)가 합병하기 전 코노코에 상당하는 규모로 준 메이저 회사 하나 정도다. 대규모 석유회사를 설립하기는 쉽지 않다. 일본정부는 INPEX과 JAPEX(석유자원개발)의 주식을 보유하고 있기 때문에 양자 간 자본의 논리를 기초로 통합에 대한 논의를 할 수 있다. 하위 수준 부문은 이익이 발생할 상위 수준 부문과의 합병에 흥미를 가질 가능성이 높다. 규모의 장점을 발생시키기 위해 하위 수준에서의 통합이 선행되어 상위 수준으로 통합해나가는 형태가 바람직하겠다.

에너지전략에서 프랑스의 경우를 보면 국가의 외교전략을 받아들이는 석유회사가 국가와 일체가 되었다. 일본에서는 상위 수준 기업의 활동이 반드시 국가의 정책과 일체되지는 않는다. 유럽과 미국에서는 에너지 안전보장을 국가정책의 중심에 놓고 국제시장을 존중하면서 외교와 국가자금 투입 등으로 장기적이고 전략적인 대응을 하고 있다. 중국과 인도 등 신흥국은 국영 석유회사를 설립해 자원 획득 경쟁에 힘을 넣는 등 방향이 뚜렷하다(≪요미우리신문≫, 2007.5.14).

과거 산유국에는 아무것도 없어 일본의 자본과 기술로 사막의 유전을 채굴할 수 있었지만 최근에는 원유가격 급등으로 오일머니를 풍부하게 가지고 있다. 자본금으로는 독립적으로 개발할 수 있는 상황이다. 자원민족주의도 고조되고 석유자원도 고갈된다. 산유국은 석유 생산을 대신할 산업을 시작하는 것이 국가적인 과제가 되고 일본에도 이러한 산업기술의 공여를 구하고 있다. 신일본석유와 같은 회사는 발전소도 자동차도 만들지 못한다. 사우디아라비아의 아람코와 같은 산유국 석유회사는 대부분 국영이다. 권익 획득은 일본정부가 상대 국가와 국내 산업계의 중간역할을 하지 않고는 좋은 성과를 가져올 수 없다. 개발자금 측면에서도 정부계 금융기관의 지원이 요구된다. 관(官)·민(民)·금(金)이 일체가 되어 자원국에 부딪혀나가는 체제가 되어야 한다. 이란의 아자데간 석유개발, 러시아의 사할린 자원개발 프로젝트 '사할린1'은 정부 주도로 개발될 수 있다. 민간이 아니고서는 할 수 없는 기술도 있기 때문에 민간의 힘도 투입되어야 한다.

상위 수준 개발부문만의 회사는 시대에 적합하지 않다. 자원국은 유전만을 개발하는 회사는 환영하지 않는다. 석유정제 기술과 석유 화학의 지식이 있고, 상위 수준에서 하위 수준까지 일관된 조업체제가 있는 회사를 존중한다. 에너지 절약 기술과 질이 좋지 않은 원유를 정제할 수 있는 기술은 자원국이 원하는 것이다. 일본 석유업계의 경영환경에서 큰 문제는 석유시장이 성숙한 단계에 있는 것이다. 인구 감소로 수요 감소가 예상되는 한편, 환경문제에 수반하는 에너지 절약화도 진행되고 있고 정제설비가 과잉이다. 과잉설비 대책에는 동북아시아와 중국시장을 목표로 설비를 유효하게 이용하는 방법도 있다. 일본 회사는 중국 CNPC에게 석유정제를 위탁하고 있다. 중국은 석유제품 수요가 늘고 있고 생산설비가 따라오지 못하는 상태이다.

일본시장만으로는 한계가 있어 신일본석유는 한국 석유의 최대 상대인 SK와 중국 CNPC와 제휴하고 있다. 아시아 전체를 시야에 넣어 사업을 전개하지 않으면 안 된다. SK도 한국 국내의 수요보다도 정제 능력이 큰 문제다. 일본은 상호 설비를 활용해 중국시장에 진출한다. CNPC는 에너지 절약 기술을 원하고 있다. 원유비축에도 협력할 것이다. 비축기지에는 증발 대책 등의 노하우가 있다. CNPC와 깊이 관계해나갈 것이다. 일반적으로 수요가 축소되는 가운데 설비의 유효한 이용을 도모한다면 일본 국내 석유 회사 업계 재편의 가능성은 있다. 합병보다도 상호 자신 있는 분야를 보완 하는 제휴 강화가 발생할 것이라고 한다(≪요미우리신문≫, 2007.5.4).

6. 결론

변화하는 국제환경 속에서 일본의 에너지안보전략과 다국적 에너지협 력에 대해 다양한 논의가 있었다. 세계적으로 석유와 천연가스 수요가 증 가하는 가운데 자원의 개발과 투자가 필요하다. 산유국과 가스 생산국의 관계에서는 안정되고 예측 가능한 투자환경을 정비하는 것이 중요하다. 이 는 2006년 상트페테르부르크 정상회담에서 채택되었던 세계 에너지안전 보장선언 중에도 강조되었다. 산유국과 소비국·수입국의 상호 신뢰가 가능 한 투자구조를 만들고, 결정된 규칙을 지키는 다자적 구조를 만들어야 한 다. 러시아는 자원개발 등 상위 부분이 중심이고, 하위 부분에도 참여하고 싶다고 한다. 유럽은 가스의 수송과 판매 사업이다. 러시아는 영국의 거대 가스공급회사의 매수를 추진하고 있고, 영국정부로부터 견제당하고 있다. 소비국의 기업이 러시아의 자원개발에 참여하는 담보는 상호 참가를 인정 하는 것이라고 한다.[12]

---

12) 복합적인 구조가 올바른 접근이다. 동아시아만을 생각할 경우에는 일본이 압도적으로 진 행해나가는 구조를 만드는 분위기는 없다. 일본은 두 가지 경험이 있다. 석유를 추구해서 전쟁을 시작한 것과 오일쇼크 이후에 기술을 개발하여 효율화와 에너지 절약을 진행한 것 이다. 이 경험에서 얻은 교훈으로 중국은 일본과 같은 실패를 반복하지 않는다. 중국이 만

아시아에서 거의 모든 국가가 에너지 소비국이고 수입국이다. 이러한 의미에서는 ASEAN+3(한중일)와 ASEAN+3+3(인도·호주·뉴질랜드)가 에너지문제에 관한 다국적 조직으로 적당할 수 있다. 동아시아 구조에서는 에너지 수입국과 소비국으로서 상호 공동의 이해가 있다. 예를 들면 에너지 절약, 석유비축, 혹은 바이오연료와 같은 대체에너지 개발 등이다. 범위를 좁히면 한국·중국·일본·러시아를 중심으로 동북아시아가 된다. 북한 핵문제에 진전이 있으면 6자회담 조직은 지역협력의 원형이 될 수 있다. 6자회담에서 에너지문제는 한 축이다. 현재의 다양한 지역협력 조직은 에너지문제를 중요한 동력으로 하여 장래 크게 진전될 가능성이 있다. 러시아는 6자회담에서 에너지문제가 나오게 된다고 하고, 한반도가 통일될 경우 에너지문제를 6자회담에서 다루어야 한다고 한다. 최대의 소비국이자 생산국인 미국이 장래 에너지시장과 에너지안보를 주도해나갈 것이라고 한다. [13]

에너지와 환경문제를 한 국가가 해결할 수 없는 시대가 되었다. 두 차례

약 일본이 과거에 생각했던 것과 같이 석유를 무력으로 확보한다는 생각을 한다면 동아시아의 번영은 끝나는 것이다. 이를 위해서는 중국에 맞는 석유에너지를 효율적으로 사용하는 시스템과 기술을 전해주는 것만이 아니라 동아시아 전체에서 일본이 얻었던 교훈을 공유하는 것이 중요하다. 장래 지역적인 에너지 조직이 가능할지는 알 수 없지만, 세부 선언에서 언급되었던 협력을 시작하는 것에서 대화를 통해 석유를 획득할 수 있고, 에너지를 절약하면 환경 악화에도 제동을 걸 수 있다는 문제의식을 공유하는 것이 중요하다.

13) 미국은 기본적으로 상품과 서비스, 자금, 인력이 자유롭게 이동하는 시스템으로 시장시스템을 추구하고 있다. 미국은 석유를 정치적 무기로 사용하고, 중동 지역에서의 혼란이 석유의 자유로운 이동을 저지한다고 생각한다. 1973년과 현재가 다른 점은 미군이 페르시아 만 지역에 주둔하고 있는 것이다. 한편 미국의 영향력이 상대적으로 저하될 수 있다는 견해도 있다. 아시아의 ASEAN+3라든지 동아시아정상회담에서 미국이 빠진 조직이 강화되고 있는 가운데 APEC을 좀 더 활발하게 하여 존재감을 가지고 싶다고 생각할 수도 있다. 에너지와 지구온난화, 이산화탄소문제에 관해서 기후변동과 환경친화적인 개발에 관한 아시아태평양 파트너십(APP)이라는 조직이 미국의 주도로 만들어졌다. 한국·중국·일본·미국·인도·호주 6개국 가운데 교토의정서에 가입되어 있는 국가는 일본뿐이다. 에너지 절약과 이산화탄소의 감소를 위한 상향(Bottom-up) 접근방식으로 철강·시멘트·석탄 등 분야별 모범사례를 기준으로 이를 광역화하는 조직을 추진하고 있다고 한다.

석유 위기를 계기로 일본은 석유 의존을 낮추고 중동 의존에서 벗어나기 위해 노력했다. 일본은 인구가 감소하기 시작해서 에너지 수요 또한 감소하기 시작했다. 석유·천연가스 등 자원에너지에 대한 불안의 배경에는 세계적으로 불안정한 시대가 도래하지 않을까 하는 것으로, 이에 대비하고 자원에너지를 확보하는 것이 중요하다. 미국이 지배하던 세계가 흔들린다고 볼 때 에너지문제와 함께 새로운 국제질서가 어떻게 구축될 것인가가 근본적인 문제이다. 제도적인 재인식을 통해 다가올 위기에 대처해야 한다(柴田明夫, 2007: 20~22).

일본이 에너지전략을 실현하기 위해서는 에너지관련 전체상을 2030년이라는 장기적인 시간을 설정하고 에너지 안전보장을 담당할 강력한 기업, 이러한 활동을 유지하는 강하고 효율적인 정부, 에너지문제에 깊은 이해를 가진 국민 3자가 협력하여 중장기에 이르는 노력의 실천이 요구된다고 한다. 이를 위해 정부는 자원 확보 측면에서 해외 기업과 경쟁할 핵심기업 형성 촉진, 에너지 절약기술·청정석탄 활용기술(Clean Coal Technology)·원자력기술 등의 아시아 전개에 노력한 기업 활동 지원, 콤비나트에서 업종 기업의 벽을 넘는 제휴 지원 등 다양한 과제의 요청에 응하고, 에너지시장 환경의 정비와 국가적인 과제에 노력하는 기업과 주변 관련 산업으로의 효율적인 지원 등의 노력을 통해 강력한 기업 형성을 촉진해야 한다.

에너지전략을 실현하기 위해 민관이 하나되는 노력이 필요하고, 이를 위해 수치 등 명확한 목표의 설정과 달성 평가를 기본으로 하면서 예산·세금·법제도 등의 상황에 맞는 대담한 편성과 이의 달성에 대한 민관의 노력에 관해 PDCA사이클(Plan-Do-Check-Action Cycle)이 가동하는 구조를 구축하고 정착시키는 것이 필요하다.[14]

---

14) 정부는 해외의 자원 확보에 노력하는 핵심적 기업에 기동적이고 대담한 자원 투입, 원자

또한 공청회 광고와 에너지 교육을 통해 에너지문제에 관한 상호 이해에 기반을 둔 깊은 이해를 국민에게서 얻어야 한다. 에너지 절약 추진과 에너지 기술 도입 등 강인한 수급 구조의 실현에는 특정 기술의 개발과 실용화라는 개별 과제에 대해 중장기적인 노력을 해나가는 동시에 광범위한 민간 차원의 노력을 얻는 것이 필요하다. 원자력 발전 추진을 시작으로 에너지 공급 시설과 설비의 정비에 대해서도 국가 및 기업 측에서 안전 확보에 대해 최대한의 노력을 전제로 하고, 정부는 입지 지역의 주민을 시작으로 국민과의 의견 교환을 통해 국민의 에너지에 관한 관심을 고조시키는 것이 필요하다.[15]

력 관련 투자에서 민간에서 담당할 수 없는 위험 부담의 확보, 에너지 절약 관련 설비와 기구에 대한 우수자(top runner) 기준에 대응하는 세제 적용, 기술전략 맵과 대응하는 기술개발 프로젝트에 전략적인 예산 투입 등 예산 세제 및 관련제도를 효과적으로 편성하고 시책 프로그램의 종합적인 추진을 도모한다. 특별제도 개혁에서도 국가의 역할을 충분히 달성할 수 있는 제도설계에 노력해야 한다.

15) 에너지전략은 「2030년의 에너지 수급전망」(2005년 3월 종합자원에너지조사회) 및 상황 변화를 기본으로 에너지 관련 국가전략 전체상을 2030년이라는 장기적인 시간설정으로 중요한 시책 프로그램을 제시했다. 이러한 노력의 진행 상황과 시장 환경의 변화, 온실효과 가스의 감축에 관한 내외의 검토결과를 근거로 재검토가 필요하다. 정부는 에너지정책 기본법에 근거하여 3년마다 에너지 기본계획을 개정하고, 2006년 에너지전략에 기초한 정부의 대응에 필요한 시책을 기본계획에 종합하여 구체화한다. 개정 후의 기본계획을 근거로 중장기적인 에너지수급 조망의 개정에 착수한다. 이후에도 에너지 기본계획의 개정을 둘러싸고 에너지 수급 전망의 개정을 해나가면서 이러한 시책의 평가와 부단한 재검토를 시행하고 방향성을 인식해야 한다(經濟産業省, 2006b).

제2부

동아시아 국제관계

제11장

동아시아 국제질서의 변환

1. 세계경제위기의 전망

1) 경제위기와 안보위기

동아시아 국제정세에 복합성을 더하는 요인은 안보위기와 경제위기가 공존한다는 사실이다. 최근의 세계경제위기는 1929~1934년의 경제대공황 (Great Depression)을 연상케 한다. 경제대공황은 제1차세계대전으로 영국의 경제패권이 무너지고 세계경제 시스템을 유지할 패권 국가가 없는 상태에서, 각 국가가 자국의 이익만을 추구하면서 보호무역주의를 취해 갈등과 분쟁이 고조되어 경제공황과 파시즘 대두와 함께 제2차세계대전으로 진전되었다. 2000년대 미국의 정치·경제패권이 약화되면서, 자유무역이 상대적으로 쇠퇴하고 국가주의와 민족주의가 대두하면서 자원·에너지 등을 위한 경쟁·갈등이 고조되고, 동아시아의 동중국해와 남중국해의 영토·자원분쟁에서 소규모 갈등·충돌이 발생할 가능성도 있다.

불확실성이 높은 국제정세에서 다가올 위험요소 중 세계경제위기가 존재한다. 2008년 미국의 금융위기 이후 세계경제위기에 대한 조짐이 나타나기 시작했고, 2011년 동일본대지진으로 일본 경제의 충격이 큰 상태에서, 유럽의 그리스와 이탈리아를 포함한 여러 국가의 재정 악화로 인해 유로존의 경제뿐만 아니라 세계경제에 악영향을 끼쳐 세계경제위기가 심화되지 않을까 우려된다.

2014년 국제정세는 세계적 경제위기와 안보위기가 공존하고, 미국 패권의 상대적 약화와 더불어 미국의 국방예산을 포함한 정부예산이 삭감되어진 상황에서, 영토·자원분쟁과 정치·경제적 마찰이 지역적으로 발생하고 있다. 우크라이나의 크림반도사태에는 러시아와 우크라이나의 충돌을 넘어서 미국과 러시아의 긴장이 고조되었다. 크림반도사태로 인해서 G7 서방 국가들의 결속력이 강화되고, 그에 따라 러시아와 중국을 견제하는 미국과 일본의 안보동맹도 강화되는 경향이 있다. 최근 중동에서 시아파·수니파 간의 무력충돌은 이슬람세력의 패권경쟁으로 전개되고 있다. 미국의 개입에 따라 지역을 넘어서는 분쟁으로 비화할 수 있다. 동아시아에서도 중국의 확장적 해양전략에 따라 동중국해와 남중국해에서 영토·자원분쟁이 지속되고, 언제 무력충돌이 발생할지 모르는 위기 상황이다.

이러한 세계적 갈등의 움직임은 제2차세계대전 이후 유지되어온 미국패권의 상대적 약화가 가시적으로 드러나면서, 지역적 갈등이 무력충돌로 분출하고 세계적 규모에서 신 냉전구도가 형성되어질 가능성으로 대두된다. 신 냉전구도는 제2차세계대전 이후 미소 간 냉전구도를 넘어서 미국과 연대하는 국가네트워크와 이에 대항하는 국가·집단네트워크 간의 글로벌 규모의 냉전구조로 발전할 수도 있다. 글로벌 테러전쟁을 넘어서 글로벌 영토·자원분쟁이 발생할 수 있다.

2014년을 맞이하면서 영국 주간지 ≪이코노미스트(The Economist)≫의

사설은 100년 전인 1914년과 2014년의 국제정세가 섬뜩하리만큼 유사하다고 강력히 경고했다. 1914년 제1차세계대전이 일어나기 직전에 전 세계에는 갈등 요인이 다양하게 존재하고 있었지만, 그 당시 지도자와 학자들 상당수가 설마 전쟁이 일어나겠느냐고 안이한 환상을 가지고 있었다고 지적한다. 2014년에도 세계적으로 다양한 갈등 요인이 존재하는데 현 시대 지도자와 학자들은 100년 전과 동일하게, 합리적 세계이성을 넘어서 광적인 전쟁이 다시 발생하지 않으리라는 안이한 환상을 가지고 있다고 신랄하게 비판한다(≪이코노미스트≫, 2013.12.21).

최근 국제정세는 우크라이나와 이라크 등지에서 내전 형태의 국제적 전쟁이 빈발하고, 지역별로 다양한 분쟁이 언제든지 발생할 수 있는 환경이다. 분쟁이 확대되면서 미국과 연대하는 국가 네트워크와 이에 대항하는 국가·집단 네트워크의 신 냉전구도가 형성될 수도 있다. 경제위기와 안보 위기가 복합적으로 연계되어 있는 국제환경 속에서, 현존하는 패권 국가로서 미국이 정치·경제적으로 국제시스템의 질서유지를 위한 리더십을 효과적으로 발휘할 능력이 있는가가 관건이다.

2) 세계경제위기의 전망

2014년 세계경제가 서서히 회복되는 조짐이 있지만 건전한 상태는 아니라고 평가된다. 세계경제는 미국경제에 과도하게 의존되어 있고, 중국 및 신흥국 경제의 위험이 존재하고, 일본을 비롯한 다수 국가가 양적완화의 통화정책에 경도되어 있고, 과도한 국가 부채가 경제위기의 요인이 될 수 있다. 세계경제를 견인하는 미국경제의 회복은 서서히 이루어지고 있으나 비관적이지는 않다. 유럽과 일본의 통화완화정책은 지속될 것이다. 중국의 경제성장은 둔화되었지만 급격히 붕괴하지는 않으리라는 전망이다. 그러나 미국의 양적완화 축소와 중국의 경제성장 둔화는 신흥국 경제에 직접적인 충격을 줄 수 있다고 평가된다(≪이코노미스트≫, 2014.2.8).

한편 2008년 미국의 금융위기가 완전히 해소된 것은 아니고, 정부가 금융산업에 지원한 자금과 시장의 관리를 효과적으로 수행하지 못하는 경우에는 금융위기가 재발할 수 있다는 분석이 있다. 금융산업을 자유시장에만 맡기지 말고 정부가 금융산업을 통제하고 관리하는 특별한 규범이 필요하다고 역설한다. 정부가 금융산업에 비상구제 지원만 하고 관리·통제하지 않으면, 금융산업은 큰 피해 없이 지속적으로 부패와 위기의 상황을 재발할 수 있다는 것이다(≪이코노미스트≫, 2014.4.12).

더 나아가서 2008년 이후 세계경제위기를 1930년대 경제대공황과 비교하면서 제2차경제대공황이라고 분석한 평론도 있다. 이는 미국 캘리포니아 버클리 주립대학 경제학 교수인 J. 브래드퍼드 들롱(J. Bradford DeLong)의 견해이다. 현재 오바마 정부의 경제위기 관리정책이 큰 성공을 거두지 못하며, 미국의 경제위기는 생각보다 심각하다는 주장이다. 현재의 경제위기는 1930년대 경제대공황만큼 나쁜 상황은 아니라는 것이 다수 경제학자의 견해이나, 들롱 교수는 다른 입장을 피력한다. 2007년과 비교해 2013년의 유럽경제는 1929년과 비교한 1935년보다 안 좋은 상황이라는 주장이다. 미국경제도 회복보다는 악화되지 않은 상태로 장기침체에 들어서 있다는 견해이다. 미국의 고용률은 크게 변하지 않았다고 지적한다. 전쟁이나 기술혁신(innovation)이 없는 한 경제 회복이 어렵고, 경제대공황 끝에 제2차세계대전이 경제 회복을 견인했다고 설명한다. 미국의 국가 부채 증가를 두려워하는 긴축 재정 정책은 올바른 처방이 아니라고 주장한다. 경제대공황 시기 존 M. 케인스(John M. Keynes)가 제시했듯이, 2013년 경제학자 로렌스 서머스(Lawrence Summers)는 한편으로 거시경제 사상의 재건축과 다른 한편 중앙은행의 제도 및 방침의 재건축을 제안했다. 오바마 정부의 경우에는 가뜩이나 어려운 위기 대처 방안의 실행에 미국 의회가 커다란 방해가 되었다. 유럽의 경우에는 2008년 금융위기로 미국보다 더 큰 타격을 입었다. 결론적으로 경제 회복과 고용창출을 위한 정부의 재정·투자정책과 금융규제정책이 필요하다는 주장이다(《포린어페어스》, 7·8, 2013).

3) 국가별 경제 전망

세계경제위기 위험요인에 관련하여 국가별 경제 전망은 다음과 같다. 미국경제는 과도한 통화·재정정책으로 인한 세계경제 안정화의 위협과 양적완화 축소의 출구전략에 따른 국제금리의 변동 및 인플레 그리고 이것이 신흥국가에 미치는 영향이 우려된다. 미국은 2008년 경제위기 이후 수차례의 양적완화를 통해 경기를 부양시키고 있지만 GDP 성장률과 실업률이 크게 호전되고 있지는 않다. 이러한 상황에서 재정 확대로 인한 미국정부 부채는 2012년 16조 달러로 증가했고, 재정압박은 정치문제로 환원되어 미국 정치·경제와 세계경제의 불확실성을 더하고 있다. 재정압박으로 인한 미국 정치의 문제는 재정절벽(Fiscal Cliff), 자동삭감(Sequester), 연방정부 셧다운(Shut down)이라는 악순환으로 나타났다. 재정난 속에서 미국 정치의 리더십 부재와 정치권 대립으로 인한 악순환은 계속 나타나고 있다. 한편 미국의 양적완화 축소와 정부 재정 삭감은 미국경제가 건전화 방향으로 나아간다는 함의가 있으며, 이러한 출구전략이 신흥국 경제에 미치는 충격에 대비해야 한다.

중국경제의 고도성장은 한계에 다다르고 있다는 것이 경제 전문가 사이에서 컨센서스를 얻고 있으며 중국경제가 어떻게 연착륙할 것인지가 관심사가 되고 있다. 중국의 성장률이 저하되고 부동산 버블이 붕괴되면 금융부실로 이어질 수 있으며 이는 중국 의존도가 높아진 동아시아 국가의 경제에 타격을 줄 수 있다. 중국의 경제위기는 중국의 내셔널리즘을 자극하여 동아시아에서 중국의 진출을 부추길 가능성이 있고, 이에 따라 주변국과의 갈등이 커질 수 있다.

일본경제의 관건은 아베노믹스의 성패에 달려 있다. 일본경제는 장기침체 속에서 2008년 금융위기와 2011년 동일본대지진을 겪으면서 마이너스 성장을 기록했다. 이에 대한 대응책으로 자민당 아베 정부는 아베노믹스를 제시했고 얼마간 긍정적으로 평가되었으나, 일본의 채무위기는 계속 제기되고 있다. 일본의 국가 채무는 1000조 엔을 돌파했고 이는 GDP 대비 230%에 달하는 수치이다. 아베노믹스가 목표로 하는 인플레이션은 국채 금리를 상승시키고 국가채무는 증가할 수 있다. IMF는 일본 부채에 대해 우려를 제기하고 신용평가사들에서 일본이 증세를 늦출 경우 신용도의 하향 조정을 시사하는 중에, 아베 정부는 소비세 인상의 증세 계획을 발표했다. 증세에도 아베노믹스가 실패할 경우에는, 아베 정부의 입지를 약화시키고 정치적 갈등을 유발시킬 수 있다. 일본의 무제한 양적완화와 정부 재정 확대는 단기적으로 엔저현상에 의한 수출 및 생산유지 효과가 있으나, 기술혁신이 없는 한 장기적으로 국가 재정 및 산업경제의 붕괴 위험이 존재한다고 평가된다.

유럽의 재정위기는 남유럽 국가들의 재정 악화, 왜곡된 성장전략, 자산 버블의 붕괴, 불균형적인 무역에 의해 발생되었고, ECB(유럽중앙은행)의 역할 부재 속에 빠르게 확산되었다. ECB와 IMF의 관여, 재정 긴축과 양적완화, 금리인하정책의 시행으로 유럽은 수습 국면에 들어섰다. 그러나 문제가 된 PIGS(포르투갈, 이탈리아, 그리스, 스페인) 국가뿐만 아니라 프랑스, 영국과 같이 국가 부채가 세계 10위 안에 드는 국가들도 개혁과 구조조정이 필요하며, 유로존 감시기능에 대한 회원 국내 컨센서스를 만드는 과제가 남아 있기 때문에, 당분간 유럽에서 커다란 재정위기 발생은 없더라도 회

〈표 11-1〉 주요국의 채무 상황(2013년)

순위	국가	GDP 대비 %
1	일본	228.4
2	그리스	183.7
3	이탈리아	143.6
4	포르투갈	142.8
5	아일랜드	129.3
6	아이슬란드	128.6
7	프랑스	113.0
8	미국	109.1
8	영국	109.1
10	스페인	97.8

자료: OECD Economic Outlook; ≪니혼게이자이신문(日本経済新聞)≫(2013.8.22).

원국 간의 갈등이 존재한다.

세계경제의 새로운 위험요소로 신흥시장문제가 제기되었다. 신흥국 경제의 성장둔화가 현저하게 되었고, 미국의 출구전략으로 인한 유동성공급의 축소 기대로 채권금리가 상승하고, 양적완화의 자금이 유입되었던 신흥국과 원자재시장에서 자본이 대규모 유출될 가능성이 제기되었다. 중국, 인도, 브라질, 인도네시아 등 인구거대 신흥국에서 경제위기가 발생할 가능성이 크다고 전망한다. 그 요인은 미국과 유럽에 따른 세계적 금리상승으로 인도, 인도네시아, 브라질은 자본 유입의 감소나 유출을 겪게 되고, 국내 대출 규모가 큰 중국은 기업부실 확대, 부동산 거품 추락, 금융부실 확대 등의 경제위기를 겪을 수 있다고 전망한다. 또한 선진국 G7과 BRICs(브라질, 러시아, 인도, 중국) 사이에 경제주도권을 둘러싼 갈등문제가 제기되었다.

2. 중국과 일본의 갈등

1) 패권경쟁

역사는 반복하는가? 결과는 다를 수 있다. 최근 중국과 일본의 갈등이 고조되는 상황이 미국·일본 대 중국이라는 패권경쟁의 양상을 띠면서, 20세기 제1차세계대전과 경제대공황, 제2차세계대전이 발발한 과정과 유사하다는 국제적 평론이 나올 정도로 심각하다. 안보위기와 경제위기가 공존하는 동아시아 국제정세 속에서 중국과 일본의 갈등 요인을 복합적으로 분석하면 패권경쟁, 영토·자원분쟁과 역사적 심판의 측면을 고려할 수 있다.

동아시아 국제정세에 복합성을 더하는 요인은 안보위기와 함께 경제위기가 공존하기 때문이다. 영토·자원분쟁이 안보위기를 고조시키고, 경제위기가 영토·자원분쟁을 악화시키는 순환 속에서 기존 패권국과 패권 도전국의 갈등이 전쟁을 야기할 수 있는 수준으로 표출되고 있다. 모든 전쟁의 원인에는 경제적 요인이 있다고 하듯 경제위기가 안보위기를 가중시킨다.

패권국으로서 미국의 역할이 시스템 관리를 넘어서 일본을 도와 중국을 견제하는 데 진력하게 되면, 미일 대 중국의 패권경쟁으로 안보위기가 고조될 수 있다. 중국과 일본의 패권경쟁에 미국이 개입하게 되는 경우에 중국 대 미일의 패권경쟁이 심화될 수 있다.

세력전이에 의한 미중 간의 패권전쟁 가능성에 대해, 패권국 미국의 유연성과 도전국 중국의 높은 만족도에 의거해서 전쟁의 위험은 그다지 크지 않고 평화적 이행의 가능성이 크다는 견해가 있다. 중국이 장기적으로 경제대국이 되는 것은 거의 확실하지만 시간이 걸리고, 그동안 중국과 국제사회가 전쟁을 피하기 위해 노력할 것이고, 미국의 군사적 우월이 쉽게 흔들리지 않을 것이다. 중국 스스로 힘에 대해 과대평가하거나 패권국인 미국이 중국에 경직적으로 대응하지 않는다면, 중국의 부상으로 인한 21세기 권력이동은 패권전쟁 없이 실행될 수도 있다.

2) 중국의 부상

2008년 경제위기 이후 미국과 유럽, 일본의 경제 회복이 느린 템포로 진행되면서 재정 적자와 국가 부채로 고민하고 있고, 유로존의 경제위기가 악화될 수 있다는 우려 속에서 중국경제는 많은 위험 예측에도 불구하고 비교적 안정적으로 성장해왔다. 중국의 지속적인 경제성장과 함께 군사력 증강이 두드러지면서, 명실상부한 G2로서 동아시아에서 중국 주도의 신질서가 형성되리라는 전망이 다양하게 대두된다. 중국의 GDP가 머지않아 미국을 능가할 것이라는 예측도 있다. 한편 중국위협론이 심각하게 논의되기 시작했다.

2011년 중국은 일본을 제치고 세계 2위의 경제대국이 되었으나 미국과의 차이는 여전히 크다. 단순히 경제성장률로 보면 언젠가는 중국이 미국의 GDP를 따라잡을 것이라고 예상되나 상당한 기간이 필요할 것이다. 두 가지 고려할 점이 있다. 첫째, 중국의 경제성장이 현재 속도로 이어질 것인가 하는 점이다. 경제가 성숙함에 따라 성장률이 저하되는 부분과 인구학적으로 볼 때 소자화의 영향도 고려해야 한다. 둘째, 미중 간 권력이동(세력전이)을 나타내는 지표로 경제력 이외에 군사력을 보면 미국이 압도적으로 우월하고, 중국이 거의 대등하게 달성하는 것은 먼 미래의 일로 추정된다.

한편 중국이 접근차단(anti-access) 및 지역거부(area-denial)전략 강화로 동아시아 지역에서 미국의 군사력을 거부할 수 있을 정도의 능력을 축적했다고 보는 견해도 있다. 접근차단 및 지역거부전략은 대만해협이나 남중국해에서 분쟁이 발생하는 경우, 미국의 군사력 전개를 방해·저지·지연시키면서 중국의 군사목표를 신속히 달성하는 것이다. 이에 대응해서 미국은 한국·일본·호주·인도·베트남·필리핀 등과 경제적 및 군사적 협력을 강화해왔다. 부상하는 중국에 대응하기 위해 미일동맹이 강화되고, 미국과 일본의 경제 및 안보 측면에서 상호 협력이 진척되고, 미국에게 긴요한 오키나와 등의 주일미군 기지가 유지되고 있다.

한편 중국의 패권주의적 외교안보전략에 대응해서 동아시아에서 중국을 제외한 나머지 국가들이 합력해서 중국에 대항하는 형세가 나타날 수 있겠으나 현실성은 매우 낮다. 정경분리 측면에서 보면, 경제적으로 어려운 미국과 일본이 자국의 경제 회복을 위해서 중국과의 경제교류협력을 지속적으로 추구할 가능성이 높다. 미중일 간에 경제와 안보의 복합 상호 의존관계가 형성되는 것이다. 동일본대지진 이후 일본의 위상 약화를 고려하면 미중 간의 전략대화와 정상회담이 강화될 가능성이 높다.

3) 일본의 보통국가화

복합적인 동아시아 국제정세 속에서 일본은 점진적으로 보수화·보통국가화·군사대국화의 과정을 밟아왔다. 2012년 6월 일본정부가 원자력기본법에 '원자력 이용의 안전 확보는 국가의 안전보장에 이바지한다'는 내용의 규정을 새로 삽입한 것에 대해, 일본 국내와 해외에서 핵무장과 관련해 논란이 되었다. 고누마 미치지(小沼通二) 게이오대학 명예교수는 일본정부가 평화헌법에 위배되는 원자력관련법 개정을 은밀하게 추진했다고 주장했다. 일본의 세계평화호소 7인 위원회는 이 규정이 원자력의 실질적 군사 이용을 열 가능성을 부정할 수 없다고 이 법의 철회를 요구했다. 일본은 핵연료 재처리 과정에서 상당수의 핵무기를 만들 수 있는 플루토늄을 확보했다(프랑스·영국 등 해외에서도 플루토늄을 입수했다). 일본은 핵무기 제조기술도

가지고 있다고 평가되고, 일본 수상 및 방위성 간부가 수시로 수개월 이내 핵무장이 가능하다고 발언했다.

일본정부는 2011년 말 무기수출금지 3원칙을 수정해서 무기의 공동개발 및 수출을 완화했다. 따라서 미국과의 차세대전투기 개발 등 군수물자 공동생산과 수출판매가 용이하게 되었다. 2012년 6월 우주관련법 개정에서도 평화적 이용에 한정한다는 조항을 삭제하고 군사목적의 우주개발을 허용해서, 위성을 이용한 MD 시스템 구축 등 우주무기의 연구개발 및 수출판매에 본격적으로 나설 태세를 갖췄다. 일본은 소행성 탐사를 성공시킨 우주기술 강국이다.

일본의 이러한 움직임은 중국의 부상과 군사력 증강 및 그에 따른 영토·자원분쟁에 대응하는 측면이 있어 전후 평화헌법을 중심으로 한 경제우선·안보자제의 원칙과 정책이 변환하고 있음을 보여준다. 안보 관련한 군수산업, 우주산업, 원자력 관련 산업 등의 제한을 없애고 연구개발·수출판매를 활성화하려는 의도로 보인다.

경제적인 측면에서는 1990년대 이후 장기침체 속에서 2008년 미국 금융위기와 2011년 동일본대지진 여파로 커다란 경제적 충격을 당하고, 경제회복을 위한 돌파구로 안보 관련 산업의 국제경쟁력을 활용하고자 노력한다고 볼 수 있다. 정찰위성·조기경계위성·요격미사일·레이더무기·원자력무기·원자력잠수함·차세대전투기 등 일본이 국제 경쟁력을 가지고 생산에 참여할 수 있는 분야는 상당수 존재한다.

안보 측면에서 보면, 일본의 군사력이 증강하면서 일본이 군사대국화할 수 있다는 평가가 나온다. 일본은 평화헌법 제9조의 군대보유 금지 조항에도 불구하고 막강한 전력의 자위대를 유지하고 있다. 자위대의 해군과 공군은 한국군을 능가한다는 평가가 있다. 일본은 한국의 2배 수준의 이지스함을 보유하고 있다.

또한 헌법 제9조의 교전권 금지 조항에 대해서도 해석 변경을 통해 집단적 자위권을 인정함으로써 교전할 수 있도록 하고 있다. 노다 수상의 자문기구인 국가전략회의 '평화프런티어소위원회'의 보고서(2012년 7월)에는 중국위협론을 내세워 집단적 자위권을 인정하고 일본의 재무장을 권유하는 내용이 있다. 보고서 관련자는 북한체제의 붕괴나 센카쿠열도에서의 중일 간 무력충돌의 가능성을 상정하고, 미국의 패권이 약화되고 중국이 부상하는 세력전이의 과정에서 주요국 간의 전쟁 가능성을 배제할 수 없다고 주장했다. 집단적 자위권은 자국과 밀접한 관계가 있는 타국이 공격당하는 경우 자국이 반격할 수 있는 국제법상의 권리다. 일본정부의 헌법 해석에 의하면, 헌법 제9조가 인정하는 자위권 발동은 일본이 무력공격 당하는 경우에 한정되어 있기 때문에 집단적 자위권은 보유하나 행사할 수 없다고 했다. 자민당 아베 정부는 헌법 개정 없이도 집단적 자위권을 행사할 수 있도록 국가안전보장 기본법안을 준비하고 있다.

북한의 미사일 발사와 같은 국가 긴급사태에는 선제공격을 허용해야 한다고 주장함으로써 교전권과 함께 전수방위의 원칙(일본은 먼저 공격하지 않고 방어만 한다는 원칙)이 무너져왔다. 비핵3원칙(핵생산·보유·반입 금지)도 안보 관련 원자력 이용과 함께 무너질 수 있고, 핵반입 금지 원칙은 주일미군의 핵반입 밀약에 의해 이미 무너졌다는 논의도 있다. 또한 일본은 자위대의 활동범위를 확대하기 위해 자위대법과 PKO법을 개정해왔다.

결국 평화헌법 제9조는 형해화되어 유명무실하다고 볼 수 있다. 이는 전후 미국 주도에 의해 성립된 평화헌법의 개정문제로 연계될 수 있다. 오자와 의원이 지속적으로 주창해온 보통국가론에 의하면 일본이 정상적인 보통국가로서 정상적인 안보외교정책을 수행해야 한다고 하고, 이를 위해 평화헌법의 해석 변경이나 개정이 필요하다고 주장했다. 일본이 메이지유신이후 1차헌법(1889년)을 성립했고, 태평양전쟁 이후 2차헌법(1946년)을 형성했는데, 이제 3차헌법을 성립할 제3의 개국시기가 도래했다고 말한다. 장기 경제 침체 속에서 동일본대지진의 재난을 맞아 국제경쟁력이 하락하는 일본의 산업경제를 재건하기 위해서는, 일본 국민이 단합해서 추진해나갈 유신과 같은 새로운 국가개혁이 필요하고 이는 헌법 개정과도 연계되어 있다. 부국강병을 위해 안보와 경제를 포괄하는 정상적인 보통국가의 헌법을 성립할 수 있다. 자민당의 헌법 개정 초안에는 일본 천왕을 국가원수로 격상하고 자위대를 국방군으로 변경하는 내용이 들어 있다. 일본의 헌법 개정은 재적의원 2/3의 찬성이 필요한데, 최근에는 정치의 총보수화 현상이 있어서 자민당과 민주당을 비롯해서 보수 성향의 소수정당이 다수 존재한다.

일본의 헌법 개정과 군사력 증강은 한국전쟁과 냉전 시기에 소련·중국·북한의 공산권을 상대하기 위해 미국이 일본에 권유했다는 논의가 있고, 일본이 경제우선·전쟁반대를 위해 평화헌법의 유지를 주장했다고 한다. 일본에는 반핵·반전의 국민 정서와 시민단체가 존재한다. 한편 미일동맹의 향방과 관련해서, 1997년 아시아 금융위기 이후에는 일본이 미국으로부터 해방·독립되어야 한다는 주장[이시하라 신타로(石原愼太郎)], 2008년 미국 금융위기 이후에는 미일동맹을 재검토해야 한다는 주장(하토야마), 일본이 미중 사이에서 등거리외교를 해야 한다는 주장(데라시마), 주일미군을 축소해야 한다는 주장(오자와), 미일동맹을 계속 유지·강화시켜야 한다는 주장(다수의 전문가) 등 다양한 논의가 등장했다. 미일동맹을 유지하면서 중국을 견제하고 일본의 군사력 증강에 기여하고자 하는 전략과 함께, 미국의 영향에서 벗어나 일본이 독자적인 안보외교정책을 수행하고자 하는 복합적 의도가 공존한다.

2011년 동일본대지진 이후에는 국가긴급사태와 유사한 환경 속에서, 일본의 지도층이 안보외교정책과 군사력 증강 등과 관련해 강력한 정책을 실행할 가능성이 있다. 2012년 6월에는 일본 자위대가 42년 만에 도쿄시에서 행군했고, 7월에는 도쿄 등지에서 통합막료장(합참의장)의 지휘하에 육상·해상·항공 자위대와 주일미군이 참여하는 대규모 지진 대비 종합 방재훈련이 실시되었다.

중일 간 영토분쟁의 갈등이 심각한 상황에서 자민당 아베 정부는 미일동맹을 강화하고 방위비를 인상하고 자위대의 방위력과 국제적 역할을 증대시키면서 집단적 자위권의 행사와 나아가서 헌법 개정을 목표로 하는 조치를 취하고 있다. 일본의 국가개혁과 보통국가화·군사대국화가 진전되고, 중일 간의 패권경쟁이 본격화하는 것이 아닌가 우려된다.

4) 영토·자원분쟁

중국과 일본 사이에 센카쿠열도/댜오위다오에 대한 영유권 주장이 심각한 상황으로 전개되면서 동북아시아에서 영토분쟁의 심각성에 대한 재고의 분위기가 일었다. 동북아시아에 모여 있는 강대국인 일본·중국·러시아 및 한국은 실질적인 영토분쟁을 겪고 있다. 일본은 한국과 다케시마/독도의 영유권을 두고 분쟁상태에 있고, 중국과는 센카쿠열도/댜오위다오, 러시아와는 남쿠릴열도/북방4도의 영유권분쟁이 존재한다. 일본은 독도를 청일전쟁과 러일전쟁에서 승리한 이후 1905년 자국 영토로 편입했고, 센카쿠열도는 청일전쟁 끝나갈 때 1895년 오키나와현에 편입했으며, 남쿠릴열도는 태평양전쟁에 패하고 1945년 소련에게 점령당했다고 말한다. 그야말로 동북아시아의 영토분쟁은 일본제국이 19세기 말 성장했다가 20세기 중반 패망하면서 발생한 역사적 상황으로 전쟁의 결과로 규정지어진 것이라고 할 수 있다.

이러한 영토분쟁이 21세기에도 재발할 수 있게 되는 것에는 두 가지 요인이 작용한다. 첫째는 태평양전쟁 이후 전후 처리가 미완결의 상태로 남아 있다는 점이고, 둘째는 19세기 말~20세기 중반과 유사한 국제적 상황이 21세기에도 발생할 수 있다는 문제이다. 우선 첫째 요인을 살펴보면, 태평양전쟁 이후 1945~1952년까지 미군정이 일본을 지배하던 1951년 샌프란시스코 강화조약이 조인되면서 동북아시아의 영토문제가 규정지어졌는데, 그 상황에서 미국의 영향력이 결정적으로 작용했으나 그 강화조약 내용은 동북아시아의 역사에 기초한 합리적인 결정이라기보다는 미국의 동북아시아에 대한 정치적 고려가 상당히 작용한 결정이었다고 판단된다.

중일 간 센카쿠열도에 대한 영유권 주장을 살펴보면, 19세기 말까지 중국이 관할했고(중국의 입장), 1895년 일본이 대만과 부속도서를 할양하면서 오키나와에 편입시켰고, 1945년 오키나와와 함께 미국에 이양되었고, 1972년 오키나와와 함께 일본으로 반환되었다는 것이다. 결국 미국은 센카쿠열도 영유권에 대한 판단을 자의로 내리지 않고 기존 체제를 그대로 인정했거나 정치적인 고려를 했을 수 있다. 1951년 샌프란시스코 강화조약에서도 센카쿠열도는 일본영토로 미국의 관할상태에 있었다. 센카쿠열도/댜오위다오는 현재 일본과 중국, 대만의 영토로 등록되어 있고, 영유권을 두고 수차례에 걸친 충돌이 있었다. 1978년 당시 덩샤오핑 중국 부수상이 영유권 문제가 일단 보류되더라도 다음 세대에 해결방안을 찾아낼 것이라고 한 발언이 현재까지 중국의 외교적 입장으로 유지되어왔으나, 최근 중국의 외교안보정책이 좀 더 적극적으로 변화하는 조짐이 보인다.

중국이 최근 댜오위다오 영유권을 강력히 주장하는 데는 두 가지 요인이 있다. 첫째는 2008년 미국의 경제위기 이후 중국이 G2의 강대국으로 부상했다는 것을 자인하고 화평굴기(和平崛起)와 도광양회(韜光養晦)의 소극적 외교에서 벗어나 좀 더 적극적인 국익 위주의 외교전략을 취하기 시작했다는 조짐으로 볼 수 있다. 둘째는 최근 한반도 주변 동북아시아 정세의 변화

<표 11-2> 센카쿠열도/댜오위다오 영유권에 대한 중일의 입장

시기	관할국	주요 입장	
		중국	일본
19세기 말	중국	중국의 고유영토, 1534년 처음 발견	무주지, 강제할양과 무관
청일전쟁 후	일본	1895년 4월 시모노세키조약에 의해 대만 및 부속도서 강제할양	무인도 선점, 1895년 1월 14일 오키나와에 편입
제2차세계대전 후	미국	중국의 고유영토를 일본이 미국에 불법이양	미일강화조약에 의해 적법이양
오키나와 반환	일본	중국영토의 미일 간 거래	미국 관할에서 일본으로 복귀

이다. 천안함사태 전후에 한국·미국·일본의 협력이 강화되면서 북한·중국·러시아와 대립각을 세우는 신 냉전구도가 형성되어 중국과 한국의 관계가 다소 소원해지듯이 중국과 일본의 관계도 멀어지는 듯한 경향이 나타나고 있다. 1895년과 1930년대 중국과 일본 간 전쟁의 과거사가 되새겨지면서 양국의 민족주의가 재확인되는 경향도 나타난다. 이러한 추세는 과거사와 민족주의를 넘어서 자원에너지를 위한 영토분쟁으로 확대될 수 있다. 일본은 장기적 경제 침체에서 벗어나기 위해 중국과의 경제협력이 긴요한 상황에서 중일 간 영토분쟁이 심화되면 경제적 타격을 입을 수 있고, 이를 예방하기 위해 정치·경제·안보를 분리해서 대처하는 외교전략이 필요하다.

일본 국내의 요인을 살펴보면, 2005년은 일본에게 과거 제국의 확대와 대동아공영권을 건설해나간 1905년의 100주년 기념이 되는 해이다. 과거의 영광을 되새기고 새롭게 일본의 재건을 추구하는 중대한 전환점이라고 할 수 있다. 2005년에는 자민당의 고이즈미 정부가 역사교과서와 영토분쟁 등에서 일본의 입장을 우선하는 강력한 아시아정책을 전개해서 중국과 한국 등 아시아에서 반일운동이 심하게 발생했다. 2013년 출범한 자민당의 아베 정부는 강력한 일본을 모토로 방위력 증대와 헌법 개정을 추구하면서 중국 및 한국과의 갈등이 심화되었다.

동북아시아에서 21세기에도 영토분쟁이 발생할 수 있다는 둘째 요인은 19세기 말~20세기 중반과 유사한 국제 상황이 21세기에도 발생할 수 있는 가 하는 문제이다. 1870년대 메이지유신을 거쳐 일본의 근대국가가 형성되면서 동아시아로 제국을 확장해가는 과정에서 1930년대 세계적 경제대공황을 겪고 군부세력의 등장으로 제2차세계대전으로 나아가게 되었고, 이러한 세계대전의 근저에는 정치경제적 요인이 커다란 작용을 했고 이는 영토분쟁 및 자원쟁탈전과 연계되어 있다. 미국과 일본의 패권이 상대적으로 약화되고 동일본대지진 이후 일본경제의 어려움 속에서 아베 정부의 우경화 노선이 부상하는 중국의 해양 확장전략과 충돌하는 경우 영토분쟁은 무력 충돌로 이어질 수 있다.

최근 남중국해에서 영토·자원문제로 중국과 동남아시아 국가들(베트남, 필리핀 등)의 긴장 고조 상황이 전개되었다. 미국은 이 지역에서 중국의 무력행사에 대응해 일본·호주와 3국 공동군사훈련 및 베트남·필리핀과도 양국 공동군사훈련을 실행했다. 이에 대응하여 중국과 러시아도 한반도 서해에서 합동군사훈련을 실시했다. 2012년 9월 일본의 센카쿠열도 국유화와 관련해서 중일 간 영토분쟁이 격화되었고, 다케시마/독도에 대한 한일 간 영토분쟁도 제기되었다. 동아시아에서 영토·자원분쟁이 무력충돌의 상태로 나아가면 동아시아의 커다란 비극이 되고, 미국은 되도록 개입하지 않으면서 상황에 따라 대처하는 전략을 취할 수 있다.

동아시아에서 영토·자원분쟁이 심화되면, 지역 국가들이 중국을 견제하기 위해 미국과 안보협력을 강화하는 경향이 생기고 반중국 안보연대가 형성될 수 있다. 동아시아 국가들은 자국의 영토와 주권 및 항해자유권을 확보하기 위해서 군사력을 증강하고 군비경쟁에 빠져들 수 있다. 영토·자원분쟁과 군비경쟁은 국가 간의 신뢰와 투명성을 약화시키고 분쟁 해결을 위한 무력충돌의 가능성을 높인다.

3. 미일동맹의 강화

1) 미국의 아시아 중시외교

오바마 정부는 미국의 아시아태평양 재개입정책(Asia-Pacific Reengagement Policy)을 추진하면서 대중국 견제를 강화하고 있다. 안보 차원에서 호주·필리핀과 군사교류를 확대하고, 경제 차원에서는 TPP로 중국을 견제려고 한다. 미국은 국방예산을 10년간 최대 1조 달러 삭감할 예정이지만, 아시아태평양 지역의 핵심 전력은 계속 유지한다는 입장을 강조했다. 중국은 한국·일본과 ASEAN이 포함된 EAFTA(동아시아자유무역협정)를 체결하려는 구상을 가지고 있는데, 미국의 TPP 구상은 이에 대한 견제의 성격을 띤다.

매년 1조 2000억 달러 상당의 미국 수출입품이 통과하는 남중국해의 항행 자유권을 지키기 위해 미국은 호주 다윈에 2500명의 미군을 배치하기로 했다. 남중국해 영유권을 두고 중국과 갈등을 빚고 있는 필리핀과는 군사동맹을 강화했다. 미국은 미국과 적대적인 관계를 갖고 있던 베트남·미얀마와도 화해와 관계 강화를 추구했다.

미국은 동아시아정상회담에도 참가했다. 동아시아정상회담은 ASEAN 10개국과 한중일 3국에 인도·호주·뉴질랜드 3국이 포함되어 있는데, 최근에 미국과 러시아가 새로 참가하기로 했다. 동아시아정상회담이 2011년 11월 인도네시아 발리에서 개최되었으며, 남중국해의 영유권 문제 등 해양 안보문제에 대해 논의했고, 해양에 관한 국제법이 지역의 평화유지와 안정에 기여하는 핵심적 규범을 담고 있다는 인식 등을 담은 선언이 채택되었다.

　미국의 아시아 중시외교의 주요인은 미국경제의 회복이 아시아에 달려 있기 때문이라는 분석이 있다. 미국이 경제 침체에서 벗어나기 위해서는 성장 여력이 크고 역동적인 아시아와 교류·협력을 강화해야 한다는 것이다. 또한 미국의 아시아 중시전략이 대중국 견제 및 아시아 패권경쟁에서 주도권을 잡기 위해서라는 분석이 있다. 오바마 대통령은 미국 대통령으로는 처음으로 동아시아정상회담에 참가했다. 이는 미국이 동아시아 국가들과 연대를 강화하겠다는 의지를 보여주는 것으로 평가된다.

　미국의 아시아 중시외교와 관련하여 오바마 대통령은 2011년 11월 호주 의회에서의 연설을 통해 아시아 최우선을 선언하고, 미국은 아시아태평양지역과 미래구축을 위해 더욱 크고 장기적인 역할을 담당해나갈 것이라고 했다. 안보 차원에서 국제법이나 관습이 준수되고 통상과 항행의 자유가 저해되지 않으며 신흥국이 지역의 안전에 공헌하고 의견 대립이 평화적으로 해결되는 국제질서를 지지해갈 것이다. 미국의 국방비 삭감이 아시아태평양 지역을 희생하면서 실행되는 일은 결코 없을 것이고, 강력한 군사적 지위를 유지하는 데 필요한 자원을 배분해나갈 것이다.

　미군의 배치는 좀 더 광범위하게 이루어질 것이고, 일본과 한반도에서의 강력한 지위를 유지하고 동남아시아에서도 더욱 강화될 것이다. 일본과의 동맹관계는 앞으로도 지역 내 안전보장의 주춧돌이 될 것이다. 태국과는 합동으로 재해구조를 하고, 필리핀과의 교류도 활성화하고 있다. 한국의 안전보장에 관해서는 미국의 관여에 흔들림이 없다. 미국은 핵확산에 관해 북한의 어떠한 행동에 대해서도 단호한 조치를 취할 의사가 있다는 것을 강조하고, 북한이 핵관련 물질을 다른 나라나 국가 이외의 조직에 이전할 경우에는 미국과 동맹국에 대한 중대한 위협으로 볼 것이다. 또한 인도가 아시아 국가로서 좀 더 큰 역할을 하게 된 것을 환영한다.

오바마 2기 정부는 국제협력 중시와 함께 주일미군과 주한미군의 유지·강화에 대한 선언을 강조했다.

2) 미일정상회담

2014년 국제정세는 세계적 경제위기와 안보위기가 공존하는 상황에서, 미국 패권의 상대적 약화와 더불어, 영토·자원분쟁과 정치·경제적 마찰이 지역적으로 발생하고 있다. 우크라이나의 크림반도사태에는 러시아와 우크라이나의 충돌을 넘어서 미국과 러시아의 무력충돌 가능성이 대두되고 있다. 크림반도사태로 인해서 G7 서방 국가들의 결속력이 강화되고, 그에 따라 러시아와 중국을 견제하는 미국과 일본의 안보동맹도 강화되는 경향이 있다. 오바마 대통령의 이번 아시아 순방에는 필리핀에 미군 기지를 설치하는 안보협정도 예정되어 있다. 이는 러시아와 중국에 대응하기 위한 미국의 동아시아 안보전략이 일본과 필리핀의 미군 기지를 중심으로 방어라인을 형성하게 되는 것이고, 북한을 상대하기 위한 한국의 역할도 중요하게 된다. 따라서 이러한 움직임은 동아시아에서 신 냉전구도의 실질적 형성으로 판단되어진다.

2014년 4월 24일 일본 도쿄에서 이루어진 미일정상회담의 합의사항은 다음과 같다. ① 일본의 적극적 평화주의와 미국의 아시아 중시정책은 아시아태평양 지역의 평화와 안정에 공헌한다. ② 오키나와현 센카쿠열도는 미일안보조약 제5조의 적용범위 내에 있다. ③ TPP 교섭 전체의 조기 타결을 위해 각료협의를 지속한다. ④ 집단적 자위권의 행사 용인을 위한 아베내각의 대처방안을 오바마 대통령이 지지했다. ⑤ 북한의 핵개발문제에 한미일 3국이 연대하는 것을 확인했다. ⑥ 우크라이나 지원의 중요성을 확인하고, G7에서의 연대에 일치했다(≪요미우리신문≫, 2014.4.25).

일본 입장에서는 미일동맹의 강화가 긴요하고, 이를 위해서는 양국 지도자의 신뢰관계가 매우 중요하다고 본다. 이번 회담은 2011년 3월 동일본대지진 이후 처음으로 일본에서 행해진 정상회담으로, 아베 내각이 대지진의 충격에서 벗어나 안보와 경제 측면에서 동맹의 역할을 원활히 수행할 수 있다는 자신감을 표출했다고 판단된다.

　일본은 아베 내각의 적극적 평화주의와 오바마 정부의 아시아 중시 재균형이 상승효과를 발휘하는 것이 중요하다고 본다. 미국 대통령이 국빈으로 일본을 방문한 것은 18년 만이다. 아베 수상의 야스쿠니신사 참배에 미국이 실망을 표명한 이래, 미일관계를 재정립하고 연대를 국제적으로 과시한 성과가 있다고 자평한다.

　안보동맹을 강화하고 경제협력을 추진하고, 북한의 핵·미사일문제에 대해 한미일 3국의 연대 중요성에 일치했다. 오바마 대통령은 북한에 의한 일본인 납치피해자의 가족대표와 처음 면회하고 납치문제의 해결에 협력의사를 표명했다. 미국의 지지를 기반으로 일본은 북일협의에서 납치문제의 재조사를 실현시켜 구체적 진전을 얻으려 한다.

　우크라이나 정세와 관련해서 러시아의 크림반도 편입을 염두에 두고 미일 양국은 '힘에 의한 현상 변경'은 용납할 수 없다는 것을 확인했다. 영토문제와 관련해서 중국에게 올바른 신호를 주기위해 미일과 유럽이 협력해서 평화적 해결방안을 모색해야 한다고 주장했다. 미일 양국은 한국과 동남아시아 각국과 중층적 협력관계를 구축해서, 각국의 해양 감시 능력을 고조시키고 해상교통로의 안전을 확보하는 것이 중요하다. 이를 위해 ASEAN 각국의 해안경비대 등의 능력 향상을 추구하고, 태풍·지진 등 재해대비를 지원한다. 남중국해에서 해양 진출을 추진하는 중국에 대한 견제 목적도 있다.

〈표 11-3〉 미일정상회담의 추이

개최 시기	개최 장소	일본 수상	미국 대통령	주요 의제
1996년 4월	도쿄	하시모토	클린턴	냉전 후 미일동맹을 재정의한 미일안보공동선언 발표
1998년 11월	도쿄	오부치		미일방위협력지침(가이드라인) 관련법 조기 성립
2000년 7월	오키나와 나고	모리		오키나와 미군 기지의 정리·축소 위한 노력 확인
2001년 6월	워싱턴 근교	고이즈미	부시	전략대화의 강화 포함한 공동성명 발표
2002년 2월	도쿄			반테러 및 동아시아안정 위한 연대 일치
2003년 10월	도쿄			일본이 이라크부흥지원에 적극적 역할 수행의사 표명
2006년 11월	하노이	아베		MD협력 가속화에 합의
2007년 4월	워싱턴 근교			북한 핵개발의 완전포기 방침에 일치
2008년 7월	홋카이도 도야코	후쿠다		북한 납치문제 해결에 연대 확인
2009년 2월	워싱턴	아소	오바마	오바마의 백악관 최초 정상회담
2009년 11월	도쿄	하토야마		후텐마문제에 수상이 "Trust Me" 발언
2010년 11월	요코하마	간		미일동맹의 심화를 위한 협의에 일치
2012년 4월	워싱턴	노다		주일미군 재편계획 개정의 착실한 실행에 합의
2013년 2월	워싱턴	아베		TPP교섭에 관해 전체 관세철폐가 전제가 아님을 확인

자료: ≪요미우리신문(석간)≫(2014.4.24).

(1) 안보동맹의 강화

이번 정상회담에서 오바마 대통령은 센카쿠열도가 미일안보조약 제5조의 적용 대상이 된다고 처음으로 선언했다. 미국 국무장관이 몇 차례 선언했지만 대통령의 선언은 이번이 처음이다. 미일안보조약 제5조는 미국의 대일본 방위의무를 규정한 조문으로, 미국과 일본은 일본이 관리하는 영역에 대한 무력공격에 대해 공통의 위험에 대처하듯 행동할 것을 선언한다고 기재되어 있다. 일본은 미국에 대한 방위의무를 부담하지 않는 대신, 안보조약 제6조에서 미국에게 기지 제공의 의무를 진다고 규정되었다.

오바마 대통령은 4월 22일, 일본을 방문하기 전에, ≪요미우리신문≫의 서면인터뷰에 응답했는데, 그 요지는 다음과 같다. ① 오키나와현 센카쿠열도는 일본이 관리하고 있고, 미일안보조약 제5조가 적용된다. ② 집단적 자위권의 행사 용인 등 자위대 강화와 미군과의 연대를 심화하는 아베 수상의 방안을 지지한다. ③ 신형 미중관계는 일본 등 동맹국과의 관계를 희생하지 않는다. ④ 한미일은 북한의 도발행위에 연대해서 대항하고, 한반도의 완전 비핵화를 일치해서 추구한다(≪요미우리신문≫, 2014.4.23).

미일 양국은 자유로운 아시아태평양 지역에 중국을 포함시키기 위해 연대하는 한편, '힘에 의한 현상 변경'에는 명확히 반대하는 방침을 확인했다. 중국은 동중국해에 방공식별구역을 일방적으로 설정하고 센카쿠열도 주변에서 일본의 영해 침입을 반복하고 있고(일본 입장), 남중국해에서도 군사력을 배경으로 영토·해양 권익의 확장을 추구하는 행동을 공연히 보이고 있다. 이러한 중국의 행동 자제를 촉구하기 위해서 미일동맹의 억지력과 실효성을 고조시키는 노력이 필요하고, 이를 위해 자위대와 미군의 협력을 강화시키는 것이 필요하다고 주장했다.

2015년 4월 미일방위협력지침(가이드라인)의 개정 작업을 완료해서 미일 공동대처의 방안을 명확히 했다. 주일미군 주둔의 안정적 지속을 위해 후텐마 비행장의 헤노코 이설과 오키나와 미국 해병대의 괌 이전을 추진해서 오키나와 기지 부담을 경감하는 것이 중요하다.

집단적 자위권과 관련해서 오바마 대통령은 아베 정부의 헌법 해석 변경을 환영하고 지지했다. 일본정부는 5월 유식자간담회 보고서를 통해, 필요 최소한에 한정해서 집단적 자위권의 행사를 용인하는 한정 용인론의 합의 형성을 추진하려고 한다.

중국은 미일정상회담의 공동선언에 강력히 반발하고, 누가 뭐래도 댜오위다오(센카쿠열도)가 중국 고유의 영토라는 근본적 사실은 변하지 않고, 영토 주권과 해양 권익을 지키려는 중국정부와 국민의 결의는 변하지 않는다고 선언했다.

(2) 경제협력

TPP의 교섭은 이례적으로 정상회담에서 결정내리지 못하고, 통상대표의 각료협의를 계속하도록 했다. 일본이 관세철폐의 예외로 취급하는 농산품 주요 5항목에 대해서 합의가 이루어지지 않았다. 5항목 중 쌀·보리·감미작물에 대해서는 어느 정도 진전이 있었으나, 소고기·돼지고기에서 대립이 지속되었다. 또한 미국 자동차의 일본 수출에서 안전 기준이 문제가 되었다. 미국은 일본시장의 개방이 필요하다고 압박했다. 미일 양국은 모두 농업단체의 압력 등 힘든 국내정세에 처해 있다. 아시아태평양 지역에 높은 수준의 자유무역체제를 도입하는 TPP 12개국의 교섭이 타결되려면 미일 양국의 합의가 필수적이다. 미일 양국이 새로운 무역·투자의 규칙 제정을 주도하는 것이 국제적 발언력을 강화하는 중국에 대한 견제효과를 지니는 전략적 관점을 상기해야 한다고 주장했다.

미국경제가 서서히 회복되는 조짐을 보이는 반면 일본경제는 아직 회복조짐이 뚜렷하지 않다. 미일동맹의 강화를 위해서는 일본경제의 회복·유지가 필수적인 만큼 미국의 지원이 필요할 수 있다. 최근 도요타 자동차의 미국 판매가 향상된 것은 엔저현상과 더불어 미일동맹이 요인이 될 수 있다. 미국과 일본은 방위산업에서 공동개발과 생산을 추진하고 있고, MD 시스템과 스텔스전투기 F35 등의 개발·생산에서 기술협력을 실행하고 있다.

4. 한반도 정세와 외교전략

1) 한반도 정세

천안함사건과 연평도사건이 발생한 이후에는 북한에 대응하는 한미일 안보협력이 강화되었고, 북한을 옹호하는 중국에 대한 비난과 압력이 강해졌다. 한국·미국·일본은 중국을 견제하려는 안보적 요인과 중국과 경제협력을 유지하려는 대중국 유화정책의 경제적 요인이 복합적으로 존재한다. 미국은 중국의 패권적 외교가 동북아시아에 가져올 반발을 활용하여 중국을 견제하고 동아시아 국가와의 전략적 연대를 확대하면서, 필요에 따라 중국과의 전략적 우호관계를 유지하는 복합적 외교전략을 추구하고 있다. 한중일 3국은 2011년 5월 일본 도쿄에서 3국정상회담을 갖고 원자력 안전과 방재 면에서의 협력 강화를 명기한 정상선언을 발표했다. 한중일 협력사무국이 서울에 설치됨으로써 한중일협력이 제도화되었다. 2012년 3월 서울에서 개최된 핵안보 정상회의에서는 '핵안보'로서 핵테러 방지와 '방사능안보'로서 원자력 안전과 핵안보의 연계문제 등이 논의되었다.

북한에서는 김정일 위원장이 사망함으로써 김정은체제가 출범했고 구조적으로 김정은 유일영도체제 형태를 띠고 있다. 예상되는 어려움 속에서도 김정은체제가 안정적으로 유지되고 있고 향후 남북관계가 어떻게 진전될 것인가의 변수와 함께, 북한 체제의 안정과 북핵문제 해결 등의 복합적인 목표를 두고 이해관계가 상충되는 중국과 미국의 외교전략에 따라 6자회담 등 한반도정세가 요동칠 수 있다. 최근 장성택 숙청에 따른 북한정세의 변화에 관심이 집중되고 있다.

영토자원분쟁·군비경쟁·핵무장 등 동아시아의 복합적 안보 상황에서 중국의 부상과 북한의 핵문제 등에 대응하여 일본 및 한국은 자국의 군사력을 증강하고 안보 억지력을 강화하는 일이 급선무가 되었고, 핵무장의 가능성을 언급하는 것이 주변국에게 억지력으로 작용하게 되었다.[1]

한편 북한과 중국에 대한 위협 인식과 전략적 평가에 대해 한·일·미 3국의 입장이 다를 수 있다. 북한의 핵문제, 중국의 부상, 미국의 아시아 중시, 일본의 보통국가화 등 동아시아 국제관계를 복합적으로 분석·판단해야 한다. 북한의 핵문제와 안보 위협에 대처하는 방안으로 한미일 안보협력을 추진함과 동시에, 중국·러시아와의 협의, 북한과의 관계 개선 등도 고려해야 한다.

남북관계의 개선에는 어려움이 있다. 남한의 경제력이 북한을 압도하고 북한이 핵을 보유하고 있기 때문이다. 6자회담의 당사국은 일종의 북핵 피로를 겪으면서 문제 해결에 대한 의지를 잃고 있다. 미국은 아시아 중시외교와 함께 중동 중시외교를 정책으로 유지하고 있다. 중국은 북핵 불용을 외치고 있지만 북한의 붕괴를 원하지 않기 때문에 강력한 제재 조치를 취하지 않는다. 러시아는 북핵 해결에서 물러나 미국의 동아시아 진출 견제에 신경을 쓴다. 일본은 북핵을 이용해 군사력을 강화하고 집단적 자위권을 추진하는 상황이라 북핵 해결에 적극 나서지 않는다.

2011년 12월 김정일이 사망한 뒤 김정은이 권력을 승계함으로써 김일성으로부터 3대 권력 세습체제가 공식화되었다. 그러나 2013년 12월 발표된 제2인자 장성택의 숙청은 김정은 통치의 불안정성을 의미하기도 한다. 북

---

1) 2012년 6월 한국정부가 유사시 일본 이지스함의 서해 배치를 용인한 것은, 중국이 내해처럼 여기는 서해의 공해상에서 항행의 자유가 보장되는 것이 한국의 안보 이익에 합당하다는 것이고, 한반도 급변사태 때 중국의 서해 통제 시도를 차단하고 한·미 군함의 서해활동을 확보하려는 전략적 판단이라고 한다. 최근 서해에서 중국·러시아·미국·일본·북한·한국의 군함들이 합동훈련 등을 실행하는 도중에 사소한 충돌도 발생하지 않도록 만전을 기해야 하고, 한반도 주변에서 무력분쟁이 발생하는 것은 최대한 예방해야 한다. 역사적으로 임진왜란·청일전쟁·러일전쟁·중일전쟁·한국전쟁 등에서 보듯이, 일·중·러·미를 포함한 동아시아 강대국의 패권전쟁이 한반도에서 발생할 가능성이 있다.

한체제의 불안요인은 경제체제의 분산과 통제되지 않은 시장 확대이다.

2) 한국의 외교전략

세계경제위기에 대한 한국의 외교적 대응책은 미국·유럽 위기에 대한 한·중·일 협력체제, 중국위기에 대한 한·미·일 협조체제, 일본 위기에 대한 한·미·중 협력체제, 중견국 외교전략, 국제정세 모니터링 등이 있고, 경제적으로는 내수 확충과 대외경제협력의 다변화가 있다. 한중협력을 위해서는 시장경제의 원칙과 국제규범이 유지·실행되는 국제환경이 뒷받침되어야 한다. 필요에 따라서는 정치와 경제가 분리되어 실행되는 외교전략이 필요하다. 한국은 선진국과 신흥경제국을 포함한 G20에서 적극적 역할을 지속해야 한다.

미·중·일·러의 갈등 상황에서 한국은 유연하게 대처하면서, 국제규범과 국가이익에 부합하는 우선순위에 따라 적절한 외교전략을 구사해야 한다. 양적완화의 축소 등 미국의 출구전략이 신흥국을 경유하여 한국에 주는 영향에 대해서 대책을 마련해야 한다.

경제위기와 안보위기가 복합적으로 발생하는 경우에 대비해서 한국은 경제력과 군사력을 충실히 축적해야 하고, 미국을 비롯한 국제사회와의 네트워크 속에서 정보교류를 유지하면서 글로벌 거버넌스의 국제제도와 레짐이 원활히 작동하도록 다자적·다층적 협력외교를 적극적으로 전개해야 한다. 경제대공황에서 벗어나는 주요 방안이 재정 투자 및 기술 혁신과 전쟁이었다는 점을 유념해야 한다.

동아시아의 복합적 외교안보 상황에서 경제위기의 가능성과 더불어 영토자원분쟁·군비경쟁·핵무장 등 복합적 안보 상황이 존재하고, 중국·일본·미국의 갈등과 북한의 핵문제 등에 대응하여 한국은 자국의 군사력을 증강하고 안보 억지력을 강화하는 일이 급선무가 되었고, 핵무장의 가능성을 언급하는 것이 주변국에게 억지력으로 작용하게 되었다.

미국의 동아시아외교가 일본을 지원해 중국을 견제하려는 전략이 기본이라고 한다면, 미중관계를 우호적으로 유지하는 것이 중요하다는 견해도 상당히 존재한다고 판단된다. 한국은 한미동맹과 한중협력의 조화를 이루는 복합적 균형외교가 필수적이어서 냉전구도가 심화되면 갈등에 처할 수 있다. 한국은 일본의 보통국가화·군사대국화뿐만 아니라 아베노믹스가 실패하는 경우에도 대비해야 한다. 일본의 경제위기는 한국에게 경제 및 안보적 측면에서 불안요인이 되겠다.

현재의 중국은 과거의 독일과 같이 무모하거나 절박하지 않다. 현재의 미국은 과거의 영국과 같이 쇠퇴하거나 절박하지 않다. 경제적으로 절박한 일본이 정치적으로 무모한 행동을 한다면 국제사회가 공동으로 이에 대응해야 한다.

한국의 외교전략에서 우선순위를 정해서, 한미동맹을 중심으로 유엔 및 국제사회와 보조를 맞추도록 하고, 한중 우호 협력관계를 유지하도록 노력한다. 북한문제와 관련해서 한미일 3국 공조를 유지한다. 안보·경제적 측면에서 한반도 주변사태에 대비하도록 구체적인 시나리오와 계획을 작성할 필요가 있다. 일본문제에 대해서는 미국과 유엔 등 국제사회와 협력해서 대응한다. 한국 영토 내에서 일본의 집단적 자위권 행사와 자국민 보호를 위한 군대파견은 한국정부의 승인이 필수불가결한 조건임을 명시한다.

한반도문제를 해결하는 데는 국제사회의 평가와 지원이 매우 중요하고, 특히 국제사회의 중심에 서 있는 미국의 역할이 중요하다. 한미동맹을 통해서 한반도 안정을 위한 국제사회의 지원을 이끌어 내고 해결안을 도출해 내는 열쇠는 미국이 쥐고 있다. 한미동맹의 신뢰관계가 흔들리지 않고 상호 협력을 통해서 한반도문제를 해결하도록 노력해야 한다.

제12장

세계경제위기의 국제정치적 함의

1. 서론: 세계경제위기의 전망

세계경제위기에 대한 위험요인으로 미국경제, 중국경제, 일본경제, 그리고 유로존과 신흥시장의 문제를 들고 있다. 미국경제와 관련해서는 미국의 무책임한 통화·재정정책으로 인한 세계경제 안정화의 위협과 양적완화정책의 출구전략에 따른 국제금리 변동 및 인플레, 그리고 이것이 신흥국가에 미치는 영향이 우려된다고 밝히고 있다.

중국경제의 고도성장이 한계에 다다르고 있다는 것이 경제전문가 사이에서 컨센서스를 얻고 있으며 어떻게 연착륙할 것인가가 관심사가 되고 있다. 중국의 성장률이 급락하고 부동산 버블이 붕괴되면 금융부실로 이어질 수 있으며 이는 중국 의존도가 높아진 동아시아 국가 경제에 타격을 줄 수 있다. 중국의 경제위기는 동아시아로의 중국 진출을 강화시킬 가능성이 있고 이에 따라 주변국과의 마찰이 커질 수 있다.

일본경제는 아베노믹스의 성패가 문제로 제기된다. 아베노믹스가 향후 어떻게 진행될 것인가가 중요한 요인이 될 것이다. 아베노믹스가 성공하게 되면 디플레이션은 해소되겠지만, 인플레이션에 따른 금리상승과 재정압박의 해결책으로서 소비세 인상과 같은 세수 증대 노력이 일본 자민당의 입지와 정치적 갈등을 유발시킬 가능성이 있다.

유로존의 문제는 재정위기를 제도적·정치적·경제적으로 해결하여 나아갈 것인가가 위험요인으로 제시되었다. 신흥시장이 5~10년 내 경제위기를 맞이하게 된다면 이는 중국, 인도, 브라질, 인도네시아를 포함하는 인구 거대 신흥국의 경제위기가 될 가능성이 크다고 전망한다. 미국과 유럽의 금리상승 영향으로 세계적 금리상승이 일어나면 인도, 인도네시아, 브라질은 자본유입의 감소 내지 유출을 경험할 수 있고, 국내 대출 규모가 큰 중국은 기업 부실 확대, 부동산 거품 추락, 금융부실 확대 등의 위기를 겪을 수 있다고 예측한다.

세계경제위기에 대한 외교적 대응책으로서 중국에 대한 한미일 협조체제, 중견국(middle power)외교, 국제정세 모니터링을 제시하고 있고, 경제적으로는 내수 확충과 대외경제협력 대상의 다변화를 제시하고 있다. 한중일 협조체제와 관련하여 한국이 중국과 공영의 길을 가기 위해서는 시장경제와 민주주의 원칙이라는 가치를 공유하는 세력의 협조가 뒷받침되어야 한다. 한일관계에서는 정치와 경제가 분리되어 논의되는 외교체제 구축 필요성을 제시하고 있다. 한국은 선진국과 신흥경제국 사이 G20에서 적극적 역할과 노력을 지속하는 중견국외교를 견지해나가야 한다.

G20정상회담의 흐름은 2011년 유럽 재정위기 전후로 나눠볼 수 있다. 2011년 유럽 재정위기 전에는 재정 확대를 통한 경기회복을 추진한 반면, 후에는 성장을 의식하면서도 정부 부채 조절과 같은 재정 건전성을 강조하고 있다. 제1차 워싱턴 회담은 미국발 금융위기를 계기로 금융위기의 재발 방지를 위한 금융시장 규제 및 제도 개혁에 대한 공통원칙이 합의되었다.

제2차 런던 회담에서는 금융안정과 함께 실질 경제의 회복을 위한 국제 공조가 제시되었으며, 이를 위한 중앙은행의 금리인하정책 등이 제시되었다. 제3차 피츠버그 회담에서는 경제 회복이 불안정한 상황에서 경기회복이 확고해질 때까지의 경기 촉진정책의 이행 필요성이 제기되었다. 제4차 토론토 회담과 제5차 서울 회담에서도 지속 가능한 성장에 대한 국가 간 협력체계 구축이 지속적으로 확인되었다.

그러나 2011년 유럽발 재정위기의 확산과 함께 열린 제6차 칸 회담에서는 유로존 재정위기에 대한 유럽의 노력과 IMF에 대한 사태 해결 논의와 함께 각국의 재정건전화, 국가채무 감축노력이 제시되었다. 제7차 로스카보스 회담에서도 이러한 각국의 재정건전화가 제기되었다. 액션플랜으로 미국은 2016년까지 GDP 대비 연방정부 부채 감소, 그 외 나라들은 2015년 이후에 명확한 전략을 밝히는 데 합의했다. 제8차 상트페테르부르크 회담에서도 재정건전성 강화가 제기되어 캐나다, 프랑스, 독일, 이탈리아, 한국, 스페인은 2016년 이후 각자의 감축목표를 설정해 채무를 감축하고, 일본은 2020년까지 프라이머리 밸런스 흑자를 달성한 후 감축하는 방안이 액션플랜으로 제시되었다.

이상의 G20 활동에서 보듯이 세계경제위기에 대한 국제공조의 틀을 확보하고 각국이 노력한다는 점에서 G20정상회담은 큰 의미가 있다. 다만, 규제내용을 구체화하거나 감축목표를 설정하는 부분에서 각 국가의 재량권에 맡기거나 구체적인 내용을 피하고 있다는 점에서 한계가 드러난다.

재정난 속 미국 정치의 리더십 부재와 정치권의 대립으로 인한 악순환은 반복적으로 나타날 것이다. 미국 정치의 위기는 벼랑 끝 대치 속에 해결책이 모색되어왔다는 점에서 시장은 어느 정도 내성(耐性)을 갖고 있는 것으로 보이지만 경계를 늦춰서는 안 될 것이다. 또한 미국의 출구전략에 따른 대책을 강구해야 한다. 출구전략의 시점에 대해서는 2013년 6월부터 제기되어왔지만 미국경제가 아직 목표치만큼 성장률을 회복하지 못했고, 출구전략에 따른 신흥국의 영향 등이 고려되어 출구전략은 아직 구체화되지 못하고 있는 상황이다. 미국의 출구전략이 신흥국을 경유하여 한국에 주는 영향에 대해서도 경계하고 지켜봐야 한다.

세계경제의 위험요소로서 신흥시장문제가 제기되고 있다. 신흥국의 성장둔화가 현저하게 되었고, 미국의 출구전략으로 인한 유동성공급 축소기대로 채권금리가 상승하고, 양적완화의 자금이 유입되었던 신흥국과 원자재시장에서 자본이 유출될 가능성이 제기되고 있다.

세계경제는 선진국들의 회복세에 힘입어 완만하게 회복될 것으로 전망된다. 그러나 신흥국들은 전반적으로 낮은 성장세를 보이고, 선진국들의 양적완화 축소에 따른 금융 불안을 겪을 것으로 예상된다. 세계경제의 특징은 미국의 양적완화 축소, 유럽의 경기회복세 둔화, 일본의 소비세 인상과 아베노믹스 위기, 중국의 경제성장률 둔화, 신흥국의 금융시장 불안 등으로 요약할 수 있다.

1929년 경제대공황이 발생하자 미국은 금융시장이 붕괴하고 실업자가 증가하고 총국민생산은 크게 줄었다. 프랭클린 델러노 루스벨트(Franklin Delano Roosevelt) 대통령은 다양한 거시 및 미시 정치경제정책들로 구성된 뉴딜정책을 통해 위기를 극복하려 했고, 그것이 케인스주의적 유효수요 증대정책이었다. 산업부흥법이나 농업조정법 등 생산통제정책은 케인스주의적인 제한적 정부개입을 넘어 사회주의적 성격을 지닌 것들이었다. 뉴딜정책 등의 정부정책은 제한적으로 경제를 안정시켰고 경제대공황은 1939년 제2차세계대전이 발발해 경기가 활성화되며 종식되었다.

2. 세계경제위기의 역사적 고찰

세계경제위기의 사례 분석은 경제위기의 주요 원인, 주요 국가의 정책대응 및 국제공조 여부 등을 중심으로 이루어지고, 분석 대상은 경제대공황(1929년), 아시아 경제위기(1997년), 미국 금융위기(2008년)이다.

1) 경제대공황 (1929~1934년)

1929년 경제대공황이 발생하자 미국에서는 금융시장이 붕괴하고 노동자의 1/4이 실업자로 전락했으며 총국민생산은 절반으로 줄었다. 경제대공황의 원인에 대해 피터 테민(Peter Temin) 교수는 그 당시 각국이 금본위제를 유지하기에 적합하지 않던 상황에서 이를 고집한 결과라고 주장한다. 금본위제도를 시대에 뒤지게 한 사건은 제1차세계대전이었으며, 이 전쟁은 오랫동안 지속된 국제적 갈등을 야기했다. 전전의 국제금융제도로 복귀하는 데 따른 비용은 1920년대 말에 이르러서야 나타나기 시작했다. 이 시점의 세계경제에서 금본위제 이데올로기가 갖는 디플레이션 편향은 명백히 잘못된 처방이었다. 대공황을 발생시킨 것은 전간기(interwar) 경제의 여러 구조적인 문제가 아니라 경제정책이었다. 오늘날 이와 비슷한 경우로는 1979년 이후 미국과 영국이 실시한 디플레이션정책인데, 이 정책은 금융위기를 피하기 위해 제때에 완화되기는 했지만 부적절한 정책이었다고 한다(Temin, 1990: preface).

테민 교수는 1930년대 경제대공황은 1920년대 말의 금융긴축정책이 주된 원인이라고 말한다. 1920년대 후반 긴축금융과 재정정책이 실시된 것은 정책입안자들이 금본위제의 이데올로기에 집착했기 때문이라고 지적한다. 1930년대 금융재정당국이 취한 선택은 1920년대 말에도 그러했듯이 금본위제를 유지하는 것이 번영을 위한 중요한 전제조건이라는 세계적인 견해에 따른 것이었다. 이 이데올로기의 결과, 팽창정책의 필요성이 자명해진 시기에도 금융재정당국은 긴축정책을 실시했다.[1]

금본위제의 특성은 다음과 같다. ① 개인과 국가 간 자유로운 금의 이동, ② 금으로 표시된 각국 통화가치를 일정하게 유지하는 것, ③ 국제적인 조정기구가 부재하다는 것, ④ 국제수지 흑자를 기록한 나라와 적자를 기록한 나라 사이에 비대칭성이 존재한다는 것이다. 금 또는 외환보유고가 고갈되었을 때(고정된 통화가치를 유지할 수 없을 경우)에는 벌칙이 가해졌으나, 금을 축적하는 데에는 아무런 벌칙이 가해지지 않았다. ⑤ 국제수지 적자 국가를 위한 조정정책은 평가절하가 아니라 디플레이션이었다. 즉 환율의 변동 대신 국내 가격을 변환시켰던 것을 의미한다(Temin, 1990: 7~9).

제1차세계대전 이후 경제대국의 공통된 정책 기조는 금본위제의 재건이다. 금본위제를 부활시켜 이전상태(status quo ante)를 재건하려는 시도는 엄청난 실수였다. 그러나 이들은 자신의 이념에만 집착하여 다른 길을 택하기 어려웠다(Temin, 1990: 37).

미국은 금본위제를 완전히 벗어난 적이 없었고, 금본위제에 집착한 정도가 영국보다 훨씬 심했다. 미국은 전쟁을 통해 경제 및 금융부분에서 가장 강력한 국가로 부상한 이후, 유럽의 가장 큰 채권국이 되었다. 금본위제를 유지하는 것은 미국이 유럽의 재건과 성장을 위해 지속적으로 자금을 지원할 수 있게 하는 조건이었다.

미국과 영국에게 환율의 선택은 자연스러운 것이었지만, 프랑스와 독일은 아니었다. 금본위제의 재건이 승인된 제노바회의에서는 프랑스와 독일

---

1) 특정한 행동을 하도록 만든 것은 레짐(regime)이다. 정책입안자와 많은 사람들이 이 레짐 안에서 이루어지는 행위로 인해 영향을 받았다. 레짐이란 금본위제(gold standard)였다. 사람들은 다른 대안이 필요하다고 생각했을 때도 이 레짐의 틀을 벗어나지 못했다.

약세통화의 평가절하가 포함되었다. 독일은 이에 인플레이션을 하이퍼인플레이션으로 전환시켜서 대응했다. 이러한 위기를 해결할 도스안(Dawes Plan)은 독일과 영국, 그리고 미국을 연대하도록 했다. 미국의 자본은 독일의 안정화를 보장하고, 그 보답으로 독일은 전전의 금본위제로 복귀한다.

프랑스는 디플레이션 부담을 거부했고 프랑을 전전 평가의 1/5로 안정화했다. 1926년 12월에 프랑스는 사실상 금본위제를 실행하고 1928년 6월에는 법적으로 복귀했다. 그들은 자신들에게 유리한 환율에 금본위제로 갈아탔다. 1920년대 파운드가 과대평가(평가절상)되고 프랑이 평가절하 되었다. 영국과 미국은 금본위제의 중심 자리를 굳건히 할 필요가 있었고, 독일은 하이퍼인플레이션으로 환율 선택의 자유를 잃었고 프랑스는 프랑을 평가절하했다. 금본위제는 1925년 또는 1926년에 완전히 재건되었지만 곧 문제에 봉착했다. 영국경제는 파운드의 높은 가치로 인한 부담을 나누는 과정에서 사회 갈등에 빠졌다. 1926년 총파업이 그 상징적인 예이다.

1927년 연방준비제도(Federal Reserve)는 고전하고 있는 파운드를 지탱하기 위해 저금리체제(regime of cheap money)를 취하도록 했다. 그러나 이에 혜택을 본 것은 영국이 아니라 프랑스였다. 평가절하 된 프랑은 자석처럼 금을 끌어들였다. 미국과 프랑스는 금과 외환을 축적했다. 금본위제의 비대칭성문제가 여기에서 나타난다. 영국경제는 금으로 지불하는 방식(gold payments)을 유지하기 위해 침체되었고, 프랑스와 미국은 팽창할 필요가 없었다(Temin, 1990: 17~20).

자금을 풍부하게 보유하고 있던 미국과 프랑스는 팽창정책을 실시하지 않았다. 미국은 오히려 디플레이션정책을 실시했다. 금 보유고가 충분하지 못했던 나라들은 팽창의 영향력을 기대할 수 없었고, 실제로도 그렇게 하지 않았다. 영국경제는 여전히 어려웠다. 1928년 주식시장 붐이 일었으나 실업률은 여전히 높았다.

1923~1930년 독일과 미국의 은행장들은 주식시장의 투기에 대해 우려하기 시작했다. 미국과 독일은 투기를 막으려고 노력했지만 결과는 경제활동을 위축시키는 것으로 나타났다. 결론적으로 말하자면 미국과 독일의 디플레이션정책이 그 원인이라고 할 수 있다. 미국의 1930년대 연방준비제도 이사회가 디플레이션정책을 추구했다는 것은 비밀이 아니다.

대공황이 시작될 무렵 허버트 후버(Herbert Hoover) 대통령은 경기 회복 정책의 추진을 요구했다. 그러나 정부는 민간경제의 기능을 침해할 필요도 없고 해서도 안 된다는 입장이었다. 이러한 입장의 바탕에는 경제가 스스로 균형을 찾아간다는 개념이 내포되어 있다. 경제가 스스로 조정된다는 정책 기조는 금본위제 경제관에서 유래하는 것이다. 경제가 침체되면 수입이 줄고, 금의 유출을 막고 통화가 다시 팽창할 것이다. 정부가 할 일은 노동자들에게 경기침체의 부담이 심각하게 전가되지 않도록 하는 것이었다.

후버는 임금 삭감을 저지하고 1929년 12월에는 조세 삭감을 권고했다. 그러나 이는 경기침체에 대한 반응으로 이루어진 것은 아니다. 생산하락에 대한 반응이라기보다 호황기 정부 수입 증가에 대한 반응이라고 할 수 있다. 이러한 조세 삭감과 정부지출 증가에도 불구하고, 1929~1930년 정부의 재정 기조는 변하지 않았다. 1931년 정부예산은 적자였다. 의회가 퇴역군인법안을 통과시켰기 때문이다. 1930년대 초 재정당국은 경제가 위축되면서 팽창적인 행동을 취할 수 없다는 제약을 느끼기 시작했다.

1930년대 초의 재정정책과 금융정책은 모두 긴축정책이었다. 경제를 돕기 위한 행동도 취해지지 않았다. 유럽의 금융위기가 미국에 도달했을 때, 1931년 9월 연방준비제도는 명확한 선택을 했다. 연방준비제도는 할인율을 인상하고 달러를 저축·절약했다. 금리상승은 생산을 위축시켰다. 연방준비제도는 경제가 번성하던 1928년, 금의 유출을 막기 위해 긴축정책을 실시했다. 그리고 1931년에도 같은 방식을 취했다. 미국은 영국을 따라 금본위제를 포기할 수 있었다. 금본위제에 대한 집착이 연방준비제도가 대공황 속에서도 경기를 침체시키도록 했다.

독일의 역사도 거의 비슷한 패턴을 보이고 있다. 독일정부는 금본위제에 매달렸다. 독일은행 역시 긴축적이었다. 여기에는 특별한 동기가 있다. 도스안의 영향으로 독일은 금본위제에 머무르고 적정한 보유고를 유지하고 평가절하하지 않았다. 이를 달성하기 위해서 1920년 후반 독일의 금융정책은 디플레이션적일 수밖에 없었다. 전쟁 배상의 의무에도 불구하고 1924~1929년의 독일은 매해 경상수지가 적자였다. 독일경제에 배상은 직접적인 영향을 미치지 않았다. 독일 바이마르 공화국은 끊임없이 배상의 의무를 줄이거나 없애기 위해 분투했다. 그러나 이러한 정부의 분투는 금본위제라는 전통적인 금융 규칙 안에서 이루어졌다. 미국과 독일의 정책이 결합하고 경기 하강이 시작되자 독일 당국 외부의 어려움에 대응하기 위하여 내부경제를 침체시켰다.

재정 당국은 디플레이션적인 정책에 더욱 힘을 쏟았다. 1930년 초기 정부예산을 더욱 제한했다. 1930년 3월부터 1932년 5월까지 수상이었던 하인리히 브뤼닝(Heinrich Bruning)은 금본위제하에서 균형을 회복하기 위해 경제를 위축시키는 정책을 지속했다. 금평가(gold par)로 외국환어음을 지불할 수 없던 독일은 지불이 가능해질 때까지 내부 물가를 낮춰야 했다.

영국만이 다른 선택을 취했다. 영국은 1931년 9월 20일 금본위제를 포기했다. 그 결과 1920년대 금본위제 재건뿐만 아니라 1930년대 금본위제 포기에서도 챔피언이 되었다. 불행하게도 다른 나라들은 정책 전환을 영국만큼 민첩하게 하지 못했다. 미국은 1933년까지 금본위제를 고수했고, 프랑스는 1936년까지, 독일은 1930년대에 계속 그러했다.

이러한 평가절하는 영국경제에 도움이 되었다. 영국의 수출 가격은 외국에 비해 상대적으로 낮아졌다. 이로 인해 영국은 좀 더 관대한 금융정책을 취할 수 있었다. 그러나 다른 나라들은 그 혜택을 별로 받지 못했다. 왜냐하면 금융의 확장이 상대 가격 변화의 효과를 상쇄시키기 때문이다. 그러나 평가절하의 영국은 금 유출을 금지했다. 이러한 영국의 영향으로 나머지 국가들은 디플레이션적인 상황이었다.

영국의 평가절하 효과는 영국경제를 장기침체에서 벗어나도록 하지는 못했지만, 미국 및 독일 경제처럼 위태로운 상태로 빠져들게 하지는 않았다. 영국은 금본위제를 고집한 나라들로부터 자산을 분리시킬 수 있었고, 비교적 덜 긴축적인 정책을 실시할 수 있었다. 그 결과 영국이 경험한 경기침체는 경미했다. 역설적인 것은 제1차세계대전 후 금본위제 재건에 앞장섰던 나라가 가장 먼저 포기했다는 점이다.

결론적으로 대공황은 제1차세계대전에 따른 금본위제의 긴장 때문에 발생했다는 점이 테민 교수의 주장이다. 전쟁은 금본위제를 유보시킨 것이지 완전히 붕괴시킨 것은 아니었다. 전후에 이 제도는 전쟁 이전과 같은 형태로 재건되었다. 1920년대 환경 변화와 파운드 및 프랑 가치의 선택 등 일부 정책 선택이 결합하여 전간기 금본위제의 운영과정에서 엄청난 압박을 발생시켰다. 금본위제의 비대칭성 때문에 금 보유고가 부족한 나라들은 금을 많이 보유한 나라들이 팽창한 것보다 더 심한 긴축정책을 실시하지 않을 수 없었다. 금본위제의 규칙 때문에 금이 부족한 나라들은 평가절하보다는 디플레이션정책을 실시하게 되었다. 그 결과 1920년대 말에는 세계적인 디플레이션정책이 나타났다.

다시 말하면 전간기 금본위제의 불안정성은 제1차세계대전의 결과였다. 그러나 대공황이 전쟁으로 인해 불가피하게 초래된 것은 아니었다. 만약 경제정책 입안자들이 에드워드 시대의 제도(금본위제)가 더 이상 실행할 수 없다는 교훈을 받아들였다면, 전후 역사는 달라졌을 것이다. 경제대공황은 제1차세계대전의 충격, 국제제도의 불변, 융통성 없는 정책체제 등의 요인이 결합하여 발생했다(Temin, 1990: 23~33).

2) 아시아 금융위기 (1997년)

1997년의 아시아 경제위기는 근본적으로 유동성 위기였다. 태국의 바트화 폭락으로 시작된 금융위기는 서구 자본주의 세력이 이들 시장을 개방하고 이익을 추구하려는 의도로 촉발되었다는 음모론, 동아시아 국가들의 경제체질이 근본적으로 취약했다는 한계론(혹은 정실자본주의론), 일단 투자 철수가 시작되면 손해를 최소화하기 위해 해외 자본들이 앞다퉈 투자금을 회수할 수밖에 없다는 금융자본주의 속성론 등 다양한 이론으로 설명되었다. 실제 당시 아시아 경제위기에는 여러 면이 혼재되어 있었다. 그러나 즉각 외환통제에 나선 말레이시아의 경우 금융위기가 경제위기로 파급되지 않은 것만을 보더라도 1997년 아시아 경제위기는 유동성위기라고 할 수 있다. 즉, 경제 규모에 비해 해외차입 규모가 과도하다고 판단되는 상황에서 중국과의 경쟁으로 인해 무역수지가 악화되자 일부 해외투자 자본들이 대출 연장을 그만두고 철수하기 시작했던 것이다. 그리고 동아시아 국가들의 대(對)달러 환율이 더욱 높아질 것(가치가 하락할 것)을 우려한 다른 투자자들도 이들 화폐의 투매에 나섰다. 한편 1980년대 중남미 외채위기로 막대한 투자 손실을 본 기억도 작용했을 것이다. 당시 중남미 국가들은 유가 등 원자재 가격의 하락과 수입대체전략의 실패로 구조적인 수출부진에 시달렸지만, 동아시아 국가들의 수출은 구조적이라기보다 상황적인 어려움을 겪고 있었다. 그러나 투자금의 안전한 운용과 수익률만을 고려하는 해외투자자들에게 이러한 차이는 별 의미가 없었다.

1997년 7월 태국에서 금융위기가 발생해 연쇄적으로 말레이시아, 인도네시아, 필리핀 등을 거쳐 한국까지 확산되었다. 해외자본 유출입을 통제한 말레이시아를 제외한 다른 국가들은 국제유동성 부족으로 인한 금융위기가 경제 전반의 침체로 증폭되어 경제위기를 겪었다. 외국 자본은 급속히 이탈하고 자산 가치는 폭락해 금융위기가 되었으며, IMF의 구제금융을 받으면서 긴축정책을 내용으로 하는 조건부 약정으로 경기가 더욱 위축되어 경제위기가 되었다. 그 결과는 국내 자산시장 붕괴, 광범위한 은행 파산, 수많은 기업의 부도, 실물경제 침체 등이었다. 동아시아 금융위기는 아시아 경제 침체에 따른 국제 원자재 가격 폭락으로 이어져 1998년 러시아와 브라질로 확산되었다. 러시아는 모라토리엄을 선언했고 브라질은 외채 상환 불능 위기에 빠질 뻔했다.

아시아 금융위기는 국제 금융자본의 무분별한 유입과 국내 금융규제 취약성의 불균형으로 촉발되었다. 취약한 금융구조에서 대규모 외국 자본의 급격한 이동은 유동성 불일치와 통화 수급 불일치라는 문제를 발생시켰다. 정부의 지급보증에 힘입어 기업의 위험도를 낮게 평가하고 대출을 한 금융행위는 도덕적 해이(moral hazard)로 비난받았다. 그러나 근본적인 원인은 국제 거시경제 불균형과 통제되지 않는 금융 자본의 팽창이었다. 일본과 서독이 미국과의 무역에서 흑자구조를 지속하자 미국은 1985년 플라자합의(Plaza Accord)를 통해 엔과 마르크를 당시 가치의 1/3만큼 평가절상했다. 일본 기업들은 무역경쟁력을 유지하기 위해 생산비 절감 차원에서 동남아시아 국가들로 생산시설을 이전했다. 일본의 투자 덕분에 이들 국가의 경제가 호황을 이루자 국제금융의 포트폴리오 투자가 급증했다. 이미 미국은 외교적으로 금융시장을 개방하고 금융거래에 대한 규제를 완화할 것을 요구해 상당 부분 이를 관철시킨 후였다.

국내 측면에서 보면 동남아시아 신흥경제국가들 및 한국은 국제 금융거래 규제를 지나치게 완화했다. 정부는 경제성장의 환상에 취했고 기업은 무분별한 투자를 계속했으며 해외로부터 무모한 과다 차입을 마다하지 않았다. 금융기관들은 이자율이 싼 단기 자금을 빌려 이자율이 높은 장기대출에 투자했다. 이는 중남미 외채위기로 투자할 곳이 마땅치 않은 국제 금융기관들이 저렴한 이자로 아시아 국가들에게 단기 자금을 대출해주었기 때문에 가능한 현상이었다.

아시아 금융위기, 특히 동남아시아 위기의 또 다른 원인은 중국의 부상에 있었다. 1990년대 중국은 해외 직접투자의 매력적인 투자처로 급부상했으며, 세계시장에서 동남아시아의 저가품을 급속도로 밀어내고 있었다. 따라서 동남아시아 국가들의 경쟁력은 급격히 약화되고 있었다.

아시아 금융위기의 일차적 책임은 국제 헤지펀드에 있다. 그러나 아시아 국가들은 무분별한 투자 및 정부의 무능이라는 책임에서, 일본·미국 등 경제대국들은 무책임한 자본 운용의 책임에서 자유롭지 못하다. 국제 신용평가기관은 아시아 국가들의 국가신용도를 갑자기 낮춰 외국 자본의 급속한 철수를 부추겼다. 예를 들어 무디스(Moody's)는 한국의 국가신용도를 A1에서 Baa2까지 낮추었다. 미국이 영향력을 발휘하는 IMF는 긴급자금 대출의 조건으로 가혹한 긴축정책을 요구함으로써 경제위기를 진화하는 것이 아니라 오히려 증폭시켰다.

아시아 금융위기는 IMF의 지원과 미국, 일본, 독일 등 국제사회의 달러 지원으로 1990년대에 대체로 진정되었다. 한국과 태국은 해외투자의 재개에 힘입어 신속히 경제위기에서 탈출했으나 나머지 위기 희생국들은 훨씬 오래 정치·경제·사회적 고통을 받아야 했다. 대부분 국가들에서 금융 산업 개편, 기업 구조조정 등이 이루어지고 은행 BIS 기준 자기자본비율 8%를 적용했다.

금융위기 이후 아시아 국가들은 위기대응체계 마련을 위해 협력했다. 우선 환율 안정을 위해 CMI에서 양자 간 통화스와프 협정을 활성화하기로 했다. 한중일과 동남아시아 국가들은 통화스와프 협정 체결을 통해 외환 부족에 대비한 안전장치를 마련했다. 이에 힘입어 2006년 5월 ASEAN+3 재무장관 회담은 역내 금융협력체제 구축을 위해 CMI 다자화 논의를 시작하기로 합의했다. 2007년 5월 재무장관회담에서는 CMI 펀드의 형태를 계약 협약으로 하고 각 회원국이 자국 참여분을 직접 운용하는 방식으로 합의해 1단계가 종료되었다. 2009년 5월 ASEAN+3 재무장관회담에서는 운용에 관한 최종 합의가 이루어지고 한국은 총 1200억 달러 중 16%에 해당하는 192억 달러를 부담하기로 했다. ABMI(아시아 채권시장 이니셔티브), ABF(아시아채권펀드) 등의 논의도 현재까지 계속되고 있다.

아시아 금융위기로 인한 가장 두드러진 국제정치·경제의 변화는 국제 금융시장의 확산, 즉 세계화의 가속이었다. BIS 자기자본비율 등 국제규범이 확산되고 각국의 위기 대응 대책이 마련됨에 따라 국제금융은 더욱 활성화되었다. 또한 위기 극복 과정에서 국제사회는 미국의 위력을 재확인했다. 위기의 원인 제공과 상관없이 미국은 소방수 역할을 확실히 했다. 또한 위기 극복 과정에서 미국이 주도하는 국제금융 규범이 제도화됨에 따라 금융 초강국인 미국은 위기 이후 더욱 많은 사업 기회를 가지게 되었다. 러시아는 허약한 자원 의존국임이 드러나 국가 체면에 손상을 입으며 아시아 경제 침체에 따른 유가 폭락으로 모라토리엄까지 선언해야 했다. 이는 1999년 보리스 옐친(Boris Yeltsin)이 사임하고 푸틴이 대통령직을 대행하며 강한 러시아를 주장해 국민의 인기를 얻게 된 배경이 되었다. 동남아시아 최대 채권국인 일본은 자국 금융기관들의 부실로 인해 지속되고 있던 장기불황이 더욱 심화되었다. 국제사회는 1998년 10월의 IMF와 IBRD의 연차 총회에서 위기의 사전 예방과 국제기구 및 주요 국가들과의 협력체제 강화 필요성을 강조했다. 1999년 G7에 브라질, 인도, 중국, 한국 등 주요 신흥국 12개국과 EU를 포함하여 연례 G20 재무장관·중앙은행총재 회담이 설립되었다. 장관급 G20회담은 매년 정기적으로 개최되어 금융위기 예방뿐 아니라 다른 경제 현안들도 포괄적으로 논의하는 새로운 국제 금융 협의체로 기능하고 있다. 서방과 일본의 소수 강대국들이 좌우하던 기존의 세계경제 관리체제에 신흥국가들이 포함됨으로써 국제역학구조에서 다원주의(pluralism)가 더욱 확산된 것이다. 한편 동아시아에서는 경제문제를 포함한 지역 현안의 협력 프로세스로서 연례 ASEAN+3회담의 중요성이 더욱 강조되었다.

3) 미국 금융위기 (2008년)

2008년 미국 금융위기는 통제받지 않은 금융자본주의의 문제점을 적나라하게 보인 경우였다. 유동성 과잉이 주택 가격 상승으로 이어졌고, 부동산 가격이 한동안 상승하고 경기활성화를 위하여 이자율이 낮게 책정되자 위험도가 높은 서브프라임 모기지론(subprime mortgage loan, 비우량주택 담보대출)이 성행했다. 평범한 주택 구입자들까지 폰지(ponzi) 투기 세력화 되었다. 그러나 경기부진이 지속되자 주택 가격이 하락하고 실업이 증가하여 주택구입 자금과 직간접적으로 관련이 있는 금융기관들이 연속적으로 파산하게 된 것이다. 처음 피해자는 기관 투자자였으나 곧 일반 미국인과 다른 국가들까지 타격을 받았다. 미국 금융위기는 위험한 금융기법의 파괴성을 적나라하게 드러낸 경우였다. 실물경제에 비해 과도하게 성장한 화폐경제는 막강한 힘을 가진 금융자본을 육성했고, 금융자본은 연기금, 펀드 등을 통하여 각종 증권화(securitization)기법을 개발하여 풍부한 실탄을 갖추게 되었다. 문제는 이들이 항시 수익을 올려야 한다는 데 있었고, 이러한 구조로 말미암아 이익이 날 만한 곳에는 모두 자본이 진출하고 심지어 서브프라임 모기지사태에서 보듯이 수요를 의도적으로 창출하기도 했다. 또한 이 금융기관들은 원자재 시장이나 아프리카 등 위험 지역에 투자하는 등

투자 처녀지를 개척하여 이익을 창출하고자 했다. 결국 기존 경제위기의 분석은 위험관리(risk management)의 중요성과 위기예방 및 극복을 위한 국제협력의 중요성을 말하고 있다.

2007년 4월 미국 서브프라임 모기지론의 연체율 급상승으로 부동산 금융회사들이 파산하기 시작했다. 금융기관들이 복잡한 금융기법을 원용해 위험성을 무시하고 수익성만을 좇아 자금을 운용한 결과였다. 2002년을 전후로 미국에서는 신용도가 낮은 서브프라임 등급에도 부동산 담보대출을 하고 대출 채권을 담보로 또 모기지 저당증권이라는 파생상품을 만들어 금융회사끼리 사고파는 행위가 이루어졌다. 서브프라임 모기지의 수혜자가 흑인과 라틴계의 서민들이었던 관계로 이 모기지의 위험성에 대한 경고는 정치 논리에 묻혔다. 2007년 서브프라임 모기지 담보대출의 연체율이 급상승하고 베어스턴스(Bear Stearns)의 부실이 드러나면서 시장은 부동산 가격의 거품을 깨달았고 부동산 가격은 폭락했다. 막대한 파생상품의 손실로 인해 메릴린치(Merrill Lynch), 리먼 브라더스(Lehman Brothers) 등 대형 금융회사가 파산위기를 맞았으며, 이들과 사업 관계가 있는 전 세계 금융회사들도 큰 손실을 입었고 결국 세계금융위기로 확산되었다.

2008년 세계금융위기의 원인은 복합적이다. 우선 2000년대 초 IT산업의 버블 붕괴와 9·11 테러 등에 의한 실물·금융경제의 위축을 막기 위해 실시한 저금리정책이 있다. 통화확장 정책은 결국 부동산 버블 형성으로 이어졌다. 다음으로 파생상품시장의 급격한 확대가 있었다. 증권화라는 새로운 금융기법은 금융규제의 완화와 감독 체계의 미흡으로 인해 통제가 되지 않았다. 끝으로 이보다 더 근본적인 미국경제의 문제는 제조업 붕괴에 따른 소득, 소비 등 전반적인 경제체질의 약화였다. 투자처를 찾지 못한 금융기관은 손쉬운 주택 모기지 사업에 집중했고 모기기 금융기관들은 저축과 소득 증가가 뒷받침되지 못한 상태에서 소비자들에게 주택 구입을 부추겼던 것이다.

미국발 금융위기는 유럽 및 아시아 등 세계적인 위기로 확장되었다. 아이러니하게도 미국발 금융위기로 인해 대부분 국가의 통화가치는 급격히 하락했다. 세계경제의 침체가 예상되면서 주가 지수가 하락하고 해외투자가 철수했으며 안전자산 선호로 달러 가치가 오히려 상승했다. 러시아에서는 한때 주식 거래가 중단되었고 아이슬란드, 아일랜드, 파키스탄 등은 국가부도에 직면해 IMF의 구제금융을 받아야 했다. 세계 수요의 위축으로 국제유가도 큰 폭으로 하락했다.

프랑스 니콜라 사르코지(Nicolas Sarkozy) 대통령은 국제 금융위기를 예방하고자 신브레턴우즈체제(New Bretton Woods System)를 이끌 국제기구를 신설하고 세계 정상이 참여하는 비상설 국제협의체 구성을 제안했다. 이중 국제기구 신설은 기존 국제 금융기구에 막대한 영향력이 있는 미국으로서는 받아들이기 힘든 제안이었다. 다만 국제협의체 제안은 G20정상회담으로 실체화되었다. 미국발 세계금융위기를 논의하기 위해 2008년부터 G20정상회담이 출범했다. G20정상회담은 세계 주요 19개국과 EU 의장국이 참가해 국제 경제의 안정과 관련한 의제를 논의하는 포럼이다. 회원국은 경제 규모(GDP), 국제 교역량, 지리적 위치 등에서 세계경제에 영향력이 큰 국가들이다. 회담은 국제 금융 및 경제협력을 필요로 하는 다양한 의제를 논의한다. 2008년 11월 15일 미국 워싱턴에서 제1차 G20정상회담이 개최되었으며 2010년 11월에는 한국 서울에서 제5차 G20정상회담이 개최되었다.

세계금융위기를 예방하기 위해 제1차 워싱턴 G20정상회담은 금융시장의 장기 거시적 안정성 확보를 위한 구체적인 금융개혁 방안의 틀(framework)을 마련하고자 했다. 여섯 가지 의제는 재정 확대 등 거시경제정책 공조, 보호주의 저지, 신흥국에 대한 자금 지원, 부실자산 정리 등 금융안정

조치, 금융규제 및 감독 강화 그리고 국제금융기구 개혁이었다. 2009년 4월 런던 G20정상회담에서는 국제금융체제 운용을 감시하고 필요한 경우 조기 경보 및 정책 제언을 담당할 금융안정위원회(FSB: Financial Stability Board) 설립을 결정했다. 금융안정위원회는 동료평가(peer review)를 통해 회원국들의 금융위험 감시체계와 소비자 보호장치를 평가한다. 2013년 미국에 대한 평가를 보면, 미국 의회는 2010년 도드-프랭크 금융개혁법(DFA: Dodd-Frank Wall Street Reform and Consumer Protection Act)을 통해 금융위기의 재발을 막는 조치를 취했다. 도드-프랭크 금융개혁법에 의해 의회 직속으로 금융안정 감독 위원회(FSOC: Financial Stability Oversight Council)와 재무부 산하에 금융연구국(OFR: Office of Financial Research)을 설치했다. 그러나 이러한 조치에도 불구하고 미국의 금융 감독 구조는 지나치게 분산되고 중복되며 복잡해 금융 감독의 효과성과 효율성이 떨어지는 것으로 보고되고 있다.

세계금융위기의 발발 이후 국제 역학구도의 변화를 보면 우선, 국제사회는 기존의 글로벌 거버넌스에 대해 회의를 느끼면서 새로운 글로벌 거버넌스에 대해 본격적으로 논의하게 되었다. 또한 전 세계에서 반 신자유주의와 반 세계화, 자원민족주의와 무역 보호주의의 목소리가 커져 심각하지는 않지만 미국의 정치경제패권이 어느 정도 약화되었다. 중요한 변화는 유럽과 미국 중심으로 구성된 G7의 상대적인 쇠퇴와 신흥공업국의 경제적 부상 그리고 국제경제행위 단위 간 상호 의존 심화이다. 국제경제 현안을 다룰 대표성과 효율성을 갖춘 다른 마땅한 제도적 대안이 없는 상황에서 G20정상회담은 국제경제 질서를 규율하는 대표적 국제 거버넌스가 될 가능성이 높다. 국제 거시경제 환경의 안정은 기존 선진국만의 노력으로 해결될 수 없으며 신흥국의 협조가 필요하다. 미국이 G20체제를 주도적으로 구축한 것은 쇠락해가는 달러의 보호를 위해 신흥국, 특히 중국의 협조를 제도적으로 확보하려는 전략이었다. 중국 또한 지속적 경제발전을 위해 적어도 상당 기간 미국시장이 필요하기 때문에 G20에 참여해 협력하는 것이 낫다고 판단했을 것이다. 중국의 경제력이 급속히 성장했지만 아직 막강한 군사력과 세계 최대 소비시장을 가진 미국의 상대는 아니다. 미중은 갈등과 협력이 공존하는 공생관계를 갖는다고 할 수 있다. 2009년 출범한 장관급 연례 모임인 미중 전략경제대화(Strategic and Economic Dialogue)는 G2가 양국 의견을 조율하기 위한 제도적 공간이다.

미국은 제조업의 주도권을 이미 신흥국, 특히 동아시아 국가들에 넘겨준 까닭에 수출을 통해 경제위기를 돌파할 수 없다. 내수경제의 부양을 위해 막대한 액수의 달러를 발행하는 것이 가장 쉬운 방안이나 이는 심각한 부작용을 초래할 수 있다. 당장은 달러의 국제 기축통화라는 지위 덕분에 인플레이션은 걱정할 필요가 없다. 그러나 막대한 규모의 양적완화가 이루어짐으로써 앞으로 달러에 대한 국제사회의 신뢰는 하락할 것이며 달러 표시 자산의 안정성에 대한 회의도 점차 늘어날 것이다. 달러에 대한 국제사회의 신뢰 하락은 달러 발행국인 미국은 물론 국제경제 운용을 위해 달러를 사용하고 있는 국가들로서는 묵과할 수 없는 사안이다. 국제 기축통화의 기능 정지는 세계 정치경제의 근간을 뒤흔들 파괴력을 가지고 있기 때문이다. 미국 달러는 세계통화이기 때문에 원칙적으로 세계 산업생산량의 증가와 비슷한 추세를 보여야 한다. 그러나 달러의 발행은 1970년대와 1980년대 세계 산업생산 증가를 크게 웃도는 증가율을 보였다. 두 기간의 산업생산은 55.0%와 36.2% 증가했으나 달러는 각각 90.6%와 100.9% 증가했다. 1990년대 이후 달러의 상대적 증가율은 감소추세를 보이나 2008년 이후 다시 증가세로 돌아섰다. 2008년과 2009년의 달러 공급 증가율은 16.75%와 5.87%였는데 세계 생산의 증가율은 5.09%와 0.36%에 그쳤다. 이 두 해의 달러 공급 증가는 미국의 금융위기 극복과 경기 부양이 목적이었다. 다른 대안이 없는 한, 달러의 국제 기축통화 지위는 유지될 것이나 현재의 산업 및 소득 구조가 지속된다면 경상수지 적자 보전 비용의 증가로 인해 미국 경제는 더욱 어려움에 부닥치고 미국의 상대적인 경제적 지위는 더욱 약화될 것이다. 더욱이 1999년 출범한 유로화는 달러를 대신해 국제 결제수단의 기능을 확대하고 있으며 중국도 자국 위안화를 국제 통화로 승격시키기 위해 노력하고 있다.

3. 국가별 경제위기의 전망

1) 미국경제

1980년대 이후 미국의 경제는 경제 활황에 이은 침체가 반복되는 패턴을 보였다. 이는 정책결정자들이 선거에서의 승리를 위하여 경제의 중장기적 건전성보다는 단기 경기 활성화에 방점을 두는 경향이 있기 때문으로 분석되고 있다. 최근 미국은 2000년대 초의 인터넷 버블(dot-com bubble)에 이은 작은 경제 침체와 2007년의 주택시장 버블에 이은 대규모 금융 및 경제 위기를 겪었다.

미국경제가 회복세에 들었다고 하지만 낙관은 금물이다. 쌍둥이 적자가 해소되지 않는 상황에서 실물경제의 뒷받침이 없는 유동성 과잉은 대형 경제위기를 초래할 수 있다. 엄청난 규모의 양적완화로 인하여 실물경제의 회복에 비해 다소 이른 자산 가격의 회복이 나타나고 있다는 점은 세심한 관찰을 필요로 한다. 미국의 금융위기는 아직 완전히 종료되지 않았으며 파생상품 등 금융과 상업용 부동산 등에서 여전히 불안요소가 상존한다.

미국 재정 적자는 앞으로 큰 폭으로 줄어들 것이나 무역수지 적자는 당

〈표 12-1〉 미국의 양적완화정책 현황

양적완화정책	시기	규모	내용
1차 QE	2008.11~2010.3.	1만 7250억 달러	장기국채, MBS 등 매입
2차 QE	2010.11~2011.6.	6000억 달러	장기국채 매입
3차 QE	2012.9~	매월 400억 달러	MBS 매입
4차 QE	2013.1~	매월 450억 달러	장기국채 매입

자료: 기획재정부(2013: 28).

〈표 12-2〉 미국의 국가 부채(단위: 달러)

연도	부채액	연도	부채액
2000	5조 6741억	2007	9조 6억
2001	5조 8074억	2008	10조 247억
2002	6조 2282억	2009	11조 9098억
2003	6조 7832억	2010	13조 5616억
2004	7조 3790억	2011	14조 7903억
2005	7조 9327억	2012	16조 662억
2006	8조 5069억		

자료: Treasury Direct(http://www.treasurydirect.gov).

분간 완만한 하락세를 보일 것을 나타내고 있다. 재정 적자는 행정부와 의회 사이에서 강제로 조정되고 있다. 2013년 12월 마침내 의회 재정협상이 합의를 봤다. 미 의회 특별위원회는 재정 지출 자동삭감 규모를 2년간 630억 달러로 결정했다. 미국정부는 향후 10년간 재정수지 적자가 매년 200억 달러 이상 줄어들 것으로 보고 있다. 미국 재정문제의 불확실성이 해소되면서 연방준비제도의 테이퍼링(tapering, 양적완화축소)이 가시화되었다.

미국경제는 경제성장에 긍정적인 면과 부정적인 면을 모두 가지고 있다. 긍정적인 면으로는 주택시장의 회복, 셰일 에너지 관련 산업의 투자 증대, 제조업 경기지수 호조 등을 들 수 있다. 부정적인 면은 1946~1964년 전후

〈표 12-3〉 GDP 성장률과 실업률

연도	GDP 성장률	실업률	연도	GDP 성장률	실업률
2007	1.9	4.6	2011	1.8	8.9
2008	-0.3	5.8	2012	2.2	8.1
2009	-3.1	9.3	2013	1.9	7.0
2010	2.4	9.6			

자료: OECD Economic Outlook(2013).

〈표 12-4〉 한중일미 경상수지

연도 지역	2005	2006	2007	2008	2009	2010	2011	2012
한국	18,606.5	14,083.2	21,769.7	3,197.5	32,790.5	29,393.5	26,068.2	43,138.5
중국	134,082	232,746	353,996	412,364	261,120	305,374		
일본	165,783	170,517	210,490	156,634	142,194	195,755		
미국	-745,780	-800,618	-710,299	-677,141	-376,554	-470,902	-473,441	

자료: 통계청(국가통계포털) 국제수지; 한국은행(2005~2012); IMF 'International Financial Statics'(2012.5).

태어난 약 7800만 명의 베이비붐 세대가 2011년부터 정년은퇴를 시작하고 있다는 점이다. 가장 큰 문제는 관리비용 증가로 득보다 실이 더 커질 우려에 따른 재정지출 삭감이다. 더욱이 유동성 과잉의 문제로 인해 양적완화가 종식될 것이 거의 확실하다. 재정 지출 삭감과 통화 축소는 경제성장을 막는 요인이지 돕는 요인이 아니다.

따라서 앞으로 수년간 미국경제는 침체도 활성화도 아닌 매우 완만한 성장세를 보일 것이다. 세계 최대시장인 미국의 경제 회복이 더딜 것이 예상됨에 따라 세계경제도 빠른 경제성장을 이루기는 힘들 것으로 보인다. 만약 중국이나 거대 신흥국들이 BRICS 같은 자신들의 국제분업체계를 이용해 경제성장을 이룬다면 미국의 상대적 국력이나 영향력은 그만큼 약화될 것이다. 정치역학적으로 보면 미국으로서는 경제가 급성장하거나 급하락해야 자국의 국제 위상을 높일 수 있다. 경제가 급성장하면 무역으로 세계경제를 이끌 수 있으며 급하락하면 금융대국의 위력을 보여줄 수 있다. 2013년 7월 26일~8월 8일의 2주간 미국 디폴트문제가 우려되자 세계 주식 가치가 7조 8000억 달러(약 8500조 원) 증발했고, 많은 국가에서 자산 가치 폭락으로 인해 소비와 투자가 위축된 바 있다.

한국은 대외의 경제적 충격에 대한 걱정보다 외부 자극이 없는 상황에서 경제성장을 유지해야 한다는 문제를 안게 될 것이다. 다만 미국의 양적완화에 따른 신흥국의 금융시장 불안이 예상되는 만큼 이에 대비하고, 나아가 이를 무역 및 투자의 확대 기회로 삼는 대외전략을 준비할 필요가 있을 것이다.

(1) 재정절벽 위기

미국은 2008년 금융위기 이후 세금은 덜 걷고 정부지출은 늘리는 식의 경기부양책을 실시했다. 2010년 부시감세법을 연장한 것이 대표적인 사례이다. 부시감세법이란 소득세 삭감을 골자로 한 법안으로, 약 1000만 명에게 소득세를 삭감해주었다. 그러나 감세 조치가 2013년 1월 종료되면서 이것이 미국 대선과 맞물려 예측 불가능한 상황에 빠졌다. 민주당은 부자세 도입을 통해 세금확보를 주장하고 공화당은 이에 반대하여, 양당이 합의에 이르지 못할 경우 예산에서 1조 2000억 달러가 자동삭감된다. 세금은 늘리고 지출은 줄이는 이른바 '재정절벽'이 시작되면 재정 상황은 좋아지지만, 미국의 경기는 후퇴한다. 미국 의회예산처는 재정절벽이 닥칠 경우 미국의 GDP 성장률이 0.5%에 그칠 것으로 내다보았고, 연방공개시장위원회는 재정절벽으로 기업들이 투자와 고용을 늦출 것이라고 밝혀 이에 따른 실업률 상승이 전망된다.

미국 의회는 고소득층의 소득세율을 현행 35%에서 39.6%로 높이는 부자증세와 장기실업수당 지급의 1년 연장 등이 포함된 이른바 맥코널-바이든 합의안을 통과시켜 재정절벽이라는 위기에서 빠져나왔지만, 정부 예산의 자동삭감 시퀘스터 발동을 2개월 연기하면서 여전히 재정난을 둘러싼 정치권의 난항이 예상된다.

(2) 시퀘스터 발동

시퀘스터는 미국정부와 의회가 협상 시한을 넘기면서 결국 오마바 대통령이 2013년 3월 1일 시퀘스터에 서명하면서 공식 발효되었다. 이로써 2013 회계연도 지출 850억 달러, 10년 내에 1조 2000억 달러의 예산이 자동 삭감되는 조치가 시행되었다. 이번 시퀘스터는 공화당과 민주당의 기싸움에서 비롯되어 '대화의 정치'가 실종된 결과라고 보는 시각이 많다. 오바마 대통령이 시퀘스터 발동시기를 9월 말로 미루자고 요구했지만, 공화당은 오바마 행정부의 주력 정책인 의료와 교육 등 사회보장 부문 지출의 대폭적인 삭감을 요구하며 반대했기 때문이다. 이와 같은 대립의 기저에는 지난 재정절벽 시 공화당이 민주당의 입장을 대거 수용했고 더 이상 민주당이 주장하는 추가 증세는 받아들일 수 없으며 행정부의 지출 삭감만이 유일한 대안이라는 입장을 관철했기 때문이다(≪동아일보≫, 2013.3.4).

(3) 미국정부의 셧다운

상원을 주도하는 민주당과 하원을 주도하는 공화당이 서로의 새해 예산안을 고집하며 2014 회계연도(2013년 10월 1일~2014년 9월 31일) 예산안 처리 시한을 넘겨 정부 셧다운을 초래했다. 이전 정부 폐쇄는 빌 클린턴 행정부 시절인 1995년 11월 13~19일, 1995년 12월 15일~1996년 1월 6일, 각각 6일과 21일 동안 지속된 바 있다. 정치권이 벼랑 끝 대치를 풀지 않고 결국

<표 12-5> 미국정부 셧다운 역사

시기	폐쇄일수	시기	폐쇄일수
1976년 9월 30일	10일	1982년 12월 17일	3일
1977년 9월 30일	12일	1984년 9월 30일	2일
1977년 10월 31일	8일	1984년 10월 3일	1일
1977년 11월 30일	8일	1986년 10월 16일	1일
1978년 9월 30일	17일	1987년 12월 18일	1일
1979년 9월 30일	11일	1990년 10월 5일	3일
1981년 11월 20일	2일	1995년 11월 13일	5일
1982년 9월 30일	1일	1995년 12월 15일	21일

자료: ≪한국경제신문≫(2013.10.5).

17년 만에 정부 폐쇄를 강행한 것은 오바마케어(Obama+healthcare)에 대한 민주당과 공화당의 견해 차이 때문이다. 오바마케어는 민간보험 중심의 기존 미국 의료보험 체계를 뜯어고치려는 시도로 2010년 3월에 의회를 통과했다. 오바마케어의 핵심은 의료비용 부담을 개인이 아니라 정부와 기업이 나눠 분담하자는 것으로 무보험자 3200만 명에게 의료보험을 의무화하는 것을 주요 골자로 한다. 의무보험을 이행하지 않는 개인이나 기업은 벌금을 내야 한다. 공화당은 이러한 의무 가입에 대해 개인의 자유를 침해할 수 있다며 반대한다. 게다가 오바마케어로 인한 막대한 재정부담 역시 반대의 이유로 꼽힌다. 의회예산처는 오바마케어 시행에 따른 정부지출이 2013년부터 10년간 총 1조 7600억 달러에 달할 것으로 내다봤다(동아일보, 2013. 10.2).

미국정부 셧다운문제에서 세계 각국이 긴장 속에 지켜본 것은 디폴트문제였다. 미국 의회가 부채 한도 증액 시한을 열흘 앞두고도 팽팽한 신경전을 지속하자 디폴트(채무 불이행)에 대한 우려가 전 세계 금융계로 확산되었다. ≪워싱턴포스트(The Washington Post)≫는 연방정부 잠정 폐쇄로 인해 미국경제가 받을 영향이 그리 크지 않지만 디폴트가 닥치면 재앙에 가까운 치명타를 입을 것이라고 전망했다. 골드먼삭스는 부채한도 증액 협상에 실패해 디폴트를 선언하면 미국 GDP는 연간 4.2% 포인트 급락하는 엄청난 결과로 이어질 것이라고 지적했다. 금융위기에서 빠져나오지 못한 유럽을 비롯해 세계 각국은 이번에도 미국 디폴트의 동반 피해자가 될까 봐 전전 긍긍했다. ≪뉴욕타임스≫는 이미 시리아정책 혼선과 정부폐쇄사태로 국제 신뢰도를 잃은 미국 정치권에 디폴트를 막을 의지가 있느냐는 비난이 국제사회에서 나오고 있다고 지적했다(≪동아일보≫, 2013.10.9).

2) 일본경제

(1) 아베노믹스의 평가

일본경제는 1989년 말 시작된 자산거품 붕괴를 기점으로 20년 이상의 장기적인 경제 침체를 겪고 있다. 한때 최고 3만 8916까지 상승했던 닛케이225지수는 9000까지 하락하기도 했다. 일본경제는 1990년대 이후 거의 성장을 멈추고 디플레이션에 시달렸으며 정부 부채는 날로 확대되어 GDP의 200%를 훌쩍 넘어섰다. 일본경제가 총체적인 난맥상을 보였던 원인으로는 장기 구조적 요인이 있고 단기 정책적 요인이 있다. 일본의 인구는 2008년 1억 2700만 명으로 정점에 달한 후 감소하고 있고, 이와 더불어 노령화가 급속히 진행되어 일본 경제체질을 구조적으로 약화시키고 있다.

경제인구 대비 피부양인구인 부양비는 1990년 43%에서 계속 증가해 2010년에는 56%에 달했다. 참고로 한국의 2010년 부양비는 37%였다. 유소년인구 대비 고령인구인 노령화 지수를 보면 1990년 65에서 2010년 170으로 증가했다. 참고로 2010년 한국의 노령화 지수는 68이었다. 이러한 통계치는 일본의 인구 구조가 절대인구의 감소뿐 아니라 급속한 고령화로 산업 활동의 추동력을 창출하는 기능을 잃고 있음을 말한다. 1990년대부터 시작된 부동산시장의 침체, 재화와 서비스 수요의 감소는 모두 인구 노령화 및 감소와 관련이 깊다. 폐쇄적이고 내부지향적인 문화도 일본의 국제화를 더디게 하고 일본 경제가 세계화의 기회를 효과적으로 활용하기 힘들도록 했다.

2006~2007년 집권한 바 있는 아베는 2012년 12월 수상으로 재취임한 후 20년여의 경제 침체를 벗어나고자 아베노믹스를 제창했다. 아베노믹스는 일본의 아베 정부가 경기 침체를 벗어나 경제를 회복하고자 실시하고 있는 경제 독트린이다. 통화정책의 목표는 엔고 종식과 디플레이션 탈출이며 전략적 수단은 양적완화, 재정 확대 및 구조개혁을 통한 성장전략이다. 구체적인 내용은 통화 및 환율 정책은 실질적 마이너스 금리와 무제한 양적완화이다. 일본정부는 2012년 말과 2013년 초 총 20조 엔에 달하는 양적완화를 실시하고 물가상승 목표를 달성할 때까지 추가 양적완화 조치를 계속할 것임을 발표했다. 2013년 2월 추경예산을 통해 전국의 인프라 보수 및 정비 등을 위한 5.2조 엔의 공공사업비 등 10.3조 엔의 중앙정부 자금을 투입하고 향후 10년간 100조~200조 엔 규모의 재정을 지출하기로 했다. 공공투자 확대를 위한 재정 지출은 GDP의 2%까지 인상하되 재정 적자는 2014년부터 시작되는 소득세율 인상으로 메우려는 계획이다. 또한 세계 최대 연기금인 일본 공적연금을 이용해 자국 주식투자 비중을 11%에서 12%로 늘려 주가를 올리고 외국 채권과 주식 투자 비중을 각각 8%, 9%에서 11%, 12%로 3% 올려 엔화 약세를 유도하고 있다. 6월에 발표된 성장전략은 경제성장을 위한 민간투자 촉진, 산업경쟁력 강화를 위한 법인세 인하, 규제완화 등을 통한 해외투자 유치, 효과적 기업 지원을 위한 3대 도시권(도쿄, 오사카 및 아이치현)의 국가전략특구 설치 등을 내용으로 하고 있다.

아베노믹스는 실패할 가능성이 있다. 일단 긍정적인 징후는 2013년 일본의 체감경기를 나타내는 기업단기경제관측조사(短觀)의 대기업 제조업 업황판단지수(DI)가 4분기 연속 상승하고 엔화 약세 기조를 배경으로 기업 수익이 확대되고 있다. 엔화는 연중 하락을 계속해 12월 달러당 109.92엔까지 하락했다. 연초 대비 20%가량 하락한 것이다. 소비는 부유층을 중심으로 살아나고 있는 것으로 분석되고 있다. 엔화의 약세는 미국 연방준비제도의 양적완화 축소 전망에 따라 미국과 일본의 금리 차이가 예상되고 이에 따라 저금리의 엔화가 고금리를 좇아 해외로 나가는 엔 캐리 트레이드가 활성화되었기 때문이다. 일본 은행은 물가상승률이 목표 2%를 달성할 때까지 양적완화를 계속할 것을 발표한 바 있다.

부정적인 전망의 근거는 다음과 같다. 우선 양적완화는 새로운 정책은 아니지만 현재 일본의 재정 적자, 국가 부채, 양적완화 규모 측면에서 차이가 있다. 자민당 고이즈미 수상이 집권했던 2001년부터 2006년까지 일본은 대규모 공공지출과 더불어 GDP의 6%에 해당하는 30조 엔을 풀어 양적완화를 실시한 바 있다. 당시 0~2% 정도의 연간 경제성장률을 기록해 국내총생산의 하락을 막았으나 경기회복까지는 이르지 못했다. 효과가 없었다는 평가도 있고 양적완화의 규모가 충분하지 않아 효과를 측정하기 힘들다는 지적도 있다.

다음으로 경기호조의 건실성과 지속 가능성이다. 최근 일본 중앙은행의 양적완화와 정부의 재정 확대 그리고 성장전략은 궁극적으로 실물경제 회복을 위한 수단들이다. 정부의 재정 적자가 누적되어 관리 불능의 상태에 빠지기 전에 실물경제가 회복되어야 하지만 가능성이 그다지 높지 않다. 아베노믹스 선언 이후 증가하던 주가와 환율은 2013년 5월 말 감소하고 이후 회복세를 보였으나 최고치를 넘어서지는 못하고 있다. 이는 엔저에 대한 기대로 헤지펀드를 중심으로 한 외국 투자자들이 대규모로 주식을 사고팔면서 주가를 결정하고 있다는 것을 말한다. 이는 또한 이들이 일거에 투자를 회수하면 일본의 엔화 가치와 주가가 하락할 수 있다는 의미이다. 일본의 환율과 주가가 국제통상환경에 따라 상당히 가변적이다. 미국이 경제 회복을 이룩하면 엔저는 지속되기 힘들 것이다.

이 밖에 소비지표는 나아졌지만 이는 내수나 수출의 활성화라기보다 엔화 하락으로 석유 등 에너지를 비롯한 수입 물가가 오른 덕분으로 해석된다. 대부분의 일반 소비자들은 소비 활성화를 느끼지 못하고 있다. 외국의 투자와 정부의 자산 매입으로 자산 가격이 상승한 소수 부유층의 소비가 기지개를 켜고 있을 뿐이다. 중앙정부의 3920억 엔 규모의 지방정부 예산 삭감에 따른 지방공무원의 급여 삭감과 이를 기준으로 하는 민간 기업의 월급 책정은 소비 활성화 전망을 더 어둡게 하고 있다. 2014년 4월 일본 소비세율이 기존 5%에서 8%로 인상되고 예정대로 2015년 10월 10%로 인상되면 수요가 급감할 것이다. 수요의 가격탄력성이 낮은 에너지, 곡물 등 수입품의 원가가 10% 이상 올라 고정 급여 소비자들의 실질소득이 감소하는 상황과 비용 상승형 물가 상승으로 스태그플레이션이 발생할 가능성도 있다. 도시바, 혼다, 마쓰다, 도요타 등 최근 설비투자를 늘릴 계획을 갖고 있는 수출 기업들과 달리 대다수의 내수 중심 제조업체들은 투자계획을 세우지 못하고 있으며 오히려 엔저에 따른 수입물가 상승으로 생산비의 압박을 받고 있는 것으로 알려졌다.

또 다른 근거는 심각한 국가 부채의 문제이다. 일본의 GDP 대비 국가 부채 비율은 2005년 166%, 2010년 194%에서 2013년은 245%에 이른다. 투자자들은 주로 이 비율을 보고 부채 상환 능력을 판단하며 채권이자율도 이에 따라 결정된다. 그동안 높은 부채비율이 문제가 되지 않았던 것은 일본이 세계 최대 자산 투자국이며 국채의 95%가 자국기관 보유라는 점, 그동안 이자율이 매우 낮았고 중앙은행이 언제라도 국채를 매입할 수 있는 구조라는 점 때문이었다. 그러나 현재 부채 규모가 워낙 크다. 이자율이 조금

<표 12-6> 아베노믹스의 성장전략 구도

일본산업 재흥플랜		전략시장 창조플랜	국제전개전략
산업의 신진대사 촉진 - 민간투자 활성화 - 벤처투자 활성화 - 사업 재편 전환 촉진	고용제도 개혁, 인재 강화 - 고용 유지에서 고용 이동 촉진 - 젊은 층, 여성, 고령자 활용 확대	의료: 건강장수 - 첨단의료연구 사령탑 일본관 NIH 창설 - 재생의료 등의 규제 완화	FTA 강화 - TPP, RCEP, EU FTA, 한중일 FTA 동시 추진 - FTA와 규제개혁 연계
과학기술 이노베이션 - 총합과학기술회의 사령탑 기능 강화 - 혁신적 연구개발 프로그램 창설	세계 최고 수준 IT사회 - 전자정부, 빅데이터 강화 - 모든 산업의 IT보편화 위한 규제 완화	그린산업 육성 - 에너지 산업규제 완화, 에너지의 IT융합화 - 원전 재가동 추진	해외시장 전략적 확보 - 인프라 수출 20년까지 3배 30조 엔, 자원 확보 진출 - 일본 음식, 일본 콘텐츠 수출 촉진
입지전략 강화 - 국가전략 특구 창설, 대폭적 규제 완화 - 공공시설 민간위탁 운영 확대	중소기업 혁신 - 지역자원 활용 및 브랜드화 - 신진대사 촉진, 전략시장진출 지원	차세대 인프라 - 인프라의 장수화, IT화, 관련 로봇, 신소재 개발 - 빅데이터의 지원시스템	글로벌 기반 강화 - 인재의 글로벌화 강화, 고도기술 외국인 활용 - 외국의 대일투자 잔액을 2020년까지 2배 35조 엔으로 확대
		지역산업 글로벌화 - 농어촌의 수출 산업화, 이노베이션 거점화 - 의료 관광 촉진	

자료: LGERI(2013: 8).

이라도 상승하면 재정압박과 국채보유 금융기관들의 경영난이 예상된다. 현재 일본의 부채 규모로는 금리가 1% 오르면 이자 지급을 위해 세수의 23%를 지출하고 2% 오르면 절반을 이자로 지급해야 한다. 일본의 10년 만기 국채 수익률은 한때 0.32%까지 하락했으나 6월 말 0.98%까지 상승하고 다시 하락해 7월 중순에는 0.81%였다.

또한 인구문제가 있다. 일본의 장기불황을 초래한 인구감소와 노령화라는 구조적 문제는 더 악화될 것으로 보인다. 15~34세 젊은 층은 과거 10년 (2000~2010년) 사이 17%로 줄었으며 앞으로 10년 동안 14.8%로 감소할 것이다. 중장년세대보다 20대의 실업률이 더 높으며 비정규직 고용비율도 높다. 열악한 재정에도 불구하고 정부 일반회계 일반지출 중 절반이 인구노령화와 관련이 깊은 경직성 사회보장 관련 지출로 구성되어 있다. 슈퍼마켓과 백화점의 판매액은 각각 1991년과 1996년을 피크로, 그리고 신차 판매는 2000년을 피크로 감소하고 있다. 중장기적으로 잠재성장률이 하락하고 내수시장이 축소되며 제조업의 국제경쟁력이 약화되는 구조다.

아베노믹스는 상충하는 정책들을 적절히 조합해 경기가 회복될 때까지 버텨야 하는 모험을 하고 있다. 국채 금리는 화폐 가치가 떨어지거나 떨어질 것이 예상되는 경우, 수익률이 높은 투자처가 있는 경우, 경제 전망이 부정적인 경우 상승한다. 엔저는 수출 확대 효과가 있으나 소비자 후생감소와 생산자물가 상승, 그리고 은행 대출금리 상승으로 소비와 투자를 위축시킬 수 있다. 경기 부양과 재정건전화의 모순도 문제다. 지출 확대는 경기활성화의 효과는 못 보고 재정 적자 유지비용만 키울 수 있다. 일본은 과거도로, 댐, 농지정비 등 공공사업에 막대한 예산을 투입했으나 일시적 경기효과만 내고 성장의 선순환으로 이어지지 못한 경험이 있다. 일본정부는 소비세율을 높일 계획이다. 세수 증가로 이자지급 증가를 감당할 수 있을 것으로 보이나 가뜩이나 수입가격 상승으로 소비 위축이 예상되는 상황에서 소비가 더 경제를 위축시킬 가능성이 높다. 무역을 통한 수출로 활로를 개척할 수도 있으나 무역적자와 경상수지 감소는 2년 이상 진행되고 있으며 FTA 추진은 여전히 지지부진하다. 더욱이 일본 제조업은 이미 컴퓨터, 가전, 통신기기, 유기화합물, 철강 등에서 국제경쟁력을 상실하고 있는 것으로 분석되고 있다.

일본경제에서 경기 선순환 정착을 판단할 수 있는 소득 및 소비의 증가가 나타나기까지 6개월에서 2~3년이 걸릴 것이다. 기술력과 막대한 외환보유고 등 일본의 저력을 볼 때 국가파산까지는 가지 않겠지만, 아베노믹

<표 12-7> 주요국의 채무 상황(2013년)

순위	국가	GDP 대비 %
1	일본	228.4
2	그리스	183.7
3	이탈리아	143.6
4	포르투갈	142.8
5	아일랜드	129.3
6	아이슬란드	128.6
7	프랑스	113.0
8	미국	109.1
9	영국	109.1
10	스페인	97.8

자료: OECD Economic Outlook; ≪니혼게이자이신문≫(2013.8.22).

스는 결국 어느 정도의 스태그플레이션과 소득불균형, 정치·사회 불안정, 그리고 일본경제 위상 하락 등으로 귀결될 것으로 보인다. 일본은 앞으로 동아시아에서 중국을 상대하기 어려워 보인다. 따라서 일본은 미국의 힘을 빌리고자 할 것이며 이는 미일동맹의 강화로 발전할 가능성이 있다.

⑵ 일본의 부채 증가와 일본발 경제위기론

일본의 재정위기(채무위기)에 대한 우려가 제기되고 있다. 일본발 재정위기론은 일본정부의 채무상태에서 미국의 양적완화, 아베노믹스(인플레이션 2% 달성)의 영향, 증세문제가 더해지면 그 충격파가 일본의 재정위기로 나타날 것이라고 분석하고 있다.

2013년 일본의 국가채무가 1000조 엔을 돌파했다. 이는 GDP 대비 230%로 그리스의 180%를 크게 웃도는 수준이다. 이로 인한 이자 부담은 정부 세입의 25%까지 증가할 것으로 보인다. 일본이 처해 있는 문제점은 소자화

<표 12-8> GDP 대비 일본의 국가채무 추이(단위: %)

2000	2001	2002	2003	2004	2005	2006	2007	2008	2009	2010	2011	2012	2013
137.6	144.7	153.5	158.3	166.3	169.5	166.8	162.4	171.1	188.7	192.7	205.3	214.3	224.3

자료: 財務省(2013).

<표 12-9> 한중일미 경제성장률(단위: %)

국가	2009	2000	2001	2002	2003	2004	2005	2006	2007	2008	2009	2010	2011	2012
한국	10.7	8.8	4	7.2	2.8	4.6	4	5.2	5.1	2.3	0.3	6.3	3.6	2.0
중국	7.6	8.4	8.3	9.1	10	10.1	11.3	12.7	14.2	9.6	9.2	10.4	9.1	7.8
일본	-0.2	2.3	0.4	0.3	1.7	2.4	1.3	1.7	2.2	-1	-5.5	4.4	-0.7	1.9
미국	4.9	4.2	1.1	1.8	2.6	3.5	3.1	2.7	1.9	-0.4	-3.5	3	1.7	2.2

자료: 한국통계청; 한국은행; 세계은행(World Bank).

의 진전으로 재정이 궁핍해지는 상황에서 가령 인플레이션 2%를 달성한다고 해도 금리도 상승할 것이기 때문에 이로 인한 이자부담은 증가된다는 것이다. 국가채무가 점점 불어나 한계에 다다르게 되면 채권시장에서의 폭락은 피할 수 없게 된다(≪니혼게이자이신문≫, 2013.8.22).

미국이 양적완화정책에서 축소를 결정할 경우 일본이 받는 영향에 대해서는 자세히 알려지지 않았다. FRB는 미국이 양적완화를 축소해도 금리에는 영향을 주지 않을 것이라고 하지만 단기금리와는 달리 장기금리는 시장에서 결정된다. 따라서 미국이 더 이상 돈을 찍어내지 않기로 결정하면 미국의 금리가 상승할 것이고, 이에 따라 세계적으로도 금리상승 압박이 가해질 것이다. 이는 거대한 정부채무를 안고 있는 일본에 바람직한 상황은 아니다. 금리가 2% 상승하면 정부 세입의 80%에 상응하는 금액을 이자로 내야 하기 때문이다(≪니혼게이자이신문≫, 2013.8.22).

디플레이션이 지속되는 가운데 명목 GDP를 상승시키는 것은 어려운 일이다. 일본정부가 할 수 있는 선택지는 생산성을 증가시키거나 인플레이션을 일으키는 방법이다. 전자는 일본의 노동력 인구가 감소하는 상황에서 불가능하며 남은 선택지는 인플레이션을 일으키는 방법밖에 없는 것이다. 일본은행은 매월 7조 5000억 엔(약 770억 달러)을 찍어내어 국채를 매입하고 있다. 국채를 사들여서 금융기관에 대출할 자금을 늘린다는 이론이고 이를 통해 인플레이션이 발생한다고 본다. 문제는 인플레이션에 동반되는 금리상승이다.

세계적인 헤지펀드 매니저이자 헤이먼캐피털의 창업자인 카일 배스(Kyle Bass)는 일본 금융완화정책의 위험성을 경고하고 나섰다. 그는 일본 국채 위기가 약 2년 안에 터질 것이라고 경고한다. 유럽 재정위기를 예견한 것으로 유명한 그는 70년간 지속된 일본 채권 랠리의 끝이 보이기 시작했다며 금리가 오름세로 돌아서면 게임은 끝난다고 말했다. 일본이 심각한 부채 위기에 빠질 수 있다는 경고다. JP모건체이스 역시 각국의 금리 인하 경쟁으로 시중에 과도하게 풀린 유동성으로 자산 가격에 거품이 낄 수도 있다는 점을 우려하고 있다(≪한국경제신문≫, 2013.5.21).

일본은 1997년 정부가 소비세를 3%에서 5%로 증세하자 경기가 후퇴하고 GDP 대비 국가채무가 급상승한 경험이 있다. 아베 정권에서 소비세 증세가 어려운 이유이다. 그러나 아베 정권은 소비세 증세를 늦출 수도 없는 상황에 빠져 있다. 세계적인 신용평가 회사들이 일본정부가 소비세 증세를 늦출 경우 일본국채의 신용도를 내린다고 이미 시사했기 때문이다(≪니혼게이자이신문≫, 2013.8.22).

3) 중국경제

중국경제는 미국, 유럽 등의 경제 침체로 8% 이하의 경제성장률을 보였다. 2011년 시작된 제12차 경제개발 5개년계획의 가장 중요한 내용은 부민

공정(富民工程)으로 상징되는 국내소비의 확장이다. 경제 규모에 비해 수출 의존도가 비정상적으로 높기 때문이다.

리커창(李克强) 총리가 경제를 이끄는 중국은 현재 경기 성장보다 경제체질의 강화에 초점을 두고 있다. 2013년 11월 공산당 중앙위원회 18기 3중전회는 부작용을 우려해 개혁의 속도를 조절했지만 기본 방향에 대해서는 의견을 같이 했다. 경제체질 강화란 국유기업 독점타파 및 기업부채 조정, 수출보다 내수 확대, 저임금 경쟁력을 넘어서는 산업 고도화 그리고 금융 자유화 및 자율화이다. 인위적인 경기 부양도 허용하지 않을 방침이다. 2013년 164개 항목의 규제를 철폐했으며 2015년까지 금리는 자율화할 예정이다. 중국의 경제성장은 국가, 국유은행, 국유기업의 3각체제가 이끌어 왔지만 이제 경기부양의 긍정적인 기능보다 금리를 매개로 한 폭리와 부패로 인해 중국경제의 질적 성장을 가로막는 요인으로 취급되고 있다. 지방에서의 정경유착은 더욱 심하며 대부분의 지방정부는 막대한 재정 적자의 상태이다. 중국정부가 발표한 2013년 분기별 공식 경제성장률은 7%대이다. 그러나 전문가들은 실제로는 6%대일 것으로 추산한다.

중국의 국제적 영향력은 계속 커질 것이 확실하다. 중국은 앞으로 유럽과 미국을 추월하는 산업 생산력을 가질 것이다. 당분간 과거와 같은 높은 경제성장을 이루지는 못하겠지만 6~7%대의 견실한 성장세를 유지할 것이다. 중국의 가장 큰 장점은 정부가 외부의 간섭 없이 효율적으로 경제정책을 펼칠 수 있다는 점이다. 또한 선거가 없어 정부에 대한 평가가 주로 경제적 성과에 바탕을 두고 이루어지므로 정부가 경제 관리를 소홀히 할 수 없다.

중국은 또한 서서히 금융강국으로 부상할 것이다. 위안화의 무역 결제화는 빠르게 이루어지고 있다. 자본시장 개방도 이미 계획이 마련되어 있다. 위안화의 국제 기축 통화화를 목적으로 하는 완전개방 경제를 실험할 상하이 자유무역시험구역(Free Trade Zone)이 2013년 9월 발족했다. 민영화된 중국 금융기관과 외국 금융기관이 차별과 규제 없이 활동하는 금융개방을 통해 궁극적으로 위안화의 태환화를 실시할 계획이다. 이외 서비스업 확대 개방 조치 18개 대상 분야는 물류, 문화, 교육, 컨설팅, 병원 등의 분야이다.

일부 전문가는 중국경제의 미래를 불확실하게 본다. 성장률 둔화로 인한 사회경제적 위기, 노사문제의 악화 가능성, 지니 계수의 급격한 상승 등에서 나타나는 분배 차원에서의 갈등, 소득 증가에 따른 자유주의적 요구, 지역분열주의, 심각한 환경오염, 경작지의 급격한 감소와 농민공 증가, 에너지와 식량 수급 불안정 등이 이유이다. 그러나 이 문제들이 새로운 것은 아니며 경제성장에 힘입어 풍부한 정책자원이 있는 중국정부가 해결하기 힘든 문제는 아니다. 다만 급속한 인구 고령화로 20년 이후에는 중국경제가 고비를 맞을 수 있다. 중국이 당면하고 있는 더 심각한 문제는 만성적인 무역수지 흑자를 축소하는 것이다. 중국은 국제금융위기 이후 무역흑자의 규모가 잠시 축소되었지만 유럽과 미국의 경제성장에 따라 다시 무역흑자 기조를 보일 가능성이 높다. 중국은 위안화 평가절상을 용인해 무역 적자국들의 압력을 피하면서 동시에 막대한 외환보유고 관리비용을 절감하고 국내 소비 진작을 꾀할 것이다.

중국은 앞으로 국제 역학구도 변화의 핵심에 위치할 것이다. 막강한 경제력이 구조적 원인이나 서구 위주의 국제질서에 대한 근본적인 반감이 있어 도전적이고 강경한 대외정책의 기조를 보일 것이다. 서구의 시각에서는 비합리적으로 보일지 모르나 자국 중심의 중화주의로 무장한 중국은 소위 '핵심이익'을 넓혀가면서 주변 국가들과 충돌할 가능성이 높다. 심각한 빈부격차로 인한 내부 불만을 무마하기 위해서라도 대외적으로 강경한 자세를 취할 것이다. 그러나 중국은 미국이 주도하는 현 국제정치경제체제의 수혜자이기 때문에 근본적으로 판을 새로 짜려고 하기보다 미국, 유럽 등과 적당히 타협하면서 국익을 추구하는 전략을 택할 것이다.

한국으로서는 부상하는 중국이 기회이자 도전이다. 경제적으로 위안화의 평가절상과 중국 금융개방에 대비해야 할 것이다. 중국에 대한 과도한 수출 의존도를 줄이고 수출시장의 다변화를 추진해야 한다. 중국의 경제성장이 사업 기회를 제공한다는 점, 북핵 해결과 통일 과정에서 중국의 협조가 필요하다는 점 등을 고려하면 중국과의 관계를 더욱 돈독히 할 필요가 있다. 그러나 중국에 올인하는 전략은 위험하다. 중국은 전통적으로 한반도를 자신의 영향권으로 생각해왔기 때문이다. 중국이 인치(人治)와 네트워크에 의해 움직이는 국가라는 점을 감안하면 앞으로 교육, 문화, 민간교류 등 중국과의 공공외교를 강화해야 할 것이다.

3. G20정상회담의 경제위기 대응

2008년 미국 금융위기가 확산되면서 세계경제위기가 악화되지 않도록 국제경제 시스템을 관리하기 위해 선진국과 개도국의 중심 국가들이 모여 G20정상회담 체제를 형성했다. G20정상회담은 매년 회의를 개최하고, 각국의 경제 상황과 실행과제를 점검하면서 정책 의견을 교환함으로써 세계 경제위기가 심화되지 않도록 하는 중요한 역할을 수행해왔다. 그 내용을 살펴보고 경제위기에 대응하는 요인들을 고찰하고자 한다.

1) 제1차 미국 워싱턴 회담 (2008년 11월 15일)

각국의 금융위기 대응조치와 진전사항을 검토하고, 금융위기의 원인에 대한 공통의 이해 제고, 금융위기 재발방지를 위한 세계 금융시장 규제 및 제도 개혁에 대한 공통원칙 합의와 관련해서 논의했다. 금융위기가 실물경제로 전이되는 것을 방지하기 위해 국제적 공조로 고강도의 금융·재정정책 등 경기부양책을 시행하기로 합의하고, 금융위기의 극복을 위한 자유무역 활성화의 중요성 인식 공유 및 무역과 투자에서 새로운 무역장벽 설치, 수출제한 등을 동결(standstill)하는 데 합의하며, 금융개혁을 위한 5개 공통원칙(투명성·책임성 강화, 건전한 규제 증진, 금융시장의 건전성 촉진, 국제협력 강화, 국제금융기구 개혁)에 합의하고, 47개 중·단기 이행과제를 설정해 이행하기로 했다(외교통상부, 2009).

　액션플랜은 정상선언 부속문서의 47개 행동을 종합한 것으로 2009년 3월 말까지의 조치와 중기적 조치로 구성되어 있다. ① 투명성 및 설명 책임의 강화를 위한 2009년 3월 31일까지의 당면조치로서 시장 혼란기에서 증권화 상품 등의 평가에 관한 지도(가이던스) 강화 등이 제시되었고, 중기적 조치로 국제회계의 기준설정에서 거버넌스 강화 등이 제시되었다. ② 건전한 규제 확대를 위해서: 규제 틀에 관해 2009년 3월 31일까지 IMF, FSF(금융안정화포럼) 등 규제 당국이 경기순환의 증폭효과를 완화시키기 위한 제언을 정리하기로 했고, 중기 조치로 각국에게 글로벌화와 금융시스템의 정합성을 위해 자국의 규제체계 구조를 수정할 것 등이 제안되었다. 건전성에 관한 감독의 당면 조치로 신용평가회사에 의한 국제적 규범의 준수확보와 중기적 조치로 공개평가를 부여하는 신용평가회사에 대한 등록제 도입 등이 제안되었다. ③ 금융시장의 공정성 촉진을 위한 국제 연계의 강화로 국경을 넘어 활동하는 대규모 금융기관에 대한 감독기구의 설립이 제안되었다. ④ 국제금융기구 개혁을 위해서: FSF 멤버십 확대와 IMF와 FSF와의 협동 및 기능 강화, 세계경제의 경제적 비중의 변화를 적절히 반영할 수 있는 브레턴우즈 기구의 근본적인 개혁 등이 제시되었다.

2) 제2차 영국 런던 회담 (2009년 4월 2일)

거시경제 정책공조로써 금융시장 안정 및 신흥국 유동성 공급 확대, 보호주의 저지, 금융 감독 및 국제금융기구(IFIs) 개혁과 관련해서 논의했다. 2008년 워싱턴 G20정상회담은 금융위기를 맞아 G20 차원에서의 대응을 모색한 출범회의로 금융부문의 개혁을 주로 논의했다면, 런던 회담에서는 금융 안정과 실물경제 회복을 위한 구체적 조치(tangible deliverables) 도출에 집중했다는 점이다. 성장과 고용 회복, 금융 감독 및 규제 강화, 세계적인 금융기관의 강화, 보호주의 대항 등에 공조할 것을 합의했다(외교통상부, 2009).

워싱턴 회의에서의 액션플랜이 계속 실시되었고, 런던 정상회담의 골자는 다음과 같다. ① 성장과 고용의 회복을 위해서: 많은 나라에서 과감한 금리 인하를 실시했다. 중앙은행은 가격의 안정과 정합적으로 비전통적인 수단을 포함한 금융정책 방법을 활용하면서 필요하다고 판단되는 기간 동안 완화정책을 유지하는 데 합의했다. G20의 틀에 따라 금융시스템 수복을 위한 정책을 실시하여 금융시스템을 통한 자본흐름을 회복시키고, 시스템상 중요한 금융기관의 건전성을 확보하기 위해 행동한다. 이와 같은 행동은 재정·금융자극책, 금융섹터에 대한 포괄적인 지원 프로그램으로 이루어진다. 이제까지 발표된 이례적 정책적 수단들은 지체 없이 이루어져야 한다. ② 금융 감독 및 규제 강화를 위해서: 금융섹터 및 금융 규제·감독의 실패가 위기의 근본 원인이다. 각 나라의 국내 규제 시스템이 강력성을 확보하는 데 합의했다. 각국은 세계 금융 시스템에서 필요한 고강도의 틀 구축에도 합의했다. ③ 세계적인 금융기관의 강화를 위하고 세계적 신뢰와 경제 회복을 위해 신흥국에 자금 유입이 계속되어야 한다. 이를 위해 국제금융기관 특히 IMF의 강화가 필요하다. 이에 각국은 신흥국 및 개발도상국을 위해 8500억 달러의 자금을 국제금융기관을 통해 이용할 수 있도록 합의했다. ④ 보호주의에 대항하고 세계적인 무역투자의 촉진을 위하며, 국제무역이 25년간 처음으로 감소하면서 보호주의에 대한 압력 등으로 수요 하락이 악화됨을 인식하고 워싱턴서약을 재확인한다. 새로운 무역장벽을 세우지 않고, 새로운 수출제한도 부과하지 않으며 WTO에 위반하는 수출자극책도 취하지 않는다(外務省, 2008a).

3) 제3차 미국 피츠버그 회담 (2009년 9월 24~25일)

금융규제 강화, 국제금융기구의 개혁, 에너지안보 및 기후변화, 최빈개도국 지원, 고용 및 무역과 관련해서 논의했다. ① 현 경제 상황에 대한 진단 및 출구전략을 위해서: 경제 여건이 개선되고 있으나 경제 회복은 아직 불완전하며 확고해질 때까지는 경기촉진정책(stimulus program)의 이행이 필요하다. 아직 출구전략을 이행할 때는 아니나 향후 국제공조를 통해 이행할 수 있도록 재무장관이 IMF·금융안정위원회와 협조하여 준비해야 한다. ② 지속 가능한 균형 성장을 위한 협력체계(A framework for strong, sustainable and balanced growth)를 위해서: 경제위기 이후 세계경제의 수요 부족 및 저성장문제의 대응과 중장기적으로 지속 가능한 균형 성장을 위한 G20 차원의 협력체계에 합의했다. 협력체계는 다음 단계를 통해 시행하기로 한다. 첫째, G20 국가 간 공통의 정책목표에 합의하고 둘째, 각국은 중기적인 정책 체계를 설정하고 각국의 정책 이행 상황에 대해 상호 평가(mutual assessment)한다. 셋째, 상호평가 결과에 기반을 두고 지속 가능한 균형 성장을 위해 필요한 조치를 시행한다. IMF는 각국의 경제 정책에 대한 분석 등을 통해 상호 평가를 지원한다. 2009년 11월 재무장관 회담 시 구체적 계획을 마련하고, 차기 정상회담에서 상호 평가 결과를 검토한다.

③금융규제 개선을 위해서: 금융기관의 과도한 위험부담 방지 등 네 개 과제에 대한 조치에 합의하고, 워싱턴 회담 시 도출한 47개 과제는 2009년 말까지 완료하기로 했다. 다음의 주요 분야에 대한 개혁체제 마련에 합의했다. 첫째, 은행 자본의 규제 강화로, 2010년까지 국제적으로 합의된 자본규제 기준을 마련하고 2012년까지 이행을 목표로 했다. 둘째, 보상체계 개혁으로, 상여금 지급에 대한 규제를 대폭 강화하는 내용의 금융안정위원회 보상체계 기준을 완전하게 이행하기로 합의했다. 금융안정위원회는 기준집행 상황을 점검하여 2010년 3월까지 추가 필요조치를 제안하도록 한다. 셋째, 장외파생상품 규제로, 가급적 2012년까지 모든 표준화된 장외파생상품을 중앙청산소를 통해 청산하는 데 합의했다. 중앙청산소를 통하지 않은 거래에 대해서는 좀 더 높은 수준의 자본적립을 요구한다. 넷째, 다국적 금융기관의 정리방안으로, 2010년 말까지 다국적 금융기관에 대한 정리방안과 시스템적으로 중요한 금융기관에 대한 감독을 강화하는 방안을 마련하도록 한다. 2011년 6월까지 단일한 국제회계 기준 마련 및 2010년 3월까지 조세 피난처에 대한 대응조치 준비 등 비협조 지역에 대한 규제를 강화하도록 한다. ④국제금융기구의 개혁을 위해서: 첫째, IMF 개혁으로 IMF 재원 확대 관련 런던 정상회담 합의의 이행 성과를 평가한다. 둘째, 세계은행 개혁으로 세계은행 등 다자간 개발은행 본연의 빈곤 극복 능력의 확대와 재원확충을 추진하면서, 식량안보·인간개발·민간주도와 성장지원·녹색경제로의 전환 지원 등에 노력하기로 합의한다. ⑤신규장벽금지 원칙에 대해 무역과 투자에 관한 동결 및 기존 보호무역 조치의 원상회복 원칙을 재확인한다. WTO는 유관 국제기구와 분기별 이행보고서를 제출한다. DDA 협상 타결 노력으로, 2010년까지 DDA 협상 타결을 위한 정상 차원의 정치적 의지의 결집 필요성을 확인하고 통상장관들은 2010년 초까지 협상 진행 상황을 점검하고 내년 정상회담에서 협상 상황을 검토하기로 합의했다.

4) 제4차 캐나다 토론토 회담 (2010년 6월 26~27일)

　세계경제, 지속 가능 및 균형 성장의 협력 체계, 금융분야 및 국제금융기구의 개혁, 무역 및 투자, 개발, 글로벌 금융안전망과 관련해서 논의했다. ① 세계경제, 지속 가능 및 균형 성장의 협력체계와 관련해서: 세계경제는 예상보다 빠르게 회복되고 있으나 높은 실업, 글로벌 불균형, 취약한 금융시장, 재정 악화 등 위험요인이 상존한다. 신뢰할 수 있고 성장 친화적이며 국별 상황에 맞는 재정건전화가 필요하다. 이에 2013년까지 재정 적자를 1/2로 감소하고, 2016년까지는 정부 부채비율을 안정화 및 감소하겠다는 선진국들의 재정건전화 약속을 확인했다. 흑자국가는 해외수요에 대한 의존을 줄이고 국내 수요·성장동력을 확충한다. ② 금융분야의 개혁과 관련해서: 자본·유동성 규제 및 시스템적으로 중요한 금융기관(SIFI)의 규제를 위해서 서울 정상회담에서 최종결론을 도출하기로 합의했다. 금융위기 대응 비용의 금융권 분담에 관한 원칙(납세자보호 등)에 합의하고, 구체적 방안에 대해서는 국별 상황에 따른 다양한 대안을 인정한다. 은행세(bank levy) 도입에 대해서는 G20 국가 간 다른 입장을 노정했다. ③ 국제금융기구의 개혁 관련해서: IMF 쿼타개혁(개도국으로 5% 이상 이전)을 서울 정상회담까지 완료하고 지배구조 개혁도 병행 추진한다. ④ 무역·투자분야 새로운 장벽동결 등 보호주의 저지 약속을 2013년 말까지 3년 연장한다.

5) 제5차 한국 서울 회담 (2010년 11월 11~12일)

　강하고 지속 가능한 균형 성장의 협력체계, 국제금융기구의 개혁과 글로벌 금융안전망, 금융규제 개혁, 무역, 개발 및 금융 소외계층 포용, 에너지, 기후변화 및 녹색성장, 반부패, 비즈니스 서밋, 아웃리치 등과 관련해서 논

의했다. ① 강하고 지속 가능한 협력체계: G20의 정책공조 방안과 개별국
가별 정책 약속 등을 종합한 서울 액션 플랜(Seoul Action Plan)을 합의했다.
환율관련 정책 공조(시장 결정적 환율제도로 전환, 경쟁적 평가절하 자제 등)를
재확인하고, 2011년 상반기 중 경상수지 가이드라인에 대하여 재무장관과
중앙은행 총재들이 논의하기로 결정하고, 구조 개혁으로 녹색성장, 세제개
혁 등을 강조했다. ② 금융규제 개혁: 은행 자본과 유동성의 규제(바젤 Ⅲ),
체계적으로 중요한 금융기관의 규제 등에 대해 승인했다. 유사은행(sha-
dow banks) 규제, 신흥국 관점의 규제 개혁 등에 합의했다. ③ 무역: DDA
협상의 조속한 종결을 위한 정치적 의지를 표명했다. 2011년이 중요한 기
회임을 감안해서 막바지 협상의 필요성을 강조하고, 보호무역주의의 동결
공약을 재확인했다. ④ 글로벌 금융안전망: 탄력대출제도(FCL) 개선, 예방
대출제도(PCL)의 신설 등 글로벌 금융안전망의 구축을 위한 IMF의 성과를
환영했다. 공동의 위기에 처한 여러 국가에 동시에 IMF의 대출을 제공하는
MFCL(Multi country Flexible Credit Line) 도입을 환영했다. ⑤ 개발: 단순한
재정원조를 넘어 개도국 능력 배양을 통한 자생력 확충을 중심으로 하는
'서울개발컨센서스'에 합의했다. 성장과 연관된 분야(인프라, 인적자원 개발,
무역·투자, 개발경험 공유 등) 다년 간 행동 계획(Multi-Year Action Plan)을 채
택했다. ⑥ 비즈니스 서밋: 비즈니스 서밋의 개최를 환영하고 지속적 개최
를 기대한다. ⑦ 아웃리치: G20 비회원국 및 국제기구와의 협의를 확대하
기로 합의했다.

6) 제6차 프랑스 칸 회담 (2011년 11월 3~4일)

세계경제와 거시경제정책의 공조, 국제금융기구(IFIs) 및 국제금융규제
의 개혁, 농업, 에너지, 1차산품의 가격 변동성, 무역, 개발, 식량안보, 고용,

기후변화, 반부패, 글로벌 거버넌스와 관련해서 논의했다. 유럽 재정위기, 세계경제의 성장전략, 무역, 개발, 글로벌 거버넌스 등을 협의하고 정상선 언문을 발표했다. ① 유럽 재정위기와 관련해서: 10월 26일 유로존 정상회담에서 제시된 유럽 차원의 해결책에 대해 지지하고, 그리스 국민투표 철회 유도, IMF의 이탈리아 감시에 합의했다. IMF 재원의 추가 확충과 IMF 자금을 유로존사태 해결에 활용하는 방안은 차기 재무장관회담에서 추가적으로 논의하기로 했다. ② 성장과 일자리를 위한 글로벌전략으로 거시경제 공조와 관련해서: 단기적인 신뢰 회복과 성장 지원을 위한 각국별 정책을 명시한다. 유럽은 그리스 국채문제의 해결 등 10월 26일 유로존 정상회담 합의를 이행하고, 선진국 재정 지출 및 재정 여력국의 재량적 내수진작 정책을 실시한다. 중장기적으로 구조조정 등 성장 기반 강화를 위한 개혁 과제에 합의했다. 재정건전화, 국가채무의 감축노력과 함께 흑자국의 환율 유연성을 제고한다. ③ 2013년까지 보호무역조치 동결 및 신규 무역제한조치의 원상회복 원칙에 대한 기존 합의를 재확인했다. 다자무역체제의 중요성을 재확인하고 2011년 12월 WTO 각료 이사회에서 2012년에 DDA 협상 진전을 위한 새로운 방안을 검토하도록 지시했다. ④ 글로벌 거버넌스 및 G20의 제도화 관련해서: 국제경제협력의 최상위포럼으로 G20의 독보적 지위를 확인했다. 트로이카체제의 공식화, 아웃리치 강화 및 구체적 운영 지침의 마련을 통한 G20의 제도화 진전에 합의했다. 2015년까지 개최국을 확정하고 2016년부터 지역별 순환 원칙에 합의했다. 2012년 멕시코, 2013년 러시아, 2014년 호주, 2015년 터키로 결정했다. ⑤ 금융규제, 에너지, 농업, 고용, 반부패 등 관련해서: 대형금융기관(G-SIFI)의 종합 규제체계를 마련하고, 금융안정위원회에 대한 법인격 부여 및 기능을 강화한다. 농업, 에너지, 고용, 반부패 등 분야별 실무그룹 및 장관회담에서 채택한 결과를 승인했다.

7) 제7차 멕시코 로스카보스 회담 (2012년 6월 18~19일)

성장과 고용을 위한 경제안정 및 구조 개혁, 금융시스템의 강화 및 금융 소외계층의 포용, 국제금융체제의 개선, 식량안보 및 원자재의 가격 변동성 대응, 지속 가능발전, 녹색성장, 기후변화와 관련해서 논의했다. ① 세계경제 및 거시정책의 공조와 관련해서: 유로존의 위기 해결을 위해 그리스의 유로존 잔류를 지지하고 유로존의 방화벽 제고를 환영하며 자구적 노력 강화를 촉구한다. 유로존의 스페인은행 부문 자본 확충 지원 결정을 환영하고 유로존 국가 간 거시경제의 재균형을 촉구한다. ② 세계경제의 회복을 위한 G20 거시정책의 공조 강화를 위해서: 미국과 일본은 중기 재정건전화 계획의 이행을 약속한다. 재정 여력국은 국가별 상황을 고려하여 성장촉진의 노력을 제고한다. 환율유연성을 제고하고, 경쟁적 평가절하의 금지약속을 재확인한다. ③ 보호무역조치의 동결 공약을 2014년까지 연장하고, 새로 도입된 무역제한조치의 원상회복(roll back)을 약속한다. 보호무역주의에 대한 WTO 등의 감시활동 강화에 합의했다. DDA 협상진전을 위한 새로운 접근방식의 필요성을 재확인하고, 무역 원활화 등 진전이 가능한 분야에서의 성과 달성에 노력한다. ④ 국제금융체제의 강화와 관련해서: 글로벌 금융위기의 대응을 위한 IMF 재원을 4560억 달러로 확대한다. ⑤ 금융개혁 및 금융 소외 계층의 포용과 관련해서: 대형금융기관의 규제, 정리체계, 장외파생상품의 규제, 유사은행의 규제 등 기존 합의된 금융규제의 이행을 확약한다. G20의 금융 소외 계층 포용 이슈를 총괄하는 글로벌 파트너십(GPFI)의 노력을 환영하고 관련 약속을 이행한다.

액션플랜으로는 ① 단기적 리스크에 대처하고, 신뢰 회복 및 성장촉진에 관한 행동에 합의했다. G20 중 유로권 국가는 유로권의 일체성 및 안정성을 지키고, 금융시장의 기능을 개선하고, 국가와 은행 간의 피드백을 위해 모든 조치를 취한다. 스페인의 은행시스템 자본 강화 계획 및 금융재편당국을 지원한다는 유럽의 발표를 환영한다. 재정협정의 채택 및 그 지속적 실시는 성장촉진과 구조 개혁과 함께 재정경제의 통합을 위한 중요한 발걸음이다. 유럽안정 메커니즘을 조기에 확보한다. 유로권 국가들은 적자국에 대해서는 경쟁력 강화를 위한 구조 개혁, 흑자국은 내수와 성장의 촉진을 위한 구조 개혁을 통해 유로권의 역내조정을 촉진한다. 유로단일시장의 완성과 EIB(유럽투자은행), 프로젝트채(債), 구조기금·결속기금과 같은 유럽 금융수단에 의한 자금, 고용, 성장 및 경쟁력 등 성장을 위한 조치를 전진시킨다는 데 결의한다. 재정정책은 재정의 지속 가능성을 촉진하고 정책의 신임도를 강화하는 방법으로, 회복의 강화와 유지에 초점을 맞춘다. 만약 경제 상황이 더욱 나빠질 경우 아르헨티나, 호주, 브라질, 캐나다, 중국, 독일, 한국, 러시아, 미국은 각국의 상황과 기여를 고려하면서 내수를 위한 조치를 조정하고 실시할 용의가 있다. ② 중기전략을 위한 기반 강화와 관련해서: 모든 나라들은 칸에서 책정된 6개 분야의 계획에 입각하여 다음에 합의했다. 먼저 자국 재정의 지속 가능성을 확보하는 것이다. 미국과 일본은 자국의 중기 재정건전화 계획의 강화와 실시의 중요성을 인식하면서, 정부의 채무 대비 GDP 비율을 착실히 감소시키는 행동을 할 것이다. 미국은 2016년까지 연방정부의 채무 대비 GDP를 감소시키도록 노력한다. 그 외 나라들은 다음 회담까지 2015년 이후의 채무 대비 GDP 비율에 대해 각국의 목표와 명확한 전략을 밝히는 데 합의한다. 둘째, 경상수지 흑자국에서는 내수를 증가하고, 적자국에서는 공적부문에서부터 민간부문에 수요를 이전하여 민간저축을 증가시켜 내수 밸런스를 위한 조치를 강화한다.

8) 제8차 러시아 상트페테르부르크 회담 (2013년 9월 5~6일)

거시경제의 정책공조, 고용, 노동, 국제 금융체제의 개혁, 금융규제의 강화, 에너지의 지속 가능성, 개발, 다자무역체제의 강화, 반부패 등과 관련해서 논의했다. ① 거시경제정책의 공조 및 일자리 창출과 관련해서: 세계경제 회복, 재정건전화, 국제금융시장의 위기관리를 위한 G20 정책공조 방향을 담은 상트페테르부르크 행동계획을 채택했다. 주요 내용은 통화 정책 기조의 변화를 신중하게 조정하고, 시장과 소통하고, 중기 재정 건전성의 강화를 위해 2016년 이후 중기 재정전략을 이행하되, 단기적으로는 경기 여건을 감안해서 재정을 유연하게 운영한다는 것이다. 청년과 여성 등 취약계층의 고용 촉진과 양질의 일자리 창출을 위해서 거시경제정책과 고용정책 등을 포괄하는 정책을 추진하기로 했다. ② 국제금융체제의 강화와 관련해서: 2010년 IMF 쿼터 및 지배구조 개혁안의 조속한 비준을 촉구하고, 차기 쿼터개혁에 대해 기한(2014년 1월) 내 합의할 것을 재확인했다. IMF 중심의 국제금융체제를 보완하고 금융위기의 대응능력을 높이기 위한 지역금융안전망(RFAs)의 역할 강화에 합의했다. ③ 금융규제 및 조세와 관련해서, 그림자금융에 대한 포괄적인 규제·감독안을 마련하고, 역외 조세 회피 방지를 위한 액션플랜(15개 작업으로 구성)과 다자 및 양자 간 조세 정보의 자동교환을 위한 글로벌모델의 개발계획을 승인하고, 2015년 말까지 G20 간 자동정보 교환의 개시를 기대한다. ④ 무역관련해서: 제9차 WTO 각료회담에서 조기 수확성과의 도출을 촉구했다. 보호주의 동결서약을 2014년에서 2016년까지 연장했다.

액션플랜의 골자는 ① (경기)회복의 지지와 단기적인 리스크에 대한 대처로: 유로권은 은행의 밸런스시트를 강화하고, 금융시장의 분단화 축소를 노력하고, 경제통화통합의 기초를 강화한다. 몇 국가들은 지출 변화와 민간투자 환기를 위한 활동을 통해 성장을 뒷받침하는 조치를 제안했다. 영국은 경상지출을 절약하는 한편, 55억 파운드를 인프라 투자와 단기적 비즈니스 지원에 배분하는 등 정책의 우선순위를 수정했다. EU는 EIB의 자본 확대를 활용하여 이노베이션과 스킬 투자를 촉진하고, 중소기업의 융자 엑세스를 원활화하여 전략적 인프라개발을 지원하는 등 필요한 행동에 일치했다. 금융정책은 중앙은행의 지휘에 따라 국내 물가안정과 경제 회복을 지원하도록 했다. FRB는 물가안정이라는 틀 안에서 노동시장의 전망이 개선될 때까지 자산구입프로그램을 지속하고, 적절한 경우 다른 정책적 수단도 활용할 의도가 있다. ECB 이사회는 주요 유로권의 금리가 장기간에 걸쳐 현재의 수준 혹은 그 이하의 수준에 머무를 것이라고 본다. ② 재정의 지속 가능성 향상과 관련해서: 모든 선진국은 채무 대(對) GDP를 안정화 및 감축시키기 위한 전략을 제시했다. 캐나다, 프랑스, 독일, 이탈리아, 한국, 스페인은 2016년 이후 채무 대 GDP에 관한 각국의 목표를 통해 이를 감축하도록 했다. 일본은 2020년까지 프라이머리 밸런스의 흑자를 달성한 후, 정부 채무 대 GDP를 안정적으로 감축하는 것을 목표로 한다. 미국은 앞으로 10년간 연방정부의 채무가 감소할 것이라고 예측한다. ③ 강력한 성장을 위해: 중국은 GDP에서 서비스산업의 부가가치가 차지하는 비율을 2015년까지 4% 높이기로 했다. 일본은 해외로부터 투자를 유치하기 위해 대담한 규제개혁조치와 일본의 비즈니스 환경을 향상시키는 국가전략특구를 설치하고, 다른 조치도 병행하여 2020년 직접투자를 35억 엔 증가시키는 것을 목표로 한다. 미국은 공적투자 확대나 인프라자산에 대한 민간투자를 촉진하여 인프라를 개선하도록 한다. 또한 각국은 강력한 성장을 위한 전제조건으로 생산성과 경쟁력의 향상을 위한 조치를 취한다. 프랑스는 2013년 말까지 주택, 교통, 에너지시장을 향상시키기 위한 조치를 취한다. 영국은 2015년까지 법인세율 20% 인하를 통해 비즈니스 부담을 경감하기 위한 조치를 취한다. ④ 지속 가능한 성장을 위해: 모든 G20 국가들은 금융시장 개혁의 실시라는 과거 합의된 사항에 대해 노력한다. 국내 금융시스템을 더 강력하게 하고, 장래 금융위기 리스크를 억제하기 위한 추가적 개혁이 제안되었다. 일본은 금융기관의 파산처리 틀을 규정하는 개정예금보험법을 실시하고 있다. 미국은 금융시스템의 레버리지 감소 등의 개혁을 실시한다. ⑤ 균형 있는 성장을 위해서: 적자국과 흑자국 사이의 균형을 위해 정책조정실시를 결의했다. 흑자국은 내수성장을 실현하고, 적자국은 저축을 증가시키고 경쟁력을 높이며 좀 더 유연한 환율의 실현이 불가피하다. 중국은 경제발전 패턴을 변화시켜 내수시장 확대에 기여해왔다. 독일은 비즈니스 투자를 강화하기 위해 유로권의 신뢰를 위한 개혁을 실시해왔고, 건전한 재정과 성장력 향상을 위한 조치를 적극적으로 추진해왔다. 미국은 재정 적자의 삭감과 가계저축의 촉진, 제조업의 경쟁력 향상 등을 통해 대외수지 강화를 위한 정책을 시행하고 있다.

4. 결론: 세계경제위기의 분석과 대응전략

1) 세계경제위기의 분석

주요 세계경제위기는 공통점과 차이점을 보이고 있다. 경제대공황 당시 미국발 경제위기는 세계 주변부에 큰 충격을 주었다. 아시아 금융위기는 아시아 국가들에 구제자금을 제공하는 IMF의 조건부약정(conditionality)이 재정수지와 경상수지의 균형 그리고 수출 촉진을 위해 정부지출 억제, 고이자율과 고환율을 요구했기 때문에 국내 경제에 어려움을 주었다. 정부와 기업은 구조조정과 노동유연화를 통해 위기를 극복하고자 했다.

2008년 금융위기로 인해 미국에서는 중산층이 타격을 입고 소득 격차가 확대되었다. 그러나 안전자산인 달러의 수요가 늘어 미국정부는 인플레이션 걱정 없이 양적완화정책을 펼칠 수 있었고 금융기관들은 사업기회를 얻을 수 있었다. 2010년의 유럽 재정위기로 인해 그리스, 포르투갈, 스페인 등 지중해 연안 재정 취약국들의 실업률은 상승하고 정부는 복지지출을 삭감해야 했다. 그러나 역내 경제대국인 독일과 독일 중앙은행의 영향력이 강한 유럽중앙은행은 입지를 강화했다.

1930년대 경제대공황은 과잉 생산이 문제였고 피해자는 일반 예금주들과 투자자들이었다. 제1차세계대전 당시 전쟁의 필요로 인해 팽창한 미국의 산업생산력은 전후 바로 적정수준으로 전환되지 못했다. 그러나 과잉 생산된 상품들은 전쟁 중 산업시설이 파괴된 유럽에 수출되어 해결되었다. 이러한 과정을 거치면서 금융산업도 과열되었다. 그런데 유럽 국가들이 점차 산업시설의 재건에 성공하여 수출이 여의치 않게 되자 미국의 과잉 생산능력이 문제가 되었고 이에 따라 금융거품에 대한 우려도 커졌다. 이에 불안을 느낀 투자자들이 투자를 회수하기 시작하면서 증시가 폭락하고 예금 인출과 더불어 경제 전반이 위기에 빠졌다.

이러한 사태로 경영난에 빠진 미국 기업들은 외국에 투자한 자금을 회수하거나 대출 연장을 그만두는 방식으로 재무구조의 개선을 도모했다. 투자 유치국의 경제를 위험에 빠뜨리고 경제위기가 수출된 것이다. 더욱이 미국의 경제 침체 그리고 자국 산업 보호정책으로 인하여 수출판로가 막히자 이들 국가의 경제는 더욱 악화되었고 세계적인 공황이 시작된 것이다. 1930년대 경제대공황 상황에서 각국은 수출의 확대를 위해 경쟁적으로 환율을 낮추고 배타적인 경제권을 구축했다. 이러한 근린궁핍화정책(beggar-thy-neighbor)은 오히려 상황을 악화시켰다. 각국이 1930년대 말부터 상황에 적응하기 시작했지만 대공황에서의 완전한 탈출은 결국 제2차세계대전

발발에 따른 생산 활성화로 인해 가능했다.

2) 한국의 경제외교

한국은 G20체제와 미국 패권을 존중해야 한다. 국제분업과 상호 의존이 심화된 환경에서 각국은 자국 이익을 추구하기 위해 서로 협력해야 한다. 미국의 국력이 상대적으로 약화되고 있는 것은 사실이지만 미국은 여전히 세계 초강대국이다. 세계 외환 보유고의 60% 이상이 달러 베이스이며 외환 거래의 40% 이상이 달러 표시 거래다. 미국이 주요 국가들의 협조를 구하기 위해 G20체제에 참여하는 것은 분명하지만 새로운 거버넌스를 만들 수 있는 미국의 국제정치·경제적 위상을 중시해야 한다.

한국은 G20체제에서 미국과 중국 사이에 어려운 전략적 선택을 해야 하는 처지에 놓일 수 있다. 중국은 그동안의 경제발전에 대한 자신감을 바탕으로 미국에 지속적으로 도전할 것이며, 이는 위안화의 도전이라는 형태로 나타날 것이다. 미중 간의 경제적 갈등은 궁극적으로 다양한 형태의 정치적·군사적 갈등으로 전이될 수 있다. 한국이 정경분리의 원칙을 유연하게 활용하고 경제적·외교적 대응을 하면서 경제력과 군사력을 육성하는 국가전략을 추진해야 한다.

한국은 일본 아베노믹스의 실패 가능성에 대비해야 한다. 수출입 악화, 중간재·부품 공급의 차질, 급격한 자본 이동 등에 대비해야 한다. 일본의 경제위기는 한국에게 경제 및 안보적 측면에서 불안요인이 되겠다. 일본 금융과 산업의 붕괴는 한국경제에 직접적인 영향을 줄 것이고, 동아시아 세력의 재편을 야기하여 예측하기 어려운 상태에 빠뜨릴 수 있다. 한국은 일본과 경제교류를 유지하면서 발생 가능한 시나리오에 대비해야 한다.

제13장

한중일관계의 갈등과 협력

1. 서론

세계화의 흐름에 따라 탈냉전과 탈국가주의가 실현되고 있는 상황에도 동북아시아는 국가민족주의의 틀을 벗어나지 못하고 있다. 이는 동북아시아가 근대국가와 국제체제 형성 과정에서 전쟁과 식민, 분단의 역사를 경험했으며 국가 간 관계를 규율하는 국제규범과 제도적 틀을 마련하지 못했기 때문이다. 21세기 중국은 경제성장을 바탕으로 외교력과 국방력을 보유하는 대국적 성장을 추구하고 있으며, 일본도 경제력과 함께 외교력·국방력을 보유하는 보통국가화를 지향하고 있다. 따라서 중국과 일본 간 패권경쟁과 군비경쟁이 영토·자원분쟁으로 비화하면서 동아시아의 불안요소로 작용하고 있다.

한편 동아시아에서 아시아 금융위기 이후 경제협력에 대한 필요성이 강력히 제기되었고 이는 ASEAN+3의 형태로 진전되었다. 동북아시아의 다자적 경제협력에 대한 논의도 계속되고 있으나, 한중일 간 구체적인 합의가 이루어지지 않은 상황이다. 한중일 FTA는 한중 FTA, 한일 FTA와 함께 논의되어오고 있다.

최근 동아시아 지역은 세계 평균을 초과하는 경제성장(중국 7%)을 기록하고 있다. 전 세계 GDP의 약 30%를 차지하는 동아시아의 경제는 한중일을 중심으로 미래 성장에서 핵심 역할을 담당할 수 있다. 2012년에는 한중일 3국의 리더십이 교체되었다. 1990년 탈냉전 이후 20년간 지속된 국제질서의 변화와 반작용이 새로운 리더십 등장과 결합하면서 큰 폭의 지역 질서 변화로 이어질 가능성이 있다. 중국경제는 20년 이상 지속되어 온 고도성장기를 거쳐 이제는 저성장 국면으로 진입하는 것이 아니냐는 예측이 제시되고 있다. 여전히 중국의 성장잠재력은 무한하며 고도성장 국면이 당분간 지속될 것이라는 평가도 존재한다. 아베노믹스로 대표되는 일본경제의 성패도 동아시아 지역 질서의 향방에 커다란 영향을 미칠 수 있다.

최근 동북아시아 국가 간 갈등은 동북아시아 지역의 평화와 협력에 대한 새로운 접근을 모색하게 만들고 있다. 한중일을 중심으로 한 동북아시아 국가 간 역사인식문제 및 영토 갈등은 일찍이 경험해보지 못한 수준에 이르렀고, 20대의 새로운 지배자가 등장한 북한문제 역시 그 어느 때보다도 불가예측성의 문제를 야기하고 있다. 이러한 차원에서 향후 동북아시아 지역 역내 갈등 해소 및 새로운 협력체제 모색을 위한 다양한 노력이 시도될 것으로 전망되고, 연장선에서 한중일 및 관련국 간 역학관계가 매우 복잡하고 중층적으로 전개될 것으로 판단된다.

동북아시아 지역은 경제적 관점뿐만 아니라 중국의 패권 추구 가능성, 미국의 아시아 중시정책(Pivot to Asia), 일본의 우경화 및 군사재무장 가능성, 북한문제의 악화 등으로 인해 글로벌 안보의 최대 현안으로 지목되고 있다. 2012년 동북아시아에 핵심적인 이해관계가 있는 국가들의 리더십이 교체되었기 때문에 각국은 새로운 동북아시아전략으로 자국의 이익을 극대화하기 위해 치열한 경쟁을 전개할 것으로 전망된다.

이 장에서는 이러한 국제환경 속에서 한중일관계의 갈등과 협력의 요인들을 역사적·포괄적으로 분석하고자 한다. 한중일관계의 국제정치적 여건과 쟁점을 고찰하고, 안보갈등과 경제협력, 과거사문제와 영토분쟁 등에 대해 그 요인들을 분석해볼 것이다. 한중일 간 역사적 쟁점, 안보적·군사적 갈등과 영토분쟁에 더하여 3국정상회담의 제도와 경제협력 등을 살펴보겠다. 한중일관계에는 정치안보적 측면과 경제적 이해 고려가 동반되어야 하므로, 한중일관계의 정치안보적 요인과 경제적 요인의 상관관계를 고찰해보고자 한다.

2. 한중일의 동아시아외교정책

1) 동아시아의 정치경제 상황

동아시아 국제정세에 복합성을 더하는 요인은 안보위기와 함께 경제위기가 공존한다는 것이다. 최근의 세계경제위기는 1929~1934년의 경제대공황을 연상케 한다. 2000년대 미국의 정치경제 패권이 약화되면서 자유무역이 상대적으로 쇠퇴하고, 국가주의와 민족주의가 대두하면서 자원에너지 등을 위한 경쟁·갈등이 고조되고, 동아시아의 동중국해와 남중국해의 영토·자원분쟁에서 소규모 갈등·충돌이 발생할 가능성도 있다.

중국의 시진핑 정부는 동아시아 국제질서에 중요한 의미가 있다. 문화혁명 등 과거 정쟁으로부터 자유로운 집권세력의 등장을 의미하고, 1982년 경제 개방 이후에 서서히 누적되기 시작한 문제들을 해결해야 하는 과제를 안고 있다. 경제적으로 이룩한 성과가 국제사회의 지도력으로 자연스럽게 전환되어야 할 시점인데, 북한 및 한반도문제에 대해 어떠한 정책적 입장을 취할 것인지는 국제사회의 주된 관심이 되고 있다. 최근 수년간 전개한 과감한 공공외교를 바탕으로 국제적 리더십을 확보하고자 하는 노력이 어떤 형태로든 가시화될 것이다. 이런 관점에서 향후 한중일관계를 포함한 동북아시아 지역에서의 역할 및 외교행태가 국제사회에서 중국이 차지하는 지위의 중요한 토대로 작용할 가능성이 높아보인다. 시진핑 통치하에서 지속적인 경제성장에 진력하고 세계경제위기 예방에 힘쓰는 한편 주변국과의 영토·자원분쟁에 국익을 우선하고 미국과의 전략적 동반자관계의 복합적 상호 의존관계를 유지하리라 전망된다.

일본의 아베 정부는 아베노믹스를 앞세워 경제 재건과 함께 높은 지지율을 바탕으로 보수세력의 결집을 활용해 헌법 개정을 통한 보통국가화와 군사대국화의 과정을 밟고 있다. 일본의 군사력 증강이 주변국가와 영토·자원분쟁을 야기하지 않을까 우려된다. 일본 사회는 2011년을 전후로 경제적 장기침체, 동일본대지진 및 원전사고 등이 상징하는 바와 같이 사회적 관용성이 저하되고 보수집단화하는 경향이 있다.

일본 정치의 총보수화와 함께 보통국가화와 군사대국화가 진전되고 재무장·핵무장이 논의되면서 정치경제 개혁과 헌법 개정 등 제3의 개국이 제창되고 천황을 국가원수로 하고 자위대를 국방군으로 보유하는 움직임과 함께 주변국과의 영토·자원분쟁에서 국익을 우선하는 강경한 입장을 취하면서 자국의 경제 재건을 위해서 동아시아 국가들과의 경제협력을 유지·강화하도록 노력하고 있다. 한국과 일본은 아시아에서 대미동맹·민주주의·시장경제·인권 등 보편적 가치를 공유하면서, 과거사와 독도문제 등으로 협력과 갈등이 공존하는 관계에 있다(김성철, 2013 참조).

동북아시아의 지역주의와 민족주의에 대해 T. J. 펨펠(T. J. Pempel) 교수는 다음과 같이 서술한다. 동북아시아는 민족주의 정서가 특히 강하고, 지나치게 가까운 제도적 연계로 인해 문제가 발생한 지역이다. 일본과 중국, 한국은 무역의 확대와 투자 연계, 공식적인 기구 참가, 군사 방문 등 비공식적인 연계를 공유하고 있지만, 중국과 한국은 일본의 우익적인 민족주의 대두에 의구심이 있고, 일본 정치가는 중국의 저임금 수출과 농산품 및 공산품 수출, 군사적 대두와 경제적 강국이 되고 있는 중국에 대해 두려움이 있다. 중국과 일본은 동남아시아에서 무역 특권을 둘러싸고 경쟁하고 있다. 한국은 동북아시아 국가들과의 연계보다는 한반도 통일에 몰두하고 있으며, 한국의 지역경제 테마 역시 한국이 중심이 되는 아시아의 은행·금융·물류·기구 측면에 중심을 두고 있다. 즉, 동남아시아와 비교해서 동북아시아는 지역주의에 주저하는 모습을 보이고 있다(Pempel, 2005: 260~261).

중국과 일본의 신내셔널리즘에 관한 모리 교수의 견해는 다음과 같다. 1990년대 중반부터 중일 양국에서는 민족주의가 강화되고, 이들이 서로 반응하는 공명 현상을 보였다. 중국의 민족주의는 대중화와 정서화이고, 일본은 전통적 일본주의로 회귀하는 신내셔널리즘이 특징이다. 이들은 1990년대 이후 중일관계의 구조변동을 반영하고 촉진시켰다. 일본에서는 신내셔널리즘이 부각되고 그 외의 사조나 정치 주장은 후퇴하는 데 반해, 중국에서는 급진적인 민족주의가 있는 한편 냉정한 대일본 신사고도 존재하는 등 사조의 다양화가 눈에 띈다. 중국에서는 대중적이지만 일본은 정계에서 두드러진다는 점에서 대조적이다(毛里和子, 2006: 154~155).

2) 한국의 동아시아외교정책

한국의 동아시아전략은 대체로 세 가지 영역으로 설명이 가능하다. 먼저 국제정치 및 안보 영역에서의 분석으로, 무엇보다도 북한문제의 안정적인 관리를 토대로 북한을 국제사회의 일원으로 편입시키기 위한 가시적인 성과 도출을 목표로 한다. 북핵문제로 인해 국민들 사이에서 회의적인 전망과 핵 피로감이 확산되고 있으며, 북한이 헌법에 핵보유를 명시함으로써 핵문제 해결이 더욱 어려워진 것이 아니겠냐는 의구심이 커지고 있다.

북한문제는 물론 중국의 부상, 미국의 아시아 중시정책 등의 문제를 해결하기 위해 동북아시아 역내 다자안보 메커니즘 출현이 가시화될 것이라는 견해가 존재하고 6자회담이 재개될 가능성도 있다. 한국의 동북아시아 전략은 역내 다자안보논의가 제도화되도록 노력해야 한다. 한중일 협력사무국과 같은 동북아시아 다자제도의 활성화를 위해 노력할 필요가 있다.

경제 영역에서는 한중 FTA 및 한일 FTA, 그리고 궁극적으로 한중일 FTA를 통한 동북아시아 자유무역 질서를 수립하고, 중국의 동북3성과 러시아 극동지방의 성장 잠재력을 극대화하여 우리의 경제적 이익으로 연결시키기 위한 모든 노력을 경주해야 한다.

사회문화 영역에서는 정치경제적 영역에서의 동북아시아 상호 의존 및 통합이 사회문화 영역으로도 자연스럽게 전환되어 한중일을 포함한 동북아시아 지역 모든 사람들의 행복·자유·문화 활동에도 적극적인 도움이 되어야 한다. 특히 동북아시아는 정부 차원의 갈등에도 불구하고 민간 영역의 관계 발전이 지속적으로 활성화되는 특징이 있는바, 이러한 점이 사회문화 영역을 중심으로 제도적인 차원으로 발전되도록 해야 한다.

한국은 한반도 정세의 안정적 관리를 추구하고, 주변국과의 긴밀한 공조로 북한의 도발을 억제하고, 남북관계 개선을 위해 노력한다. 남북한 긴장을 완화하고 안정적인 남북 대화채널을 구축하고 인도적 대북지원을 실시하고 민간교류와 개성공단 등의 유연한 조치를 시행한다. 한반도의 평화와 안정을 유지하기 위해 상생과 공영을 위한 신뢰외교를 추진하고, 북한의 비핵화와 개혁 개방을 위해 실용적이고 건설적인 남북관계의 발전을 위하여 남북대화와 호혜적 협력을 유지한다. 남북한이 함께 변화하는 공진화를 위해 합리적 원칙과 유연성에 입각한 경제협력을 실행한다. 한국의 대북정책과 남북관계에 대한 국제사회의 이해를 제고하기 위해 미·중·일·러 등 주요국과의 정상회담 및 다자회담에서 관련 협력을 확보하기 위해 노력한다. 또한 6자회담과 같은 동북아시아 다자안보협력을 추진한다.

한국은 미국과의 전략적인 동맹관계를 심화·발전시켜서 한미 연합 방위 태세의 유지·강화, 북핵 등 북한문제에 대한 공동 대응, 글로벌 이슈 등 다양한 분야에 대한 협력을 강화해나간다. 한미 FTA의 통과로 한미동맹의 범위는 군사안보분야에서 경제분야로 확대되었다. 정부 간 긴밀한 의사소통과 인적 네트워크 구축을 위한 제도적 기반을 구축한다. 미국 의회와의 교류·협력 네트워크를 강화하고 학계·고위급 인사 등 여론 주도층 인사들과의 교류를 활성화함으로써 한미관계의 지속적 발전을 도모한다.

한미 외교·국방 2+2 회의를 통해 한미 연합 대비태세를 점검하고 안보환경 변화에 대한 동맹차원의 대응방향을 조율한다. 한미 안보정책 구상회의(SPI)와 한미 확장억제 정책위원회(EDPC) 및 전략동맹, 안보협의회(SCM), 한미 통합국방협의체(KIDD) 등의 회의를 병행한다.

한국과 일본은 과거사 현안의 실질적 진전을 도모하면서 경제·통상·문화·인적교류·안보 등 협력관계를 강화하여 양국 간 미래지향적 성숙한 동반자관계가 되도록 노력한다. 북한문제 및 국제이슈에 대응해서 지속적인 협력을 추진한다. 한일 간 공통의 역사 인식을 확대하려는 노력을 경주하고 한일 역사 공동연구를 지속하고 한일관계의 미래상을 확립하기 위한 공동연구를 추진한다. 자민당의 아베가 수상이 되었기에 강경보수 성향으로 인하여 과거사와 영유권분쟁에서 한일관계가 순조롭지 않을 가능성이 있다.

한국과 중국은 전략적 협력 동반자관계를 기반으로 한반도와 동북아시아의 평화 및 번영이라는 전략적 목표를 공유하면서 양국관계 내실화 노력을 지속하고 실질 협력 분야를 확대해간다. 고위 인사교류와의 접촉 활성화를 통해 정치적 신뢰를 공고히 하고 정치·경제·안보·문화분야에서 대화와 교류를 강화한다. 동북아시아 다자 안보 경제협력을 위한 6자회담 등 다자회의의 재개를 위해 한국과 중국이 협력하고 양국관계를 공고히 유지하도록 노력한다. 중국과의 관계 강화를 위해 세심하게 배려한다(김성철·박인휘, 2012 참조).

3) 중국의 동아시아외교정책

패권국 미국의 유연성과 도전국 중국의 비교적 높은 만족도에 의거해서, 중국의 부상으로 인한 미중 간 전쟁의 위험은 그다지 높지 않고, 평화로운 권력이동 가능성이 크다는 견해가 있다. 중국이 장기적으로 경제대국이 되는 것은 거의 확실하지만 시간이 걸리고, 그동안 중국과 국제사회는 전쟁을 피하기 위해 노력할 것이며 미국의 군사적 우월이 쉽게 흔들리지 않을 것이다. 중국 스스로 힘에 대한 과대평가를 하거나 패권국인 미국이 경직적으로 대응하지 않는다면, 중국의 부상으로 인한 21세기 세력전이는 패권전쟁 없이 실행될 수도 있다(김성철·박인휘, 2012 참조).

4) 미국의 동아시아외교정책

2012년 9월 미국 민주당 대선 공약에는 국제협력 중시와 함께 주일미군과 주한미군의 유지·강화에 대한 선언이 포함되어 있다. 재선에 성공한 민주당 오바마 정부에서는 아시아 중시외교가 유지되고 동아시아 국가들과 동맹과 협력을 유지하면서 중국을 견제하고 중국과의 전략적 동반자관계의 복합 상호 의존관계를 유지하면서, 예산 삭감과 국방비 삭감을 실행하고 있다(김성철, 2013 참조).

3. 한중일관계의 협력과 갈등

1) 한중일의 협력관계

한중일관계의 협력 전망은 경제적 이해관계뿐만 아니라 정치안보적 요인이 작용하여 순조롭게 진전되기가 쉽지는 않다. 다양한 갈등과 경쟁 등 현실적인 어려움이 있어서 한중일협력의 전망이 밝은 편은 아니다. 한편 세계무역에서 차지하는 한중일의 무역량은 계속 증가하고 있고, 물동량 및 인적교류 등을 감안할 때 한중일의 교류 협력이 점진적으로 증대되고 있는 것은 사실이다. 이 지역의 높은 교육열과 기술력 등을 고려할 때 장기적 경제성장의 긍정적인 평가가 가능하다. 또한 중국의 급속한 경제성장 결과 역내 무역은 계속 증가할 것으로 기대된다. 1990년대 이후 아시아 경제위기가 있을 때마다 역내 협력메커니즘의 제도화가 필요하다는 공감대가 형성되고, 한중일정상회담과 협력사무국이 설립된 점도 중요한 요소이다.

한중일 협력체를 결성하기 위해 극복해야 할 도전적인 요소가 만만치 않다. 지역 내 군사안보적인 충돌 가능성이 남아 있으며, 경제 부문에서는 경쟁관계의 심화현상이 나타나고, 사회 부문에서는 역사 및 문화문제로 인한 갈등이 고조되고 있다. 안보외교적 차원에서는, 새롭게 지역의 강자로 부상하고 있는 중국이 자국의 이해관계를 실현하기 위해 나서면서 미국과 일본의 패권에 도전하는 형세가 나타나고, 최근 일본의 보통국가화 움직임은 새로운 불안요소로 등장하고 있다. 그뿐만 아니라 중일 및 한일 간의 영토분쟁 심화는 안보적으로 결정적인 불안요소이다.

경제적 측면에서 한중일 3국 사이의 수평적 경합영역이 확대되고 있는 추세이고, 불행한 역사로 한중일 간의 신뢰관계 형성에 어려움이 있다. 한중일 간 문화 부문의 개방이 가속화되고 문화교류가 활발하게 진행되고 있

〈표 13-1〉 한중일의 수출과 수입(단위: 100만 달러)

국가	연도	수출	수입	국가	연도	수출	수입
한국	1999	143,685	119,752	일본	1999	419,354	311,261
	2000	172,268	160,481		2000	479,296	379,510
	2001	150,439	141,098		2001	403,241	349,090
	2002	162,471	152,126		2002	416,726	337,194
	2003	193,817	178,827		2003	471,816	382,930
	2004	253,845	224,463		2004	565,673	454,543
	2005	284,419	261,238		2005	594,860	514,931
	2006	325,465	309,383		2006	646,737	579,587
	2007	371,489	356,846		2007	714,211	619,737
	2008	422,007	435,275		2008	782,049	762,631
	2009	363,534	323,085		2009	580,719	550,530
	2010	466,384	425,212		2010	769,773	692,426
	2011	555,214	524,413		2011	822,564	854,073
중국	1999	194,931	165,788	미국	1999	695,797	1,059,440
	2000	249,203	225,024		2000	781,918	1,259,300
	2001	266,098	243,553		2001	729,100	1,179,180
	2002	325,596	295,170		2002	693,103	1,200,230
	2003	438,228	412,760		2003	724,771	1,303,050
	2004	593,326	561,229		2004	818,520	1,525,370
	2005	761,953	660,206		2005	907,158	1,735,060
	2006	969,380	791,797		2006	1,038,270	1,918,080
	2007	1,217,790	956,233		2007	1,162,980	2,020,400
	2008	1,428,660	1,131,620		2008	1,301,110	2,169,490
	2009	1,201,790	1,004,170		2009	1,056,750	1,605,300
	2010	1,578,270	1,396,200		2010	1,277,580	1,969,180
	2011	1,899,180	1,742,850		2011	1,480,410	2,265,890

자료: 한국무역협회 e-Biz지원본부 IT전략실(2012.9); IMF 'International Financial Statistics'(2012.8); 대만 전자정부 홈페이지(http://eng.stat.gov.tw)(2012.9).

는 반면, 새로운 민족주의가 강화되는 경향이 있고 문화교류의 확산이 한류·반한류 등과 같이 문화적 경합의 가능성을 증대시키고 있다.

한중일의 갈등 상황을 극복하기 위해서 경제적 측면에서 가능한 분야부터 협력을 유지하면서, 한중일협력을 점진적으로 추진해가야 하겠다. 경제적 어려움 속에서 보호무역주의로 나가지 않도록, 지역경제의 안정을 위해 자유무역시스템을 유지해야 한다.

1990년대 이후 아시아 경제위기가 발생할 때마다 한중일협력이 논의되고 강화되었다. 금융위기 시 통화금융협력과 대지진 시 방재협력 및 무역투자교류의 경제협력은 꾸준히 이루어져왔고, 필요에 따라 기후환경 변화에 대한 정보 교환 및 안보협력도 지속되었다. 나아가 한중일의 공동비전과 네트워크 형성, 상호 문화의 이해, 자원의 공동개발, 영토문제의 장기적이고 평화적인 해결방안, 다자협력체제의 형성, 동아시아공동체의 구성, 다자적 위기 관리 시스템 형성 등 다양한 협력방안의 구상과 실현이 절실히 요구된다.

2) 한중일의 경쟁관계

한중일 간 동북아시아에서의 경쟁관계가 두드러진 분야는 군사부분과 산업부분으로 분류해볼 수 있다. 군사부분의 경우 한국은 미국으로부터 전시작전통제권이 전환되기 때문에 최근 수년간 독자적인 군사력 확보를 위해 노력하고 있다. 북핵문제가 어떻게 전개되느냐에 따라 유동적인 측면이 있으나 특히 무인항공정찰기로 대표되는 정보·정찰·감시 기능의 강화가 긴요히 요구되고, 신속한 작전수행 능력을 향상시키기 위한 정밀 타격 능력 강화도 추진될 것으로 전망된다.

중국의 경우 2020년까지 작전권역 약 2000km를 넘어서는 사이판-괌-팔

라우 군도를 연결하는 2도련 방어를 목표하고 있어, 그러한 군사력 확대를 추구한다고 판단된다. 이 과정에서 항공모함, 신형잠수함, 제3세대 전투기 등 대규모 자원이 소요되는 선진 무기 장비체제를 보유하기 위한 노력을 기울인다.

일본의 경우 국방예산의 제약을 전제로 재래식 무기의 전력 증강 대신 MD체제 등 신규 전력을 증강한다는 목표를 세우고 있다. 결과적으로 해상 자위대 및 항공 자위대를 지속적으로 증강하는 구체적인 프로그램을 가동하고 있으며, 항공우주개발에 대한 구체적인 계획이 가시화될 것이다.

산업부분의 경우 한중·한일 및 한중일 FTA 체결을 둘러싼 치열한 대외 경제정책이 서로 경쟁하고 있다. 한국은 성장 동력 확충, 역내 파트너십 강화, 국제사회 기여, 대외부문 인프라 구축 등 기본방향을 전제로 추진하고 있고, 글로벌 FTA 네트워크를 확대하고 있는데 한중일 FTA가 상징적인 의미가 있을 것이다.

중국은 제12차 경제개발 5개년계획에서 FTA전략을 서둘러 구현하고 주요 무역 파트너와의 경제적 연계를 강화한다고 명시하며, 선별적 투자 유치를 강조하면서도 해외투자는 자원 및 기술 획득을 목표로 적극적인 진출을 추진하고 있다.

일본 역시 한국과의 적극적인 FTA 추진 의사를 밝히고 있다. 과거 동아시아 개도권 중심의 경제통합에서 벗어나 아시아태평양으로 범위를 넓혀나가면서, 거대 경제권과의 FTA 추진에도 적극적으로 나서고 있다. 동시에 거대 다국적 기업도 중점 지원하여 다국적 기업의 아시아 거점 지역으로 육성한다는 전략을 세우고 있다.

한중일 모두 첨단 기술 산업 및 차세대 성장 산업 육성전략을 강조하고 있기 때문에 산업경쟁력 강화분야에서 치열한 경쟁이 예상된다. 결국 고도의 선진경제를 확보하기 위한 구조 고도화정책과 신성장동력산업 육성정

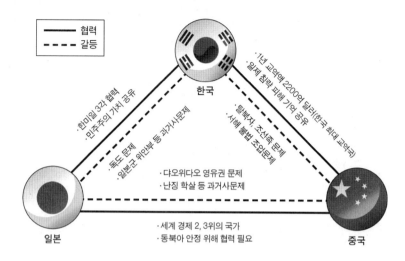

자료: ≪조선일보≫(2012.9.19).

책에서 누가 승리하느냐의 관점으로 향후 3~4년의 시기가 매우 중요하다고 볼 수 있다.

한중일 3국뿐만 아니라 미국을 포함하여 동북아시아 지역 다자기구 주도권을 놓고서도 치열한 경쟁이 전개될 것으로 보인다. 현재의 다양한 양자동맹이 제도적으로는 지속되겠지만, 이에 병행해서 어떤 형태와 방식으로든 동북아시아 다자협력은 구체화될 것으로 판단된다. 특히 2012년에 경험한 전례 없는 영토문제, 역사인식문제 등은 다자주의적 해법의 필요성을 더욱 강조하고 있는 실정이다. 여기에 20년이 넘은 북핵문제가 맞물리면서, 유럽형 안보다자주의 가능성을 포함해 다양한 가능성과 문제 제기가 이루어지고 있는 상황이다.

한미동맹과 미일동맹의 양자 동맹구조를 유지하고, 필요에 따라 한미일 협력을 병행하면서, 6자회담과 동북아시아 평화안보체제(NEAPSM)와 같은 다자안보협력을 추진한다.[1] 동북아시아 평화안보체제는 6자회담 실무그룹의 하나로 동북아시아 평화안보에 대한 기본원칙 등에 관한 논의를 전개한다. 6자회담과 함께 동북아시아 평화안보체제를 재개하고, 역내 상호 신뢰 구축, 공동 번영, 평화 안보 촉진에 역할을 수행할 수 있도록 노력한다(김성철·박인휘, 2012 참조).

4. 한중일의 갈등관계

1) 영토분쟁

(1) 일본의 센카쿠열도 국유화 조치

센카쿠열도/댜오위다오를 둘러싼 일본과 중국의 갈등이 2012년 9월 일본의 센카쿠 국유화 조치 이후 심화되었다. 노다 수상은 2012년 7월 7일, 센카쿠열도를 평온하고 안정적으로 관리해야 한다는 관점에서 종합적으로 검토하고 있다며 국유화 방침을 공식화하고, 센카쿠열도의 3개 섬을 20억 5000만 엔(약 297억 원)에 매입하기로 소유주와 합의했다.

이러한 노다 수상의 국유화 배경에 대해 일본 언론은 두 가지로 분석하고 있다. 첫째, 차기 총선전략이라는 정치적 이유이다. 제1야당인 자민당은 차기 총선공약에 센카쿠열도 국유화를 내걸었다. 현 민주당 정권이 가만히 지켜만 보고 있을 경우 중국이 두려워 문제를 외면하는 약체 정권이

---

1) 민관 차원(1.5트랙)에서도 다자안보대화를 진행한다. 동북아시아 협력대화(NEACD)를 통해 한·미·중·일·러의 정부와 학계 대표가 참석하여 북한정세 및 북핵문제, 동북아시아 해양안보, 리더십 교체에 따른 안보 전망 등에 대한 논의를 전개한다. 주변 주요국이 전부 참여해 갈등과 분쟁을 대화와 협의를 통해 평화적으로 해결하도록 노력한다.

란 비판을 피하기 어렵게 된다. 둘째, 중일관계를 고려한 선택이라는 측면이다. 중국에 대해 도발적 언행을 일삼아온 이시하라 전 지사는 센카쿠를 사들인 뒤 생태계 조사 등 실효적 지배를 강화하겠다는 입장을 천명했다. 이시하라가 섬을 사들이면 중국도 행동에 나설 수밖에 없어 일이 더 커진다. 이에 일본정부는 차라리 국가가 사는 것이 낫다고 판단했다는 분석이다(≪중앙일보≫, 2012.7.9).

　일본의 국유화 조치에 중국은 강력 반발했다. 중국의 영토를 매매 대상으로 삼는 것에 반대한다는 이유였다. 그리고 이어서 중국은 9월 10일 센카쿠열도/댜오위다오를 영해기선으로 한다고 전격 발표했다. 이는 더 이상 일본정부의 실효적 지배 강화 조치를 방관하지 않겠다는 강한 의지표명으로 풀이된다. 그동안 중국정부는 1992년 영해 및 접속수역법 2조에 따라 댜오위다오를 비롯한 부속의 각 섬을 중화인민공화국의 영토라고 선언적으로 명시했지만, 구체적 실행조치로 1996년 영해기선을 발표할 때 댜오위다오는 포함하지 않았다. 일본과의 영유권분쟁 격화를 고려한 조치였다. 따라서 중국의 이러한 행동은 예상을 뛰어넘는 초강수 조치였다. 원자바오 총리는 이날 외교학원 강연에서 "댜오위다오는 중국의 고유영토다. 주권과 영토문제에서 중국정부와 인민은 반보도 양보할 수 없다"며 일본에 대한 불만을 표시했다(≪동아일보≫, 2012.9.11).

　중국은 국유화에 대한 보복 조치로 9월 11일, 센카쿠 주변 해역에 해양감시선 네 척을 파견했다. 또한 센카쿠가 있는 동중국해 방어임무를 띤 난징군구 공군의 최신예기 편대의 전투기 훈련으로 긴장이 고조되었다(≪조선일보≫, 2012.9.13). 이후에도 중국은 센카쿠 주변 해역에 파상적으로 감시선과 어선을 배치하여 일본의 실효 지배를 무력화하는 조치를 취했다. 일본이 속수무책 당할 수밖에 없는 이유는, 영해라고 해도 자국에 대한 위협이나 범죄행위를 하지 않는 이상 통행을 허용하는 국제법상 '무해통행권'이 인정되기 때문에 일본 순시선이 중국 감시선을 가로막거나 나포하려 할 경우 무력 충돌로 이어질 수 있기 때문이다(≪조선일보≫, 2012.9.21).

이어 중국은 경제 보복 조치도 예고했다. 상무부 국제무역합작연구원은 9월 14일 중국정부가 일본 제품 불매조치를 취할 가능성이 있으며, 이 경우 중국에 의존하고 있는 일본경제는 위기를 맞게 될 것이라고 분석했다. 중국에서는 격렬한 반일시위도 이어졌다(≪중앙일보≫, 2012.9.17).

한편 미국은 중국과 일본의 영토분쟁 갈등을 중재하기 위해 중재단 파견에 나섰다. 중재단은 센카쿠열도를 둘러싼 영유권분쟁을 진정시키기 위해 9월 22일 노다 수상과 면담하고 23일에는 중국 다이빙궈(戴秉國) 외교담당 국무위원 등 고위급 인사를 만났다. 미국의 중재는 9월 러시아에서 열린 동아시아정상회담에서도 이루어졌지만 성과 없이 끝났다. 따라서 이번 중재는 약간의 불간섭 기조에 따를 것으로 예상되었다. 중일 영유권분쟁에 대해 미국은 중립 입장으로 양측과의 등거리를 유지하고 있다(≪조선일보≫, 2012.10.22).

(2) 일본의 센카쿠열도 국유화에 대한 중국의 입장

중국 측에서는 국유화를 용인하면 일본이 다음 단계로 땅을 활용하고 사람이 거주하게 하며, 결국 자위대가 주둔할 것이라고 보고, 일단 보류라는 타협의 길이 없어지는 것에 대해 심각한 위기의식을 갖고 있다. 그 때문에 영토문제는 존재하지 않는다는 일본 측 주장과 국유화문제를 타파하기 위해 외교적 공세를 가하고 있다. 영해선 설정, 해양감시선이나 어업감시선의 상주 등은 이러한 공세에 속하는 것이다. 일본정부가 어떠한 반응도 보이지 않고 있기 때문에 가스전 개발착공 등의 대항조치도 예상되었다.

중국은 일본이 주장하고 있는 것을 타파하고, 이 문제에 대해 국교정상화 시절로 돌아가서 영토문제는 존재하지만 보류한다는 결과를 목표로 하고 있는 것 같다. 한편 현상유지도 중국에게 불리하다는 세력들이 해양국, 어업부문, 군 내부를 중심으로 나타났다. 그러나 후진타오 주석 등 지도부는 일본과의 대국적인 관계를 중시하고 있다. 따라서 영토문제를 보류하는 것이 좋다고 생각하는 것 같다.

그러나 일본 국내에서는 국유화는 철회할 수 없고, 당분간 냉각기간을 두자는 주장이 많다. 미국에 서버를 둔 중화권 매체 둬웨이(多維)의 분석 기사에 의하면 일본이 자세를 바꾸지 않고, 역으로 중국의 강경 입장이 심화되면 중국은 센카쿠에 대한 대일투쟁의 목표를 바꿀 수도 있다고 한다. 즉, 댜오위다오 및 그 주변 해역에서 중국의 행정관할권을 적어도 일본 정도로 높일 것이라는 것이다. 양자가 낮은 라인으로, 즉 보류하지 못할 바에는 같이 높은 라인인 병행적 공동 관할에 들어가겠다는 것이다.

일본이 영토문제는 존재하지 않는다고 계속 주장하면, 중국은 반제조치(反制措置)를 계속하여 국제사회에 영토문제가 존재한다는 인상을 심어줄 수 있다. 중국은 명확한 목표를 내걸고 외교전을 전개하고 있지만, 일본의 대응은 임기응변적이다. 실제로 중국과의 관계에서 영토문제는 존재하지 않는다는 주장은 미국을 포함한 국제사회 어디서도 지지받고 있지 못하다.

일본은 한국이 독도(다케시마)문제에서 영유권문제는 존재하지 않는다고 주장하는 것에 대해 문제가 있고 절대로 용인할 수 없다며 국제사회에서 한국의 부당함을 주장하고 있다. 그럼에도 중국에 대해서는 이와 같은 논리를 그대로 답습하고 있다(朱建榮, 2012: 108~110).

(3) 이명박 대통령의 독도 방문

전후 한국 대통령으로서는 처음으로 이명박 대통령이 2012년 8월 10일 독도를 방문했다. 일본정부는 강경하게 대응했다. 이 대통령의 독도 방문 계획에 대해 겐바 고이치로(玄葉光一郎) 외무상이 철회를 요구하고, 주일 한

〈표 13-2〉 한일 통화스와프의 변동 내용

한일 통화스와프		기존 규모	2012년 11월 이후
원-엔(원화를 주면 엔화로 받는 계약)		300억 달러 상당	30억 달러 정도로 축소
원-달러	2011년 10월 신규설정분	300억 달러	종료
	기존 CMI 양자계약분	100억 달러	유지
합계		700억 달러	130억 달러

자료: 기획재정부; ≪동아일보≫(2012.10.10).

국대사를 외무성으로 불러 이 대통령의 독도 방문에 항의했다. 또한 항의 표시로 주한 일본대사를 본국으로 소환했다(≪동아일보≫, 2012.8.10).

한편 한일 간 독도 갈등의 문제가 경제 갈등으로 확산되는 것이 아닌가 하는 우려가 제기되는 가운데 한국정부는 10월 9일 한일 통화스와프의 확대 조치를 종료하기로 결정했다. 표면적인 이유는 한국경제의 신인도 개선과 금융시장 안정으로 통화스와프의 경제적 가치가 사라졌기 때문이라는 것이었지만, 실제로는 독도문제 등과 관련한 일본의 경제보복 위협, 그로 인해 불편해진 양국관계, 일본을 바라보는 국민정서 악화 등 다양한 경제 외적 요인이 복합적으로 작용한 결과로 풀이된다.

한일 통화스와프 연장문제가 이 대통령 독도 방문 이후 불거졌다. 일본 관방장관과 재무상이 잇달아 한일 통화스와프를 재검토할 수 있다며 한국에 대한 경제보복 가능성을 내비쳤기 때문이다. 한국정부는 정경분리의 원칙을 내세우며 양국의 경제협력은 계속해나가겠다는 태도를 유지했다. 하지만 계약 만기가 다가오고 일본의 노골적인 압박으로 분위기가 달라졌다. 일본 관료들은 한국의 요청이 없으면 연장하지 않겠다, 신중한 검토가 필요하다는 발언들을 쏟아냈다. 경제전문가들은 한국 금융시장에 큰 충격은 없을 것으로 전망했다. 하지만 영토문제로 촉발된 양국 갈등이 결국 경제 문제에 영향을 미친 형국이어서 향후 한일관계 전반에 부담을 주는 잘못된 선례가 될 것이라는 우려가 나왔다(≪동아일보≫, 2012.10.10).

2) 과거사문제

한국과 일본은 공통의 역사 인식을 확대하려는 노력을 경주하고 한일 역사공동연구를 지속하고 한일관계의 미래상을 확립하기 위한 공동연구를 추진했다. 2011년 8월 헌법재판소는 군대 위안부 및 원폭 피해자의 대일 청구권이 1965년 한일 청구권협정에 의해 소멸되었는지 여부와 관련한 한일 양국의 해석상 분쟁을 동 협정 제3조에 따라 해결하지 않고 있는 정부의 부작위가 위헌임을 확인했다. 이에 따라 한국정부는 외교공관을 통해 일본 측에 청구권협정 제3조 1항에 따른 양자협의 개시를 촉구했고, 법적 검토 및 단계별전략 마련을 위해 한일 청구권협정 대책팀과 자문단을 설립했다. 다양한 외교채널을 통해 일본정부의 성의 있는 노력을 촉구하고, 군대 위안부문제 해결의 필요성을 강조하고 정치적 결단을 촉구했다. 일본 정계의 총보수화와 아베 수상의 보수강경 노선에 따라 과거사문제의 해결이 더욱 어려워질 수 있다.

3) 북한문제

북한문제의 전개는 두 가지 시나리오를 전제로 할 수 있다. 하나는 남북관계의 발전으로 남북한 간 네트워크 결합이 가시화되고, 어떤 형태로든 북한에 변화가 일어나 결과적으로 북한이 국제사회에 점진적으로 진출하는 현상이 발생하는 경우이다. 다른 시나리오는 북한의 핵전략 및 단절적 외교관계는 변하지 않고 동시에 북한정권의 내구력도 지속되어, 북중관계의 발전만 심화될 뿐 남북관계는 별로 개선되지 않는 경우이다.

북한의 비핵화를 목표로 다각적인 외교적 노력을 전개하지만, 북한의 핵포기는 쉽지 않은 과제이기에 6자회담의 실효성에 대한 논의가 있다. 대화와 협상을 통해 북핵문제를 해결하는 것이 불가능하다는 회의론에도 불구하고, 한미중일러 5개국은 6자회담이 북핵문제를 평화적으로 해결하기 위한 현실적인 방법이라는 공통된 인식하에 6자회담 재개를 위해 노력했다. 비핵화를 위한 남북회담을 전개하면서 영변 UEP(우라늄농축프로그램) 활동 중단, IAEA(국제원자력기구) 사찰단 복귀 등의 조치를 북한에게 요구하고, 비핵화 의지를 확인함으로써 6자회담 재개 여건이 조성되도록 한다.[2]

한미중일러가 북한에 동일한 메시지를 전달하는 것이 중요하다고 판단하고 각국의 협조를 확보하기 위한 외교적 노력을 지속한다. 주요국과의 양자 및 다자회의를 활용하여 북핵문제가 지역 및 국제사회에 미치는 부정적 영향을 이해시키고 한국 입장에 대한 국제사회의 지지를 확보해간다. G8정상회담에서도 북한의 도발행위와 핵·미사일 개발을 비난하고 6자회담의 재개를 촉구하는 성명을 채택한다. 6자회담이 재개될 경우 한국은 남북 간 일괄적 협의에 따라 북핵문제를 근본적이고 포괄적으로 해결하기 위해 노력한다(김성철·박인휘, 2012 참조).

5. 결론: 한중일관계의 전망

동아시아 국제정세가 복합적인 것은 안보위기와 경제위기가 공존하기 때문이다.

---

2) 미중일러 4국은 한반도가 분단된 상태로 남북이 대립하는 현상이 유지되기를 바랄 수 있고, 북한이 핵무기를 확산하지 않는다는 전제에서 북핵문제를 묵인할 수도 있겠다. 북핵문제에 대해 미중일러의 입장이 다르기 때문이다.

군사안보적 측면에서 한국, 중국, 일본의 군사력 차이가 더욱 증대될 수 있다. 그러나 글로벌시대의 집단적 방위체제를 고려하면 한반도 자주국방의 확고한 의지를 유지하면서 한미동맹의 효율성을 지속적으로 제고하고, 궁극적으로는 중국 및 일본과의 다자안보체제를 구축해나가도록 노력하고, 동아시아에서 안보적 경쟁 및 갈등이 일정한 수준에서 관리될 수 있도록 하는 것이 중요하다.

한국에는 동아시아의 정체성을 넘어서 글로벌 연대의 강화가 요구된다. 성공적이고 평화로운 북한문제 해결이 동북아시아 안보 및 세계평화의 중요한 전제조건이라는 점을 강조하고, 이를 토대로 북한문제 해결에 중국과 일본 및 미국의 관여를 적극적으로 유도하는 전략이 필요하다.

한국은 양자관계 중심의 외교관계에 비교적 익숙하다. 1991년 유엔 가입 이후 다자외교에 노력을 기울였고, 최근에는 G20정상회담 개최와 핵안보정상회담 개최를 통해 다자외교 중심의 중견국 리더십 행사를 위해 노력하고 있다. 한편 동북아시아에서는 미국, 중국, 일본과의 양자외교가 핵심을 이루고 있다. 한중일의 오랜 역사적 관계에도 불구하고, 최근에야 한중일이 함께 동아시아문제를 논의해야 한다는 차원에서 한중일협력사무국이 설립되었다.

결국 한중일로 대표되는 동북아시아를 하나의 지역으로 설정해서 한중일의 안보를 확보하고, 경제이익을 극대화하며, 좀 더 풍요로운 사회문화 활동의 전개를 위해서 한중일의 지역 단위가 이들의 정체성을 규정하는 핵심 요소로 자리 잡아야 한다. 한중일은 확고하고 정확한 역사 인식과 세계관을 공유하고, 다양하고 미래지향적인 국민 개인의 이해관계를 역사 논쟁과 과거사문제 속에서 풀어나가야 하는 복합적인 과제를 안고 있다. 한중일관계는 역사 인식과 영토문제라는 강력한 갈등 요인을 포함하고 있으므로, 개별 국가이익과 공동체적 지역 이익 사이의 균형을 유지하고 관리하는 것이 필요하다(김성철·박인휘, 2012 참조).

결론으로 길버트 로즈먼(Gilbert Rozman) 교수와 모리 교수가 제시한 동아시아의 성공적인 지역주의를 위한 제안을 소개하고자 한다. 로즈만 교수는 동아시아 지역주의를 위한 교훈 11단계를 다음과 같이 열거했다. ① 세계화의 포용. 이는 무역, 투자, 외국기업의 접근과 투명한 금융활동을 추진할 수 있는 기제뿐만 아니라 공유된 공통의 안보와 문화적 고려 사항을 위한 기반으로 세계화의 포용을 의미한다. ② 북한의 지도자들이 대량파괴무기 협박의 유혹에 빠지지 않고 변화를 향해 앞으로 나아갈 수 있도록 북한을 이끌어 준다는 공동의 결의이다. ③ 대만을 포함한 안보문제와 역사카드문제와 관련한 중국과 일본 간의 합의를 도출한다. ④ 미국에게 지역주의가 안정과 테러리스트와의 전쟁에서 도움을 주고 대량파괴무기의 확산을 막는다는 점에서 긍정적인 힘을 발휘한다는 것에 대한 지지를 이끌어낸다. ⑤ 한국이 중국과 일본을 지역주의의 핵심 삼각구도에 들어오게 하고, 네 강대국들이 북한에 다자적인 접근을 추진하는 데 핵심적인 역할을 한다는 것을 인지한다. ⑥ 러시아에게 지역 전체의 안보 특히 에너지 안보에 적극적인 관여를 하도록 권장한다. ⑦ 지역의 정체성을 형성하며 지역의 역할에 대한 공유된 비전과 지역의 유교 전통이 새로운 시대의 요구에 부합할 수 있도록 한다. ⑧ 영토분쟁에 대한 타협으로 하나씩 또는 협정을 통해서 지역 전반에 걸친 양자관계를 향상시킨다. ⑨ 지역주의의 추진력을 키우며 에너지 파이프라인, 수송로, 도시 네트워크를 포함시킨다. ⑩ 장기적인 목표 달성을 위한 단계적인 계획표를 수용한다. ⑪ 지역주의가 위로부터 주의 깊게 육성되도록 기관을 설립해야 한다(Rozman, 2004: 366~379).

모리 교수는 한국을 포함해서 중일관계의 재구축을 위한 여섯 가지 제안을 다음과 같이 나열했다. ① 관계의 이성화이다. 특히 정치 리더와 미디어 논단이 중일관계를 취약하게 만들고 위험에 빠뜨린다는 것을 인식하고 주의 깊은 발언과 행동을 해야 한다. ② 지도자들의 정기적인 접촉이다. 상호 방문이나 다국 간 회의에서의 접촉도 좋다. 일본과 중국은 다른 영역의 문제를 역사문제와 분리해서 생각하는 노력이 필요하다. ③ 분야별 수준에 따른 채널을 만드는 것이다. 경제 마찰, 영토·영해의 분쟁, 동아시아공동체의 건설 등 문제별로 채널을 만들 필요가 있다. ④ 역사문제이다. 역사교과서를 포함하는 역사문제에 대한 장기적인 관점에서 한중일 공동위원회를 설치한다. ⑤ 제일 중요하다고 생각하는 것은 중일(혹은 한중일) 정부레벨에서 공동사업을 진행하는 것이다. 전후 한중일이 공동으로 국가사업을 진행했던 사례가 없다. 환경보호나 재해예방 구조 프로젝트도 좋다. 지도자들의 상호 신뢰가 결정적으로 부족한 상황에서, 동북아시아 국가들이 공동으로 차세대 리더를 육성하는 방안을 공유하고 공동사업을 통해 안전보장으로 이어질 수 있다. ⑥ 다국 간 레짐 혹은 동아시아공동체의 필요성이다. 일본과 중국은 동아시아의 안정과 협력, 나아가 기대되는 동아시아공동체의 핵심이다. 당면한 일중관계를 보면 일본과 중국이 협력해서 바람직한 지역 질서나 메커니즘을 만드는 것은 어려워 보인다. 그러나 동아시아에 협력체 혹은 공동체를 만드는 작업을 통해 중일이 협력하고 이것이 상호 신뢰 구축으로 이어진다면 역사적 화해로 이어질 수 있다고 생각한다(毛里和子, 2006: 209~211). 한중일협력이 역사적으로 필요하고, 이에는 미국의 협력도 필수적이다.

제14장

한중일 경제협력과 동아시아 지역협력

1. 서론

세계화와 지역화가 전개되면서 동북아시아에서도 지역공동체에 대한 여망과 논의가 계속되어왔다. EU와 NAFTA의 형성에 따른 동아시아공동체 논의가 활발하고 그 실행을 위한 다국적 모임이 추진되어왔다. 개방형 지역주의에 따른 지역공동체 형성이 추진되는 동시에 좀 더 폭넓고 자유로운 FTA가 양자 혹은 다자적으로 활발히 전개되고 있다. 동아시아에서는 아시아 금융위기 이후 공동체 또는 경제협력체에 대한 필요성이 강력히 제기되었고 이는 ASEAN+3 혹은 ASEAN+8(한중일+인도·호주·뉴질랜드+미국·러시아)의 형태로 진전되고 있다. 동북아시아의 다자적 경제협력에 대한 논의도 계속되고 있으나, 한중일 간에 구체적인 합의가 이루어지지 않은 상황이다. 한중일 FTA는 한일 FTA, 한중 FTA, 중일 FTA와 함께 논의되어오고 있다.

세계화의 흐름에 따라 탈냉전과 탈국가주의가 실현되고 있는 상황에도 동북아시아는 여전히 국가민족주의의 틀을 벗어나지 못하고 있다. 19세기 말 이후 20세기까지 동북아시아 국가들이 근대 국가 형성과 이에 근거한 근대적 국제체제 형성 과정에서 전쟁과 식민, 분단의 역사를 경험했으며 국가 간 상호관계를 규율할 수 있는 국제규범과 제도적 틀을 마련하지 못했기 때문이다. 21세기 중국은 경제성장을 바탕으로 외교력과 국방력을 보유하는 평화적 성장을 추구하고 있으며, 일본도 경제력에 상응하는 외교력과 국방력을 보유한 보통국가화를 지향하고 있다. 이러한 중국과 일본 사이에 동북아시아에서 주도적 역할을 하려는 패권경쟁과 군비경쟁이 나타나 불안요소가 되고 있으며 지역 차원의 갈등 요인으로 작용하고 있다. 또한 북핵문제는 지역적 협력의 부작용을 유발해왔다. 그 해결 과정에서 형성된 6자회담이 동북아시아 지역의 안보와 평화를 논의하는 중요한 협력의 장이 되어왔지만 여전히 갈등이 존재한다.

결국 동북아시아에는 성격을 달리하는 요인들이 중첩되어 교차해 평화를 제도화할 수 있는 제도적 메커니즘과 절차가 충분히 마련되어 있지 않다. 즉, 19세기적 전근대국가 요인이 잔존하고, 20세기적 강대국 간 대립질서와 냉전의 잔재가 남아 있는 한편, 21세기적 탈근대 질서와 다차원적 질서가 형성된 복합적인 모습이기 때문이다. 단일한 지역협력체를 형성하는 것은 쉽지 않은 일이며 장기적인 관점에서 바라볼 필요가 있다. 따라서 동북아시아에서는 주권국가체제의 틀을 넘어서 시민사회가 개별 국가의 민주화와 초국가적 민주화를 증진해 각국의 정치·경제적 협력에 토대가 되는 방안이 강구되었다.

그러한 환경 속에서 동북아시아의 다자적 경제협력과 안보협력에 대한 논의가 계속되고 있지만 한중일 간에 합의가 이루어지지 않은 상황이고, 북핵문제 해결을 위한 6자회담 틀이 발전한다면 동북아시아 다자체제가 형성되어 안보협력에서 경제협력으로의 전개가 가능할 수도 있겠다(김성철,

2007 참조).

이 장에서는 이러한 국제정세 속 한중일협력(FTA)의 국제정치적 함의를 심도 있게 분석하고자 한다. 한중일협력의 국제정치적 여건과 쟁점을 고찰하고, 그 사례로 한중일정상회담의 제도와 3국의 경제협력, 안보 차원에서의 협력 등을 살펴볼 것이다. 한중일 FTA, 한일 FTA, 한중 FTA, 중일 FTA는 경제적 이해관계뿐만 아니라 정치안보적 측면의 고려가 수반되어야 하므로 쉽게 진전되기 어려운 면이 있다. 따라서 한중일 FTA의 경제적 분석을 넘어서 정치안보적 측면에서 한중일협력의 국제정치적 함의를 고찰해볼 것이다.

2. 한중일협력의 역사적 고찰

1) 아시아 금융위기와 동아시아협력의 필요성

아시아 금융위기가 발생한 요인에 대해 국내적 요인과 국외적 요인을 분류하여 국내 경제구조의 취약성과 국제금융자본의 위력을 들고 있고, 주변 강대국 특히 미국과 일본의 책임도 거론되어왔다.[1] 아시아 금융위기의 국내 요인으로는 금융제도의 구조적 모순인 정경유착, 금융부실과 부실채권

---

1) 국내 요인이 주요인이라 하더라도 금융위기에 처한 아시아 국가들로서는 주변 강대국들의 거대 자본 이동이 결정적인 타격이 된 것이 틀림없다. 미국 자본의 이동과 더불어 일본 자금의 회수도 두드러지게 나타났으나 어디가 촉발 계기가 되었고 어디가 결정적인 타격이 되었는지는 분명하게 얘기할 수 없다. 한국의 경우 거시경제지표는 온건했으나 어느 시점에서 외국자금이 일시에 회수되어나가고 외국으로부터의 대출이 중단되었다. 하루에 전 세계 외환시장에서 거래되는 금액이 1.5조 달러를 상회한다고 하니 대중심리와 전염효과에 의한 급격한 자본 이동이 한 국가의 경제를 뒤흔들어 놓기는 충분하다.

의 문제를 들 수 있고 대기업의 과도한 팽창과 외국으로부터의 과도한 대출을 지적할 수 있겠다. 국제 요인으로는 1980년대 이후 금융자유화를 통한 금융시장 개방에 의한 국제금융자본의 이동에 대한 국내 제도적 방비가 충분히 이루어지지 않았다는 점이 지적되었다.[2]

물론 아시아 경제위기의 일차적 책임은 각국의 정경유착과 무분별한 투자 및 소비에 있지만 아시아 지역에서 일본 자본의 막대한 영향력을 감안할 때 일본의 책임과 동시에 미국을 중심으로 한 국제투기자본의 책임이 논의된다. 미국 신용등급회사의 평가가 아시아 국가들과 회사에 미치는 영향은 막대하고, 이와 함께 미국 투기성 자본의 이동이 아시아 경제를 흔들어 놓기에 충분하다.[3]

---

[2] 금융위기가 발생한 태국, 인도네시아, 말레이시아, 한국 등의 국가들이 일본의 경제 및 투자와 밀접한 관계를 맺고 있기 때문에 1985년 플라자합의 이후 엔고현상에 기인한 일본의 금융거품 수출이 아시아 금융위기의 주요인 중의 하나라고 말한다. 일본은 1980년대 중반 이후 심각한 엔고불황에 빠지게 되었고 이를 극복하기 위해 저금리 및 달러매입정책을 추진했다. 이것이 유동성 과잉으로 이어져 1980년대 후반에는 엔고호황으로 변질되었다. 이렇게 거품경제가 형성되었다가 1990년대 초 부동산 가격과 주가 하락으로 부실채권이 양산되었다. 거품의 파열과 함께 금융의 부패와 붕괴가 가시화되었고 주택전문회사의 파탄과 증세와 공공요금 인상으로 일본경제의 불황은 심화되었다.

[3] 일본의 경기 침체와 아시아 경제위기는 밀접하게 연관되어 있다. 아시아 지역이 일본의 최대 수출시장이고 일본이 아시아 지역에 막대한 자본을 투자하고 있었다는 점에서 아시아 경제위기가 일본에게 커다란 타격이 되고, 한편 일본의 경기침체는 아시아 경제위기를 심화시키는 결과를 초래한다. 일본정부는 경기부양과 금융위기 해결을 위한 지원책을 발표해왔으나 재정구조 개혁에 집착해 경기부양에 충분한 노력을 기울이지 않았다. 1997년 말 30조 엔과 1998년 4월 16조 엔 규모의 경기부양 및 금융위기 해결을 위한 지원책이 발표되었으나, 일본경제의 침체가 완화되는 조짐은 별로 보이지 않았다. 막대한 부실채권이 존재하는 위에 불황과 노령에 대비한 저축을 과다하게 하고 검약한 생활습관 때문에 소비성향이 낮아 경기가 부양되지 않는다. 더구나 일본제품을 선호하여 외국제품 수요가 적어서 만성적인 무역 흑자로 인한 외국과의 경제마찰로 시장 개방, 구조장벽 철폐, 수입 증진 등의 외압을 지속적으로 받고 있다. 결국 일본 내부의 금융불안으로 일본 금융기관들이 아시아 지역에 금융지원은커녕 대출 축소 내지 조기 상환을 요구하는 움직임이 있고, 일본의 경기침체는 일본시장 의존도가 높은 아시아 지역의 수출에 타격을 줌으로써 아시아 경제의 금융위기 극복을 어렵게 했다.

다시는 금융위기와 같은 경제위기에 빠져들지 않기 위해 일본과 중국을 중심으로 한 동북아시아 국가들의 심도 있는 사전조정 및 예방조치가 정기적 협력체제로 발전되어야 했다. 미국의 NAFTA와 EU의 통화통합과 같이 개방형 지역주의가 발전하는 추세를 좇아서 ASEAN+중국에 한국과 일본을 더해 ASEAN+3의 경제협력을 추구하는 것이 동북아시아협력의 초석이 되었다. EU의 셍겐조약(Schengen Agreement)은 프랑스·독일·베네룩스 3국과 이탈리아가 합의를 이루어 성립된 것으로, 이를 좇아서 아시아 연합은 중국·한국·일본과 ASEAN이 합의를 이루어 형성해나가도록 했다. 아시아 금융위기의 교훈은 국제금융자본주의체제 내에서 단일국가만으로 생존·번영하기 쉽지 않다는 것이다(김성철, 2000 참조).

2) 아시아 지역주의와 공생 구상

세계경제의 글로벌화는 사실상 서구화·미국화나 유럽화로 대표되는 지역주의가 배경에 있으며, 미국의 제도와 시스템이 세계적으로 확산되는 정치경제적 압력으로 이해될 수 있다. 아시아 국가들은 세계화 과정을 통해 영미식 시스템을 도입하면서 기존 시스템과의 마찰로 혼란을 겪었다.[4] 아시아의 전략은 국제 단기자금의 자유화를 전제로 금융시장 개방, 규제 완화, 금융감독체제 개편이었다. 이러한 개혁은 각국 고유의 금융 관행이나

---

4) 글로벌화가 한 나라의 이익이나 지역 이익을 대변하는 제도와 시스템의 경쟁적 보급이라는 측면에서 보면 아시아 금융위기와 같이 아시아 각국이 간접적인 피해를 입는 사태가 발생할 수 있다. 따라서 아시아 국가들이 기업시스템, 금융시스템, 감독시스템, 정보공개시스템 등을 성급하게 미국 기준에 맞추려는 것보다는 아시아의 실상에 맞는 아시안 스탠더드를 구축하고 이를 글로벌 스탠더드에 반영하도록 함이 바람직하다. 국제자본의 논리를 무분별하게 따르기보다는 각 국가제도의 역사성과 문화가치를 신중하게 고려하는 것이 바람직하다.

기업투자 패턴이 국제 단기자금의 흐름과 모순될 경우 해당국의 제도를 바꾸어야 했다. 따라서 아시아 기업들의 계열구조나 정보의 비공개성, 금융기관과의 유대관계 등이 압력의 대상이 되어왔다. 단기자본 이동의 자유화를 세계화의 기초로 삼은 것은 미국이 자유시장의 자본순환 메커니즘을 통해 금융패권을 장악하고, 이와 함께 정보산업혁명을 주도한다는 미국의 이익과 결부된 것이라는 견해도 있다(이지평·강선구, 1998: 44~45 참조).

일본은 1997년부터 AMF 설립을 주장해왔으나 미국의 반대에 부딪쳤고 말레이시아의 마하티르 수상도 아시아 경제통합을 주창해왔다.[5] 아시아 금융위기 이후 일본은 1998년 10월 미야자와 신구상[6]을 발표해 아시아 통화기금으로의 발전을 예시하고 달러와 유로에 대항하는 엔의 국제화를 추진했다. 일본은 단기적으로는 경기 활성화, 중장기적으로는 금융개혁을 통한 도쿄 자본 금융시장의 국제금융센터화를 추진했다. 미야자와 신구상은 1998년 10월 3일 워싱턴에서 개최된 G7 재무장관 및 중앙은행 총재회담에서 일본정부가 향후 2년간 총액 300억 달러의 금융지원을 실시한다는 내용을 일본, 한국 및 아세안 5개국(태국, 인도네시아, 말레이시아, 필리핀, 싱가포르)의 재무장관 및 중앙은행 총재가 공동성명 형식으로 발표한 것이다.[7]

---

5) 1990년대 말 아시아 금융위기가 가르친 커다란 교훈 하나는 세계 금융 자본시장의 급격한 변동에 대비하여 완충 역할을 하는 지역경제협력체가 필요하다는 것이다. 급격한 자본이동과 환율 변동에 대처하기 위하여 AMF를 마련하거나 유로화와 같이 아시아의 통화통합을 고려해볼 수 있다.

6) 미야자와 신구상은 1979년 오히라 수상 시절 미야자와 팀의 '환태평양구상'의 연장이라고 본다.

7) 신구상의 주요 골자는 일본정부가 향후 2년간 상기 아시아 6개국의 경기부양 및 대출기피 해소 등 실체 경제의 회복을 지원하기 위한 중장기 자금으로 150억 달러, 무역 금융의 원활화를 촉진하기 위한 단기 자금으로 150억 달러를 각각 지원한다는 것이다. 중장기 지원자금의 내역은 일본수출입은행을 통한 직접융자, 각국 정부 발행 채권의 회수, 채무보증 및 해외 경제협력기금을 통한 엔차관 공여, 일본수출입은행 또는 민간은행 자금으로 '아시아통화위기지원기금'(가칭) 창설, 국제개발금융기관과의 협조융자, 일본특별기금을 활

1997년에 거론된 AMF 구상에 대해서는 미국이 아시아에서의 일본의 영향력 확대를 우려해 반대했으나, 아시아 통화위기가 세계적 경제위기로까지 확산된 상황에서는 미야자와 신구상을 용인하는 태도를 보였다. 일본을 경계하는 중국과 미국은 일본 중심의 아시아 경제통합이나 엔의 국제화를 반대하는 입장이라서 일본은 조용하게 엔의 국제화를 추구했다.

일본이 아시아 6개국 재무장관 및 중앙은행 총재 회의에서 구체적인 지원 규모까지 설정하여 대아시아 국가 지원을 약속한 점 등은 아시아 경제 회복을 위한 일본의 역할을 스스로 규정함으로써 아시아에서의 일본의 리더십을 부각했다고 할 수 있다. 한편 중국 역시 아시아 금융위기의 어려운 상황에서도 위안화를 평가절하하지 않아 아시아 경제 안정에 도모했고 아시아에서의 중국의 리더십을 부각시켰다. 결국 중국과 일본을 포함한 아시아 국가들이 상호 협조하여 아시아 경제협력체를 형성하고 공존·공생을 도모하는 것이 바람직하다는 주장과 함께 통화통합을 제창하는 주장도 나왔다(김성철, 2000 참조).

3) 한중일정상회담의 연혁과 성과

동북아시아 지역협력으로서 한중일협력은 한중일정상회담의 별도 정례화로 제도화되어 진척되었다. 1999년 11월 ASEAN+3정상회담 참석을 계기로 일본 측이 한중일 3국 정상 간 비공식 조찬회동을 제의함으로써 1차

용한 금융시스템 안정화 지원 등이다. 단기적 자금 지원의 내역은 경제 개혁을 추진하는 과정에서 원활한 무역금융 실시를 위해 단기 자금수요가 발생할 경우에 기동성 있게 대처할 수 있도록 조치한다는 것이다. 신구상에는 아시아 6개국의 은행 및 기업이 보유하고 있는 부실채권 처리의 촉진을 지원한다는 내용도 포함되어 있고, 부실채권 처리 자금이 예상 규모보다 크게 확대될 수도 있으며, 이는 결과적으로 일본에 추가 지원 부담으로 작용할 수도 있다.

회동이 이루어졌다. 2000년 11월 제2차 한중일 정상 조찬회동 시 한국이 정례화를 재차 제의하고 중국이 기존 입장을 바꿔 이를 수용함으로써 정례화에 합의하게 되었다. 그 후 2002년 11월 제4차 회의부터는 조찬 형식에서 벗어나 공식회의를 개최하게 되었다. 한중일 정상회담은 역사적 골이 깊은 세 나라의 정상이 모여 동북아시아의 정치적인 문제에 대해 논의할 수 있는 기회의 장이라는 부분에 커다란 의미가 있다. 비록 초기에는 중국이 정경분리의 원칙에 의해 경제적인 문제에만 국한하고자 한 비공식적인 자리였지만, 한중일의 화해와 긴장 완화를 위한 좋은 기회가 되었다.

제1차 회의에서는 경제문제만을 집중적으로 논의하고 협의했는데, 그후 2차·3차에 걸쳐 회의가 진행되면서 환경이나 IT, 관광 문화 등 좀 더 넓은 범위의 논의를 하게 되었다. 제4차 회의부터는 조찬형식에서 벗어나 공식회의를 개최하게 되었고, 2003년 제5차 회의에서는 3국 간 외교안보, 경제문화 등 제 분야의 포괄적 협력 기본 틀을 마련하기 위한 3국협력 공동선언을 채택하기에 이르렀다. 세 정상은 3국 간 협력 심화가 3국 간의 안정적인 양자관계 및 동아시아의 평화·안정·번영에도 기여할 것임을 확신했으며, 3국 협력이 동아시아의 협력 강화, 지역 및 세계평화와 번영수호를 목적으로 하며, 이를 위해 세 정상은 견해의 일치를 보았다. 2004년 11월 3국 정상회담에서는 북핵문제의 해법을 논의했다.

2001년까지는 조찬을 겸한 비공식회의로 개최되었고 한중일 3국이 윤번으로 주최했다(중국→한국→일본). 2003년 10월 제5차 정상회담(인도네시아 발리)에서 3국협력 증진에 관한 공동선언을 채택했다. 3국 간 최초의 3국협력에 관한 공동문서로서 무역·투자, 환경, 과학기술, 국제문제 등 14개 분야의 협력 강화에 합의했다. 공동선언 후속 조치 이행을 위한 3자위원회(3국 외교장관이 각각 수석대표를 맡음) 설치 및 운영에도 합의했다. 2005년은 고이즈미 수상의 신사 참배로 개최되지 않았다. 2006년은 ASEAN+3 미개

〈표 14-1〉 제1회 한·중·일정상회담(별도)

【일시 및 장소】
· 2008년 12월 13일, 일본 후쿠오카 큐슈 국립박물관

【참석자】
· 이명박 대통령, 원자바오 총리, 아소 타로 수상(일본이 의장국)

【주요의제】
· 3국협력 현황 및 미래 발전 방향
· 국제금융 및 경제문제 공동대처
· 주요 지역 및 국제문제

【주요성과】
· 한·중·일 정상회의 3국 내 개최 정례화 및 2009년 중국 개최 합의
· 3국협력 관련 4개 문서 합의
  - 한·중·일 동반자관계를 위한 공동성명, 국제금융 및 경제에 관한 공동성명, 재난관리 협력에 관한 한·중·일 공동발표문, 한·중·일 3국협력 증진을 위한 행동계획 채택
· 3국협력 강화
  - 재난관리 기관장 협의체 발족
  - 2009년 상반기 '사이버사무국' 개설
  - 한·중·일 청소년 우호만남 2009년 한국 개최
  - 한·중·일 청소년 주무부처 협의체 구축
  - 한·중·일 문화셔틀사업 지속 실시
  - 물류장관회의 및 관세청장회의 2009년 중국 개최
  - 3국 중앙은행 총재회의 2009년 중국개최
  - 3국간 투자협정 적극 추진
  - 한·중·일 FTA 민간공동연구 지속 실시
  - 3국 간 산업협력 협의체 구축 방안 모색
· 국제 금융 및 경제 문제
  - G20 금융정상회의 후속조치 이행, CMI 다자화 추진, DDA 협상 조기 타결 위한 노력 등 협의
· 주요 지역 및 국제 문제
  - 6자회담 등 동북아정세, 동아시아 지역협력, 기후변화·환경 등 관련 의견 교환

자료: 외교통상부(2010).

최로 2007년 1월에 제7차 정상회담이 개최되었다. 2007년 11월 제8차 정상회담(싱가포르)에서 ASEAN과는 별도로 3국정상회담 개최에 합의함으로써 3국협력의 제도화 기틀을 마련했다. 한중일협력 사이버사무국의 구축 등 13개 성과사업을 채택했다. 2008년 12월 제1차 한중일정상회담이 일본 후

〈표 14-2〉 제2회 한·중·일정상회담(별도)

【일시 및 장소】
· 2009년 10월 10일, 중국 베이징 인민대회당

【참석자】
· 이명박 대통령, 원자바오 총리, 하토야마 유키오 수상(중국이 의장국)

【주요의제】
· 3국협력 현황 및 미래 발전 방향
· 주요 지역 및 국제정세

【주요성과】
· 제3차 한·중·일정상회담 한국 개최 합의

· 공동문건 2건 채택
  - '한·중·일 협력 10주년 기념 공동성명' 및 '지속 가능개발 공동성명' 채택

· 3국협력 강화
  - 협력 사무국 설치 필요성에 대한 공동 인식
  - FTA 산·관·학 공동연구 추진 합의
  - 한·중·일 사이버사무국 개설
  - 대학 간 교류 증진 등 포괄적 인적교류 강화
  - 한·중·일 Business Summit 개최
  - 항공안전분야 협력 강화
  - 수자원 장관급 협의체 신설
  - 제4차 외교장관회의 한국 개최
  - 제6차 인사장관회의 및 제4차 청소년 우호만남 중국 개최

· 주요 지역 및 국제정세
  (북핵문제)
  - Grand Bargain 방안 설명 및 원자바오 총리 방북 결과 청취
  (국제 금융 및 경제문제)
  - 피츠버그 금융정상회의(9.25) 성과 평가
  - 2010년 11월 한국개최 G20정상회의 성공을 위한 중·일 측 협력 확보
  (기후변화 대응)
  - 유엔기후변화 정상회의(9.22) 평가 및 저탄소 녹색성장분야 협력 추진

자료: 외교통상부(2010).

쿠오카에서 개최되어 한·중·일 동반자관계를 위한 공동성명 등을 채택했
다. 2009년 10월 제2차 한중일정상회담이 중국 베이징에서 개최되어 한중
일협력 10주년 기념 공동성명을 채택하고 지난 10년간 3국 협력평가 및 향

〈표 14-3〉 한·중·일 3국 간 교역 및 투자(2009년)

구분		한국	중국	일본	출처
3국 간 교역액		한국-일본	중국-한국	일본-한국	· 한국무역협회 · 일본무역진흥원
	수입	494억 달러(2위)	1021억 달러(2위)	205억 달러(7위)	
	수출	218억 달러(3위)	536억 달러(4위)	441억 달러(3위)	
	교역	712억 달러(2위)	1557억 달러(4위)	646억 달러(3위)	
	적자/흑자	적자 276억 달러(1위)	적자 485억 달러(2위)	흑자 264억 달러(3위)	
		한국-중국	중국-일본	일본-중국	
	수입	542억 달러(1위)	1307억 달러(1위)	1143억 달러(1위)	
	수출	867억 달러(1위)	972억 달러(3위)	1024억 달러(1위)	
	교역	1409억 달러(1위)	2279억 달러(2위)	2167억 달러(1위)	
	적자/흑자	흑자 325억 달러(1위)	적자 335억 달러(3위)	적자 129억 달러(6위)	
3국 간 투자액		대일 투자 3.6억 달러(14위)	대한 투자 1.6억 달러(9위)	대한 투자 19.3억 달러(2위)	· 지식경제부 · 수출입은행 · 일본무역진흥원
		대중 투자 18.1억 달러(2위)	대일 투자 -13.7억 달러(14위)	대중 투자 65.0억 달러(5위)	

자료: 외교통상부(2010).

후 발전방향을 제시했다. 한중일협력 사무국(상설)의 설치 필요성에 대해 공동 인식을 가지고 FTA 산·관·학 공동연구 추진합의 등 협력을 강화했다. 2010년 5월 제3차 한중일정상회담은 한국 제주도에서 개최되었다(외교통상부, 2010 참조). 상설 사무국 설치에 관한 각서, 한중일협력비전2020 등의 공동성명을 발표하고, 3국 협력의 진보와 방향, 기후변동, 동아시아 지역협력, 군축·불확산, 국제경제·금융, 유엔 개혁, 북한정세 등에 관해 논의했다(外務省, 2010c 참조).

3. 동아시아 지역협력에 대한 한국·중국·일본의 기본 입장

1) 한국의 입장

한국은 지정학적·지경학적 위치로 말미암아 동북아시아 지역의 협력에 대해서 잠재력을 지니고 있다. 한국은 한편으로는 대륙의 중국과 러시아, 해양으로는 일본과 미국을 연결하는 중간 지대에 위치함으로써 교량 국가의 잠재력을 활용해 동북아시아 지역협력을 촉진할 수 있는 여건을 지니고 있다. 경제적 측면에서, 한국은 수출지향적인 산업 구조로 대외무역에서 동북아시아 지역과의 무역이 차지하는 비중이 증가하고 있다. 더욱이 최근 동북아시아 지역에 대한 한국 기업의 직접투자가 급속도로 증가하는 추세이다. 이러한 점을 감안할 때, 한국 경제는 동북아시아 지역의 경제협력, 특히 지역적 노동 분업과 밀접한 관련을 맺고 있다. 한국은 동북아시아 경제협력을 추진하는 데 자본과 기술을 투자하는 한편, 이와 연관된 국내 산업 구조를 형성해 동북아시아 경제협력의 중요한 행위자가 될 것이다.

안보적 측면에서, 한국의 안보는 한미동맹에 근거하고 있다. 그러나 한국은 한반도 평화체제 구축, 동북아시아 지역의 안정적 안보 질서 형성, 중국과 미국 간 패권경쟁의 완화 등을 위해 동북아시아 다자안보협력에 중요한 의미를 부여하고 있다. 한미동맹의 미래지향적 변화, 한국과 동북아시아 국가들과의 양자 안보협력, 남북관계 진전, 한반도평화체제 정착 등은 동북아시아 다자안보협력에 긍정적 요인으로 작용할 것이다. 사회문화적 측면에서, 한국은 동북아시아 지역 국가들과 이 지역의 전통적 가치와 규범, 문화적 유산을 공유함으로써 동북아시아공동체 형성을 위한 기반이 있다. 아울러 한국은 서구문화를 적극적으로 수용하는 데서 나아가 이것을 한국의 문화적 유산 및 역동성과 결합해 창조적인 형태로 만들어내는 데 성공했다. 한국의 문화적 창조성의 결과인 한류현상은 동북아시아의 문화적 정체성을 인식하게 하는 계기가 되고 있다.[8]

한편 경제적 측면과 다르게, 동아시아의 발견이라는 시각에서 동북아시아공동체에 관해 많은 논의가 있어왔다. 외세의 침략이라는 역사적 배경에서 문화적 전통의 유지와 보존이라는 점을 강조해왔고, 따라서 과거 중국의 영향과 근세의 일제강점기 경험, 현대의 서구문명에 의한 문화적 수입 과정에서 한국의 문화적 정체성 확립이라는 차원에서 접근했기 때문에 동북아시아 협력도 상대적으로 소극적이고 방어적인 측면이 강했다. 동아시아의 발견이라는 개념도 미국 주도의 서구문명에 대항한 동아시아의 정체성 확립이라는 측면이 강하기 때문에 역시 기본적으로 방어적 개념이라 할 수 있다. 일본의 교과서 왜곡문제는 동북아시아의 협력 움직임을 가로막는 주요 장애요인이 역사적·문화적이라는 점을 시사하는 단적인 예이다. 최근 한류열풍은 문화적 측면에서 한국 문화의 대외 진출과 중재자적 역할 가능성을 시사하는 흥미로운 흐름이라 할 수 있다. 동아시아 지역 통합 장애요인의 하나인 일본교과서 왜곡문제에 대해, 동북아시아 3국은 다른 대륙의 예를 본받아 정부 차원 또는 유네스코 등 국제기관 차원에서 역사교과서에 대한 논의에 들어가야 한다고 했다.

외교안보 등 현실 국제정치분야에서는 미국의 영향력과 북한의 존재 등으로 인해 가까운 시일 안에 동북아시아 안보협력체 같은 지역협력체를 구축할 가능성은 낮다고 인식된다. 그러나 국제정치분야에서 근대유럽 경험

---

[8] 한국이 역내 국가 중 표면적으로는 지역 통합에 가장 적극적이다. 지식인 차원에서는 국가와 시장, 시민사회 역할의 조화를 강조한다. 한국은 동북아시아공동체 같은 지역 통합의 중재자 역할을 담당하는 노력을 하고 있다. 동북아시아 경제협력의 정치적 제약은 현실적으로 존재하나 지역 안정이라는 규범적 목표달성을 위하여 경제협력이라는 실천적 과정을 활용해야 한다.

의 전파와 적용이라는 차원에서 동북아시아에서의 협력체 구축 및 통합가
능성에 대한 이론적 연구가 진행되었다. 최근에는 APEC, ASEM의 출범과
함께 한중일정상회담 정례화에 따라 정부 차원에서의 동북아시아 협력체
구축 논의가 진행되면서 새로운 전기를 맞이하고 있다. 북핵문제의 논의가
6자회담을 통해 이루어진다면 그 이행과정을 통해 일정한 역할을 하게 되
고 그만큼 제도화되어, 6자회담을 통한 동북아시아 다자안보협의체 구성
에 대한 다양한 견해가 있다(김성철, 2007; 박제훈, 2004; 박종철, 2005 참조).

2) 중국의 입장

중국은 동북아시아 지역보다는 동아시아 지역의 협력을 중시한다. 중국
이 인식하는 지리적인 동북아시아는 협의의 개념으로 중국의 동북지구, 러
시아의 극동지구, 한반도와 일본이며, 광의의 개념으로는 몽골과 중국의
화북·화동 지역을 포함시킨다. 반면에 동아시아에 대한 중국의 인식은 중
국의 동부와 러시아의 동부, 일본, 한반도, 홍콩, 대만을 포함하며 광의의
동아시아는 여기에 동남아시아를 포함시킨다. 따라서 중국이 인식하는 지
리적인 동북아시아 지역은 동아시아 지역에 포함된다.

중국이 동북아시아 지역보다 동아시아 지역협력을 더 중시하는 이유는
중국이 추진해온 경제발전전략과 밀접한 관련이 있다. 중국은 동북아시아
지역을 세계적인 차원에서 정치·군사·안보의 각축장으로 인식하고 있는
반면, 동아시아 지역은 일본과 한국 및 대만, 홍콩 그리고 동남아시아로 이
어지는 국제분업 질서를 중국의 경제발전에 적극 활용하는 데 유리하기 때
문이다. 따라서 동북아시아 지역은 한미일과 북중러의 냉전시기 구도가 잔
존해 있고 북핵문제 등으로 인해 국제사회의 이목이 집중되는 지역인 만
큼, 중국은 자국의 경제발전에 유리한 안정적인 환경을 조성하는 데 주력

하는 다소 소극적인 입장을 전개하고 있다. 즉, 동아시아 지역협력에 대해서는 경제협력을 중심으로 한 정치·군사적 협력으로의 확대를 적극적으로 추진하는 반면, 동북아시아 지역에 대해서는 경제협력을 하되 정치·군사적 협력은 중장기적으로 점진적이고 서두르지 않는 방향으로 접근한다.

중국은 최근 동북진흥 발전전략을 공식 선포하는 등 동북3성 지역에 대한 경제 개혁과 남북한과 일본, 러시아 등과의 연계를 기획했다. 이 지역이 경제적 상호 보완성과 자원 및 우수한 인력을 보유하고 있다는 판단에 따른 것이지만, 최근 고도성장에 따른 경제력의 부상과 책임대국론, 화평굴기론을 제기하는 등 자신감도 동반되어 있다. 다만 중국을 견제하는 초강대국인 미국과 지역패권을 다투는 일본의 존재는 역내 정치군사적 협력에 대한 중국의 입장을 소극적으로 만든다. 그러나 중국에 유리한 역내 경제협력의 활성화와 전통적으로 이 지역에 대한 안보를 중시해온 점을 고려하면, 중국이 이 지역의 정치안보협력에 지대한 관심을 기울이고 있다.[9]

중국은 다음과 같은 협력 원칙과 방향을 제시하고 있다. 첫째, 중국은 ASEAN+3를 동아시아협력의 주요 형태로 여긴다. 둘째, 중국은 협상의 일치화, 안정적인 전진, 회원국 각자의 주요 역할 발휘를 협력 원칙으로 삼는다. 이러한 방식은 다양성 인정, 협상의 일치, 융통성 있는 전진 및 폐쇄 중지의 대외개방 원칙을 강조한 것으로, ASEAN이 지속적으로 동아시아협력 과정에서 중요한 역할을 할 수 있도록 지지하는 것이다. 셋째, 다각적인 협

---

9) 중국은 현실적인 접근방식을 취하며 지역 통합에서 국가와 정부의 역할을 강조한다. 분야별로는 안보와 경제문제에 우선순위를 두는 것으로 보인다. 예상보다 지역 통합에 훨씬 적극적인 관심을 보이고 ASEAN과의 FTA에 이어서 한중 FTA를 제안하는 등 활발한 움직임을 보이고 있다. 중국은 WTO 가입, 올림픽과 세계무역박람회 등의 개최를 대외개방과 국제화를 가속화시키는 계기로 삼는다. 중국은 이런 점에서 대외경제협력의 이원적 발전 전략을 추진하고 있다. 우선은 WTO체제의 세계화 추세에 적극 동참하면서 국내제도를 국제 수준으로 개혁하는 것과 세계경제로의 편입을 도모하면서 동시에 동아시아 지역 통합의 추세에서 주도권을 행사하여 중국경제의 역내 중심역할을 제고하려는 전략이다.

력 방식의 발전을 촉진한다. ASEAN+3 및 ASEAN+1(한·중·일 각 국가) 사이
는 협조체제를 강화하려고 한다. 넷째, 지속적으로 금융 영역에서의 협력
을 추진한다. 중국과 동남아시아 국가들은 양자 간 화폐호환협정서에 서명
했으며 CMI의 기초하에 쌍방 화폐호환 네트워크의 다변화를 실현하고 있
다. 점차적으로 ASEAN+3 방식을 적용시켜 아시아 증권시장의 설립을 꾀
한다는 것이 공통 인식이다. 다섯째, 중국은 경제기술협력을 중시하며 이
는 경제기술협력과 무역투자 자유화는 긴밀한 결합관계가 있기 때문이다.
여섯째, 사회문화협력을 확대시킨다. 국가적 측면의 상호관계 발전은 각국
국민의 이해와 지지하에 가능한 것이다.

한중일 FTA를 위해 한중 FTA를 우선 추진할 필요가 있다는 주장도 있
다. 또한 중국 입장에서는 동북아시아 경제협력에서 일본의 역할을 강조해
글로벌 시각과 지역적 시각으로 동아시아에서의 정체성을 찾고 과거에서
역사적 교훈을 배우는 등 새로운 일본의 출현이 핵심적 요소라는 견해도
있다. 미국의 역할도 강조해 미국을 장애요인이 아니라 동북아시아의 공공
자원으로 이용해야 한다고 주장한다. 중국은 동북아시아 공동체의 형성에
서 동북아시아 안보협력체 결성의 중요성을 강조했다. 동북아시아와 유럽
의 차이점을 지적하면서도 안보협력체의 결성을 위해서 경제적 통합의 중
요성을 강조했다. 한반도문제 해결을 위한 6자회담이 성과를 얻게 되면 동
북아시아 안보협의체의 기초가 될 수 있다고 주장한다(김성철, 2007; 박제훈,
2004; 박종철, 2005 참조).

3) 일본의 입장

일본은 동북아시아 지역협력과 함께 동아시아 지역의 협력을 중시한다.
일본이 인식하는 동북아시아 지역은 몽골, 만주, 한반도와 일본을 포함한

대동아공영권에 중국과 러시아 동부를 포함한 지역이며 광의의 개념으로 미국을 포함할 수도 있다. 동아시아에 대한 일본의 인식은 동북아시아 지역에 동남아시아를 포함한다. 일본이 동아시아 지역의 협력을 중시하는 이유는 일본이 추진해온 경제발전전략과 밀접한 관련이 있다. 왜냐하면 일본은 동북아시아 지역을 정치·안보·경제적인 측면에서 각축장으로 인식하고 있는 반면, 동아시아 지역은 동남아시아로 이어지는 국제분업 질서가 일본의 경제발전과 역내 리더십 창출에 유리하기 때문이다. 따라서 동북아시아 지역은 일본에게 중국, 러시아, 북한, 한국과 경쟁 대결해야 하는 지역이고 국제사회의 이목이 집중되는 지역이다. 일본은 동북아시아협력에 비교적 소극적 입장을 취하며, 동아시아에서 ASEAN과의 경제협력에는 적극성을 띠는 편이다. 다시 말하면 동아시아 지역의 협력에 대해서는 경제협력을 중심으로 적극적으로 추진하지만, 동북아시아 지역에서는 경제협력을 하되 경쟁적 요소가 상존하고 갈등의 요소가 많은 지역으로 정치·군사적 협력도 점진적이고 서두르지 않는 입장을 취하고 있다.

결국 동북아시아 지역의 경제협력에 대한 일본의 입장은 비교적 소극적이다. 일본은 싱가포르에 이어 ASEAN과의 FTA를 체결했고 한국과의 FTA 체결을 위해 협상하고 있으나 중국과의 협상은 보류하고 있는 상황이다. 한편 중국과의 무역 투자는 상당한 수준으로 증가해 일본경제의 회복이 중국경제의 성장과 맞물려 있다. 중일 간의 협력은 양국 간에 경제적 상호 보완성이 존재한다는 인식이 배경이다. 안보 측면에서는, 중국을 견제하기 위해 미국과의 군사동맹을 강화하여 중국과 지역패권을 다투는 상황이라서 동북아시아 안보협력에 다소 어두운 그림자를 드리운다. 동북아시아 안보협력에 대한 일본의 입장은 다소 소극적이지만 6자회담에서 빠지거나 소외되지 않으려고 노력하며 미국과 보조를 맞추고 있다.

일본은 동북아시아공동체의 형성에 다양한 접근방식을 취하며 지역 통합에서 시민사회의 역할을 강조한다.[10] 분야별로는 사회와 문화문제에 상대적으로 높은 우선순위를 두는 것으로 보인다. 또한 한일 FTA 체결에 적극적으로 나서고 있다. 일본은 2002년 12월 ASEAN 정상과의 도쿄회담에서 동남아시아우호협력조약에 서명함으로써 ASEAN 회원국이 될 것을 선언했다. 이는 일본이 중국과의 대(對)ASEAN 경쟁에서 결정적 우위를 확보하려는 시도로 파악되어 중일 간 동아시아 지역 통합의 주도권 경쟁이 가열되는 것으로 전망된다(김성철, 2007; 박제훈, 2004; 박종철, 2005).

4. 동아시아 지역협력의 쟁점과 과제

1) 동아시아 지역협력의 쟁점

동아시아 지역협력 추진과 관련한 국제정치적 쟁점을 살펴보면 다음과 같다. 주요 변수로 중국의 경제가 장기적으로 안정적 성장을 지속할 것인가가 관건이다. 중국 내 정치경제적 변수에 의한 문제가 발생하거나 정치경제 시스템이 붕괴하거나 중국이 분열할 가능성이 있는가의 문제이다. 또한 중일 간의 경쟁관계는 어떻게 될지, 갈등이 심화되어 협력이 어려워질지가 문제이다. 갈등 요인으로 영토분쟁, 자원분쟁, 해양수역권, 대만문제,

---

10) 일본에서 동북아시아공동체 실현을 위한 비정부주체들의 역할을 강조하는 견해가 있다. ASEAN 같은 아시아 지역 통합 움직임에서 얻을 수 있는 교훈은 소수 정치 엘리트들의 주도에 의한 지역 통합의 문제점이다. 따라서 지방자치단체나 NGO들이 참여하는 아래로부터의 국제적 시민포럼을 창설해야 한다는 주장이다. 이러한 포럼이나 기구는 각국의 다양한 계층과 집단이 참여하는 다층적인 것이어야 한다. 이러한 국제적 운동에 참여할 수 있는 주체는 정부와 기업 외에 공익기관(NPO, NGO) 등이 있을 수 있으며, 각 주체들이 활동하는 공공영역에는 기초단위로 가족이 들어간다. 이러한 각 주체들을 매개할 수 있는 총괄구조로 동북아시아시민포럼을 제안했다.

과거사 등이 있다. 동북아시아 지역협력에 대한 미국의 참가 여부에 대해서는 다양한 견해가 있다. 미국이 동북아시아전략에 의해 동아시아 국가들의 지역협력을 반대할 수도 있고, 동아시아정상회담이나 6자회담과 같이 미국이 적극적으로 참여하는 동북아시아 다자체제를 구축할 수도 있다. 최근 인도의 정치경제적 부상은 중국경제의 성장에 영향을 줄 수 있고 동북아시아 지역협력의 한 변수로 등장하고 있다.

정치와 경제의 연계 메커니즘으로 동북아시아 지역 국가들 간의 복합 상호 의존관계가 형성된다. 안보문제도 연계되어 경제와 안보의 동북아시아 다자체제가 형성될 수 있다. 민족주의, 지역주의와 세계화의 확산 정도와 관련해 국가민족주의와 동북아시아 지역주의가 어떻게 발전되는가에 따라 동북아시아 지역협력에 영향을 준다. 세계화와 정보화의 발전은 민족주의를 넘어서는 개방형 지역주의의 형성에 영향을 준다. 산업기술 특히 정보산업기술의 발달도 세계화·정보화의 확산 수준과 연계되어 동북아시아 경제협력의 추진에 지대한 영향을 미칠 수 있다. 또한 국내 이익집단과 정당에게는 동북아시아 경제협력에 관련한 이해관계가 발생해 찬성과 반대의 그룹이 형성될 수 있다.

동북아시아 지역협력의 가능성을 살펴보면, 우선 긍정적 시나리오로 동북아시아 경제협력이 원만하게 형성되는 것을 가정한다. 한중일 간의 협력이 진전되면서 동아시아와 아시아태평양 지역 국가들을 포함하게 되는 경우를 상정하거나, 한중일러에 미국을 더하는 동북아시아 협력체가 형성되면서 ASEAN, 호주 등과 연계되는 경우를 상정한다. 부정적 시나리오는 동북아시아 협력체가 형성되지 못하는 것을 가정한다. 중일 간의 갈등으로 국제협력이 이루어지지 않게 되거나, 미국의 강력한 반대와 영향력에 의해 동북아시아 협력체의 형성이 어려워지는 경우, 자원·에너지·영토 등의 문제로 갈등과 대립이 첨예화되거나, 세계화와 지역주의가 쇠퇴하고 국가민족주의가 발흥하는 경우이다. 중간 단계 시나리오로는 분야별 국제협력이 발생하는 경우를 가정한다. 동북아시아 협력체의 형성은 어려우나 양자 간의 FTA가 확산되고 자원, 에너지, 환경, 금융, 통화 등의 분야에서 다자적 혹은 양자적 국제 협력이 진행된다. IT분야에서 공동체적 혹은 다자적 협력이 발생한다(김성철, 2005 참조).

2) 동아시아 지역협력의 과제

동아시아는 전후 유럽과 달리 체제와 소득 수준, 문화적 측면에서 상당한 정도의 편차와 다양성이 있어 이들 국가들 간의 경제통합문제를 직접적으로 논의하기에는 어려운 측면이 있다. 그러나 역내 경제협력문제를 정부 차원에서 논의하기 위한 제도적 틀조차 마련하지 못하고 있다는 사실에서, 발생할 수 있는 마찰과 갈등요소를 적절하게 관리하지 못해 이 지역경제의 잠재력을 극대화하는 데 한계점으로 작용하지 않을까 우려하게 된다.

동아시아 경제협력체 형성을 촉진할 수 있는 요소로는 동북아시아 국가들의 빠른 경제성장률과 역내 무역 비중의 빠른 증가 등을 들 수 있다. 세계 경제에서 차지하는 비중이 커지고 있는 것이다. 이와 함께 1990년대 말 아시아 금융위기 이후 역내 협력 메커니즘의 제도화가 필요하다는 공감대가 형성된 점도 중요한 요소이다. 특히 EU, NAFTA 등 역외 지역 통합이 확대·심화되는 추세를 보이면서 이 지역의 경쟁력을 유지하고 강화하기 위해서는 지역경제협력체제의 출범이 필요하다고 인식하게 된 것이다.

그러나 경제협력체를 결성하는 데 극복해야 할 도전적인 요소가 만만치 않다. 지역 내 군사안보적인 충돌 가능성이 남아 있으며, 경제부문에서는 경쟁관계의 심화현상이 나타나고 있고, 사회문화부문에서는 역사문제로 인한 갈등이 고조되고 있기 때문이다. 이러한 현상들이 지역 내에서 경제협력체 형성을 위한 노력을 가로막는 요소로 작용하는 것이다.

군사안보적 차원에서 보면, 냉전체제의 붕괴에도 불구하고 한반도와 동북아시아에서는 냉전체제의 유산이 상존하고 있다. 무엇보다 북한의 핵문제에서 비롯된 한반도 긴장이 지속되고 있으며, 새로운 지역의 강자로 부상하고 있는 중국이 외교·안보·경제적으로 자국의 이해관계를 실현하기 위해 나서면서 미국과 일본의 패권에 도전하는 형세가 나타나고 있기 때문이다. 여기에 심화되고 있는 일본의 군사대국화 시도는 이 지역의 새로운 안보 불안요소로 등장하고 있다. 그뿐만 아니라 중국과 대만 간의 독립을 둘러싼 위기가 불씨로 남아 있으며 독도문제로 인한 한일 간의 갈등과 일본과 중국, 일본과 러시아의 영토분쟁 등이 상존하고 있다.

경제적 측면에서는, 중국의 급부상에 따른 역내 국가 간의 수평적 경합 구도의 심화 현상이 동북아시아 지역 경제협력의 확대를 가로막는 요소로 지적되고 있다. 특히 한중일 3국의 경합 영역이 확대되고 있는 추세이다. 이와 함께 지역 내 경제통합 과정을 주도할 구심점과 합의구조가 미비한 것이 한계점으로 작용한다. 불행한 역사로 인해 지역 국가 간 신뢰관계 형성에 어려움을 느끼고 있는데, 유럽 통합 과정에서 리더십을 발휘한 독일·프랑스와 같은 역할을 맡은 국가가 없기 때문이기도 하다.

사회문화부문에서도 기회와 도전이 공존한다. 중국의 경제성장으로 문화부문의 개방이 가속화되고 있는 점과 각국의 문화교류가 활발하게 진행되고 있는 점은 긍정적인 요소라고 할 수 있다. 반면에 동북아시아 역내국 사이 폐쇄적 민족주의의 충돌 가능성이 증대되고 있는 점은 부정적인 요소로 간주되고 있다. 중국의 중화민족주의 강조, 일본의 보통국가 전환 움직임과 정치권의 보수성 강화 추세 등으로 새로운 형태의 민족주의가 강화되는 경향도 보인다. 이와 함께 긍정적인 요소로 평가되는 문화교류의 확산이 한류·반한류 등과 같이 문화적 경합의 가능성을 증대시킬 수 있다는 점도 우려되는 부분이다(박종철 외, 2005 참조).

3) 동아시아 지역협력의 장애요인

지역주의에 관한 국제정치학 논의에서 유추해 보면 아시아에서 지역주의가 발달하지 못한 이유는 우선 지역정체성이 형성되지 못했고, 안보 불안과 국가 간 우호와 수용의 정도가 약하고, 최근 증대되는 상호 의존이 규모의 경제를 가지고 있는 산업 간에 산업 내 무역을 중심으로 이루어지지 못했기 때문이라고 설명할 수 있다.

안보 불안이 왜 동아시아에 남아 있는가를 설명하는 요인으로 분단국가들과 일본의 불완전한 주권문제, 그리고 미국과의 안보협력이 NATO식 다자주의가 아닌 한미동맹과 미일동맹 같은 양자주의를 우선시하고 있다는 점이 있다. 제2차세계대전 이후 동북아시아 국가들은 미국과 소련 사이에서 나름대로 정상적인 주권을 보유한 국가의 지위를 가져보지 못했다. 그 사실이 바로 분단국가의 존재와 군사주권의 상실이다. 이러한 불완전한 주권은 미소 간의 이해구조와 갈등구조에서 탄생했으며, 분단과 불완전한 주권관계를 이들의 이해에 맞추어 관리해왔기 때문에 동북아시아 혹은 아시아에서 지역주의가 형성되는 큰 장애요인이 바로 미국과 소련(현재는 주로 미국)의 이해관계이다. 즉, 불완전한 주권관계를 미국이 중심이 되어 풀어주지 않으면 동북아시아 지역주의는 형성되기 어려우며, 미국의 이익과 동북아시아 지역주의가 배치된다면 지역주의의 출현 가능성이 약해진다.

동아시아의 양자주의적 안보협력 질서는 다음과 같은 문제점을 노정한다. 첫째, 양자적 안보 질서는 미국과 동맹을 맺고 있는 국가들과는 비교적 쌍무적으로 안정된 관계를 유지할 수 있지만, 미국의 동맹국 상호 간에는 구속력 있는 협력의 틀이 형성되어 있지 않다. 특히 한국과 일본은 상호 불신과 역사적 감정의 골이 깊어 안보협력이 용이하지 않다. 둘째, 양자적 안보협력 질서 자체가 초강대국인 미국에 의해서 구축되었기 때문에 의사 결정 구조상 미국에 일방적 권한이 집중되어 영향력이 매우 크다는 점을 지적할 수 있다. 셋째, 양자주의적 안보관계는 국력의 변화에서 오는 불안정 요인을 흡수하기에 다자적 제도의 틀보다 어렵다. 예를 들어 양자적 안보협력 질서에서는 중국 혹은 일본의 급속한 국력 성장이 지역에 미치는 안보적 영향을 다자주의제도 틀에서 조정하기보다는 불안정한 세력균형에 의존하여 해결하려는 경향이 강하다(이근, 2003 참조).

5. 결론: 한중일 경제협력의 전망

한중일 FTA, 한중 FTA, 한일 FTA, 중일 FTA의 전망은 경제적 이해관계 뿐만 아니라 정치안보적 요인이 작용해 순조롭게 진전되기가 쉽지 않다. 다양한 갈등과 경쟁 등 현실적인 어려움이 있어서 동아시아 지역협력과 FTA의 전망은 그리 밝은 편은 아니다.[11] 한편 세계무역에서 차지하는 동아시아의 무역량은 계속 증가하고 있고, 물동량 및 인적교류 등을 감안할 때 동아시아 지역의 교류협력이 점진적으로 증대되고 있는 것은 사실이다. 10년 안에 이 지역의 GNP가 약 2배로 증가한다는 주장도 있고, 실제 이 지역에서의 높은 교육열과 기술력 등을 감안할 때 장기적 경제성장의 긍정적인 평가가 가능하다. 또한 중국의 급속한 경제성장 결과 동아시아의 역내 무역은 계속 증가할 것으로 기대된다. 단지 이 지역에 미국의 영향력이 강하게 남아 있을 때에는 한·중·일 외에 미국이 포함되는 좀 더 포괄적인 지

---

11) 어려움 속에 한중 FTA가 우선 진전되고 협상이 타결되어, 2015년 정식서명을 완료했다.

역협력체가 구성될 가능성도 배제할 수 없다.[12)

　한국이 동아시아 국제질서 속에서 취해야 할 외교의 방향을 친미입아(親美入亞)라고 한다면 미국과의 친밀한 교류관계를 유지하면서 아시아 국가들과 밀접한 협력관계를 형성해야 한다. 동아시아 경제 질서의 안정을 위해 일본·중국과 경제협력체를 형성하여 안정된 경제성장을 도모한다. 이를 위해 중국과 일본이 세력균형을 유지하고 미국, 러시아와 우호적인 외교관계를 유지하는 것이 필요하다. 중국경제권과 미국경제권의 중간에 위치한 한국경제의 장기적인 생존과 번영을 위해 중국·미국과의 균형외교와 함께 지정학적으로 유사한 처지에 있는 일본과 경제협력을 추구하는 것을 고려할 수 있다. 민주주의와 시장경제의 이념을 아시아적 가치와 결합시켜 동아시아 발전모델을 세계화와 국제표준에 맞추고, 경쟁과 협력이 조화를 이루는 안정된 동북아시아 경제 질서를 형성하기 위해 일본·중국·미국과 긴밀한 선린외교관계를 유지한다. 미국과의 우호동맹과 동아시아 다자간 안보체제에 기초해 일본·중국과의 극심한 경제적 충돌을 피하고 미국·일본·중국과 상호 기술자본 이전과 합작투자 및 공동 연구개발을 장려한다. 세계경제 속에서의 극심한 경쟁을 고려해 한국이 전략산업을 특화·전문화하고 경쟁에서 생존할 수 있는 상호 보완·평화공존의 방안을 모색한다(김성철, 2000 참조).

　동아시아의 경제통합이 논의되는 과정에서 중요한 변수는 동아시아 경

---

12) 동아시아 지역에 좀 더 혁신적인 사회간접자본이 확충된다면 물류비용 감소에 따른 경제효과를 기대할 수 있고, 한중일 간 관세장벽 철폐, 국제협력 강화, 자유로운 노동력의 이동에 따라 교역 효과를 얻을 수 있게 된다. 그러나 3국 간의 경제적 격차가 계속 유지되거나 정치적인 이유나 경제적 경쟁관계로 활발한 교류가 지연되는 경우 이 지역은 불완전한 협력관계를 유지하게 될 것이다. 물론 한중일 각국의 국익이 다르고 이해관계의 조정이 어렵더라도 3국은 언어, 문화, 관습 등과 공통의 관심사를 계속 조율하여 전문가를 양성하는 것이 미래를 대비하는 하나의 방법일 것이다.

제의 안정적 성장을 위해 중국과 일본, 미국이 세력균형을 이루고 상호 협력할 수 있는가 하는 문제다.[13] 결국 동아시아 세력균형에서 주요한 변수는 미국의 개입이다. 미국은 중국과 일본 사이에서 균형을 이루고 아시아에서의 영향력을 유지할 수 있다. 군사적·경제적 동맹관계를 유지하여 한국과 일본에 미국의 영향권을 형성한다. 동아시아정상회담와 같이 미국을 포함한 동아시아공동체를 형성하는 것도 가능하다. 미국과 동맹관계를 유지하면서 한중일의 정치경제협력체를 구성하는 것은 국제적 환경조건에 따라 가능할 수 있다. 한중일 정상회담과 같은 3국의 정치경제협력체가 정례화되면 동아시아의 정치경제 질서의 안정에 도움이 될 수 있다.

동아시아 경제협력에 대한 미국의 입장을 우호적으로 이끌기 위해 한중일 3국과 미국과의 다자간 안보체제와 경제적 우호관계를 유지하며 미국이 3국과 적극적인 교류관계를 유지하도록 한다. 중국과 미국의 폭넓은 교류를 통해 중국과 미국의 경제 및 안보관계가 우호적으로 발전하는 것이 필요하다. 미국과 중국 또는 일본과 중국이 갈등관계가 되면 동아시아 정치경제협력 전망은 밝지 않다. 동아시아에서 한중일+미국의 세력균형 구조가 개방형 협력체제로서 긍정적으로 형성되고 기능하는 것이 바람직하다 (김성철, 2000 참조).

동일본대지진 이후 중국에게 유리한 동아시아 질서가 형성되면서, 중국과 북한의 경제교류협력과 안보동맹 강화가 이루어지고, 한국과 중국의 경

---

13) 중국과 일본의 아시아 패권 다툼은 역사적으로 뿌리가 깊다. 동남아시아의 화교권을 중심으로 한 중국의 영향권과 이에 대항하는 일본 중심의 기러기비행형 경제발전모델에서 보듯이 동남아시아에서 중국과 일본은 서로 경쟁관계에 있다. 한반도를 영향권에 넣으려는 중국과 일본의 패권경쟁이 16세기 말 임진왜란과 19세기 말 청일전쟁을 통해 전개되었고, 태평양전쟁의 종결과 냉전체제로 인해 한반도는 분단되고 한국전쟁을 거쳐 결국 미국과 중국의 영향력이 한반도에 더욱 강하게 남아 있게 되었다. 전후에도 한반도에서 일본의 경제적 및 정치적 영향력은 무시할 수 없다.

제교류협력도 강화될 수 있다. 대지진 이후 경제 재건을 위해서 일본은 국내 경제문제에 치중하면서 한국과의 경제협력을 강화하고 한일 간 경쟁과 협력이 공존할 수 있겠다. 경제적 타격을 입어 전력 부족 어려움이 있는 일본이 경쟁 속에서도 필요에 따라 공동투자·개발·생산·이전 등의 경제협력을 추구할 수 있다(≪요미우리신문≫, 2011.7.9). 수준 높은 기술력을 지닌 일본 기업들이 한국에 투자·이전하거나 공동개발과 생산을 도모하면서 한국에게도 이득이 되는 공생협력이 이루어질 수 있다(≪조선일보≫, 2011.6.29, 7.20). 경제 재건이 어려움을 겪는 경우 일본에서 보수세력이 득세하고 정치적 해결방안을 추구하면서 동아시아에서 영토·자원·에너지를 둘러싼 경제안보적 갈등이 고조될 수도 있다. 한편 일본과 미국의 경제적 여력이 부족하게 되면 한미일 안보협력의 실효성이 약화될 수 있다.

한중일협력은 한중일 정상회담을 통해서 일본의 재난구조와 경제협력, 원자력 발전과 방사능 오염에 대한 협력대응으로 나타났다. 2011년 5월 22일 도쿄에서 3국정상회담을 갖고 원자력 안전과 방재 면에서의 협력 강화를 명기한 정상선언을 발표했다. 한중일 정상회담의 요지는 다음과 같다. ① 방재·원자력 안전 정보교류의 협력을 강화하고 조기 통보의 틀, 전문가 교류 등 협의를 개시한다. ② 원자력 사고 발생 시 생산품의 안전성에 대해서 과학적 근거에 입각해 대응한다. ③ 성장분야에서 재생 가능한 에너지를 포함한 연구·협의를 개시하는 것이 적절하다. ④ 중일투자협정의 조기 실질 합의를 목표로 한다. ⑤ 한중일 FTA의 산관학 공동연구를 2011년 중 종료한다(≪아사히신문≫, 2011.5.23).

한중일관계에서도 세력 불균형에 의한 비대칭 권력관계를 반영해서 향후 중국의 영향력이 높아질 수 있다. 한국은 미중일의 국가이익을 좀 더 냉철히 분석하고 이에 현실적·실용적으로 대응해야 한다. 한중일 FTA는 한국과 중국·일본·미국의 정치·경제적 이해관계가 맞아떨어져야 하는 복합외교의 산물로서 연구·합의·실행의 과정이 순조롭지 않을 수도 있겠다(김성철, 2011 참조).

제15장

중국의 부상과 일본의 외교전략

1. 서론

2001년 테러사건과 2008년 금융위기를 거치면서 미국 패권의 약화가 서서히 가시화되고, 2011년 동일본대지진으로 일본경제의 장기침체에 큰 충격이 가해진 가운데, 중국경제는 지속적으로 성장해 중국의 부상이 두드러지고 명실상부한 미중 G2시대가 전개되고 있다. 중국의 부상과 국제질서 변화는 세력이동으로 이어지고 미중 간 패권경쟁으로 연계되고 있다. 이러한 국제환경의 변화에 대응한 일본의 외교전략 방향성에 대해 다양한 논의가 전개되었다. 중국을 중심으로 한 아시아외교에 중점을 두자는 견해와 미일동맹을 기축으로 다자외교를 펼치자는 견해 등이 주된 논지이다.

다양한 글로벌 위기를 거치면서 지구적 차원뿐만 아니라 동아시아 지역 수준에서 세력분포에 중대한 변화가 일고 있으며, 동아시아 국제관계의 중심에는 중국의 경제적 부상과 정치경제적 발언권 강화가 있다. 안보 측면에서 중일, 중·ASEAN 간 영유권분쟁의 발생 빈도와 대결 강도가 증가하고 있다. 항공우주개발 및 대양해군 구축 노력 등을 통해 중국은 미국의 군사적 패권에 도전하고 있으며, 일본의 보통국가화 주장이 커지고 있고, 한반도의 군비 경쟁 가능성이 상존한다. 경제적인 차원에서도 미중일 간 환율전쟁이 가열되고, 세계경제 질서의 이념으로 워싱턴 컨센서스에 대한 베이징 컨센서스의 도전도 만만치 않다.

동아시아 국가 간 협력의 연결고리들이 네트워크화하고 있다. FTA를 매개로 한중일, 한중일+ASEAN, 미국 등이 엮이고, 이를 미중 전략경제대화가 큰 틀에서 이어주고 있다. 일본과 한국은 동아시아의 지정학적 위치에서 주변 강대국 간 세력판도의 변화에 민감하다. 지역 패권을 다투는 미국과 중국 사이에서 양자택일을 고민하는 전통적인 편승전략이나 균형전략을 넘어서는 좀 더 창의적인 네트워크전략이 절실하게 요구된다.

이번 장에서는 이러한 국제질서의 변화가 일본의 외교전략에 어떤 영향을 주는지 살피고, 한국 국가전략에 주는 함의를 검토하고자 한다. 내용은 크게 세 부분으로 구성된다. 첫째는 중국의 부상이 국제질서 변화에 주는 함의가 무엇인가, 즉 미국과 중국 패권의 진화 방향과 성격을 규명하고, 둘째는 중국의 외교전략과 환경조건에 대해 분석하고, 셋째는 국제질서의 변화에 대응하는 일본의 외교전략을 살펴보는 것이다. 즉, 미중일관계 변화와 이에 대응하는 한국의 국가전략을 숙고해보고자 한다. 동아시아 국제관계의 변화를 안보와 경제의 상관관계의 틀에서 분석하고 외교전략을 다양하게 구상하고자 한다. 복합적 다자주의를 이념적 기초로 해서 미중일관계를 분석하고, 나아가 한반도를 포함한 한중일+미국의 동북아시아 균형 네트워크의 정책분석틀을 숙고해보고자 한다.[1]

---

1) 복합적 다자주의는 행위자의 다양성(국가-비국가), 이슈의 연계성(안보-경제-문화), 외교방식의 양면성(양자주의-다자주의)을 분석 기준으로 한 네트워크전략이다.

2. 중국의 부상과 국제질서의 변화

중국의 부상과 세력전이(파워트랜지션)에 의한 국제질서의 변화에 대한 다나카 교수의 견해를 살펴보면 다음과 같다.

21세기 들어 권력이동(세력전이)의 실현 가능성에 대해 점차 논의되고 있다. 그 요인 중 하나가 중국의 경이적인 경제성장이다. 1989년 천안문사건 후 고도경제성장의 길을 걷기 시작한 중국을 보고, 빠르면 1992년 정도에는 일본과 미국의 경제를 넘어서게 될 것이라는 관측도 있었다. 21세기에 들어서면 중국의 GDP가 미국을 능가할 것이라는 골드먼삭스의 예측도 있었다. 한편 이러한 경이적인 경제성장과 함께 중국위협론이 논의되기 시작했다.

과연 중국의 부상은 권력이동의 전형적인 예처럼 국제시스템을 불안정하게 만들고 전쟁을 일으킬 것인가? 불안정화의 가능성을 지적하는 논의는 많다. 이에 대해 중국의 부상이 반드시 세계시스템의 불안정을 일으키는 것은 아니며 전쟁은 방지할 수 있다는 의견도 많고, 다나카 교수도 중국의 평화적인 부상은 가능하다는 주장을 밝혔다. 부상한 중국이 어떤 존재가 될 것인가에 대해서는 다양한 가능성이 있다고 논했다(田中明彦, 2011 참조).

1) 중국과 미국의 패권경쟁

중국의 파워가 미국을 따라잡을 것인가 하는 것이 주요 이슈이다. 중국은 일본을 제치고 세계 제2위의 경제대국이 되었지만 미국과의 차이는 여전히 크다. 단순히 경제성장률로 보면 언젠가는 미국의 GDP를 제칠 것이라고 예상된다. 그러나 이에 대해 두 가지 측면에서 신중히 고려할 필요가 있다. 첫째, 중국의 경제성장이 지금과 같은 속도로 이어질 것인가 하는 점이다. 경제가 성숙됨에 따라 성장률이 저하되는 점과, 인구학적으로 볼 때 중국의 소자화도 고려해야 한다. 중국이 미국을 따라잡는다고 해도 이는 먼 미래의 일로 봐야할 지도 모른다. 둘째, 권력이동을 나타내는 지표가 과연 경제력밖에 없느냐는 것이다. 권력이동 연구에서는 GDP가 파워의 지표로 사용된다. 그러나 전쟁이 일어날 것인가 하는 점을 생각한다면 군사력을 보는 편이 적절하게 보인다. 지금 군사력을 보았을 때 언제 권력이동이 일어날 것인가? 현재 군사력에서는 미국이 압도적으로 우월하다. 중국이 미국과 거의 동등(parity)함을 달성하는 것은 가령 달성한다고 해도 먼 미래의 일이 되지 않을까 생각한다(田中明彦, 2011: 9).

2) 미중 간의 패권전쟁

중국의 파워가 미국을 따라잡을 경우 이 권력이동은 전쟁의 위험성을 불러일으킬 것인가 하는 문제이다. 즉, 평화로운 이행 가능성은 어느 정도인가 하는 것이다.

평화로운 이행 가능성에 관해 생각해볼 첫 번째 논점은 현재 질서에 대한 중국의 불만도이다. 물론 중국이 현재 질서에 불만을 갖고 있을 가능성도 당연히 존재한다. 그러나 과연 중국은 현행 질서를 뒤엎는 데 사활을 거는 도전국이 될 것인가? 중국의 경제성장은 현재의 국제경제체제를 활용해서 실현된 것이다. 외국으로부터 직접투자와 기술을 대량으로 받아들이고 수출지향의 성장을 이룩해온 중국은 현행 국제질서의 최대 수익자라고 해도 과언이 아니다. 따라서 기존 질서를 혁명적으로 변화시켜 중국이 이익을 얻는다고는 생각하기 어렵다. 현재 산업화에 성공을 보이고 있는 중국이 이것을 전복시킬 전쟁을 일으키겠는가.

두 번째 논점은 사이즈문제이다. A. F. 케네스 오르간스키(A. F. Kenneth

Organski)는 도전국이 될 만한 국가의 규모가 현저하게 클 경우에는 빠른 시기부터 따라잡는 것이 예상되고, 실제로 따라잡았을 경우에는 현재의 지배적인 대국보다 훨씬 거대한 존재가 될 가능성이 높고, 전쟁의 확률은 낮아진다고 지적했다. 즉, 도전국은 시간은 자기편이라고 생각하기 때문에 서둘러 전쟁을 일으킬 필요가 없으며, 지배적 대국 또한 도전국의 성장을 미리부터 예측해왔기 때문에 질서조정을 시도할 동기가 작용하게 된다고 한다. 1958년에 오르간스키는 중국이 성장을 시작한다면 틀림없이 이 케이스에 적용될 것이라고 예측했다.

세 번째 논점은 패권국의 유연성이다. 패권국이 유연하다면 중국이 불만도가 높더라도 이를 낮추는 효과가 있다는 것이다. 지배적 대국의 유연성이 낮을 경우에는 중국이 현재 질서에서 어느 정도 이익이 있더라도 불만은 높아질 가능성이 있다. 또한 유연도가 낮을 경우 권력이동의 필연성을 받아들이지 못하고 예방전쟁을 일으킬 가능성이 있다. 미국의 유연성은 어느 정도라고 볼 수 있는가? 중국의 급속한 성장에 대한 미국 각 정권의 대응을 보면 미국의 유연성은 상당히 높다고 볼 수 있다. 왜냐하면 미국은 중국의 WTO 가입에 동의했고, 중요한 국제 조직 고위직에 중국인을 등용하는 데 거부하지 않았기 때문이다. 미국 국채의 최대 보유국이 중국이라는 현상을 미국이 유지해야 한다면 중국이라는 나라는 국제질서에서 결정적이고 중요한 일부이며, 미국이 유연한 자세를 취하는 것도 당연하다고 할 수 있다.

네 번째 논점은 성장의 속도와 이것이 도전국의 국내사회에 미치는 영향이다. 오르간스키는 경제성장 속도가 너무 빠르면 도전국 사회가 이에 적응하는 데 어려움을 느낄 가능성이 있다고 말했다. 또한 성장속도로 인해 도전국의 사람들과 지도자들이 스스로에 대해 과대평가를 하게 될 가능성이 있다고도 지적했다. 앞서 두 번째 논점에서처럼, 중국이 새로운 패권국이 되는 것이 시간은 걸리겠지만 확실하다면 중국인들은 이를 천천히 기다리면 되겠지만, 빠른 성장속도가 사회 전체에 자기도취적 반응을 불러일으키고 내셔널리즘과 이어질 경우 전쟁의 위험은 높아질 수 있다.

다섯 번째 논점은 전쟁을 일으킬 구체적 문제는 무엇인가 하는 것이다. 투키디데스(Thucydides)에 의하면 실제로 전쟁이 일어나려면 구체적인 도화선이 필요하다. 미중 간 전쟁을 일으킬 만한 구체적인 쟁점은 무엇인가? 대만해협, 한반도, 동중국해의 중일문제, 남중국해의 영토문제가 쟁점으로 생각될 수 있다. 이 중에서 가장 위험성이 높은 것이 대만해협이라고 생각한다. 따라서 전쟁의 가능성은 이들 쟁점을 관리하는 것에 달려 있다고 할 수 있다.

이상의 논점을 정리하면, 전체적으로 중국의 부상으로 인한 전쟁 위험은 그다지 높지 않고 평화로운 이행 가능성이 크다고 판단한다. 중국이 장기적인 관점에서 경제대국이 되는 것은 거의 확실하지만, 그러한 사태가 빨리 찾아오지는 않을 것이다. 그사이 중국도 국제사회도 전쟁을 피하기 위해 노력할 것이다. 게다가 미국의 군사적 우월도 그리 쉽게 흔들리지는 않을 것이다. 대만해협, 한반도, 동중국해, 남중국해에서의 구체적인 쟁점이 무력대립이 되는 것을 억지하는 군사적 우월함은 미국과 그 동맹국들에게 있다. 우려할 만한 것은 중국이 자신의 힘에 대한 과대평가를 하는 것과 패권국인 미국의 중국에 대한 경직적 대응이다. 이러한 우려가 제어될 수 있다면, 중국의 부상으로 인한 21세기 권력이동은 전쟁 없이 지나갈 수 있을 것으로 생각한다. 그러나 2010년 가을 일본의 해상보안청이 중국 어선 선장을 체포한 후 중국의 과잉반응을 보았을 때, 중국이 받아들일 수 있는 질서를 위해 국제사회가 무원칙에 타협해야 한다는 것은 우려스러운 것이다. 국제사회는 장기간에 걸쳐 이어질 세력전이 시기에 중국에는 현상유지 세력으로서의 책임 있는 행동을 취하도록 요구하고, 미국에는 억지력을 효과

적으로 유지하면서 원칙에 따른 유연성을 유지하도록 요구해야 한다(田中
明彦, 2011: 9~12).

3. 중국의 외교전략에 대한 일본의 평가분석

중국의 외교전략이 어떻게 변모하고 있는가를 분석한 기타노 미쓰루(北
野充)의 견해를 살펴보자. 덩샤오핑은 천안문사건과 소련 및 동유럽 사회주
의정권이 무너지는 것을 보고 도광양회(韜光養晦, 실제의 힘을 숨김)와 유소
작위(有所作爲, 우선 할 수 있는 것을 먼저 함)를 외교정책의 방침으로 지시했
다. 덩샤오핑의 외교는 도광양회에 중점을 둔 저자세외교를 하도록 한 것
이라고 해석할 수 있다. 그러나 중국이 대국외교를 지향하면서 도광양회를
견지하는 것과 적극적으로 유소작위 하는 것 중 후자에 중점을 두게 된 것
으로 보인다. 한편 중국은 자국의 외교정책이 평화 지향이라는 점을 강조
한다.

중국은 외교를 통해 확보하려고 하는 가치가 확대되고 행위자가 다양해
서 외교문제를 조정하는 것이 어려워지고 있다. 중국의 외교전략을 단일
원리만으로 설명하기보다는 다양한 세력의 조정·경쟁·갈등으로 형성되는
것으로 볼 필요가 있다. 이제까지 중국을 단일 의사에 기초해서 각 부문의
행위가 조직되는 일체의 존재로 보는 견해가 많았으나, 현실의 중국은 매
우 다극화·다원화되어 있다(北野充, 2011 참조).

1) 대국외교의 전개

1997년 발생한 아시아 통화위기 대처에서 자신을 얻은 중국은 2000년대

에 대국외교에 관심을 표명하거나 언급하는 일이 늘어났다. 대국으로서 자기 인식을 하고 행동할 경우, 중국위협론에 대응할 방도를 고려해야 한다. 중국위협론에 대응하기 위해 제기된 것이 후진타오 주석의 외교 브레인인 정비젠(鄭必堅)의 화평굴기론이며, 평화적 발전론이다. 후진타오 주석이 2005년부터 주장해 온 화해세계(和諧世界) 논의 중에서도 중국위협론에 대해 대응하는 요소가 있었다. 이 논의에서는 책임 있는 대국으로서의 행동을 요구하는 것도 있었지만 기존의 국제질서를 전제로 그 틀 안에서 마음껏 역할을 다한다는, 앞의 주장보다는 국제질서를 중국에게 좀 더 적절한 것으로 해야 한다는 주장이 포함되었다.

한편 대국으로서의 자기 인식이 정착되면서, 주변외교가 더욱 적극적으로 전개되었다. 중동아시아에서는 예전의 상하이 파이프가 발전해 2001년 SCO가 설립되었다. 동남아시아에서는 ASEAN과의 관계를 중심으로 동아시아 지역적 구성에 적극 관여했다. 한반도에서는 2003년 8월 중국을 의장단으로 하여 6자회담이 재개되었다. 이는 1993~1994년 제1차 북한 핵위기에서 소극적인 자세를 보인 것과는 대조된다.

아마코 사토시(天兒慧)는 이러한 중국의 적극적인 주변외교에 대해 영향력 확대에 머무르지 않고 새로운 국제질서 형성을 위한 전략이라고 지적했다. 여기에는 책임 있는 대국 노선뿐만 아니라 중국적 질서 노선과 이어지는 부분이 있다. 다카하라 아키오(高原明生)는 미국을 배제한 틀과 미국을 용인한 틀이라는 두 견해를 언급했다. 전자의 사례가 SCO이고, 후자가 ARF와 6자회담이다. 전자에는 미국의 영향력이 거의 없는 곳에서 자신의 지지 기반이나 활동 공간을 넓히는 의미가 있고, 후자의 경우는 미국과의 파트너십 관계를 유지해 주변국의 중국위협론을 억제한다는 의미와 미국의 관여가 불가피한 문제가 중국이 원하지 않는 방향으로 가지 않도록 주도성을 발휘한다는 의미(6자회담)로 풀이된다.

미중관계의 전개는 대국노선을 더욱 가속시키는 요인이 되었다. 중국이 대국화하는 동안 미중관계는 긴장과 완화를 반복해왔다. 9·11 테러 이후 대테러전쟁을 위해 중국의 역할이 필요하게 되었고, 중국과의 경제관계 발전이 중요해지면서 미중관계는 개선되고 대화와 협력의 메커니즘이 확충되었다. 2005년 미중전략대화가 개시되고 2009년부터는 경제분야 협의의 장과 함께 대중전략과 경제대화가 발족되었다. 이것들은 대국 간의 협조 메커니즘이라고 할 수 있다.

2000년대 들어서 중국의 존재감이 커지는 가운데, 미중 양국이 글로벌문제 관리에 주요한 역할을 해야 한다는 G2론이 제기되었다. 이에 대해 중국은 신중한 태도를 취하고 있다. 국제적인 역할을 하는 것에 수반되는 부담의 측면과 주변 국가들에 존재하는 중국위협론을 생각한다면, 이러한 논의에 정면으로 대응하는 것이 자국에 이익이 안 된다고 판단하고 있기 때문이라고 생각된다. 일본과의 관계도 우여곡절을 겪어왔다. 일중 양국이 동아시아의 대국으로 병립하게 되면서 다양한 문제가 현안으로 떠오르기 쉽게 된 양국관계는, 쌍방이 서로를 의식하고 관리하면서 처음으로 양호한 관계를 유지할 수 있는 상황에 이르게 되었다. 전략적 호혜관계라는 위치 설정은 양국의 이러한 인식을 나타낸다고 할 수 있다.

중국은 2006년부터 국가이익을 재정의하는 작업을 진행했다. 개혁개방 이후 외교의 주목적은 경제발전을 위해 유리한 조건을 만드는 것이었지만, 2006년부터 국가주권과 안전보장이 더해져서 국가주권·안전보장·발전이익의 옹호를 외교 목표로 추구해야 한다는 생각이 나타나게 되었다. 이와 관련해서 '핵심적 이익'이라는 생각이 빈번하게 사용되었다. 핵심적 이익은 2007년 이후 양국 간 정상문서에서 사용되어 2009년 오바마 대통령의 방중 시 미중공동성명에 언급되어 주목을 받았다. 이는 대만·티베트 문제가 중국에게 타협의 여지가 없는 문제임을 주장할 때의 개념으로 사용되어, 남중국해도 중국의 핵심적 이익으로 봐야하는 것인가를 두고 논의가 있었다. 중국이 대국임을 전제로 외교전략을 이행하면서도 국제사회의 가치를 존중하고 책임을 보이는 대국의 노선은 아니다. 그보다는 중국으로서 양보할 수 없는 중국 독자의 가치관을 중요시하는 중국적 질서 노선에 중점을 두고 있을 가능성이 나타난다(北野充, 2011: 52~54).

2) 중국의 외교노선

중국의 외교전략은 개방개혁정책을 채택하여 일국노선에서 개방노선으로 이동하고, 1990년대부터 2000년대에 걸쳐서 대국노선으로 이동했다고 볼 수 있다. 대국노선으로의 전환은 다음과 같은 특징을 보인다.

첫째, 대국노선으로의 전환은 책임 있는 대국노선으로 전환하는 것과 중국적 질서노선으로 전환한다는 두 가지 측면을 갖고 있으며, 전자보다는 국력 증대와 함께 중국적 질서노선이 강해지는 경향이 있다. 1996년 상하이그룹이 2001년 SCO로 이행된 후 활동이 활발해진 것처럼, 중국은 미국의 영향력이 거의 없는 곳에서 자신의 지지 기반과 활동 기반을 넓히기 위한 조치를 강화해왔다. 또한 이념적으로도 국가이익의 재정의가 이루어지는 가운데 중국으로서 타협의 여지가 없는 문제를 나타내는 핵심적 이익이라는 개념이 빈번하게 사용되고 있다.

2009년부터 빈번하게 대외적인 마찰을 불러일으키는 구체적인 사안들을 보면 ① 영토·영유권에 관련되는 현안, 해양활동에 관련되는 사안(센카쿠열도, 남중국해), ② 국제적 규칙 형성에 관련되는 사안, ③ 독자적인 경제정책과 경제활동에 관련된 사안(희토류문제), ④ 인권 관련 사안[류샤오보(劉燒波)의 노벨상 수상문제] 등으로, 이들 모두 국제사회의 가치를 존중하기 보다는 독자적인 가치관을 강경하게 주장하고 그에 따른 행동을 취하고 있다. 이러한 마찰은 중국적 질서노선의 경향이 강해지는 결과로 일어나는 현상으로 볼 수 있다.

둘째, 먼저 책임 있는 대국노선으로 전환이 일어난 후 국력 증강에 따라 중국적 질서노선으로 전환되었던 것이 아니다. 중국적 질서노선 지향은 대국노선의 싹이 트기 시작한 1990년대 중반 초기단계에서부터 보이기 시작했다. 예를 들면 미국 주도의 봉쇄를 피하고, 근린국으로부터 지지 기반과 활동 공간을 확보하려는 의도가 있다고 보이는 상하이그룹 설립, 최초의 파트너십 관계인 러시아와의 전략적 파트너십도 1996년에 성립되었다.

셋째, 대상이 되는 국가나 지역, 분야에 따라 책임 있는 대국노선과 중국적 질서노선이 구분되어 사용되었다. 강대국 미국에는 책임 있는 대국노선을 어필하고 협조적인 대응을 하는 한편, 미국의 관심이 적은 지역이나 미국의 힘이 미치지 못하는 지역에서는 중국적 질서노선을 취하는 경향이 있다. 주변국외교에서도 미국이 참가하는 포럼(ASEAN, 6자회담)과 미국이 참가하지 않는 포럼(SCO)에서 중국의 대응이 달랐다.

이러한 대국노선으로의 전환이 진행되는 가운데 중요한 것은 앞으로의 대국노선이 어떠한 방향으로 갈 것인가 하는 점이다. 중국적 질서노선이 점차 강해질 것인가, 아니면 제동이 걸릴 것인가? 중국의 대외관계에 작용하는 역학을 보았을 때, 국력이 증진되고 국제사회에서 비중이 증가함에 따라 중국적 질서노선 경향이 강화될 것으로 보인다. 이는 자국 독자의 가치관을 강조하는 경향이 강력한 자석처럼 끌어당기는 힘을 가지고 있어, 그쪽으로 향하는 것이 가능하게 되면 그쪽으로 끌려가는 힘이 작용하는 구도라고 할 수 있다. 최근 국가이익의 재정의는 이러한 조류를 보여주는 사례라고 생각된다(北野充, 2011: 56~59).

4. 중국의 핵심이익과 미중일관계

중국의 핵심이익이 확대되면서 미중일관계에 변화가 일어나 갈등과 마찰의 빈도와 강도가 높아지고 있다. 이에 대한 일본 방위연구소의 분석을 살펴보자(防衛研究所, 2011 참조).

1) 중국의 핵심이익과 미중관계

미국 오바마 정부 발족 이후, 중국은 좀 더 대등한 미중관계 구축을 진행해왔다. 그 성과 중 하나가 2009년 11월 오바마 대통령의 방중과 미중공동성명 발표이다. 공동성명에서는 미중 간 적극적으로 협력적·전면적인 관계를 구축하는 것을 확인하고, 공통의 도전에 함께 대응할 것을 선언했다. 이러한 일련의 관계 구축 프로세스는 양국 간의 모순이나 분기점을 당분간 제쳐두고 글로벌한 의제에 집중해 대응한다는 것을 의미하며, 양국 간 관계의 범위를 넘는 공통의 이익이나 공동책임이라는 문맥을 강조하는 것이다. 미국과의 협력관계 구축이 가능할 것이라는 중국 측의 기대가 포함되어 있다. 미중관계에서 글로벌한 문맥을 강조하는 것은 금융위기 이후 국제적 지위의 상대적인 향상과 관련해 설명할 수 있다.[2]

이러한 금융위기 이후 미국에 대한 상대적 지위 강화를 배경으로 중국

---

[2] 중국 외교부 산하 싱크탱크인 중국 국제문제연구소의 추이훙젠(崔洪建) 연구원은 미중이 협력하는 배경에 대해 다음과 같이 말하고 있다. "세계화로 인한 상호 의존은 미중 양국이 공동의 시선으로 향하는 계기가 되었다. 금융위기는 세계경제의 동요를 불러일으키고, 정치적인 반응을 불러일으켰다. 이것으로 상호 의존 시스템의 취약성과 일극 주도 세계의 위험성이 명백히 드러났다. 세계는 더욱 많은 강대한 단결을 필요로 하고 있다"고 지적했다. 그리고 "미국은 신흥세력의 대표 격인 중국과 협력함으로써 양호한 국제환경 창출을 바라고 있다"고 밝혔다.

지도부나 국방·외교 담당자들은 미중관계에서 가장 중요하고 민감한 문제, 즉 대만문제에 대해 미국이 적극적인 자세를 취할 것을 요구하게 되었다. 2009년 11월 미중정상회담에서 후진타오 주석은 미중 양국의 국정은 다르고, 몇 가지 분기점이 존재하지만, 중요한 것은 상대국의 핵심적 이익과 중대한 관심을 존중하는 것이라고 오바마 대통령에게 강조하고 공동성명에도 상호의 핵심적 이익을 존중한다는 구절이 중국 측 요구에 의해 명기되었다. 후진타오 주석에 의하면 중국이 미국에게 요구하는 핵심적 이익의 존중이란 대만 등 문제에서 중국의 주권과 영토보전을 존중한다는 것이고, 이를 통해 양국 간 전략적인 신뢰가 형성될 수 있다는 것이다.

중국이 미국 측에 존중을 바라는 핵심적인 이익 중 한 가지는 대만문제이다. 그러나 후진타오 주석이 대만 등이라고 표현했듯이 좀 더 넓은 문맥에서 보고 있음을 알 수 있다. 다이빙궈 국무위원에 의하면 중국의 핵심적 이익은 세 가지로 분류할 수 있다. ① 국가의 기본적인 제도와 국가의 안전. ② 국가주권과 영토보전. ③ 경제사회의 지속적인 발전이다. 즉, 중국의 핵심적 이익은 정치, 안전보장, 경제 각 분야로 규정된다는 것이다. 중국 외교부 친강(秦剛) 대변인도 중국의 핵심적인 이익은 국가주권, 안전, 영토보전과 발전의 이익을 가리킨다며 넓은 의미의 해석을 제시했다.

또한 ≪홍콩경제일보(香港經濟日報)≫에 의하면 2009년 시점에서 중국의 공적 싱크탱크는 중국의 핵심적 이익에 도전하는 행위를 다음 네 가지로 보고 있다. ① 중국의 국가제도에 도전하는 것으로 인권문제 혹은 종교문제로 중국의 내정에 간섭하는 행위이다. ② 국가의 안전보장을 위협하는 행위로 중국 주변 지역에서 미국이 군사적 감시활동을 하는 것이 포함된다. ③ 중국의 주권에 도전하는 것으로 대만, 남중국해, 동중국해, 티베트나 신장(新疆)문제에 대해 이견을 제시하는 행위이다. ④ 해외에서 중국의 합리적인 경제활동을 비판하고, 정치문제화하는 것이다. 예전에는 대만이나 티베트와 같은 국가통일에 관한 문제가 핵심적 이익으로 표현되었지만, 위와 같은 논의에서 볼 수 있듯이 중국이 설정하는 핵심적 이익의 범위가 지리적으로나 내용적으로 확대된 경향이 보인다.

2010년 이후 중국의 핵심적 이익을 위협하는 사태가 계속 발생했다. 1월 오바마 정부가 대만에 무기 매각을 결정했고, 2월 오바마 대통령이 티베트 달라이 라마(Dalai Lama) 14세와 회담했다. 미국이 대만에 매각하는 PAC-3 시스템은 2008년 10월 부시 정권이 매각 계획을 의회에 통지했고 오바마 정권에서 실행에 들어간 것이었다. 중국은 부시 정권에서 계획되었더라도 그것이 오바마 정부에서 실시된다는 것에 크게 반발했다. 중국 외교부 대변인은 강한 불만과 반대를 표명하고, 중국의 핵심적 이익과 중대한 관심을 존중하기로 한 것을 엄수할 것을 미국 측에 요구했다. 또한 국방부 대변인도 미국이 중국의 핵심적 이익을 존중하기를 요구하는 한편 미국이 대만에 무기 매각을 중지하지 않을 경우, 중국은 더 높은 조치를 취할 가능성이 있음을 언급했다. 또한 오바마 대통령과 달라이 라마 14세의 회담이 명백해지자 중국 공산당 중앙통일전선 공작부의 주웨이췬(朱維群) 부부장은 미일관계의 정치적 기초를 심각히 훼손한다고 한 후, 회담이 실현된다면 상응하는 조치를 취할 것이라고 말하여 보복 조치의 가능성을 언급했다.

미중관계에서 중국의 부상에 따라 양국관계의 대등화 지향이 강해지고 있다.[3] 2010년 3월 양회(전국인민대표대회와 전국정치협상회의) 개최 기간 중 중국의 외교정책이나 대미관계에 대한 논의가 활발히 이루어졌는데, 증대하는 중국의 실력과 이익에 맞는 적극적인 언동을 요구하는 의견이 많이 제기되었다. 대만문제에 관해 이전 중국은 비교적 유화적인 어조로 반대해

---

[3] 중국 마르크스주의연구소의 양쉐둥(楊雪冬) 부소장은 중국의 국력이 증강됨에 따라 미중관계가 평등화된 결과, 미국이 과제 설정을 주도하는 종래의 양국관계에서 비대칭성이 개선되었다는 인식을 나타냈다.

왔지만, 현재는 강경한 말뿐만 아니라 행동이 따르기 시작했다고 하면서, 중국의 대외 대응의 새로운 방식에 미국이 적응해야 한다는 의견도 표명했다. 결국 중국 내에서는 자국의 이익을 더욱 확장하여 정의하는 경향이 높아지고 있고, 이와 함께 대외정책에 대해서도 국력 증강을 전제로 하여 이를 외교교섭의 지렛대로 전환시키려는 생각이 두드러지고 있다. 대만문제나 티베트문제라는 핵심적인 이익과 대미외교에서 이러한 사고의 구체화가 시험되고 있다(防衛研究所, 2011: 92~96).

2) 주변 해역에서 심화되는 중일 갈등

(1) 동중국해에서의 중일 마찰

중국과 일본은 동중국해에서 EEZ 경계를 둘러싸고 다투고 있다. 동죽국해는 비교적 좁은 해역이기 때문에 양국이 각각의 영해로부터 200해리 EEZ를 주장할 경우 많은 부분이 겹치게 된다. 이 때문에 일본은 유엔 해양법조약의 규정에 근거해 각각의 영해기선으로부터 등거리가 되는 중간선을 EEZ 경계로 하는 것이 공평한 해결이 된다고 주장하고 있다. 한편 중국은 대륙붕의 자연연장론에 근거하여 오키나와 토라후 부근까지의 권리를 주장하고 있어 지금까지 경계를 획정하지 못하고 있다. 또한 중국이 중일 중간선 부근에서 단독으로 석유·가스전 개발을 진행하고 있어 일본의 우려감을 더하고 있다가 2008년 6월 중일 양국은 경계획정까지 과도적인 기간에서의 협력에 대해 합의했다. 이 합의의 요점은 중일 중간선이 걸쳐진 해역에 공동개발지구를 설치하는 것과 중국이 진행해오던 춘샤오 석유·가스전 개발에 일본 기업이 중국의 법률에 따라 참가한다는 것이다. 이 합의를 실행에 옮기기 위해 양국이 협의를 계속하고 필요한 교환공문 체결에 노력한다는 것이 포함되었지만, 국내의 강한 반대의견으로 중국 측의 대응은 진전되지 않았다. 그러나 2010년 5월 말에 하토야마 수상과 원자바오 총리가 회담하여 교환공문 체결을 위한 정식 교섭을 진행한다는 데 합의했다.

한편 중국은 2010년 동중국해에서 활발히 활동했다. 4월 중국 해군의 구축함 2척을 포함해 합계 10척의 함대가 오키나와 본섬과 미야코지마 사이의 미야코해협을 통과해 서태평양에 진출하고, 여러 가지 훈련을 한 것이다. 미야코해협은 일본의 EEZ 범위 내에 있지만 공해이기 때문에 중국 함정이 통과하는 데 아무런 법적 문제가 없다. 그러나 이 함대는 4월 8일과 21일 두 번에 걸쳐 경계·감시 중인 해상 자위대 함대에 헬리콥터를 이상할 정도로 접근시키는 도발적 행위를 행했다. 일본정부는 중국정부에 정식항의 했으나 중국 측은 이 훈련이 국제법에 합치하는 것으로 타국에 위협을 가하는 것이 아니라고 주장했다. 정상적인 훈련을 행하는 중국 해군 함정에 대해 장시간 근거리 추적을 하는 등 방해를 해서는 안 된다고 밝혀 해상 자위대의 감시활동을 비판했다.

2010년 발생한 센카쿠열도(댜오위다오) 앞 바다에서 벌어진 중국 어선 충돌사건에 대해서 중국 측은 더욱 강경한 자세를 취했다. 9월 7일 오전 일본의 영토인 센카쿠열도 구바지마(久場島) 영해 내에서 해상보안청 순시선 요나쿠니가 중국 어선을 발견했다. 순시선이 법령에 근거해 퇴거 권고를 하고, 중국 어선이 순시선에 충돌하고 도주하려고 했다. 그 후 중국 어선은 영해 내 해상보안청 순시선 미즈키에도 접촉했지만 최종적으로 해상보안청이 중국 어선을 정박시켰고, 중국 어선 선장이 공무집행방해 혐의로 체포되었다. 어선과 14명의 선원도 법령에 따라 구속되었다. 중국정부는 센카쿠열도가 자국의 영토라고 주장하며 선장의 체포를 위법이라고 주장하고, 일본 대사에게 승무원과 선박의 즉시 해방을 요구했다. 나아가 중국은 동중국해에서의 석유·가스 개발에 관한 교환공문 교섭을 일방적으로 연기하고, 각료급 교류의 일시정지, 상하이 만국박람회의 일본 청소년 초대를 연기한다고 선언했다. 21일에는 원자바오 총리가 선장의 무조건 조기 해방을 요구하고, 일본 측이 이를 거부할 경우 더욱 강경한 조치를 취할 용의가 있다고 밝혔다. 나아가 희토류 수출 금지 조치, 후지타 일본인 사원 구속에 더해 나하 지검이 처분보류로 선장을 석방하고 난 뒤에도 중국정부는 일본정부에게 사죄와 배상을 요구했다.

중국의 강경한 자세는 일본과 미국의 안전보장협력을 촉진하는 결과를 낳았다. 5월 25일 게이츠 국방장관과 기타자와 방위상의 회담에서 중국 해군의 활발한 활동에 대응하기 위한 협력을 심화하기로 합의했고, 9월 23일 뉴욕에서 마에하라 외무대신과 클린턴 국무장관은 회담에서 센카쿠열도가 미일안보조약 제5조의 적용범위에 들어간다는 입장을 명확히 했다. 10월 11일 하노이에서는 기타자와 방위상과 게이츠 국방장관의 회담에서, 게이츠 장관이 중국이 해양활동을 확대하고 있는 가운데, 해양문제에 관련된 나라들이 협의해나가는 것이 중요하다는 발언을 하여, 앞으로도 미일 간의 긴밀한 연계와 협력이 필요하다는 데 인식을 같이했다. 또한 11월 요코하마에서 개최된 APEC회담에서 오바마 대통령과의 회담에 대해 간 수상은, 중일관계에서 문제가 발생했을 경우 미국은 일본을 지지한다는 데 사의를 표명했다고 말했다(防衛硏究所, 2011: 109~112).

(2) 중국 어선 충돌사건에 대한 평가

2010년 발생한 중국 어선 충돌사건에 대해 중국은 강경한 자세를 누그러뜨리지 않고, 외교부 보도관이나 ≪인민일보(人民日報)≫ 등 언론의 대일 비난 강도도 높아졌다. 그러나 인민해방군은 침묵을 지키고 있었고 인민해방군 기관지인 ≪해방군보(解放軍報)≫는 사건 발생 이후 '신양사' 보도를 국제면에 게재할 뿐 사건에 대한 논평이나 해설기사는 게재하지 않았다. 이러한 자세는 종래 ≪해방군보≫의 보도 자세와는 다른 것이었다. 이러한 인민해방군의 자세를 어떻게 해석해야 하는가?

경제 건설 우선성은 덩샤오핑 이래 중국의 지도부가 계승해온 정책 방침이다.[4] 즉, 경제에 전념하기 위한 국제환경 창출을 목표로 덩샤오핑은 주권속아(主權屬我, 주권은 우리들에 속하고), 각치쟁의(擱置爭議, 쟁의는 잠시 제쳐두고), 공동개발이라는 원칙을 내세웠던 것이다.

인민해방군 국방대학 전략연구자는 이러한 원칙에 대해 구체적으로 논하고 있다. 주권속아를 구체화한 방책 중 첫째는 해양입법의 강화이고, 영해기선을 정해 관할 해역의 범위를 명확히 하는 것이다. 둘째는 해양법 집행의 강화로 해감(海監), 어업국, 해경 등 각 기관을 통일된 준군사화하는 것이다. 셋째는 주권속아의 선전으로 국내외 언론을 이용하고 국내 주권속아 공통 인식을 만들고 중국에 유리한 국제 여론을 적극적으로 양성하는 것이다. 또한 무력 사용 준비로서 원해(遠海)작전능력 향상과 제2포병을 동중국해와 남중국해에 배치하여 억지력을 향상시키고, 무력 사용의 합법성과 정의성에 관한 여론 형성을 준비한다. 한편 각치쟁의 원칙은 다음과 같다. 미국이 자국의 경제 회복을 중국경제에 의존하고 있는 것을 이용해 미중 무역관계를 더욱 긴밀히 하고, 센카쿠열도 및 남중국해문제에 중립을 유지하도록 요구하며, 미국의 억지와 직접개입을 회피하는 한편 일본에게는 각치쟁의를 준수하도록 하는 것이다. 또한 분쟁이 발생할 경우에는 유력한 반격 조치를 취하고, 방어적인 공세를 실시하도록 하고 있다. 그 구체적인 예로 센카쿠에서의 어선 충돌 사안에 관한 중국의 행동을 들 수 있다.

경제발전을 위해 평화로운 환경을 유지하는 것을 최우선으로 해왔던 중국은 주권속아보다 각치쟁의와 공동개발을 강조함으로써 대외적으로 협조

---

4) 해군 정보화전문가위원인 인쭤(伊卓)는 도서를 둘러싼 분쟁에 대해, "전반적인 원칙으로 경제발전에는 평화로운 국제환경이 필요하고, 군사 수단에 의한 분쟁 해결과 외부 환경 파괴는 바람직하지 않다"고 하며 경제 건설의 우선성을 주장했다.

관계 유지에 노력해왔다. 그러나 경제력과 군사력이 급속히 증강되면서 이제까지 그다지 강조하지 않았던 주권속아에 역점을 두는 정책을 취하고 있다(防衛研究所, 2011: 112~113).

5. 국제질서의 변화에 대응하는 일본의 외교전략

중국의 부상으로 인한 국제질서 변화에 대응하는 일본의 외교전략에 대하여 앙케트 조사로 살펴 본 전문가들의 견해를 종합해보면 대체로 두 가지로 나뉜다. 하나는 중국의 부상을 전제로 그 위협에 적극적으로 대처해야 한다는 것이고, 다른 견해는 전통적인 미일동맹을 중심으로 다양한 외교정책을 펴야 한다는 것이다. 일본 전문가들의 견해를 구체적으로 살펴보면 다음과 같다(アンケート, 2011 참조).

1) 중국의 부상과 중국위협론

중국의 부상은 중국의 경제적·군사적 부상을 의미하고, 미중 간 세력균형과 양국의 향후 움직임, 동아시아와 전 세계에서 협조적인 국제관계를 유지하기 위한 새로운 틀의 구축을 언급한 견해가 많았다.

최근 중국이 적극적으로 해양으로 진출하면서 주변국들과 마찰을 빚고 있다. 2010년에는 일본과 중국 사이에 센카쿠열도 주변에서 중국 어선 충돌사건이 발생했기 때문에, 중국의 부상이 세력균형이나 가치·규범 면에서 국제관계 현상을 변화시킬 것에 대한 경계심이 느껴졌다. 한편 중국의 부상뿐만 아니라, 중국의 내정문제나 그 향방에 대해 직간접적으로 지적한 견해도 있다. 국내 정치개혁은 향후 중국에게 중요한 문제가 될 것이다(高

原明生, 2011 참조).

(1) 중국의 경제적 부상과 자원문제

중국 및 인도 등 신흥국의 부상을 현재 국제질서와 어떻게 조화되도록 할 것인가, 성장하는 국가들에서 물과 식료 및 천연자원의 수요가 급증하는 가운데 이를 만족시키면서 자원쟁탈전을 피할 수 있는가가 앞으로의 국제정세에서 중요하게 될 것이다. 미국의 군사력과 경제력의 상대적 쇠퇴가 국제질서의 불안정화를 유발하지 않도록 어떻게 질서를 관리해나갈 것인가가 과제가 되고 있다(秋山信將). 중국의 내정과 대외정책 전개에서 중국은 큰 문제를 안고 경제성장을 해왔다. 공산당 정부가 주도적인 지위를 유지하는 것이 현재와 같지는 않을 것이다(五十嵐武士). 중국경제는 인구동태나 경제발전 단계 등을 감안하면 2030년까지는 타 지역에 비해 고성장을 지속할 것이라고 예측된다. 중국경제의 고성장은 무역과 금융을 비롯한 다양한 형태로 국제경제에 큰 영향을 줄 것이다. 고성장을 지탱하기 위해서 필요한 자원의 수요 확대가 자원 획득 경쟁을 부추기고, 그 결과 경제·군사 면에서도 국제정세에 큰 영향을 줄 가능성이 있다(浦田秀次郎)(アンケート, 2011 참조).

(2) 중국위협론과 영토분쟁

대국으로서의 책임과 정의 없이 팽창해나가는 중국에 대해 국제사회는 어떻게 대처해야 하는가. 앞으로 중국은 국내적으로 구조적인 모순을 내포한 채 정치외교 등 다양한 측면에서 국제사회와 마찰하고 제도를 넓게 파괴해갈 것이다. 내부의 개혁은 기대할 수 없고, 외부의 간섭에는 불합리한 이유로 대응하기에 결국 국제사회에서 발생하는 문제의 근원이 될 수 있다(金田秀昭). 중장기적으로 중국의 해양 특히 남중국해와 동중국해에서의 행동에 어떻게 대응할 것인가가 중요한 문제가 될 것이다. 최근 중국의 행동은 현재 상황을 사실의 축적으로 혹은 실력의 행사를 통해 변경하려고 하는 것처럼 보인다(久保文明).

급속히 부상하는 중국이 기존 국제질서의 도전자로 행동하는 것이 아시아 안정에 가장 큰 불안정 요인이 되고 있다. 특히 외양(外洋)에서의 전개능력을 가진 해군력 증가, 자원의 중상주의적인 확보, 희소금속-희토류를 포함한 광물자원의 독점적 지배권 확립을 목표로 하는 중국의 전략, ASEAN·아프리카 및 태평양 도서국에 대한 경제적 지배권 지향 등이 문제이다(前田匡史).

중국은 이란과 북한에 대한 국제 제재에 참가하지 않고, 일본의 영토주권을 부정하고 있다. 중국 어선과 일본 순시선의 격돌사건, 노벨평화상문제 등으로 각국은 중국의 위협을 감지하기 시작했다. 중국은 서양 중심으로 만들어진 국제질서를 점차 중화사상을 기초로 한 국제시스템으로 만들려는 의욕으로 도전하고 있다. 러시아가 북방영토문제에 공세를 가하는 것과 함께 일본을 둘러싼 긴장 고조가 주요 문제다. 대미관계의 강화나 한미일 결속을 통해 끊임없이 공세를 해오는 중국에 정치적 대결을 포함하여 끈질긴 대화와 교섭을 통해 대처해야 한다. 일본 기업이 중국시장과 노동력에 과잉으로 의존하는 것을 막고, ASEAN 등 아시아 국가들에 투자를 분산하는 외교안보정책을 추진해야 한다. 대미관계의 강화를 전제로 유라시아외교나 '자유와 번영의 호' 같은 외교전략을 재구축한다. 이는 중동 질서의 변동과 센카쿠열도를 둘러싼 중국의 동향에 전략적인 관점에서 대응하는 데 매우 중요하다. 세심한 외교를 하기 위해서는 그랜드 디자인을 세우는 것이 중요하다(山內昌之)(アンケ―ト, 2011 참조).

(3) 중국의 부상과 국제질서의 변화

세계적으로 보면 미국 패권의 쇠퇴와 다원적인 질서의 형성이 어떻게 진행될 것인가 하는 것이 중요하다. 중국을 포함한 신흥국의 움직임과 현재 G8 중심의 질서관이 변용되는 과정이 중요한 과제가 될 것이다. 지역적으로는 중국이 어떠한 행위자가 될 것인가 하는 것과 이에 따라서 한반도와 대만해협이 어떻게 전개될 것인가 하는 것이 중요하다. 세계화에 따른 국가의 역할과 지역 통합의 움직임도 중요하다(川島真). 국가 간 힘의 관계 변화 특히 미중 양국 경제력의 향후 동향이 어떻게 될까. 미국경제가 좋지 않은 가운데 중국의 성장이 지속되면 국제 경제는 물론 국제정치와 안전보장 환경도 눈에 띄게 불안정하게 될 것이다. 세계 각국은 미중 양국과의 관계는 물론 외교정책·경제정책·안보정책 전반에 걸쳐 근본적인 수정을 하게 될 것이다. 일본은 이러한 영향을 많이 받을 것이다(菊池努).

향후 중국을 필두로 한 신흥국가를 어떻게 국제질서 안에 포함시킬 것인가가 큰 문제가 될 것이다. 이는 군사·안전보장과 경제 면 양쪽의 문제이다. 전자(군사·안전보장 면)는 일정한 게임의 성격이 강하고, 후자는 상승효과가 기대되는 부분이라 이 둘에 대한 접근방법은 달라진다. 다양한 채널을 이용하여 기존 세력과 신흥세력 쌍방의 상호작용을 심화해 현 상황을 극복해나가는 것이 필요하다. 국력이 상대적으로 쇠퇴하는 가운데 일본은 동아시아 혹은 아시아태평양 지역의 정체성 확립에 기여하여 안정적인 정치경제 환경을 구축하는 데 힘을 쏟아야 한다. 지역 개념을 확고히 하고 미국이 중국 일변도가 아닌 지역에 관심을 갖게 한다. 또한 중국에는 지역에 대해 책임 있는 태도로 임할 것을 요구한다(木村福成).

부상하는 중국이 미국을 대신해 새로운 국제질서의 중심이 되지는 않을 것이다. 그러나 중국은 중국에게 편한 국제질서를 요구할 것이다. 그 결과 국제정세가 동란의 시기를 맞이하는 것이 아닐까. 그 향방은 중국의 국내

정세가 불안정해지면서 더욱 혼란스러워질 수도 있다. 중국문제와 한반도 문제는 정세 분석과 바람직한 시나리오 작성을 위해 다각적이고 종합적으로 접근해야 할 것이다. 현재 취할 행동을 중기적 계획과 관련성을 고려해서 정책 집단이 공유한다. 이러한 전략적 접근에 기반을 둔 것이 미일동맹이다. 방위정책 면에서 일본의 자조 노력은 미일동맹 속에서 의미를 둘 때 비로소 외교전략으로 의미가 있다. 즉, 미일동맹을 어떻게 활용할 것인가가 중요하다. 앞으로 한국·호주·ASEAN 국가들과 안정보장 구축을 진행하는 것이 중요하다. 이들 국가와의 협력관계가 동아시아 질서에 중요한 인프라가 될 수 있다면, 중국의 부상이나 북한문제가 야기하는 동란의 시대에 안정요인이 될 수 있을 것이다(添谷芳秀).

단기적으로는 패권국 미국과 도전국 중국을 둘러싼 국제정세가 중요한 문제가 될 것이라고 본다. 일본외교의 방향성에 대해서는, 중장기적으로 자원문제의 해결을 위한 국제협력·제도설계에 적극적으로 참가해야 한다. 일본은 자원을 수입에 의존하고 높은 취약성과 민감성을 보이고 있다. 광범위한 상대국과 긴밀한 양국관계 구축·유지가 불가결하다(전방위외교). 단기적으로는 패권국 미국을 동맹으로 지지하고, 도전국 중국과는 우호적 관계를 형성하고 유지하는 방법을 취해야 한다(多胡淳).

미국을 중심으로 한 선진 민주주의 국가와 중국을 중심으로 하는 신흥국 간의 상대적 힘의 변화가 국제사회에 큰 변화를 가져올 것이다. 이들이 대립관계가 되지 않기 위해서 어떠한 틀을 구축해야 될 것인가. 국력이 신장되고 자신감이 커진 중국이 지역 내에서 패권을 추구하지 않고 협조적 국제관계 구축에 건설적인 역할을 할 수 있도록 억지력·신뢰 양성·규칙 만들기와 같은 중층적인 질서를 구축할 필요가 있다(田中均). 중국과 인도 등 신흥대국이 부상하면서 전후 세계 질서가 어떻게 변화할 것인가. 국제질서는 세계전쟁 후 근본적으로 개혁되었으나 제2차세계대전 이후에는 세계전쟁이 일어나지 않아 변혁이 일어나지 않으면서 점진적으로 변화를 지속해왔다. 서양 중심, 대서양 중심의 국제정치가 끝나고 아시아태평양이 국제정치의 중심이 되는 시점에 미국이나 EU가 신흥대국과 어떻게 협조관계를 구축할 수 있을까가 중요한 문제가 된다(細谷雄一).

앞으로의 국제정세에서는 미국이 글로벌 지도력을 회복하느냐와 중국의 정치적·경제적·군사적 팽창을 어떻게 견제하면서 안정된 국제관계를 만들어나갈 것인가가 중요하다. 러시아, 인도, 브라질, 터키 등 새로운 행위자들도 주목해야 할 것이다. 또한 세계화로 인해 사이버공격, 우주군사활동, 국경을 넘는 범죄 확대 등이 국제관계의 새로운 요인이 될 것이다(西原正). 중국, 인도, 터키, 브라질 등 신흥국들이 어떠한 국제질서를 구축해나갈 것인가가 중요한 국제문제가 될 것이다. 이들 국가는 현재의 미국 중심의 국제질서에 반발하고 있지만 이들이 어떤 국제질서를 그리고 있는가에 대해서는 명확히 제시하고 있지 않다. 한편 핵, 해양안전보장, 기후변화 등 다양한 분야에서 대립과 혼란이 일어나고 있다. 이러한 대립을 억제하면서 새로운 국제질서를 모색하는 것이 중요한 국제문제가 될 것이다(立山良司).

급속히 부상하는 중국을 어떤 식으로 기존 국제사회의 틀과 균형 안에서 경쟁하도록 할 것인가? 국경을 넘어 활동하는 테러조직과의 싸움, 대량파괴무기나 핵 관련 물질의 국제적 확산, 세계적으로 심화되고 있는 소득 격차, 지구온난화 등 기후변동문제가 중요하다(道下德成). 향후 5년을 생각해보면 북한의 국내 위기로 인한 한반도의 혼란과 이것이 영향을 미칠 일, 특히 미중일의 긴장이 중요하다. 미국경제를 필두로 한 국제 경제의 위기(2008년의 금융위기가 다시 발생할지도 모름)가 중요하다. 직접적으로는 중국의 세계화와 파워외교가 야기할지 모르는 긴장이 있다(毛里和子).

중국의 군사력 강화가 현저하고, 전략적인 포지션도 강화되고 있다. 한편 중국과의 경제적 상호 의존은 커지고 있다. 안전보장과 경제관계의 균형이 큰 과제이다. 자원, 환경 등 글로벌 이슈도 중국을 빼고서는 생각할 수 없다. 일본은 물론 국제적으로도 대응할 수 있는 시스템을 만들어야 한다 (山本吉宣). 2010년 GDP로 중국이 일본을 제쳤다는 것의 의미가 크다. 향후 일본외교는 세계 3위의 경제대국으로 자화상을 고쳐야 한다. 외교 목표를 대국과 중견국의 중간에서 재설정할 필요가 있다(吉崎達彦).

앞으로 10년 정도 중국경제는 더욱 성장할 것이다. 경제력을 배경으로 군사력 증강도 가속화할 가능성이 크다. 중국은 남중국해는 물론 동중국해에서의 패권 장악을 확실히 할 것이다. 대만해협문제는 10년 사이에 발생할 수 있다. 이러한 상황에서 미일동맹의 중요성이 커지는 한편 동아시아에서 일본의 리더십 결여가 계속 이어질 것이다(渡辺利夫). 안보 면에서 아시아태평양 지역의 중요성이 한층 더 커질 것이고, 동아시아 지역에서 중국의 지위 확대 움직임과 불안정한 한반도 정세가 있고, 미중관계를 살피면서 미일·일중관계를 다뤄야 하는 중요성이 있으며, 유로위기에서 보이는 EU의 취약성이 있고, 중앙아시아·중동을 둘러싼 미·중·러·유럽 등 대국 간 세력다툼, 그레이트게임(The Great Game)의 경향 확대가 국제정세에서 중요한 문제가 될 것이다(渡邊啓貴)(アンケート, 2011 참조).

2) 미일동맹을 기반으로 한 다자외교

일본외교의 바람직한 방향성에 대해 미일동맹 강화의 견해가 많다. 중국·러시아 등 대륙 세력과의 밸런스를 중시하는 입장과 미일관계를 기축으로 해서 동아시아 국가들과 양자관계와 다자관계를 발전시켜야 한다는 견해가 있다. 동아시아의 다각적 협력관계를 발전시켜 지역의 새로운 질서를 지향해야 한다는 견해도 있다. 미국과의 관계에 대해서는, 일본의 방위력을 강화한 후에 쌍무적인 동맹관계를 갖추어야 한다는 견해와 집단적 자위권 행사를 용인해야 한다는 주장이 있다. PKO를 적극적으로 전개하기 위해 집단적 자위권 행사가 필요하다는 의견이 많다. 한편 동맹국이기 때문에 미국의 방침을 지지해야 한다는 구속에서 자유로워져야 한다는 주장과 자위력 강화 이외의 움직임에는 집단적 자위권을 제한해야 한다는 주장이 있다(高原明生, 2011 참조).

GDP와 같은 경제적인 지표에서 일본의 상대적인 지위 저하는 불가피하고, 이를 보완하기 위한 외교의 역할은 중요하다. 일본에게 바람직한 질서는 미국과의 협조이다. 아시아 국가들을 이 협조체제의 수익자로 포함해서 질서의 공동 형성·관리에 소유권을 제공할 수 있는 다국 간 협의의 틀을 형성해나가는 것이 중요하다(秋山信将). 미국과의 협력관계를 기축으로 주변국들과의 문제를 자율적으로 해결하는 능력을 증대해 미일관계도 더욱 안정된 상태를 만들어야 한다(飯尾潤).

글로벌한 세계에서 일본이 어떻게 발전할 것인가에 대한 기본 방침을 확립하고, 미중관계의 발전에 단지 대응하는 것뿐만 아니라 기본 방침을 추구하는 외교전략을 세워야 한다. 일본의 국제관계에서는 미중관계의 전개가 가장 중요한 환경적 조건이 되었다. 미국과의 관계를 기축으로 하는 것뿐만 아니라 다각적인 요소를 포함한 외교전략이 일본에게 필요하다(五十嵐武士). 후텐마문제로 왜소해질 것 없이 미일동맹의 복구와 강화를 도모해야 한다. 이를 위해 자위대의 해외파견에 관한 항구법 등 안보분야의 법 정비가 불가결하다. 중국의 폭주를 막고 일본이 주도권을 갖기 위한 아시아 네트워크의 구축이 필요하다(小栗泉).

일본외교가 나아가야 할 방향은 국제사회에서 영향력 있는 국가로서 존재감을 발휘하는 것이다. 일본외교의 기반이 되는 기본적 이익으로 생존과 번영에 가치를 더해 일본적 가치관을 국제사회에 보급해야 한다. 안보나

방위분야에서는 자율적인 방위력을 정비하고, 미일동맹체제의 쌍무성을 향상시키는 한편, 가치나 규범을 공유할 수 있는 국가와 함께 지역과 국제 사회에서 평화창조에 주체적으로 공헌해야 한다(金田秀昭). 일본외교의 우선과제는 자유롭고 열린 세계 질서의 유지이다. 전후 일본의 군사적 측면의 자기억제는 가능한 한 유지해야 하지만, 국제적 역할을 방해하지 않도록 조정이 필요하다. 북한, 중국, 러시아 등의 자제를 이끌어내기 위해서는 일방적인 자기억제뿐만 아니라, 상대의 행위에 따라 행동을 정하는 상호주의적 발상 강화가 요구된다(神谷万丈).

동북아시아 안보의 기축은 미일동맹이지만 미국은 중국과의 관계에서 대국 간 협조를 하고 있다. 이것이 제도화된 안보체제가 될 것인가와 동시에 일본의 이해가 희생되는 일이 생겨서는 안 된다. 현재 미일동맹은 미중의 대국 간 협조의 장해요인이 되고 있지는 않지만, 미일동맹이 동요된다면 대국 간 협조체제에서 일본이 이해를 나타내는 것이 힘들게 될 것이다 (倉田秀也).[5]

일본의 미래는 동아시아와 함께 하고, 안정적인 질서 구축을 위해서 능동적인 외교를 전개해야 한다. 이를 위해 강한 미일관계를 기축으로 활용해나가야 한다. 지역의 신뢰 양성을 위한 미중일관계와 동아시아정상회담을 중심으로 한 비전통 안보 과제에 대해 공동행동을 활성화해나가야 한다. TPP와 함께 동아시아 경제 연계 지역의 창설에 힘을 쏟아야 한다. 동아

---

5) 일본은 앞으로도 미국과의 동맹관계를 외교 축으로 두고 아시아태평양 지역의 안정화를 위해야 할 것이다. 미일관계를 상대적으로 약화시킬 대국 간 게임에 참여해서는 안 된다. 국제사회의 안정화를 위해 정부 간 개발원조 증가와 지적 공헌 강화를 꾀해야 한다(小寺彰). 안보 측면에서 동아시아와 중동 등 세계 많은 지역이 불안 요인을 가지고 있다. 미일동맹이 일본 안보정책의 기축이 될 것이다. 신흥경제국을 중심으로 한 새로운 국제질서의 구축 움직임이 점차 구체화되고 있다. 일본은 어떤 국제질서를 목표로 하고 있는지 명확히 제시하고, 새로운 국제질서 구축에 적극적으로 참여해야 한다(立山良司).

시아에서 주도권을 쥔 후에도 EU 등과의 글로벌 연계를 중시해야 한다(田中均). 미국과 동맹관계를 유지하면서 중국, 한국, 동남아시아, 인도를 중심으로 한 신흥 개도국과의 관계를 강화해야 한다. 세계경제발전의 중심이 아시아 지역으로 이동하고 있으므로 일본경제의 성장도 이들 국가들의 성장과 연동시킬 필요가 있다. 일본외교도 해당 지역 국가들과 긴밀한 관계를 맺어야 한다. 장래 한중일+ASEAN을 중심으로 한 동아시아공동체를 지향해야 한다(坪井善明).

미일관계를 기축으로 하고 이제까지 불충분했던 한국, 인도, 호주와의 횡적인 연계를 강화해야 한다. 특히 한일관계는 중요하다. 국제질서관을 공유하는 국가들과의 강화가 중요하다. 중국도 생각과 이미지를 공유할 수 있으면 참가할 수 있다는 자세를 가진다(中山俊宏). 일본은 미국과 긴밀한 동맹관계를 유지하면서 러시아·중국 등 아시아 대륙 세력과의 밸런스를 잡아야 한다. 천연자원(석유·희귀금속 등)의 공급처를 분산하여 안정된 경제번영을 위해 노력해야 한다. 첨단기술을 구사하여 신흥국과 밀접한 관계를 유지하고 일본의 국제적 위상을 높여야 한다. 책임 있는 PKO를 전개할 수 있도록 집단적 자위권에 관한 헌법 해석을 수정할 필요가 있다(西原正).

세계경제 시스템이 신흥세력을 포함해 거대한 개방체제로 향해가고 가치관도 수렴된다는 전제에서, 미일동맹이나 세력균형 등의 현상유지적 외교에서 탈피하는 것이 필요하다. 일본외교는 약동적 외교로 전 지구적이고 전 방위적으로 이익 보호와 이익 공유, 이익과 비용 부담을 공유할 필요가 있다. 세계경제 시스템의 변화나 가치관의 수렴이 없다는 전제에서는 기존의 외교를 지속하게 되겠지만(비약동적 외교), 변화가 생길 가능성이 있다는 가정에서 볼 때 국내 여론의 현상유지파와 대화할 필요가 있다. 국제관계의 큰 변화를 전제하면 일본외교는 정책 결정 과정의 개방화나 직원의 능력 향상 등을 철저히 개혁해야 한다. 심각한 문제는 미국에 너무 쏠려 있다는 것이다. 미국 자체가 지금 큰 변화를 겪고 있다는 점을 냉정하게 인식해야 한다(西村六善).

일본외교는 미일동맹의 굳건한 기반을 확보하고, 미일관계를 넘어서는 넓은 시야에서 외교를 해야 한다. 미일동맹을 기축으로 호주, 뉴질랜드, 한국, 인도 등 자유와 민주주의 가치를 공유하는 나라들과 협력관계를 강화할 필요가 있다. 동시에 최대 경제 파트너인 중국과의 관계를 안정적으로 발전시키고 중국이 국제사회에서 현상유지국으로서 책임 있는 행동을 하도록 촉구해야 한다(細谷雄一). 아시아의 안정과 번영을 위해 적극적이고 전략적으로 공헌하는 자세를 취해야 한다. 이를 위해 굳건한 미일동맹이 불가결하다. 주일미군의 재편과 오키나와의 기지 이전문제를 일본의 방위라는 관점으로만 볼 것이 아니라 지역 안정을 위한 공공재로서 인식하고, 집단적 자위권문제도 현실적으로 해결할 필요성이 있다. 중국에 대해서 국제적 프레임 안에서 책임 있는 대국으로서 행동하도록 관여와 견제(engage & hedge)정책도 전략적으로 취해야 한다(前田匡史).

지금까지 일본은 미일동맹 강화(미국과의 협조와 일체화)와 국제협력(국제사회 주요국의 컨센서스 중시)이라는 양립이 어려운 두 가지 목표를 내걸고 왔다. 앞으로는 이처럼 다른 주요국의 태도를 먼저 살피는 자세를 전제로 하지 말고, 또한 동맹국이기 때문에 미국의 방침을 지지하지 않으면 안 된다는 구속에서 벗어나, 스스로 정책을 적극적으로 세워서 다수파 형성을 준비하는 외교를 해야 한다(道下德成). 미일·중일 등 대국과의 양국 간 관계, 아시아의 지역 틀, 글로벌 과제라는 세 가지 영역에 주의하며 대처해야 한다. 미중일관계에만 집중하는 것은 일본외교가 폐색될 가능성이 있다(宮城大藏).6)

---

6) 미일동맹을 기축으로 중국과의 관계를 조정하면서 다양한 틀에서 리더십을 발휘해야 한

일본 정권을 공고히 하고, 정권이 리더십을 갖는 것이 외교에서 불가결한 조건이다. 오키나와의 여론을 고려해 대미관계를 점진적으로 재구축하고, 일본이 나아가야 할 방향에 대해 방향성을 제시하고, 안보분야·영토영해문제·글로벌파워·지역파워·중류국가 등의 논의에 대해 국민적 동의(컨센서스) 형성이 필요하다. 가깝고도 까다롭고 취약한 대중관계에 대해서 중기전략을 세우고, 상호 이익과 상호 안전을 가능하도록 하는 중일 양국 간 틀에 대해 검토해야 한다(毛里和子).

후텐마 기지 이설문제에서 민주당 정권의 우책으로 인한 미국정부의 대일본 불신을 불식시키기란 간단하지 않다. 오키나와 여론을 어떻게 반전시킬 것인가의 문제를 중점적으로 생각하는 정치 세력을 활성화하는 것을 고려해야 한다(渡辺利夫). 국내적 기반을 강화하고 미일안보체제의 의의에 대해 국민의 이해와 보급이 불가결하다. 경제외교에 대해서는 중국의 부상을 염두에 두고, ASEAN+6 틀을 적극적으로 추진한다. TPP 교섭에 조기 참가하고 미국, 호주, 뉴질랜드 등과의 연계 강화를 도모하여 규칙을 중요시하는 경제시스템을 아시아태평양에 구축해야 한다(渡邊賴純)(アンケート, 2011 참조).

6. 결론: 미중일관계와 일본의 외교전략

국제질서의 변화에 대응하는 일본의 외교정책 방향에 관한 논의가 다양

다. 유엔 안보리의 개혁을 추진하고 상임이사국이 되어야 한다. 국제사회에서 법의 지배의 확립 추진을 목표로 내걸고, 일본 스스로도 다케시마(독도)나 북방영토 등을 국제 사법재판소의 판단에 맡겨야 하고, 패소할 경우도 이를 받아들일 결단이 필요하다. 상대국에도 적극적으로 이렇게 하도록 유도해야 한다(村瀨信也).

〈표 15-1〉 노다 수상의 외교안보·역사관

미국	일본의 외교안보정책은 미일동맹이 기축이고 이를 더욱 심화시켜야 한다(2011년 8월, 대표선거 정책 구상)
	영일동맹이 있었기 때문에 러일전쟁을 극복했다. 영일동맹 해소가 대전 패배로 이어졌다. 미일동맹의 심화는 매우 중요하다
아시아	중국의 군사력 증강과 활동범위 확대는 일본뿐만 아니라 지역의 최대 우려사안이 되고 있다(2011년 8월, 월간지 ≪문예춘추≫)
유엔	유엔이라고 해도 다양한 사정을 안고 있는 국가들의 집합체이기 때문에, 유엔결의가 대의명분이 되는 것은 아니다(2009년 7월, 『민주의 적』)
자위대	유사시에는 집단적 자위권 행사에 상응하는 행위를 하지 않을 수 없다(2009년 7월, 『민주의 적』)
A급전범	모든 '전범'의 명예는 법적으로 회복되었다. A급전범이라고 불리는 사람들은 전쟁범죄자가 아니다(2005년 10월, 정부에 제출한 질문주의서)
	나의 질문주의서이고, 나의 생각에 기본적으로 변화는 없다(2011년 8월, 기자회견)

자료: ≪아사히신문≫(2011.8.31).

하고 활발하게 전개된다.

하토야마 이후 간 정부와 노다 정부는 아시아 중시외교를 자제하고 미일 동맹의 강화를 공언해 왔다. 그러나 주일미군 재편 등의 문제에서 별다른 진전이 없는 상태에서 미일관계의 신뢰가 회복되었다는 조짐이 보이지 않고 있다.

미일동맹을 통해서 미국은 중국을 상대할 동아시아 동맹국가로서 일본과 오키나와 등의 군사기지를 필요로 하고, 일본은 정치경제·외교안보 측면에서 미국으로부터 협력·지원을 얻으며, 한편으로는 일본이 자립외교·자주국방의 정책노선을 추구하기도 한다. 일본에는 안정된 미일동맹을 유지하면서 동시에 미국의 영향으로부터 벗어나려는, 자립외교와 자주국방의 외교안보정책을 추구하는 정치세력이 있다. 중국의 부상이 두드러지면서 동아시아에서 중국 주도의 신질서가 형성되리라는 전망이 다양하게 대두된다.

참고로 노다 정부의 외교안보정책 요지는 다음과 같다. 아시아태평양을 둘러싼 안보환경은 크게 요동치고 있는데, 시대 요구에 대응하는 확실한 외교안보정책을 수행해야 한다. 그 기축이 되는 것이 미일관계이다. 미일 관계를 보다 진화·발전시키는 것이 아시아태평양 지역의 평화와 안정에 이어진다는 것이 기본 방침이다. 또한 중국과의 전략적 상호관계를 발전시켜 나간다는 것도 기본적 자세이다. 중일뿐만 아니라 한일·러일 등 인접국과 양호한 관계를 쌓는 데 전력을 다 할 것이다. 경제외교에 대해서는 좀 더 높은 경제 연계·자원외교 등 다각적 경제외교에도 적극적으로 대처해 나갈 것이다. TPP는 정부 방침대로 정보를 수집하면서 종합적으로 판단할 것이다(≪아사히신문≫, 2011.9.3).

제16장

중국·일본관계의 정치경제, 역사와 전망

1. 서론

중일관계가 역사적으로 변화를 거듭하고 있다. 고이즈미 수상 시기 일본과 중국이 영토문제와 역사교과서 등의 문제로 심한 갈등을 보였으나 고이즈미 수상이 퇴임한 이후 중일관계가 우호협력적인 방향으로 전환되었다. 아베 수상의 외교정책은 고이즈미 수상의 연장선에서 볼 수 있으나, 중일관계를 중심으로 한 국제정세가 변화하고 일본의 대중국외교도 정책의 전환이 있었다. 고이즈미 수상의 야스쿠니신사 참배에 따른 중일관계 악화가 아베 수상의 등장으로 해소되면서 중일관계에 부분적으로 전략적 필요성을 상호 인식하는 행태가 나타났다. 중일 간 교역과 투자를 중심으로 한 경제협력의 측면이 그것이다. 양국은 전략적·실용적 노선을 채택해 정치경제적 측면에서 협력을 우선시하는 정책을 취해왔다. 중일 간 우호협력관계는 잠재적 갈등 속에서도 지속되었고, 특히 후쿠다 수상의 경우 친중파로 인정받으며 중일우호관계를 증진시키려고 노력했다. 자민당 아소 정부를 거처 새로 출범한 민주당 정부도 중국과의 우호협력을 중시해왔다. 일본의 하토야마 정부는 동아시아공동체의 형성을 제창하면서 중국과의 우호협력을 강조하고 친중국정책의 행보를 취했다. 미일관계의 갈등을 주된 요인으로 하토야마 수상과 오자와 간사장이 퇴진하고 비교적 친미적인 간 내각이 수립되었다. 천안함·연평도사건 등 북한문제를 중심으로 한국, 미국, 일본과 북한, 중국, 러시아의 이해대립에 의한 신냉전구도가 재발되는 경향도 나타났다. 최근에는 센카쿠열도/댜오위다오에 대한 영유권 주장으로 일중 간 영토분쟁이 재발했다. 중일관계는 중일 간 경제적 협력의 필요성과 함께 자원과 영토영유권 등의 쟁탈을 위한 분쟁 가능성이 높아지면서 양국 간 경쟁과 협력이 공존한다.

이 장은 중일관계의 변화를 정치경제와 안보적 측면에서 분석해 동북아시아와 한반도에 미치는 영향 고찰을 목적으로 한다. 중일관계의 전략적 변화와 그 요인을 역사적 고찰과 함께 분석하고, 중일관계의 전망과 동북아시아 질서의 변화, 한국의 대응 방안 등을 숙고하고자 한다. 일본의 대중국외교정책을 중심으로 고찰하고, 중일관계의 변화와 진전, 그 요인을 정치경제와 안보의 상황전개에 따라 분석하겠다.

2. 중일관계의 역사적 고찰

끊임없는 국제정세의 변화에 따라 일본과 중국의 관계가 동아시아에서 갈등과 협력의 요인으로 등장해왔다. 중국의 경제적 및 군사적 부상과 함께 이를 견제하기 위한 미일동맹의 강화 현상도 나타났다. 중일관계의 추이를 살피기 위해 그 역사를 간략히 고찰하고자 하며 그 근간을 이루는 국교정상화 과정과 천안문사태 전후의 외교관계를 살피고자 한다.

1) 중일국교정상화

1972년 일본은 중화인민공화국과 제2차세계대전 이후 단절되었던 국교를 정상화하는 한편 대만과는 기존 관계를 단절함으로써 일중관계에 근본적인 변화를 가져오게 되었다. 국교정상화에는 국제정세의 변화가 중요한 요인으로 작용했는데 그 주된 배경은 1971년 미국과 중국의 극적인 외교적 접근이었다. 1952년 일화(日華)평화조약에 의해 일본은 대만을 선택하게 되었고, 1972년 국교정상화를 통해 일본과 중국의 관계가 근본적으로 새롭게 규정되었다. 1970년 들어서 그동안 중단되었던 미중 대사급 회담이 워싱턴에서 재개되었는데 이 시점에 미국은 이미 상당한 대중 화해 의지가 있었고, 그에 따른 일련의 조치(수출입여행 완화, 중화인민공화국 칭호 사용, 특사 파견)가 진행되었다.[1] 2년 이상에 걸친 미중 접근계획은 닉슨과 헨리 키신저(Henry Kissinger)를 중심으로 한 국가안보회의를 통해서만 진행되었기 때문에 닉슨의 방중발표는 미국만 의지하던 일본에게 커다란 충격이었다. 1970년 10월 사토 수상의 방미 당시만 해도 닉슨 대통령은 중국문제에 관해서 일본과 긴밀히 협의하기로 합의한 상태였다.

이 무렵 일본 경제계로부터 일중국교정상화를 요구하는 주장이 강하게 표출되기 시작했다. 1970년 4월에 중국은 일본 기업에 '주사조건(周四條件)'이라고 불리는 조건을 제시했고, 저우언라이(周恩來)가 제의한 4개의 조건을 해소하지 않는 기업과는 무역교류를 행하지 않는다는 것이었다. ① 장

---

[1] 1968년 미국 대통령에 당선된 닉슨은 보좌관 키신저와 함께 미중 접근의 새로운 전략을 구축했다. 미국과 소련의 핵 균형과 중소대립, 베트남전쟁이 주요 관심사였고, ① SALT I을 진행해 소련과 전반적인 데탕트를 추구하고, ② 이러한 상황하에 전개되는 소련과의 교섭에서 우위를 확보하기 위해 중소대립을 이용해 중국에 접근하고, ③ 소련과의 데탕트, 중국으로의 접근을 통해 베트남전쟁을 해결하기로 했다(田中, 1991: 64).

제스(蔣介石)의 중국 대류 반공을 원조하고, 박정희의 조선민주주의인민공화국에 대한 침범을 원조하는 회사, ② 대만과 남한에 거액의 자본을 투자하고 있는 회사, ③ 미국의 베트남, 라오스, 캄보디아 침공에 병기·탄약을 제공하는 회사, ④ 일본에 위치한 미일 합병 기업 및 미국의 자회사. 처음에 일본 기업들은 이 제한에 냉담한 반응을 보였으나 1970년 가을에 들어서 도요타, 아사히화성(旭化成) 등의 유력기업들이 점차 이 제안을 받아들이는 방향으로 움직이기 시작했다. 1971년에는 '중국을 국제사회에 참가시키기 위해 노력한다'는 성명이 일본 재계에서 발표되었다.

또한 정계에서도 일중국교회복이 커다란 이슈가 되어, 1970년 12월에는 초당파 의원 379명에 의한 일중국교회복의원연맹이 설립되었다. 공명당의 일중국교정상화국민협의회, 사회당의 일중국교회복국민회의도 설립되었다. 1971년 6월 공명당의 중국 방문 때 발표된 공동성명에는 처음으로 국교정상화에 대한 중국 측의 조건이 명시되었다. ① 중국은 하나이며, 중화인민공화국정부는 중국 인민을 대표하는 유일한 합법 정부이다. '2개의 중국' 또는 '하나의 중국과 하나의 대만'이라는 주장에 대해서는 절대 반대한다. ② 대만은 중국의 한 지역으로 불가분의 중국영토이다. 따라서 대만문제는 중국의 내정문제이다. 대만귀속미정론에 반대한다. ③ 일본과 대만 간의 조약은 불법이기에 파기되어야 한다. ④ 미국이 대만과 대만해협 지역을 점령하고 있는 것은 침략 행위이다. 미국은 대만과 대만해협 지역으로부터 모든 병력을 철수시켜야 한다. ⑤ 유엔의 모든 기구 및 안보리 상임이사국으로 중화인민공화국의 합법적 권리를 회복하고 장제스 그룹의 대표를 유엔으로부터 추방해야 한다. 이 중 4항과 5항은 닉슨의 중국 방문을 전후해서 사실상 해결되었기 때문에 앞의 세 개항이 '일중복교 3원칙'으로 수렴되게 되었다.

닉슨이 중국을 방문한 1972년은 세계 질서에 커다란 변화가 시도된 해였다. 특히 후에 '반패권조항'[2]이라고 불리게 된 내용이 합의된 것은 결정적인 의의를 갖는데, 이후 일본의 대외정책 특히 대중·대소 정책은 이 반패권조항을 특징으로 하는 미·중·소 3국관계의 영향을 받게 되어, 일중관계를 단순한 양국관계로 진행시켜나가기 어려워졌다. 1972년 일본에서는 다나카 내각이 성립되었고 다나카 수상은 일중 국교회복을 의욕적으로 추진했다. 일중문제에 관한 기본적인 생각은 다음과 같았다. ① 일본에게 일중문제는 외교문제이자 국내문제이다. ② 일중관계를 해결하지 않고는 일본의 안정이 보장된다고 할 수 없다. ③ 세계에는 3개의 분쟁 접점이 있다. 베를린장벽과 한반도분단선 그리고 쿠바. 이 접점에서 분쟁을 억제하지 않으면 극동의 평화는 물론이거니와 일본의 평화도 이룩될 수 없다. 따라서 일본은 일미안보조약뿐만 아니라 중국과도 우호조약을 체결하여 일미중 3국관계를 통해 평화를 도모해야 한다. 일본이 중국과 국교를 정상화하는 것은 아시아에서 NATO를 만드는 것보다 강력한 안전보장이 된다.

중일국교정상화에 정부 대표가 아닌 제3의 인물 다케이리 요시카쓰(竹入義勝)가 중요한 역할을 수행했고, 중국의 저우언라이는 그를 통해 중국 측의 공동성명안을 제시했다. ① 중화인민공화국과 일본 간의 전쟁 상태는 이 성명이 공표되는 날을 기해 종료된다. ② 일본정부는 중화인민공화국정부가 제창한 중일국교회복 3원칙에 대한 이해를 바탕으로 중화인민공화국 정부가 중국을 대표하는 유일한 합법 정부임을 승인한다. 이를 바탕으로 양국 정부는 외교관계를 수립하고 대사를 교환한다. ③ 쌍방은 중일 양국의 국교 수립이 양국민의 오랜 숙원임과 동시에 세계 각국민의 이익과도 합치하는 것임을 공표한다. ④ 쌍방은 주권과 영토보전의 상호 존중, 상호

---

2) 반패권조항의 내용은 미중 양국이 아시아태평양 지역에서 패권을 추구하지 않으며, 패권을 추구하는 다른 어떤 국가 또는 국가집단에도 반대한다는 것이다(田中, 1991: 73~74).

불가침, 내정불간섭, 평등·호혜, 평화공존의 5개 원칙에 기초해 중일 양국의 관계를 처리하는 데 동의한다. 양국 간의 분쟁은 이상의 5원칙에 기초하여 평화적인 대화를 통해 해결하며, 무력 및 무력에 의한 위협에 호소하지 않는다. ⑤ 중일 쌍방은 아시아태평양 지역에서 패권을 추구하지 않으며, 더 나아가서는 여타 국가 혹은 국가 집단이 패권을 추구하는 데 반대한다. ⑥ 쌍방은 양국의 외교관계가 수립된 후, 평화공존의 5원칙에 기초하여 평화우호조약을 체결하는 데 동의한다. ⑦ 중일 양국민의 우호를 위해 중화인민공화국정부는 일본에 대한 전쟁 배상의 청구권을 포기한다. ⑧ 중화인민공화국정부와 일본정부는 양국 간 경제와 문화관계를 일층 더 발전시키고, 인적 왕래를 확대시키기 위해 평화우호조약이 체결되기 전이라도 필요에 따라 통상, 항해, 기상, 어업, 우편, 과학기술 등의 협정을 체결한다.[3]

이를 통해 중국이 미일안전보장조약에 대해 이견을 가지고 있지 않다는 것과 전쟁 배상에 대한 뜻이 없음이 명백해졌다. 그 결과 다나카 수상은 방중을 통해 국교를 정상화하기로 결정했다. 이에 8월 중에 자민당 내 의견을 조율하고, 9월에는 미일정상회담을 통해 일중국교정상화에 대한 미국의 양해를 얻었다. 다나카 수상은 일본 측 안을 중국에 제시하게 되었는데 그 내용은 다음과 같다. ① 양국 정부는 전쟁 상태가 종결되었음을 확인한다. ② 일본 측은 중화인민공화국정부를 중국을 대표하는 유일한 합법정권으로 승인한다. ③ 중국 측은 대만이 중국영토의 일부임을 재확인한다. 일본 측은 중국의 주장을 이해하고 존중한다. ④ 중국 측은 대일 배상 청구권을

---

3) 저우언라이는 이상의 8개항에 더하여 다음의 3개항을 묵약사항으로 제안했다. ① 대만은 중화인민공화국의 영토이며, 대만을 해방하는 것은 중국의 내정문제이다. ② 공동성명이 발표된 후, 일본정부가 대만으로부터 대사관 및 영사관을 철거하고 또 효과적인 조치를 통해 장제스 집단의 대사관 영사관을 일본으로부터 철거시킨다. ③ 전후 대만의 일본 단체와 개인의 투자 및 해당 기업은 대만이 해방될 때 적당한 배려가 주어질 것이다(田中, 1991: 77~79).

포기한다. ⑤ 양국 정부는 외교관계를 개설하고 가능한 신속하게 대사를 교환한다. 또한 일화평화조약의 종료는 공동성명에 포함시키지 아니하되, 외무대신의 담화 내지 성명이라고 하는 형식으로 일본 측에서 발표하도록 했다. 공동성명에 따른 문제는 다나카의 방중으로 해결되었고, 몇 차례의 후속 조율을 거친 후 양국 정부는 9월 일중공동성명을 조인하고 양국 간 국교를 정상화했다. 이로써 전후 일중관계의 초석이 마련되었다(田中, 1991: 61~83 참조).[4]

2) 천안문사건 전후의 중일관계

1976년 마오쩌둥 사망 후 등소평은 1978년 중국의 경제개방정책을 선언하고 일본을 중국의 근대화정책의 주요 상대국으로 지정했다(Taylor, 1996: 4~5). 1978년 일중평화우호조약이 체결됨에 따라 일중 양국의 기본 관계가 정립되었고, 12월에는 미중국교정상화가 발표됨으로써 미중관계 역시 안정되었다. 일중평화우호조약에 반패권조항을 삽입함으로써 일중관계는 미국과 소련의 견제 없이 발전할 수 있는 여건을 마련했다. 1982년 일본을 방문한 자오쯔양(趙紫陽) 수상은 향후 일중관계에 대해 평화우호, 평등호혜, 장기안정의 3원칙을 제시했다. 제1·제2항은 10년을 통해 달성된 것으로 간주하고, 중요한 것은 제3항인데 이것은 격동하는 국제정세에 흔들리지 않는 안정된 우호관계를 형성해야 한다는 것이다. 좀 더 구체적으로는 일중관계가 미중관계·중소관계에 영향을 받아서는 안 된다는 것이었는데, 실제 당시 미중관계는 대만에 대한 무기 수출문제로 난관에 부딪혀 있었고, 중

---

4) 일중국교정상화 교섭의 회담 기록을 일본 외무성이 2001년 공개하여 그 주요 부분이 2001년 6월 23일 자 ≪요미우리신문≫에 게재되었다.

소관계에서는 소련의 관계 개선 요구가 있었는데, 이로 인해 일중관계에 동요가 생겨서는 안 된다는 것이었다. 결국 장기안정화의 원칙은 미중소 3국관계로부터 일중관계를 분리하자는 원칙이다.

이러한 원칙이 제시된 근본적인 이유는 당시 중국의 외교정책이 자주독립을 지향하며 전면적인 전환을 시도했기 때문이다. 중국은 일본을 다음과 같이 판단하고 있었다. 일본의 대중국정책이 무조건 미국을 따른다고 볼 수는 없고, 소련의 위협에 관한 한 중국과 일본의 이익이 일치한다. 그리고 일본이 아무리 정치대국으로 거듭나려 해도 중국을 위협할 정도가 되지는 않을 것이다. 반면 일본은 중국의 4대 현대화를 지원할 자본과 기술이 있다. 따라서 중국은 일본과 중장기적인 우호관계를 유지해야 한다는 것이었다.[5] 1983년 후야오방(胡耀邦) 총서기가 방일하여 열린 정상회담에서 나카소네 수상은 자오쯔양 수상의 일중관계 3원칙에 '상호 신뢰'를 더해 4원칙으로 확대할 것과, '일중우호21세기위원회'의 설립을 제안했는데, 후야오방도 찬성했다. 일본의 군국주의화에 대해서 후야오방 총서기는 우려를 표명했으나 일본이 자위를 위해 방위력을 갖는 것은 당연하다고 했다.

과거사문제에도 불구하고 일중의 교류는 확대일로에 있었으나, 1989년 6월의 천안문사건은 국제환경에 커다란 변화를 초래했다. 천안문사건에도

---

5) 스즈키 수상의 방중 즈음해서는 650억 엔 규모의 대중 엔차관 공여에 관한 교환문서가 조인되었다. 나카소네 정부가 수립되고 1983년에 '불침항모' 발언이 나오자 중국은 이에 대해 우려의 뜻을 비쳤다. 하지만 2월에 나카소네 수상이 국회에서 대중국전쟁을 침략으로 인정하며, 자민당의 니카이도 스스무(二階堂進) 간사장이 정부 특사 자격으로 중국에 파견되고 중국이 이를 대대적으로 환영하자 별 문제는 발생하지 않았다. 6월에는 690억 엔 규모의 대중국 차관이 합의되었고 9월에는 제3차 일중각료회의가 베이징에서 개최되었다. 이 각료회의에서 중국에게는 첫 관세협정이 일본과 조인되었다. 이 협정에 따라 상대국에 진출한 기업에 대한 이중관세 등이 금지되었다. 1984년의 제2차 엔차관에 대해서는 중국 측이 1차분을 상회하는 규모를 요청해 일본 측은 원활히 진행할 것을 약속했다. 이 밖에도 원자력협력에 관한 합의가 성립되었다.

불구하고 중국은 대외개방을 계속하겠다고 했지만, 그에 대한 신뢰는 크게 줄어들었다. 천안문사태 이후 일본은 미국과 서방 국가들에게 이번 사건을 틈타 중국시장을 독점하려는 것처럼 보이지 않도록 노력했고, 중국에 대한 서방 국가들의 경제제재에 동참하기로 했다. 통산성 측에서는 1989년 6월의 일중투자 촉진기구설립총회를 무기한 연기하자고 요청했고, 이어 중국에 대한 무역보험의 요금률을 인상하겠다는 방침을 밝혔다. 이 조치로 중국은 당시까지 OECD 국가에 다음가는 우량국 그룹으로 분류되어 있다가 주의국 그룹에 속하게 되었다. 엔차관문제에 관해서는 6월 외무성 간부가 대중경제협력에 대해 국가의 발전을 돕기 위해 약속한 것과 인도적 문제는 별개라는 입장을 표명했으나, 외무성은 돌연 제3차 엔차관 및 일중우호환경보전센터 건립 등의 새로운 경제협력을 사실상 동결하기로 결정했다.[6]

1990년 6월에 이르자 중국은 미국대사관에 대피해 있던 반정부 지도자 팡리즈(方勵之)의 출국을 승인하고, 또 미국정부도 중국에 대한 최혜국 우대조치를 연장하기로 결정하여 미중관계가 어느 정도 안정되고, 미일관계도 현안인 미일구조문제협의 최종 보고가 정리되는 등 점차 안정되어갔다. 이를 배경으로 휴스턴 G7정상회담 직전에 열린 미일정상회담에서 가이후 수상은 부시 대통령에게 일본의 대중국 제3차 엔차관에 대한 동결 해제를 제안하고 양해를 구했다. 7월에는 오와다 히사시(小和田恒) 외무심의관이 중국을 방문하여 실무적인 처리가 개시되었고, 9월에는 베이징에서 열린

---

6) 리펑(李鵬) 총리는 차관을 포함한 중일 양국의 경제·기술·무역관계 발전은 중국의 건설에 유익할 뿐만 아니라 장기적인 관점에서 일본에게도 이익이 된다고 했다. 상하이의 지하철 공사에 대한 차관에 서독 등 서방국들이 적극적인 자세를 취하기 시작하고, 12월에 미국 대표가 중국을 방문해 미중관계가 개선되기 시작했다. 1989년 11월에는 제4차 일중우호 교류회의가 열렸고, 12월에는 대중무상원조(48억 7600만 엔)의 서간이 베이징에서 교환되었다. 또한 문화교류에 관한 일중정부 간 협의가 베이징에서 열려 동결되어 있던 문화교류사업 재개가 합의되었다.

아시아대회를 계기로 다케시타 노보루(竹下登) 전 수상과 호리 고스케(保利耕輔) 문부대신이 중국을 방문했다. 11월 일본정부는 각의에서 중국에 대한 제3차 차관의 동결 해제를 정식으로 결정하고 그 1회분으로 7개 사업 1100만 엔의 차관 교환 문서를 중국정부와 교환했다. 따라서 일중관계가 서서히 회복되었고 경제협력을 중심으로 진전되었다. 1992년에는 공산당 총서기 장쩌민이 일본을 방문하고 뒤이어 별다른 저항시위 없이 일본 천황이 중국을 방문했다(田中, 1991: 165~187; Silver, 2000: 15~16 참조).

3. 중국·일본의 경제관계

중일관계에서 주요한 변수로 여겨지는 분야가 정치경제 측면에서의 무역투자관계와 엔차관 등의 경제협력문제이다. 중일관계에서 두드러진 사항은 정경분리로서 정치적 요인과 경제적 요인이 상대적으로 분리되어, 갈등관계 속에서도 경제교류는 지속되며 복합 상호 의존관계를 유지해왔다.

1) 중일 무역관계

전후 중일관계의 전반적인 동향을 분석하는 데는 무역관계가 하나의 지표가 된다.[7] 무역관계는 양국 간의 다양한 측면을 반영하며 특히 사회주의 국가의 경우 정치적 영향까지도 반영하여 나타난다. 1972년을 기점으로 양국의 무역관계가 급속하게 발달했는데, 이는 1972년에 일본이 대만과는 단

---

[7] 다나카 아키히코와 함께 아키라 이리에(Akira Iriye)도 권력·문화·경제의 3측면에서 중일관계를 분석하면서 제2차세계대전 이후 가장 중요한 변수는 경제적 요인이라 했다(田中, 1991; Iriye, 1992 참조).

절하고 중국과 국교를 정상화한 정치적 측면을 반영한 변화라고 할 수 있다. 공식적인 외교관계가 수립되지 않았던 냉전시대에도 양국 간의 비공식적 레벨에서의 경제교류는 증가했다. 일중 무역량은 1950년 6000만 달러에서 1970년 8억 2200만 달러로 성장했다(Taylor, 1996: 2~4).

중일평화우호조약이 체결되기 전인 1978년 2월에는 민간 사이에 일중장기무역협정이 체결되어 100억 달러 규모의 수출입계약이 성립됐고, 이후로도 상담 붐이 계속되어 상하이의 바오산(寶山)제철소 건설계약 등을 위시한 대규모 플랜트계약이 성립·진행되었다. 중일무역은 1978년부터 상승국면을 나타내다가 1982년 다소 하강세로 돌아선다. 상승세는 일본의 플랜트수출의 대폭적인 증가에 따른 것으로 1978년 민간의 장기무역 계약 체결과 1979년 정부의 대규모 경제협력 발표가 중요한 요인으로 작용했다. 1981년에 중국은 일본을 비롯한 국가들과의 대규모 플랜트수출계약을 일방적으로 파기함으로써 혼란을 초래했다. 1983년과 1985년에는 일중무역이 대폭 증가했다. 일본의 수출 증가에 따른 것으로 중국의 대일 무역 적자는 상대적으로 증가하게 되었다.[8] 1990년대 중반 일본은 중국의 제1무역상대국이 되었고, 중국은 일본의 미국 다음 제2무역상대국이 되었다.[9] 1989년 천안문사건은 일중관계에 시련을 초래하게 되었으나 다케시타 수상이 중국을 방문해 1990년대 대중국 경제협력에 8100억 엔 제공을 약속함으로써 일중관계는 정상화되었다. 제8차 5개년계획(1991~1995년)과 제9차 5개년계획(1996~2000년)을 통해 중국은 수입대체정책에서 수출지향정책으로 바꾸고 고품질첨단기술제품을 생산·수출하기 위해 국가 기업들을 개혁

---

8) 1985년에는 야스쿠니신사 참배문제가 발생하고, 이어 1987년에는 일본의 방위비문제 등이 발생해 양국관계는 소강 국면에 접어들게 되었다.

9) 일본의 중국 수출품은 철강을 비롯한 건설제품, 통신장비, 교통장비 등이고, 중국으로부터의 수입품은 의류 등의 제조품, 자원, 식품 등이었다.

〈표 16-1〉 일본의 대중국 수출입

1970~1990년(단위: 100만 달러)

연도	수출	수입
1970	569	254
1971	578	323
1972	609	491
1973	1,039	974
1974	1,984	1,305
1975	2,259	1,531
1976	1,663	1,371
1977	1,939	1,547
1978	3,049	2,030
1979	3,699	2,955
1980	5,078	4,323
1981	5,076	5,283
1982	3,500	5,338
1983	4,918	5,089
1984	7,199	5,943
1985	12,590	6,534
1986	9,936	5,727
1987	8,337	7,478
1988	9,486	9,861
1989	8,477	11,083
1990	6,145	12,057

1991~2009년(단위: 10억 엔)

연도	수출	수입
1991	1,156	1,913
1992	1,510	2,144
1993	1,911	2,270
1994	1,913	2,811
1995	2,062	3,380
1996	2,382	4,399
1997	2,630	5,061

1998	2,620	4,844
1999	2,657	4,875
2000	3,274	5,941
2001	3,763	7,026
2002	3,274	5,941
2003	6,635	8,731
2004	7,994	10,199
2005	8,837	11,975
2006	10,794	13,784
2007	12,839	15,035
2008	12,950	14,830
2009	10,236	11,436

자료: 1970~1980년 → 日本銀行調査統計局(1983).
　　　1981~1990년 → IMF(1988~2000).
　　　1991~2009년 → 日本總務省統計局(1991~2009).

하고 기술개발에 박차를 가했다. 일본의 중국 투자는 다롄 394개 벤처 11억 8600만 달러, 상하이 339개 벤처 8억 1000만 달러, 베이징 340개 벤처 1억 2100만 달러, 톈진 262개 벤처 3억 6700만 달러이고, 1990년 중반까지 중소기업이 중심이었으나 이후는 대기업이 진출했다(Taylor, 1996: 59, 75).

2) 중일 경제협력과 엔차관

1979년 일본정부는 중국에 대한 경제협력을 진행하기로 하고, 500억 엔 규모의 1차 엔차관(10년 거치 30년 상환에 원칙적으로 무조건, 병원 건립을 위한 무상협력 포함)을 실행했으며 오히라 수상은 대중 경제협력 3원칙을 제시했다. 중국의 근대화에 대해 일본은 최대한 협력하지만 경제협력을 진행하는데 ① 구미제국과 협력한다. ② ASEAN과의 균형을 고려한다. ③ 군사협력은 하지 않는다. 이러한 대중 경제협력의 결정은 일본의 대외정책 발전 과

<표 16-2> 일본의 대중국 직접투자(단위: 억 엔)

연도	해외직접투자액
1993	1,954
1994	2,683
1995	4,319
1996	2,828
1997	2,438
1998	1,363
1999	838
2000	1,114
2001	1,819
2002	2,152
2003	3,553
2004	4,909
2005	-7,262
2006	-7,172
2007	-7,305
2008	-6,700
2009	-6,492

자료: 1993~2004년 → 日本總務省統計局(1993~2004).
　　　2005~2009년 → 日本總務省統計硏修所(2005~2009).

정에서 중요한 의미를 지닌다. 요컨대 전후 일본의 대외정책은 1970년대까지 대미외교를 제하고는 대부분 전후처리외교(국교정상화, 배상)에 국한되어 있었다. 하지만 1979년의 대중 경제협력 결정은 전후처리의 성격과 함께 전후처리 완료를 전제로 국익에 따라 결정한 정치적인 선택이었다.

　1979년의 경제협력 결정은 ① 소련보다는 중국을 선택해 중국의 안정적 발전에 협력하는 것이 국익과 연관된다는 전략적 판단에 따른 것이었다. ② 중국에 대한 대규모의 엔차관은 다른 수혜국들과의 관계를 고려해서 실행될 수밖에 없었다. ③ 일본만이 중국에 대규모 차관을 공여하는 것은 선진공업국들의 정치적 및 경제적 우려를 낳을 수 있다는 측면에서 정치적일 수밖에 없었다. 실제 ②항과 관련된 문제에서는 ASEAN 국가들의 우려를 낳게 되었는데, 그 결과 일본은 대중 경제협력 3원칙에 ASEAN과의 균형을 고려한다는 항목을 삽입했다. 또한 ③항과 관련해서는 일본이 거대한 중국 시장을 독점하는 것이 아니냐는 우려가 생겨났는데, 일본은 미국과의 협의를 통해 무조건으로 엔차관을 제공하기로 했다.[10]

1990년대 일본경제가 침체에 들어서고 일본에서 중국으로의 ODA를 재고하자는 주장이 제기되었다. 중국의 군사력 증강이나 역사문제에 대한 강경자세로 일본 내 대중국감정이 악화된 것도 한 원인이다. 일본의 대중 ODA가 20년이 경과했는데 엔차관을 중심으로 한 대중 경제협력은 대중정책의 총체적인 관점에서 관리되었다. 1979년 오히라 수상이 대중 엔차관 제공을 결정한 의도는 혁명노선으로부터 근대화를 지향하는 경제발전우선정책으로 전환을 꾀한 중국의 안정적 발전이 일본의 안전과 번영에 불가결하다는 것이었으며, 당초의 목적은 나름의 성과를 이루었다. 1989년 천안문사태 이후 중국은 일본을 포함한 서방 측의 경제제재를 받았지만, 경제발전우선정책을 변경하지는 않았다.

일본은 중국이 아시아태평양 지역의 안전과 번영에 적극적으로 공헌하

---

10) 1988년 8월 다케시타 수상의 방중 당시 일본 기업에 대한 내국민대우를 규정한 일중투자 보호협정이 체결되었다. 또한 다케시타 수상은 1990~1995년에 해당하는 제3차 엔차관으로 42개 프로젝트에 대한 8100억 엔의 지급을 약속했다. 이것은 1984~1989년까지의 제2차 차관 총액 4700억 엔(16개 프로젝트 대상)의 2배에 달하는 규모였다. 또한 당시까지의 차관 대상 프로젝트가 대부분 철도나 항만 같은 인프라 정비에 국한된 데 반해, 제3차 차관은 지역 발전 및 농업 진흥에도 비중을 놓여 화학비료공장 등이 대상에 포함되었다. ODA도 1986년의 수치상 중국에 대한 양국 간 ODA 총액의 75%가 일본으로부터 제공된 것이었다. 또 국제기구로부터의 원조를 포함한 대중국 ODA 총액을 살펴봐도 일본이 차지하는 비율이 45%에 달했다. 1989년 5월에는 총액 971억 7900만 엔에 달하는 1989년분의 차관계약이 조인되었다.

<표 16-3> 일본의 대중국 ODA(단위: 100만 달러)

연도	증여		대부	총계
	무상자금협력	기술협력		
1990	38	163	522	723
1991	57	137	394	585
1993	54	245	1,051	1,351
1994	99	247	1,133	1,479
1995	83	305	992	1,380
1996	25	304	304	862
1997	15	252	310	577
1998	38	302	818	1,158
1999	66	649	812	1,226
2000	53	319	397	769
2001	23	277	387	686
2002	55	265	508	829
2003	73	300	387	760
2004	51	322	591	965
2005	34	236	795	1,064
2006	19	311	232	561
2007	15	264	157	436
2008	20	265	-5	278
2009	14	283	-155	141

자료: 1990~1999년 → 日本總務省統計局(1990~1999).
2000~2009년 → 外務省(2010a).

는 책임 대국으로 발전하는 데 협력한다는 목적을 제기했다. 1979년 시작된 중국으로의 ODA는 1999년 누계 2조 6883억 엔에 달했다. 일 년 기준 공여금은 중국이 1위, 인도네시아가 2위를 차지했다. 경제대국으로 발전하는 중국에 계속 원조하는 것을 재고해야 한다는 의견이 많고, 중국이 경제협력을 받으면서 군사력을 증강하고 있는 것에 대한 일본 내 비판이 강했다 (≪요미우리신문≫, 2000.10.31; 2000.11.7; 2001.1.9. 참조). 많은 갈등 요인에도 불구하고 중일 간의 경제협력은 지속적으로 증가했다.[11] 중국과 일본은 문화적 공통점뿐만 아니라 경제적으로도 상호 보완적이라고 할 수 있다. 중국은 풍부한 자원과 값싼 노동력을 보유하고 일본은 풍부한 자본과 기술이 있어 상호 협력의 가치가 존재했다(Taylor, 1996: 56~71).

4. 중국·일본의 안보관계

중일관계에서 최근 중요하게 대두되고 있는 분야는 안보문제로, 영토문제와 자원분쟁 등의 안보 갈등으로 군사력 증강과 패권경쟁이 거론된다. 이에 대해 개괄적으로 간략히 논의하고자 한다.

1) 일본과 중국의 군사력 증강과 위협 인식

일본은 비민주주의 국가인 중국의 정책 결정 과정 불투명성에 대해 우려를 표명해왔다. 일본은 중국의 위협이 되지 않고, 중국도 일본의 위협이 되지 않는다. 왜냐하면 중국의 최대 과제는 안정된 경제 건설이기 때문이다. 중국은 놀라운 발전을 이루었지만 상하이 등의 연안 지역과 내륙 간의 지역 격차가 심해서 우선적으로 안정적인 경제 건설과 지역 격차의 해소에 전념해왔다.

일본의 헌법 개정과 집단적 자위권 인정이 군사대국화로 진전되지 않을

---

11) 중일 간의 자원공동개발이 진척되어 1992년 일중석유개발회사가 보하이해 북측의 자원 개발에 착수했고, 보하이 만과 남중국해의 개발을 위해 중국 국영 석유회사를 비롯해 텍사코, 영국 석유, 일본 국영 석유회사가 공동으로 참여했다. 전기통신산업에서는 일본의 NEC가 중국 회사와 합작해 새로운 컴퓨터 시스템 설치와 부품생산에 착수했다.

까 주변국들은 우려한다. 일본은 중국의 해양조사선이 경계선 미확정이라는 이유로 일본 영해를 침범하는 것에 대해 우려하고, 상호 통보 제도를 확립하자고 제의했다. 중국은 정치적 압력을 위해서 군사력을 사용할 수도 있다는 의지를 보여왔으며, 1995년 7월과 1996년 3월에 대만의 국회의원 선거와 대통령 선거에 영향을 미치기 위해 남중국해와 대만해협에서 대규모 군사적 무력시위를 벌인 사례가 있다.[12] 이러한 상황을 배경으로 일본은 중국에 대해 위협을 느낀다. 지리적 인접성으로 인해 중국에서의 소요가 일본에게 직접적인 영향을 미칠 수 있기 때문이다.

1972년의 국교정상화 이래 일본의 지도자들은 경제적 원조와 무역, 투자 등을 통해서 중국이 좀 더 온건하고 개방적인 대외정책을 취하도록 유도해 왔다. 그러나 놀라운 경제성장을 거듭하고 있는 중국에 비해 일본경제는 장기침체를 겪고 있고 일본이 중일 양국의 균형을 고려하게 했다. 안보에 대한 일본의 위기의식은 중국의 군사현대화프로그램에 의해 한층 고조되었다. 또한 일본이 미국과 동맹을 강화하고 MD 시스템에 참여하게 된 것에는 중국과 북한의 전략적 불확실성에서부터 비롯되었다고 할 수 있다. 중국은 이를 핵억지력에 대한 위협으로 간주하고 공격적 핵무기를 개발할 기회로 활용하고 있다.

최근 중국의 군사현대화정책은 대만을 겨냥한 것이라고 하지만 방어적 입장에서 벗어나 병력의 장거리파병을 지향하고 있어서, 주변국에 위협이 되고 일본에도 영향을 미친다. 한편 미일동맹의 강화와 신가이드라인의 성

---

[12] 한편 중국과 일본은 지난 역사를 통해서 자국의 이익을 위해서라면 무력을 사용할 준비가 되어 있음을 과시하기도 했다. 예컨대 1979년 덩샤오핑은 캄보디아를 지배하는 크메르루주를 침공한 베트남에 보복하기 위해서 인민해방군(PLA)을 파견한 바 있다. 그 밖에도 중국은 세력권에 대한 영토적 확장을 꾀할 목적으로 군사력을 사용했는데, 베트남을 축출하기 위해 파라셀섬에 1975년 인민해방군을 파견한 것과 남중국해의 필리핀을 저지하기 위해 인민해방군을 파견한 사례가 있다.

〈표 16-4〉 동중국해 가스전 개발에 관한 중일 간 주요 대립점

대립점	일본	중국
양국의 경계	중일의 해안선에서 등거리를 취한 중간선	오키나와제도의 서측까지 펼쳐진 대륙붕의 말단(오키나와해구)까지 중국의 권리구역
중국이 개발 중인 가스전 관련	지하에서 일본 측에도 연결되어 있음. 중국 측이 천연가스를 흡입함	분쟁이 없는 해역에서 개발함. 정당한 활동
금후의 개발	중간선에 걸치는 지하구조를 가진 가스전은 공동개발. 이외 수역에서 중간선의 서쪽은 중국, 동쪽은 일본이 개발함	중간선의 일본 쪽에서 공동개발함

자료: ≪요미우리신문≫(2007.12.29).

립, MD 공동개발과 함께 일본의 군사력 증강은 중국을 견제하는 효과가 있어 중국에게 위협으로 존재한다.[13] 중국과 일본의 군사력 증강 경쟁은 지속되어왔다(Silver, 2000: 24~32).

미일안보동맹의 목표는 기본적으로 현상을 유지하는 것이다. 따라서 중국이 현상을 바꾸려고 한다면 충돌 가능성이 있다고 본다. 중국은 21세기 중반에 대국으로 거듭나기를 희망하고 있으며 그 목표를 달성하는 데 미일안보가 위협이 되고 그에 따른 마찰이 야기될 가능성이 있다. 따라서 미중일 3국이 마찰을 조정하면서 조율해가는 것이 중요하다. 안보대화를 통해 신뢰를 배양하고 오해를 방지하는 것이 필요하다. 아시아태평양 지역의 평화와 안정의 기축을 미일안보동맹에 두는 일본·미국과 그 영향력을 단계적

---

13) 일본은 중국의 경제성장과 일본경제의 장기침체, 제2차세계대전 중 일본이 중국에게 끼친 해악에 대해 우려하고, 냉전시대의 양극체제가 오히려 일본에게 더욱 안정적이었다는 견해도 가지고 있다. 중국은 일본이 전후 별로 바뀌지 않고 전쟁범죄에 대해 사과할 뜻이 없다며 일본에 대해 불신이 있고, 일본의 재무장과 군사대국화, 중국과 대만의 통일의 반대로 우려하고 있다.

으로 제거하려는 중국과의 관계에는 마찰의 소지가 있다. 일본과 중국이 서로 대등하다는 사실을 받아들이고 여러 문제에 대한 투명성을 높이는 것이 바람직하다(≪요미우리신문≫, 2000.10.31; 2000.11.7; 2001.1.9. 참조).

2) 중국·일본의 자원분쟁

중국과 일본 간에는 영토분쟁뿐만 아니라 자원분쟁도 존재한다. 동중국해와 남중국해의 열도 영유권과 함께 주변 해양자원도 첨예한 분쟁 요인으로 남아 있다. 동중국해 가스전 개발문제가 공동개발로 진전을 보였다고하지만, 영토와 주권문제는 양보할 수 없다는 입장이 중국정부와 군부, 사회 전반에 팽배해 있어 해결은 쉽지 않아 보인다. 가스전 교섭과 관련하여양국 정부는 진전의 표시를 보이기 위해 2007년 12월에 4항목에 달하는 양국 정상의 새로운 공동 인식을 발표했다. 일본 측에서는 가스전문제에서국가주권과 관련된 부분은 보류하고 경제적 관점에서 공동개발하는 형태가 바람직하다고 주장했다(김성철, 2008 참조).

3) 중국·일본의 영토분쟁

센카쿠열도/댜오위다오의 영유권문제에 관하여, 일본은 남사·서사군도문제에 대한 중국의 태도에 비추어볼 때 주변의 군사적 상황이 유리하게전개되면 중국이 군사적 행동을 감행할 가능성이 없지 않다고 판단한다.[14] 센카쿠열도를 포함한 주변 해역에 대한 공동개발론이 제기되었는데, 남사

---

14) 2011년 6월 남중국해분쟁이 가열되어 중국, 베트남, 필리핀 등에서 언쟁과 무력시위가 발생했다(≪조선일보≫, 2011.6.7; 2011.6.14. 참조).

군도문제에 비추어볼 때 중국은 댜오위다오가 자국의 영토라는 전제하에 공동개발을 제기하고 있어 일본은 이를 수용하지 않고 있다. 중국에서도 댜오위다오는 중국의 영토로 해양자원에 대한 일본과의 공동개발은 안 된다는 주장이 강하게 제기되었다. 대만과 관련해서 일본은 현상유지가 바람직하나 중국과 대만의 군사적 균형이 극단적으로 중국에 유리한 상태가 되면, 군사력 사용에 대한 중국의 억지력이 낮아질지 모른다고 판단한다. 미국은 대만관계법으로 균형을 유지하고 있어, 일본도 경제분야에서 대만과 제휴할 필요가 있다고 생각한다.[15] 중국 입장에서는 경제력 향상에 힘입은 대만과의 평화적 통일이 민족의 비원이요, 어디까지나 내정문제이기 때문에 일본이 하나의 중국이라는 입장을 고수해주기를 요구한다(≪요미우리신문≫, 2000.10.31; 2000.11.7; 2001.1.9. 참조).

5. 21세기 중일관계의 변화

21세기 전후에 중국과 일본의 정치경제적 상황에 커다란 변화가 생기면서 중일관계에도 복잡하고 다양한 변화가 있었다. 이와 관련해서 일본의 대중국정책을 중심으로 논의하고자 한다.

1) 신내셔널리즘의 대두

1972년 중일국교정상화 조인 이후 양국은 우호적인 관계를 유지해왔으나 1980년대 중일관계가 악화되었다. 중일관계 악화의 커다란 원인은 역사

---

15) 대만의 조사에 의하면 자신이 대만인이며 중국인이 아니라는 사람이 40% 정도라고 한다.

교과서문제다. 1985년 나카소네 수상의 야스쿠니신사 참배로 중국 내 내셔널리즘이 강화되었다.16) 중일 간 문제는 개인적인 채널을 이용한 해결보다는 통상적인 외교채널과 정상회담을 중심으로 양국 간 대화가 진행되었다. 1993년 자민당의 붕괴와 오자와의 보통국가론을 계기로 일본 국내에는 새로운 내셔널리즘이 강화되고, 정계에서도 방위력 강화, 헌법 개정 등 보통국가의 필요성을 주장하는 정치가들이 증가했다.

동아시아에서 중국의 영향력 확대와 군사행동, 군의 현대화가 일본 신내셔널리즘의 원인이 되었다. 일본경제가 1990년대 초 거품경제로 장기침체에 들어간 것과는 대조적으로 중국은 1992년 이후 급속히 성장해 경제적 영향력이 증대되었다. 중국의 급속한 부상으로 중국위협론이 일본에 고조되었고, 일본의 원조, 무역, 투자, 기술이전이 중국의 경제적 및 정치적·군사적 영향력 확대를 가져와 일본의 국익에 반하는 것이 아닌가 하는 인식이 강했다.17) 일본 자민당 내 대중국 강경파의 세력이 강해져 정부에게 강경한 대중정책을 펼치도록 요구하는 한편, 자민당 내 친대만파의 힘도 강해졌다. 반면 외무성 내 중국문제 전문가와 중국대사 경험자로 구성된 차이나스쿨의 영향력은 약화되었다.

다른 한편으로 일본과 미국 사이의 안전보장 관계는 강화되었다. 1996년 4월 클린턴 대통령과 하시모토 수상이 미일안전보장공동선언에 서명하고 1997년 9월에 뉴욕에서 열린 미일안전보장협의위원회에서는 새로운 미일방위협력을 위한 방침을 발표했다. 이 방침은 일본 주변 지역에서의 사

---

16) 마이크 모치즈키(Mike Mochizuki) 교수는 국교정상화 직후 일본의 다나카, 오히라, 다케시타가 중국과의 관계에서 개인적인 채널을 갖고 있었고, 강한 지도력을 발휘해 중일 상호 간에 발생하는 내셔널리즘적인 비판을 억제하는 데 기여했다고 지적한다.
17) 중국은 1995년 5월과 10월 핵실험을 실시했고, 1996년 3월에는 대만을 향한 군사연습도 실시하여 중국과 대만 사이에 군사적 충돌이 일어나는 것이 아니냐는 염려가 있었다. 1996년 7월에는 센카쿠열도의 영유권문제가 재연되었다.

태에 대해 미일협력 방법을 정한 것으로, 미일의 동맹관계 강화 움직임에 중국의 경계심도 증대되었다(恒川潤, 2009 참조).

2) 자민당 후기의 중일관계

2006년 중일관계는 국교정상화 이래 최악의 상태였다. 고이즈미 수상의 야스쿠니신사 참배와 내셔널리즘적인 역사교과서문제 등으로 인한 관계 악화 때문이다. 야스쿠니문제로 중국 해군 함정의 일본 파견행사도 연기되었고, 교과서문제로 중국 내 반일시위가 격해졌으며, 일본 기업의 중국 투자도 어려움을 겪었다. 중국 측은 일본의 안보리 상임이사국 진출을 저지하기 위한 서명운동을 전개했다.

얼어붙었던 양국의 관계는 2006년 10월 아베 수상의 중국 방문을 계기로 해빙기를 맞았다. 아베 수상은 역대 수상 중 처음으로 최초 공식 방문지를 중국 베이징으로 정했다. 그 이유는 다음의 여섯 가지로 설명할 수 있다. ① 북한문제에 대응하기 위해서는 일본·중국·한국 3국이 공통 기반을 형성하는 것이 필요함, ② 일본을 뺀 북한문제의 진전을 피함, ③ 미중관계 개선에 발맞춤, ④ 관계 개선에 대한 미국의 압력, ⑤ 중일관계 개선에 대한 재계의 요청, ⑥ 아베 수상 자신의 정치적 지위 강화. 2006년 10월 아베 수상과 후진타오 주석은 공통의 전략적 이익에 입각한 호혜적 관계 구축에 합의했다. 양국관계의 장해물이었던 역사문제에 대한 처리, 동중국해 석유·가스 채굴에 대한 전문가 패널 설치 등에 합의했다. 2007년 4월 아베 수상의 초대로 원자바오 총리가 방일해서, 양국은 방위교류에 관해 중국 해군 함정의 일본 방문과 일본 해상 자위대 함정의 중국 방문에 합의했다.

2007년 후쿠다 수상은 대중국정책에서 아베 수상의 노선을 따랐다. 중국은 후쿠다 수상의 친중국노선과 야스쿠니신사 참배 보류를 환영하고, 중국 방문을 환영하며 베이징 대학에서의 후쿠다 수상 연설을 대대적으로 보도했다.[18] 양국은 2007년 환경에너지분야 협력 추진에 관한 공동성명을 발표했다. 동중국해 석유·가스개발에 대해서는 양 정상이 문제 해결을 위한 결의를 표명하고 조기 해결을 위해 대화할 것에 합의했다. 대만문제에 관해 후쿠다 수상은 일본은 평화적 해결을 바라며 대만해협에서의 긴장 고조를 바라지 않는다고 표명했다(恒川潤, 2009 참조).

2007년 12월 베이징에서 거행된 중일정상회담의 성과는 중일관계가 새로운 우호협력관계로 발전하는 단계를 보여주었다. 중국은 취임 후 처음으로 중국을 방문한 후쿠다 수상을 파격적으로 환영하고 대접했다. 중일 간의 전략적 호혜관계가 강화되었다고 평가된다. 중일 간 전략적 호혜관계는 1998년 중일공동선언을 발전시킨 것으로, 2006년 10월 아베 수상이 중국을 방문했을 때 제안하고 후진타오 주석이 동의했다. 내용은 정치와 경제를 중심으로 양국이 얻는 이익의 확대를 추구한다는 개념이다. 한편, 동중국해 가스전 개발문제는 합의에 도달하지 못하고 2008년 7월 일본에서의 주요국 정상회담으로 연기되었고, 일본이 주도하는 기후변동의 틀 구축에 중국이 참가할 것인가 등의 문제가 남았다.[19] 일본은 중일관계가 악화된 2005년에 유엔 안보리 상임이사국에 진입하고자 했으나 중국의 반대에 부딪쳐 좌절한 경험이 있다. 중국 측에서는 경제성장에 따른 국내 대기오염

---

18) 중국에서 외국 수상이 연설하는 모습이 보도된 것은 2005년 부시 대통령 연설이 처음이었다.
19) 중국이 일본 수상을 극진히 환대한 것은 나카소네 수상 이후 21년 만이라고 한다. 중국의 태도는 후쿠다 수상에게 기대가 크다는 것을 표시한 것이다. 후쿠다 수상이 야스쿠니신사를 참배하지 않겠다고 공언하고, 중일평화우호조약을 체결한 후쿠다 다케오 전 수상의 아들이라는 것이 원인이었다. 후쿠다 수상의 중국 방문은 중일관계의 개선을 안정화시키는 시대적 요청이라고 한다. 2008년 7월 일본의 도야코 주요국 정상회담과 8월 중국의 베이징올림픽이 맞물려 있어 양국이 협력할 필요가 있었다.

과 수질오염이 심각해서 일본의 경험과 기술력 도입이 긴요하다. 2007년 12월 베이징에서의 중일외상회담에서는 일본의 대중국 엔차관 공여의 최종회로서 2007년분의 엔차관 6건 약 463억 엔 공여에 서명했다. 2005년 중일 양국은 엔차관의 신규 공여를 2008년 베이징올림픽 전에 종료하는 것에 합의했다(≪요미우리신문(석간)≫, 2007.12.1).

합의 내용에 의하면, 중일 평화우호조약의 체결 30주년이 되는 2008년을 중일관계 비약의 원년으로 정하고, 중국군 청년 장교와 일본 자위대 청년 간부의 상호 방문을 실시하고, 2007년 11월 중국 구축함의 일본 첫 입항에 답방으로 일본 자위함을 중국에 파견하기로 했다. 또한 2008년부터 4년간 연 4000명 규모의 청소년 상호 방문을 실시하기로 했다. 기후변동분야의 과학기술 협력을 전개하고, 중국의 젊은 연구자를 연 50명 정도 2008년부터 4년간 일본에 초청한다. 자기핵융합관련 연구의 협력을 위해 국제열핵융합실험로(ITER) 계획에 관한 다국 간 틀과 병행하여 양국 간 틀을 구축하고 중일 간 핵융합장치를 활용한 연구협력을 시행한다. 일본은 대만의 독립을 지지하지 않고, 대만의 유엔 가입을 위한 국민투표로 중국과 대만 관계에 긴장이 고조되는 것이 바람직하지 않다고 밝혔다.[20]

후쿠다 수상의 외교정책은 미일동맹과 아시아외교를 동시에 중요하게 추진하는 것이다.[21] 후쿠다 수상은 중국과 일본이 아시아 지역의 안정과

---

20) 2007년 12월 28일 중앙TV로 전국에 생중계된 베이징대학 강연에서 후쿠다 수상은 중국 작가 루쉰(魯迅)을 인용하여 아시아와 세계의 안정과 발전을 위해 함께 걷고 함께 길을 만들어 함께 미래를 만들어가자고 했다. 과거를 정확히 응시하고, 반성할 점은 반성하는 용기와 지혜가 있으면 비로소 장래에 잘못하지 않을 것을 기대할 수 있다고 역사문제를 언급했다(≪요미우리신문≫, 2007.12.29).

21) 중일관계의 개선은 중일 양국에게 부시 대통령 이후 불투명한 대미국관계에 안정성을 주는 보장이 될 수 있다. 고이즈미 정권 시기 2004년 부시의 재선을 공개적으로 지지할 정도로 돈독했던 미일관계가, 2005년 중일관계와 한일관계의 악화로 동아시아의 반일감정이 반미감정으로 비화되는 것을 바라지 않은 미국과 일본 간에 다소 거리감이 생겼다.

발전의 향방을 좌우하는 중대한 존재가 되었다고 했다. 중일관계의 강화가 동아시아의 안정에 공헌하고 미일동맹에도 좋은 영향을 끼친다고 했다. 북핵문제와 관련하여, 북한 핵시설의 불능화와 핵계획의 신고 등 한반도 비핵화를 위한 미국과 중국의 주도적 움직임이 달성되기 위해서는 중일 간 연대가 중대한 역할을 한다고 했다.[22] 고이즈미 내각 말기부터 아베 내각에 이르기까지 미일관계에는 다소 거리감이 있었다. 부시 정권 후반기에 들어서 미국의 대북한정책이 6자회담 중심의 대화정책으로 변모한 반면 일본정부는 대북 강경노선을 유지하여 미일 간의 정책괴리를 확대시켰다. 미일 간의 거리감과 6자회담에서의 소외감을 타파하기 위한 돌파구로서 일본 아베 내각이 추구한 전략을 친중파인 후쿠다 내각이 이를 계승해 강화시켰다. 미일 간의 거리감에는 일본이 미국의 대테러전쟁에 말려들기를 꺼리는 점이 작용했고, 중일관계의 개선은 대테러전쟁에 기인한 미국경제 침체의 영향에서 벗어나는 효과도 있다(김성철, 2008 참조).

3) 중일관계의 안정화

탈냉전 이후 중일관계의 특성을 일본 입장에서 분석해보자. 1990년대 일본의 경제 침체와는 달리 중국이 경제적·군사적으로 대두하게 되자 중국

2005년에 미국하원에서 2차세계대전 후 도쿄 국제 전범 재판은 유효하다는 결의를 했고, 2007년 7월에 미국하원은 종군위안부와 관련하여 일본정부의 책임을 인정하는 결의안을 채택했다. 그 후 미국하원은 미일관계가 여전히 중요하다는 결의안도 채택했다. 부시-고이즈미 시기에 부시 행정부의 보수강경파(네오콘)의 동향과 고이즈미 내각의 보수강경파의 움직임에 공감의 주기가 있었던 것으로 보인다.

22) 고이즈미 정권 시기에는 중국의 후진타오 주석이 미국의 부시 대통령에게 고이즈미 수상에 대한 험담을 수차례 했다고 한다. 중일관계의 개선은 미국도 원하는 것이어서 일본이 미국에게 떳떳해지는 방안이기도 하다.

위협론이 일본 사회에 퍼지게 되는 등 새로운 내셔널리즘이 등장했다. 일본의 대중국정책은 기존의 우호적 접근에서 미일동맹 강화를 중심으로 하는 균형적 접근으로 전환되었다. 중일관계는 공통의 전략적 이익에 입각한 호혜관계를 확립하는 방향으로 진전되었고, 중일관계 개선의 바탕이 되는 공통의 이익이란 경제적 상호 의존의 증대이며 경제협력이 안전밸브의 기능을 한다고 한다. 중일관계의 개선 분위기에도 불구하고 일본은 중국의 불투명한 정치경제적 움직임 때문에 중국을 도전자로 본다. 일본은 에너지 안전보장이나 지역 내 무역투자의 자유화, 인간안보 등 새로운 분야의 지역협력을 통해 중국을 지역 질서에 통합시키기 위해 중국에 대한 협력과 균형이라는 이중정책을 유지한다.[23]

중국의 경제성장에 따라 일본 내 중국위협론이 나타났다. 중국의 심각한 위협은 중국에 대한 일본의 FDI(직접투자) 확대로 인해 일본 국내 산업공동화가 발생하고 실업률이 상승하는 것이다. 또한 일본에서 중국으로 기술이전이 촉진되어 중국이 강력한 라이벌이 되는 것도 심각한 위협으로 여겨졌다. 그러나 이와 같은 위협론은 근거가 없다.[24] 중국의 경제발전이 일본의 경제성장을 높였던 사례도 있다. 2003년 대중국 수출 확대로 인해 일본경제가 회복되었고 중국위협론은 자취를 감췄다. 중국은 일본의 경제발전에 필수적인 무역상대국이고 해외투자의 주요 대상국이다. 양국의 경제 의존

---

23) 중일관계에서 정치는 차갑고 경제는 뜨겁다고 한다. 정치문제가 양국의 우호관계를 저해할 때도 경제교류가 일종의 안전밸브 역할을 해서 양국관계가 궁지로 몰리는 위험을 막고, 협력관계를 유지하도록 해왔다. 일본이 중국과의 경제관계를 강화하는 목적은 중국의 경제발전을 촉진시켜 경제적으로 상호 의존을 심화해 중국이 책임 있는 이해당사자로서 경제적 역할을 다하도록 하는 것이다.

24) 1985년 플라자합의로 동남아시아 국가에 일본 기업의 직접투자가 대규모로 전개되었을 때 일본은 동일한 걱정을 했다. 그러나 동남아시아 FDI 확대로 일본은 산업구조 전환을 달성하고 제3산업의 확대로 노동력이 흡수되었다.

이나 기술이전이 촉진되어 중국이 발전하고 그와 함께 일본경제가 재생되면 아시아태평양 지역의 번영에 이어지는 우호적·안정적인 중일관계가 구축된다(恒川潤, 2009).

중국의 대두는 동아시아 지역주의를 실현하는 원동력이 되고 있다.[25] 동아시아 경제 통합은 강력한 리더십에 의해 주도되는 것도 아니고 법적 구속력에 의해 촉진되는 것도 아니다. 거액의 FDI 유입과 역내 무역 확대가 발생시킨 다이너미즘에 의해 추진되고 있다.[26] 즉, 동아시아 경제 통합은 정부 계획이 아니라 시장원리와 민간 주도의 현상이다. FDI가 동아시아에서 지역산업네트워크(산업연결)를 만들어 내고 동아시아 경제 통합의 전제가 된다.[27] 일본 제조업이 역내 경제 통합의 기본요소인 생산 네트워크를 확립하고 있다(恒川潤, 2009).

4) 동일본대지진과 한중일정상회담

한중일협력과 3국정상회담은 중일관계의 갈등을 완화하고 협력을 증진하는 데 기여한다. 2011년 3월 11일 동일본대지진 이후 한중일협력이 진척

---

25) 2008년 8월 기준으로 세계에서 148개의 FTA가 실시되고 있으며 그중 28개가 아시아태평양 지역에서의 협정이다. 자유무역권을 설치하는 이유는 다음과 같다. ① WTO 교섭의 난항, ② WTO 가맹국 확대로 인한 가맹국 간 이해대립과 무역·투자의 글로벌한 자유화 추진이 어려운 상태, ③ 경제 상황이 비슷한 국가들 간에는 역내 FTA를 통한 통합시장을 형성하는 것이 훨씬 용이, ④ 새로운 거대시장의 출현(특히 중국), ⑤ 충분한 운송 인프라 존재, ⑥ 경제적 자립 강화를 향한 지역적 인센티브, ⑦ 2015년 ASEAN 공동체 설립이라는 ASEAN 이니셔티브.

26) 동아시아의 총수출에서 역내 수출이 차지하는 비율은 1990년 31%에서 2007년 40%로 상승했다. 중국의 동아시아 수출 비율은 1990년 50.6%에서 2007년 29.3%로 감소했지만 수출액은 같은 기간 315억 달러에서 3453억 달러로 급증했다.

27) 2006년 3월 일본 제조기업 1만 5812사가 세계 각지에서 조업 중이고, 그중 8794사가 동아시아에 거점을 두고 있다. 일본 기업 수가 가장 많은 곳은 중국이다(4044개 사업소).

〈표 16-5〉 한·중·일 합산 통계

구분	연도	한·중·일 합산	세계 전체	비중 (세계대비)	출처
GDP	2008 2009	9조 6984억 달러 10조 6392억 달러	60조 1155억 달러 57조 2610억 달러	16.1% 18.6%	World Bank IMF
외환 보유액	2009	3조 6925억 달러	7조 8000억 달러	47.3%	IMF
교역량	2008 2009	5조 2212억 달러 4조 205억 달러	32조 7136억 달러 -	16.0% -	IMF
인구	2009	15억 2166만 명	68억 2936만 명	22.3%	한·중·일 통계청
국방비	2008	1554억 달러	1조 4640억 달러	10.6%	SIPRI(스톡홀름국제 평화연구소)

자료: 외교통상부(2010).

되는 가운데, 5월 22일 일본의 간 수상과 중국의 원자바오 총리, 한국의 이명박 대통령이 도쿄에서 3국정상회담을 갖고 원자력 안전과 방재 면에서의 협력 강화를 명기한 정상선언을 발표했다. 정상선언은 원자력 안전에 대한 일본 사고의 교훈을 중국, 한국 및 국제사회와 공유한다고 했다. 선언 내용을 구체화한 부속문에서 원자력에너지는 앞으로도 중요한 선택지라고 명기한 후에 ① 원자력 발전의 안전성 강화를 위한 전문가협의 추진, ② 긴급 시 조기 통보의 틀 구축, ③ 사고 시 공기 흐름 분석 등 정보공유를 제안했다. 원자력 재해 시 소문 피해를 막기 위한 목적으로 생산품의 안전성에 관해 과학적 증거에 입각해 필요한 대응을 취한다고 했다.[28] 정상선언과 부속문서에서는 에너지정책으로 성장분야에 재생 가능한 에너지를 포함한 연구협의를 개시하는 것이 적절하고, 젊은 실무자의 교류 추진 등을 제기했다. 방재 면에서는 긴급 원조팀과 지원물자인수의 원활화, 재해를 상정

---

28) 원자바오 총리는 정보 통보, 사고의 구원, 기술 연구개발 등에서 협력을 강화하자고 했고, 이명박 대통령은 후쿠시마 사고에 대해 국민에게 정보를 전달해서 국민을 안심시켜야 한다고 했다.

〈표 16-6〉 한·중·일 재정·경제

구분	한국		중국		일본		자료
GDP	2008	2009	2008	2009	2008	2009	· World Bank
	9291억 달러 (15위)	8329억 달러 (15위)	3조 8600억 달러(3위)	4조 7557억 달러(3위)	4조 9093억 달러(2위)	5조 486억 달러(2위)	· IMF · 한국무역협회
1인당 GDP	2008	2009	2008	2009	2008	2009	· 한국은행
	2만 15달러	1만 6449달러	3315달러	3600달러	3만 8559달러	3만 9574달러	· IMF
GNI(2009년)	1조 463억 달러(14위)		3조 6785억 달러(3위)		4조 8792억 달러(2위)		· World Bank · 한국은행
1인당 GNI(2009년)	1만 7175달러		3566달러		3만 2817달러		· World Bank · 한국은행
외환보유액(2009년)	2699억 달러(6위)		2조 3992억 달러(1위)		1조 236억 달러(2위)		· 한국은행 · IMF
경제성장률(2009년)	0.2%		8.7%		-0.5%		· 한국은행 · IMF
실업률(2009년)	3.6%		4.3%		4.3%		· OECD(Unemployment Outlook 2009)
물가상승률(2009년)	2.8%		0.7%		-1.4%		IMF
정책금리(2008년)	2.00%		5.31%		0.10%		각국 중앙은행
빅맥지수(2009년)	2.39달러		1.83달러		3.23달러		≪이코노미스트≫
경제구조(2008년)	서비스 75.2%	공업 17.3% / 농업 7.5%	서비스 31%	공업 24% / 농업 45%	서비스 67.7%	공업 27.8% / 농업 4.5%	· WTO · IMF
경상수지(2009년) (GDP대비)	5.13%		5.78%		2.8%		
1일석유소비량 (2008년) (세계소비량대비%)	229.1만 배럴(2.6%)		799.9만 배럴(9.6%)		484.5만 배럴(5.6%)		BP(브리티시 페트롤륨)
국방비(2008년) (***대비%)	238억 달러 1.7%(11위)		636억 달러 5.8% (2위)		428억 달러 3.2%(7위)		SIPRI
병력규모(2009년)	65.5만 명		220.5만 명		24.1만 명		한국국방부
유엔평화유지군 (2010년 3월)	641명(21위)		2136명(15위)		231명(51위)		유엔평화유지군

자료: 외교통상부(2010).

한 공동훈련 실시를 검토하기로 했다. 일본 방문 관광객 감소와 관련하여 3
국 간 관광 촉진을 제안했다. 한중일 FTA에 대해서 원자바오 총리는 2012
년에 교섭을 개시할 것이라고 적극적인 태도를 표했다. 북한문제에 대한 6
자회담 재개를 위해 남북대화가 필수이며 우라늄 농축계획에 관해 염려된다고 했다.

원자바오 총리는 일본 원전 사고 이후 중국이 취하던 12개 도현(都懸)의 식품 수입 금지 조치에서 야마나시현과 야마가타현을 제외한다고 선언했다.[29] 또한 12개 도현의 생산품 이외의 식품에서 요구하고 있는 방사능 검사 증명서를 유제품이나 야채·수산물을 제외한 식품에는 요구하지 않는 방침을 정했다. 간 수상은 원자력 발전 사고 대응의 현상과 중부전력 하마오카원자력발전의 전로 정지, 저농도 오염수의 바다 방출 경위 등을 설명했다. 원자바오 총리는 주변국의 걱정과 관심을 이해해주기 바라고 신속한 정보제공을 바란다고 요청하고 필요한 협력을 아끼지 않겠다고 말했다. 방일 관광객 감소에 대해 원자바오 총리는 5월 말부터 관광행정 담당자 100명 규모의 시찰단을 일본에 파견하고 피해 지역 학생 500명을 중국에 초대한다고 선언했다. 중국 당국의 수출제한 조치로 수출 가격이 급등한 희토류에 대해서 간 수상이 적절한 대처를 요구하고, 원자바오 총리는 WTO 규칙에 따라 적절히 컨트롤하겠다고 대응했다. 동중국해 가스전 공동개발에 관해 간 수상은 지진 피해를 계기로 에너지문제를 염두에 두고 미래지향적인 협력을 하자고 제안했고, 원자바오 총리는 중일 간 협의를 실시한다는 입장이 변함없다고 말했다.[30]

---

29) 중국이 수입 금지 조치를 계속하는 현은 미야기, 후쿠시마, 이바라키, 도치기, 군마, 사이타마, 치바, 도쿄, 니가타, 나가노 10개이다.

30) 간 수상과 이명박 대통령의 회담에서 양측은 동북 지역 부흥과 관광객 유치에 협력하기로 하고, 한국정부와 기업이 참가한 부흥견본시의 개최 등을 포함한 문서에 합의했다. 한국은 후쿠시마 등 5개 현의 잎채소와 버섯류의 수입을 금지하고 있는데 문서에서는 일본산 품의 품질·안전성 등에 대해 정보 교환을 강화한다고 했다. 한일도서반환협정에 대해 간 수상은 국회심의가 진행되고 있다고 설명했고, 한일 양국이 영유권을 주장하는 독도에 대해서는 회담에서 논의하지 않았다.

〈표 16-7〉 중일관계의 추이

1952년 4월 28일	일화(日華)평화조약 조인
1952년 6월 1일	제1차 중일민간무역협정 조인
1958년 3월 5일	제4차 중일민간무역협정 성립
1958년 5월 30일	중일무역 전면 정지
1962년 11월 9일	중일장기종합무역(LT무역)협정 조인
1972년 9월 29일	중일국교정상화('중일공동성명' 발표)
1974년 4월 20일	중일항공협정 조인
1975년 8월 15일	중일어업협정 조인
1978년 8월 12일	중일평화우호조약 조인
1979년 12월	대중(對中)경제협력 개시
1982년 7월	중국, 일본 교과서 검정문제로 항의
1984년 9월	· 중일 우호 21세기 위원회 제1회 회합(도쿄) · 일본 청년 3000명이 중국 측 초대로 각지 방문
1985년 3월	중국 청년대표단 100명 일본 방문
1985년 9월	쇄국문제 등으로 베이징 대학생 반일 시위
1989년 6월	· 천안문사건 · 제3차 엔차관·각료급 접촉 동결
1992년 10월	일본 천황·천후가 방중
1995년 8월	무라야마 수상, 전후 50주년 수상담화 발표
1995년 8월 28일	핵실험에 항의하여 대중국 무상금협력을 대폭 압축
1998년 11월	장쩌민 주석 방일('평화와 발전을 위한 우호협력 파트너십 구축에 관한 중일 공동선언' 발표)
2000년 10월	주룽지 총리 방일, 일본 시민과 직접 대화
2002년	중일국교정상화 30주년 '일본의 해(日本年), 중국의 해(中國年)' 실시
2003년 12월	신(新)중일우호21세기위원회 제1회 회의(다롄)
2005년 8월	고이즈미 수상, 종전 60주년 수상담화 발표
2006년 5월	중일 21세기 교류사업 개시(중국 고등학생 대표단 제1진 200명 일본 방문)
2006년 10월	아베 수상 방중('중일공동성명' 발표)
2006년 12월	중일역사공동연구 제1회 전체회의(베이징)
2007년	· 중일국교정상화 35주년으로서 2007 '중일 문화·스포츠교류의 해' 실시 · 중일 무역총액(대홍콩 무역을 제외한) 2367억 미국 달러 · 처음으로 미일 무역총액(2142억 미국 달러)을 상회

2007년 4월	원자바오 총리 방일('중일공동성명' 발표)
2007년 5월	'21세기 동아시아청소년 대교류계획' 개시
2007년 12월	다카무라 외무상 방중(중일 고위급 경제회담 출석)
2008년	'중일평화우호조약' 체결 30주년으로서 '중일 청소년 우호교류의 해' 실시
2008년 5월	후진타오 주석 방일(전략적 호혜관계의 포괄적 추진에 관한 중일공동성명 발표)

6. 결론: 중일관계의 경쟁과 협력

2000년대 중일관계를 양국관계에서 보면 대항적 관계로 갈등이 보이지만 동아시아 지역이라는 관점에서 볼 때 중일관계는 협력적 관계를 유지하려고 노력했다. 동아시아 지역이라는 다국 간 협조 틀이 대립하기 쉬운 중일관계를 안정화시키는 장치로 작용했다. 중국의 2000년대 대일본 외교정책은 전략적 파트너십의 촉진 동의, 정상회담 거부라는 양극 사이에서 변화해왔다. 중일관계가 악화되었을 때도 지역협력장에서의 양국 대화는 이어졌다. 중국이 고이즈미 시기 중일 정상의 상호 방문을 거부할 때도 원자바오 총리는 ASEAN+3정상회담에서 고이즈미 수상과의 회담에 응했다. 중국은 동아시아 지역협력 추진을 중시하고 대일정책을 동아시아 다국 외교에 포함시킴으로써 양국관계의 장해물을 완화하려고 시도했다. 동아시아 지역협력을 심화하는 관점에서 중국과 일본은 개발도상국의 인프라 설비에 관한 원조 협조, 환경보호와 에너지 절약분야, 동아시아의 금융안정 유지분야 등에서 실무적인 협력관계를 진행했다. 중일관계에는 민족감정, 역사문제, 동중국해를 둘러싼 대립 등 문제가 있지만 양국은 동아시아 지역 관점에서 중요한 이해를 공유하고 있다.

한편 중일 양국은 동아시아에서 다른 이해가 있기 때문에 경쟁한다. 중국과 일본은 동아시아에서의 정치적 영향력을 둘러싸고 경쟁관계에 있다. 중일의 경쟁관계는 동아시아정상회담 참가국을 결정하는 데 표면화되었다. 중국은 제2회의를 베이징에서 여는 조건으로 쿠알라룸푸르에서의 동아시아정상회담 첫 회의를 주장한 말레이시아의 제안을 지지했다. 중국은 동아시아정상회담을 동아시아 지역주의 속에서 중국의 정치적 영향력을 강화하는 계기로 본다. 이에 반해 일본은 APT국가뿐만 아니라 호주, 인도, 뉴질랜드도 동아시아정상회담에 참가시키자고 주장했다. 일본은 동아시아 정상회담의 참가국을 늘려 지역 내 정치적 영향력을 강화하려는 중국의 의도를 저지하려고 했다. 동아시아정상회담 참가국을 둘러싼 중일 양국의 대립은 동아시아공동체 구상에 관한 양측의 입장 차이를 반영한다.

일본이 동아시아정상회담 16개국에 의한 CEPEA(동아시아포괄적경제연대협정)를 제안하고 있는 반면 중국은 APT 틀 안에서 EAFTA(동아시아자유무역협정)를 추진했다. 중국은 21세기 들어 ASEAN과 FTA 교섭을 시작하고 2002년 ACFTA(ASEAN·중국 자유무역협정) 틀의 합의를 계기로 일본·한국을 포함한 역내 국가와 FTA 교섭을 실시했고, ACFTA를 모델로 한 EAFTA 실현을 위해 APT 내 예비조사 제안 등의 노력을 했다. 한편 일본은 ACFTA가 동아시아에 사업망이 있는 일본 다국적 기업에 부정적인 영향을 줄 것에 대해 걱정했다. ASEAN 국가들과 무역을 할 때 일본 기업보다 중국 기업에 유리한 조건을 부여하는 내용이 담겨 있기 때문이다.[31]

중국은 CEPEA 제안을 중국 EAFTA정책에 대한 일본의 대항책으로 본다. 중국 국제문제연구소는 일본의 의도가 동아시아 경제협력 과정을 장악

---

31) 일본 경제산업성의 글로벌 경제전략 발표에 의하면 CEPEA와 EAFTA의 차이점은 ① 무역 자유화를 주된 대상으로 하는 FTA와 달리 CEPEA는 무역 이외에 투자 규칙, 인재이전, 지적재산 보호 등을 대상으로 한다. ② CEPEA의 참가국은 EAFTA보다 포괄적이고, CEPEA는 동아시아 전체의 효율적이고 성숙한 경제 통합을 확보하려는 것이라고 들고 있다.

하려는 것이라고 주장한다. 투자, 서비스, 무역, 자본시장의 자유화를 포함하는 CEPEA 제안은 일본이 이 분야에서 우위에 있기 때문이며 이를 앞세워 동아시아에서 유리한 위치를 점하고, 협력에 관한 규칙 형성에 주도권을 발휘하려는 의도가 있다고 한다. 또한 중국은 일본이 동아시아협력의 주도권을 강화해서 일본의 동맹국인 미국이 이 지역에서 존재감과 영향력을 강화하는 것을 우려한다. 1990년대 후반부터 미일은 동맹관계를 강화하고, 미일안보협의위원회(SCC)에서 미국·일본·호주 3국 간 협력을 강화하며, 인도와의 파트너십을 강화한다고 선언했다. 중국은 이러한 움직임이 중국을 봉쇄하려는 것이라고 우려한다(飯田将史, 2009).

1) 중국과 일본의 전략적 호혜관계

중국과 일본의 전략적 호혜관계에 관한 일본 측 입장을 살펴보면 다음과 같다. 고이즈미 수상의 야스쿠니신사 참배문제와 중국에서의 반일시위 등으로 정체되었던 중일관계가 2006년 10월 아베 수상의 방중 시 전략적 호혜관계 제안을 계기로 회복 조짐을 보이고, 2007년 4월 원자바오 총리의 방일로 중일관계 개선의 흐름은 안착되었다. 아베 수상은 정치와 경제라는 양 바퀴를 가동시켜 중일관계를 고차원으로 높이고, 글로벌한 문제 해결에 대처하는 전략적 호혜관계를 구축하는 데 일치했다고 선언했다. 아베 수상은 내외신 기자회견에서 공동프레스발표에 나오는 공통의 전략적 이익에 입각한 호혜관계라는 표현이 전략적 호혜관계라는 의미임을 명확히 했다. 그러나 중국 측은 공식적 설명은 하지 않았다. 전략적 호혜관계라는 표현은 원자바오 총리의 방일 시 발표된 공동프레스발표에서 공통의 전략적 이익에 입각한 호혜관계의 간략한 표현으로 공식적으로 제시되었다.[32]

공통의 전략적 이익에 입각한 호혜관계의 내용은 원자바오 총리의 방일

시 공동프레스발표에서 기본정신, 기본내용, 구축을 위한 구체적인 협력 등 상당히 체계적으로 나타났다. 전략적 공통이익에는 상호적인 것과 동일적인 것이 있다. 상호적인 전략적 공통이익은 서로 상대국의 입장과 정책을 전략적 이익으로 하는 것으로 구체적인 내용은 평화적 발전에 대한 상대국의 지지, 자국에 대한 상대국의 신뢰, 자국민에 대한 상대국의 이해와 우호감정을 들었다. 동일적 전략적 공통이익으로는 공동발전, 동북아시아의 평화와 안정, 한반도문제의 평화적 해결(특히 비핵화), 안보리 개혁을 포함한 유엔 개혁, ASEAN의 중요한 역할, 개방성·투명성·포함성을 원칙으로 하는 동아시아 지역협력 촉진 등을 들었다. 전략적 공통이익을 실현하기 위한 구체적 협력의 조치로서 2007년 4월 공동프레스발표에서 대화와 교류 강화, 상호 이해 증진을 위한 6항목, 호혜협력 강화를 위한 9항목, 지역·국제협력의 4항목을 열거했다.[33]

중일관계에서 각국의 전략적 이익에는 양국이 공유하지 못하는 것이 있다. 먼저 중국의 전략적 이익이지만 공통의 이익으로 언급되지 않는 것은 중국과 대만의 통일이다. 원자바오 총리는 방일 시 국회연설에서 대만의 독립을 절대적으로 거부한다는 것을 강조하고 일본 측에 대만문제의 민감

---

32) 전략적 호혜관계는 전략적 파트너십과는 다르다. 전략적 파트너십의 경우 파트너십을 체결하는 것에 전략적 의의가 있다는 판단이 내포되어 있다. 전략적 호혜관계가 호혜관계를 맺는 것에 전략적 의의가 있다고 보이지만 규정은 그렇지 않다. 중일관계를 전략적 호혜관계의 관점에서 보면, 양국 공통의 전략적 이익이 어떻게 규정되어 있는가를 확인하고 양국의 전략적 이익이 일치하지 않을 경우에 대한 대응을 검토하는 것이 필요하다.

33) 양국 간 대화와 협력은 다양한 기능적 측면에서 진전되었고, 획기적인 발전을 보인 것이 방위분야의 교류였다. 2007년 8월에는 차오강촨 중앙군사위원회 부주석·국방부장이 9년 만에 일본에 방문했다. 11월에는 인민해방군 해군의 미사일구축함 선전호가 일본에 입항하여 우호 방문이 실시되었다. 당초 예정되었던 중국 측의 이지스함 기리시마 시찰이 방위기밀누설을 염려한 주일미군의 반대로 중지되었다. 고위급 경제대화는 2007년 12월 제1회 회동이 실시되었고, 거시경제 및 기후변동·환경문제·에너지 등 광범위한 대화가 이루어졌다(高木誠一郎, 2008 참조).

성을 인식시키고 약속을 엄중히 지키며 신중히 처신할 것을 요구했다. 중국이 무력을 사용해서 대만을 통일하려고 하면 일본의 전략적 이익에 결코 바람직한 상태가 되지 않고, 일본에서 중국위협론이 고조되고 중국에 대한 대응으로 대만의 전략적 가치를 높이 평가하는 논의가 힘을 얻을 가능성이 있다.

미일안보체제의 유지·강화는 일본의 전략적 이익이 되고, 냉전 후 중국의 이익과 반드시 대립하는 것은 아니다. 미일안보체제는 일본의 지역적 패권 억지, 일본의 군사력 증강 억제와 국내외 전개 능력 제약, 중국의 경제·정치·군사적 강화를 염려하는 아시아 국가들에 대한 보장, 아시아태평양 지역의 안정에 기여하는 등의 작용을 한다. 따라서 미일의 갈등이나 미일안보체제의 파탄은 미국의 대일 영향력 저하, 일본의 군사적 증강(특히 핵무장)을 야기하기 쉽고 결코 환영할 만한 상황이 아니라는 것이다. 그래도 미일안보체제의 긴밀화·강화가 중국에게 바람직한 것은 아니다. 미일관계에서 중국의 지위(대일 및 대미 영향력)가 저하되고 미일 양국이 공동으로 중국에 군사력의 투명성, 인권문제, 무역문제, 남중국해의 영유권분쟁 등으로 압력을 가할 가능성이 높아지기 때문이다. 최악의 시나리오는 대중국 공동 봉쇄로 중국의 우려는 대만문제에 대한 미일의 군사협력이다(高木誠一郎, 2008).

2) 중일관계의 공존적 발전

중일관계의 새로운 장을 열고 역사를 넘은 공존적 발전을 위해 2008년 일본의 세계평화연구소가 제언한 내용을 살펴보면 다음과 같다.

① 중국은 부상하는 광대한 대륙형 대국(大國)이고, 일본은 과학기술에 의존하는 해양형 대국으로 양국은 대국적·우호적 대국관계를 형성해야 한

다. 2006년 합의된 전략적 호혜관계를 양국의 정치적 리더십 및 새로운 시대에 걸맞은 구상력을 통해 발전해나갈 필요가 있다. 이를 위해 중일 양국은 서로 솔직하게 말할 수 있는 관계를 구축해야 한다. ② 양국은 국민감정을 충분히 배려하고 유럽에서 독일과 프랑스가 화해한 예를 참고하여 과거의 역사를 극복하기에 충분한 여러 시책을 진전시켜야 한다. 일본은 역사반성에 관한 성명과 시책을 반복해서 행해왔지만 앞으로도 계속해서 깊은 반성의 마음을 가슴속에 새겨 비참한 전쟁의 교훈을 약화시켜서는 안 된다. 중국도 새로운 정세에 입각해서 과거 반일적 경향을 조장하는 사항에 대해 적절한 조치를 취할 것을 요청한다. ③ 중국은 내정상 환경, 수자원, 에너지 등의 문제가 있다. 일본은 중국의 의욕적인 대처를 종용하고, 중국의 요청이 있을 경우 기술·노하우 등의 공여를 중심으로 그 해결에 협력해야 한다. 자원에너지 절약은 중국의 국가적 과제이고 이 분야에서 일본의 경험과 관련 기술이 중국에서 활용될 수 있다. ④ 중일 양국은 긴밀한 협력하에 다면적이고 중층적인 지역기구 창설 및 발전을 위해 공동의 리더십을 발휘해야 한다. 동아시아에서 미국의 존재를 고려해 미중일 3국의 전략대화를 정기적으로 개최할 것을 검토해야 한다. 또한 동북아시아 3개국의 협력기구 특히 3국정상회담을 확립하고, 동북아시아의 평화와 안정을 추구하고 ASEAN 국가들과 협력해서 장래 동아시아공동체 결성을 위해 노력해야 한다. 북한문제에 대해서는 북한이 6자회담의 결정에 따라 핵무기의 전면적 폐기, 납치문제의 조기 해결에 나서도록 중일이 긴밀히 협력해야 한다. 양국은 6자회담을 동북아시아 안보협력의 틀로 발전시켜 미일동맹을 보완하는 지역의 안전판이 되도록 협력해야 한다. ⑤ 중일 양국의 평화공존을 위해 국민의 상호 이해 및 신뢰는 불가결하다. 양 국민 사이에는 주로 역사에 기인한 불신감이 존재하고 있는데, 양국 지도자는 장기적 관점에서 상호 이해를 위한 근본적인 개혁에 착수해야 한다. 양국민의 상호 교류를 활발히 해야 한다. 양국 간 정보의 자유로운 왕래를 촉진하는 조치도 중요하다. 동북아시아에서 한국을 포함한 상호 교류와 상호 신뢰의 양성은 추진되어야 한다. ⑥ 중일경제는 상호 의존성이 강하고 경제관계 강화는 전략적 호혜관계의 중요한 요소이다. 일본은 ODA와 민간투자를 이용하여 중국의 개혁개방을 지지했던 것과 같이 기술과 노하우 제공 및 민간 투자를 이용해 중국의 발전에 협력해야 한다. 일본을 비롯한 외국기업이 중국에서 사업을 전개하려면 지적재산권 보호와 제도·집행의 정비가 필요한데 이에 대해 중국의 노력이 필요하다. ⑦ 중일은 상호 의존이 강한 이웃 나라이기 때문에 분쟁 요인도 끊임없이 존재하고, 분쟁이 과격화·첨예화되지 않도록 쌍방이 자제하면서 국제법에 입각해 평화적으로 해결해야 한다. 고위급 전략대화를 적시에 행하고 정상레벨에서 끝을 맺도록 하는 관행을 확립해야 한다. 동중국해 양국의 중간선 부근 에너지 개발문제에 대해서는 원칙적으로 중간선의 양측에서 공동개발하는 것에 합의되도록 협의해야 한다. ⑧ 안보분야에서 중국의 국방 예산 증대, 군사기술개발, 외양(外洋)형 해군 건설 등이 지적된다. 국방 예산의 실태에 대해서 투명성을 향상하라는 국제적 요구가 있다. 일본은 해외에서의 무기 사용과 방위 예산을 억제하는 입장을 유지했다. 안보문제에 대해서는 외교정책과 함께 양국 간 협의하고 상호 안전이 보장되도록 노력해야 한다. 양국의 군대 관계자나 군대의 상호교류를 적극적으로 실시하고 예상치 못한 사태에 대비한 군사 충돌 방지 메커니즘을 마련해야 한다(世界平和研究所, 2008).

제17장
주일미군의 재편과 미일동맹의 심화

1. 서론

2006년 5월 최종 합의에 의해 진행되고 있는 주일미군의 재편은 미일동맹과 일본 안보정책의 커다란 변화를 예시한다. 주일미군의 재편은 미국 군사전력 변화에 따른 군 변환과 미군의 재편에 의거하여 행해지고 있다. 미국은 국방정책의 기본을 변환에 두고 미군을 냉전형 조직에서 21세기형 조직으로 변형시키고 있다. 미군의 GPR(글로벌국방태세검토)과 IGPBS(통합 글로벌국방태세주둔전략)에 의해서 해외 및 국내 미군의 배치 태세 재검토를 진행하고 있다.

미군 재편의 배경에는 국방정책의 기본적인 사고방식을 위협 본위에서 능력 본위로 전환하는 변화가 있다. 봉쇄를 위한 억지를 중시했던 배치 태세에서 언제 어디서 일어날지 모르는 유사시에 대비하기 위한 기동전개를 중시하는 배치 태세로의 이행을 진행하고 있다. 아시아태평양 지역도 역내에 불안정 요인을 포함하고 있어 미군은 병력 삭감과 억지 긴급 대처 능력의 유지라는 양면적 요구를 충족시키려 한다. 동북아시아에 주둔하는 미군은 한반도와 일본뿐만 아니라 아시아태평양 전체에서 중요한 역할을 담당하기 때문에 주일미군의 재편은 일본의 안전보장과 미일동맹 및 동아시아 안보환경에 큰 영향을 미친다.

2005년 2월 미일안보협의위원회에서 미일정부는 공동전략목표에 합의했다. 2005년 10월에는 주일미군의 재편에 관한 공동문서「미일동맹: 미래를 위한 변혁과 재편(U.S.-Japan Alliance: Transformation and Realingnment for the future)」(중간보고)을 발표했다. 2006년 5월 미국 워싱턴에서 미일안보협의위원회(외교·국방 2+2회담, Security Consultative Committee)를 개최해 주일미군의 재편에 관한 최종보고서를 결정했다. 이에 따라 주일미군의 재배치와 미일동맹의 변화가 이루어진다.

이 장에서는 주일미군 재편의 내용과 과정을 검토하고, 미일동맹과 동북아시아 국제정세의 변화에 대해 분석하고, 한국에 주는 함의 등을 고찰해 보고자 한다.

2. 주일미군 재편의 개요

2006년 5월 주일미군의 재편에 관해 발표된 최종보고서의 주요 내용은 다음과 같다. 우선 2008년까지 미국 육군 제1군단 사령부가 일본 캠프 자마(座間)로 이전하게 된다. 캠프 자마는 육·해·공 통합작전을 지휘하는 통합사령부가 된다. 이에 따라서 미국 육군과 일본 육상 자위대는 지휘일원화가 이루어지고 공동훈련을 실시한다. 육상 자위대는 PKO와 유사 대응 임무를 담당하기 위한 중앙즉응집단사령부를 2012년까지 자마 기지에 설치한다. 미국 제5공군사령부가 있는 요코다(橫田) 기지에 일본 항공 자위대

항공총대(總隊)사령부가 들어가 MD를 위한 공동통합운용조정소를 창설한다. 아오모리의 일본 항공 자위대 기지에는 MD를 위한 이동식조기경계(X밴드) 레이더가 배치되어 미일 간 정보공유를 진전시킨다. 군사일체화가 진척되는 것이다. 2014년까지 오키나와 후텐마 비행장을 이설하고, 오키나와 주둔 미국 해병대 8000명을 괌 기지로 이전하기로 했다. 2008년 9월까지 미군 요코다 기지의 일부 영공 관제권을 일본에게 반환한다.

후텐마 비행장의 대체시설을 설치하고, 캠프 슈와브의 시설과 인접 수역의 재편성이 행해진다. 오키나와의 제3해병 기동전개부대 요원 약 8000명과 가족 약 9000명을 부대의 일체성을 유지하는 형태로 2014년까지 괌으로 이전한다. 제3해병 기동전개부대의 지휘부대, 제3해병 사단사령부, 제3해병 후방군(群)사령부(전무지원군의 개칭), 제1해병 항공단사령부와 제12해병 연대 사령부가 이전한다. 오키나와에 남는 미국 해병대 병력은 사령부, 육상, 항공, 전투 지원과 기지 지원 능력이 있는 해병공지(空地)임무부대로 구성된다. 괌 이전과 시설 인프라 정비 비용 산정액 102.7억 달러 중 일본은 28억 달러의 직접 재정 지원을 포함한 60.9억 달러를 제공하기로 했다. 미국은 나머지를 부담해서 재정지출 31.8억 달러와 도로를 위한 약 10억 달러(2008년 미국 회계연도 가격)를 제공한다.

캠프 자마의 미국 육군사령부가 2008년까지 개편된다. 또한 일본 육상 자위대 중앙즉응집단사령부가 2012년까지 캠프 자마에 이전한다. 이에 따라, 전투지휘훈련센터와 지원시설이 미국의 자금으로 상모(相模)종합보급창 내에 건설된다. 항공 자위대 항공총대사령부는 2010년에 요코다 비행장에 이전한다. 요코다 비행장의 공동 통합 운용 조정소는 방공(防空) 및 MD에 관한 조정기능을 포함한다. 일본과 미국정부는 필요한 장비와 시스템의 자금부담을 지고 공용의 장비시스템을 위해 적절한 자금분담을 조정한다. 제5공모(空母)항공단의 아츠기 비행장에서 이와쿠니 비행장으로의 이전은

F/A-18, EA-6B, E-2C, C-2 항공기로 구성되어, 필요시설이 완성되고 훈련 공역(空域)과 이와쿠니 레이더진입관제공역의 조정이 이루어진 후 2014년 까지 완료된다.

　MD 능력을 향상시키기 위한 긴밀한 연대가 계속된다. 미군의 새로운 X 밴드레이더 시스템의 최적 전개지로 항공 자위대 샤리키분토(車力分屯) 기 지가 선정되었다. 레이더가 운용 가능한 2006년 여름까지 필요 조치와 미 국 측 자금 부담에 의한 시설 개수가 행해진다. 미국정부는 X밴드레이더의 데이터를 일본정부와 공유한다. 미군의 패트리엇(PAC3) 미사일 능력을 기 존의 미군시설 구역에서 일본이 가능한 빠른 시일 내에 운용 가능하도록 한다. 미일 양측은 2007년까지의 공동훈련에 관한 연간계획을 작성한다. 일본은 필요에 따라 자위대 시설의 훈련 이전을 위한 인프라를 개선한다. 일본과 미국정부는 즉응성의 유지가 우선되는 점에 유의해서 공동훈련의 비용을 적절히 분담하도록 했다.

　주일미군 재편에 관한 특별조치법안의 골자는 다음과 같다. 특별조치법 은 10년간의 시한 입법이다. 수상을 의장으로 하는 관련 각료회의를 내각 부에 설치한다. 부담이 증가하는 자치체를 대상으로 사업 진행에 따라 단 계적으로 지불하는 재편 대책 교부금을 창설한다. 특히 부담이 큰 시정촌 (市町村)을 포함한 재편 관련 특별 지역에는 공공 공사에 대한 국가 보조율 을 높인다. 반환 기지 종업원의 고용 확보를 배려한다. 괌으로 이전하는 비 용의 융자를 위해 국제협력 은행업무의 특례를 규정한다(《요미우리신문》, 2006.5.15).

　주일미군의 재편에 관한 일본 각의의 결정안 요지는 '주일미군의 병력구 성 재인식 등에 관한 정부의 대처에 대해서'라는 제목으로 다음과 같다. 미 일안보협의위원회 최종보고를 승인한다. 억지력 유지와 지방 부담 경감이 중요하다. 재편은 최종보고의 실시 시기를 근거로 착실히 실시한다. 새로운 부담을 지는 지방자치체의 요청사안을 배려하여 지역 진흥 등의 조치를 실시한다. 미국 해병대의 괌 이전은 소요경비를 분담하고 조기 실현한다. 법제와 경비를 포함한 최종보고를 정확하고 신속하게 실시하기 위해 조치를 강구한다. 엄격한 재정 사정하에 방위 관계비도 과감하게 합리화·효율화하고, 중기방위는 주일미군 재편의 구체적 내용을 근거로 해서 경비 전체의 견적을 명확하게 하는 것이 필요하다. 후텐마 비행장의 이설은 미일안보협의위원회에서 승인된 안을 기본으로 해서 정부와 오키나와현을 비롯한 관련 자치체의 입장과 협의의 경위를 근거로 위험성을 제거하고, 주변 주민의 생활 안전, 자연환경의 보전, 사업의 실행 가능성에 유의해서 진행한다. 신속히 건설계획을 책정하고, 대책시설 건설계획과 안전·환경대책, 지역 진흥은 오키나와현을 비롯한 관련 자치체와 협의기관을 설치해서 대응한다. '후텐마 비행장의 이설에 관련한 정부방침'(1999년 각의 결정)은 폐지한다(≪요미우리신문≫, 2006.5.27).

3. 주일미군 재편의 배경

주일미군 재편 배경의 주된 요인은 미군의 전략 변환과 재배치이다.[1] 이번 절에서는 주일미군 재편의 배경을 살펴보고자 한다.

---

1) 미국의 세계 전략과 미군 재배치 계획에 대해서는 이근(2005) 참조, 미군의 변환과 재편성에 대한 포괄적 분석은 江畑謙介(2005) 참조.

1) 미군의 전략 전환과 재배치[2]

부시 정부는 발족 이래 국방 정책의 근본적인 재검토를 진행했다.[3] 그 특징은 위협 본위라는 전략 개념을 능력 본위로 전환하고 있는 것이다. 위협 본위의 접근은 어떤 종류의 시나리오를 제시하는 것으로 사전에 위협을 특정하고 이에 대처하기 위한 능력을 정비해 사전에 병력을 요소에 배치해 분쟁에 대비하는 것이다. 미국의 국방정책 입안 과정 중 QDR(4개년국방태세검토)은 국가 안보전략에 기초한 국방전략을 명확하게 하여 뒷받침되는 병력구성, 병력 근대화 계획, 예산 계획 등에 대한 기본전략을 밝히는 것이다. 9·11 테러사건 직후 2001년 9월에 발표된 QDR에는 냉전 이후의 세계 현실을 근거로 위협 본위 접근을 대신해 능력 본위 접근을 기본전략으로 하는 것을 명시하고 있다.[4]

위협 본위 접근에서 위협은 이라크와 북한 같은 특정한 국가를 상정하고 있지만, 능력 본위 접근에서는 특정한 국가나 비국가주체를 상정하지 않는다. 도전자가 행사하는 능력에 대해서 준비하는 것이다. 이 방침 전환은 미군의 해외 배치 태세에 큰 영향을 미친다. 위협 본위 접근에서는 분쟁이 일어나는 장소가 특정되어 있어서 대상 위협을 봉쇄하기 위한 부대가 상정되어 전장 가까운 곳에 배치되었다. 그러나 능력 본위 접근은 분쟁이 어디서나 일어날 수 있다는 전제에 기초해서, 미군 병력은 상정된 전장에서 가까운 곳이 아닌 미국 본토와 해외의 전략적 요소에 중점 배치되어 유사시에 긴급 전개되는 것이다.[5]

---

2) 해당 항은 防衛研究所(2006: 13~16) 참조.

3) 9·11 테러 이후의 미군 전방 전개 변화요인에 대해서는 川上高司(2004: 103~134) 참조.

4) 능력 본위 접근이라는 것은 개별 구체적인 위협을 특정하는 것이 아니라, 미국에 대한 도전자의 전쟁 방식을 상정하여 적의 능력에 대해 필요한 능력을 준비하는 방식이다.

배치 태세 재검토에서 중요한 것은 과학기술화, 정보화 및 네트워크화를 통한 전투력의 향상을 목표로 한 군사 혁신이다. 병력 재배치의 지침은 선진적인 능력을 활용하는 것으로 소규모 군대로도 동등한 내지는 이상의 전투력을 발휘할 수 있도록 하는 것이다. 이를 위해서는 가볍고 강한 군대가 요청되고 전력의 고도기술화, 정보화, 네트워크화 등이 요구된다.[6)]

전 세계에 전개하고 있는 미군 배치 태세의 재검토는 IGPBS라고 하는데, 이는 QDR2001을 기초로 시작한 작업으로 다음의 목적을 지니고 있다. 첫째는 능력 본위 접근의 실행과 더불어 배치 태세를 개선하는 데 있다. 전선 기지에는 대병력을 배치하여 가상 적국을 억지하는 냉전형의 봉쇄 태세로부터 예기된 장소에서 발생한 분쟁에 신속히 대처하는 기동전개 태세로의 이행을 목적으로 기지 네트워크를 최적화하는 것이다. 둘째는 미군과 가족이 미국 본토에 주둔하게 되는 시간을 길게 하는 데 있다. 냉전 종결 이래 PKO 등이 증가하여 미군이 해외에서 작전에 종사하는 기간이 길어지고 있다. 이에 사기와 훈련 정도가 저하하여 인원 확보에 곤란하게 되는 염려에서 해외 근무 시간을 단축하는 해외 전개 병력의 삭감을 추진하고 있다.[7)]

---

5) 국제환경에 따라 필요성이 적은 기지가 정리·통합되고 긴급 전개하는 데 부합한 위치에 있는 기지가 중시된다. 구체적으로는 가장 중요한 전략거점에 있는 MOB(주요작전기지), 평시에는 최소한의 부대와 사전 집적 물자 등을 준비하고 유사시에 전개하는 FOS(전방작전거점), 동맹국이 관리하는 시설에서 평시에는 미군이 완전히 주둔하지 않는 CSL(협력안보지점)의 세 가지로 분류된다.

6) 미국 국방성 변환국이 2003년 3월에 공표한 지침에 의하면, 변환은 전력 강화, 국방성 내의 업무 개혁, 타 정부기관과의 협력을 기초로 한다. 전력 강화는 정보화, 고도기술화, 스텔스화 등에 의해 미군의 전투능력을 강화하는 것이다. 비용의 낭비를 없애고 신속한 의사 결정과 행동이 가능하도록 하는 것이다. 연구개발 과정의 간략화, 효율화, 민간 운영 모델의 도입 등을 추진하고 있다. 타 정부기관과의 협력은 경찰과 정보기관, 국토안전보장성에 있는 대테러작전에 관계되는 타 부처와의 정보협력을 강화하는 것으로 테러조직의 활동을 봉쇄하려는 것이다.

7) 이라크전쟁이 일단 종결되었으나 이라크에는 아직 국내 치안이 불안한 상태로 남아 있고, 미군은 10만 명을 초과하는 병력을 이라크에 주둔하게 하는 제의를 하고 있다. 유럽 및 아

2) 아시아태평양 주둔 미군의 변화[8]

미국의 국방 태세 개혁이 진행되는 가운데 아시아태평양 지역에서 미군의 역할과 태세도 변화하고 있다. 미군이 주둔하고 있는 주요 지역은 유럽, 중동, 아시아태평양 지역이다. 각 지역은 다른 전략적 특징을 가지고 있기 때문에 다양한 주둔 병력과 기능, 역할을 가지고 있다. 아시아태평양에 주둔하는 미군은 유럽 주둔 병력과 같이 완전한 긴급 전개에 있는 역외 대처용 전력 편성으로 이행하는 것이 아니라 어느 정도 전통적인 위협 본위 접근에 기초한 전방 전개 전력을 유지할 필요가 있다. 왜냐하면 한반도와 대만해협과 같은 역내 불안정 요인에 대한 억지력을 유지해야 하고, 부상하는 중국이 미국의 패권을 침식할 것을 억지해야 하기 때문이다.[9]

아시아태평양 주둔 미군에 요청되는 것은 병력 삭감과 억지력, 긴급사태 대처 유지에 있다고 한다. 이를 위해서는 여섯 가지 변화가 아시아태평양 주둔 미군에 발생한다.

첫째는 전선에 배치되어 있는 육상 병력의 삭감이다. 아시아태평양 주둔 미군에서 통합되었던 육상 병력은 주한미군과 오키나와 주둔 해병대이고, 병력이 삭감된다면 대상은 이 2개 부대가 된다.[10] 주요 대상이 주한육군으

시아에 주둔 태세를 유지하면서 이 정도의 병력을 중동에 전개하는 것은 미군에 커다란 부담이다. 이를 위해서도 이라크 이외 지역에 전개하는 병력의 삭감이 필요하다.

8) 해당 항은 防衛研究所(2006: 19~27) 참조.

9) 아시아태평양 지역은 국제 테러 조직의 활동과 민족문제, 종교문제에 기인하는 분리주의 운동이 발생하고, 21세기형 위협이라고 하는 불안정요소도 포함하고 있다. 이러한 불안정 요소는 언제 어디서 발생할지 모르기 때문에 아시아태평양 지역의 미군은 긴급전개능력에 대해 기동적으로 대처할 필요성이 있다. 아시아태평양 지역의 미국 동맹국 대부분은 긴급 전개 능력 등이 없어 긴급사태에는 미군이 주체가 되어 대처할 수밖에 없다.

10) 주한미군과 오키나와 주둔 해병대는 기능이 다르다. 주한미군은 북한으로부터 한국을 방위하는 것을 임무로 하고 있고, 오키나와 주둔 미국 해병대는 아시아태평양 전체의 안전

로 병력 감축 계획이 진행되고 있다.[11] 2008년까지 1만 2500명이 감축되고 2만 5000여 명이 유지된다. 한편 미국 해병대는 배치 태세를 수정하지만 서태평양 전역에서 태세가 축소되지는 않는다고 한다.

둘째는 항공 전력과 순항미사일에 있는 정밀공격을 중시하는 데 있다. 정밀공격 능력을 강화하면 병력 삭감에 의한 전투 능력 저하를 보충할 수 있다.[12] 그러나 이는 역내에 배치된 공군 병력이 증대하는 것을 의미하지는 않는다. 평시에 배치되어 있는 것은 초기 대처를 담당하는 부대이고, 본격적인 전투는 미국 본토 등에서 전력을 파견해서 대응하는 것이 된다. 따라서 역내 공군 기지의 중요성이 높아진다. 미국의 항공 전력은 공군만이 아니라 항공모함도 일익을 담당하고 있다. 태평양에 배치된 항공모함 증가가 결정되었고 서태평양에 타격부대를 배치한다고 한다.

셋째는 전선의 병력 삭감을 보완하고 새로운 분쟁에 신속하게 대처하기 위해 긴급 전개 능력을 높이는 데 있다. 이를 위해 미국은 전투 부대의 경량화와 수송 능력의 자체 강화를 추진하고 있다. 리언 러포트(Leon LaPorte) 사령관도 C-17 수송기와 고속수송선에 의한 긴급 전개 능력의 충실이 필요하다고 했다. 요코다와 괌을 중심으로 하는 전략수송네트워크의 효율화도 계획하고 있다.

넷째는 통합지휘 능력의 강화이다. 이는 육해공 해병대의 부대가 개별적으로 전쟁을 수행하지 않고, 통합적으로 제휴를 강화해서 각 부대의 수행

보장상의 과제에 대응하는 것을 임무로 하고 있다. 해병대는 테러와의 전쟁을 포함한 다양한 위협에 대응할 수 있지만 주한미군은 이러한 위협에 기동적으로 대응하기 어려운 상황이다.

11) 한반도와 주일미군, 미군 재편에 관한 논의는 川上高司(2004: 233~242) 참조.

12) 주한미군의 삭감에 대해 리포트 주한미군 사령관은 상원군사위원회에서 주둔군의 전력은 병력보다 능력으로 판단한다고 하고, 병력을 삭감해도 AH-64D 아파치 롱보우와 F-18E/F 슈퍼호넷 등에 의해서 필요한 능력은 확보된다고 했다.

능력을 상호적으로 증폭하는 것이다. 병력을 삭감하면서 억지력과 긴급사태 대처 능력을 유지하기 위해서는 통합을 강화할 필요가 있다. 항공 전력과 순항 미사일에서의 정밀공격을 중시하는 데에도 효과를 최대한 발휘하기 위해서는 지상부대와 항공 전력의 밀접한 제휴가 필수적이다.

다섯 째는 미사일 위협에 대응하는 것이다. QDR2001에도 나와 있듯이 미사일 확산에서 미국의 전방 전력 기지가 약화되는 것은 미국의 안보전문가가 공유하고 있는 염려이다. 미사일 확산이 된 상태에서 혹시 미국이 미사일 사정거리 내에 대병력을 배치하고 있는 경우, 선제공격에 의해 미군 병력이 무력화될 위험이 있다. 따라서 위기관리의 관점에서 전선에서 얼마간 떨어져 있는 장소에 집결 거점을 만든다든지, 해상에 작전 거점을 설치한다든지(sea-basing), 혹은 MD 시스템을 배치해서 미사일의 위협을 무력화시키는 것이 요구된다.

여섯째는 동맹국과의 협력 강화이다. 유럽과 달리 아시아태평양 지역에서 미국의 동맹국은 한정적인 역외 파견 능력밖에 가지고 있지 않기 때문에 긴급 전개 임무는 미군이 거의 전부를 부담하지 않으면 안 된다. 그러나 미군의 자원도 한정되어 있기 때문에 전체 사태에 대해서 혼자의 힘으로 대응하기에는 한계가 있다. 또한 해외전개 병력을 삭감하는 경향이 있어 동맹국의 자원을 활용한다는 움직임은 필연적으로 나타나게 된다. 능력 본위 접근법에서는 개별 병기 부대 기지가 아니라, 총화가 되는 능력이 중시된다. 따라서 동맹국과의 협력 또한 능력의 구성요소라고 할 수 있다. 2005년 3월 기자회견에서 더글러스 페이스(Douglas Feith) 정책 담당 국방차관은 테러와의 전쟁에서 동맹국과의 인식 통일이 중요하고, 새로운 QDR 작성에 동맹국과도 협의하는 것을 검토하고 있다고 했다. 이렇게 전략 입안과 작전 행동의 분야에서 미국과 동맹국과의 협력이 강화되고 긴밀화되는 경향이다.

〈표 17-1〉 미군 전개거점에서 일본·한국·괌의 특징

구분	일본	한국	괌
방위상의 필요성	○	○	-
지역안정상의 필요성	◎	△	◎
배치병력의 안전성	○	△	◎
인프라 정비의 정도	◎	○	△
주둔 지역의 재정적 지원	◎	○	△

주: ◎ → 상, ○ → 중, △ → 하.
자료: 防衛硏究所(2006: 25).

동북아시아에서 미군의 전개 거점을 비교한 〈표 17-1〉에서 보면, 언제 어디에서 일어날지 모르는 유사시에 대처하는 긴급 전개 능력에 기동적으로 대처하는 것을 목표로 할 때, 지역 안정의 관점에서 주둔 필요성이 높은 일본과 괌이 중시되는 거점이라고 한다. 일본은 많은 조건을 가지고 있지만, MD 시스템이 충분한 기능을 하기까지 안전성에 불안이 있다. 괌은 면적이 오키나와 섬의 반 정도밖에 되지 않고 인프라의 정비가 부족하다. 지리적 조건으로 본다면 동북아시아로의 접근은 일본이 유리하고 동남아시아와 인도양으로의 접근은 괌이 적당하다. 하와이를 중추적인 거점으로 하면서 일본과 괌이 상호 보완적인 전략 거점의 역할을 담당하고, 하와이를 중심으로 하는 삼각허브시스템을 구상하고 있다.

병력 삭감과 관련하여 주한미군의 육상 병력은 삭감하기로 되었다. 주일미군의 재편에 관해 공동문서에 제안된 미국 해병대의 재편은 사령부와 일부 지원부대를 오키나와에서 괌으로 이전하는 것으로 서태평양 지역의 병력은 유지하는 것이다. 주한미군 병력 삭감을 보완하기 위해서는 주변 항공기지의 역할을 늘리고 중시해야 한다. 해병대의 고속 수송선과 대형 사전 집적선의 도입, 육군 일부 부대의 타격부대화 등 미군 전체에 긴급 전개 능력의 강화가 진행된다. 요코다와 괌을 허브로 하는 전략수송네트워크의

<표 17-2> 아시아태평양 지역 미군 주둔의 전망

구분	일본	괌	한국	하와이 등
전선배치 병력 삭감	제3해병 기동전개부대 사령부의 괌 이전을 포함한 해병대 7000명 오키나와 밖으로 이전13)		주둔 병력 1만 2500명 삭감	
정밀타격중시		타격자산 서태평양 배치(폭격기 및 잠수함)	AH-64D 등 화력 강화	태평양 항모 1척 추가 배치, 전투항공 사령부 상설
긴급전개 · 전략수송	·미군에 의한 뉴타바루/쓰이키 기지의 긴급 시 사용 강화와 민간시설의 긴급 시 사용 개선 · 보급과 수송에 미일상호 협력	앤더슨 비행장 기능 강화	타격(striker) 여단 배치	타격여단을 고속 수송선 및 C-17과 함께 하와이, 알래스카에 배치
통합지휘 · 작전능력	주일 육군 사령부의 전개 가능에서 통합임무가 가능한 작전사령부로의 근대화	제3해병 기동전개부대 사령부 이전		지원 조직인 상설 통합 사령부 설치
탄도미사일 위협 등에 대응	·X-band 레이더 전개 ·미군에 의한 탄도 미사일 방위시스템 전개		배치 중심의 남방 이전	탄도미사일 방위의 개발·배치
동맹 강화	·역할, 임무, 능력 분담의 검토 · 공통 통합 운용조정소 설치 · 항공총대 사령부와 제5공군 사령부 병설		전략적 유연성	

주: 이 밖에 지역 부담을 경감하기 위해 제시된 조치인 후텐마 비행장 이설을 가속하기 위한 대체시설 건설계획의 재검토, 항모 함재기의 아즈기 비행장에서 이와쿠니 비행장으로의 이주, 훈련의 분산화, 주 오키나와 군대의 시설·구역의 통합 등이 있다.
자료: 「미일동맹: 미래를 위한 변혁과 재편」(2005년 10월); 防衛研究所(2006: 33).

형성을 고려 중이다.

통합지휘 능력의 강화는 일본과 괌을 무대로 추진한다. 일본에는 해군, 해병대, 공군의 주요 부대가 주둔하고 있고 인프라 정비 정도가 높다. 주일미군의 재편을 통해 주일미군 육군 사령부의 전개 가능에서 통합임무가 가능한 작전사령부 조직으로의 근대화가 진행되고 있다. 주일미군의 통합지휘 능력이 강화되고 동맹국에 있는 자위대와의 작전상 협력을 추진하고, 미일동맹의 실효성을 강화할 수 있어야 한다. 제3해병 기동전개부대의 사령부가 오키나와에서 괌으로 이전한다. 이는 필요할 때 편성되는 통합임무부대를 지휘할 수 있는 사령부다.

일본은 동아시아에 존재하는 중단거리 미사일의 사정에 미치기 때문에 위험 방지의 조치를 취하지 않으면 안 된다. 따라서 MD 능력을 정비해야 한다. 동맹 강화는 한미동맹과 미일동맹이 대상이 된다. 한국은 중국과의 관계를 배려하고 전략적 유연성의 문제 등으로 한미동맹의 강화에 신중한 자세를 보이고 있다. 미일동맹은 지역의 안정을 위해서 한층 강화가 필요하다고 미일 쌍방이 합의했고 자위대와 주둔 미군과의 협력이 지속되겠다.

이에 따른 주한미군의 재배치 계획에 의하면, 미국은 2008년까지 용산 기지를 오산과 평택으로 이전하고, 경기도 북쪽의 2사단 기지를 의정부와 동두천 기지와 통합해 오산과 평택으로 이전한다고 한다. 결국 미국은 신속 기동군 형태로 미2사단 병력을 활용하기 위해 신속히 이동할 수 있는 비행장이 위치한 오산과 항만이 있는 평택 지역으로 이전한다는 것이다. 국제분쟁의 작전기지로 오산과 평택을 활용한다는 계획이다. 미국은 오산과 평택을 전력투사 거점으로 대구와 부산을 군수지원 거점으로 유지하려고 한다(박원곤, 2004 참조).

---

13) 이전 병력이 7000명에서 8000명으로 변경되어 주일미군의 병력수가 4만 9751명에서 4만 1751명으로 감축된다.

4. 주일미군 재편에 대한 일본의 입장

1) 일본의 기본적 사고

주일미군의 재편을 진행하는 일본의 기본적 사고는 2004년의 신방위계 획대강(신대강)에 나타나 있다고 한다. 신대강의 특징은 안전보장에서 세계화가 진행되고 있는 21세기에 국제 테러 등의 새로운 위협에 대응하기 위해서는 국제적인 협력을 확대·심화해야 한다는 점이다. 따라서 안전보장정책의 기본자세는 일본의 노력, 동맹국과의 협력, 국제사회와의 협력의 세가지 접근을 편성해 일본에 직접적인 위협이 되는 것을 억지하고, 위협이 이르는 경우에는 이를 배제하는 것과 함께 이 피해를 최소화하고, 국제적인 안전보장 환경을 개선해 일본에 위협이 이르지 않게 한다는 것이다.

신대강에는 본격적인 침략사태의 위협이 줄어들고 있는 반면, 미사일 공격과 도서 침략 등 새로운 위협과 다양한 사태에 대응할 필요가 있다는 위협 의식이 나타나 있다. 또한 신대강에는 새로운 안전보장 환경과 전략목표에 관한 미일의 의식공통성을 높이고, 미일의 역할 분담과 주일미군의 병력구성을 포함한 군사 태세 등의 안전보장 전반에 관한 미국과의 전략적인 대화에 주력한다는 주일 미군 재편 협의를 진행하는 순서도 기입되어 있다. 현재 상황에 적합한 형태에서 미일의 전략 의식을 통일하고, 주일미군과 자위대의 역할·임무·능력의 분담을 정하고 이를 근거로 기지 재편을 추진한다는 것이다.

일본은 이러한 사고방식과 함께 2004년 9월 고이즈미 수상이 시사한 억지력 유지와 해당 지역 부담 경감이라는 두 원칙에 따라 주일미군 재편의 협의에 임했다. 미일전략 환경에 대한 의식의 통일이 계획되었고, 2005년 2월 미일안전보장협의위원회에서 양국은 공통전략 목표에 합의했다. 테러와 대량파괴무기 등의 새로운 위협 발생과 아시아태평양 지역의 불투명성과 불확실성에 공통의 안전보장 의식이 확인되었다. 지역의 공통전략 목표는 일본의 안전 확보, 지역의 평화와 안정 강화, 한반도의 평화적 통일, 북한에 관련된 문제의 평화적 해결, 중국의 책임이 있는 건설적 역할의 환영과 협력관계의 발전, 대만해협을 둘러싼 문제의 평화적 해결, 중국의 군사 분야에서의 투명성 향상 등이 거론되었다. 세계적 전략목표는 민주주의 가치 추진, 국제평화협력활동 등에서의 협력, 대량파괴무기 확산금지, 테러 방지와 근절 등이 거론되었다(防衛研究所, 2006: 29~30).

2) SACO와 미군 재편

주일미군의 재편은 1996년 미일 정부가 합의했던 SACO(오키나와에 관한 특별행동위원회) 합의에 이어지는 냉전 종결 후 두 번째 대규모의 주일미군 재배치 계획이다. SACO 합의는 오키나와의 부담 경감을 목적으로 미군 기지의 정리통합을 진행하도록 작성되었고, 후텐마 비행장의 헤노코 이설을 기초로 해서 10여 개의 시설의 정리통합, 반환, 소음 경감을 위한 시책 실시 등이 이루어졌다. SACO 합의의 실시 완료 시에는 약 5000ha의 토지가 반환되고, 오키나와의 미군 기지가 주일미군 기지에서 점하는 비율이 75%에서 70%로 저하되게 된다. 반환이 완료된 곳은 아하(安波) 훈련장과 캠프 구와에(桑江) 북쪽 부분이고 이 밖의 사안에 대해서도 반환이 진행되고 있다.

이번 미군 재편과 SACO 사이에는 근본적으로 다른 점이 있다고 한다. 이번 주일미군 재편 협의는 단순히 기지를 정리·통합하기 위한 것이 아니고, 상황의 변화를 근거로 동맹을 포괄적으로 강화하기 위해 추진하는 것이라고 한다. 1996년에는 포괄적인 전략 문서인 미일안보공동선언, 1997년에는 미일방위협력 강화를 위해 구체적인 시책을 결정했던 미일방위협력지침(가이드라인), 1996년에 기지 부담의 경감을 위해 작성되었던 SACO가 진행되었다. 이번의 미군 재편 협의는 이러한 것을 포괄하는 성격이라고 한다. 미일동맹 강화의 배경으로는 북한의 핵무장이 임박한 위협도 있고, 중국도 지속적인 경제성장을 배경으로 해·공군의 근대화를 적극적으로 진행하고 있고, 이러한 동북아시아 정세의 변화를 주목해야 할 필요 때문이라고 한다(防衛廳, 2005 참조).

SACO의 진행 상황으로 북부훈련장은 헬기착륙대의 이설과 환경평가가 시행중이고, 소베(楚辺)통신소는 조성공사와 건물공사가 완료되어 통신시스템이 공사중이고, 요미탄(讀谷) 보조비행장은 소베통신소 이설 완료 후 반환하고, 캠프 구와에는 북쪽 부분(38ha)을 반환하고, 세나하(瀬名波) 통신시설은 조성공사가 완료되고 건물공사와 통신시스템이 공사 중이고, 나하(那覇) 항만시설은 우라소에시(浦添市)가 받아들일 것을 표명했고, 주택통합은 제2단계 건물공사까지 완료되었다(防衛研究所, 2006: 27~29 참조).

3) 지역 주민의 이해

주일미군의 재편과 같이 중대한 국익에 관련한 정부의 결정을 현과 시정촌(市町村)의 주민투표를 통해 반대할 수 있는가 하는 문제가 제기되었다. 2006년 3월 야마구치(山口)현 이와쿠니(岩国)시의 주민투표에서 주일미군의 재편에 수반하는 미항공함재기의 이주 계획에 반대표가 87.4%를 차지했다. 그러나 투표 결과는 법적 구속력이 없고, 이후 이와쿠니시와 주변 초손(町村)과의 합병이 이루어져 주민투표 실시의 근거가 되었던 조례 자체가 무효가 되었다. 그런데 합병을 한 후 4월 초의 시장 선거에서 주민투표 추진의 중심이 되었던 구 이와쿠니 시장 이하라 가쓰스케(井原勝介)가 당선되어 미군 기지의 증강은 시민 생활 안전의 견지에서 용인될 수 없다고 계속

이와쿠니 이주의 철회를 요청했다. 한편 5월 30일 각의에서는 미일정부의 합의를 착실히 수행하는 것이 결정되었다.

이 과정은 해당 지역의 주장과 국익의 조정이라는 문제를 선명하게 부각시켰다.[14] 대립하는 신문 논조는 양분된 채로 있다. 국가의 안전보장과 에너지정책 등에 관한 문제는 주민투표라는 직접 민주주의의 방식에 따르지 않고 각의 결정을 착실하게 실시해야 한다는 논의가 있는 한편, 민의 앞에서는 국책도 예외는 없고 민의의 향방을 주시하라고 했다. 이러한 사태는 1960년 미일안전보장조약의 개정 때와 비슷한 상황이다(≪요미우리신문≫, 2006.6.18). 이 사례는 오키나와의 경우와 마찬가지로 지역 주민의 이해와 국가 정부의 입장이 다른 경우이고 국익과 지역의 이해가 조정되어 지역의 부담 경감을 위한 조치가 실행되도록 협의가 진행되고 있다.

오키나와의 경우는 미일정부가 후텐마 반환에 합의하면서 오랜 기간의 재편이 끝나게 되었다. 반면 이설하려는 새로운 기지 건설지의 저항은 의외로 강하다고 한다. 해당 지역의 나고(名護) 시장과 인접한 기노자(宜野座) 촌장은 같은 시 헤노코(辺野古)곳으로의 이설안에 동의했지만 기노자촌 회의는 2006년 4월 전체회의의 일치로 반대를 결의했고 현도 동의하지 않았다.[15] 재편의 최종보고에는 해병대 8000명의 괌 이전과 가데나 기지 이남의 시설 반환도 결정되었다. 오키나와에는 국내 미군 전용시설의 75%가 집중되어 있다. 이번 반환이 결정된 1500ha는 1할에도 미치지 않지만 현은 인구 밀집지로부터 기지가 없어지는 의미는 크다고 한다. 한편 오키나와는

---

14) 주일미군과 시민 의식에 대해서는 梅林宏道(2002) 참조.

15) 하시모토 정권에서 수상보좌관으로 후텐마문제에 관여한 오카모토 유키오(岡本行夫)도 확실한 전망을 기대하지 않았다고 한다. 오카모토는 본토가 전후에 오키나와를 미군 통치 하에 두고 본토의 번영을 추구했다며 오키나와에 무정하다고 지적했다. 본토의 미군 기지는 대폭 줄어들었지만 오키나와는 조금밖에 줄어들지 않았고 부담을 강화했다고 한다.

미군 주둔의 부담에도 불구하고 미군 기지에 경제를 의존하는 면도 있다. 국가의 지원은 약소하기 때문에 기지가 반환되면 오키나와 경제에도 타격을 줄 수 있다고 한다. 차기 지사 선거는 2006년 가을로, 미일안보체제의 유지에는 오키나와의 사회적·정치적 안정이 불가결하다고 한 이나미네 지사는 국가의 배려가 충분하지 않으면 혁신 세력이 현의 정치를 빼앗을 수도 있다고 했다.

이번 미군 재편에서 확장되는 곳이 이와쿠니 기지라고 한다. 소속 미군기는 현재 57기이나, 아쓰기 기지(가나가와현)의 공모함재기(空母艦載機)와 후텐마 공중급유기를 도입하면 120기로 증가되어, 비행기 수로 극동 최대라는 가데나 기지를 능가하게 된다. 미군 재편에는 오키나와의 전력을 전국으로 분산시키는 한편 전력 집중도 고려해야 한다는 견해도 있다. 이와쿠니는 본토의 오키나와화라고 지적된다(≪아사히신문≫, 2006.5.2).

5. 미일동맹의 심화

1) 미일동맹의 변화

주일미군의 재편에 따른 미일동맹의 변화는 미일동맹의 심화로 이어지고 있다.[16] 부시 대통령과 고이즈미 수상의 개인적인 친분을 넘어서 미일 군사협력의 강화는 미일동맹의 심화 현상을 나타낸다. 이는 2005년 10월 발표된 중간보고 「미일동맹: 미래를 위한 변혁과 재편」이라는 공동문서에도 잘 나타나 있다.

---

16) 주일미군의 재배치와 미일동맹 강화에 대해서는 남창희(2005) 참조.

중간보고는 자위대와 미군의 역할과 임무 능력과 병력 태세의 재편에 관한 기술이다. 역할·임무·능력의 분야에서 일본의 방위 및 주변사태에 대응하는 것과 PKO 참가와 국제적 안전보장환경의 개선과 관련된 분야에 대해 정리되었다. 이는 신대강에서 정리되었던 안전보장 목표에 상응한 것이다. 중간보고는 신대강에서의 동맹국 협력에서 구체적인 내용을 결정한 것으로, 두 문서는 상호 보완하는 관계에 있다.

중간보고에는 일본의 방위와 동북아시아에서 지역적인 협력을 위한 역할 분담과 메커니즘을 재확인하고, 국제적인 안전보장 환경을 개선하는 미일 간의 협력은 동맹의 중요한 요소가 된다고 서술되어 있다. 이는 1997년 결정된 '미일방위협력을 위한 지침'(가이드라인)에 의거한 양국 간 협력과 세계 속의 미일동맹이라는 9·11 테러사건 이후 적극적으로 행해지고 있는 미일의 세계적인 협력의 실효성을 높이기 위한 것이라고 한다. 일본이 세계적인 정보 수집과 전략수송 능력을 가진 미국과 협력의 틀을 제시한 의의는 중요하다고 한다. 안전보장과 방위 협력에서 향상되어야 할 활동이 포함되고 PSI, 인도적 구원활동, 부흥지원활동, 공중 및 해상의 급유 상호실시를 포함한 보급, 정비, 수송 등 상호 후방 지원 활동에 관한 협력이 진행되면 글로벌한 안보상의 과제에 진력하는 미일동맹의 능력은 크게 강화된다고 한다.[17]

---

17) 미일 간의 안보 동맹체제를 강화하기 위한 조치로는 긴밀하고 계속적인 정책 및 운용 면의 조정, 계획 검토 작업의 발전, 정보공유 및 정보협력의 향상, 상호운용성의 향상, 일본 및 미국에서의 훈련 기회 증대, 자위대 및 미군에 의한 시설의 공동사용, 탄도미사일 방위의 일곱 가지가 거론되었다. 방위 전술 수준에서부터 전략적인 협의까지 정부의 모든 수준의 정책 및 운용 면의 정비를 행하고, 가능하면 자위대와 미군 간에 공통의 운용 화면을 공유하는 것을 목표로 하고, 1997년의 가이드라인에 기초하여 공동 작전 계획의 검토를 구체적으로 진행하고, 또한 군대 전술 수준에서부터 국가전략 수준에 이르기까지의 모든 범위에서 정보공유 및 협력을 추진하는 것 등을 진전시킨다면 자위대와 미군의 운용상의 협력은 크게 강화되고, 지역에서 억지력이 유지되고, 긴급사태에 대처하는 능력을 높이는

중간보고의 주요 내용은 병력태세 재편이다. 기본 사고는 아시아태평양 지역에서의 미군 주둔은 지역평화와 안전에 불가결하다는 것, 재편 및 역할·임무·능력의 정비를 통해서 능력이 강화된다는 것, 사령부 간의 제휴 향상과 상호 운용성의 향상이 양국에게 중요하다는 것, 자위대와 미군 시설 및 구역을 공동 사용하는 것은 양국 간 협력의 실효성을 향상시킨다는 것, 미군시설·구역이 인구 밀집 지역에 집중되어 있는 장소에는 병력구성의 재편에 특별한 주의를 기울인다는 것 등이다(防衛研究所, 2006: 31~33 참조).

주일미군의 재편 협의에는 한반도 유사시 미일협력에 대해서도 논의가 있었다. 한반도 유사시 미군이 생물병기로 공격당했을 경우 자위대는 어떤 지원을 할 수 있을까와 감염된 부상병을 일본 본토로 데려오는 것이 가능한가 등의 논의이다. 2005년 10월 주일미군 재편의 중간보고가 발표되었던 직후, 미일실무협의에서 미국 측은 이러한 시나리오에 근거하여 방위협력의 상태를 문제 제기했다. 일본 유사시 공동 작전 계획과 주변 유사시 상호 협력 계획의 검토 작업을 확대하는 데 해당하는 중간보고를 근거로 제기한 것이다.

유사시의 계획 검토 작업은 1997년 미일방위협력의 지침(가이드라인)에 기초해서 시작되었다. 미일 정부는 한반도 유사시 상호 협력 계획을 책정하고 있으나, 미군이 미국 측의 유사계획을 검토했던 것은 미일의 계획이 그대로 유용하지 않기 때문이다. 유사시에 긴급 사용하는 공항과 항만의 고유명사와 수송하는 물자, 인원의 수량 등이 상세하게 모두 채워지지 않았다. 계획은 일본 방위청과 미국 국방부가 책정했으나, 공항과 항만을 관리하는 국토교통성과 관련 자치체와의 조정이 성립되지 않았다. 계획 검토의 논의는 미군 재편의 미일 심의관급 협의에서 월 1회 정도 계속되고 있지

───────────────

것이 된다고 한다.

만 구체화되고 있지 않다고 한다.

미국 측은 한반도 유사시 미군은 일본보다 전방에서 싸우고, 자위대의 지원이 필요하다고 했다. 일본 측은 일본 본토가 공격받았을 경우, 즉 북한이 미사일 한 발을 발사하는 것도 국내에서는 대사건이 된다고 하면서 주변 유사시뿐만 아니라 일본 유사시도 중요하다고 했다. 미국 측은 한반도 유사시의 시나리오에 첨가하여 대만해협 유사시에 관한 계획 책정을 타진한 적도 있는데, 일본 측은 즉각적인 답변을 피했다. 이러한 계획이 명확하게 나온다면 중일관계는 더 어려워질지도 모른다고 염려했다(≪요미우리신문≫, 2006.5.4).

2) 미일동맹의 과제

주일미군 재편에 관한 최종 합의가 있은 후 미일동맹의 변화와 과제에 관해 논의하는 데 2006년 5월 미일안전보장협의위원회의 공동발표와 최종보고를 살펴보고자 한다. 공동발표의 요지는 다음과 같다. 미일관계는 글로벌한 과제에 대응해 인권, 자유, 민주주의와 법의 지배라는 양국이 공유하는 기본적 가치를 촉진하는 데 진력한다고 했다. 이라크와 아프가니스탄 재건과 민주주의의 강화를 위하고, 광범하게 중동의 개혁 노력을 지원하기 위해 미일협력의 중요성을 인식했다. 이란에 대해 모든 농축관련활동을 정지하고 IAEA의 사찰에 전면적으로 협력하도록 설득하는 데 긴밀히 협력하도록 확약하고, 유엔 안보리의 협조적 행동의 필요성에 대해 합의했다.

아시아태평양 지역도 다른 지역과 마찬가지로 불투명성과 불확실성을 야기하는 과제에 지속적으로 직면하고 있다. 양국은 제4차 6자회담의 공동성명에 일치된 서약을 재확인하고, 북한에 대해 무조건적으로 즉시 6자회담에 돌아올 것, 완전하고 검증 가능하고 불가역적인 방법으로 핵계획을 폐기할 것, 모든 불법 활동과 확산 활동을 중지할 것을 촉구했다. 양국은 외교 노력을 통한 지역분쟁 해결의 중요성을 재확인하고, 지역 내 군사력 근대화의 투명성을 요구했다.

양국은 2005년 2월의 안전보장협의위원회가 특정한 공통전략 목표를 실현하기 위해 긴밀히 협력할 것을 확인했다. 2005년 10월의 안전보장협의위원회 공동문서에 따라 양국 간의 역할, 임무, 능력에 관한 권고에 나타난 바와 같이 MD, 양국 간의 계획검토작업, 정보공유와 정보협력, 국제평화협력활동분야에서 양국 간의 안전보장과 방위 협력의 실효성을 강화하고 개선할 필요성과 자위대와 미군의 상호 운용성 향상의 중요성을 강조했다.

2006년 5월 발표한 주일미군 재편을 위한 최종보고는 미일안전보장조약 하에 양국의 서약을 강화하면서, 오키나와를 포함한 지역 사회의 부담을 경감하는 데 양국의 결의를 표시한 것이다. 이는 미일안보동맹을 위해 일반 국민의 지지를 제고하는 기초를 제공하는 것이다. 최종보고에 의하면 미일동맹이 일본의 영역 방위를 넘어서 주변사태에 대응하는 범위로 확대되었고, 반테러전쟁과 대량살상무기 비확산을 위한 협력이 추가되었다. MD 레이더가 설치되어 핵억지력과 정보공유를 위한 미일 간 협력이 강화된다. 육군 자위대와 공군 자위대의 사령부가 미군 사령부와 가깝게 배치되어 미일협력과 조정의 메커니즘이 원활히 기능하게 되었다. 미일동맹의 주안점을 자유민주주의의 확산과 인권신장이라고 하여 동북아시아에서 중국과 북한을 대상으로 미일동맹을 강화한다는 암시를 주었다. 미국은 괌 기지의 강화를 통해 중국의 해군력 강화를 견제하려는 의도를 가지고 있다. 미일동맹의 강화를 통해 중국과의 세력균형을 이루고 중국을 봉쇄하려는 미일의 공통된 국가이익이 존재한다.

미일동맹은 국가이익, 가치관과 부담의 공유를 전제로 하지만 위험의 공유도 고려해야 한다. 반테러전쟁과 비확산, 대중국전략에서의 위험과 비용을 공동으로 감수해야 한다. 미일동맹의 구체적 계획이 충실히 실행되기 위해서는 집단적 자위권을 인정하고 자위대의 역할 확대를 위한 일본헌법의 개정이 요구된다. 미일 군사일체화는 결국 일본의 독자적 군사 활동이 제한되는 의미도 가지고 있다. 미국의 동북아시아전략과 반테러전쟁을 일본이 후방 지원하고 비용을 분담하면서 일본의 독자적 군사 활동은 미국이 제어할 수도 있게 된다. 중국의 패권적 움직임을 미국이 효과적으로 견제해서 세력균형을 이룬다면 동북아시아 안정에 기여하게 되겠다.

주일미군 재편의 최종보고에는 오키나와에 대한 상당한 부담 경감책이 포함되었다. 후텐마 비행장 등 6개 미군 시설의 전면 또는 일부 반환과 해병대 8000명의 괌 이전, 인구가 밀집한 현 중에 미군 기지의 20%에 상당하는 약 1500ha가 반환될 계획이다. 이것이 조정된 것은 2006년 4월 누카가 후쿠시로(額賀福志郎) 방위장관과 도널드 럼즈펠드(Donald Rumsfeld) 국방장관의 회담이었다. 이번 회담에서 미일 협의담당자는 세계 규모의 미군 재편이 50년에 한 번 있을 좋은 기회에 실현되었다고 했다. 미일 재편은 본래 국제테러 등 새로운 안전보장환경에 효과적으로 대응하기 위해서 부대의 재편성과 배치가 목적이었다. 주일미군의 재편도 당초에는 육군 제1군단 사령부의 캠프 자마 이전과 요코다 기지의 제5공군 사령부의 괌 이전이 중심이었다.[18]

해병대의 삭감은 상정되지 않았지만 일본 측 요구로 이루어졌다. 2004년 9월 자민당의 야마사키 전 자민당 부총재와 모리야 방위차관이 고이즈미 수상과 함께 이를 호소했다. 미군 재편의 기회를 잡아서 오키나와의 부담을 경감하는 것은 일본의 전후처리를 종결짓는 것이라고 했다. 고이즈미

---

18) 주일미군 재편을 위한 미일교섭과 일본 국내 정치 과정에 대해서는 久江雅彦(2005), 川上高司(2005) 참조.

수상은 부시 대통령과의 회담에서 미군의 억지력 유지와 함께 지역의 부담 경감에 진력한다는 미군 재편의 목표를 확인했다. 미군 내에는 오키나와 해병대의 삭감에 반대론도 있었다고 한다. 그러나 대통령의 의향을 근거로 럼즈펠드 장관이 강력한 지도력으로 억제했다고 한다. 후텐마 비행장의 이설에 대해서 일본정부와 나고시는 2006년 4월 활주로 2개를 V 자형으로 배치하는 수정안에 합의했다.

주일미군 재편의 최종보고를 발표했던 미국 국무성에서의 미일 공동기자회견에서 럼즈펠드 국방장관은 결정적으로 중요한 미일동맹을 유지하는 데는 지속적인 투자가 필요하다고 했다. 시간과 노력 그리고 약속을 이행하기 위한 재원 배분이다. 미군 재편의 협의에서는 오키나와 해병대의 괌이전 비용의 분담문제가 최후의 초점이었다. 누카가 방위장관과 럼즈펠드 장관은 스스로 숫자를 맞추는 이례적인 절충으로 일본이 총액의 59%, 60억 9000만 달러(6760억 엔)를 부담하는 것으로 결정되었고, 이후에도 막후에서 미일의 작업이 계속되었다. 미국 측은 최종보고에 일본 측의 부담액만을 기입하는 것이 좋다고 주장하고, 일본 측과 대립했다. 결국 일본 측의 주장을 관철해서 미일 쌍방의 부담액을 기재했지만, 일본정부 관계자는 미국은 국내 여론 때문에 일본의 재정 부담만을 강조했던 것 같다고 했다.

미일안전보장협의위원회에서도 미일동맹의 재정 부담을 둘러싸고 논의가 있었다. 럼즈펠드 장관은 배려 예산(주일미군 주둔 경비의 일본 측 부담)을 이후에도 부탁한다고 했고, 미국은 GNP(국민총생산)의 3.8%를 국방비에 지출하고 있는 것도 고려해달라고 했다. 기지 이설을 포함한 주일미군 재편의 전체 경비는 260억 달러(2조 8860억 엔)라는 미국 측 계산도 있다. 고이즈미 수상은 오키나와 등의 기지 부담 경감을 위해 재정 면에서 응분의 부담은 당연하다고 했지만, 아베 관방장관은 260억 달러라는 미국 측의 숫자는 이치에 맞지 않는 금액이라고 했다. 미국정부가 괌 이전비의 41%, 41억

8000만 달러(4640억 엔)를 부담하고 해병대의 이전을 진행하는 것은 미군의 아시아전략의 일환이라고 한다.

2006년 QDR에는 장래 중국 등이 미국에 적대적인 행동을 하는 것을 방어하기 위해 태평양에 항공모함 11척 중 6척, 잠수함의 6할을 집중하는 전력의 태평양전환(shift)을 명확히 했다. 괌은 미군에게 태평양 안전보장 구축의 요소이다. 괌에는 최근 전략폭격기 B52의 전방 전개 거점의 앤더슨 공군 기지, 공격형 원자력 잠수함의 모항인 아프라(Apra) 해군 기지를 중심으로 공·해군력이 강화되고 있다. 2014년까지 오키나와의 제3해병 원정군 사령부 등의 8000명이 이전하는 것으로 괌은 해병대의 거점이 된다. 미일동맹의 강화를 위해서 일본이 어느 정도까지 재정적 부담을 져야 하는가가 과제라고 한다(≪요미우리신문≫, 2006.5.3).

분담금 협의는 결국 미국이 양보한 것이라고 한다. 미국 측이 75% 부담을 일본 측에 요구했던 오키나와 미국 해병대의 괌 이전문제가 일본 측 부담 59%(약 60억 달러)로 압축된 것이다. 회담은 세 번 중단되고 3시간 15분이 걸렸다. 미국이 75%에서 59%로 16% 양보했는데, 럼즈펠드 장관이 미군 재편을 마무리 짓고 싶었던 것 같다고 본다. 일본정부는 배려 예산(2006년도 2326억 엔)에서 미군 주둔 경비의 상당 부분을 부담하고 있다. 이번 재편에서 200억 달러(2조 3000억 엔)를 지불하고, 미국 영토 내의 시설 지출 60억 달러도 부담한다. 일본 측 부담은 총액 3조 엔이 된다고 예측한다. 오키나와의 부담 경감 등에서 단기적으로는 일본에 좀 더 많은 이익이 있다. 미군이 일본에 주둔하는 장기적인 이익에도 부합하기 때문에 괌 이전비의 결말도 재편 자체도 미국에 좋은 결과라고 한다(≪아사히신문≫, 2006.5.1).[19]

---

19) 미국 언론에서는 주일미군의 재편을 거의 다루지 않았다. 미국 육군을 대폭 줄였던 독일과 한국에서의 재편과 다르고, 일본에서는 오키나와의 부담 경감에 초점이 있고 수정할 부분도 있기 때문이라고 한다.

6. 결론: 일본의 과제와 한국에 주는 함의

주일미군의 재편은 세계적인 미군 재편의 일환으로서 미군을 위해서만 진행되는 것이 아니고, 대량파괴무기와 미사일 확산, 국제 테러 등 새로운 위협에 대응해서 미일동맹을 기반으로 일본의 안전보장을 확보하는 것이다. 미일은 공동작전, 정보공유, PKO 등에서도 동맹의 실효성을 높이고자 한다. 또한 미일정부는 역할 분담을 명확히 하려고 한다. 미일정부는 미일 안보공동선언에서 냉전 후 지역 정세의 변화를 근거로 하는 미일동맹을 재정의해서 아시아태평양 지역에서의 미일관계의 중요성을 명기했다. 2006년에는 누카가 방위장관이 방위협력의 새로운 틀을 위한 협의를 미국에 제안했다. 일본에서는 주변사태법과 유사법제가 정비되었다.[20] 최종 합의를 얻은 미일의 공동성명을 통해 일본과 아시아태평양 지역을 넘어 세계의 평화와 안전 향상을 위해 미일동맹의 중요성이 재확인되었다. 국제정세의 변화에 부합해 미일동맹의 목적과 이념을 유연하게 재인식하여 일본의 역할과 책임을 명확하게 하는 것이 중요하다(≪요미우리신문≫, 2006.5.3).

주일미군 재편에 따른 미일동맹의 심화에 부응하여 일본의 과제는 합의 결정을 착실히 실행하는 것이다. 미일합의의 실시는 총액 3조 엔의 재편 비용 확보와 후텐마 이설의 건설 계획 책정 등 과제가 남아 있다. 재편 비용에 대한 각의 결정은 정부 전체에서 절감을 꾀하고 있어서 총액 약 24조 2400억 엔의 중기 방위력정비계획을 재검토하는 것을 고려하고 있다. 미군은 군사기술 혁신을 배경으로 새로운 안전보장 환경에 대응하기 위해 기동성, 신속성, 정보를 중시하는 태세를 구축하고 있다. 미일의 제휴를 원활히 하

---

20) 자위대는 이라크에서 인도부흥지원 활동을 전개하고, 수마트라 섬 바다 지진의 재해 원조에도 파견되었다.

기 위해서 자위대도 유사한 태세를 갖춰야 한다. 2006년 3월부터 시작된 육해공 자위대의 통합 운용 체제하에 효율적인 편성·배치·장비를 추구한다고 한다.

해병대의 괌 이전은 해외에서의 미군 시설 건설을 위해 국비를 지불해야하고, 일본정부는 필요한 법 정비를 신속하게 하면서 국회 등을 통해 재편 중요성을 설득해야 하는 과제가 있다. 사전 협의가 불충분해서 각의 결정에 반발하는 현과는 정부가 협의를 통해 관련 자치체의 이해를 구하고 건설 계획을 신속히 책정해야 한다. 각의 결정에 의하면 새로운 부담을 지는 지방자치체가 지역 진흥책을 실시한다고 되어 있다. 일본정부는 계획의 진전에 대응해서 각 자치체에 배분하는 교부금 제도를 검토했다(≪요미우리신문≫, 2006.5.31).

최종 합의 후 공동회견에서 럼즈펠드 장관은 합의를 실행으로 옮기는 것이 필요하다고 했다. 해당 지역의 이해를 얻으면서 실현을 도모하겠다고 한 고이즈미 수상은 2006년 4월에는 괌 이전비의 재원과 해당 지역 자치체의 지원책을 정하는 미군 재편 관련 법안의 국회 제출을 고려 중이라고 했다. 고이즈미 수상은 2006년 9월에 퇴임할 의향을 발표해서 실제 작업은 고이즈미 이후가 되었다(≪아사히신문≫, 2006.5.3).

결론적으로 2006년 5월 주일미군 재편에 관한 미일 간 최종 합의 발표로 3년 반에 걸친 협의가 마무리되어 미일 간 방위협력을 강화하는 태세가 정비되었다. 일본정부는 최종 보고의 실현을 위해 법을 정비하고 재원을 확보하는 과제가 남아 있다. 일본정부는 거액의 주일미군 재편 관련 경비의 재원을 마련하기 위해 현행의 중기방위력정비계획(2005~2009년, 총액 24조 2400억 엔)을 재검토해 정면 장비의 예산을 삭감하는 방침을 정했다. 일본 내 기지 재편 비용이 지역 진흥책을 포함한 1조 5000억~2조 엔 정도라 하고 총액이 2조 엔을 넘을 가능성이 있다. 재편을 10년 정도에 완료하기 위

<표 17-3> 미군 주둔국의 비용 분담(2002년)

구분	한국	일본	독일
총 분담액	8억 4300만 달러	44억 1000만 달러	15억 6400만 달러
분담비율	40%	74.5%	32.6%

자료: 한국 외교통상부(2004).

해서는 연간 평균 2000억 엔 이상이 필요하다. 이 경비에 대해 방위청은 SACO 관계 경비와 마찬가지로 방위청 예산과 별도의 틀을 설치해 정부 전체에서 재정 조치를 강구하는 방안을 추구한다. 이에 대해 재무성은 방위청 예산의 틀 내에서 처리할 것을 주장한다(≪요미우리신문≫, 2006.5.20).

기지 이전에 해당되는 지역사회는 소음, 경제적 부담, 테러 및 전쟁 위험 등의 리스크를 감당하게 되기에 재편에 반대하는 경우가 있어 중앙정부의 설득이 요청된다. 또한 자위대의 역할 확대에 따른 집단적 자위권의 행사와 관련해 헌법 개정 필요성과 위헌의 문제가 제기된다.

한국은 남북관계와 한중관계를 고려하면 주한미군을 증강하기가 쉽지 않다. MD체제에 참여하지 않았기 때문에 미일과의 정보공유나 통합체제 형성이 어렵다. 이런 상황에서 한국은 한미동맹을 강화하고 한미군사협력을 공고히 하면서 국방력을 증강시켜야겠다. 한국은 주한미군의 전략적 유연성을 존중하고, 미국은 한국 국민의 의사와 관계없이 한국이 동북아시아 지역분쟁에 개입되지 않도록 한국의 입장을 존중하기로 했다(박창권, 2006 참조). 외교통상부가 2006년 9월 발표한 전시 작전통제권 환수를 위한 4대 원칙은 한미 상호방위조약의 유지, 주한미군의 지속 주둔 및 미국 증원군의 파견 보장, 미국의 정보자산 지원 지속, 한반도 전쟁 억지력과 공동대비 태세의 유지다.

주한미군과 주일미군은 별도로 운용되며, 주한미군은 미국의 세계전략에 따른 전략적 유연성에 의거해 한반도 이외 지역에서도 활동할 수 있다. 한반도 유사시 주일미군의 참가는 한미동맹에 의거한 한국의 요청, 유엔의 결의, 집단적 자위권의 발동 등의 경우에 발생한다. 일본 자위대는 현행 헌법과 미일동맹에 의거해 미군의 후방 지원을 하도록 되어 있고 자위권을 행사할 수 있다. 주일미군의 재편과 함께 미일동맹이 심화되는 가운데, 한국도 한미동맹에 기초한 한미일 공조에 노력하면서 한중러협력도 균형 있게 전개해야겠다.

제18장

한국의 자원외교와 에너지전략

1. 주요국의 자원에너지 외교전략

1) 중국의 자원외교

중국의 고도경제성장으로 인해 에너지소비가 급증하면서 자원에너지의 확보 경쟁이 치열해지고 있다. 중국의 경우 국제유가가 배럴당 1달러 상승 시 연간 약 46억 위안(6.5억 달러)의 수입 비용이 증가한다. 중국은 지속적인 경제성장을 위해 석유와 광물을 비롯한 자원 확보에 사활을 걸고, 자원이 있으면 문제 있는 국가들과도 협력한다. 중국의 에너지안보정책의 목표는 에너지 공급선의 다변화를 통해 수입 에너지에 대한 의존도를 낮추고 공급원을 확대하며, 에너지의 생산 소비에 이용되는 기술의 수준을 향상시킴으로써 에너지를 효율적으로 사용하는 것이다. 자원에너지 확보를 위한 자원외교에서 중요한 분야가 석유와 천연가스이다. 중국의 원유 해외 수입 의존도는 2010년에 50%가 넘고 2020년에는 60%에 달할 것으로 예측된다.

국제 석유시장이 불안정할 때 수급문제에 대처하기 위해 중국은 에너지공급원 다변화와 전략적 석유비축기지 건설 추진 등을 골자로 하는 석유전략을 수립해 20년간 1000억 달러를 투입하는 계획을 시행하고 있다.

중국은 2005년 5월 원자바오 총리를 비롯한 13개 부처 장관으로 구성된 국가에너지지도그룹을 설립했다. 인민해방군 부참모장도 합류해 타국과의 해역주권문제 및 자원분쟁 등 군사부문과 에너지문제의 연계에 대처한다. 2008년에는 정부 부처에 분산된 에너지 관련 기능을 통합하여 총괄할 에너지부를 설립한다. 종합적인 전략을 수립하고 이에 기초해 자원에너지 확보, 해외자주개발, 산유국과의 관계 강화 등 자원외교를 강화한다.

중국의 자원외교는 다음과 같은 특징이 있다. 첫째, 최고지도부의 정상외교를 포함한 고위급외교이다. 후진타오 주석은 2006년 4월 사우디아라비아와 모로코, 나이지리아, 케냐를 순방했다. 비산유국까지 포함한 아프리카 방문은 자원외교가 산유국 국가만이 아니라 지역 차원의 협력이 필요함을 인식했기 때문이다. 둘째, 글로벌 차원의 외교이다. 중국은 미국, 일본, 영국, 인도, EU, OPEC과 상호 대화채널을 갖고 있다. 또한 SCO를 통한 에너지 협력을 강화해왔다. 셋째, 양자협력만으로 부족한 점을 보충하기 위해 다자협력기구인 IEF(국제에너지포럼), WEC(세계에너지협의회), APEC에서 적극적으로 활동할 뿐 아니라 에너지소비국 간 다자대화채널을 중국의 주도하에 구축했다. 넷째, 틈새 지역에 대한 공략이다. 에너지생산국 중 중국에게 가장 중요한 중동 국가는 사우디아라비아와 이란이다. 이란은 서방 국가들로부터 제재를 받거나 핵무기 개발 의혹으로 유엔 제재 대상으로 거론되는 국가이다. 일본과 중국, 러시아 모두 이란에 관심을 갖고 협상했으나 최종적으로 덕을 본 것은 중국이다. 일본은 미일동맹 등을 고려해 미국의 이란 제재 요구에 부응해 이란에서 발을 뺀 반면 중국은 이란과 꾸준히 관계를 유지하는 한편 유엔 제재에 동참하여 미국의 입장을 고려하는 등 신중한 태도로 기회를 엿보았다. 2008년에 20억 달러의 야다바란 유전 개발협정을 체결한 것은 다른 국가들에 비해 중국이 유리한 입지에 있는 상황을 활용한 것이다.

2) 일본의 에너지전략과 자원외교

일본 에너지전략의 목표는 에너지 안전보장의 확립, 에너지문제와 환경 문제의 일체적인 해결에 의한 지속 가능한 성장 기반의 확립, 아시아와 세 계의 에너지문제 극복에 대한 적극적인 공헌이다. 석유가격 급등의 위험성 이 고조된 상황에 대응해 최첨단 에너지 수급 구조의 구축에 노력을 강화 한다. 그와 동시에 대외적인 전략 강화에서 다양화와 다층화를 추구하여 다양한 위험성의 발생을 저지하고, 유사시 혼란을 최소화하기 위한 노력을 강화하는 것으로 에너지 안전보장의 확립을 도모한다.

일본의 산업과 경제는 첨단산업군을 중심으로 아시아와 조밀한 국제분 업 네트워크에 포함되어 있다. 이를 근거로 일본은 에너지의 안전 공급 확 보를 1차적인 목표로 국내 대책과 대외정책을 포함해 총력으로 노력하고, 국제적인 자원 획득 경쟁에 박차를 가하고 있다. 이를 위해 아시아와 세계 경제와의 공생을 기본으로 일본이 보유한 기술력과 에너지문제의 경험 등 을 국제사회에서 활용하고, 아시아 및 세계와 협력해 과제를 극복하며 발 전을 위한 기반을 형성해가는 세계적인 시야를 키우는 데 중점을 둔다.

자원에너지의 대부분을 수입에 의존하는 일본은 자원에너지의 안정된 공급이 국가안전보장에 직결되는 과제로 이를 위해 석유와 천연가스 등의 안정공급 확보를 재검토하고, 자원국과의 광범위한 관계 강화와 일본 기업 에 대한 지원 등을 통해서 자원국에서의 자원개발과 공급원 다양화 등의 시책을 전략적이고 종합적으로 추진한다. 자원 확보를 위한 전략적이고 종합적인 노력으로, 자원국과의 관계를 강화하고, 석유 및 천연가스개발 기업에 대한 지원을 강화하고, 공급원을 다양화하고, 자원 확보 지침을 책정하고, 정부와 관계기관이 일치하는 노력으로 에너지시장의 투명화와 안정화를 추진하고, 우라늄자원 개발 및 바이오에탄올의 개발수입에 관한 지원을 강화한다.

세계의 석유·천연가스 수요가 증가하는 가운데 자원의 개발과 투자가 필요하고, 산유국과 가스 생산국과의 관계에서 안정되고 예측 가능한 투자환경을 정비하는 것이 중요하다.

일본은 석유 및 천연가스의 해외개발과 이를 행하고 있는 민간 기업을 정부가 자원외교 및 관계기관에 의한 위험관리 및 공급 등의 정책에 의해 강력히 지원하는 방식을 취하고 있다. 또한 에너지시장의 환경 변화를 근거로 조달의 집약화 등에 의한 천연가스의 조달 강화에 노력한다. 더욱이 자원 소국인 일본에는 세계 에너지시장의 안정과 성장이 불가피하기 때문에 세계 전체의 에너지시장의 안정화에 대한 국제공헌을 강화한다. 석유와 같이 수급의 절박함이 있는 자원 외에 편재성에 대한 대책이 요구되는 우라늄 및 광물자원에 대해서도 종합적인 대책 강화를 추구한다.

3) 러시아의 에너지전략

러시아 에너지전략의 핵심은 중앙아시아에서 자국으로 이어지는 석유 공급 축과 세계 최대의 에너지 소비시장인 서유럽과 동북아시아를 포함한 아시아태평양 지역을 잇는 석유소비 축을 연결하는 대십자로 구축을 통해 세계 에너지시장에서 강력한 영향력을 확보하는 것이다. 이를 위해 러시아는 실용주의를 바탕으로 지정학적·지경학적 이해관계에 따라 지역별 또는 국가별로 차별화된 대외 에너지전략을 수립해 추진한다. EU 국가들에 대한 러시아의 에너지전략은 판매시장의 유지와 확대, 유럽 석유·가스 사업의 판매부분 진출, 통과문제 해결 등에 중점을 두고 있다. 러시아는 상호주의 원칙을 요구하며 자원에너지 공급국으로서의 경제적 이익 극대화를 추진하고 있다. 최근 러시아의 자원에너지외교에서 동시베리아와 극동 지역의 입지가 강화되고 있다. 러시아는 이 지역의 석유 가스를 개발하여 동북아시아 지역에 공급함으로써 에너지 수출의 다변화를 꾀하고, 낙후된 동부 지역을 개발함으로써 동북아시아와 아시아태평양 지역에 영향력을 확대하려는 전략을 추구한다.

최근 러시아는 에너지부문에 대한 정부 통제를 강화하는 등 자원민족주의 정책을 강화하고 있으며, 고유가가 지속될 경우 이러한 정책 기조는 계속 유지될 것으로 보인다. 인수합병을 통해 러시아 국영 에너지 기업의 자산규모는 확대되고, 이로 인해 러시아 내 자원개발사업에 대한 외국 기업들의 참여 기회는 줄어들고 있다. 유망한 광구는 전략적 매장지로 분류되어 러시아 국내 기업에 개발권이 부여되고, PSA(생산물분배협정)방식에 의한 개발사업 참여도 거의 불가능하게 되었다. 또한 1990년대에 외국 기업에 제공된 개발권도 구실을 들어 반강제적으로 회수하고 있다.

한편 중앙아시아 국가들은 러시아와 연결되는 송유관 및 가스관의 신설 또는 증설사업을 통해 에너지부문에서 역내 협력을 추진하고 있다. 투르크메니스탄의 천연가스를 우즈베키스탄과 카자흐스탄을 통해 러시아 우크라이나와 유럽 국가들에 공급하는 중앙아시아 - 중앙가스관의 공동개발이 대표적인 협력 사업이다. 러시아, 카자흐스탄, 투르크메니스탄 3국은 카스피해 연안에 가스관을 건설하기로 했다.

이 밖에도 중앙아시아 국가들은 지리적으로 근접해 자원에너지의 수출이 용이하고 막대한 수요를 바탕으로 안정적인 공급계약을 체결할 수 있는 중국을 새로운 자원에너지 수출 대상국으로 인식하고 있다. 미국 다음으로 세계 2위의 원유수입국인 중국은 인접한 중앙아시아의 자원에너지에 대한 수요가 높을 뿐만 아니라 SCO의 회원국이기 때문에 중앙아시아 국가들이 우선적으로 협력한다. 에너지 및 광물자원 채굴 산업에 편향된 산업구조를 다각화해야 할 과제를 안고 있는 중앙아시아 국가들은 풍부한 천연자원을 통해 벌어들인 수익을 각국의 특성에 맞는 제조업과 서비스 육성, 이를 위한 인프라 구축을 골자로 하는 산업발전전략을 채택하여 실행하고 있다.

4) 미국의 에너지전략

미국은 자원에너지 관련 세계전략을 별도로 하고, 국내적으로 시장친화적 수요관리정책을 표방하고 공급관리 일변도에서 수요 관리의 필요성을 강조했다. 미국의 에너지정책은 국내외 에너지 공급의 증대와 에너지의 다변화 등을 위주로 전개되었다. 석유와 천연가스 등 국내 자원의 개발, 원자력 에너지의 연구 투자 증대, 석유기업의 조세 감면 등이다. 2005년 8월에는 국가 에너지정책을 보완한 EPA(에너지정책법)가 성립되었다. 공급력 강화 부분이 축소되고 수요·관리 측면이 보완되었다.

2006년 1월 기술 혁신을 통한 석유소비 억제와 재생에너지의 이용확대를 담은 AEI(첨단에너지이니셔티브)를 발표했다. 2025년까지 중동 원유수입량의 75%(2004년 기준 189만 b/d)에 해당하는 원유 소비를 줄이겠다는 목표를 제시했다. 민생 상업부문의 전력 소비와 자동차 연료의 기술 개발이 중점분야가 되고, 전력은 청정석탄화력발전·풍력·원자력을 중심으로 하고, 하이브리드 및 전기자동차 배터리를 개발하고, 에탄올 제조기술 등 정부 DOE(에너지부)의 청정에너지 연구개발비를 22% 증액했다. 에너지공급 중시에서 벗어나 석유소비 억제로 정책의 중심이 이동했다.

미국은 규제보다 자발적 참여와 시장메커니즘을 통한 효율 개선을 표방한다. 자율협약을 통해 가전제품의 에너지효율 개선을 장려하고, 제조업자의 에너지효율 개선 투자비용의 세액공제를 확대하고, 세금 인센티브를 통해 2020년까지 2조 원의 에너지 비용 감소를 기대한다.

5) 중국과 일본의 자원쟁탈전

중국의 경제적인 대두를 계기로 에너지를 둘러싼 세계는 패권경쟁의 시대로 변환했다. 중국과 일본은 석유와 자원의 수입국으로서 자원민족주의적인 움직임을 강화하고, 아프리카와 중동 및 러시아에서 자원쟁탈전을 벌이고 있다. 중국과 일본의 정부와 기업은 자원외교와 자원 비축에 총력을 기울이고, 산유국에 대해서 경제적 및 군사적인 원조와 ODA 등을 행하고 있다. 중국과 일본이 국제적인 조화와 질서를 지킨다고 하지만 경쟁은 치열하다. 중국 국영의 CNPC는 단독으로도 유럽과 미국의 메이저와 견줄 수 있는 힘이 있고 일본의 개발회사보다 자본력이 크다고 한다.

아베 정권의 중일관계 개선 노력으로 에너지를 둘러싼 양국의 대립은 해빙무드가 전개되었다. 2006년 12월 아마리 경제산업성 장관이 중국을 방문해 에너지 절약기술을 중국에 이전하기 위한 협의회를 만드는 것에 양국이 합의했다. 그 후 발족한 중일 에너지 절약 환경경영 추진협의회에는 철강, 자동차, 전력, 상사 등 220개 회사가 참여하고 있다. 중국 측은 중일관계가 개선되면 동중국해의 가스전문제도 없을 것이고, 가스전문제는 양국관계의 거울이라고 했다. 중국 측은 에너지 절약과 환경 측면에서의 중일협력을 진행하는 것으로 가스전문제를 덮으려고 한다. 중일의 에너지관계는 표면상의 우호 속에 심각한 대립을 간직한 이중구조이다.

2. 한국의 자원외교와 에너지전략

세계 에너지 전망과 자원쟁탈전의 국제환경 속에서 한국의 자원외교와 에너지전략의 과제를 논의하고자 한다.

1) 관민일치의 자원외교

자원에너지외교가 경제 번영의 생명이라는 국익의 차원에서 한국도 국가전략으로 에너지문제에 접근하여 장기 비전을 세우고, 세계를 상대로 하는 자원외교를 적극적으로 펼쳐야 한다. 국가 정부와 민간 회사가 함께 장기적이고 구체적인 에너지전략을 수립하여 외교안보 차원에서 추진해가야 한다. 에너지 관련 관민협의체를 활성화해야 한다. 에너지 관련 종합시스템을 구축해 정부와 민간의 정보와 상황판단이 공유되고 충분한 정보가 정책결정자에게 상정되는 시스템을 만들어야 한다. 정부 부처 간 정책공조 시스템을 확립한다. 또한 자원에너지 관련 전문가 집단을 육성해야 한다.

한국은 2006년 3월 대통령이 나이지리아를 방문하여 발전소 건설 등 60억 달러의 투자와 상환으로 원유 권익을 획득했다. 11월에는 아프리카 20여 개국의 대표를 한국으로 초청하여 ODA 3배 증대를 표명했다. 정부는

〈표 18-1〉 한국의 에너지 현황(2007년)

· 에너지 수입액: 945억 달러(총 수입액의 27%, GDP의 10%에 해당)
 - 세계 5위 원유수입국(603억 달러)
 - 세계 2위 LNG 수입국(127억 달러)
· 에너지 수입 의존도: 97%
· 에너지소비 세계 10위(2억 2500만 TOE/년)
 - 석유소비: 세계 7위(230만 배럴/일)
 - 전력소비: 세계 10위(355 TWH/년)

〈표 18-2〉 한국의 중장기 에너지 수요 전망

구분	2001	2006	2011	2015	2020
총 일차에너지 수요(mtoe)	198.4	237.6	269.3	288.2	311.8
1인당 수요(toe)	4.19	4.88	5.41	5.72	6.16

구분	2001	2011	2015	2020
총 합계	198.4	269.3	288.4	311.8
석유	50.6	46.5	45.7	44.8
석탄	23.0	22.4	20.5	20.1
천연가스	10.5	12.3	14.5	15.4
원자력	14.1	16.2	16.6	16.7
재생에너지	1.8	2.6	2.7	3.1

2008년 패키지형 자원개발의 확산에 나서 주요 자원의 자주개발률을 향후 5년 동안 높여나갈 방침을 발표했다. 원유·가스의 자주개발률을 2008년 5.7%에서 2012년 18.1%로 향상하고 6대 광종(유연탄, 우라늄, 철, 동, 아연, 니켈)은 21%에서 32%로 높인다. 자원개발을 위한 재원확충을 위해 수출입은행의 자원개발지원 규모를 2008년 6000억 원에서 2012년 2조 원으로 확대한다. 정부 에너지자원사업 특별예산도 9097억 원에서 1조 4000억 원까지 확대한다. 민간 주도 자원개발펀드 확산 지원도 병행한다. 2009년부터 자원개발 특성화 대학을 지정·운영하고 대학별로 10억~20억 원을 지원한다. 에너지자원사업 특별예산 등을 활용해 자원·연구개발(R&D)에 매년 50억 원 이상 지원을 추진한다.

2) 자원소비국 간의 정책공조

러시아가 생산국이고 한중일이 소비국인 입장에서 아시아 국가 간 협력관계의 제도화와 소비국 간의 정책 공조가 중요하다. 지구적 공공재인 시베리아 동부의 개발을 국제화하고, 시베리아 동부의 개발을 넘어서 매장량이 많은 시베리아 서부의 개발과 파이프라인 건설을 고려한다. 에너지 개발을 위한 다양화된 투자 위험이 공유되기 위해 법적으로 안정된 제도가 마련되어야 하고, 매장량에 대한 투명성이 보장되어야 하고, 기술적 어려움에 대비하고, 에너지사업의 정치화에 대처해야 한다. 외국회사가 참여하는 국제컨소시엄을 형성해 에너지 개발의 위험을 분산하고 국제협력과 정책 공조를 도모한다.

3) 글로벌 네트워크 형성과 맞춤형 외교전략

글로벌 네트워크를 형성하고 참가하여 정보 수집 및 교환에 총력을 기울여야 한다. 각 국가의 상황에 맞는 맞춤형 외교전략을 수립하고 이를 위해 종합적이고 포괄적인 접근을 해야 한다. 예컨대 중앙아시아 국가들과 전략적 에너지 협력을 추진하기 위해서는 에너지자원 개발에만 집중하기 보다는 다양한 접근을 통해 이를 달성할 필요가 있다. 한국은 중앙아시아의 산업다각화에 필요한 제조업과 기술을 현지에 이전하고 중앙아시아로부터 에너지 원자재를 안정적으로 확보하는 주고받기전략을 추진할 수 있다. 이와 함께 정보통신, 건설, 플랜트 등 한국의 비교우위산업의 진출 확대와 해외자원 개발을 포괄적으로 다루는 패키지형 진출전략이 유효하다. 또한 중앙아시아 국가들은 아직도 최고지도자 및 정치 엘리트들의 국내외 정책에 대한 영향력이 절대적인 사회이기에 정상·국가·고위급 정부인사 간의 교류를 활성화해야 한다.

4) 자원수출국과 경제적 상호 의존관계의 형성

에너지안보의 강화를 위해서는 한국과 중동 간의 경제관계를 긴밀히 하는 것이 필요하다. 경제적 연계관계를 공고히 구축하여 우리의 경제적 이해관계를 중동 산유국의 이해관계와 일치시키는 것이다. 이렇게 되면 자신들의 이익을 위해서도 한국경제에 충격을 줄 수 있는 에너지 공급 중단 상황은 피하게 된다. 예를 들어 중동의 석유분야 상류부문과 한국의 하류부문을 연계시키는 것이다. 중동 석유회사들이 한국의 정유나 석유화학분야에 투자해서 지분을 갖는 것이다. 또한 중국시장에 진출하기 위한 생산기지로 한국을 활용할 수 있도록 하는 것이다. 중동 기업이 참여하는 석유화학단지를 조성하는 것도 한 방법이 될 수 있다. 그리고 중국시장에 공급하기 위한 에너지 물류기지의 역할을 할 수 있다. 공동 석유비축기지를 운영하는 것은 에너지안보에 큰 도움이 되겠다. 한편 우리의 에너지 기업들이 중동에 투자하는 것도 한국의 에너지안보에 도움이 된다. 이란은 천연가스의 개발과 LNG 사업 진출을 추진하고 있으므로 LNG 장기도입과 유전개발 참여를 교환하는 방식도 검토할 수 있다.

5) 다자적 협력체제의 형성

산유국과 가스 생산국과의 관계에서는 안정되고 예측 가능한 투자환경을 정비하는 것이 중요하다. 이는 2006년 상트페테르부르크 정상회담에서 채택되었던 에너지안전보장선언 중에도 강조되었다. 산유국과 소비국, 수입국의 상호 신뢰가 가능한 투자구조를 만들고, 결정된 규칙을 지키는 다자적 구조를 만들어야 한다. 러시아는 자원개발 등 상위 부분이 중심이고 하위 부분에도 참여하려고 한다. 유럽은 가스의 수송과 판매 사업이다. 러시아가 영국의 거대 가스공급회사 매수를 추진하는 중이고 영국정부로부터 견제당하고 있다. 소비국의 기업이 러시아의 자원개발에 참여하는 담보는 상호 참가를 인정하는 것이다.

아시아의 거의 모든 국가가 에너지 소비국이고 수입국이다. ASEAN+3와 ASEAN+3+3가 에너지문제에 관한 다국적 조직으로 적당할 수 있다. 동아시아는 에너지의 수입국이자 소비국으로서 상호 공동의 이해가 있다. 분야는 에너지 절약, 석유비축, 바이오연료와 같은 대체에너지 개발 등이다. 범위를 좁히면 한국, 중국, 일본, 러시아를 중심으로 동북아시아가 된다. 북한의 핵문제에 진전이 있으면 6자회담 조직은 지역협력의 원형이 될 수 있다. 다양한 지역협력 조직은 에너지문제를 중요한 축으로 해서 진전될 가능성이 있다. 한편 최대의 소비국이자 생산국인 미국이 에너지시장과 에너지안보를 주도해간다.

한국도 동북아시아 및 글로벌 다자체제의 형성에 참가하여 에너지문제를 다자적으로 해결하도록 해야 한다. 동북아시아 다자체제를 형성하여 다자포럼에서 에너지문제를 다루고 6자회담을 발전시켜 다자체제를 제도화한다. 자원비축 시설 등 동북아시아 오일허브를 한국에 건설한다.

6) 에너지위기 등 긴급사태에 대비

두 차례 석유위기를 계기로 일본은 석유 의존을 낮추고 중동 의존에서 벗어나기 위해 노력했다. 일본은 인구가 감소하기 시작하면서 에너지 수요 또한 감소하기 시작했다. 석유·천연가스 등 자원에너지에 대한 불안의 배경에는 세계적으로 불안정한 시대가 도래하지 않을까 하는 것으로, 이에 대비하고 자원에너지를 확보하는 것이 중요하다. 미국이 지배하던 세계가 흔들리고 있다고 볼 때 에너지문제와 함께 새로운 국제질서가 어떻게 구축

<表 18-3> 한국 신규 해외자원 개발사업의 주요 추진현황

【유전개발사업】

이라크 유전개발 참여	· 이라크 중앙정부와 유전개발 협력 MOU체결(2007년 4월) · 장관급 자원협력위 개최(2007년 9월)
예멘 4.49 광구 (7.5억 배럴 규모)	생산물 분배계약 체결(2007년 5월)
우즈베키스탄 수르길 가스전 (7000만 배럴 규모)	· 가스화학플랜트 건설사업과 연계한 동반진출 추진 · 가스화학플랜트 예비 타당성 조사보고서 제출(2007년 4월)
캐나다 오일샌드 (2.5억 배럴 규모)	매장량 평가를 위한 시추완료(2007년 6월) 및 개발계획 수립 중, 2008년부터 생산시설 건설, 2010년부터 본격 생산 예정
석유공사의 생산 자산 인수 추진	매장량 1.5억 배럴(생산량 3만 b/d) 규모의 생산 자산의 인수 를 추진 중
국내 대륙붕 개발	· 호주 우드사이드사와 조광계약 체결(2007년 2월) · 석유공사와 호주 우드사이드사 간 공동탐사 본격 추진
가스하이드레이트	동해에서 부존 확인(2007년 6월), 2007.하반기 중 부존 확인을 위한 정밀 탐사시추 및 생산기술 연구개발 착수

【광물개발사업】

몽골 타반톨고이 유연탄 개발 사업 (세계 최대 매장량 50억 톤)	몽골정부는 개발계획 수립 중으로 러·중·일·한국 간 각축 중, 한·몽골정상회담(2007년 5월)을 통해 한국 측 참여 희망 의사 전달
마다가스카르 암바토비 니켈 광산 개발사업 (세계 4대 니켈광산)	동사업 개발에 참여 성공(2006년 10월), 연계하여 1.8억 달러 규모의 제련정련공장 전용 열병합발전소(120MW) 건설사업 수주성공(2007년 2월)
우즈베키스탄 잔투아르 우라 늄광산 개발 사업	예비 타당성 조사 완료(2007년 6월), 공동운영회사설립(2007 년 12월)으로 정밀타당성 조사 실시(2008~2009년)
인도 파라딥 철광 개발	포스코 일관제철소 건설과 연계하여 추진 중, 지방정부 승인 완 료 후 중앙정부의 최종개발권 승인 진행 중
중국 유서당 아연광 개발	한중합작법인 설립(2006년 4월) 추가시추탐사 진행 중
페루 마르코나 동광산 개발	정밀탐사 완료(2006년 8월) 후 2007년 말까지 사업타당성 조 사 중

될 것인가가 근본적인 문제이다. 제도적인 재인식을 통해서 다가올 위기에 대처해야 한다.

　일본은 긴급사태에 대응하기 위해 일본 내 에너지시장의 체질 강화와 에너지 수급의 혼란 회피에 대한 국제적인 노력을 추구한다. 자원국에서의

<표 18-4> 세계 석유매장량(2006년 1월)

국가	매장량(bil. barrels)
사우디아라비아	264.3
캐나다	178.8
이란	132.5
이라크	115.0
쿠웨이트	101.5
아랍에미리트	97.8
베네수엘라	79.7
러시아	60.0
리비아	39.1
나이지리아	35.9
미국	21.4
중국	18.3
카타르	15.2
멕시코	12.9
알제리	11.4
브라질	11.2
카자흐스탄	9.0
노르웨이	7.7
아제르바이잔	7.0
인도	5.8
그 외	68.1
합계	1,292.5

정치 상황 불안, 관계 수역의 안전문제, 사고·천재지변·테러와 같은 시장혼
란 요인, 투기 자금의 에너지시장 유입, 아시아 경제위기의 경험이 없는 국
가들에 의한 패닉행동 염려와 같은 혼란증폭 요인에 대비한다. 예상이 어
려운 단기적 커다란 시장변화에 대해서도 신속하고 안정적으로 대응할 수
있도록 석유비축제도에 대해 대상의 확대 및 강화를 추구하고 기업과 업종

〈표 18-5〉 세계 석유 생산국(2005년)

국가	총 석유 생산** (mil. barrels/day)
사우디아라비아*	11.1
러시아	9.5
미국	8.2
이란*	4.2
멕시코	3.8
중국	3.8
캐나다	3.1
노르웨이	3.0
아랍에미리트*	2.8
베네수엘라*	2.8
쿠웨이트*	2.7
나이지리아*	2.6
알제리*	2.1
브라질	2.0

*: OPEC 회원국.
**: 총 석유 생산은 원유, 천연 가스액, 응축액, 정제물 및 기타 액체를 포함.

을 넘어서 에너지위기에 대응하는 시나리오 작성과 검토에 노력한다.

한국도 에너지위기와 긴급사태에 대한 구체적인 대응책을 마련해야 한다. 석유와 원자재의 고가시대에 대비하여 장기적인 자원비축제도를 마련해야 한다.

7) 에너지 절약과 대체에너지 개발

한국은 에너지 절약과 신기술 개발에 매진하고, 국민 홍보에 힘쓰고, 대체에너지 개발을 위해 기술을 투자해야 한다. 에너지분야는 첨단기술시대에 돌입해 기술산업정책과의 연계가 불가피하다. 에너지 고효율화, 온실가스 감축, 연료전지를 비롯한 신재생에너지관련기술 등이 제기된다.

8) 에너지정책과 환경정책의 연계

에너지정책과 환경정책의 연계를 통해서 에너지 수급 및 환경문제의 동시 해결로 지속 가능한 성장을 실현할 수 있는 방안을 강구해야 한다. 에너지효율 개선, 청정석탄 및 신재생에너지 개발, 탄소 저감 및 고정화 기술지원 등이 있다. 교토의정서 등 온실가스 감축에 대한 공동 대응체제를 수립해야 한다.

9) 대규모 자원개발 회사를 설립하고, 선진국가 그룹에 참가하고, 에너지 관련 기술개발과 상호제휴를 추진한다.

참고문헌

국내서

강명세. 2012. 『중국의 부상과 동북아 질서의 재정립』. 성남: 세종연구소.

고경민 외. 2010. 「공적개발원조(ODA)와 국익」. ≪한국과 국제정치≫, Vol. 26, No. 3.

권율·박수경. 2011. "최근 선진공여국의 ODA 개혁조치와 시사점". ≪KIEP 오늘의 세계경제≫, Vol. 11, No. 6.

기획재정부. 2013. 「2013년 하반기 경제전망」

김국신·배정호. 2006. 「주일미군 재편의 의미와 시사점」. ≪통일정세분석≫, 2006-07.

김성철. 2000. 「네트워크와 공생: 한중일 경제협력체 구상」. 발표문.

_____. 2007. 『일본외교와 동북아』. 파주: 도서출판 한울.

_____. 2008. 「중일정상회담과 중일관계의 변화」. ≪정세와 정책≫, 2월.

_____. 2009a. 『외교환경과 한반도』. 성남: 세종연구소.

_____. 2009b. 「일본 민주당 정부와 미일관계」. ≪정세와 정책≫, 10월.

_____. 2010a. 「일본 민주당 정부의 외교안보정책」. 『세종정책연구(제6권 제1호)』. 성남: 세종연구소.

_____. 2010b. 「중국·일본의 영토분쟁」. ≪세종논평≫, 10월 18일.

_____. 2011a. 「동일본 대지진 이후 한중일+미국의 복합외교」. ≪정세와 정책≫, 8월.

_____. 2011b. 『중국·일본관계의 정치경제, 역사와 전망』. 성남: 세종연구소.

_____. 2013. 「동아시아 국제질서와 한반도」. ≪정세와 정책≫, 1월.

_____ 엮음. 2005. 『한국의 국가전략 2020: 동북아 경제협력』. 성남: 세종연구소.

_____·박인휘. 2012. 「한·중·일 및 주변국간 동북아 위상관계 변화 전망」. 발표문.

_____·정상화. 2013. 「중장기 세계경제위기 전망과 외교적 대응 방안」. 외교부 연구용역 결과보고서.

김지연. 2004. 「헌법조사회의 중간보고서에 나타난 개헌의 쟁점」. ≪일본연구논총≫, 제
　　20호.

김태균. 2010. 「국제개발협력을 위한 가치지향의 이중적 구조」. ≪국제지역연구≫,
　　Vol.19, No.2.

김현진. 2006. 「일본의 에너지 안보 정책」. 발표문.

김호섭. 2006. 「냉전종결 이후의 일본의 동아시아 다자외교」. ≪일본연구논총≫, 제23호.

＿＿＿. 2009. 「오바마 행정부의 미일관계」. ≪신아세아≫, 제16권, 제2호.

남창희. 2005. 「미일동맹의 강화와 주일미군 재배치의 전략구도」. ≪국가전략≫, 제11
　　권, 제3호.

＿＿＿. 2007. 「한일간 미국인식의 변화와 한일관계」. 발표문.

박영준·이숙종. 2009. 「일본 민주당 정권의 외교안보정책 변화와 한일관계 전망」. ≪EAI
　　논평≫, 제3호.

박원곤. 2004. 「미국의 군사정책: 변환, GPR 및 주한미군」. ≪주간국방논단≫, 제1007호.

박인휘. 2005. 「동북아 국제관계와 한국의 국가이익: 미중일 세력관계를 중심으로」. ≪
　　국가전략≫, 제11권, 제3호.

＿＿＿. 2010. 「안보와 지역: 안보개념의 정립과 동북아안보공동체의 가능성」. ≪국가전
　　략≫, 제16권, 제4호.

박제훈. 2004. 「동북아공동체를 향하여」. 한국동북아지식인연대 엮음. 『동북아공동체를
　　향하여』. 서울: 동아일보사.

박종철 외. 2005. 「동북아협력의 인프라 실태」. 서울: 통일연구원.

박창권. 2006. 「주한미군의 전략적 유연성과 한반도 안보」. ≪주간국방논단≫, 제1089호.

박철희. 2007a. 「전후 체제의 변용으로서의 헌법 개정 움직임과 국가권력의 재구성」. 발
　　표문.

＿＿＿. 2007b. 「한국의 국내정치 변화와 한일관계」. 발표문.

박홍영. 2006. 『일본 ODA와 국제정치』. 파주: 도서출판 한울.

_____. 2010. 「전후 일본 ODA 정책의 변화상: 해석과 평가」. ≪일본연구논총≫, 제32호.

배정호. 2005. 「미일동맹의 강화와 주일미군의 재편」. ≪통일정세분석≫, 2005-18.

_____. 2007. 『아베정권의 국내정치와 대외전략 및 대북전략』. 서울: 통일연구원.

손기섭. 2005. 「일본의 대중국 원조정책의 변화와 특징」. ≪일본연구논총≫ 제21호.

손열. 2008. 「'중국의 강대국화'와 일본의 대응: 관여, 결속, 위험분산」. ≪일본연구논총≫, 제28호.

_____. 2010. 「동맹과 공동체 사이의 일본 : 21세기 권력이동과 재균형의 모색」. ≪일본연구논총≫, 제31호.

안충영·이창재 엮음. 2003. 『동북아 경제협력』. 서울: 박영사.

LGERI. 2013. 「아베노믹스 디플레이션늪 벗어나도 넘어야 할 고비 많다」, ≪LG Business Insight≫(7.31).

오승렬. 2005. 「동아시아 경제협력과 안보협력 간의 상호관계」. 한용섭 외. 『동아시아 안보공동체』. 파주: 나남.

와다 하루키(和田春樹). 2004. 『동북아시아 공동의 집』. 이원덕 옮김. 서울: 일조각.

외교안보연구원. 2008. 『2009 국제정세전망』. 서울: 외교안보연구원.

외교통상부. 2009. 『2009 외교백서』.

_____. 2010. 「한·중·일 협력개황(2010.5)」.

_____. 2012. 「한·일·중 협력개황(2012.5)」.

유현석. 2010. 「동아시아 공동체 논의와 한국의 전략」. 발표문.

유현정. 2011. 「후진타오 시기 중국의 대일본정책」. 발표문.

윤석상. 2011. 「일본 민주당정권의 공적개발원조정책에 관한 비판적 고찰」. ≪日本 硏究≫, 제49호.

이근. 2003. 「안보의 시각에서 본 동북아 경제통합의 가능성」. 안충영·이창재 엮음. 『동북아 경제협력』. 서울: 박영사.

_____. 2005. 「해외주둔미군재배치계획과 한미동맹의 미래」. ≪국가전략≫, 제11권,

제2호.

이대우. 2008. 『국제안보 환경변화와 한미동맹 재조정』. 파주: 도서출판 한울.

이면우. 2000. 「일본의 다자외교」. 김성철 엮음. 『일본의 외교정책』. 성남: 세종연구소.

_____. 2009. 「하토야마 내각의 성립과 일본의 대아시아정책 향방」. ≪정세와 정책≫,
      10월.

_____. 2011. 「전후 일중관계의 전개 및 향후양상」. 발표문.

이명찬. 2007. 「헌법 9조의 개정과 '보통국가', '권력국가'」. 발표문.

이상현. 2004. 『신세계질서와 동북아안보』. 성남: 세종연구소.

_____ 외. 2008. 『한미동맹 로드맵: 비전, 쟁점, 전략』. 성남: 세종연구소.

이서항. 2005. 「동아시아 다자간 안보협력체」. 한용섭 외. 『동아시아 안보공동체』. 파
      주: 나남.

이숙종·이원덕. 2009. 「글로벌 시대의 한일관계」. ≪EAI 논평≫, 제4호.

이재승. 2005. 「에너지 안보와 동북아 협력」. ≪국제지역연구≫, 제14권, 제1호.

이지평·강선구. 1998. 「한일자유무역지대 창설의 득실과 시사점」. LG경제연구원.

이천우. 2011. 「국제공적개발원조의 신조류와 한국의 ODA정책」. ≪산업경제연구≫,
      Vol. 24, No. 2.

이태환. 2007. 『중국의 국내정치와 대외정책』. 파주: 도서출판 한울.

_____ 엮음. 2012. 『동아시아 경제와 안보』. 성남: 세종연구소.

이홍표 엮음. 1997. 『동아시아 협력의 정치경제』. 성남: 세종연구소.

장제국. 2009. 「2009년 중의원 총선거 분석과 일본 정국의 변화 요인」. 발표문.

전진호. 2009. 「글로벌 안보질서 변화와 한일간 협력과제」. 발표논문.

정은숙. 2004. 『러시아 외교안보정책의 이해』. 성남: 세종연구소.

정재완 외. 2004. 『ASEAN+3(한·중·일) 경제동향 및 한국과의 경협 현황』. 서울: 대외경
      제정책연구원.

정한구. 2004. 『동북아시아 '에너지안보'와 러시아』. 성남: 세종연구소.

조양현. 2009. 「총선 이후 일본의 대외정책 변화 전망」. 발표문.

조재욱. 2008. 「중일협조체제와 동아시아 지역경제통합」. ≪국가전략≫, 제14권, 제3호.

진창수. 2006. 「일본의 동아시아 지역주의」. 『세종정책연구(제2권 제1호)』. 성남: 세종
　　　연구소.

_____. 2009. 「일본 민주당 정권과 한반도 정책」. 발표문.

_____ 엮음. 2008. 『동북아 영토분쟁과 일본의 외교정책』. 성남: 세종연구소.

차주호. 2009. 「오바마 신정부의 대외정책과 미일관계의 변동가능성」. 발표논문.

최영호. 2009. 「일본 중의원 선거결과」. ≪한일시평≫, 제199호.

최은봉. 1999. 『전후 일본에 있어서 헌법 논쟁의 정치적 함의』. 성남: 세종연구소.

하영선 엮음. 2008. 『동아시아 공동체: 신화와 현실』. 서울: 동아시아연구원.

한국동북아지식인연대 엮음. 2004. 『동북아공동체를 향하여』. 서울: 동아일보사.

한용섭 외. 2005. 『동아시아 안보공동체』. 파주: 나남.

홍현익·이대우 엮음. 2001. 『동북아 다자안보협력과 주변4강』. 성남: 세종연구소.

외교통상부 홈페이지, "G20 런던정상회의 개최 의의"(www.mofa.go.kr/countries/
　　　regional/g20/results/index.jsp?menu=m_40_70_110&tabmenu=t_2)

_____. "G20 개요"(www.mofa.go.kr/countries/regional/g20/outline/index.jsp?
　　　menu=m_40_70_110&tabmenu=t_1)

동양서

林暁光. 2003. 『日本政府開発援助与中日関係』, 世界知識出版社.

明石康. 2002. 『21世紀の國連における日本の役割』. 東京: 國際書院.

安部晋三. 2006. 『美しい國へ』. 東京: 文藝春秋.

アンケート. 2011. 「國際情勢と日本外交の課題」. ≪國際問題≫, 4月.

飯田将史. 2009. 「東アジアにおける日中関係-ライバルかパートナーか」 飯田将史 編. 転
　　換する中国-台頭する大国の国際戦略. 防衛研究所.

五十嵐武士. 1999. 『日米關係と東アジア』. 東京: 東京大學出版會.

伊藤憲一・田中明彦 外. 2005. 『東アジア共同体と日本の針路』. NHK出版.

猪口孝. 1997. 『冷戦後の日米関係』. 東京: NTT出版株式会社.

內山融. 2007. 『小泉政權』. 中公新書.

梅林宏道. 2002. 『在日米軍』. 東京: 岩波新書.

江畑謙介. 2005. 『米軍再編』. 東京: ビジネス社.

岡田克也. 2010. 「新たな國際協調の時代における日本の外交課題」. ≪外交Forum≫, 4月.

岡部達味 外 編. 1999. 『日米中安全保障協力を目指して』. 東京: 勁草書房.

小沢一郎. 1993. 『日本改造計劃』. 東京: 講談社.

_____. 1999. 『日本國憲法改正試案』. ≪文藝春秋≫, 9月.

_____. 2006. 『小沢主義』. 集英社.

外務省. 2005a. 「國連安全保障理事會改革」. 1月.

_____. 2005b. 『外交靑書』. 4月.

_____. 2005c. 「國連・安保理改革」. 12月.

_____. 2007. 『外交靑書』.

_____. 2008a. 『外交靑書』.

_____. 2008b. 「金融世界経済に関する首脳会談宣言(骨子)」. 11月 15日.

_____. 2010a. 『政府開発援助(ODA)白書』.

_____. 2010b. 「最近の北朝鮮情勢」. 3月.

_____. 2010c. 「第3回日中韓サミットの概要」.

_____. 2010d. 「最近の日中関係」. 9月.

_____. 2011. 「北朝鮮による日本人拉致問題」.

海洋政策研究財團. 2006. 『海洋白書』.

川上高司. 2004. 『米軍の前方展開と日米同盟』. 東京: 同文館出版.

_____. 2005. 「在日米軍再編と日米同盟」. ≪國際安全保障≫, Vol.33, No.3(12月).

北岡伸一. 2000. 『普通の國へ』. 東京: 中央公論新社.

_____. 2003. 「日米安保を基軸にした'國連重視'へ」. ≪中央公論≫, 5月.

_____. 2004. 『日本の自立』. 東京: 中央公論新社.

_____. 2005a. 「常任理事國入りは日本が果たすべき責任である」. ≪中央公論≫, 1月.

_____. 2005b. 「戰後日本外交における國連」. ≪外交Forum≫, 4月.

_____. 2006. 「安保理改革はなぜ停滞するのか」. ≪中央公論≫, 5月.

_____. 2010a. 「鳩山の迷走, 沖縄の泥沼」. ≪中央公論≫, 1月.

_____. 2010b. 「2010年代の日本外交」. ≪国際問題≫, 1·2月.

_____. 2011. 「開国進取の政治改革で国難を乗り越えよ」. ≪中央公論≫, 2月.

北野充. 2004. 「現地ODAタスクフォースからネットワークカントリーチームへ」. ≪外
　　交フォーラム≫, 10月.

_____. 2011. 「中國の対外戦略」. ≪國際問題≫, 9月.

行天豊雄. 2010. 「豊かで強い中国とどう向き合うか」. ≪世界≫, 9月.

久保文明. 2010. 「鳩山政権と日米関係」. ≪公研≫, 3月.

久保文明 編. 2005. 「米国民主党」. 東京: 日本国際問題研究所.

栗山尚一. 2009. 「日米同盟50周年-'緊密で對等'の課題」. ≪アジア時報≫, 12月.

_____. 2010. 「日米同盟50周年-'緊密で對等'の課題(二)」. ≪アジア時報≫, 1·2月.

經濟産業省. 2006a. 「エネルギー白書」.

_____. 2006b. 「新·国家エネルギー戦略」.

原子力委員會. 2006. 「原子力白書」.

国分良成. 2010. 「中国と'日米中'」. ≪アジア時報≫, 3月.

_____ 編. 1997. 『日本·アメリカ·中國』. 東京: TBSブリタニカ.

_____ 外. 2008. 「日中関係の構造変化に目を向けよ」. ≪外交フォーラム≫, 5月.

小原雅博. 2005. 『東アジア共同体』. 日本経済新聞社.

榊原英資. 2008. 『政權交代』. 東京: 文藝春秋.

産経新聞政治部. 2009. 『民主党解剖』. 産経新聞社.

財務省. 2013. 「債務残高の国際比較」

柴田明夫. 2007. 「エネルギー資源をめぐる世界の新たな動き」. ≪外交フォーラム≫, 3月.

清水美和. 2008. 『「中國問題」の内幕』. ちくま新書.

衆議院憲法調査會. 2003. 「憲法を考える」.

_____. 2005. 「衆議院憲法調査會報告書」.

首相官邸. 2011. 野田首相の演說・記者會見.

趙全勝 著, 杜進・栃内精子 譯. 1999. 『日中關係と日本の政治』. 東京: 岩波書店.

朱建榮. 2012. 「中国側からみた'尖閣問題'」. ≪世界≫, 11月.

鈴木美勝. 2006. 「新外交戰略, 自由と繁榮の弧」. ≪世界週報≫, Vol.12, No.26.

砂川真. 2004. 「ODAに関する五つの提言」. ≪外交フォーラム≫, 10月.

世界平和研究所. 2008. 「日中關係の新章」.

添谷芳秀. 2010. 「日本外交の展開と課題―中国との関係を中心に」. ≪国際問題≫, 1・2月.

高木誠一郎. 2008. 「日中'戦略的互恵関係'進展と課題」. ≪国際問題≫, 3月.

高原明生. 2011. 「回答を讀んで」. ≪國際問題≫, 4月.

田久保忠衛. 2001. 『新しい日米同盟』. 東京: PHP新書.

田中明彦. 1991. 『日中關係 1945-1990』. 東京: 東京大學出版會.

_____. 2003. 『複雑性の世界』. 東京: 勁草書房.

_____. 2007. 『アジアのなかの日本』. 東京: NTT出版.

_____. 2011. 「パワー・トランジッションと國際政治の変容」. ≪國際問題≫, 9月.

田中明彦 外. 2002. 『新しい戦争'時代の安全保障』. 東京: 都市出版.

田中均. 2009. 「国際政治の構造変動と日本」. ≪国際問題≫, 11月.

谷垣禎一. 2010. 「アジアの"公共財"日米同盟を基軸に保守政治を再生する」. ≪中央公論≫,

3月.

谷口誠. 2004. 「東アジア共同体」. 東京: 岩波新書.

恒川潤. 2009. 「日中関係安定化に向けて-二国間アプローチから多国間アプローチ へ」.

　　　飯田将史 編. 転換する中国-台頭する大国の国際戦略. 防衛研究所.

寺島実郎. 1996. 『'親米入亞'の總合戦略を求めて』. 東京: 中央公論.

_____. 2009. 「米中二極化'日本外交'のとるべき道」. ≪文藝春秋≫, 10月.

R. ドリフテ. 2000. 『國連安保理と日本』. 東京: 岩波書店.

Nye, Joseph. 2010. "日米同盟 安定の礎." ≪讀賣新聞≫, 1月4日.

永井憲一. 2000. 『戦後政治と日本國憲法』. 東京: 三省堂.

中西寛. 2009. 「世界秩序の変容と日本外交の軌跡」. ≪国際問題≫, 1·2月.

中曾根康弘. 2000. 「21世紀日本の國家戦略」. 東京: PHP研究所

西垣昭. 2009. 「開発援助の経済学一'共生の世界'と日本のODA」. 東京: 有斐閣.

西宮伸一. 2009. 「新政權下のアメリカと日本」. ≪外交Forum≫, 2月.

日本銀行調査統計局. 1983. 『經濟統計年報』.

≪日本経済新聞≫. 2013.8.22. 「日本に迫る債務危機の足音」. 海外リポート.

日本總務省統計局. 「日本の統計」.

日本總務省統計研修所. 『日本統計年鑑』.

布目稔生. 2011. 『歴史からみた日本のODA』. 東京: 創成社出版.

野田真里. 2004. 「ODAとNGOのパートナーシップ強化にむけて」. ≪外交フォーラム≫,

　　　12月.

鳩山一郎. 1957. 『鳩山一郎回顧錄』. 東京: 文藝春秋新社.

鳩山由紀夫. 2005. 『新憲法試案』. 東京: PHP研究所.

_____. 2009a. 「政權交代」. 民主党.

_____. 2009b. ≪鳩山内閣メールマガジン≫, 第5号. 11月7日.

_____ 2009c. ≪鳩山内閣メールマガジン≫, 第7号. 11月19日.

_____ 2009d. ≪鳩山内閣メールマガジン≫, 12月 17日.

鳩山内閣総理大臣. 2010. 年頭記者会見. 1月 4日.

_____. 2010. 第174回国会における施政方針演説. 1月 29日.

坂東賢治. 2009. 「米大統領選と日米関係」. ≪アジア時報≫, 1·2月.

久江雅彦. 2005. 「米軍再編」. 東京: 講談社.

広野良吉. 2004. 「外交政策としてのODA」. ≪外交フォーラム≫, 12月.

古田肇. 2004. 「外交戦略としての経済協力」. ≪外交フォーラム≫, 10月.

細谷千博. 1996. 「日米關係通史」. 東京: 東京大學出版會.

防衛研究所 編. 2006. 「東アジア戰略概觀」. 東京.

_____ 編. 2011. 「東アジア戰略概觀」.

防衛省. 2007. 『防衛白書』.

防衛廳 編. 2005. 『防衛白書』. 東京.

増田雅之. 2009. 「中国の安全保障政策の論理と展開-非伝統的安全保障をめぐる外交と軍事」. ≪国際問題≫, 5月.

松野周治. 2010. 「東アジア地域経済關係の歷史的發展と東北アジア日韓中協力の意義」. 發表文.

民主党. 2009a. 「民主党政策集 INDEX 2009」.

_____. 2009b. 「民主党 政權政策 Manifesto」.

村田晃嗣. 2009a. 「オバマ정권과일미관계」. ≪國際安全保障≫, Vol.37, No.1.

毛利和子. 2006. 『日中関係』. 東京: 岩波新書.

森本敏. 2009. 「日米同盟の行方」. ≪外交Forum≫, 3月.

守屋武昌. 2010. 「地元利権に振り回される普天間、日米同盟」. ≪中央公論≫, 1月.

山口二郎. 2009. 『政權交代論』. 東京: 岩波新書.

山名元. 2005. 「日本の長期的エネルギー戰略と原子力」. ≪外交フォーラム≫, 9月.

山本和也. 2009. 「鳩山政權の東アジア共同体構想」. 發表文.

横田洋三. 2010.「日本のODA外交の危機」. ≪国際問題≫, No.588.

日本首相官邸. 2011.9.2.“野田内閣総理大臣記者会見”.

_____. 2011.9.23.“第66回 UN總會 內外信記者會見”.

_____. 2011.9.23.“第66回 UN總會 野田首相の一般討論演説”.

서양서

Armitage, Richard and Joseph Nye. 2012. "The U.S.-Japan Alliance: Anchoring Stability in Asia." Washington, DC: Center for Strategic and International Studies.

_____. 2007. "The U.S.-Japan Alliance: Getting Asia Right through 2020." Washington, DC: Center for Strategic and International Studies.

Armitage, Richard L., et al. 2000. "The United States and Japan: Advancing Toward a Mature Partnership." October 2000.

Booth, Ken. 2007. *Theory of World Security*. Cambridge: Cambridge University Press.

Bush, Richard C. 2010. "China-Japan Security Relations." Brookings Policy Brief Series.

Cha, Victor. 1999. *Alignment Despite Antagonism*. Stanford: Stanford University Press.

Curtis, Gerald. 1999. *The Logic of Japanese Politics*. New York: Columbia University Press.

Deng, Yong. 2006. "Reputation and the Security Dilemma: China Reacts to the China Threat Theory." in A.I. Johnston and R.S. Ross(eds.). *New Directions in the Study of China's Foreign Policy*. Stanford: Stanford University Press.

Deudney, Daneil. 2007. *Bounding Power: Republican Security Theory from the Polis to the Global Village.* Princeton: Princeton University Press.

Drifte, Reinhard. 2009. "The Future of the Japanese-Chinese Relationship: The Case for a Grand Political Bargain." *Asia-Pacific Review*, Vol.15, No.2.

Gibson, Clark, Krister Andersson, Elinor Ostrom, and Sujai Shivakumar. 2005. *The Samaritan's Dilemma: The Political Economy of Development Aid.* New York: Oxford University Press.

Gill, Bates. 2007. *Rising Star: China's New Security Diplomacy.* Washington, D.C.: Brookings Institution.

Glaser, Charles. 2011. "Will China's Rise Lead to War? - Why Realism Does Not Mean Pessimism." *Foreign Affairs*, Vol.90, No.2.

Green, Michael. 2009. "Japan's Changing Role." Testimony before the House Foreign Affairs Subcommittee on Asia(June 25).

Green, Michael and Patrick Cronin(eds.). 1999. *The U.S.-Japan Alliance.* New York: Council on Foreign Relations Press.

Hagstrom, Linus. 2005. "Quiet power: Japan's China policy in regard to the Pinnacle Islands." *The Pacific Review*, Vol.18, No.2.

Harrison, Selig. 2003. "Gas and Geopolitics in Northeast Asia." *World Policy Journal*, Vol.19, No.4.

Hurrell, A. 1995. "Regionalism in Theoretical Perspective." in L. Fawcett & A. Hurrell (eds.). *Regionalism in World Politics: Regional Organization and International Order.* Oxford: Oxford University Press.

IMF. 1988~2000. *Direction of Trade Statistics Yearbook.*

International Energy Agency. 2002. *World Energy Outlook.* OECD.

Iriye, Akira. 1992. *China and Japan in the Global Setting.* Cambridge: Harvard University Press.

Jones, David and Michael Smith. 2007. "Constructing Communities: The Curious Case of East Asian Regionalism." *Review of International Studies*.

Kaplan, Robert D. 2010. "The Geography of Chinese Power." *Foreign Affairs*, Vol.89, No.3.

Keohane, Robert O. 1984. *After Hegemony*. Princeton: Princeton University Press.

_____. 1989. *International Institutions and State Power*. Boulder: Werstview Press.

Kim, Samuel(ed.). 2003. *Northeast Asian International Relations*. New York: Rowman and Littlefield Publishers.

Kim, Soung Chul. 2010. "Building a Northeast Asia Community." Gerrit Gong and Victor Teo(eds.). *Reconceptualizing the Divide*. Newcastle: Cambridge Scholars Publishing.

Kransner, Stephen D. 1978. *Defending the National Interest*. Princeton: Princeton University Press.

_____(ed.). 1983. *International Regimes*. Ithaca: Cornell University Press.

_____. 1999. *Sovereighty*. Princeton: Princeton University Press.

Kurlantzick, Joshua. 2007. "Pax Asia-Pacifica? East Asian Integration and Its Implication for the United States." *The Washington Quarterly*, Vol.30, No.3.

Lampton, David M. 2008. *The Three Faces of Chinese Power: Might, Money and Minds*. Berkeley: University of California Press.

Lincoln, Edward. 2004. *East Asian Economic Regionalism*. Washington, D.C.: Brookings Institution Press.

Mochizuki, Mike M. 1997. *Toward a True Alliance: Restructuring U.S.-Japan Security Relations*. Washington, DC: Brookings Institute Press.

Office of Force Transformation. 2003. *Military Transformation: A Strategic Approach*. Washington, D.C.: Department of Defense.

Paik, Keun-Wook. 1995. *Gas and Oil in Northeast Asia.* The Royal Institute of International Affairs.

Park, Ihn-hwi. 2007. "Sino-Japan Strategic Rivalry and the Security of the Korean Peninsula." *Korea Journal of Defense Analysis*, Vol. 19, No. 1.

Pempel, T. J.(ed.). 2005. *Remapping East Asia.* Ithaca: Cornell University Press.

Peter Temin. 1990. *Lessons from the Great Depression.* London: the MIT Press.

Rozman, Gilbert. 2004. *Northeast Asia's Stunted Regionalism.* Cambridge: Cambridge University Press.

Rumsfeld, Donald. 2002. "Transforming the Military." *Foreign Affairs*, Vol. 81, No. 3.

Shirk, Susan L. 2007. *China: Fragile Superpower.* New York: Oxford University Press.

Silver, Neil E. 2000. *The United States, Japan, and China Setting the Course.* Washington, D.C.: A Council on Foreign Relations.

_____. 2000. *The United States, Japan, and China.* New York: Council on Foreign Relations.

Sutter, Robert. 2008. "The United States in Asia: Challenged but Durable Leadership." *International Relations of Asia.* New York: Rowman & Littlefield.

Taylor, Robert. 1996. *Greater China and Japan: Prospects for an economic partnership in East Asia.* London and New York: Routledge.

Vogel, Steven(ed.). 2002. *U.S.-Japan Relations in a Changing World.* Washington, D.C.: Brookings Institution Press.

Wang, Jisi. 2011. "China's Search for a Grand Strategy – A Rising Great Power Finds Its Way." *Foreign Affairs*, Vol. 90, No. 2.

찾아보기

인명

지은이 | 김성철 (金聖哲, Soung Chul KIM)

* E-mail: soung@sejong.org

세종연구소 수석연구위원

연구분야: 일본정치외교, 동아시아 국제관계

서울대학교 법과대학 법학과 졸업

미국 스탠퍼드대학교 정치학 석사 및 박사

일본 도쿄대학교 국제관계학과 및 법학부 정치학연구과 객원연구

서강대학교 겸임교수

외교부 정책자문위원

주요 저서

『일본외교와 동북아』(2007)

『외교환경과 한반도』(편저, 2009)

『한국의 국가전략 2020: 동북아 경제협력』(편저, 2005)

『미중일관계와 동북아질서』(편저, 2003)

『미일동맹외교』(편저, 2001)

『일본의 외교정책』(편저, 2000)

한울아카데미 1803

세종연구소 세종정책총서 2015-1

일본외교와 동아시아 국제관계

김성철 ⓒ 2015

지은이 | 김성철
펴낸이 | 김종수
펴낸곳 | 도서출판 한울
편집책임 | 배유진
편집 | 김영은

초판 1쇄 인쇄 | 2015년 7월 15일
초판 1쇄 발행 | 2015년 7월 30일

주소 | 413-120 경기도 파주시 광인사길 153 한울시소빌딩 3층
전화 | 031-955-0655
팩스 | 031-955-0656
홈페이지 | www.hanulbooks.co.kr
등록번호 | 제406-2003-000051호

Printed in Korea
ISBN 978-89-460-5803-3 93340(양장)

* 책값은 겉표지에 표시되어 있습니다.